CHINA 中国自助游

《亲历者》编辑部 编著

20**24**
彩色畅销版

U0139511

中国铁道出版社有限公司
CHINA RAILWAY PUBLISHING HOUSE CO., LTD.

分区导览
KEY TO PAGES

A 华北皇家风貌旅游带
见 001-057 页

B 中原华夏文明旅游带
见 058-121 页

C 华东水乡都市旅游带
见 122-189 页

D 华中湖山古韵旅游带
见 190-255 页

E 华南海滨雨林旅游带
见 256-337 页

F 西南奇山异俗旅游带
见 338-441 页

G 西北丝路大漠旅游带
见 442-511 页

H 青藏神山圣湖旅游带
见 512-545 页

I 东北林海雪原旅游带
见 546-597 页

目 录
CONTENTS

A 华北
皇家风貌旅游带

B 中原
华夏文明旅游带

C 华东
水乡都市旅游带

D 华中
湖山古韵旅游带

E 华南
海滨雨林旅游带

示意图目录
MAPS CONTENTS

专题目录
TOPIC CONTENTS

我们从 旅途 中 获取什么

诗人北岛说："一个人的行走范围，就是他的世界。"

生命就是一场旅行，人的一生都是在旅途里，直到终结。

行走，忙碌，看看周围的风景，低头继续赶路。

也许在你看来，旅行不过是随便走走，看看风景，拍拍照片。

可那些人、那些景，看过就成了回忆，

印在脑海，深入内心，难以磨灭。

不一样的世界，不一样的境界

不出去走走，你会以为看到的就是这个世界。"面朝大海，春暖花开。"有多少人总是在心里念叨着这句诗，却从没看过大海的模样。旅行会让你认识到自己的不足，不再沉迷于自己的小小世界，它教会你成长，成为与以往不同的自己，一个更好的自己。

体验，是最好的老师

你去爬雪山，你穿越荒漠，你出海看海豚，你露营看流星。你走过各地，体会各地风情的文化，尝试特色服饰的惊喜，品尝不同食材的碰撞。你在旅行，你在体验，这些经历为你开启了一个全新世界，无关炫耀，无关浮夸，只为人生画上彩色的一笔。

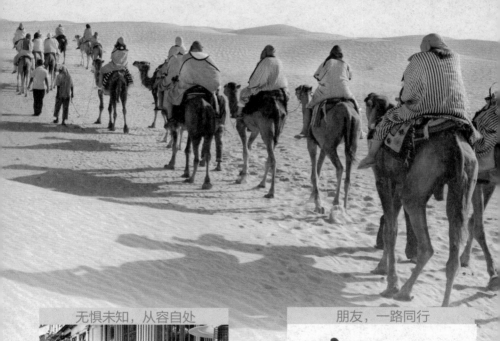

无惧未知，从容自处

朋友，一路同行

　　对未知的恐惧，对安稳的留恋，将阻止我们成为一名旅行者走上冒险的旅程。旅行，让我们身处陌生的环境。有时，正是因为这份陌生，让我们认识到了不一样的自己。也许自己也可以放声高歌，也许自己也会脆弱哭泣。可是，当你作出这样的选择，就永远不会后悔。

　　如果不是旅行，你不会发现原来世界上还有那么多有趣的人，你会感叹原来人生还可以这样去体验。旅行途中，陌生人的善意总是让人觉得温暖，孩子们淳朴的笑容总是触动内心，客栈里随意的聊天总是那么舒心。嘿！朋友，我有酒，你有故事吗？

我们如何 选择 目的地

对于一个有独立思想的旅行者来说，旅行的目的地应该以个人偏好为主，

仁者乐山，智者乐水，不妨自行其是。

旅行，最忌讳的是人云亦云，或是为了旅游而旅游。

旅行，是一种随心的生活方式，如何寻觅心中的目的地？

让我们来陪你一起选择。

按主题选择

如果你爱自然风光，就去亲近西南的奇山、华中的大湖；如果你更爱人文景观，不妨去体会华北的皇家风貌、中原的华夏文明。不管你是爱看实景演出，还是爱民俗节庆，抑或喜欢摄影，我们总能帮你找到喜欢的旅行主题。

按季节选择

品尝美食要遵循时节，欣赏风景又何尝不是？春赏花，夏避暑，秋看红叶，冬玩冰雪。在适合的季节看适宜的风景，这样才能真正体会到大自然的魅力。

古镇怀旧

海滨度假

实景演出

寻找古建

最美公路

摄影之旅

民俗节庆

亲子游

赏花游

避暑游

赏秋游

冰雪游

按地域选择

选对目的地才能遇见美丽。赏冰雪要去东北，游水乡必去江南，踏浪首选华南，访古应到中原。有一天时间你可在城市周边旅游，有三天时间你可在旅游区（全书共 120 个）内寻觅，有五天时间则可在任意一个旅游圈（全书共 9 个）内选你喜欢的景点。

按人群选择

带小孩出游，适合选海边、主题乐园、博物馆。老人出游，则喜欢古建筑和怀旧的场所。情侣出行，可以考虑浪漫的海滨度假。摄影发烧友，建议选择人少景美出片率高的地方。如果自驾游，最美公路一定比围墙内景区更吸引你。

古镇怀旧

主图 浙江·西塘古镇

青石板、古民居，古镇总是给人岁月悠远的感觉。古镇类型各异，江南秀气婉约，北方豪迈大气……建筑风格也各不相同，江南的小桥流水，北方的明清古建，西南则多为民族风情的吊脚楼、村寨。假期短，可以择一水乡，临窗品茶，看流水人家。若时间充足，约上三两好友，从南到北，体验不同风情。

天津	杨柳青古镇	湖南湘西	凤凰古城
河北张家口	广府古城	广东江门	自力村
山东威海	东楮岛村	广西贺州	黄姚古镇
山西吕梁	碛口古镇	重庆	涞滩古镇
河南开封	朱仙镇	四川南充	阆中古城
江苏苏州	周庄古镇	贵州黔东南	镇远古镇
安徽黄山	宏村	云南大理	大理古城
江西上饶	汪口村	云南丽江	丽江古城

辽宁	大连	福建	宁德
河北	秦皇岛	福建	厦门
山东	烟台	广东	深圳
山东	威海	广西	北海
江苏	连云港	海南	三亚
浙江	舟山	台湾	垦丁
海南	蜈支洲岛	福建	鼓浪屿

海滨度假

主图 海南·三亚海滨

阳光、海浪、沙滩、椰林，『面朝大海，春暖花开』才是度假正确的打开方式。如果你只是想选择一处安静的休憩地，去北戴河看日出吧；如果你爱浮潜，那么三亚是你的不二之选；如果你向往小清新，想体验不一样的海滨之旅，那么不妨去厦门走一遭吧。

山东泰安	封禅大典	湖南张家界	新刘海砍樵
山东威海	神游华夏	江西吉安	井冈山
河南郑州	禅宗少林	福建南平	印象大红袍
陕西西安	长恨歌	广西桂林	印象刘三姐
浙江杭州	印象西湖	海南三亚	三亚千古情
河北承德	鼎盛王朝	云南丽江	丽江千古情

实景演出

主图　云南·印象丽江

随着旅游资源的深度发掘，以景点为依托而排练的大型实景演出也越来越受到人们的欢迎。若你喜欢纵情山水，那么一定不要错过风光秀丽的西湖、桂林；若你对民族风情更感兴趣，那么西南之地的风情演出肯定对你的胃口；若你更加偏爱历史氛围浓郁的场景，不如去西安、承德体验浓浓的皇家风貌。

北京	北京故宫	湖南	湘西吊脚楼
山东	曲阜三孔	贵州	千户苗寨
山西	山西大院	广东	开平碉楼
河南	少林寺塔林	贵州	肇兴侗寨
陕西	西安大雁塔	四川	丹巴藏寨
江苏	苏州园林	北京	颐和园

寻找古建

主图　福建·永定土楼

中国的房子，在烟雨蒙蒙中融于青山绿水，不矫揉，不造作，却又包罗万象。无论是气势恢宏的皇家宫殿，还是江南烟雨的亭台楼阁，抑或是庄严肃穆的佛塔寺庙，民族风情的山寨竹楼，不仅体现了劳动人民的聪明才智，更彰显了中华文化的博大精深，建筑艺术的源远流长。

河南	挂壁公路
湖南	矮寨盘山公路
四川	雅西高速
贵州	二十四道拐
青海	青海湖公路
新疆	沙漠公路
台湾	苏花公路
西藏	川藏公路
河北	草原天路

最美公路

主图 广西·旧州公路

自驾游总会让人感到随心所欲，走走停停，看着那些或神奇或险峻，或梦幻或壮美的沿途风景，让你目不暇接。飞驰在远方的路上，跨过高山，越过平原，穿过大河……沿途美景如画，微风轻抚身体，直入灵魂，这是自由的感觉。

摄影之旅

主图 云南·元阳梯田

旅行和摄影，总是合二为一。中国地域辽阔，旅游资源和摄影素材多姿多彩，你可以拍山水画廊，拍古色建筑，拍人文节庆，拍自然气候，拍四季美景……不同的视角、不同的光线，在镜头下都是不同的美丽。多走多拍，用心去记录旅途中的点点滴滴。

山西临汾	壶口瀑布	云南昆明	东川红土地
江苏兴化	兴化油菜花	贵州黔南	荔波樟江
湖南张家界	武陵源	西藏林芝	林芝桃花
广西桂林	漓江风光	青海海南	青海湖
广西崇左	德天瀑布	甘肃张掖	张掖丹霞
四川甘孜	新都桥	甘肃敦煌	月牙泉
云南丽江	泸沽湖	内蒙古阿拉善	额济纳胡杨林

北京	地坛庙会	云南	三月街
山西	打铁花	西藏	雪顿节
广东	赛龙舟	甘肃	晒佛节
广西	三月三歌会	宁夏	花儿会
贵州	芦笙节	新疆	开斋节
云南	泼水节	内蒙古	那达慕

民俗节庆

主图　云南·傈僳族阔时节

五十六个民族，五十六枝花。

不同的居住环境，不同的历史文化，造就了不同的民俗风情。一望无际的草原，能歌善舞的维吾尔族姑娘，神秘的苗寨，圣洁的雪域高原……还有那些丰富多彩的民风民俗：剪纸、打铁花等，都是传统文化中令人惊艳的存在。

河北秦皇岛	北戴河	湖南怀化	地笋苗寨
辽宁大连	发现王国主题公园	广东深圳	华侨城
山东青岛	极地海洋世界	广西桂林	Club Med 度假村
江苏常州	中华恐龙园	四川遂宁	中国死海
浙江安吉	Hello Kitty 主题乐园	宁夏中卫	沙坡头
上海浦东新区	迪士尼乐园	广东广州	长隆欢乐世界

亲子游

主图 云南·普者黑

随着各类亲子节目的热播，现代家庭越来越关注亲子教育，假期的陪伴和各类亲子活动更是必不可少。如果你想给孩子不同体验，不如尝试一次愉快的农家乐；若你想释放孩子的天性，那就带他去畅游乐园；如果他喜爱小动物，那么动物园、海洋馆则是不错选择。

河南	洛阳牡丹	贵州	百里杜鹃
陕西	汉中油菜花	新疆	霍城薰衣草
湖北	武汉樱花	云南	罗平油菜花
四川	若尔盖花湖	云南	普者黑荷花
新疆	伊犁杏花沟	青海	门源油菜花
西藏	林芝桃花	四川	金川梨花

主图　江苏·无锡鼋头渚

赏花游

阳春三月，山花烂漫。当春风吹遍大江南北，从东到西，从平原到高原，各类鲜花竞相绽放的时候，踏青赏花便成了大好春光里的头等大事。『乱花渐欲迷人眼，浅草才能没马蹄。』樱花的浪漫、油菜花的绚烂、桃花的清丽、梨花的淡雅、牡丹的华贵……不同的鲜花有着不同的妩媚，只看你更爱哪一种。

避暑游

主图 广西·桂林山水

炎炎夏日要如何轻松度过，宅在家中的时光总是过于单调。若你向往阳光海浪沙滩，不如和朋友来一场海滨狂欢；若是喜欢大自然的山山水水，那就让青山抚慰你的浮躁，让流水洗涤你的心灵；或者你更想体验悠闲宁静的生活，那就择一处田园，与清风相伴，在清凉的广阔天地间，寻找自然的真谛。

河北	避暑山庄	浙江	莫干山
河北	北戴河	浙江	舟山群岛
河南	鸡公山	安徽	黄山
辽宁	大连	广西	北海
江西	庐山	云南	普者黑
山东	青岛	云南	香格里拉
吉林	长白山	四川	蜀南竹海

赏秋游

主图 四川·新都桥

深秋的大地如诗如画、如梦如幻，既像色彩厚重的油画，又像静谧深远的水墨画，这是一年中色彩最斑斓的时节。秋高气爽，你可以去登高望远，感受『一览众山小』的情怀；去体验『停车坐爱枫林晚，霜叶红于二月花』……；或者只是静静地欣赏大自然的绚烂色彩。带上相机去走一走，用心去记录每一个美丽瞬间。

北京	香山公园	江西	婺源
河北	坝上草原	湖南	岳麓山
辽宁	盘锦红海滩	四川	米亚罗
内蒙古	阿尔山	四川	稻城亚丁
内蒙古	额济纳胡杨林	云南	东川红土地
安徽	塔川	新疆	喀纳斯
新疆	禾木村	四川	九寨沟

冰雪游

主图　黑龙江·漠河

冬天是一个高冷的季节，冬天里的旅游休闲，离不开冰雪。『忽如一夜春风来，千树万树梨花开』，说的就是大雪过境，世界一片冰清玉洁、晶莹剔透的景象。你可以去雪乡感受童话般的小镇，可以去滑雪场在冰雪中驰骋。无论是玩雪还是赏雪，萧索的冬季也自有一番迷人的姿态。

黑龙江	漠河北极村	山西	壶口瀑布
黑龙江	亚布力滑雪场	湖北	神农架
吉林	查干湖冬捕	四川	峨眉山
河北	崇礼滑雪场	新疆	丝绸之路滑雪场
黑龙江	哈尔滨冰雪大世界	四川	西岭雪山

皇家风貌

华北

旅游带

这个旅游带以中国著名古都北京为中心。华北区内包含了大量与皇家、都城相关的景点，比如北京有明清皇家的宫殿——紫禁城，皇帝祭天的天坛；河北有清朝的皇陵——清东陵和清西陵，有皇家园林避暑山庄，有皇家猎苑木兰围场；山东有皇帝封禅的泰山和曲阜孔庙；天津的盘山也是乾隆帝经常攀登之峰。华北地区东部临近渤海，吸引了秦皇求仙，还有八仙过海的美丽传说，这也为这个旅游区增添了更丰富的内容。

亮点→ 天安门｜故宫｜皇家园林｜北京胡同｜艺术街区｜万里长城｜京味小吃

故宫

大气，是所有人给北京的定义。古老，是北京延续至今的性格。情调，是今天北京的追求。这是一座古老文化和现代文明交相辉映的城市，它所特有的文化和风韵引人入胜。天坛的明月，北海的风，卢沟桥的狮子，潭柘寺的松，红墙碧瓦太和殿，十里长街卧彩虹，王府井霓虹闪烁，水立方熠熠生辉……作为中华人民共和国的首都、世界历史文化名城，北京是所有中华儿女心中的骄傲。

旅 行 路 线

老北京三日游

北京景点多而散，三天的时间可以好好体验下老北京独有的风情。第一天去天安门看升旗，去故宫看文物，逛南锣鼓巷等一些老北京胡同；第二天去北海公园、颐和园，感受北京的园林艺术；第三天去八达岭爬长城。

北京经典四日游

四天的时间可以兼顾多玩一些知名景点，以下行程适合初来北京的旅行者。第一天游览代表北京皇家气息的天安门和故宫；第二天游览郊区的长城和十三陵；第三天游览代表现代北京的奥林匹克公园；第四天游览代表北京市民生活的什刹海风景区。

天安门周边

本地游

※天安门广场

正阳门、前门箭楼

🅐 北京市东城区长安街。◉ 乘坐地铁1号线到天安门西站下或乘地铁2号线到前门站下。

天安门广场南北长 880 米，东西宽 500 米，相当于 62 个足球场那么大，是我国举行重大庆典、盛大集会和外事迎宾的重要场所。广场两侧分别是人民大会堂和中国国家博物馆。毛主席纪念堂和正阳门城楼矗立在广场的南部。

中下｜天安门广场

※毛主席纪念堂

绒绣壁画、瞻仰主席遗容

🅐 北京市东城区前门东大街。◉ 星期一不开放；星期二至星期日 8:00~12:00 对外开放，其中 7~8 月 7:00~11:00，9 月 9 日、12 月 26 日 8:00~11:30，14:00~16:00。

毛主席纪念堂位于天安门广场南部，安放着毛泽东主席的遗体。纪念堂主体呈正方形，四周有 44 根黄色花岗明柱，建筑分两层，一层有北大厅、瞻仰厅、南大厅。二层有毛泽东、刘少奇、周恩来、朱德、邓小平、陈云革命业绩纪念室和电影厅。

※故宫 ◎ AAAAA

太和殿、角楼、珍宝馆

◎ 北京市东城区景山前街。 ◎ 乘坐地铁1号线到天安门东或天安门西站下车,步行可至。 ◎ 旺季(4~10月)60元,淡季40元;实行网络售票。内部珍宝馆另收10元,钟表馆10元。 ◎ 旺季8:30~17:00;淡季8:30~16:30。

故宫,又称紫禁城,为"世界五大宫"之一,是世界上规模最大的宫殿建筑群,有大小宫殿、房屋近万间。故宫始建于明初,是明清两朝的皇宫,建筑精美、布局严谨、文物丰富。城内分为"外朝"和"内庭"两部分,"外朝"以太和殿等三大殿为核心,是皇帝处理政事的地方,"内庭"包括乾清宫等"三宫六院"和御花园,为皇帝及后妃们起居生活之所。故宫收藏历代珍贵文物百万余件,部分宫殿被辟为钟表馆、珍宝馆等陈列馆。

※南锣鼓巷

特色小店、酒吧、古建筑

◎ 北京市东城区。 ◎ 地铁6号线、8号线南锣鼓巷站下车即到。

南锣鼓巷地区是胡同系统相对保留最完整的传统居住区,是一条集现代情调和老北京韵味为一体的胡同。这里的胡同布局似一条"蜈蚣",以长约

文化解读

太和殿(金銮殿)在故宫的中心部位,红墙黄瓦、朱楹金扉,在阳光下金碧辉煌,是故宫最壮观的建筑,也是中国最大的木构殿宇。殿内有沥粉金漆木柱和精致的蟠龙藻井,上挂"建极绥猷"匾,殿中间是封建皇权的象征——金漆雕龙宝座,殿前有宽阔的广场。

中和殿在太和殿后,平面呈方形,四面出廊,金砖铺地,黄琉璃瓦四角攒尖顶,正中有铜胎鎏金宝顶。这里是皇帝去太和殿大典之前休息,并接受执事官员朝拜的地方。

保和殿在中和殿后,它建在高约5米的汉白玉台基上。平面呈长方形,殿内金砖铺地,坐北向南设雕镂金漆宝座,建筑装修与彩绘精细绚丽,由于采用了减柱造做法,更显得宽敞舒适。明代大典前皇帝常在保和殿更衣、受贺。清代皇帝在保和殿赐宴、举办殿试。

800米的南锣鼓巷为轴线,两侧各对称分布着8条平行胡同。传统的建筑,时尚的小店,经过翻修后,胡同保存了老北京特有的韵味。

天坛周边
本地游

※天坛 ◎ AAAAA

祈年殿、四大妙音

◎ 北京市东城区天坛东里甲1号。 ◎ 乘坐地铁5号线到天坛东门站下车,步行可至。 ◎ 15元,联票34元(含祈年殿、回音壁、圜丘)。

天坛是明、清两代皇帝每年祭天和祈祷五谷丰收的地方,居京城"天地日月"诸坛之首,建成于明永乐十八年(1420年)。面积比故宫还要大两倍多,建筑布局呈"回"字形,分为内坛和外坛两部分,坛域北呈圆形,南为方形,寓意"天圆地方"。

※陶然亭公园

陶然亭、慈悲庵、名亭园

◎ 北京市西城区太平街。 ◎ 乘坐地铁4号线到陶然亭站下车,步行前往。

陶然亭公园是以"四大名亭"之一陶然亭为中心修建的园林式公园。公园有陶然亭、云绘楼、清音阁、慈悲庵等古建。园内是青绿湖水,周围垂柳依依,环境优美,除了著名的陶然亭外,还仿照全国各地的历史名亭修建了很多亭子,漫步公园便可以遍览全国名亭。

左上 | 南锣鼓巷
左下 | 故宫神武门
右下 | 天坛祈年殿

什刹海周边

本地游

什刹海景区示意图

※什刹海

湖光、脚踏船、后海酒吧

北京市西城区。乘坐地铁8号线到什刹海站下，步行前往。

　　什刹海风景区是最具京味儿的平民乐园，由什刹海（又名前海）、后海和西海（积水潭）三个相连的湖泊组成，被誉为"北方的水乡"。夏天湖边荷花盛开，非常清凉，可以坐船欣赏湖景；到了冬天湖面结了冰，游船便开不了了，但可以来欣赏冬景或滑冰。

※烟袋斜街

北京剪纸、吹糖人、特色小吃

北京市地安门西大街。乘坐地铁8号线到什刹海站下车，步行约300米即可到达。

　　烟袋斜街是北京最古老的商业街，明清风貌和京味儿文

化十足。除少数餐馆、酒吧外，还有专营茶具、古玩等民间工艺品的店铺，是北京较有名气的文化街，曾留下不少文化名人的足迹。"长枪短炮"的摄影师们往往把这条街当做出片子的好地方，随便拍两张便是不错的作品。

左下 | 恭王府夜景
右上 | 什刹海
右下 | 北海公园

※恭王府及花园 AAAAA

银安殿、嘉乐堂、萃锦园

🏠 北京市西城区前海西街。🚇 乘坐地铁6号线到北海北站，下车后步行可至。💰 40元，联票70元（含门票、专业讲解员、参观开放的景点及展厅、观看王府大戏楼，并在大戏楼内欣赏北京传统节目演出、品尝王府盖碗茶和小吃）。⏰ 旺季（4~10月）8:00~17:00，淡季9:00~16:00。周一闭馆。

恭王府由府邸和花园（即萃锦园）两部分组成，是一处

典型的王府花园。始建于清乾隆四十二年（1777年），曾是和珅的私宅。园内有著名的大戏楼，立于山顶，居高临下，可观全园景观。恭王府历经了清王朝由鼎盛至衰亡的历史进程，故有"一座恭王府，半部清代史"的说法。

※北海公园

白塔、五龙亭、九龙壁

🏠 北京市西城区文津街。🚇 乘坐地铁6号线到北海北站下可至北海公园北门。💰 旺季（4~10月）10元；淡季5元。⏰ 旺季6:30~21:00；淡季6:30~20:00。

"让我们荡起双桨，小船儿推开波浪……"，耳熟能详的歌曲《让我们荡起双桨》中唱到的白塔指的就是北海公园内的佛塔。北海位于故宫西北侧，曾是皇家园林，园内亭台错落掩映，湖畔林木郁郁葱葱，风光极美。

雍和宫周边
本地游

雍和宫景区示意图

※雍和宫
牌楼、大殿、班禅楼

○ 北京市东城区雍和宫大街。
○ 乘坐地铁 2 号线或 5 号线到雍和宫站下车即到。❀ 25 元。☀ 夏季 9:00~16:30；冬季 9:00~16:00。

雍和宫是北京市内最大的藏传佛教格鲁派皇家寺院，历史上这里曾是清雍正皇帝继位前的府邸。寺院由三座精致牌坊和五进宏伟大殿组成，融合多种建筑艺术为一体，保存有大量的佛教文物和资料。寺庙内每天都有大量的香客和旅客前往。

※地坛公园
方泽坛、皇祇室、宰牲亭

○ 北京市东城区安定门外大街。
○ 乘坐地铁 2 号线或 5 号线到雍和宫站下，步行前往。

地坛曾是明清两朝帝王祭地的场所，为北京五大坛中的第二大坛。北京的地坛是与天坛相互对应的，因为古人有"天南地北"和"天圆地方"的说法。所以天坛在南，地坛在北，天坛内的建筑都是圆形，

右上 | 雍和宫
右下 | 地坛公园

地坛内的建筑则全都是方形。现公园内还存有多处古建筑，春节期间的庙会热闹非凡，是老北京最具代表性的春节庙会之一。

※孔庙和国子监博物馆

集贤门、太学门、琉璃牌坊

◎ 北京市东城区国子监街，雍和宫西面。 ◎ 乘坐地铁 2 号线或 5 号线到雍和宫站下，步行前往。 ◎ 30 元。

博物馆由北京市内著名的古建筑孔庙和国子监共同组成。按照"左庙（孔庙）右学（国子监）"布局。北京孔庙是元、明、清三代祭祀孔子的地方，为我国最高等级的文庙；国子

左上 | 鸟巢
左下 | 国子监
右上 | 水立方

监是元、明、清三代国家管理教育的最高行政机关和国家设立的最高学府。

奥林匹克公园 AAAAA 本地游

奥运村、记者村

◎ 北京市朝阳区北辰路。 ◎ 乘坐地铁 8 号线到奥体中心站或奥林匹克公园站下，步行前往。 ◎ 进入奥林匹克公园免费，鸟巢 100 元，水立方 30 元，国家体育馆 20 元。

奥林匹克公园位于城市中轴线的北端，是举办北京 2008 年奥运会的主体场地，容纳了约 44% 的奥运会比赛场馆和为奥运会服务的绝大多数设施。奥运中心区有 14 个比赛场馆（国家体育场、国家体育馆、奥体中心体育场等）、奥运村、记者村和大型露天剧场。

※ 国家体育场（鸟巢）

鸟巢是北京奥林匹克公园的标志性建筑物之一，也是第 29 届夏季奥运会的主体育场。它位于奥林匹克公园中心区南部，景观大道东侧。鸟巢结构科学简洁，完美统一，为国内外特有建筑，内设有 91000 个座席。

※ 国家游泳中心（水立方）

水立方在奥林匹克公园景观大道西侧，是北京市政府指定的唯一的由港澳台同胞、海外侨胞捐资建设的标志性奥运场馆。它具有纷繁自由的结构、简洁纯净的造型、环保节能的功能，是奥运期间游泳、跳水、花样游泳等奥运赛事场馆。

文化解读

水立方作为世界上唯一的完全由膜结构来进行全封闭的公共建筑，就像一座蓝色的水晶宫殿，无论在阳光下，还是在灯光下都透射着梦幻般的色彩，营造出一种轻灵、宁静、具有诗意的氛围，水立方与鸟巢一方一圆，一阳刚一柔美，把奥林匹克公园主场区的气氛烘托到了极致。

颐和园周边

本地游

※颐和园

@ AAAAA

佛香阁、昆明湖、十七孔桥

🚇 北京市海淀区新建宫门路。🚊 乘坐地铁 4 号线到西苑站或北宫门站下，步行前往。🎫 旺季 30 元，淡季 20 元。🕐 旺季（4~10 月）6:30~18:00，淡季7:00~17:00。

颐和园，又称清漪园，是清代皇家避暑的行宫，是世界上造景丰富、建筑集中、保存最完整的皇家园林。以昆明湖、万寿山为基址，按照江南园林的设计手法建造，景色极具优雅，还有很多珍贵的文物，被誉为"皇家园林博物馆"。万寿山以佛香阁为中心，有 728 米的长廊、苏州街、谐趣园、藻鉴堂等景；昆明湖中有西堤六桥、南湖岛（龙王庙）、十七孔桥、藻鉴堂等景。

游玩攻略

颐和园规模宏大，全园可分3 个区域：以仁寿殿为中心的政治活动区；以玉澜堂、乐寿堂为主体的帝后生活区；以长廊沿线、后山、西区为主的苑园游览区。

游览颐和园，除了参观金碧辉煌的殿堂建筑外，还可乘坐景区内的游船，泛舟昆明湖上，既轻松惬意，又不误观光赏景。园内有游船码头 8 个：八方亭、文昌阁、玉澜堂、排云殿、石丈亭、铜牛、石舫和南湖岛，5 种不同类型的游船：脚踏船、手划船、电瓶船、龙船和大型画舫。游船价格路线各异，可各取所需。

※香山公园

香山红叶、碧云寺

🚇 北京市海淀区香山买卖街。🎫 旺季联票 15 元，淡季联票 14 元。

香山公园是一座具有皇家园林特色的大型山林公园，主峰香炉峰海拔约 557 米，以香山红叶闻名全国。现有勤政殿、静翠湖、香山饭店、香山寺遗址、双清别墅、玉华岫、昭庙、琉璃塔等胜迹。

颐和园景区示意图

香山红叶驰名中外，是感受北京金秋的绝好去处。每年九、十月金秋时节，漫山遍野的黄栌经过严霜的洗礼后，变得艳红似火，把整个香山染成一片火红。其中森玉笏、玉华岫和阆风亭都是看红叶的绝好之处。而深秋的雪后，连绵的青山银装素裹，一片洁白中点缀着片片红霞，这正是旧燕京八景之一的"西山晴雪"。

※八大处公园

佛教寺庙、金秋红叶

🚇 北京市石景山区八大处路。🎫 10元；索道单程 50 元，滑道单程 60 元。

八大处公园是一座历史悠久、风景秀丽的佛教寺庙园林，以"三山、八刹、十二景"著称。八大处是指园内的八处佛教寺庙，这里历史悠久，自古以来就是京郊拜佛祈福的胜地。翠微、平坡、卢师三山之间，自然天成的"十二景"闻名遐迩，古人有云"香山之美在于人工，八大处之美在于天然"。

文化解读

八大处最值得游览的地方有三处。一为灵光寺，寺里有巍然耸立的佛牙舍利塔、沧桑古朴的辽代画像千佛塔基、锦鳞嬉戏的金鱼池、气象恢宏的"罗汉墙"与"心经壁"。

二为大悲寺，大雄宝殿中有元代著名雕塑家刘元塑造的十八罗汉，形神兼备、栩栩如生。

三为香界寺，布局严整，佛像供器齐备，尤其可观的是大雄殿下的两通龙首龟座御碑，碑上分别镌有清代三帝康熙、乾隆、嘉庆的文墨。

近郊景点

本地游

※ 卢沟桥

石狮子、卢沟晓月

🅐 北京市丰台区卢沟桥城内街。
🚌 可乘 309、339 等路公交到卢沟新桥站下。💰 20 元。

卢沟桥因横跨卢沟河（今名永定河）而得名，建于金朝，是北京现存古老的联拱石桥之一。1937 年 7 月 7 日，全民族抗战的第一枪在这里打响。柱头上的 502 尊石狮最为有名，桥东碑亭内立有清乾隆皇帝题写的"卢沟晓月"汉白玉碑，为燕京八景之一。

※ 世界公园

微缩景观、歌舞表演

🅐 北京市丰台区花乡丰葆路。🚌 乘坐地铁房山线到大葆台站下即到。
💰 100 元。

世界公园是北京市最著名的主题公园之一，这里汇集了各国著名建筑的微缩版，有 50 个国家的百余处景观，是目前亚洲大比例"微缩景观公园"之一。公园平面布局按五大洲版图设计，设西欧、北欧、北美、南美、非洲、大洋洲、亚洲等 17 个景区，真正让人"不出国门，周游世界"。

※ 北京环球度假区

全球第五座环球影城主题乐园

🅐 北京市通州区。🚇 地铁 1 号线、7 号线终点站可到。🕐 环球城市大道 8:00~22:00，环球影城 10:00~20:00。💰 指定淡季日 418 元，平季日 528 元，旺季日 638 元，特定日 748 元。

"霸天虎"前排队合影打卡，霍格沃茨城堡前排队参观，漫步在城市大道，随处可见手执哈利·波特魔法棒的游客，亲子家庭齐出动……这就是北京的超级网红打卡地——环球度假区。环球度假区包含小黄人、侏罗纪世界、哈利·波特、变形金刚、功夫熊猫、好莱坞、未来水世界七大主题景区、多处骑乘娱乐设施及地标景点、多场次娱乐演出、周边产品零售门店。

昌平—延庆旅游区

本地游

※ 明十三陵

🅐 AAAAA

神路、昭陵、长陵

🅐 北京市昌平区十三陵镇。🚇 乘坐地铁昌平线可直达十三陵景区。💰 联票旺季（4~10月）110 元；淡季 100 元。

神路是明十三陵的第一个景点，由石牌坊、大红门、碑楼、石像生、龙凤门等组成。沿线设有一系列建筑物，错落有致，蔚为壮观，这里也是拍摄的最好场所。

长陵是十三陵的祖陵，始建于明永乐十一年（1413 年），陵园依山而建、坐北朝南，呈"前方后圆"式布局。整座陵寝规模宏大，用料严格考究，施工精细，工程浩繁，营建时日旷久，仅地下宫殿就历时四年。

定陵是明朝万历皇帝和其皇后的合葬墓。陵宫的总体布局亦呈"前方后圆"之形，前有宽阔院落三进，后有高大宝城一座。定陵的地宫现已开掘，可以参观。

🕐 旺季 8:00~17:30，淡季 8:30~17:00。

明十三陵是明朝十三位皇帝的陵墓总称，位于北京西北郊。明十三陵是全国现存规模最大、帝后陵寝最多皇陵建筑群之一，历经 200 余年营建而成。陵区群山环抱，陵前有河水蜿蜒，山清水秀风景殊胜。

※ 八达岭长城

🅐 AAAAA

观日台、博物馆、烽火台

🅐 北京市延庆区军都山关沟古道北口。🚄 清河站有发往八达岭长城站的高铁。💰 旺季（4~10月）40 元，淡季 35 元。

"不到长城非好汉"，八达岭长城史称天下九塞之一，是万里长城中的精华，在明代长城中独具代表性。八达岭长城以关城为中心，南至好汉坡最高点，北到十二楼，风光集巍峨险峻、秀丽苍翠于一体。景区内还有长城博物馆、中华文化名人雕塑纪念园等游览点。

左上 | 卢沟桥
左下 | 北京环球度假区
中下 | 明十三陵

八达岭长城

北京的长城

　　北京境内现存的长城主要为明代所建，蜿蜒于首都北部的燕山山脉之上。长城总长度约为 629 千米，沿途分布有敌台 1501 座、烽火台 165 座、城堡 141 座、关口 31 座，其中大部分已经处于残破的历史遗址状态。著名的古长城有八达岭长城、慕田峪长城、司马台长城、箭扣长城、古北口长城等。

　　长城的主要建筑包括城墙和城楼。城台包括三类：烽火台、空心敌台、实心敌台，功能各异。

城墙

　　城墙是长城的基本组成部分，包括夯土墙（多见于西北地区）、砖包墙（多见于京冀地区）、石砌墙（多见于山地长城）三类。

障墙：筑在位于陡峭段的横向短墙，可减少守城将士的暴露。

墙顶海墁：长城墙体顶面铺设的砖砌防水，用以保护墙体不渗水损坏，一般以二至数层城砖、海墁砖铺砌。

磴道：是供士卒登城或城墙陡峭处的楼梯通道。

排水：包括阳水立砖、泄水凹槽、排水口等结构。

射孔：一般位于垛口墙中部，发射弓箭或火器之用。

望孔：一般位于垛口墙下部，观望敌情之用。

墙基：一般以修凿平整的大条石或大形石块砌筑。

垛口墙：是长城墙体顶部外侧有凸凹豁口的矮墙，也称雉堞。顶部的三角尖砖可扩大观望视角和对城下敌人的打击面。

女墙是长城墙体顶部内侧的矮墙，作用是防止巡城的士兵失足跌落城下，起防护作用。

※龙庆峡

溶洞、峡谷景观、冰灯节

🚩 北京市延庆区古城村西北。🚌 从黄土店站乘坐 S2 城铁到延庆站后，换乘公交可直达景区。🎫 夏季 40 元，冬季 100 元（冰灯票）。

　　龙庆峡是一处以划船登山为主的旅游区，集南方山水的妩媚和北方山水的雄浑于一体。峡谷曲折，河水碧绿，两岸山崖险峻，溶洞、石笋、石柱密布，被誉为北京市的"小漓江"。盛夏的龙庆峡，空气清新，气候凉爽，乘坐景区游船，在峡谷里穿行，可感受大自然的造化神工。

怀柔—密云旅游区

本地游

※红螺寺

红螺山、观音寺、五百罗汉园

🚩 北京市怀柔区怀柔镇卢庄村。🚌 东直门乘红螺寺专线车可直达景区。🎫 54 元。

　　"京北第一古刹"红螺寺建于东晋年间，是我国北方最大的佛教丛林，世有"南有普陀，北有红螺"的说法。整座寺院掩映在千亩林海之中，构成了一幅"深山藏古寺"的意境。"春看花、夏避暑、秋观红叶、冬赏岁寒三友"是红螺寺的特点。著名的"红螺三绝景"——御竹林、雌雄银杏、紫藤寄松点缀在古寺内外。

空心敌台

空心敌台也称"敌楼"或"虚台"，明代军事家戚继光创建，主要分布在今河北、北京一带的长城上。此类敌台多骑墙而建，台中空，四面开有箭窗，登台梯道一般设在台内，台顶建有铺房。

铺房： 也称望楼、楼橹。建于敌楼顶部，供守城士兵巡逻放哨、遮风避雨之用。建筑形式多为一间或三开间的硬山顶房屋，也有比较精美的歇山式屋顶。

长城敌台示意图

敌台内部有磴道可登上台顶。

抵御外敌的垛口旁有小窥孔，透过窥口看敌人动向，还能掩护身体。

券门： 进出敌台的门户通道，券门外口常见以石材雕琢的券形门额及两侧门柱组成，有的券门还雕刻装饰有图案纹饰。

马道铺砖，顺应坡度设有阶梯，方便士兵上下地台。

箭窗： 是敌台的券顶式窗户。一般设在敌台中部，数量多少因敌台大小而异，有一面三眼、四眼、五眼等多种。箭窗在战时用以射箭和发射火器。

烽火台

燃放烽火的墩台，一般建在长城的外侧，多不与长城相连。台体常见为实心砌筑或夯筑，登台由台外设绳梯，台顶设有燃放烽燧的平台。烽火白天用烟，夜间用火。

券室： 空心敌台内部的空间。结构形式多种多样，最多见的是砖券而成的"田"字形券室空间，是供驻守士卒生活、战守、存放粮秣武器的地方。

实心敌台

也称"实台"。此类敌台也骑墙而建，台体为实心砌筑或夯筑，登台多由台外设绳梯，台顶多建有铺房。

※雁栖湖

湖心岛、水上乐园

🚩 北京市怀柔区雁栖镇。🚌 从宣武门、天安门乘旅游专线车直达。💰 45 元。🕐 4~10月。

雁栖湖是燕山脚下一处风光秀丽的水上乐园，湖水清澈蔚蓝，周围小山环抱，风景优美。每年春季有成群的大雁等珍禽在此栖息。如今的雁栖湖已被开发成一个水上游乐园，来此游玩主要以体验水上娱乐为主，

同时还可以欣赏自然风光，呼吸郊外的清新空气。秋季这里还是赏红叶的好去处。

※慕田峪长城 🈯 AAAAA

正关台、深秋红叶

🚩 北京市怀柔区渤海镇。🚌 从怀柔北大街乘坐公交车到慕田峪环岛站下车。💰 45 元。

慕田峪长城西接居庸关，东连古北口，长达 2250 米，有敌台 22 座，自古就是"京师北

门，长陵玄武"的要地。慕田峪长城建筑构造风格独特，敌楼密集，尤以三座敌楼并蓄一台的正关台，更是万里长城中罕见。深秋慕田峪长城的红叶风光甚是美丽。

※青龙峡

玉皇台、水上项目

◎ 北京市怀柔区怀北镇大水峪村北。 ◎ 从东直门外乘坐 916 公交车，转青龙峡专线公交可直达景区。 ◎ 54 元。

青龙峡是一处以山川秀色、飞瀑流泉、长城古貌为特色的风景胜地。峡谷四周青山环抱绿水，空气清新，踏青游山时，沿途还能看到明代古长城，有蹦极、速降、攀岩等娱乐项目。玉皇台是景区的最高峰，可以登高望远，领略青龙峡的大好风光。

※黑龙潭

流水池塘、划船、观冰凌

◎ 北京市密云区石城镇大关桥。 ◎ 东直门公交枢纽站乘公交，到密云鼓楼站下，换乘开往黑龙潭方向的车可达。 ◎ 60 元。

黑龙潭风景区以深潭、飞瀑为主，在全长约 4 千米、水位落差 220 多米的峡谷中。春花、秋月、平沙、落雁、曲、叠、沉、悬潭等十八个名潭撒落在幽深的峡谷里，千姿百态，各领风骚。来此可以漫步山间，欣赏流水池塘和山林美景，还能划船娱乐。隆冬时节，这里则是观冰凌、攀冰的好去处。

门头沟—房山旅游区

※潭柘寺

古建筑、塔林、古树

◎ 北京市门头沟区潭柘寺镇潭柘山麓。 ◎ 在地铁苹果园站乘坐 931 专线公交可直达潭柘寺。 ◎ 50 元，与戒台寺联票 80 元。 ◎ 8:30~16:30。

潭柘寺始建于西晋，是北京最古老、规模最大一处佛教寺庙，有"皇家第一寺院"的美誉。寺院曾受历代皇家重视。而且群山环抱、古树参天、建筑古老精美，风景非常不错。尤其潭柘寺正殿上的一对鸱吻是北京古建筑中最好最大的；另有两棵银杏树曾被乾隆皇帝封为"帝王树"和"配王树"。

※戒台寺

牡丹院、五棵奇松、佛塔

◎ 北京市门头沟区永定镇马鞍山。 ◎ 在地铁苹果园站乘 948 路公交到戒台寺下。 ◎ 45 元。

戒台寺因拥有全国最大的佛寺戒坛而闻名，是我国北方目前保存辽代文物最多、最完整的寺院。寺内九棵松为世界上"古白皮松之最"。戒台寺每逢农历初一、农历十五、佛诞日都举行佛事活动。

左下 | 潭柘寺
中下 | 十渡

※十渡风景区

青江沟、孤山寨、东湖港

◎ 北京市房山区十渡镇。 ◎ 从天桥汽车站乘坐 917 路专线公交车可直达。 ◎ 各景点单独收费，孤山寨 75 元，东湖港 65 元。

十渡风景区是华北地区唯一以岩溶峰林和河谷地貌为特色的自然风景区。它以奇峰秀水而闻名，这里悬崖峭壁、瀑布溪流众多，流经十渡的拒马河河水清澈。河水两侧设置了众多娱乐项目，还可以在河水中乘竹筏、玩漂流。

※周口店北京人遗址

博物馆、遗址公园

◎ 北京市房山区周口店镇龙骨山。 ◎ 从地铁房山线燕山站乘坐房山 38 路公交可到。 ◎ 博物馆 30 元，遗址公园 30 元。 ◎ 旺季（4~10 月）9:00~16:30；淡季 9:00~16:00。周一闭馆。

周口店北京人遗址是举世闻名的"北京人"遗址所在地，是世界上发现和保存古人类化石最丰富的遗址。景区现在主要分为两个部分：一个是博物馆，馆内通过文字、图片、化石、骨头和众多遗址内发掘出的文物展示了"北京人"生活的场景和发展历史；另一个部分是遗址公园，沿途可以看到一些山洞遗址，可以在洞口观看原始人生活的环境。

体验之旅

德云社相声： 随着综艺节目曝光率的提高，郭德纲的德云社已被大多数国人知晓，来北京，不听段郭式相声未免遗憾。每周二至周五、周日 19:30；周六、周日 14:00 还会增加一场演出（节假日及专场活动除外）。

北京夜生活： 在北京这座现代化都市里，有很多大大小小的酒吧街、酒吧带或酒吧群落。每当夜晚来临，这些群落的霓虹灯光就在召唤着"喜酒泡吧"的人们。什刹海酒吧街品位较高，露天座位多。

听一曲国粹： 京剧，亦称"京戏""国剧""皮黄"。京剧耐人寻味，韵味醇厚，在北京一些公园的凉亭下，经常能欣赏到市民、票友组成的"自乐班"，自拉自唱，很是陶醉。感兴趣的游客可以前往中国国家京剧院、长安大戏院、梅兰芳大剧院等地一赏国粹。

茶馆听故事： 北京的茶馆集中而且品级俱全。茶具多为古色古香的盖碗茶杯，茶馆还备有象棋、谜语供人消遣。规模大些的茶馆还设有戏台，下午和晚上有京剧、评书、大鼓等演出。著名的有老舍茶馆、梁祝茶馆、北平楼茶艺馆等。

香山赏红叶： 香山红叶在北京是非常有名的景观，每年观赏红叶的季节这里都是人山人海。游客可在香炉峰、白松亭等处观赏到色彩斑斓的初秋胜景。每年香山红叶节举办时间为 10 月中旬至 11 月中旬。

寒冬观冰灯： 延庆龙庆峡冰灯历年来都是非常出名的，1 月中旬开幕，到 2 月底结束。历届冰灯节的主题尽管不同，但顺水库大坝飞流直下的冰瀑奇观，却年年保留。

寻味之旅

北京汇聚了全国各地的美食。这里不仅有名目繁多的京味儿传统小吃，更有独具京城特色的官府菜、清真菜、私家菜。同时，中外名菜也在这里汇聚融合，世界各地风味都可以尝到。

北京烤鸭： 北京烤鸭是享誉世界的著名菜式。烤鸭肉质肥而不腻，外脆里嫩，被誉为"天下美味"，以老字号全聚德最为知名。但北京本地人最常光顾的烤鸭店却是大董、四季民福等店。

涮羊肉： 涮羊肉采用铜锅炭火，清汤锅底最大限度地保证了羊肉的鲜美，涮好后蘸蘸料食用，肉质细且无膻味，鲜嫩无比。其中，以东来顺、宏源涮肉城、阳坊胜利涮羊肉、羊大爷涮肉坊最为有名。

老北京炸酱面： 地道的老北京炸酱面精髓都在炸酱上，菜码有豆芽、芹菜、黄瓜丝、白菜丝、青蒜等 8 样，很地道的北京味。以老北京炸酱面大王、海碗居最为有名。

卤煮火烧： 又叫卤煮小肠，这是北京一种大众化街头小吃食品，已有上百年的历史，后来几经演变，才成为现在的卤煮小肠。百年老号"小肠陈"、陈记卤煮小肠最为出名。

豌豆黄： 北京的传统小吃，口感细腻，香甜爽滑，有祛暑降温的功效，是夏季消暑的佳品。以北海公园漪澜堂的仿膳饭庄所制的最为有名。

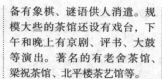

左上｜香山竹林茶社
左下｜冰灯
中上｜老北京炸酱面
右下｜北京烤鸭

牛街小吃街：牛街是北京最大的回族同胞聚居地，也是著名的北京小吃去处之一，牛羊肉料理和各式糕饼小吃是牛街的特色。

护国寺小吃店：这里是北京地方小吃的代表之一。以其品种丰富，具有深厚的历史文化底蕴而著称，这里聚集了京城小吃之精华，而且价格合理。

目的地攻略

🚌 交通

飞机：北京首都国际机场位于顺义区，距离市中心大约30千米，是全球较繁忙的机场之一，北京绝大部分航班都在这里起降。机场共有T1、T2、T3三个航站楼，各航站楼间有摆渡车可以往来。机场到市区有直达东直门和三元桥的机场快轨（地铁）路线，和市区的地铁路线相通，也有将近20条机场大巴路线。

2019年9月底，新建成的大兴国际机场正式开航，这个位于大兴区和河北廊坊交界的机场，为目前世界最大空港。同时，服役了109年的南苑机场正式关闭民用航空。

火车：北京是全国最重要的铁路枢纽之一，城区主要有北京站、北京南站、北京西站、北京朝阳站、北京东站、北京北站、北京丰台站、北京大兴站。

北京站主要有发往京哈线方向东北三省、京沪线方向华东地区的普速列车，也有少量发往京广线和京九线方向的普速列车。

北京南站有发往天津的城际列车，京哈高铁和京沪高铁方向的列车。北京市区乘坐地铁4号线和14号线可到。

北京西站主要有发往京广高铁方向的列车，还有发往京广线和京九线方向的普速列车以及北京地下直径线，去往西部各地的普速列车也大多从这出发。北京市区乘坐地铁7号线、9号线可到。

市内交通：北京地铁线路较多，是出行的首选交通工具。目前运营的线路有：1号线、2号线、4号线、5号线、6号线、7号线、8号线、9号线、10号线、11号线、13号线、14号线、15号线、16号线、17号线、19号线、八通线、房山线、亦庄线、昌平线、机场线、西郊线、燕房线、S1线、新机场线。基本涵盖了城市的全部区域。

🏠 住宿

北京住宿非常便利，但较中国其他的城市普遍要贵一些。除了各个档次的星级宾馆，你可以选择相对较偏、收费较低的旅馆和招待所。通常，学校里的招待所价格便宜，卫生条件也可以。

热门景点附近住宿一般都比较紧张，尤其是节假日期间，最好在网上提前预订。

🛒 购物

北京作为六朝古都，商业一向繁荣，购物商圈有以下几个地点：王府井、西单、前门大街、大栅栏。

副食品类有全聚德烤鸭、御食园果脯、王致和腐乳、北京酥糖等；工艺品则有"四大名旦"（景泰蓝、牙雕、玉器、雕漆）、北京面人、鼻烟壶、脸谱、剪纸、布鞋等。

左下 | 前门电车
右上 | 西单夜景
右下 | 东华门小吃街

亮点 → 异域风情 | 海河风光 | 天津之眼 | 古文化街 | 快板相声 | 天津美食

海河摩天轮暮色

天津

　　天津这座城市，似乎很难定义，由于紧邻京城，在近代史上天津卫成为各色人物避居或者韬光养晦的地方，留存下一个"万国建筑博物馆"的称号，如今，它仍有自己的个性，它骄傲地坚守着自己传承千百年的民间艺术和幽默、豪放的语言，并且凭借这样的个性倔强地独立于北京而存在，天津就是天津，一座风情独特的城市。

旅 行 路 线

天津市区二日游

　　天津有着独特的美食文化和曲艺文化。第一天白天主要游览海河沿线，晚上则是看夜景，听相声；第二天游览意式风情街和五大道，以民俗和洋楼为主要看点。

天津郊区三日游

　　这条线路是三天游的最常规线路，第一天去盘山风景区，体验自然之美；第二天去抗震纪念碑广场和独乐寺，感受人文底蕴；第三天去滨海航母主题公园，探访军事主题公园。

五大道

本地游

疙瘩楼、载振公馆、蔡成勋故居

🏠 天津市和平区成都道、马场道、西康路、南京路之间区域。🚇 乘坐地铁1号线到营口道站或小白楼站下车，步行可至。

　　五大道是指和平区马场道、睦南道、大理道、常德道、重庆道和成都道这一范围的总称。这里曾经是英租界，很多清末和民国时期的官员名流都曾在这里寓居。街道上有 2000 多所花园式的欧式建筑，其中名人故居就有300 多处。这里的建筑整体是欧式，但形式多样，各有特色，街区优雅浪漫。

中下 | 五大道

※ 马场道

　　马场道上有小洋楼近300座，马场道路口还有新建的精美西洋马车铜雕。另外，还有潘复故居、乡谊俱乐部等，都很有特色，有时间的话，不妨慢慢走来，细细品味。

※ 睦南道

　　睦南道东起马场道，西至西康路，全长约2000米，它在五大道中规模仅次于马场道。这里有数十幢风貌建筑、名人故居。

※ 重庆道

　　重庆道有庆王府，还有很多餐饮娱乐场所，如演歌台、东海渔村、仲联西餐厅等。庆王府是清朝庆亲王载振的公馆，载振是清代第十二个，也是最后一个"铁帽子王"。府邸中央为方形大厅，内设一座可拆卸的小戏台。庭院东部为中式花园，有假山、石洞和六角凉亭。清廷最后一任总管大太监——小德张曾居住于此。

※大理道

沿重庆道左拐就来到了大理道入口，大理道全长约1745米，原名新加坡道。大理道地区是天津市历史风貌建筑的聚集地之一，这里曾居住过很多近代名人。

※常德道

常德道全长约1219米，是五大道地区6条东西向道路中最短的一条，在五大道中建筑名气较小，建筑风格也相对简朴，其间有几家档次不错的餐厅。

海河风景线 本地游

天津有"七十二沽"之称，海河被称作"沽水"，有"沽水流霞"之誉。海河风景线始于三岔口，止于大光明桥，横穿繁华的天津市区，宛如一幅长长的风景画卷展开在游人的眼前。

※大悲禅院

文物殿、方丈殿

🚗 天津市河北区天纬路中段。💴 5元。
🕐 周二至周六 9:00~16:30；周一不开放（农历初一、农历十五除外）。

大悲禅院建于清顺治十五年（1658年），曾供奉过唐代名僧玄奘法师的灵骨，是天津著名的佛教古刹。禅院分东西两部分，西院为清代旧庙，由文物殿、方丈殿组成；东院是禅院的主体，包括天王殿、大雄宝殿、大悲殿等。禅院面积不大但格调素雅，有很多古迹文物，十分古朴。

※天津之眼

乘坐观光、夜景

🚗 天津市海河渡头三岔河口。💴 白天场80元，夜场100元。

天津之眼是一座横跨在海河上的摩天轮，就像是桥上的一只眼睛。摩天轮到达最高点时，距离地面可达120米左右，能看到方圆40千米以内的景致。每到夜晚华灯初上时，天津之眼的彩灯柔美，无数游客会来到这里，拍摄全景或是乘坐观光，享受别样的浪漫。

※解放桥

桥梁建筑、桥下过大船

🚗 天津站与解放北路之间的海河上。
🚇 乘坐地铁3号线到津湾广场站下即到。

解放桥原名万国桥，是一座全钢结构可开启的桥梁，建于1927年。这是天津的标志性建筑物之一，也是目前海河跨桥中仅剩的唯一一座可开启的桥。桥身分为3孔，中孔为开户跨，合则走车，开则过船。"万国桥下过大船"，曾经是海河一景。

天津市区其他景点 本地游

※古文化街 AAAAA

手工艺店铺、天后宫、戏楼

🚗 天津市南开区东北部东门外。
🚇 乘坐地铁2号线到东南角站下，步行前往。

古文化街以元代古迹天后宫为中心，街道两侧林立数百家仿明清风格的店铺。目前街上有上

旅游攻略

文化街上有出售景泰蓝、苏绣、漆器等的综合性店铺乔香阁；有出售土特产的果仁张、皮糖张、崩豆张；最负盛名的还是民间工艺品店铺，拥有神态逼真的彩绘泥塑的"泥人张"，使用木板印绘年画的杨柳青年画，制作形态各异风筝的"风筝魏"等。逛街的同时还可以享受天津特色美食，狗不理包子、煎饼果子、天津大麻花等。

左下 | 天津之眼暮色
右下 | 海河沿线之津湾广场

左上 | 杨柳青古镇
左下 | 西开教堂
中下 | 天塔
右上 | 古文化街

世界上唯一的"水中之塔"，塔身高约415米，为世界第九、亚洲第六高塔。其眺望厅和旋转餐厅，可俯瞰市容。塔旁天塔湖内设有大型音乐灯光喷泉组泉、水幕电影等。沿湖南岸还有国内最长的人工塑山，为天塔湖游览区的一个亮点。

※天津水上公园
园林景观、娱乐项目

🚩 天津市南开区水上公园路。🚌 乘坐地铁3号线到周邓纪念馆站下车即到西门。🎫 公园免费，内部娱乐设施及动物园等单独收费。

天津水上乐园为津门十景之"龙潭浮翠"，原称"青龙潭"，园内有三湖九岛，以水景为特色。全园以翠亭洲上的眺远亭为中心，是公园的最高点，随地势设有3层平台，可在不同的高度观览园景。园内有树木、荷塘，还有特色的日式、中式园林景观，环境十分优美，游船、摩天轮、过山车等娱乐项目也很丰富。

百家店堂，大多是天津老字号店铺，充满浓郁的民间特色，以经营文化用品为主。在这里，你可以找到杨柳青年画、泥人张、魏记风筝等众多的手工艺品，还能品尝到经典的天津美食。

天后宫即天津民俗博物馆，俗称娘娘宫。天后宫拥有天津民俗文化发祥地之地位，是天津现存最古老的建筑，由戏楼、正殿、凤尾殿、启圣祠、张仙阁等建筑组成。

※西开教堂
油画、教徒铜像、彩绘玻璃窗

🚩 天津市和平区滨江道独山路。🚌 乘坐地铁1号线、3号线到营口道站下车即到。

西开教堂全称天主教西开总堂，教堂建筑风格庄重大气，采用法国罗曼式建筑造型，平面呈长十字形，正面和后部耸立3座碧绿色大圆顶塔楼，呈"品"字形，由正厅、中殿等构成，教堂内的雕塑也都繁复精美。

※静园
主楼、展览馆

🚩 天津市和平区鞍山道。🚌 乘坐地铁1号线在鞍山道站下车，步行可至。🎫 20元。🕐 周二至周日9:00~17:30，周一关闭。

静园是一座典雅的西式寓所，曾是末代皇帝溥仪的旧居。在这里可以了解溥仪的生平，参观他当年的办公和居住场所。静园面积不大，但建筑和布景都十分优雅，分为主院和西跨院两个小院落，院落中分布着主楼、爱新觉罗·溥仪展览馆、静园修复展览馆和游客中心等建筑，在园内漫步或到甜品店里喝茶放空，轻松惬意。

※天津广播电视塔
观光台、夜景、旋转餐厅

🚩 天津市河西区天塔道。🚌 乘坐地铁3号线到天塔站下即到。🎫 50元。

天津广播电视塔，简称天塔，是天津的标志建筑，也是

天津郊区景点
本地游

※杨柳青古镇
杨柳青三宗宝、民间艺术

🚩 天津市西青区杨柳青镇。🚌 天津市区有多路公交可达杨柳青古镇石家大院。

杨柳青镇是运河畔的千年历史文化名镇，明清之际，就

被誉为"北国小江南"。小镇有戏楼、牌坊、文昌阁，称为杨柳青三宗宝。古镇有丰富的民间艺术，民俗文化气息十分浓郁。镇上多有中国民间艺术瑰宝，其中以木版年画为代表，另外剪纸、风筝、砖雕也很有名气。

※石家大院

石府戏楼、展览

📍 天津市西青区杨柳青御河北侧。
🚌 从天津站乘坐 824 路专线公交到石家大院站下即到。💰 25 元。

　　石家大院是曾经财富显赫的天津八大家之一石家的府邸，建于清光绪年间。整个大院内的建筑都是灰白色的典型北方传统民居，建筑结构独特，砖木石雕精美，被称为"华北第一宅"，现被辟为杨柳青民俗博物馆。其中，石府戏楼是中国北方最大的民宅戏楼，与牌坊、文昌阁合称为杨柳青三宝。

※大沽口炮台

古炮、城墙、博物馆

📍 天津市滨海新区海河入海口。
💰 25 元。

　　大沽口炮台始建于明代，为明清时期华北地区的海防要隘，素有"南有虎门，北有大沽"之说。大沽口共建有炮台 5 座，其中 3 座在南岸，2 座在北岸，分别以"威、镇、海、门、高"命名。现炮台只有南岸"海"字形的方形炮台保存较为完整。

※黄崖关长城

凤凰楼、寡妇楼、八卦关城

📍 天津市蓟州区下营镇黄崖关村。
🚌 北京平谷区 50 路公交车可以直达景区；从蓟州火车站乘坐旅游专线 13 路到下营转旅游专线 14 路也可前往景区。💰 70 元。

　　黄崖关长城是一段始建于北齐，明代时由戚继光主持重修的古长城。这一段长城走势陡峭，气势壮观，景区包括黄崖关和太平寨两大景区。

黄崖关长城是万里长城在天津蓟州与河北兴隆之间的主要关口和通道。它位列津门十景之首，有八卦关城、凤凰楼、寡妇楼以及黄崖夕照、云海烟波、二龙戏水三大奇观以及太平寨和变化多端的长城墩台。

亲历者行程

　　较为便捷的线路是：入口—蓟北雄关牌楼—黄崖口关—八卦关城—北极阁—长城。时间允许的话，也可以游览距离黄崖关长城不远的八仙山和梨木台。

※盘山　AAAAA

五峰八石、三盘之胜、天成寺

📍 天津市蓟州区官庄镇莲花岭村。
🚌 从蓟州火车站乘坐旅游专线 11 路可直达盘山风景区。💰 成人：78 元，老人、学生半价。

　　盘山多奇松、怪石、流水，而且随高度不同，三层风景依次出现，成为著名的"三盘"奇景。因为风景秀美，引得清朝乾隆 32 次巡游盘山，还发出

左下 | 黄崖关长城

"早知有盘山，何必下江南"的感慨。盘山风景区以"五峰八石""三盘之胜"最为著名，可分为入胜、天成寺、万松寺、云罩寺四大景区。

> **亲历者行程**
>
> 登盘山可选择步行也可乘索道上山，徒步线路为：游客中心一三盘暮雨一迎客松一天成寺一万松寺一舞剑峰一南天门一云罩寺一挂月峰；索道线路为：索道下站一入胜索道一万松寺一云松索道一云罩寺一挂峰。

※独乐寺

观音阁、白塔寺、乾隆行宫

🏠 天津市蓟州区武定街。💴 50 元。

独乐寺始建于隋朝，于辽代重建，是我国仅存三大辽代寺院之一。山门、观音阁以及两座建筑内的塑像都是辽代古迹，已有 1000 多年历史。独乐寺为津门十景之一（独乐晨光），俗称大佛寺，全寺建筑分为东、中、西三部分，中部由白山门、观音阁、东西配殿等组成。

中上 | 独乐寺观音阁
中下 | 滨海航母主题公园

※泰达航母主题公园

兵营度假区、表演区、射击馆

🏠 天津市滨海新区中心生态城汉北路。
🚈 轻轨东海站乘坐 127 专线公交可到航母主题公园。💴 220 元。
◎ 旺季（3~10 月）9:00~17:30；淡季 9:00~17:00。

天津泰达航母主题公园以"基辅号"航母为核心，集军事科普、海洋风情、娱乐休闲为一体。公园重置了航母的内部设施和作战武备，可以参观了解航母上作战和生活的场景，还有重现航母作战的大型表演。同时，景区建筑和多个表演都以展现俄罗斯风情为主题，盛大精彩。主要景点包括兵营度假区、模拟陆战表演区、实弹射击馆、冒险乐园、海底世界、海防公园、上海世博会天津馆等。

体 验 之 旅

欢乐相声： 天津是马三立的故乡，郭德纲的起家地。这里相声的传统根深蒂固，在天津茶社听相声是非常平民化的娱乐方式。天津快书、西河大鼓、太平花鼓会等也很有特色。喜欢相声的游客，可以到名流茶馆、和谐剧场、老城小梨园、九鼎天相声公社、大金台相声茶馆等地去感受天津相声的魅力。

休闲茶社： 天津茶社经常是卖茶兼有小吃、清唱、评书、大鼓等。每客一壶一杯，联而至者可以一壶几杯。著名的茶馆有名流茶馆、洋楼茶馆、曼禾茶园、九月书院等。

热闹皇会： 皇会是每年农历三月二十三日为祭祀天后娘娘诞辰所举行的庆典仪式，届时有龙灯会、狮子会、少林会、高跷、法鼓、旱船等节目。

寻 味 之 旅

天津菜擅烹两鲜，以咸鲜清淡为主，酸甜口为辅，兼有小辣微辣。历史上有代表性的天津风味菜肴有八大碗、四大扒、冬令四珍。天津小吃汇集八方特色，色香味堪称一绝。其中最出名的有狗不理包子、桂发祥十八街麻花、耳朵眼炸糕，这三种也被誉为"津门三

左上 | 各色点心
左下 | 狗不理包子
中下 | 十八街麻花

绝"。

八大碗：八大碗是使用炖、扒、蒸、烩等多种烹饪方法烹制的菜肴筵席的统称。这有粗细之分，指的是大碗内所盛菜品的档次不同，以赵记老铺店最有名。

四扒："四扒"多为熟料，码放整齐，兑好卤汁，放入勺内小火烤透入味至酥烂。选料一般为鸡、鸭、羊、牛、肘子、鱼翅、鱼块、海参等，选其四种即可组成"四扒"。

狗不理包子：天津"三绝之首"，中华老字号之一，迄今已有150多年的历史。刚出笼的包子，肉馅松散，鲜而不腻，清香适口。现在还添了海鲜包、野菜包、全蟹包等六大系列100多个品种。

天津麻花：最有名的就是桂发祥十八街麻花了。它的特色是香、酥、脆、甜，在干燥通风处放置几个月都不走味、不绵软、不变质。

南市食品街：街内四门贯通，玻璃穹顶，800米长的汉白玉回廊挑台，气势宏伟，如同一座宫城，古色古香。南市食品街上聚集了百家名店，既有正宗天津名菜和风味小吃，又荟萃全国各大菜系特色菜品。

十月美食街：在全长100多米的街道上汇聚了明顺斋什锦烧饼铺、全发德锅贴店、振发祥耳朵眼炸糕分店等众多知名小吃店铺。

目的地攻略

🚗 交通

飞机：天津滨海国际机场位于市区东侧，开设有往来国内和国际众多城市的航班。机场距离市中心约13千米，交通方便，乘地铁二号线，仅需半小时左右即可直达市中心。另外，机场也开设了多条巴士线路，可以方便地前往市内各主要区域、车站及塘沽等地。

火车：天津往来外地主要有天津站、天津西站、天津南站和天津北站四座火车站。

天津站是天津最主要的火车站，前往全国各大城市的普通列车、高铁等十分密集。

天津西站有部分前往北京的城际列车和去往辽宁、山东方向和南方主要城市的列车。

天津南站主要是北京往来各大城市高铁的经停站，从南站前往静海区、西青区等地相对方便一些。

天津北站目前仅开通往来蓟州的往返城际列车，经停宝坻等本地车站。

市内交通：天津市区内有多条轨道、地铁线路在建造和规划中，目前已开通的有1—6、9—10号线。

🏠 住宿

天津住宿选择众多，价格略低于北京。通常情况下，游客会选择住在市内，因为天津景点多集中在一块，火车站也在附近，吃住玩都很方便。其次是大学城、华苑、奥城附近，住宿相对便宜，有夜市街以及水上公园。滨海新城属于新开发区，离市区较远，想体验大海、港口、炮台、洋货的游客可以考虑。

🛒 购物

天津著名的特产和工艺品有很多，有大家熟知的十八街麻花、泥人张彩塑、天津风筝、天津砖雕、杨柳青年画等。蓟州区有盘山柿、板栗、天津核桃、红果、挂月白酒、周朝葡萄酒等土特产。

亮点 → 赵州桥 | 西柏坡 | 正定古城 | 常山战鼓

赵州桥

石家庄

石家庄，悠闲而从容，精致却大气。它的美不仅仅在于城市建筑与自然风光，更在于深邃思想和豪迈气概。伏羲台见证了人类文明的起源，中山国文化串联出辉煌的历史，汉唐宗教复兴留下了绚丽篇章，赵州桥承载了悠悠岁月。石家庄周边的旅游资源十分丰富，既有历史文化名城、现代革命纪念地等人文资源，又有山林、湖泊、温泉等自然资源。嶂石岩、苍岩山、天桂山、正定古城、西柏坡和赵州桥都是境内著名旅游点。

旅 行 路 线

石家庄经典三日游

石家庄城外的旅游资源相当丰富，选其精华大约需要三天时间游览。第一天游览西北方向平山县的西柏坡等景点；第二天游览正定古城和赵州桥；第三天则游览西南方向的苍岩山和于家石头村。

石家庄近郊二日游

这是石家庄近郊一条历史文化路线。第一天参观正定古城，这里有隆兴寺、临济寺、赵云庙等众多古迹；第二天上午游览封龙山，下午游览蟠龙湖风景区。

石家庄市区景点

本地游

※ 石家庄水上公园

雕塑艺术、园林建筑

◎ 石家庄市新华区友谊北大街。

❀ 部分娱乐设施需要收费。

石家庄水上公园荟萃了世界各地的建筑精华，其中有按比例修建的赵州桥、具有承德避暑山庄特色的烟雨楼、法国的列柱石雕廊和太阳神阿波罗大喷泉。游乐场内有超大型的激流勇进、卡丁车赛场等。

※ 毗卢寺

毗卢殿、壁画艺术

◎ 石家庄市新华区杜北乡上京村。

毗卢寺是中国佛教临济宗的一座古老庙宇，以保存有精美的古代壁画而闻名。毗卢殿是该寺的主殿，其中以四壁的壁画最为精彩，分上中下三排，有各种神像人物500多幅，形成

了富有特色的壁画艺术。

※ 河北省园博园

建筑、植物、喷泉

◎ 石家庄市正定新区新城大街。

❀ 38元。

园博园被划分为七大功能分区，分别为主入口广场、燕赵园、社会园、专类园、康体园、滨水景观区、山体休闲区等。值得一提的是，位于主入口广场以西处，拥有世界最大、最有特色的喷泉，可

右下 | 河北省园博园

喷出 120 米高、120 米宽的水柱，可以用来播放水幕电影，创下世界之最。

石家庄郊县景点　本地游

※正定古城
古城墙、隆兴寺、正定四塔
◎ 石家庄市正定县正定镇。

正定历史上曾与保定、北京并称为"北方三雄镇"。素以"三山不见，九桥不流，九楼四塔八大寺，二十四座金牌楼"著称，享有"古建筑宝库"的美誉。现仅有隆兴寺、临济寺、开元寺、赵云庙等众多古迹。

※抱犊寨
韩信祠、地下五百罗汉堂
◎ 石家庄市鹿泉区白鹿泉乡。◎ 石家庄市区乘坐旅游专线 5 路公交可到景区。◎ 联票旺季 65 元，淡季 40 元。

抱犊寨四周悬崖绝壁，顶部平旷坦夷，曾是汉淮阴侯韩信"背水一战"的古战场，亦是著名道人张三丰成道涉足之福地。游玩抱犊寨可以到山顶参观长城、祠堂、寺院等人文古迹，也可以登山锻炼，观看周围开阔的山势和茂密树木。

※嶂石岩
槐泉寺、回音壁、一线天
◎ 石家庄市赞皇县境内。◎ 旺季（4~10月）65 元，淡季 30 元。

嶂石岩地貌与丹霞地貌、张家界地貌并称为我国的三大砂岩地貌，有"百里赤壁""万丈红峻"之称。嶂石岩有九女峰、圆通寺、纸糊套和冻凌背四处小景区，景区内的山岭均为壮观的红色峭壁，竖直的岩壁和石柱十分壮观。世界最大的天然回音壁坐落在景区中部。

※赵州桥
蛟龙、兽面、花饰
◎ 石家庄市赵县赵州镇西南郊。◎ 40 元。

赵州桥原名安济桥，俗称大石桥，至今已有 1400 多年的历史。这是世界上年代最久、保存最好、跨度最大的单孔石拱桥。桥洞犹如弯弓，桥面平坦宽阔，由 28 道拱圈纵向并列砌成。大桥的栏板和望柱上，雕刻着各式蛟龙、兽面、花饰、竹节等，其中尤以蛟龙最为精美。

平山旅游区　本地游

※西柏坡纪念馆景区　AAAAA
中共中央旧址、西柏坡纪念馆
◎ 石家庄市平山县西柏坡镇。◎ 石家庄客运北站有班车可达。

◎ 8:00~18:00，纪念馆周一闭馆。

这里曾是中华人民共和国成立前夕中共中央的所在地，中共中央曾在此召开过七届二中全会，部署和指挥了辽沈、淮海、平津三大战役。现建有西柏坡纪念馆、中共中央旧址、西柏坡石刻园、国家安全教育馆、丰碑林等景区。

※天桂山
青龙观、沥沥水、滴翠谷
◎ 石家庄市平山县小觉镇。◎ 石家庄客运北站有发往天桂山的班车。◎ 65 元。

天桂山分为青龙观、后山、滴翠谷、望海峰、玄武峰、翠屏山、银河洞、沥沥水 8 个小景区。这里属典型的喀斯特地貌，山高、崖陡、泉多、溶洞遍布，而且森林茂密，植被完好，自然风光绝佳，素有"北方桂林"之称。

※东方巨龟苑
海底世界、海豹馆、千年浮雕
◎ 石家庄市平山县平山镇南郊 6 千米处。◎ 石家庄客运北站乘东方巨龟苑直通车直达。◎ 通票 65 元，野河漂流 90 元。

东方巨龟苑以华北地区最大的甲鱼养殖基地而著称。景区既有美丽的园林风光，也有众多的娱乐项目。主要包括华夏历史生态园林、海底世界神龟府、野河乐园、湖心湖游乐场、野河漂流（北国第一漂）五大部分。

左下｜西柏坡
右下｜抱犊寨

※驼梁山—五岳寨

三叠泉、百瀑峡和云顶草原

📍 石家庄市平山县合河口乡和灵寿县南营乡交界处。 🚌 石家庄汽车北站有旅游班车可达驼梁山。 🎫 驼梁山旺季65元，淡季35元；五岳寨旺季65元，淡季30元。

驼梁山为河北省五大高峰之一，素有"省会屋脊""太行绿宝石"之称，以凉、静、野而闻名。主要由百瀑峡、三叠泉、太行风情谷和中台山四大景区组成，共计200多个景点。茂密的原始森林和连绵不断的瀑布是驼梁山最具特色的景观。驼梁无处不飞瀑，尤以"六月冰瀑"最为著名。

※黑山大峡谷

天河瀑、水帘洞、玉女峰

📍 石家庄市平山县营里乡黑山关村。 🚌 在平山汽车站乘坐至黑山关的公交车，在黑山关站下车。 🎫 65元。

黑山大峡谷是一处以山川峡谷等自然景观为主的风景区，来此观赏山川景色、登山锻炼十分不错。登山路大多为石阶，沿途树木众多，还有小溪流淌，环境很好。山间有天河瀑、水帘洞、玉女峰和黑龙潭等标志性的自然风光，也有穆柯寨、明代万里长城和福圣寺等人文古迹。

冀南

周边游

※衡水湖

观鸟台、自然采摘区、冀州古文化区

📍 衡水市冀州区北侧。 🎫 湖区免费开放，游船另收费用。

衡水湖是河北省著名的湖泊湿地，水面辽阔、水质优良、生物种类多、观光资源丰富。这里建有观鸟台、自然采摘区、冀州古文化区等，还有宽广的湖水、

茂密的芦苇荡、荷塘、湖心岛等。游客来此可以乘船游湖，拍摄荷花和芦苇，还可以漫步湖心小岛，观赏各种动物。

※天河山景区

月老峰、爱情博物馆、漂流

📍 邢台市信都区白岸乡清泉村。 🚌 邢台汽车站到天河山有旅游专线车。 🎫 70元，套票148元（含漂流）。

天河山是一处山清水秀的自然风景区。这里传说是牛郎织女故事的发源地，山间可以参观很多以牛郎织女的爱情故事为主题的景点，因此也被称为"中国爱情山"。景区内的娱乐项目也是一个重点，其中以漂流最为精彩，全程约3.6千米，落差很大，非常刺激。

※崆山白云洞

熔岩景观、邢窑博物馆

📍 邢台市临城县西竖乡。 🚌 邢台火车站的站北汽车站乘公交车可到。 🎫 旺季120元，淡季100元。

崆山白云洞是我国北方一处难得的岩溶洞穴景观。现已开放了五个洞厅，洞洞连环，厅厅套接，包括白云洞、岐山湖、天合山、小天池和古文物五大景区。整个溶洞景观给人以形态美、线条美、空间美等多种艺术享受，堪称岩溶造型"博物馆"和"地下迷宫"。

※邢台大峡谷

长嘴峡、老人峡、竹会峡

📍 邢台市信都区西南路罗镇贺家坪村。 🚌 邢台汽车站有至贺家坪的班车直达。 🎫 50元。

峡谷群由24条峡谷组成，都是垂直陡峭的横截形状，陡峭幽深，峡谷两侧的石壁呈赤红色，奇幻壮观，其中达千米以上的有8条之多，是太行群峰中的一大奇观，具有狭长、陡峻、深幽、赤红、集群五大特点。既有北方山岳的雄伟气势，又具南方山水之秀美，被专家誉为"太行奇峡"。

※娲皇宫 AAAAA

古建筑、摩崖刻经、石窟遗址

📍 邯郸市涉县索堡镇唐王峧山上。 🚌 可乘邯郸开往涉县或长治方向的长途公共汽车或火车。 🎫 70元。

娲皇宫俗称"奶奶顶"，相传它是"女娲炼石补天，捏土造人"之处，是中国最大、最早的奉祀上古天神女娲氏的古代建筑，现有建筑135间，自古就有"蓬壶仙境"之美誉。这里不仅建筑宏伟独特，而且还较为完好地保存了国内罕见的摩崖刻经，是一处不可多得的自然和人文景观。

中下 | 驼梁山

※丛台公园

丛台湖、七贤祠、望诸榭

⊙ 邯郸市丛台区中华北大街。

"丛台"相传是战国时期赵武灵王观看军事操练和娱乐的场所。它是赵都历史的见证，是古城邯郸的象征。公园内有古建筑、湖水、亭台树木等，环境优美。湖中建有苑在亭、曲栏桥、西湖亭，湖边设有长廊和花圃，游人既可以在这里临湖垂钓，也可以泛舟湖上。

※京娘湖景区

古建筑、摩崖刻经、石窟遗址

⊙ 邯郸市武安市活水乡口上村。 ❀70元。

京娘湖是一处面积宽广的山间水库。景区面积很大，主要分为湖区的水上游览区和湖对岸的贞义岛游览区。水库湖水碧绿，周围环绕着太行山典型的赤红崖壁地貌，景色非常壮观，因此高峡平湖的风景也被称为"太行三峡"。

※广府古城 AAAAA

古建筑、芦苇荡、田园风光

⊙ 邯郸市永年区广府镇。 ⊟ 邯郸市区乘坐605路专线公交直达古城。 ❀ 古城免费开放，景点联票90元。

古城又称永年城，是一处拥有2600多年历史的著名古城。如今的古城建筑主要建于明代，保存完好，风格古朴大气。古城四周环水，有风光优美的芦苇荡和荷塘。在城墙上，可以俯瞰古城内的风光，城外的湖水、远处的田园乡村也都尽收眼底。

寻味之旅

河北菜肴风味属冀菜，以咸为主，粗犷大气，兼收八大菜系的特点，擅长爆、炸、炒。回民扒鸡、金毛狮子鱼、菊花鱿鱼、抓炒全鱼，都是广受好评的当地名菜。

金毛狮子鱼： 最早由石家庄市的中华饭庄名厨袁清芳创制。用鲤鱼加工修饰后，炸制而成，色泽金黄，鱼丝蓬松形似狮子，酸甜适口。

回民扒鸡： 其通体呈金黄色，外形美观，料味深入，醇香浓郁，不易变质，鸡肉极烂，但不抖则不散。

抓炒全鱼： 抓炒全鱼用的是大鲤鱼，精彩之处在于刀功。端盘上桌，一盘菜就占去三分之一桌面，好吃又有气氛。

目的地攻略

🚗 交通

飞机： 石家庄正定机场距市区约32千米，目前石家庄机场通航城市已达到了60多个，现已开通了至国内大多数较大城市，以及泰国曼谷、普吉岛，韩国首尔、济州岛，日本名古屋等地的国际航线。目前市内开通了驶往桥东和桥西两条机场大巴循环线路。

火车： 石家庄有三个火车站，分别是石家庄站、石家庄北站以及石家庄东站。石家庄站的车次比北站多，而且动车和高铁全部停靠在石家庄站。

🏠 住宿

石家庄市内的酒店、宾馆各种档次和价位的都有，光是星级宾馆就有百余家，中小型旅馆也很多，住在市区交通便利，方便出行；也可以根据景点就近选择住宿。

🛒 购物

石家庄有赞皇金丝大枣、行唐大枣、平山核桃、矿区无涩柿子等特产，还有辛集皮革、官伞、常山战鼓等也不错。

左下 | 石家庄火车站
中上 | 广府古城
右下 | 赞皇金丝大枣

亮点 → 浪漫海滨｜天下第一关｜拜五方巨佛｜美味海鲜

山海关

秦皇岛是中国唯一一个因皇帝尊号而得名的城市。公元前215年，中国的第一位皇帝秦始皇东巡至此，并派人入海求仙，秦皇岛由此得名。300多年后，曹操率兵北伐乌桓，取道这里，望临碣石后写下了"东临碣石，以观沧海"的豪迈诗句。就在这沧海的尽头，万里长城犹如一条腾飞的巨龙，"龙头"入海处，就是著名的山海关；老龙头上，乾隆皇帝亲笔御书的匾额仍闪耀着历史的光芒；但最著名的，恐怕还是避暑胜地——北戴河。

旅 行 路 线

秦皇岛经典三日游

这条线路涵盖了三个旅游区的精华，第一天去山海关，感受军事文化和山海胜景；第二天游北戴河，在浪漫海滨放松自己；第三天去南戴河体验疯狂娱乐。

北戴河浪漫二日游

看大海，尝海鲜，第一天早上去老虎石海上公园，下午去北戴河近代别墅群，傍晚来到中海滩，赏落日的余晖；第二天早起去鸽子窝观日出，然后去联峰山，感受山间的清静雅致。

山海关旅游区

本地游

※ 山海关关口 Ⓐ AAAAA

镇远楼、长城博物馆

⚲ 秦皇岛市山海关区东大街。💰 联票80元（山海关、老龙头和孟姜女庙）。

山海关有"天下第一关"之称，是明代长城东部的第一座关楼。整座城池与万里长城相连，以城为关，有城门四个。古城内明代城墙保存完好，主要街巷大都保留原样，使得古城更加典雅古朴。最为引人注目的是关城东门的镇远楼，也就是"天下第一关城楼"。

> **亲历者行程**
>
> 山海关全景三日游线路：D1：天下第一关景区—孟姜女庙；D2：老龙头景区—乐岛海洋公园；D3：角山—燕塞湖。

※ 老龙头

海石城、靖房台、澄海楼

⚲ 秦皇岛市山海关城南5千米的渤海之滨。

老龙头是万里长城上一座名副其实的海陆军事要塞，由入海石城、海神庙、靖卤台、南海口关、宁海城和澄海楼组成，是明代抗倭英雄戚继光带兵修建而成。老龙头深入渤海中约20米，这里空气清新，沙软潮平，是观海上日出的绝好去处。

※ 孟姜女庙

孟姜女苑、望夫石

⚲ 秦皇岛市山海关区孟姜镇望夫石村。💰 5~9月15元，其他时期10元。

孟姜女庙坐落于凤凰山上，由贞女祠和孟姜女苑组成。贞女祠始建于宋代以前，庙前有108级台阶直通山门，庙后建有江南水乡风格的园林观赏区——孟姜女苑。孟姜女苑及东西配殿，再现我国四大民间传说之首的"孟姜女的故事"全景。

※乐岛海洋王国

水乐岛、动物表演

秦皇岛市山海关区龙海大道。
淡季：80元，旺季：160元。

乐岛海洋王国是国内唯一融互动游乐、运动休闲、动物展演、科普展示、度假娱乐为一体的环保生态型海洋主题公园。园区主要分为海乐岛、水乐岛、风情迪阿密、海洋嘉年华四大区域，独具特色又相得益彰。

游玩攻略

游客不仅可以在园内观赏到成群的海豚、海狮、白鲸、海豹、海象、北极熊、海狗和企鹅，还能看到海狮、海豚、白鲸的精彩表演；可以乘坐潜艇观光或潜水与鱼儿嬉戏，体会漫游海底，探索大自然无穷奥秘的乐趣。

※燕塞湖风景区

洞山剑峰、龟石千秋、母女峰

秦皇岛市山海关区燕塞湖风景区。
50元。

燕塞湖风景区由燕塞湖、鸟语林、松鼠园等景观组成，建有高级跨湖观光索道。燕塞湖是因"塞"得名的高峡平湖，山中有水，水中出山。这里山川连绵，山间树木茂密，群山围绕的人工湖湖水碧绿，环境非常优雅，有"北方小三峡""北国小桂林"之美誉。

北戴河旅游区 本地游

※北戴河海滨

洋房、海滩、水上项目

秦皇岛市北戴河区东部沿海区域。
北戴河海岸线长10余千米，景点分散在海边，可乘坐603路的公交车抵达。
免费开放，各小景点需另收门票。

北戴河地处秦皇岛市东部沿海区域。东北至鸽子窝公园，一路都是沿海风光，温柔的海浪拍打着细软的沙滩，空气清新，树木苍翠，沿街两边都是2到3层楼的小洋房。沿海约有30个海水浴场，在这里你可以玩沙子、晒日光浴，也可以玩海上飞伞、摩托艇等水上项目。

> 亲历者行程
> 北戴河二日游线路：D1：鸽子窝公园—秦皇岛野生动物园；D2：联峰山公园—集发生态观光园（可采摘）—老虎石海上公园。

※鸽子窝公园

观海长廊、鹰角亭、观日出

秦皇岛市北戴河区鸽赤路。北戴河海岸线长10余千米，景点分散在海岸边，可坐不同的公交抵达。旺季（约3~10月）25元，淡季5元。

鸽子窝公园又称鹰角公园，每年春秋两季的候鸟迁徙时，这里是很多摄影家们观鸟拍照的胜地。在鸽子窝游玩，最重要的活动便是观看日出。公园正面对

着浩瀚的渤海，视野开阔，是秦皇岛附近观看日出的绝佳地带。这里的日出是从海上"生出来"，清晨一轮红日脱水而出，也被称为"浴日"，十分壮观。

※联峰山

望海亭、神山、百福苑

秦皇岛市北戴河区联峰路与剑秋路路口处。23元。

联峰山又称莲蓬山，是一座山林相间的美丽公园。公园内环境优美，有秀美的小山，山间有怪石、奇松和茂密的树木。现在山间还可以看到领导人们居住的小别墅。到联峰山可以登山锻炼、观赏风景，山顶处还可以俯瞰浩瀚的渤海海湾，视野开阔壮观。

※秦皇岛野生动物园

非洲动物区、象苑、禽类湖泊

秦皇岛市北戴河区海滨大道中段。
旺季90元，淡季25元。

秦皇岛野生动物园是我国最大的完全放养的野生动物园，园中放养着100余种5000余头（只）动物，分别来自世界各地。其中，非洲风情园放养着国内最大的热带草食动物种群，游客不出国门即可领略原汁原味的非洲民俗风情，感受异国风情。另外，园内每天都有驯兽表演。

中下｜鸽子窝公园

※碧螺塔酒吧公园

碧螺塔、彩灯、日出

⚐ 秦皇岛市北戴河海滨小东山。
💰 50元。

　　碧螺塔为海滨东山地区的最高点，登塔远眺，一望无际，茫茫大海尽收眼底，使人心旷神怡。公园三面环海，形似半岛，园内绿树成荫，沙软潮平，景色宜人，曾被评为"秦皇岛十大美景"之首。在这里早观日出，夜听涛，尤其入夜彩灯辉煌塔形现，其乐无穷。

秦皇岛其他景点

本地游

※黄金海岸

游泳、滑沙

⚐ 秦皇岛市昌黎县大蒲河镇海滨。
🚌 北戴河海滨汽车站乘中巴车前往。

　　大自然的鬼斧神工，造就了这里由黄沙、绿林、碧海、蓝天构成的奇特景观。昌黎东部海滨，由于沙质松软，色黄如金，故称黄金海岸。滑沙和游泳是这里最令游人神往的娱乐项目，无论从黄金海岸何处下水游泳，也不会被礁石划伤或被海水吞没。

※沙雕海洋乐园

沙雕观赏、滑沙、滑草

⚐ 秦皇岛市北戴河新区滨海新大道。
💰 138元。

　　高大起伏的沙丘、浓密碧绿的树林、蔚蓝浩瀚的大海、宽阔平展的海滩奇妙，和谐地组合成一副十分壮美的自然生态景观。各类沙雕作品是景区的特色和亮点。景区充分利用了岸边240多米高的沙丘，雕刻了37米高的大佛及30多座精美的沙雕艺术作品供游客们观赏。

※国际滑沙中心

滑沙、日光浴、卡丁车

⚐ 秦皇岛市昌黎黄金海岸旅游区内。
💰 70元。

　　国际滑沙活动中心首创了滑沙运动，景区里的娱乐项目众多，有滑沙、滑草、日光浴、滑轮、卡丁车等。门票内含有这些项目，不过一般仅能体验一次。除了游玩娱乐项目外，景区的环境也很优美，一边是丘陵起伏的沙漠地带，另一边就是浩瀚无垠的蔚蓝大海，景色奇幻美丽，适合观光、拍照。滑沙中心北边有一座"孤独的"建筑，这便是网络上很火的三联书店海边公益图书馆，可以免费参观。

左下 | 沙雕海洋乐园
中上 | 清东陵
中下 | 黄金海岸

唐山

周边游

※清东陵 　AAAAA

昭西陵、孝陵、裕陵、景陵

⚐ 唐山市遵化市马兰峪镇。🚌 唐山和遵化都有直达景区的公共汽车。
💰 门票：60元，通票138元（含摆渡车）。

　　清东陵是清代两大皇陵之一，共建有15座陵寝，是目前国内现存规模最宏伟、体系最完整、建筑最精美的古代陵墓建筑群。康熙、乾隆及慈禧太后等均葬于此。

　　这里有全国最长的神道——孝陵主神道及石像生；有叩之声若金钟的"五音桥"；有帝陵中最豪华的、中国历史上寿命最长的乾隆皇帝的裕陵及其被誉为"石雕艺术宝库""地下佛堂"的地下宫殿；有给人以扑朔迷离之感的香妃墓等。

文化解读

　　清东陵共有5座帝陵，最豪华、最具匠心的是慈禧太后的陵墓，其用料非常精美、工艺高超绝伦、装修独特新颖，堪称慈陵三绝。尤其殿前的陛石，龙在下，凤在上，这种龙凤颠倒的设计，从另一个侧面反映了慈禧太后专权于皇帝之上。

※滦州古城

仿古建筑、特殊店铺

📍 唐山市滦州市滦州镇。

滦州古城是华北一带著名的古城景区。古城景色优雅，古色古香，是拍照观景的好去处。古城整个的面积不大，但漂亮的访古建筑值得细细品味，古城内店铺和活动都很多，非常热闹，游客来此可以漫步古香街巷、逛特色小店、品尝美食、观看表演，游玩内容丰富。

※景忠山

四帅殿、三道茶棚、东佛阁

📍 唐山市迁西县三屯营镇。💰 65元。

景忠山素有"京东名岫"之美称。山间的众多宗教建筑和古迹是游玩时要注意参观的重点。除此之外，景忠山树木密布，自然风光最大的亮点便是古松，数目众多，而且形态各异，非常适合拍照摄影。

寻味之旅

秦皇岛位于渤海岸边，餐饮以海味食品为主要特色。无论是在饭店酒楼还是海鲜大排档，都能品尝到鲜活的海产品。

招牌海鲜菜有蟹黄鱼米、清蒸加级鱼、爆原汁海螺、煎烤大虾等。除了海味外，还可以吃到一些带有当地风味的小吃，如回记绿豆糕、赵家馆饺子、四条包子、老二位蒸饺、昌黎拔丝葡萄、浅子豆腐等。

烤大虾：烤大虾是以北戴河所产大虾为原料，精工细作烤制而成，再辅以适量汤汁，其造型生动，色泽艳丽，香味醇厚，肉质细嫩，营养丰富。

铁板蟹：北戴河特有的一种小蟹，其肉味鲜润，蟹黄量多，膏脂丰腴，食来沁人脾胃。一般餐馆以红烧、清炖为主。

四条包子：因老店开在古城山海关四条这条街上而得名，其口味独特、醇而不厚、肥而不腻，是当地久负盛名的快餐食品，推荐去山海关四条包子铺。

目的地攻略

🚗 交通

飞机：北戴河机场位于昌黎县，是秦皇岛最主要的民航机场，靠近北戴河新区，距离北戴河区中心大约50千米的车程，到秦皇岛市区车程约80千米。机场

开通了到南京、成都、杭州、青岛、石家庄、上海、广州、哈尔滨等多地的直飞或转机航班，方便游客观光度假。

火车：秦皇岛市内有山海关、秦皇岛、北戴河、昌黎四座火车站，自东向西一字排开，几乎涵盖了秦皇岛所有的旅游景点。从华北发往东北的大多数列车均经停这四座火车站。北京站有动车组路过这四个站点。

🏠 住宿

去秦皇岛旅游，可以选择住在市区、山海关景区或北戴河附近。市区交通便利，住宿选择多；而北戴河附近多民宿客栈，干净简单却不失特色，而且很多民宿提供海鲜加工服务。

🛒 购物

秦皇岛濒临渤海湾，特产以海产品为主，盛产铁板蟹、海鲳鱼、梭鱼、墨斗鱼、带鱼、鱿鱼以及干贝、海螺、毛蚶等贝壳类品种。工艺品包括各种珍珠饰品以及贝堆、贝雕、人造琥珀、砖雕等工艺品，这些都非常富有当地特色。

左下 | 景忠山
右上 | 滦州古城
右下 | 滦州古城

亮点 → 避暑山庄 | 皇家寺庙 | 木兰围场 | 鼎盛王朝 | 摄影采风

避暑山庄烟雨楼

承德

　　承德市北靠辽宁、内蒙古，南邻京津，旧称"热河"，是一座历史悠久、文化底蕴深厚的名城，素有"紫塞明珠"之称，历史上曾是清王朝鼎盛时期的京师陪都。这里风景优美，旅游资源丰富，有世界文化遗产避暑山庄及周边寺庙、世界最大的皇家狩猎场木兰围场、世界最大的木制佛千手千眼观世音、世界独一无二的石柱磬锤峰、最高的金漆木雕大佛、最短的河流……这些世界之最，为承德镀了一层美丽的光环。

旅 行 路 线

承德经典二日游

　　壮观宏伟的皇家园林，气派而风光优美的狩猎场，承德的大气和美丽一定会让你大开眼界。第一天游览名副其实的避暑山庄；第二天去藏传佛教寺庙——外八庙。

承德—木兰四日游

　　四天的行程，可以去承德的避暑山庄、"云的故乡"塞罕坝以及影视基地乌兰布统。
　　第一天游览避暑山庄；第二天上午去外八庙，下午去磬锤峰森林公园；第三天去御道口森林风景区；第四天去乌兰布统旅游区。

避暑山庄及周围寺庙 ⓐAAAAA

本地游

※避暑山庄

烟雨阁、澹泊敬诚殿、如意洲

🚇 承德市双桥区丽正门大街。🚌 市内乘6路、19路、30路等公交车可到。💰 旺季（4~10月）130元，淡季90元。

　　避暑山庄及周围寺庙即清朝皇帝的夏宫，是由皇帝宫室、皇家园林和宏伟壮观的寺庙群所组成。山庄始建于1703年，历经清朝康熙、雍正、乾隆三朝，耗时89年建成。山庄分为宫殿区和苑景区两大部分。苑景区为当年帝王后妃游玩和举行宴会的场所，又分湖区、平原区和山区，以湖区最为著名，有烟雨楼、金山、如意洲、文津阁等著名建筑。

中下 | 普宁寺

※普宁寺

藏式楼宇、汉式建筑

🚇 承德市避暑山庄东北的平岗上，溥仁寺东北。🚌 市内乘6路公交车至普宁寺站下车可到。💰 旺季（4~10月）80元（含普佑寺），淡季60元。

　　普宁寺始建于清朝乾隆时期，是一座汉式与藏式两种风格相结合寺庙。寺庙前半部为汉式，后半部为藏式，两种不同风格的建筑融为一体，雄伟壮观。寺庙的主尊佛像千手千眼观世音菩萨，通高约27.21米，供奉在主体建筑大乘之阁中。

游玩攻略

　　1. 普宁寺内有喇嘛驻守，是外八庙中最著名的，所以这里烧香布施的开支也较大，请量力而行。
　　2. 普宁寺于每年9月16日至18日举办藏传佛教"普度观音"大法会。

※普乐寺

旭光阁、天王殿、钟鼓楼

承德市双桥区丽正门大街。市内乘 10 路公交车至喇嘛寺站下车，步行即到。旺季 30 元，淡季 20 元。

普乐寺，俗称圆亭子，全寺建筑为汉式与藏式两种风格相结合，前半部建筑是汉族寺庙传统的"伽蓝七堂"式，后半部是藏族形式，与外八庙中的其他庙宇遥相呼应，形成了一个星捧月的格局。主体建筑旭光阁，其外形类似北京天坛祈年殿，这是该寺最大的特色。

左上｜塞罕坝秋色
左下｜普乐寺宗印殿
中下｜普陀宗乘之庙

※须弥福寿之庙

大红台、万法宗源殿、万寿塔

承德市双桥区环城北路。市内乘 6 路、12 路等公交车可到。联票 80 元（含普陀宗乘之庙）。

须弥福寿之庙是乾隆帝为隆重迎接六世班禅的到来而建，故又称"班禅行宫"。寺院仿造西藏著名的扎什伦布寺修建，规格极高，分前、中、后三个部分。主要建筑有大红台、班禅六世住处万法宗源殿、万寿塔。

※普陀宗乘之庙

山门、琉璃牌坊、大红台

承德市双桥区，须弥福寿之庙西部。市内乘 18 路、118 路公交车可到。联票 80 元（含须弥福寿之庙）。

普陀宗乘之庙是"外八庙"中规模最大的一座。其样式仿拉萨布达拉宫，故又称为"小布达拉宫"。它是为庆祝乾隆六十大寿而建，其雄伟的大红台和富丽堂皇的金顶使人流连忘返。整体建筑依山就势，逐层升高，气势磅礴，宏伟壮观。

木兰围场风景区
本地游

※塞罕坝国家森林公园

塞罕塔、东坝梁林海、七星湖

承德市围场县西北部。自驾出游是最为便捷的方式；也可以乘车前往围场县城，从县城包车游玩。三景区联票 150 元（包含塞罕坝国家森林公园、御道口景区、红松洼）。

塞罕坝国家森林公园是木兰围场的一部分，以落叶松人工林和天然白桦林为主。这是中国北方最大的国家级森林公园，被誉为"河的源头，云的故乡，花的世界，林的海洋，珍禽异兽的天堂"。这里是骑马踏花、泛舟湖泊、登高览胜、林中狩猎、高山滑雪、采风摄影的绝佳之地。

游玩攻略

　　最佳旅游季节是7~9月，7月下旬这里满地野花，天气不热，早晚要穿长袖衣服；9月进入秋季，漫山遍野秋色如画，森林和草原上红黄遍野，是坝上最美的季节。春冬两季游人较少，但自然风光独特，依然是摄影爱好者的天堂。

※御道口风景区

月亮湖、神仙洞、百花坡

🏠 承德市围场县北部。 🚌 联票 130 元（包含塞罕坝国家森林公园、御道口景区）。

　　御道口风景区曾是清代皇帝举行"木兰秋狝"的狩猎场所，在清代木兰围场72围中，这里就占有6围。这里有草场、湖泊和泉水亭台等，环境非常优美，适合在草原上摄影、野餐、观景，还可以骑马。风景区分为民俗旅游、皇家围猎、湿地生态等五区，清茶馆、翠花宫、古御道、压岱山等人文景观蕴含着深厚的皇家文化内涵。

※乌兰布统景区

将军泡子、佟国刚墓、熙水泉

🏠 围场县与内蒙古赤峰市克什克腾旗交界处。 🚗 建议自驾或包车前往。 🎫 120 元。

　　乌兰布统是清朝木兰围场的一部分，因康熙皇帝指挥清军大战噶尔丹而著称于世。更以其迷人的欧式草原风光，成为中外闻名的影视外景基地。森林和草原在这里有机结合，既具有南方优雅秀丽的阴柔，又具有北方粗犷雄浑的阳刚，兼具南秀北雄之美。

承德其他景点 _{本地游}

※金山岭长城 🅰 AAAAA

障墙、文字砖、挡马石

🏠 承德市滦平县与北京市密云区交界处。 🚌 北京东直门汽车站每年 4~11 月开通金山岭长城旅游专线车。 🎫 旺季（3月16日~11月15日）65 元，淡季 55 元。

　　金山岭长城东起望京楼，西至龙峪口。从金山岭至司马台是原貌保存最完好的一段。基本没有经过维修，其中共24座敌楼，保持着四百年来的原貌。这段长城依附重重山峦而建，透迤曲折，登上长城，视野开阔壮观，是明代长城中景色最为秀美雄壮的一段。

※磬锤峰国家森林公园

蛤蟆石、磬锤峰、宝山寺

🏠 承德市双桥区普乐北路东侧。 🎫 50 元（含磬锤峰国家森林公园、安远庙、普乐寺），磬锤峰索道往返80元。

中上 | 金山岭长城
中下 | 磬锤峰国家森林公园
右下 | 坝上草原

　　磬锤峰古称石挺，俗称棒槌山。游人以"摸摸棒槌山，能活一百三"为快。公园自然景观奇特，以千岩竞秀、异峰峥嵘的丹霞地貌著名。整个景区遍布着杜鹃花、芍药花等100多种野花，是一处天然的大花园；还有一座寺院，名为宝山寺，寺内的摩崖石刻生动精美，可以参观。

※丰宁坝上草原

白云古洞、九龙奇松、洪汤寺温泉

🏠 承德市丰宁县大滩镇西北部。 🚗 建议自驾或者拼车前往景区。 🎫 草原免费开放，游乐娱乐项目需另收费。

　　丰宁坝上草原又名京北第一草原，是距离北京最近的天然草原。这里洼水清澈，青草齐肩，牛羊成群，盛夏无暑，花鲜草茂，空气清新，是著名的旅游避暑胜地。来坝上草原可以参加丰富多彩的带有民族风情的娱乐活动，如骑马、参加篝火晚会、欣赏民族歌舞和马术表演等。

体验之旅

领略大清盛世： 大型实景演出《鼎盛王朝·康熙大典》讲述了康熙大帝从修建避暑山庄到确立版图的宏大历史故事。全剧由六部分组成，以气势恢宏的大手笔、规模震撼的大制作、波澜壮阔的大视野，全面展示清王朝最鼎盛时期的历史风貌及人文情怀。

演出地址：承德市双滦区元宝山旅游风景区。

演出时间：4月28日~10月7日20:00~21:10

演出门票：198~1888元不等。

寻味之旅

承德菜是宫廷塞外菜的代表，美食首推御土荷叶鸡。其他的美味珍馐有"熏窜山龙""承德酱驴肉""青龙鼋鱼"等。承德小吃保留了宫廷和各地小吃的精华，"饽饽"是避暑山庄有名的传统风味小吃，其他还有烧卖、八宝饭、二仙居碗坨、驴打滚等。

御土荷叶鸡： 源于"叫花鸡"，荷叶鸡味道鲜美，尤其是那一股淡淡的、似有若无的荷叶幽香，更令你胃口大开，回味绵长。

碗坨： 用荞麦面制的碗坨，是承德地方传统风味小吃，已有200多年历史。食之酸辣鲜香、滑润筋道，别具风味。

油酥饽饽： 北方习惯把许多面制食品统称为"饽饽"，承德一带制作各类饽饽历史悠久，最受欢迎的饽饽是油酥饽饽，有酥脆、松软、层多的特点。

目的地攻略

🚗 交通

火车： 承德主要车站有承德站和承德南站，承德南站为高铁站。

汽车： 承德有多个汽车站，其中长途汽车站是主要车站，每天都有开往北京、天津、石家庄、张家口等邻近省市的长途客车。

🏠 住宿

在承德住宿可以选择住在市区，交通便利，价格合理；在避暑山庄及外八庙附近也有不少宾馆，这里最大的优点在于方便去各景点游玩，但节假日房源紧张，价格稍贵。

🛍 购物

承德是历史悠久的文化名城，有丰富多彩的民间艺术，著名的工艺品有滕氏布糊画、丰宁剪纸、丝织挂锦、木雕、字画等。

左下｜《鼎盛王朝》实景演出
中上｜承德火车站

亮点→ 古长城 | 古遗址 | 滑雪场 | 张北草原

蔚州古城

张家口

张家口有"塞外山城"之称，古遗址数量很多，滑雪场遍布。古长城"大境门"是长城要隘，也是张家口市的象征。蔚州和宣化是著名古城，黄帝战蚩尤战场、泥石湾旧石器时代遗址、明代建筑清远楼等驰名中外；还有蔚县代王城汉墓群、怀安县汉墓群、宣化辽墓壁画等，都是值得一观的古迹。塞外明珠官厅湖、坝上草原度假村、万龙滑雪场均显一派北国风光，是旅游休闲的胜地。

旅 行 路 线

张家口冬季经典三日游

冬季可以去张家口来一场"滑雪、历史、温泉"为主题的三日游，第一天去万龙滑雪场体验滑雪的乐趣；第二天去大境门感受历史的齿轮；第三天去帝曼温泉度假村，尽享温泉的乐园。

蔚县寻古二日游

自唐尧以来的悠久历史，为蔚县留下了大量令人惊叹不已的人文景观。两天的时间也足以发现小镇的独特魅力，来一场难忘的寻古之旅。第一天游飞狐峪；第二天游览蔚县古城和暖泉古镇。

张家口市区景点

本地游

※大境门长城

城门、仿古建筑

⊕ 张家口市桥西区东河套街。
❀ 登城楼 13元。

大境门是万里长城各个关口中唯一以"门"命名的关隘。清代时又在门上加筑城楼，使之成为扼守京都的北大门。门楣有察哈尔都统高惟岳于1927年书写的"大好河山"四个颜体大字，苍劲壮观。山峦之上

> **文化解读**
>
> 大境门、山海关、居庸关、嘉峪关被并列为万里长城四大名关。大境门是燕赵文化的重要组成部分，是长城文化的一个集中体现。地下长城是指张家口市北端东起大境门，西至万全境内，全长10余千米，与西太平山上明代长城同一走向的人防工程。它与地上长城一样，也是一种军事防御工程。

保存有用大块毛石砌成的毛石长城。

※赐儿山云泉禅寺

云泉山、庙会

⊕ 张家口市桥西区。

赐儿山又叫云泉山，海拔约1005米，山东坡有云泉禅寺。该寺始建于明洪武二十六年（1393年），是佛、道建于一处的寺庙群，其上部为道观、下部为佛殿，供奉子孙娘娘神像。山坡崖下，近在一两米之内有冰、风、水三个山洞。每年农历四月初八举行庙会，届时热闹非凡。

※宣化古城

鼓楼、钟楼、辽墓壁画

⊕ 张家口市宣化区。❀ 古城免费，清远楼、镇朔楼各5元。

宣化古城是古代城池建造

史上的一个精品，现保存下来的城墙建于明代，虽是疮痍满目，却不减巍峨盛气。现存镇朔楼（鼓楼）、清远楼（钟楼）和拱极楼（著耕楼）。古城外下八里村有辽墓壁画，星象图十分准确。

※鸡鸣山

山神庙、萧太后亭、观音寺

🅐 张家口市下花园区鸡鸣山旅游景区。
🚌 乘坐火车或班车前往下花园区（每天有多班），然后打车前往。💰 55 元。

鸡鸣山的海拔约 1128 米，是附近地区内最高的山，但相对海拔并不高，从下到上大约需要步行 1 个小时。山的周围都是开阔的平原，只有这一座山在平原中独立，景观十分特别，被称为"参天一柱"。鸡鸣山间有寺院等人文建筑，山体也秀丽壮观，在山顶处观看修建在峭壁旁的寺院十分壮观。

张家口郊县景点
本地游

※草原天路

桦皮岭、阎片山、梯田

🅐 张家口市张北县野狐岭至崇礼区桦皮岭之间。🚗 建议自驾前往。

草原天路全长约为 132.7 千米，西起张北县城南侧的野狐岭（野狐岭要塞附近），东至崇礼桦皮岭处，公路路况很好，全程均为崭新的柏油马路。这条地处坝上草原的公路两旁景色十分优美，有草原、风车、梯田、村落、岩壁和桦树林等多种美景，每到夏秋两季非常漂亮。因其景色丰富多样，也被称为"中国的 66 号公路"。

亲历者行程

张北精品二日游线路：D1：第一天游览中都草原，这里不仅有美丽的草原，还能体验骑马、沙滩车、滑翔机等各类娱乐活动。D2：第二天花一天时间游览草原天路，先走西线，后走东线。

※暖泉古镇

西古堡、北门瓮城、打树花

🅐 张家口市蔚县暖泉镇。💰 120 元，打树花表演秀 160 元。

古镇始建于元代，明清时期曾有大规模修建，是一处历史悠久古色古香的北方小镇。与其他旅游发达的古镇相比，这里氛围淳朴安静，还有很多居民生活在镇子里，生活气息浓厚。每年春节旅游旺季，在村子东侧进行的树花表演更是精彩绝伦，现场观看非常震撼。

游玩攻略

最精彩的便是在镇子东侧的树花广场观看表演了，打树花表演是当地社火的特别活动，已有 300 多年历史。就是把铁水烧制到 1500℃，成为通红的铁水，打到城墙之上泛起壮观的"火树银花"景观，非常震撼。

※万龙滑雪场

滑雪、度假

🅐 张家口市崇礼区红花梁。
💰 平日票：180 元 /2 小时，330 元 /4 小时，510 元 / 天，周末：200 元 / 小时，370 元 /4 小时，590 元 / 天。

滑雪场位置较好，最高处海拔约 2000 米，开发了二十多条雪道，最长的雪道有三四千米，是北京周边规格最高、规模最大、开放时间最早也最为著名的滑雪场之一。这里的中级、高级道也是北京周边地区最专业的。每年的雪期大约从 11 月到次年 4 月份，届时有众多游客前来滑雪。

※鸡鸣驿

贺家大院、泰山庙、永宁寺

🅐 张家口市怀来县鸡鸣驿乡鸡鸣驿村。💰 40 元。

鸡鸣驿因设于鸡鸣山下而得名，是我国现存规模最大的一处古驿站。鸡鸣驿城外圈有壮观的古城墙，城内有多座明清时代的古建筑，其中不乏当年慈禧太后和光绪皇帝逃亡时居住过的著名老宅。

中上 | 草原天路
中下 | 鸡鸣山
右下 | 鸡鸣驿

※黄龙山庄

> 云中草原、仙柜山

⬆ 张家口市怀来县新保安镇于洪寺村北。🚗 建议自驾前往。🎫 云中草原78元，仙柜山60元。

黄龙山庄景色优美，山上覆盖着大面积的北方原始林区，林中草木繁茂，山泉潺潺，并栖息着大批飞禽走兽。来到这里可以登山锻炼、观赏高山草原、寻访古迹，还可以在度假村里体验篝火晚会、烤全羊等休闲娱乐项目。

※小五台山

> 杨家坪、金河口、教堂遗址

⬆ 张家口市蔚县桃花镇，跨到涿鹿县。🎫 200元。

小五台山因东、西、南、北、中五座突出的山峰而得名。最高峰是东台，海拔约2882米，是河北省的最高峰。攀登小五台山是北京周边难度较大、强度较高的户外登山活动之一。景区内有灵山圣水、佛光神影、台山晓日等景观。

体验之旅

夏季音乐狂欢：张北草原音乐节通常在7月底举行，是中国最大型的多元化音乐节之一，也是夏天里举办最好玩的音乐节。这里没有环境、区域的限制，使音乐节演变成了一个大众娱乐狂欢节。

新年看表演：每年的春节和元宵节，张家口万全区会举行大型的民间艺术活动，这种活动被称为万全社火。内容一般有打树花、跑八字、打鼓子、打拳等活动，场面十分热闹。

热闹滑雪季：崇礼是当地成片天然林面积最大的区县之

中上｜打树花

一，滑雪旅游自然条件绝佳。每年举办的滑雪节，游客不仅可以观赏到国内外众多滑雪运动员和滑雪爱好者的精彩表演，还可以穿林海跨雪原，参加冬季野外生存拓展训练，亲身体验极速运动带来的酣畅淋漓。

寻味之旅

张家口地处长城以北，饮食也接近东北和内蒙古地区口味，熏肉、口蘑是到张家口一定要品尝的美食。当地风味主要有蔚县"八大碗"、柴沟堡熏肉、怀安豆腐皮、阳原饸饹饼、一窝丝、油炸糕、山药鱼、手把羊肉等。

蔚县八大碗：一般为丝子杂烩、炒肉、酥蒸肉、虎皮丸子、块子杂烩、浑煎鸡、清蒸丸子、银丝肚等八类，有荤有素，是当地宴宾会客的名肴。

柴沟堡熏肉：距今已有200多年的历史。它用柏木熏制而成，色泽鲜亮、爽淡不腻，味道独特。以"玺"字号熏肉最为有名。

阳原饸饹饼：饸饹饼是阳原县揣骨疃町的特产，曾是清代宫廷中的贡品。成品为半透明状的圆形薄饼，色泽金黄，酥脆香甜，别有风味。

目的地攻略

🚗 交通

火车：张家口市有京包、大秦铁路，京张高铁贯穿境内。张家口站为主要车站，有到北京、大同等地的火车，是北京发往西北方向的过往车站。

汽车：张家口境内有多条高速公路和国道。北京和张家口之间约3小时车程。汽车客运总站是张家口的主要客运站。有发往北京、天津、石家庄等地的班车；还有发往辖区各个县的班车。

🏠 住宿

张家口住宿趋向大众化，星级酒店相对较少，多集中在市区；周边小镇上多小旅馆、招待所，房价低廉，方便实惠；崇礼多滑雪场，许多滑雪场也有相应的酒店服务，但价格稍高，节假日需提前预订。

🛒 购物

张家口有三件宝：山药、莜面、大皮袄。除此之外，还有蔚县剪纸、口蘑、长城干红干白葡萄酒、柴沟堡熏肉、怀安豆腐皮、鹦哥绿豆等，都很有当地特色。

亮点→ 古城寻古迹 | 畅游野三坡 | 白洋淀观芦苇荡 | 清西陵看历史

白洋淀

保定

具有2300多年历史的古城保定，作为京师门户，这里曾"北控三关，南达九省，地连四部，雄冠中州"，历史上燕国、中山国、后燕立都之地，清代八督之首，素有"京畿重地""首都南大门"之称。保定城不大，却处处透彻沉稳大气的儒家文化气息，直隶总督署、古莲花池诉说着曾经的辉煌；群山峻岭、清逸脱俗的野三坡；飘扬着芦苇絮与荷花香的白洋淀；风水聚敛的清西陵……又给这个"华北明珠"增添了几许捉摸不透的浪漫气息。

旅 行 路 线

保定经典二日游

保定虽然是一座小城，但其历史和自然风光都不可小觑。第一天去大慈阁、直隶总督署，下午顺道去看看古莲花池；第二天到达白洋淀水乡郭里口村后，乘船进入淀区，开始一天的白洋淀文化之旅。

保定休闲三日游

第一天到达野三坡，花一天的时间游览百里峡景区；第二天参观清西陵；第三天游览空中草原。这条线路堪称经典，一路上有优美的自然风光，也有历史遗迹。

保定市区景点

本地游

※ 大慈阁

天王殿、大慈阁、关帝庙

🏠 保定市莲池区穿行楼街。

大慈阁，又名大悲阁，是全市最高大的古代建筑。据《保定府志》载，建于宋淳祐十年（1250年），现在的大慈阁是被焚后多次重修的建筑。现存主要建筑有山门、天王殿、钟楼、鼓楼、大慈阁和关帝庙。其中天王殿坐北向南，门前置石狮一对，门楣上嵌"真觉禅寺"横额。

※ 古莲花池

赏荷花、亭台楼阁、莲池书院

🏠 保定市莲池区裕华西路。💰 30元。

古莲花池始建于元朝初年（1277年），原名香雪园，是华北地区最古老的园林之一，现

为保定古城八景之一，称"涟漪夏艳"。池水以中心岛为界分为南北二塘，蜿蜒曲折的东西二渠将两塘沟通一体。南塘呈半月形，外围峭壁环峙，松柏滴翠。北塘呈不规则矩形，四周玉石堆岸，杨柳垂丝。

※ 直隶总督署

展览馆、古建筑

🏠 保定市莲池区裕华西路。💰 30元。

直隶总督署毗邻著名的古莲花池，这里曾是清朝直隶总督办公的府衙，也是清代省级府衙中至今保存最为完整的一座。总督署的面积不大，但整体建筑均为古式，是清朝时严格按照省级府衙的制度修建的，显得庄严工整，也十分大气。游客在这里，可以观赏北方的历史建筑，看到原样复原的总督办公、居住地。

白洋淀景区 AAAAA　本地游

鸳鸯岛、荷花淀、九龙潭

⊙ 保定市安新县圈头乡。 🚌 先乘车至安新县城，再换乘车到白洋淀码头，然后坐船到达白洋淀。 🎫 入淀费 40 元（必购），船票另收费。内部景点单独收费：荷花大观园 50 元，白洋淀文化苑 50 元，异国风情园 40 元，鸳鸯岛 40 元。

白洋淀是华北平原最大的内陆淡水湖泊，有"北地西湖""北国江南"之称，是帝王巡幸之所，英雄辈出之地。它由 97 个大小不等的淀泊和 3700 多条沟壕、36 个岛村所组成。白洋淀因在所有的淀泊中面积最大而得名。

这里有绵延无尽的芦苇荡，水路纵横间，环境优美。每

游玩攻略

1. 来白洋淀旅游，一是为了划船；二是为了品尝水鲜；三是为了观看渔民拉网捕鱼。乘汽艇或木船，穿行于纵横交错的芦苇丛中，绿水碧波，芦花洁白，鹅鸭成群。

2. 北国水乡的白洋淀有着悠久的历史和许多的革命故事，在这里可以乘船游览白洋淀风光，也可在当地渔民的指导下采摘各种各样的水生植物，还可以参加打水仗的互动活动。

年 7 月，大片的荷花开放，更是美丽异常。景区里既有以水淀荷花为主体的自然风光，也有以抗日历史为背景的人文建筑，还有表演等项目。另外景区内的农家众多，可以在农家里品尝河鲜、吃莲藕、看捕鱼，体验悠闲的水乡生活。

京西百渡景区　本地游

※ 清西陵 ⊙ AAAAA

泰陵、昌陵、慕陵、崇陵

⊙ 保定市易县西陵镇永宁山下。 🎫 通票 108 元，泰陵 45 元，崇陵 45 元，昌陵和慕陵 20 元。

清西陵是清代自雍正时期起，四位皇帝的陵寝之地，共有 14 座陵墓，包括雍正的泰陵、嘉庆的昌陵、道光的慕陵和光绪的崇陵。雍正的泰陵建筑年代最早，规模也是最大，昌陵的回音石、回音壁，无论在规模还是效果上都可与北京天坛的回音壁相媲美。慕陵有金丝楠木雕龙殿，崇陵有铜梁铁柱的隆恩殿。

※ 狼牙山

五勇士陈列馆、纪念塔

⊙ 保定市易县狼牙山风景区。 🎫 80 元。

狼牙山险峻陡峭，因为形

状好像尖利的狼牙而得名。在狼牙山上曾发生过八路军五位战士与日寇浴血奋战，最后舍身跳崖的悲壮故事，因此为人们熟知。如今来到狼牙山游玩，既可以观看到壮观秀美的山林景色，也可以纪念当年舍身抗敌的五位壮士。

※ 野三坡 AAAAA

百里峡、拒马河、鱼谷洞

⊙ 保定市涞水县三坡镇。 🚌 北京天桥汽车站有发往野三坡百里峡景区的专线班车。 🎫 百里峡 100 元，鱼谷洞 70 元，白草畔 65 元，龙门天关 55 元。

野三坡风景区是独一无二的自然山水景观，以山水泉洞、林木花草为主，突显一个"野"字，共有百里峡、拒马河、佛洞塔等 7 个景区，有峡谷峭壁、高山草甸、溶洞奇观、河流风光等多种风景，各有特色。其中，百里峡素以"世外桃源"著称，拒马河以文物古迹与自然风光相匹配，佛洞塔以洞中佛得名。

亲历者行程

野三坡经典二日游线路：D1 百里峡—民族园；D2 白草畔—拒马河—鱼谷洞。

左下 | 清西陵
右下 | 野三坡

※白石山风景区 AAAAA

太行第一屏、十瀑峡、森林公园

🚩 保定市涞源县下北头乡插箭岭村。
🚌 涞源县旧汽车站有发往景区的班车。
💰 130 元。

白石山风景区又称为小黄山，是世界地质公园，因山多白色大理石而得名。它由太行第一屏、十瀑峡、森林公园三部分组成，有三顶、六台、九谷、八十一峰，最高峰海拔约 2096 米，战国时期以其岭而分赵，辽宋时又以它一山分两国。其"白石晴云"为涞源古十二美景之首。

廊坊
周边游

※天下第一城

古建筑、安平寺、陶瓷博物馆

🚩 廊坊市香河县安平镇。🚌 北京国贸大北窑南有专线快速公交 100 路车可直达。💰 40 元。

天下第一城以明清两代北京城为蓝本，将老北京的城垣微缩，分内城和外城两部分。

景区内有众多的仿古建筑，还有湖泊、荷塘等，更有前门、圆明园等知名建筑的微缩版，古色古香，很像一座明清时期的皇家园林。

※廊坊自然公园

两栖动物园、猴岛、湖上泛舟

🚩 廊坊市区西北区西外环路广阳道。
💰 公园免费，两栖动物园、猴岛各收门票。

廊坊自然公园是廊坊最大的公园，公园中心是一处约有 100 亩大小的湖泊，湖上可以泛舟划船等，湖边经常栖息着各种候鸟，适合拍照。在湖的周围，有面积很大的林地，风景清幽，很适合漫步放松。每年春夏季节时，园里各色花朵开放，更是很多人拍花摄影的好去处。

※廊坊茗汤温泉度假村

气泡区、花草区、养生药浴区

🚩 廊坊市霸州开发区，106 国道东侧。
💰 268 元。

茗汤温泉度假村是由澳大利亚首席建筑设计师设计的，室内外遍植热带植物，置身其中，让您领略到另一种热带风情。度假村最主要内容便是泡温泉，这里有室内、室外的多个温泉泡池，而且有不同的主题。室外泡池位于四季花园内，常有花朵开放，环境优美。

体验之旅

白洋淀看表演：《嘎子印象》是一部大型武打搞笑情景剧。这以白洋淀雁翎队水上伏击日本鬼子为背景，以搞笑、幽默、滑稽的舞台剧表演为主，打造一部集现代武打、高空威亚、实景烟火、夸张搞笑为一体的大型户外情景剧。

表演地址：白洋淀旅游码头。
表演门票：40 元。

寻味之旅

保定的饮食为北方风味，特点以浓香为主。特色菜有卤煮鸡，特色小吃有驴肉火烧及冰糖葫芦等。

卤煮鸡：保定市马家老鸡铺的清真卤煮鸡，色艳形美，肉嫩骨酥，软而不烂，味道醇香，扬名遐迩，脍炙人口。除马家老鸡铺外，就要数清真寺街上刘氏三兄弟的鸡最为著名。

驴肉火烧："老驴头"驴肉火烧的特色在于火烧外焦里嫩，驴肉肥瘦相间，软硬适度，出炉 10 分钟后不再卖卖，以保证

食品的最佳尝味期。若再配上几叶鲜蔬，真可称"保定一绝，中国汉堡包"。

白运章包子：曾与天津狗不理包子并列，获得百年老字号。其特点是馅大皮薄，口感好，用料讲究，风味独特，是老保定包子的代表。

目的地攻略

🚗 交通

火车：保定交通便利，主要有保定站、保定东站。京广铁路贯通全境，从保定到北京及石家庄十分方便，如果乘高铁，40 分钟即可到达。

汽车：保定长途汽车站有发往周边城市的客车，从北京到石家庄的京石高速公路从保定境内纵贯而过，由北京到保定只要 2 小时左右就可到达。

🏠 住宿

保定市区面积不大，直隶总督署、古莲花池等古迹多集中在裕华路一带，住在这里可以步行前往；其他景点多分散在周边县城，可根据游玩景点，就近选择住宿。

🛒 购物

坊间流传一句谚语"保定有三宝：铁球、面酱、春不老"。"保定铁球"不仅是娱乐工具，而且有着群众观健身功能；"保定面酱"距今已有近 400 年历史，质量优良，久负盛名，是理想的烹饪调料；"保定春不老"，又名"雪里红"，是当地一种常见的蔬菜，以价格便宜、品质优良为人所喜爱。

亮点 → 满城泉池 | 大明湖畔 | 千佛山拜佛 | 红叶谷赏秋 | 正宗鲁菜

大明湖公园

济南素有"泉城"美誉，泉水是济南的根、济南的魂，是济南一张最闪亮的名片。深厚的历史积淀给济南留下了大量的名胜古迹，有中国最古老的地面房屋建筑代孝堂山郭氏墓石祠，中国四大古刹之首的灵岩寺……历史古迹、灵山秀水、亭台楼阁使得这座历史名城既不失江南的玲珑婉约，又兼具北方的质朴与大气。

旅 行 路 线

济南东郊轻松周末游

这是济南东郊游山玩水路线的一个绝佳选择。第一天上午先参观朱家峪，随后前往胡山森林公园呼吸一下新鲜空气，下午去百脉泉公园看看群泉喷涌，感受一下泉文化；第二天上午游览莲华山，下午前往三王峪山水风景园。

济南西南郊休闲三日游

这是济南西南郊寻古访幽的首选线路。第一天上午参观位列海内"四大名刹"之首的灵岩寺，下午到卧龙峪享受山林野趣之乐；第二天去跑马岭和红叶谷；第三天上午游览华山森林公园，下午参观气势磅礴的齐长城。

天下第一泉景区 AAAAA

本地游

※ 趵突泉

泉水群、三大殿、沧园

🚩 济南市历下区趵突泉南路。🚌 市内乘坐 k50 路、103 路等公交车至趵突泉东门站下车即可。💰 通票：75 元；趵突泉 40 元，大明湖 30 元，五龙源 5 元。

趵突泉被誉为天下第一泉，位于美丽的趵突泉公园中，与附近的金线泉、漱玉泉、洗钵泉、柳絮泉、皇华泉、杜康泉、白龙泉等 30 多个名泉，构成了趵突泉泉群。趵突泉分三股，澄澈清冽，昼夜喷涌，水盛时高达数尺。泉的四周有大块砌石，环以扶栏，可在栏边俯视池内三泉喷涌的奇景。

※ 大明湖

七桥风月、汇波楼、超然楼

🚩 济南市历下区大明湖路。🚌 市内乘坐 11 路、41 路公交车至大明湖站下车即可。💰 30 元，游船需另买票。

大明湖景色优美秀丽，湖上鸢飞鱼跃，荷花满塘，岸边杨柳荫浓，繁花似锦，其间又点缀着各色亭、台、楼、阁。大明湖一年四季美景纷呈，尤以天高气爽的秋天最为宜人，在这里，还可欣赏到济南八景中的鹊华烟雨、汇波晚照、佛山倒影、明湖秋月。

※ 五龙潭

龙潭观鱼、秦琼故宅、名士阁

🚩 济南市历下区趵突泉北路筐市街。🚌 市内乘坐 777 路、41 路公交车至西门站下，步行前往。💰 5 元。

五龙潭曾名灰湾泉，位于五龙潭公园内。公园里还散布着古温泉、悬清泉、天镜泉等形态各异的 26 处古名泉，构成五龙潭泉群，为济南四大著名泉群中水质最好的泉群。每年 4 月和 10 月是五龙潭公园的最佳游览时节，尤其是 4 月时公园内百花竞放、香气怡人，最适合来赏花和观泉。

※ 环城公园

泉溪水景、泉石园、四季花园

◎ 济南市历下区南门大街。🚍 市内乘41 路、36 路等公交车到舜井街站下车，步行可到。

环城公园建在护城河沿岸，全长约 6.26 千米。公园以优美典雅的园林建筑和碧水绿带，把趵突泉群、珍珠泉群、黑虎泉群、五龙潭泉群及大明湖连接在一起，形成了以湖心泉水为特色的园林绿化中心，使"四面荷花三面柳，一城山色半城湖"的景色更加秀丽。

※ 黑虎泉

泉溪水景、泉石园、四季花园

◎ 济南市南护城河南岸。🚍 市内乘91路、109 公交至黑虎泉站下车即可。

黑虎泉泉群沿南护城河两岸，东起解放阁，向西长约 700米，共有白石泉、玛瑙泉、黑虎泉、琵琶泉等 14 泉。黑虎泉在济南泉水中是最有气势的，它是一处天然洞穴，游客在此可以看到泉水从洞中通过暗道从三个石雕虎头中喷射而出，最远可达一米多，在青石砌成的方池中激起层层雪白的水花，动人心魄。

济南其他景点 本地游

※ 千佛山

千佛洞、兴国禅寺、千佛崖

◎ 济南市历下区千佛山路。💰 30 元，索道单程 20 元，往返 30 元。

千佛山属泰山余脉，海拔约 258 米，虽然山并不高，但这里山峰奇起伏、林木茂盛，更因古代的众多佛像石刻而出名。山腰有佛教圣地——兴国禅寺，寺院始建于隋唐时期。另外，山上的石佛雕刻集中在千佛崖上，有隋代石佛 60 多尊。

※ 跑马岭

御马亭、良心桥、齐长城

◎ 济南市东南部的柳埠森林公园内。🚍 济南汽车站有旅游专线可到达。💰 旺季 80 元，淡季 60 元。

跑马岭南依泰山，北跨黄河，风景区内林木茂盛，风景秀丽，环境幽静。整个园区结合山体走势，百处景点纵向分布，高低错落，奇石林内松林茂密，怪石林立，让人体验到"鸟鸣山更幽"的原始生态。

※ 红叶谷

百合园、绚秋湖、天趣苑

◎ 济南市历城区仲宫镇锦绣川水库南。💰 旺季 100 元，淡季 80 元（不含天趣园、万叶塔）。

整个山谷主要以野生的黄栌为主，是一种观赏性树木。每逢深秋，登高远眺，满山红叶，层林尽染，非常绚丽。景区内还有竹林谷，里面郁郁葱葱遍布高大挺拔的竹林，让人有种置身世外桃源的感觉。

※ 灵岩寺

千佛殿、墓塔林、辟支塔

◎ 济南市长清区万德镇。🚍 可在市区乘 707 路旅游专线前往。💰 60 元。

灵岩寺为全国四大古刹之首，始建于东晋，距今已有1600 多年的历史，佛教底蕴丰厚。千佛殿中供奉的是通体贴金的"三身佛"，殿内四壁上有成百上千尊木雕小佛，千佛殿也因此而得名。此外，寺中的泥塑珍品也具有极高的艺术和审美价值，被称之为"海内第一名塑"。

泰山 ◎ AAAAA

右上 | 日观峰

◎ 泰安市泰山区。🚍 市内乘 14 路、19 路公交车可至泰山红门入口。💰 旺季（2~11 月）115 元（3 日内有效），淡季 100 元，岱庙 20 元。

泰山自古以来便是我国最著名的山峰之一，有"五岳之首"的美誉。景区以泰山主峰为中心，由自然景观与人文景观融合而成。从祭地经帝王驻地的泰城岱庙，

龙角山
傲徕峰
廖王

十八盘、玉皇顶、天贶殿　　周边游

到封天的玉皇顶，构成长达10千米的地府—人间—天堂的一条轴线。全区可分为旷、幽、奥、秀、丽、妙六个区域和岱庙。有著名的泰山日出、云海玉盘、晚霞夕照、黄河金带四大奇观。

※十八盘

十八盘是泰山登山盘路中最险要的一段，共有石阶1600余级。当地有"紧十八，慢十八，不紧不慢又十八"的顺口溜。仰视天门，盘路陡绝似云梯倒挂。石壁谷两侧有"天门长啸""层崖空谷""天门云梯""如登天际"诸摩崖石刻。

※天贶殿

天贶殿是岱庙的主体建筑，是泰山神东岳大帝的宫殿，始建于北宋。整座大殿雕梁彩栋，贴金绘垣，丹墙壁立，峻极雄伟，虽历经数朝，古貌犹存。在殿内的东、北、西三面墙壁上绘有巨幅壁画《泰山神启跸回銮图》，具有极高的历史、艺术和美学价值。

※南天门

南天门位于泰山十八盘的尽头，是登山盘道顶端，此处双峰夹峙，仿佛天门自开，由下仰视犹如天上宫阙，所以取仙境场所命名。南天门海拔约1460米，不仅形势险要，而且位于整个登山盘道中轴线的上端。游人登此，一览众山，满目空翠，疲劳顿失。

※岱庙

岱庙是泰山最大、最完整的古建筑群，是历代帝王举行封禅大典和祭拜泰山神的地方。岱庙城堞高筑，庙貌巍峨，宫阙重叠，气象万千。其建筑风格采用帝王宫城的式样，周环1500余米，庙内各类古建筑有150余间。

泰山景区示意图

左上 | 鲁山观云峰
左下 | 十笏园
中下 | 周村古商城

成雨，比肩继踵"的繁荣盛景记载。有稷下风、闻韶亭、海岱楼等景观。其中海岱楼是国家重点文物保护单位，高八层，楼内书香四溢，是文化地标。

亲历者行程

淄博烧烤的小饼卷肉闻名全国，用小烤炉亲手烤制更是烟火气十足。烧烤店遍布各个城区。这里给大家推荐两条旅行线路。线路1：唐库文创园—淄博陶瓷琉璃博物馆—海岱楼钟书阁—淄博烧烤。线路2：淄博站—周村古商城—王村醋博物馆—淄博烧烤。

淄博—潍坊
周边游

※原山国家森林公园
长城、泰山行宫、石海

ⓐ淄博市博山区西南。ⓩ35元（不包括泰山行宫、玉皇宫等项目）。

景区内山势险峻、森林茂密，下设凤凰山、禹王山、望鲁山、薛家顶和夹谷台五大景区，其中以凤凰山景点最多，是森林公园的核心景区。景区内还能看到北方罕见的喀斯特地貌奇观——石海。秀丽的山光水色，古朴、浑厚、凝重的庙宇和悠久美丽的历史传说以及森林深处的民族风情歌舞吸引着无数前来旅游观光的中外游客。

※周村古商城
魁星阁、商业老字号

ⓐ淄博市周村区周村大街。ⓩ60元。

周村明清时期发展成为我国北方的重要商镇，号称"天下第一村"。街区纵横，街巷幽静朴素，虽历经百年风雨，仍保持着古朴的明清原貌和历史本色。古商业街内店铺林立，古迹众多，有建于唐代的明教寺，建于清代的魁星阁，还有闻名天下的"八大祥"等商业老字号和孟雒川的故居等。

※聊斋城
狐仙园、石隐园、聊斋宫

ⓐ淄博市淄川区洪山镇蒲家庄。ⓩ40元。

聊斋城是蒲家庄村民在柳泉、蒲松龄等历史人文景观基础上开发建设的大型园林式景区。有蒲松龄纪念馆、柳泉、聊斋宫、狐仙园、石隐园、满井寺、俚曲茶座、墓园等景。

景区内的蒲松龄纪念馆，较为完整地保留了蒲松龄当年居住的原貌。故居为典型的北方农村院落，院内有蒲翁当年著书的聊斋和蒲翁十分钟爱的文石展厅等。

※齐盛湖·海岱楼
齐文化风情的城市公园

ⓐ淄博市张店区中润大道。

公园湖水湛蓝，碧波荡漾，齐文化元素处处可见，再现了史书中有关齐国"张袂成阴，挥汗

※云门山景区
石龛佛像、摩崖石刻

ⓐ潍坊市青州市城区南。ⓩ60元。
ⓞ夏秋季5:00~19:00，春冬季6:00~17:30。

云门山主峰大云顶海拔约421米，其山势巍峨峻峭、松柏叠翠，登山沿途可依次观览观寿亭、望寿阁道院、云门洞、"寿"字石刻、云窟造像。登上山顶可俯瞰青州城区，也是赏日出的好地方。不过云门山最出名的是山上的石龛佛像和摩崖石刻，尤以巨大的石刻"寿"字最为闻名，是这里的标志性景观。

※十笏园
假山、长廊、曲桥、亭榭

ⓐ潍坊市潍城区胡家牌坊街。ⓩ35元。

十笏园是中国北方园林袖珍式建筑，始建于明代，原是明朝嘉靖年间刑部郎中胡邦佐的故宅。十笏园坐北向南，青砖灰瓦，园中假山池塘、曲桥回廊、亭榭书房等建筑共34处，房间67间，紧凑而不拥挤，给人一种布局严谨、一步一景的

感觉，体现出北方建筑的特色，是我国古典造园艺术中的奇葩。

※青州古城　AAAAA

魁星楼、偶园、真教寺

潍坊市青州市老城区。乘青州27路公交车至古城西门站下车。

古城免费，城内部分景点另收费。

青州是古九州之一，有7000余年的发展史，5000余年的文明史，十二年的国都辉煌。现如今仍保留有明清古街道、魁星楼、欧阳修山斋、蓝溪谷、李清故居等100多处景点，还有上百处老字号等，较为全面地展示了古青州传统的百姓风情和社会习俗。

※杨家埠民间艺术大观园

年画馆、绘画馆、风筝博物馆

潍坊市寒亭区杨家埠村。80元。

杨家埠民间艺术大观园是目前国内最大的风筝厂，是集风筝生产、年画印刷与民俗旅游为一体的民间艺术大观园。这里是闻名中外的特色民俗文化旅游村，也是中国三大木版年画的主产地。杨家埠风筝，内容祥瑞吉利、有鸟、兽、鱼、虫，有版式、硬翅风筝，有串式、软翅风筝等。

※世界风筝博物馆

展示馆、扎制风筝

潍坊市奎文区行政街。免费。

世界风筝博物馆是我国第一座大型风筝博物馆，建筑造型选取了潍坊龙头蜈蚣风筝的特点，似蛟龙遨游长空伏而又起，设计风格在国内独树一帜，是"世界风筝都"的标志性建筑。该馆共设有风筝的历史文化展、潍坊风筝精品展、世界精品风筝展等八个展厅。

寻味之旅

鲁菜以清香、鲜嫩、味纯著称。一菜一味，用高汤调菜是济南菜的一大特色。爆炒腰花、糖醋鲤鱼、九转大肠等菜品皆是口口相传。除此之外，甜沫、酥锅、老济南打卤面等也尽数体现了济南特色。

九转大肠：鲁菜中最知名的一道菜，味道独特，别有滋味，为赞厨师制作此菜像道家"九炼金丹"一样精工细作，便将其称为"九转大肠"。

爆炒腰花：一道在济南耳熟能详的家常菜。原料以猪腰为主，经过改刀后爆炒而成。其特点是鲜嫩，味道醇厚，滑润不腻。同时也具备较高的营养价值。

黄河鲤鱼：在济南餐馆，通常喜欢将黄河鲤鱼做成糖醋口味，而且蒜香浓郁。依据当地习惯，吃完鱼后，会另将鱼头、鱼尾和盘中剩下的调味料做成汤，叫作"头尾汤"或者叫"划水"，此汤鲜美滋补，有益健康。

油旋：济南名小吃，外形似螺旋，表面油润金黄，故此得名。吃油旋多是趁热吃，如若配上一碗鸡丝馄饨，可谓是物美价廉、妙不可言的组合。

目的地攻略

交通

飞机：济南遥墙国际机场位于济南市东北部，距市区约30千米，距离泰山、曲阜等地车程约2小时，以国内航线为主，开通有通往北京、上海、广州、深圳、哈尔滨、厦门、重庆、香港、台北等主要城市的航线。国际航线则有日本大阪、韩国首尔、韩国仁川、美国洛杉矶、越南芽庄等航线。

火车：济南目前主要有济南站、济南东站和济南西站。其中济南站是济南市最老的车站，同时也是运载量最大的车站；济南东站多为发往省内各地的短途班车；济南西站为高铁站，主要承担京沪高铁的任务。

住宿

在济南旅游，你可轻而易举找到满意的住宿。济南各类宾馆、饭店、旅馆不计其数，从星级酒店到普通旅馆，可满足众多游客不同层次需求。总体来说，住在市区不仅离趵突泉等景区更近，而且交通便利，是出行的首选。

购物

济南的东阿阿胶家喻户晓，此外比较有名的特产还有平阴玫瑰、明水香稻、龙山小米、"秀水红"苹果、北元蒲菜等；其传统工艺品有鲁绣、面塑、黑陶、木鱼石茶具等。

右下 | 糖醋鲤鱼

亮点 → 孔子故里 | 名士荟萃 | 周公庙 | 礼乐之邦

曲阜孔庙

千年礼乐归东鲁，万古衣冠拜素王。这里是"文圣"孔子的出生、立教和一生主要的传教之地，亦是儒学"亚圣"孟子的出生之地，至今仍留有孔府、孔庙、孔林，孟庙、孟子故里等文化遗迹。孔府家宴百年流传，儒家文化盛传东方，这里就是圣域贤关——曲阜。

旅 行 路 线

齐鲁大地五日游

第一天从济南市区出发，在泰山风景区游玩一天；第二天前往曲阜市，用大半天时间游览孔府、孔庙、孔林和曲阜明故城墙；第三天经沂蒙山地区前往沂水县，游览沂水县境内的地下荧光湖和地下大峡谷；第四天上午参观沂水县的雪山彩虹谷，下午前往日照市游览万平口海滨景区；第五天上午游览山海天旅游度假区，下午驱车到日照海滨国家森林公园游览。

三孔风景区 ⓞ AAAAA

孔府、孔庙、孔林 本地游

🚩 孔府和孔庙在市中心区，孔林在北郊。🚌 曲阜市内乘坐2路、3路公交车可至孔庙南门，步行至孔府、孔林。🎫 联票140元。

历史文化名城曲阜是孔子的故里，这里的孔府、孔庙、孔林为世界文化遗产，合为三孔。每年的9月26日至10月10日都在这里举办孔子文化节。

※孔府

古民居、南湖、月沼

🎫 旺季60元，淡季50元。

孔府又称"衍圣公府"，是孔子嫡长子孙的府第，是我国仅次于明、清皇帝宫室的最大府第，前为官衙，后为内宅，最后为花园。孔府收藏大批历史文物，最著名的是"商周十器"。还收藏有金石、陶瓷、竹木、牙雕以及元、明、清各代各式衣冠剑履、袍笏器皿等文物。

※孔庙

古民居、南湖、月沼

🎫 旺季80元，淡季60元。

孔庙是我国祀孔庙堂中建造年代最早、规模最大的一座，又称至圣庙。现存殿、堂、亭门、坊等104座、466间，碑碣1000余块，为中国三大古建筑群之一。大成殿是孔庙的主体建筑，是祭祀孔子的中心场所。

※孔林

古民居、南湖、月沼

🎫 40元。

孔林是孔子及其家族的墓地。享殿之后是孔林的中心所在——孔子墓。孔林内现存石碑4000余块，树近10万株，是中国也是世界上规模最大、持续年代最长、保存最完整的一处家族古墓群。

孔子

　　孔子是中国儒家学派的创始人，是当时社会上最博学者之一，被后世统治者尊为"孔圣人"。其儒家思想对中国和世界都有深远的影响，孔子被列为"世界十大文化名人"之首。

孔子主要思想

道德思想：主张"仁、礼"，以性善论为基础。

政治思想：主张"为政以德"，这种治国方略也叫"德治"或"礼治"。

经济思想：重义轻利、见利思义的义利观与"富民"思想。

教育思想：提倡有教无类和因材施教，广招学生，把受教育的范围扩大到平民。

美学思想：核心为"美"和"善"的统一，也是形式与内容的统一。

孔子档案

姓　　名：孔丘，字仲尼，通称孔子
出 生 地：鲁国陬邑（今曲阜市）
出生时间：公元前551年9月28日
去世时间：公元前479年4月11日
主要作品："六经"
施政理念：仁、义、礼、智、信
主要成就：开创儒学，创办私学

大事年表

● 公元前522年
齐景公与晏婴来出访鲁国时召见了孔子，与他讨论秦穆公称霸的问题。

● 公元前517年
鲁国发生内乱，孔子离开鲁国到了齐国，受到齐景公的赏识。

● 公元前514年
孔子回到出生地鲁国。

● 公元前504年
孔子修著《诗》《书》《礼》《乐》，众弟子开始跟着他周游各国。

● 公元前496年
孔子带领弟子离开鲁国来到卫国。

● 公元前493年
孔子到达陈国。

● 公元前491年
孔子离开陈国，来到了蔡国。

● 公元前484年
孔子被迎回鲁国，孔子周游列国14年，至此结束。

● 公元前479年
孔子患病不愈而卒，终年七十三岁。

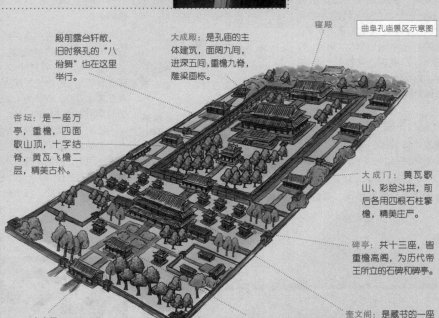

曲阜孔庙景区示意图

殿前露台轩敞，旧时祭孔的"八佾舞"也在这里举行。

大成殿：是孔庙的主体建筑，面阔九间，进深五间，重檐九脊，雕梁画栋。

寝殿

杏坛：是一座方亭，重檐，四面歇山顶，十字结脊，黄瓦飞檐二层，精美古朴。

大成门：黄瓦歇山、彩绘斗拱，前后各用四根石柱擎檐，精美庄严。

碑亭：共十三座，皆重檐高阁，为历代帝王所立的石碑和碑亭。

奎文阁：是藏书的一座楼阁，三重飞檐，四层斗拱，巍峨庄严。

大中门

同文门：面阔五间，为单檐黄瓦歇山顶，两侧有回廊。

曲阜市景点 _{本地游}

※孔子六艺城
文化体验区、民俗展示区

📍 曲阜市南新区春秋路。
💰 60元。

　　六艺城以孔子当年教授和倡导的"六艺"(礼、乐、射、御、书、数)为主线,吸取天圆地方的中国古代宇宙观,建筑格局独特。城内既有风景秀丽的园林造型,又有场面博大、文化涵盖丰富的室内景点,更有别具一格的古乐舞表演。

※汉魏碑石刻陈列馆
北陛石、张猛龙碑

📍 曲阜市后作街。 💰 10元。

　　陈列馆以时代为顺序排列,陈列碑刻,满足人们对各种书法艺术的审美要求。现存西汉碑刻6块、东汉18块、魏及北朝5块,为全国之冠,代表着那个时期汉字书法艺术的最高水平。北陛石是中国早期的石刻文字之一,乙瑛碑、礼器碑、孔宙碑、史晨碑是汉代隶书的楷模,张猛龙碑是魏体的杰作。

※论语碑苑
论语、园林景观

📍 曲阜市孔庙正南300米处。 💰免费。

　　《论语》是孔子极其弟子的言论集,为儒家经典,是传统文化的必读著作。碑苑建筑为明代风格,兼采南方私家园林的玲珑奇秀与北方皇家园林的庄严典雅。把《论语》用各种形式雕刻在墙壁、山石上。苑内有堂、楼、亭、榭、廊、坊、湖、池、溪水、潭、瀑布等景观。

曲阜往西 _{周边游}

※水泊梁山旅游区
梁山、莲台寺、情景剧表演

📍 济宁市梁山县越山南路。 💰 55元。

　　景区内古迹遍布,自然风光绚丽多彩。南部梁山景区,包括梁山、凤凰山及相邻景点,以山为主。北部水泊景区,以梁山泊东平湖为主体,景色优美,人称"小洞庭"。湖产资源丰富,湖面荷花、菱花竞放,蔚为壮观。梁山民风淳朴,武术表演、莲花落、渔鼓、山东快书、斗鸡、斗羊别具特色。

※曹州牡丹园
牡丹、园林、观花楼

📍 菏泽市牡丹区人民北路。 💰 旺季75元,淡季10元。

　　牡丹园是在明清以来风格不一、大小不等的十几处牡丹园的基础上发展起来的。南大门以内为西观赏区,这里除大片牡丹外,还有松柏编制的鸟兽、人物和牌坊。北大门以内为北观赏区,除有大面积的牡丹、芍药外,现代化的大型暖房、中国园林式的院落,颇使人流连忘返。

曲阜往南 _{周边游}

※微山湖湿地 AAAAA
微山岛、观荷、文化古迹

📍 济宁市微山县微山湖风景区。

　　因电影《铁道游击队》而闻名全国的微山湖,由微山、昭阳、独山、南阳四个彼此相连的湖泊组成,承纳了鲁、苏、皖、豫四省八个地区的来水,形成了我国北方最大的淡水湖。每年7~8月,十万亩荷花开遍湖中,蔚为壮观,同时还是捕鱼季节,此时来微山湖既可欣赏荷花,还能品尝时鲜。

※孟府孟庙景区
亚圣殿、亚圣林、树藤

📍 济宁市邹城市亚圣路。
💰 联票35元。

　　孟庙,又称亚圣庙,是一处拥有五进院落的古建筑群,以亚圣殿为中心,共有殿宇64间,保存着碑刻270余块。庙内建筑历代多次重修,现存为宋元至明清时期的古建筑代表作品。

　　孟府位于孟庙西侧,始建于北宋晚期,由前后七进院落组成。中部为内宅,后为花园,西路为孟氏家学"三迁书院"。府内有楼、堂、亭、阁148间,为中国三大古建筑群之一,是国内现存规模

左下 | 东平水泊梁山
右下 | 曹州牡丹园

宏大、保存较完整的衙署与宅第合一的古建筑群。

※峄山风景区

书院、巨石景观

⊙ 济宁市邹城市峄山镇。¥ 55元。

峄山虽然山不高，但却集泰山之雄、黄山之奇、华山之险于一身，形成了独具一格的自然之秀美，早在秦汉时期就著称于世。峄山的奇特在于其罕见的巨石景观，山上的花岗岩巨型石蛋群，华丽的石林及奇形怪状的花岗岩滚古形成各种天然群雕，玲珑别透，神奇秀灵。

※抱犊崮森林公园

君山望海、巢云竹林

⊙ 枣庄市山亭区北庄镇。¥ 80元。

抱犊崮地质奇特，是华北寒武纪岩层发育和"崮"形山的典型代表，以其独有的雄、奇、险、秀被誉为"鲁南小泰山"。公园共分巢云竹林、桃源仙境、君山望海、世界生态奇观园四大景区，其中"君山望海"被称为古峄县人景之冠。

※台儿庄古城 AAAAA

乘画舫、大战遗址、多风格建筑

⊙ 枣庄市台儿庄区运河北岸路与康宁路交会处路南。🚌 枣庄客运换乘中心乘坐 BRT2 路快速公交可直达台儿庄古城。¥ 旺季（3~11月）日场160元，夜游 100 元；淡季日场 120 元，夜游 100 元。

台儿庄处于京杭大运河的中心点，是著名的江北水乡、运河古城。与江南水乡相比，台儿庄古城多了一份历史韵味和历经战火的沧桑。1938 年发生的台儿庄大战，使这座古城化为废墟，如今，在重建后的台儿庄能仍看到五十多处战地遗址。

曲阜往东

周边游

※沂水雪山彩虹谷

雪莲湖、彩虹谷、情人谷

⊙ 临沂市沂水县沂水镇东郊。¥ 旺季（4~10月）98元，淡季 68元。

雪山彩虹谷景区主要有雪

莲湖、彩虹谷、情人谷、摸鱼池、滑草等主要景点。主体景观彩虹谷是通过实施人工降雨利用阳光折射，创造晴天观彩虹的美景，游客走进彩虹谷，头顶雨雾缭绕，脚下溪流潺潺，加上亭、台、榭建筑陪衬，使人如同进入江南水乡。

※沂蒙山旅游区 AAAAA

中国瀑布、鹰窝峰、蒙山寿星

⊙ 云蒙景区位于临沂市蒙阴县、龟蒙景区位于平邑县。¥ 云蒙景区70元，龟蒙景区 70元，沂山景区85元。

沂蒙山是泰沂山脉的两个支系，指的是以沂山、蒙山为地质坐标的地理区域。这里不仅是革命老区，还是世界文化遗产齐长城所在地、世界著名养生长寿圣地。包含蒙山云蒙景区、龟蒙景区、沂山景区三个景区。其中，龟蒙是养生旅游区，云蒙是生态旅游区。

※山东地下大峡谷

一河、九泉、九宫、十二瀑

⊙ 临沂市沂水县姚店子镇。¥ 98元，地下河漂流 50 元。

地下大峡谷是北方罕见的喀斯特地貌溶洞，由一条西北至东南走向的巨大喀斯特裂隙发育而成，洞体总长 6 千米，堪称江北第一长洞。洞内有一河、九泉、九宫、十二瀑、十二峡等景观

左上 | 台儿庄古城
左下 | 沂蒙山
中上 | 沂水雪山彩虹谷
右下 | 抱犊崮

100 余处，构成了一幅气势恢宏的洞中峡谷雄奇画卷，令人叹为观止。

※沂水天然地下画廊

钟乳石、天河、天瀑、冰川

🏠 临沂市沂水县院东头乡留虎峪村。💰 75 元。

地下画廊溶洞总长约 6600 米，距今至少有两亿年之久，洞内的奇特景观至少要几百万年才能形成，是宝贵的地质遗产。溶洞内钟乳遍布，石笋林立，恰似一座神奇的地下艺术宫殿。整个画廊气势磅礴，石乳、石笋、石柱等各类象形钟乳石，参差错落，千姿百态。

※萤火虫水洞

钟乳、奇石、萤火虫景观

🏠 临沂市沂水县院东头乡。💰 120 元。

萤火虫水洞内曲径通幽，行船览胜，如入仙境。有湖光山色、星际梦幻、金姑仙影、幽谷星河、穿越时空等 5 个景段 60 余处景点。洞内不但有大量的钟乳、奇石等奇特景观，还生活着一种萤火虫，这种萤火虫布满在洞顶，犹如晴朗夜空中闪烁的星星，成千上万，形成了一种奇妙的景观。

体验之旅

感受中华成人礼：来到孔子故里旅游，怎么能不接受一下儒家礼乐的熏陶。孔庙中华成人礼则是在孔庙大成殿举行的一种体验成人礼仪式。在这里，可以身着古代学士服装，手持束修，前往孔庙大成殿举行拜师典礼，向孔子行拜师礼。

寻味之旅

孔府宴是用于接待贵宾、生辰家日、婚丧喜事时特备的宴席，流传至今已成为鲁菜一个重要组成部分。孔府宴分五大宴：寿宴、花宴、喜宴、迎宾宴、家常宴，主要菜品有神仙鸭子、一品海参、孔门干肉、一品豆腐等，特色小吃主要有熏豆腐、孔府糕点、山东煎饼等。

熏豆腐：是当地独具地方特色的传统小吃，可凉拌、炖熏，也可切成薄片。喜欢吃辣的游客，还可以品尝到"五香油辣熏豆腐"。

福寿绵长：此菜本为"孔府宴"中的一道，主要由寿面和一条浇汁鲤鱼组成，游客在曲阜市内的各大菜馆均品尝得到。

一品寿桃：原是孔府"衍圣公"寿诞之日的特定菜肴，其形为大肥鲜桃，覆盖红色寿字，寿桃沙甜爽口，沁人心脾，寓意"福如东海，寿比南山"。

🛏 住宿

去曲阜旅游，景点多集中在三孔景区附近，因此可以选

择靠近住宿；周边的济宁、临沂、枣庄旅游资源也很丰富，住宿选择也很多。

目的地攻略

🚗 交通

飞机：济宁曲阜机场位于济宁市嘉祥县纸坊镇，目前机场已开通至北京、上海、广州、重庆、昆明等主要城市的航班。

临沂机场位于临沂市河东区，距市中心很近。目前有飞往北京、上海、杭州、哈尔滨、武汉、广州、重庆等地的直达航班。

火车：曲阜有两个火车站，曲阜火车站在曲阜开发区，曲阜东站为京沪高铁站。

临沂市主要有临沂站和临沂北站。其中，临沂火车站是主站，北站车次较少。

🛒 购物

便于携带又能体现曲阜特色的旅游纪念品主要就是"鲁中五绝"，即孔府家酒、楷雕如意、全毛地毯、龙头手杖和尼山砚石。另外，曲阜特产碑帖、楷雕和尼山砚又合称"曲阜三宝"，也很有当地特色，值得一买。

中上｜熏豆腐
中下｜济宁曲阜机场

海滨晚霞

青岛

青岛岬湾相间，沙软滩平，海岸曲折，城伴海生，海增城色。崂山山险峰秀，空旷幽远，鬼斧神工。八大关的欧式建筑，造型别致，红顶石墙，精巧玲珑，各具风韵；宗教建筑别具韵味，市区的天主教堂、崂山的道观庙院、珠山佛寺尼庵等建筑造型迥异，气氛庄严肃穆；名人故居多而密集，国内罕见。

旅 行 路 线

青岛经典三日游

青岛是著名的海滨旅游城市，美丽的海滩、精美的建筑吸引着无数游人。第一天游览最经典的青岛南部海滨，去栈桥、八大关；第二天游览崂山；第三天游览石老人和五四广场。

青岛休闲二日游

这是青岛胶南两日休闲游路线，汇集了胶南精品景点。第一天上午游览大珠山，下午前往灵山岛，可到灵山湾看日落；第二天上午继续游览灵山岛，下午参观琅琊台，观沧海日出，看海市蜃楼。

青岛海滨景区

本地游

※八大关

别墅群、花木

⚲ 青岛市市南区汇泉角东北部。

八大关是最能体现青岛"红瓦绿树，碧海蓝天"特点的风景区，它是由十条马路纵横交错，形成一个方圆数里的风景区。八大关内的建筑集中了多个国家建筑风格，有"万国建筑博览会"之称。这里环境清幽，春季有碧桃盛开，夏季有紫薇盛放，秋季可见银杏红枫夹道，是著名摄影胜地。

※信号山公园

连心桥、旋转观景楼

⚲ 青岛市市南区龙山路。 ❀ 15元（含观景楼）。

信号山，因曾在山顶建有为船只引航的信号台而得名。山顶三幢红顶蘑菇楼尤为显眼，

其中最高的一幢是旋转观景楼，在这里你可以360度俯瞰青岛"红瓦绿树，碧海蓝天"的景色，一幢幢掩映在绿树中红瓦黄墙的德式建筑令人惊叹。

※栈桥

回澜阁、观夜景

⚲ 青岛市市南区太平路。 ◉ 回澜阁 8:00~16:30。

栈桥是一条440米长的海上长廊，由海岸前伸入海，素有"长虹远引"之美誉。栈桥建于清光绪年间，已有百余年历史，一直以来被视为青岛的象征。栈桥尽头的回澜阁，则是青岛近代历史的见证。入夜，华灯齐放，桥上、岸上如株株玉兰盛开，水中波光粼粼，与远处的"琴屿飘灯"遥相辉映。

左上 | 小青岛
右上 | 五四广场

※第一海水浴场

游泳、水上运动、日落

青岛市市南区南海路。

第一海水浴场是青岛较为老牌的城市海滩，每年的夏季，浴场游人如织。人们在这里下海畅游，躺在沙滩上享受海风，坐水上摩托或快艇逐浪飞驰，享受夏日激爽。还可在此拍摄山海相连的海滨美景和日落霞光。

※小青岛

琴女雕像、灯塔、花园

青岛市市南区琴屿路。
6:30~19:30。

小青岛，又称为"琴岛"，是青岛湾内的一座小岛，与陆地之间有长长的海堤相接。岛上绿树成荫，岛的四周礁石环绕，海水清澈蔚蓝，岛上常能见到来垂钓的游客。岛上矗立着于1898年德国人修建的灯塔，是青岛的地标之一。

※五四广场

创意雕塑、日落

青岛市市南区东海西路。
6:30~19:30。

五四广场因青岛为中国近代史上伟大的五四运动导火索而得名，意在弘扬五四爱国精神，激励人们奋发图强。广场主体雕塑《五月的风》高30米，以单纯洗练的造型元素排列组合为旋转腾升的"风"之造型，充分体现了五四运动的爱国主义基调和张扬腾升的民族力量。

崂山风景区 AAAAA
本地游
道教宫观、日出、云海

青岛市崂山区梅岭路。 青岛火车站乘504路公交车可至巨峰景区，乘312路公交车可至仰口景区，乘311路公交车可至北九水景区。 旺季180元，淡季120元。

崂山是我国海岸线第一高峰，有着海上"第一名山"之称。山海相连，山光海色，正是崂山风景的特色。崂山的海岸线约87千米，沿海大小岛屿18个，构成了崂山的海上奇观。崂山还是我国著名的道教名山，最盛时有"九宫八观七十庵"，全山上有上千名道士。

※北九水景区

崂山北九水为崂山山泉汇流而成，源自崂山主峰巨峰顶的"天之泉"。北九水游览区分"内九水"和"外九水"，外九水全长约6.5千米，内九水全长约3千米。游人在鱼鳞峡就能听到流水的轰鸣声，那就是"九水画廊"的最后一景——潮音瀑。

※仰口景区

仰口景区以仙山宫殿和海湾沙滩景观为主要特色。仰口

海滩宽阔平展，沙质优良，海水澄碧，这里还是观日出的好地方，在有名的狮子峰巅可欣赏动人的奇观"狮峰宾日"，在峰下则可仰观迷人的胜景"狮岭横云"。

青岛其他景点
本地游

※青岛天主教堂
钟塔、圣象壁画

⊙ 青岛市市南区浙江路。¥ 10元，周日主日弥撒时免费。

教堂建成于1934年，它拥有宏伟的尖塔，是青岛著名的西洋式建筑。教堂表面雕有简洁优美的纹案，加上淡黄色的墙体，带一点粉色的红屋顶，色彩丰富而又甜美，其气势庞大，且又古朴典雅。堂内大厅宽敞明亮，配之穹顶的圣像壁画，堪称庄严美观。

※奥帆中心
奥帆博物馆、情人坝、观光游轮

⊙ 青岛市市南区燕儿岛路。¥ 奥帆博物馆30元。

奥帆中心矗立着巨大的北京奥运火炬与奥运五环，2008年北京奥运会的帆船比赛曾在这里举行。港湾中停满的帆船甚是壮观，这儿也是欣赏日落的绝佳之地。这里也有游轮码头，有海上观光游轮停靠在此，可以坐在船上看海，欣赏海滨风光。

※青岛海底世界
水母宫、生物标本、水下表演

⊙ 青岛市市南区莱阳路。¥ 旺季（4~10月）170元，淡季110元。

青岛海底世界是展示海底环境和海洋生物的主题场馆。在这里，你可以看到许多活体海洋动物和生物标本，而海洋剧场里的真人水下表演更是备受欢迎，在这里可欣赏惊险的"人鲨共舞"、唯美梦幻的"美人鱼"表演，有时还能看到由潜水员在水下表演的幽默小品。

※青岛啤酒博物馆
历史文化陈列区、酿造工艺

⊙ 青岛市市北区登州路。¥ 旺季（4~10月）60元，淡季50元。

青岛啤酒博物馆设在百年前的青岛啤酒厂老厂房内，一幢幢红色的洋房很有味道，靠马路一侧的屋顶上装饰着醒目的超大啤酒罐。在这里你可以看到生产啤酒的老设备，还可以品尝到纯正的青岛啤酒。博物馆门口就是著名的登州路啤酒街，到处都是海鲜排档和打着青岛啤酒旗号的酒吧。

※黄岛金沙滩
快艇、沙滩排球、文化旅游节

⊙ 青岛市黄岛区金沙滩路。◎ 从青岛火车站可乘都市观光线直达金沙滩。

金沙滩因其沙质为金黄色而得名，沙质堪称青岛最佳，你可以赤脚在这里漫步或奔跑，尽情地享受脚底的无比柔软。金沙滩拥有广阔海岸线，这里远离喧嚣，游人较少，每年夏季则会举办金沙滩文化旅游节。

日照
周边游

※五莲山风景区
光明寺、五莲山、九仙山

⊙ 日照市五莲县叩官镇。¥ 65元。

五莲山景区由五莲山、九仙山两景区组成。景区内自然景观和人文景观众多，以奇、秀、险、怪、幽、旷、奥七大特色著称。山上还坐落着明代名刹光明寺，而寺后山体上的巨大石佛更是值得一观。

中下｜帆船
右上｜金沙滩

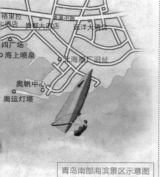

青岛南部海滨景区示意图

※海滨国家森林公园

森林旅游、海滨娱乐

🏠 日照市东港区两城镇。

公园依山傍海，林海相依，这里既拥有环境优美的森林与湿地，又坐落着称得上日照最好的沙滩。在这里你可以漫步于海边森林，呼吸纯净空气，或是去沙滩上享受阳光和海风，还可以找家餐馆品尝美味海鲜，最惬意不过了。

体验之旅

夏季啤酒狂欢： 青岛国际啤酒节于每年8月的第二个周六开幕，啤酒节具有青岛的地方特色。与会期间会有啤酒节开幕式、啤酒品饮、文艺晚会、艺术巡游、文体娱乐、饮酒大赛等活动，届时场面十分热闹。

网红打卡： 青岛海滨燕儿岛山公园是近年逐渐火起来的小众景点。这里有海滨栈道，木栈道与阶梯相连，一边是大海，一边是峭壁，峭壁底下盛开着鲜花小草，有着独特的韵味。

寻味之旅

青岛作为山东省最大的滨海城市，海鲜当然是饕餮的首选。在青岛吃海鲜最好的季节是春、夏、秋三季，这时候的海鲜肉嫩肥美，滑嫩爽口。此外，青岛还有许多特色小吃，如三鲜蒸饺、大虾烧卖、天府元宵、长城海鲜水饺、排骨砂锅米饭等。

辣炒蛤蜊： 青岛十大特色小吃之一，风味独特。蛤蜊本身肉质鲜美，营养丰富，是人们常吃的海产。

肉沫海参： 青岛的一道传统名菜，既有肉沫的香味，又保持了海参的鲜味。海参因其性温补，足胜人参，而被列为海八珍之首。

排骨米饭： 青岛是排骨米饭的发源地，也是岛城独有的美食。烹制过程并不复杂，重要在于排骨经熬炖仍保持特有鲜香味，做到肉不脱骨、入口即掉的特点，米饭香而不腻。

云霄路美食街： 这里交通四通八达，汇集了国内川、鲁、粤等各大菜系和一些西餐、日韩料理，并且青岛海洋特色突出，具有很高的知名度。

劈柴院： 如今的劈柴院保留修复前原有的建筑风格，还引进全国的各种风味小吃、曲艺说唱、民间手工等，成为青岛的"民俗博物馆"。

目的地攻略

🚗 交通

飞机： 青岛胶东机场位于胶州市，距青岛市中心39千米。现拥有多条国内外航线。市区有巴士专线和公交车直通机场。

火车： 青岛火车站位于栈桥附近，是一座漂亮的哥特式建筑，出火车站就能看见海，从火车站往前步行8分钟就直接到栈桥。青岛西站、青岛北站为高铁站，有发往省内各地的城际高铁。

🏨 住宿

青岛是座美丽的海滨城市，去青岛游玩可以选择住在繁华的市区，多星级酒店，交通便利；如若喜欢大海，则可选择住在老城区，欣赏"红瓦绿树，碧海蓝天"的美景。

🛒 购物

青岛的土特产主要是海鲜，有名的有海参、鲍鱼、扇贝、海蛎等。此外，青岛啤酒、即墨老酒、崂山云峰茶等闻名于世。贝雕、草制品、绣花制品、虎皮鹦鹉、崂山百合等传统工艺品，极具地方特色。

中下｜青岛火车站
右上｜啤酒节
右下｜鱼骨梳子

亮点 → 东海滨｜烟台山｜东炮台｜蓬莱仙境｜烟台苹果｜葡萄酒

蓬莱阁

烟台

烟台，是我国重要的通商口岸之一。2000多年前，秦始皇就曾三临烟台，望海射鱼，留下神奇传说。登上芝罘岛，运气好的话，还可以见到海市蜃楼缥缈于海面之上。烟台山上，自开埠以来，英、美、法、日、俄等十几个国家相继在山上建造领事馆、教堂和邮局，烟台山因此拥有了亚洲保存最完整、最密集的近代外国领事馆群。如今的烟台，风光秀丽，山海相映，以"中国金都、黄金海岸、人间仙境、鲁菜之乡、葡萄酒名城"的美誉著称于世。

旅 行 路 线

烟台市区一日游

如果只有一天的时间，可以在市区好好玩玩。上午可以游览烟台山景区和塔山景区，下午主要游览芝罘岛阳主庙和金沙滩海滨公园。

烟台深度四日游

这是一条经典的烟台四日游线路。第一天主要游览张裕国际葡萄酒城和龙口南山景区，品尝红酒的味道；第二天入蓬莱仙境，观八仙过海；第三天去南长山岛、仙境源，在栈桥边钓鱼或者坐上海上游艇出海；第四天来到北长山岛，在指山望海的九丈崖，许下海誓山盟。

蓬莱阁风景区 AAAAA

蓬莱阁、三仙山、八仙过海　　**本地游**

⌂ 烟台市蓬莱区迎宾路。🚍 从烟台乘坐到蓬莱汽车站的长途车下车即到景区。

传说蓬莱、瀛洲、方丈是海中的三座仙山，为神仙居住的地方，自古便是秦皇汉武求仙访药之处。广为流传的"八仙过海"的神话传说，便源于此。

※蓬莱阁

刺史牌坊、凌云阁、敬爱堂

¥ 100元。⏰ 旺季 7:00~18:00，淡季 07:30~17:00。

蓬莱阁位于天后宫西北丹崖绝顶，为双层木结构楼阁建筑，建于宋嘉祐六年（1061年），与滕王阁、岳阳楼、黄鹤楼齐名。整个蓬莱阁建筑群是由三清殿、吕祖殿、苏公祠、天后宫、龙王宫、蓬莱阁、弥陀寺等组成，坐落在一座小山坡上，有着不同的建筑风格。

> **游玩攻略**
>
> 除了欣赏古代建筑、石刻外，这里也是观海景的最佳地点，海市蜃楼出现时，这里也是最佳的观赏点。

※三仙山景区

¥ 120元。⏰ 7:30~18:00。

三仙山毗邻八仙过海景区，是一座以道教文化为核心的主题景区。景区内建有气势雄伟的亭台楼阁、金碧辉煌的飞檐翘角，再现了神话中"三仙山"的意境。园内有珍藏的木雕、玉雕等艺术珍品，其中以一尊世界上最大的缅甸水白玉冰种释迦牟尼卧佛像最为珍奇。

※八仙过海景区

¥ 80元。⏰ 夏季 6:30~17:00，冬季 7:00~17:30。

八仙过海景区是神话传说中八仙过海的地方，景区内以"八仙过海"的传说为主题。景区建有仿古亭阁与园林，你可以在此拜仙祈福、感受浓郁的道教文化氛围，也可以随处欣赏海景。

烟台市景点
本地游

※金沙滩
日光浴、沙滩运动

📍烟台市福山区北部沿海。

金沙滩素有"中国北方第一海滩"的美誉。沙滩坡缓水洁、沙质细柔、色泽金黄，是进行日光浴、沙滩排球等沙上活动的极佳之地。沙滩北侧的海水，清澈平缓、湛蓝纯净。这里夏季中午水温25℃左右，是我国最优良的天然海水浴场之一。

※长岛
月牙湾公园、九丈崖、庙岛天后庙

📍烟台市蓬莱区长岛风景区。🚢上长岛必须要先到蓬莱，从蓬莱码头坐客船上岛。🎫全线通票85元（三日有效）。

长岛，又称长山列岛，由32个岛屿组成。可在岛上从南至北游览林海、峰山、仙境源、望夫礁、月牙湾、九丈崖6个景点中的主要景观，也可以根据需要乘坐仿古大帆船游览万鸟岛、妈祖庙、高山岛、砣矶岛等海上景观。与渔民一起参与海上劳作，亲身体验做渔民的感受，也会是很有意思的事情。

※养马岛
赛马场、海滨浴场、天马广场

📍烟台市牟平区养马岛旅游度假区。

养马岛是一个面积约10平方千米的长形岛屿，海岛呈东北西南走向，岛前海面宽阔，风平浪静；岛后群礁嶙峋，惊涛拍岸。岛上气候宜人，草木葱茏，山光海色，秀丽如画。海岛四周盛产海参、扇贝、鲍鱼、对虾、牡蛎等海产品，久负盛名。

※龙口南山   AAAAA
南山禅寺、欢乐峡谷

📍烟台市龙口市黄城。🚌在烟台火车站乘坐南山旅游专线前往景区。🎫120元。

南山坐落于海拔百余米的山腰，此处水天一色。早在1934年就因此处规模盛大的梨花盛会而得"烟台市第一游览公园"之美名。景区内的南山禅寺、香水庵、灵源观、文峰塔、南山古文化苑等景点均是晋代遗迹。

※张裕酒文化博物馆
酒文化广场、展馆

📍烟台市芝罘区大马路。🎫有80元、150元的票。

博物馆毗邻大海，是1992年张裕公司在百年大庆前夕所建。因为张裕是国人自己的葡萄酒，还在国际上获过奖，所以是烟台的知名品牌和骄傲。现在的博物馆仿造百年前的模样，坐落在原址上，展馆地上两层是让你了解张裕葡萄酒的展厅，地下是百年前的大酒窖，可以品尝到葡萄酒。

※牟氏庄园
四合院落、建筑工艺

📍烟台市栖霞市北庄园南街。🚌从栖霞汽车站乘坐公交车，到牟氏庄园站下车即到。🎫60元。

牟氏庄园是中国北方规模最大、保存最完整、最具典型特征的封建地主庄园。它由清代北方头号大地主牟墨林及其后世子孙所扩建。整个庄园占地2万多平方米，共有厅堂480多间，庄园内的建筑工艺独特、雕刻砌凿细腻精湛，具有"三雕""六怪""九绝"之特色，十分值得细细品味。

威海
周边游

※刘公岛   AAAAA
中日甲午战争博物馆

📍威海市环翠区刘公岛。🚢在刘公岛旅游码头，买票坐船前往刘公岛。🎫122元（含往返船票、景点门票）。

刘公岛位于威海湾口，它面临黄海，背接威海湾，素有"海上桃源"之称。其北部海蚀崖直立陡峭，南部平缓绵延。刘公岛历史悠久，人文景观丰富独特，既有两千多年前的战国遗址、汉代刘公刘母的美丽传说，又有清朝北洋水师及甲午战争等大批遗迹。

中下 | 牟氏庄园

※成山头风景区

"天无尽头"石碑、始皇庙

🏠 威海市荣成市西霞口村成山头风景区。🚌 可在城铁荣成站乘坐至成山头的旅游专线前往。💰 168元。

成山头因此处位于成山山脉的最东端，故而得名。成山头三面环海，山体非常陡峭，群峰苍翠连绵，大海壮阔辽远，是中国最早看见海上日出的地方。

※石岛赤山景区

法华院、极乐菩萨界、赤山禅院

🏠 威海市荣成市石岛镇。🚌 可在城铁荣成站乘坐至赤山的旅游专线前往。💰 135元。

赤山是神秘、纯净、令人向往的佛教圣地，更有神秘圣洁的漫山红叶。山因石赤而得名，以英雄、禅道、海韵、圣境而著称。现有法华院、极乐菩萨界、赤山禅院、法华塔、大明圣境等十大景观区，还有气势恢宏的观音动感音乐喷泉广场和世界最大的铜铸神像——赤山明神坐像，登上明神坐像下的观景台则可俯瞰海岸风光。

※威海华夏城 AAAAA

访古建筑、音乐喷泉、演出

🏠 威海市环翠区华夏城。🚌 市内乘坐49路、50路公交车至华夏城站下车可到。💰 98元，演出票价有188、288、388元。

华夏城东临威海火车站，是一座以展示东方古典文化为主的大型文化景区。在华夏城，你可欣赏气势宏大的圣水观音音乐喷泉表演，或在尽显南北古典建筑元素精华的仿古展馆"夏园"中漫步，还可以观看精彩的杂技、马战、武术表演，而晚上的大型山水实景演艺《神游华夏》绝不容错过，定能震撼你的心灵。

寻味之旅

烟台临近大海，拥有很多的美食佳肴，以烟台"福山菜"为代表的"胶东菜"是鲁菜的三大支柱之一。海鲜可以说是烟台的一大特色，烟台人喜欢的口味却是更注重于海鲜的鲜，原汁原味的甘醇口感。

八仙宴：以大虾、海参、扇贝、海蟹、红螺、真鲷等海珍品为主要原料，由8个拼盘、8个热菜和1个热汤组成，味道鲜美奇特。

福山拉面：被称为中国四大面之一。福山拉面分实心面、空心面、龙须面三种。福山拉面由于工艺性强、口感好、品种多，不仅在国内负有盛名，在海外也享有盛誉。

蓬莱小面：面条为人工拉制（抻面，当地俗称"摔面"），条细而韧，卤为真鲷（俗称加吉鱼）熬汤兑制，具有独特的海鲜风味。

鲅鱼饺子：在胶东一带很有名气，基本大小饭店里都能吃到，直接选用刚刚捞上岸的新鲜大鲅鱼做馅，香滑细腻，入口回味无穷。

中上 | 华夏城
中下 | 红烧鳗鱼

目的地攻略

🚗 交通

飞机：烟台蓬莱国际机场坐落于烟台市区与蓬莱区的中间，距烟台市中心约43千米，以国内航线为主，此外还有飞往首尔、大阪、名古屋等境外城市航线。烟台市大海洋路的民航售票处有机场巴士可到机场。

威海大水泊国际机场是威海市唯一的机场，现开通北京、上海、广州、沈阳、哈尔滨、长春、延吉、成都、西安、济南等城市航线，此外还有飞往首尔等境外城市航线。

火车：烟台有烟台站和烟台南站两个火车站。烟台站为主要火车站，多长途列车。烟台南站为城际高铁站，多为发往济南、青岛、荣成等省内各地的城际短途列车。

威海有两个火车站：威海火车站和威海北站。两个车站均通高铁，其中威海北站为城际高铁站，均为发往省内各地的城际短途列车。

🏠 住宿

烟台和威海都是沿海城市，旅游资源丰富。不管是星级酒店，还是普通旅馆，都能让你选到满意的住处；海边的渔家民宿很有当地特色，对渔家生活感兴趣的游客可以尝试一下。

🛒 购物

烟台土特产有烟台苹果、金锡镶工艺茶具、莱州玉雕、烟台绒绣、海阳抽纱工艺品，以及栉孔扇贝、刺参、黑刺参、对虾、鲍鱼等海鲜。

华夏文明 旅游带 中原

这个旅游带位于黄河中游，是华夏文明最早的发源地，有"地上文物看山西，地下文物看陕西"的说法，河南则拥有中国最多的古都。先秦以前的历史遗迹黄帝陵、太昊陵、比干庙、尧庙等，大多汇聚在这里。这里还是秦、汉、唐、宋等朝代的都城，故历史古迹更加丰富，秦始皇陵兵马俑、兴庆宫公园、开封府……历史上多少故事发生在这里。秦岭的生物和南太行的峡谷则让这个旅游区显得更加多姿多彩。

亮点→ 晋祠｜山西大院｜双塔寺｜历史古迹｜百样面食｜陈年老醋

太原

晋祠难老泉

　　拿太原和任何一座古都相比，2500多年的历史都毫不逊色，太原有"龙城宝地"之誉，古称晋阳或者并州，龙城的龙脉到底在哪里呢？经过岁月的数度洗礼和人为的摧残毁坏，那条若隐若现的龙脉是否依然存在？不管存不存在，你都可以来看看龙城之魂晋祠，看看晋阳古城遗址，看看山西博物院、崇善寺和永祚寺，可以去天龙山、蒙山、崛围山踏青，可以来中国最大的道教石窟西山大佛感受宗教魅力。

旅 行 路 线

太原经典三日游

　　三天时间可以把太原最著名的景点游览完。第一天上午到晋祠游览"晋祠三绝"，下午到天龙山，晚上品尝山西特色美食；第二天上午去省博物院，然后再去双塔寺登塔远望，傍晚可去开化寺街、钟楼街购物；第三天前往蒙山，瞻仰大佛风采。

平遥精华二日游

　　第一天用大半天的时间游览王家大院，傍晚前往平遥古城，晚上住在古城内，品美食，赏夜景；第二天在古城内选择几个自己喜欢的景点游玩，若时间充足，还可前往双林寺游览。

太原市景点

本地游

※ 晋祠

晋祠三绝、圣母殿

　❶ 太原市晋源区晋祠镇。　❷ 旺季（4~10月）80元，淡季65元。　❸ 旺季8:00~18:00，淡季8:30~17:00。

　　晋祠是后人为纪念晋国开国诸侯唐叔虞而建的祠宇。晋国的宗祠，素有"不到晋祠，枉到太原"的说法。祠内有几十座古建筑，环境幽雅舒适，风景优美秀丽，被誉为山西的"小江南"。圣母殿、鱼沼飞梁、难老泉等景点是晋祠风景区的精华。祠内的周柏唐槐、难老泉、宋彩塑侍女像被誉为"晋祠三绝"，具有很高的历史价值、科学价值和艺术价值。

※ 山西博物院

鸟尊、侯马盟书、《土木华章》

　❶ 太原市万柏林区滨河西路。　❷ 免费开放。　❸ 9:00~17:00，16:00停止入馆，每周一、农历腊月三十、正月初一闭馆。

　　山西博物院荟萃了山西文物的精华，由主馆和四角辅楼组成，其中主馆外形像斗又像鼎，是游客参观院内藏品的主

文化解读

　　晋祠有三绝：一是周柏唐槐。周柏是北周时代种植的柏树，唐槐是唐代时种植的槐树，至今都还茂盛葱郁，树身向南倾斜约与地面成40度角，枝叶披覆殿宇之上。

　　二是圣母殿内宋代的彩塑。圣母殿内供奉着43尊彩塑。主像是圣母邑姜，其余42尊是宦官、女官和侍女。圣母凤冠蟒袍，端坐在凤头椅上。侍女手里都拿着侍奉的东西，有的伺候饮食，有的负责梳洗……眉眼有神，姿态自然，塑工精美，是中国雕塑史上的精品。

　　三绝中最后一绝是难老泉。晋水有三个源泉，一是善利泉，一是鱼沼泉，一是难老泉。难老泉是三泉中的主泉，晋水的源头就从这里流出，长年不息，水温保持在17℃。

晋祠景区示意图

朝阳洞 唐叔虞祠
圣母殿 三清洞
姜利泉亭 唐碑亭
水母楼 钧天乐台
昊殿 献殿 文昌宫
难老泉亭 金大台
大钟亭 水镜台
舍利生生塔 三圣祠
阙纪念馆

要场所。主馆共有四层，步入一层大厅后，沿着楼梯来到第二层，从这里开始以"晋魂"为主题历史之旅。

※蒙山大佛

门墩石、地狱、大佛石像

🏛 太原市晋源区罗城寺底村。🚌 晋祠公园有到蒙山大佛景区的直达公交。🕐 8:00~18:30。💰 25 元。

蒙山大佛开凿于北齐天保年间，本是蒙山开化寺后的摩崖佛像。元朝末年，蒙山大佛被毁。1980 年大佛被重新发现，但佛头已不知去向。现在的大佛头部为后人新凿的。遗迹北面存有一龟跌，碑已失。佛龛西侧墙壁上存有若干小石洞，是修建佛阁时嵌入梁檩所用。大佛龛东侧，崖面上还有一块摩崖碑刻和两个洞窟的遗存。

※双塔寺

碑廊、双塔、大雄宝殿

🏛 太原市迎泽区永祚寺路。🚌 在市区

内乘坐公交车，在双塔寺站下车即到。🎫 公园免费，进寺 15 元。

太原南郊的双塔寺为太原市的标志性建筑，是太原市市徽上的主题图案。双塔寺大约始建于明朝万历中期（1597—1602 年），因为寺内有两座高塔，所以俗称双塔寺。双塔寺的建筑格局并不复杂，由前院、后院、塔院三部分组成，著名的"双塔"就在塔院里。

※中国煤炭博物馆

四维动感影厅、煤炭游乐宫

🏛 太原市迎泽西大街。💰 60 元。

山西丰富的煤炭资源，使得这里成为我国唯一的国家级煤炭行业博物馆。煤炭博物馆是全国煤炭行业历史文物、标本、文献、资料的收藏中心。煤炭是怎样生成的，又是怎样从漆黑一片的地下被挖掘出来的？这些问题在煤炭博物馆都能找到答案。

※天龙山景区

天龙八景、石窟

🏛 太原市晋源区晋祠镇，太原市西南 36 千米处。💰 50 元，含天龙山石窟门票。

天龙山风光秀丽，四周山峦起伏，遍山松柏葱郁，山头龙王石洞泉水荡漾，山前溪涧清流潺潺，古有"天龙八景"，是著名的旅游胜地。天龙山石窟分布在天龙山东西两峰的悬崖腰部，石窟以雕凿技巧的成熟、饱满、洗练和表现感情的细致，接近劳动者的生活气息，以浓厚的民族性和地方性为其特色，以"小而精"著称。

右下 | 双塔寺

吕梁
周边游

※碛口古镇
西湾民居、古刹、古渡

📍 吕梁市临县碛口镇。🚌 在太原客运西站坐直达碛口的大巴。

碛口古镇是中国历史文化名镇，镇内的西湾村是首批中国历史文化名村。古镇因黄河大同碛而得名，黄河由北而来，湫水从东而至，卧虎山横亘镇北，黑龙庙雄峙河东。山环水抱，山的气势，河的雄浑，凝成了"虎啸黄河，龙吟碛口"的壮丽图景。

> **文化解读**
>
> 西湾民居系明清古建筑群，大院内横有两条街，竖有五条巷，把全院有序地联系起来。院之间又有小门相通，只要进入一个院落，就可通过小门游遍全村，真可谓"村是一座院，院是一山村"。西湾民居是典型的吕梁风格的四合院，历史文化气氛浓厚，有浓郁的黄土文化特色。

左下 | 碛口古镇西湾村
中上 | 卦山天宁寺

※卦山
圣母庙、天宁寺、朱公祠

📍 吕梁市交城县城北 3 千米处。🎫 51 元（含天宁寺）。

这座山的形状与八卦非常相似，因而得名。这里有不错的自然风光，还有千年古刹。卦山以山形似卦象、满山的古柏、巍峨的庙宇和华严道场而早在唐代就闻名遐迩，宋代著名书画家米芾将它跻身于三山五岳的行列，称誉其为"第一山"。

※天下黄河第一湾
黄河风光

📍 吕梁市石楼县辛关镇马家畔之间的黄河段。

黄河第一湾的最佳观景点为马家畔，被誉为"万里黄河上最美丽的湾"。站在马家畔观看，远窄近宽、远低近高，水流酷似圆圈，山体极像馒头，山上枣林密布，黄绿相间。1936年 2 月，毛泽东率领东征红军由陕西清涧进入辛关，其间写成著名的《沁园春·雪》。

※玄中寺
历代碑刻、大雄宝殿

📍 吕梁市交城县西北。🎫 20 元。

玄中寺又名壁寺，四面石壁陡立，翠柏环布，为风景幽雅的佛教圣地。殿内木雕佛造型生动，金碧辉煌。寺东山巅两层八角白色秋容塔，迭涩重檐，砖座宝顶，中空置佛，塔身挺秀。殿阁内供木雕、泥塑、铁铸佛像 70 余尊。

※北武当山
真武庙、风动石、龟蛇石

📍 吕梁市方山县北武当镇。🎫 72 元。

北武当山古称龙王山，集雄、奇、险、秀于一身，是我国的道教圣地，景区植被繁茂，森林覆盖率达 70% 以上。北武

当山兼有泰山之雄、黄山之奇、华山之险、峨眉山之秀和青城山之幽。山上道观内存有泥塑、壁画、石碑等文物，具有珍贵的历史研究价值。

晋中
周边游

※平遥古城 ⓦ AAAAA
古城墙、明清古街、古市楼

⊙ 晋中市平遥县境内。💬 平遥火车站距离古城西门只有500米，出站后步行即到。💰 古城免费，景点联票旺季125元，淡季90元（3日有效）。🕐 旺季（3~11月）8:00~18:30；淡季8:00~17:30。

古城内的街道、店铺和民居依旧保持着传统的布局和风貌，是我国保存最为完好的古城之一，也是目前我国唯一以整座古城成功申报世界文化遗产的古县城。平遥曾是晚清时期中国的金融中心，走进这座曾经繁华的古城，处处可以感受到晋商文化的气息。

平遥古城墙是古城的看点之一，不仅雄伟，而且保存得十分完整。登上城墙，可以俯

亲历者行程

平遥古城经典一日游：西门—古城墙—古县衙—文庙大成殿—清虚观—日升昌票号—古市楼。这条线路基本涵盖了古城精华，午餐可在明清一条街品尝当地小吃。

瞰古城全貌。其中，南门（迎熏门）的城楼最为精美，而且这边靠近民居，还能看到古城里人们的生活。如果时间充裕，可以沿着城墙绕古城走一圈，全方位感受古城的风貌，傍晚在城墙上看夕阳，景色更美。

※镇国寺 ⓦ
万佛殿、铁钟、四尊菩萨

⊙ 晋中市平遥县郝洞村。💰 25元。

平遥县城东北约15千米处的郝洞村，有一座始建于北汉天会七年（963年）的古寺——镇国寺，清嘉庆二十一年（1816年）重修，在我国现存的木结构建筑中，平遥镇国寺仅晚于五台山的南禅、佛光二寺院，是我国现存最古老的木结构建筑之一。

左上 | 平遥古城
右上 | 乔家大院

※乔家大院
百寿图、镇宅之宝、"丹枫阁"匾

⊙ 晋中市祁县东观镇乔家堡村。💬 从太原到祁县、平遥、运城的班车都经过乔家大院。💰 115元。

乔家大院又名"在中堂"，是清代著名商业金融资本家乔致庸的宅第，也是《乔家大院》《大红灯笼高高挂》等30多部影视作品的拍摄点。成排高挂的红灯笼、高高的砖墙、精美的雕刻、漂亮的斗拱飞檐、深邃的巷落，这就是著名的乔家大院。

这是一个明清时期的民宅建筑群，建筑样式如城堡一般，威严气派，是典型的明清北方大家

山西四合院

山西民居四合院多位于晋中南一带，与北京四合院虽然同属北方的四合院类型，可是两者在四合院形制、建筑形式、装饰风格等方面均有较大的区别。山西四合院以其鲜明的个性，成为四合院家族中独具特色的一支，并以乔家大院、渠家大院、曹家大院、王家大院、常家庄园等晋商大院最具代表性，另外还有规模较小的普通四合院民居建筑。

乔家大院

乔家大院是最早修复开放的一座晋商大院，其形如城堡，三面临街，四周以三丈高的砖墙封闭，内部形成规模较大的四合院建筑群。

王家大院

王家大院的院内外，屋上下，房表里，随处可见精雕细刻的建筑艺术品。这些艺术品从屋檐、斗拱、照壁、吻兽，到础石、神龛、石鼓、门窗，造型逼真，精雕细刻，既具有北方建筑的雄伟气势，又具有南国建筑的秀雅风格。

丁村民居

丁村保存有完整的明清四合院群落，一个套一个的四合院，每一个风格与格局都不同，被誉为"中国北方古代民居的活化石"。

山西四合院结构示意图

风水楼和风水影壁增加了封闭外观的视觉层次，也是山西民居最具地域特色和民俗特征的景观。

房屋的屋脊呈外向单面倾斜，雨水流向院内的水窖被储存起来，这与山西气候干旱、降水较少的气候特征有关。

与北京四合院宽敞方正的内院相比，山西四合院的院子则多为窄长形，两侧厢房之间的距离很近。

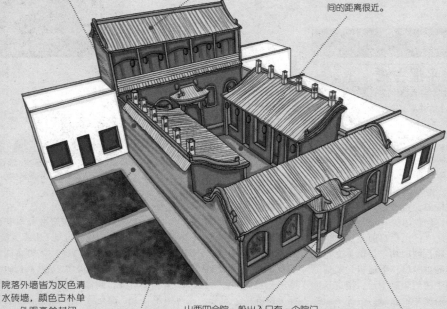

院落外墙皆为灰色清水砖墙，颜色古朴单一，外观高耸封闭。山西是"九边重镇"，自古战事频繁，因而民居建筑尤其注重住宅的安全性和防御性。

四合院内一般都要留出几块地方种树、栽花，作为庭院的点缀。

山西四合院一般出入只有一个院门，院门一关，大院便处于一种完全封闭的状态。四合院的院门大都采用木板大门，大门一端上下都放在轴心里，左右旋转，方便关开闭合。

山西四合院建筑注重雕饰，院内的门墙上多有精美的木雕、砖雕、石雕等饰物，显得格外精致美观。

庭的居住格调。从高空俯视，整个院落布局很像一个象征大吉大利的"囍"字。这里的建筑群布局严谨，同时也富有变化，仅是房顶的140余个烟囱都各有特异，有"皇家看故宫，民宅看乔家"的说法。

※祁县古城

晋商老街、特色建筑

🅐 晋中市祁县古城。

古城以十字口为中心，4条大街垂直交叉，8条小街、28条巷、72坨道与之纵横贯通。古院落1000多所，明清建筑风格的房屋2万余间。雄伟大气的院落，严谨有序的布局，精雕细刻的工艺，充分显示了晋商鼎盛时期建筑设计方面的特色风格。整座古城，集古街道、古寺庙、古店铺、古民宅于一体，井然有序，浑然一体，组成了一个建筑宏伟、完整的古文物群。

※王家大院

高家崖、红门堡、王氏宗祠

🅐 晋中市灵石县静升镇。 💰 55元。

王家大院由静升王氏家族经明清两朝，历时间300余年修建而成。虽没有乔家大院出名，但王家大院的规模和气势在晋商宅院里绝对是首屈一指的，去过王家大院的人都会感叹，这简直是一座城！也正是因为它磅礴的气势，以及建筑和文化上的成就，素来有"王家归来不看院"的美誉。

王家大院由五条巷子、五座城堡、五座祠堂构成。其中，五座古堡的院落布局分别被喻为龙、凤、龟、麟、虎五瑞兽，当前主要开放的红门堡（龙）、高家崖（凤）和王氏宗祠等加起来，还不足整个大院的四分之一。

※绵山 AAAAA

大小岩洞、回銮寺

🅐 晋中市介休市翼家庄村。 🚌 从介休火车站乘景区大巴前往。 💰 旺季

左上 | 祁县古城
右上 | 王家大院
右下 | 王家大院

（4~10月）110元，淡季90元，景区内交通50元。

绵山自然风光优美，这里山势陡峭，有众多的古树怪石，处处都是山花茂林，还分布着各种岩洞和瀑布。山中有以抱腹岩、蜂房泉、李姑岩为主的大小岩洞100余处。山上文物古迹颇多，俗称"九里十八弯，二十四座诸天小庙，各处罗列"。

绵山的柏树也值得一看，其中有株柏树高达16米、树荫覆盖面积将近300平方米的秦代古柏，还有一株"回头看柏龙"的柏树，酷似龙形生在悬崖绝壁，数千年不长不枯。

冬季的绵山，相比夏日的避暑胜地、秋季的红叶漫山，也是别有一番风味。在水涛沟或栖贤谷中，欣赏形态各异的冰瀑。往日浩浩荡荡的山中瀑布，此时罩了一层厚厚的冰凌，晶莹剔透。

榆次常氏庄园

忻州

周边游

※五台山 ◎ AAAAA

望海峰、五爷庙、塔院寺

◎ 忻州市五台县境内。 ◎ 繁峙县五台山火车站有巴士直达五台山景区。 ◎ 旺季（4~10月）135元，淡季120元。

　　五台山由五座顶如平台的山峰相簇拥而成，风光秀美，是著名的避暑胜地。此外，这里也是文殊菩萨的道场，寺院林立，是中国佛教四大名山之一。这里著名的景点有显通寺、塔院寺、菩萨顶、南山寺、金阁寺、万佛阁、碧山寺等。

中上 | 五台山

> **亲历者行程**
>
> 　　五台山全景二日游线路：D1：东台望海峰—北台叶斗峰—中台翠岩峰—西台挂月峰；D2：吉祥寺—狮子窝—金阁寺—南台锦绣峰—佛母洞—白云寺—台怀镇。

五台山景区示意图

※雁门关 AAAAA

靖边祠、古关道、雁楼

📍 忻州市代县雁门关乡。🚌 建议从代县乘出租车前往景区。💴 90元。

雁门关是明代内长城线上的著名关隘，与宁武关、偏关合称为"外三关"。杨家将的故事原型，就发生在这里。

景区内的古关道依当地山势而建，蜿蜒盘旋在山峦之间。沿着古道爬上一处山峦，远望关外，一片衰草连天的景色，给人一种历史厚重的沧桑感。

左上 | 代县雁门关雁塔
左下 | 黄河老牛湾
右上 | 芦芽山

※芦芽山景区

万年冰洞、石门悬棺、悬空村

📍 忻州市宁武县东寨镇。💴（4~10月）芦芽山70元，万年冰洞120元，石门悬棺25元，悬崖栈道25元，汾河源头30元。

芦芽山素称"五百里奇秀芦芽山"，因形似一"芦芽"而得名，是汾河、桑干河等五条河流的源头区。与人满为患的五台山不同，这里游人不多，是山西少有的幽雅清秀的目的地。

这里峰峦重叠，山峰尖峭，怪石嶙峋，林木茂密，每有云雾萦绕，雄峰突兀。雨后日出，芦芽墨绿色的山体还会变出一种火红的色彩，偶尔也可遇到状似"法轮"，五彩斑斓的"芦芽佛光"。

※黄河老牛湾

望河楼、四座塔湾、包子塔湾

📍 忻州市偏关县老牛湾村。

老牛湾位于山西省和内蒙古自治区的交界处，以黄河为界。黄河、长城在这里交汇，晋陕蒙大峡谷以这里为开端，是中国最美的十大峡谷之一。登临包子塔湾的高处，黄河九曲十八弯美景尽收眼底。黄河在此回头，转折了一个近乎360度的圆弯，将其围成一个半岛，这里为整段峡谷最壮丽的景观。

左上 | 太原夜景
右上 | 刀削面

体验之旅

品味晋剧：山西四大梆子剧种之一，旋律婉转流畅，具有晋中地区浓郁的乡土气息和独特风格。晋剧传统剧目丰富，经常上演的有《渭水河》《打金枝》《临潼山》《双锁山》等。山西大剧院有晋剧演出，感兴趣的朋友可以前往欣赏。

观看演出：与以往的"印象"系列山水实景演出不同，《又见平遥》将演出场地搬到了室内。剧场的建筑外观就像是平遥古城里绵延起伏的屋面，一波三折，起起落落，展示着古城曾经的繁华与沧桑。内部设计也真实还原了清末平遥城的镖局、大院、街市等，处处展现平遥传统艺术的魅力。平遥县的印象剧场，每天 14:00 和 19:00（周一无演出）有两场，票价 298 元。

寻味之旅

太原的基本口味以咸香为主，辣酸为辅。世界面食在中国，中国面食在山西，在山西，太原的面食最为有名，品种多，历史久。炒莜面、拉面、猫耳朵、搓鱼儿、莜面烤佬、刀削面、炒疙瘩等应有尽有，来这里一定会让您"面面"尝到。

过油肉：太原十大名吃之首，晋菜代表之一。因其"过油"绝技而命名，"点醋"风味而独特，味道咸鲜闻有醋意，口感外软里嫩。

刀削面：太原的面食远近闻名，其中最有名可说是刀削面了。刀削面全凭刀削，因此得名，入口外滑内筋，软而不粘，越嚼越香，太原的大街小巷都能吃到。

榆次灌肠：榆次"三宝"之一，具有浓厚地方特色。榆次灌肠分红、白两种，佐以醋、蒜汁食之，既可冷食，也可热炒，别有一番风味。美食街杨记灌肠店家的灌肠最正宗。

太原市府东街口的食品一条街，是品尝风味小吃的好去处，有冒着热气的各式滋补粥、整齐地摆放在柳藤篮中的肉夹馍、肉夹饼等点心，让人看着眼馋。

目的地攻略

🚗 交通

飞机：太原武宿国际机场位于太原市东南方向，距市中心 18 千米左右。与全国各主要大中城市都有直航，并有开通直飞泰国曼谷等地的国际航线。

火车：太原市内目前有两座火车站，分别为太原站、太原南站；太原南站为高铁站，有发往北京、上海、西安等地的高铁列车。

🏠 住宿

太原交通发达，景点不多，一般游客将此作为大同、五台山、平遥等地的中转站。柳巷是太原历史悠久且繁华的商业街，各种商店食肆林立，这里适合来太原出差的商务人士、喜欢购物和美食的朋友入住；住在汾河西岸离景点晋祠很近，交通出行便利，还能欣赏风景秀丽的自然风光；到平遥古城旅游的朋友一般都会在此停留一两天，那么平遥古色古香的民俗客栈一定不要错过。

🛒 购物

太原物产丰富，其中以山西老陈醋最为著名。山西老陈醋被称为"天下第一醋"，另外还有晋祠大米、清徐葡萄、太原玉雕、太原仿古铁器，都值得购买。

亮点→ 漫步古城墙｜拜访华严寺｜石窟艺术｜登恒山｜井下探秘

云冈石窟

大同

曾经的北魏都城大同，无论如何也应该留有几分王气、数处废墟。虽然已经时隔几千年，但只要深入去寻访和发现，还会发现许多惊喜。大同北控沙漠，西拱京师，据雄塞北。所以，代代称雄的马背民族固然给大同留下了云冈石窟和华严寺这样的传世名作，其恢宏悠远的气韵和豪爽不羁的民风才是其命脉所在。

旅 行 路 线

大同经典三日游

在大同能了解遥远的北魏文化和历史，素有"三代京华，两朝重镇"之称。第一天先去华严寺，欣赏千年古刹的气魄，再去九龙壁，看影壁上的真龙再现；第二天观雁塔；第三天以游览云冈石窟为主。

晋东北世界遗产之旅

这条线路是山西旅游的重彩之笔，也是山西旅游的必选线路。第一天从太原前往五台山，沿途可顺道参观阎锡山故居、南禅寺和佛光寺；第二天游览五台山景区；第三天去应县参观应县木塔和净土寺；第四天上午参观恒山悬空寺景区，之后去大同市参观上下华严寺和大同府文庙；第五天先参观九龙壁，之后前往云冈石窟景区。

大同市景点

本地游

※华严寺

大雄宝殿、薄伽教藏殿

🏠 大同市下寺坡街。 💰 50 元。

华严寺始建于辽清宁八年（1062 年），之后多次重建。明代华严寺分为上、下华严寺两部分，上华严寺以大雄宝殿为中心，下华严寺以薄伽教藏殿为中心，两寺紧邻，直到新中国成立后，两寺再次合为一体，两寺之间有小门相通。

※善化寺

大雄宝殿、三圣殿、天王殿

🏠 大同市南寺街。 💰 免费。

善化寺始建于唐代，后毁于战火，辽、金时期开始重建。如今的善化寺是我国现存完整的辽金寺院。寺中的主要建筑天王殿、三圣殿、大雄宝殿等，都位于南北方向的中轴线上。

※九龙壁

五彩琉璃、雕刻技艺

🏠 大同市平城区四牌楼东南角。 🚌 在大同市乘坐公共汽车可达。 💰 免费。

九龙壁长 45 米、高 8 米，壁面由五彩琉璃构件组成，九条龙形神各异，每两条之间以水草、白云、山石作为连接，构成一幅生动的画面。正中的一条龙造型最具威严，昂首向前，目光炯炯，气宇轩昂，体现出了我国古代高超的雕刻技艺。

※云冈石窟 ◎ AAAAA

佛像、浮雕画

🏠 大同市云冈区。 🚌 大同火车站有旅游快速公交 603 路直达景区。 💰旺季（3~11 月）120 元，淡季 100 元。

云冈石窟始建于北魏，依山开凿，东西绵延约 1 千米，分为景观区和石窟群，其中，石窟群无疑是最大的看点。最有代表性的是第二十窟（白佛爷洞）高 13.75 米露天释迦坐像，这尊佛像面部丰满，两肩宽厚，造型雄伟，气魄浑厚，为云冈石窟雕刻艺术的代表性。

文化解读

云冈石窟的编号是自东往西编的，一共 45 个窟。游客往往从进门处的第五窟开始看，第五、六窟是一对儿，五窟里的大佛是云冈最大的一尊佛像，约有 17 米高。第六窟里的四角雕塔十分华丽，上面 33 幅浮雕记载着佛陀生平的故事和传说。第七、八窟是一对儿，主要看窟顶拱门处的浮雕画，很复杂也很精美，值得细细观看。第九窟和第十窟又是一对儿，这两窟佛像形式多样，彩色鲜艳，窟顶装饰花纹纷繁复杂，故事丰富。

第十二窟的藻井（天花板）是最漂亮的，一定要仔细看，人物生动，还拿着各种乐器，辅以妙曼的舞姿，绝对是孤品。

从第十六窟到第二十窟便是最早开凿的"昙曜五窟"，是云冈的根，也是云冈的精髓。第十六窟的佛像衣纹很独特，胸前的衣带结很像现在的领带；第十七窟里的主佛约有 15.6 米高，也够大的，旁边的两尊菩萨的衣纹也很值得注意。第十九窟格局很独特，主佛是第二大佛，16.8 米高，比第一大佛只差 20 厘米，奇就奇在主佛的两位侍立菩萨不是在窟内雕于佛像两侧的，而是在洞外另外分别开凿两个小洞，雕出两位极为精美、华丽的菩萨。第二十窟便不用多说了，这里的大佛是云冈的招牌佛像，法相丰映，气势雄伟，是精品中的精品。

※晋华宫矿山公园

煤炭博物馆、井下探险游

- 大同市云冈区晋华宫。
- 位于云冈石窟对面。
- 160 元（包含煤博物馆参观票，井下探秘），井下游 120 元。

矿山公园与世界文化遗产云冈石窟一河之隔，公园集工业遗址保护、环境更新、生态恢复与绿色矿山建设于一体。这是一座新型休闲观光园区，也是为世人留下完整近代工业记忆的矿业文化创意园。

※大同火山群

金山、黑山、狼窝山

- 大同市云州区境内。

大同火山群是我国第四纪火山群之一，大约在 6 万年前就停止了喷发。目前已知的有 30 多座火山，其中位于大同东北部的西区火山则是火山锥景观最为密集也最为壮观的一个部分。这些火山锥一个个犹如地底幽灵突兀而起，大多显出一种威武与神秘。

恒山风景区

本地游

天峰岭、悬空寺、会仙崖

- 大同市浑源县恒山南路。
- 大同汽车站有班车到恒山悬空寺。

- 47 元。 夏季 8:00~18:00，冬季 8:30~17:30。

恒山是著名的"五岳"之中的北岳。景区包括天峰岭景区、翠屏峰景区、千佛岭景区等，目前开发的是翠屏峰和主峰天峰岭，一般说"游玩恒山"便指的天峰岭景区。恒山不仅风光优美，也是重要的道教发祥地，山上有许多道教庙观，相传"八仙"之一的张果老就是在恒山修行得道的。

※悬空寺

木栈道、寺庙建筑

- 大同市浑源县东南郊恒山脚下。
- 115 元。

悬空寺位于恒山金龙峡翠屏峰的悬崖峭壁间，始建于北魏，距今已有 1500 多年历史，是国内现存最早、保存最完好的高空木构摩崖建筑。整座寺

左下 | 恒山
右上 | 云冈石窟
右下 | 悬空寺

院悬在陡峭的崖壁上，利用峭壁的凹凸部分巧妙地依势而建，显得格外错落而有节奏感。

朔州

周边游

※应县木塔

释迦牟尼佛像、古建筑

📍 朔州市应县县城内西北佛宫寺内。

💰 50 元。

木塔建于辽清宁二年（1056年），金明昌六年（1195年）增修完毕，是我国现存最高最古老

文化解读

这座八角形的木塔，高约60余米，除了第一层的四米高石质台基外，其余各部分都是由木头建成，没有用一根铁钉和铆钉，全部采用传统工艺的榫卯搭建。木塔共五层，各层间夹设暗层，实为九层。各层均用内、外两圈木柱支撑。九百多年来，这座木塔经历了狂风暴雨、大地震和炮火的轰击，依然屹立不倒。

的一座木构塔式建筑。如果你是位"古建筑发烧友"，那么应县木塔是你必须来的地方。

※崇福寺

弥陀殿、千佛阁、钟楼

📍 朔州市朔城区东街。 🚌 可乘公交车在联通站下车即可。 💰 免费。

崇福寺建于唐代，俗称大寺庙。寺内建筑巍峨高耸，甬道纵横，幽静雅致，是同朔地区现存规模最大、总体布局最完整的古代建筑群之一，现存有山门、天王殿、钟楼、鼓楼、千佛阁等十座建筑。

※苍头河生态走廊

弥陀殿、千佛阁、钟楼

📍 朔州市右玉县。 🚗 建议自驾前往。

"山无头，水倒流"被人们称为右玉县的两大奇观。水倒流，指的是苍头河的滔滔河水，不像其他河流那样东流或南流，而是向北流。苍头河独特的流向，使其名声大振。沿着虎山线向北行进，有一片"林草茫茫、流水潺潺"的狭长地带，便是苍头河生态走廊。

寻味之旅

大同菜是晋北菜的代表，口味偏咸，菜着重油重色，饮食特色仍以各种面食为主。比较出名的有刀削面、豌豆面、

黄糕、荞麦圪坨、灵丘莜麦面、面麻片、浑源凉粉等特色名吃。

目的地攻略

🚗 交通

飞机：大同云冈机场位于云州区境内，距市区仅15千米。现已开辟飞往上海、广州、北京等各大城市的航线，机场到市区有免费巴士往返，发车时间根据航班来定。

火车：大同是京包、北同蒲、大秦三大铁路干线的交汇处，大同火车站每日有多趟列车开往太原、北京、杭州、包头、沈阳等城市。大同南站为高铁站。

🏠 住宿

大同市内住宿方便，价格都不算太贵，也便于出行。车站附近的招待所设施一般，价格低廉。

🛒 购物

大同土地辽阔，物产丰富，除丰富的煤炭等矿产资源外，大同还拥有广灵的东方亮小米、浑源的黄芪、灵丘的苦荞面等一大批土特产品，而大同铜器、广灵剪纸、羊毛地毯等也是名誉中外的手工艺品。

亮点→ 壶口瀑布｜洪洞大槐树｜古帝尧庙｜中华文明

尧庙广运殿

临汾历史悠久，文化灿烂，境内文物古迹甚多，自然景观秀丽。著名的黄河壶口瀑布，为世界上最大的黄色瀑布，壮观绮丽；霍山为我国古代十大历史名山"五岳五镇"之中镇，山势峥嵘；堪称民族建筑之奇观的朱家大院；还有洪洞大槐树寻根祭祖园旅游景区、临汾市尧庙一华门旅游区、临汾市古县牡丹文化旅游区、云丘山风景区等，景色宜人，值得一游。

旅行路线

临汾经典三日游

无论是壮美的自然景观，还是历史悠久的祖先祠堂，临汾都值得花三天时间细细品味。第一天主要游览大槐树寻根祭祖园和尧庙；第二天游姑射山景区；第三天观赏壶口瀑布。

运城精华三日游

第一天主要去盐湖体验"死海"的神奇；第二天去解州关帝庙，朝拜"武圣人"关羽；第三天在风陵渡口，追忆蚩尤争战。

临汾市景点

本地游

※尧庙

五凤楼、广运殿、寝宫

⊙ 临汾市尧都区尧庙村。🚍 临汾市区乘坐公交可到达。💰 50 元。

相传临汾是上古贤君尧的都城，后人为祭祀尧王的功绩，于是在这里修建了尧庙等建筑。尧庙始建于晋代，后经历代重修增建，对于喜欢历史的游客，建议游览尧庙时聘请一位讲解人员。每年的 10 月这里还会举办热闹的庙会。

※洪洞大槐树寻根祭祖园 AAAAA

祭祖堂、根字影壁、民俗村

⊙ 临汾市洪洞县城公园街。💰 旺季 80 元，淡季 60 元。

洪洞大槐树是历史上元末明初大移民的出发地，如今成为寻根祭祖的圣地。现汉代古槐已枯，但第三代古槐已生长得高达数丈，枝繁叶茂。旅游区的主题是"寻根"，每年 4 月 1 日~10 日举办"寻根祭祖节"，海内外华夏子孙人潮涌动。

※苏三监狱

普通牢房、死囚牢房

⊙ 临汾市洪洞县古槐路。🚍 若乘火车到洪洞，火车站出来再步行 10 分钟即可到达。💰 40 元。🕐 旺季（4~11 月）7:00~18:30，淡季 8:30~17:30。

苏三监狱是中国仅存的明代监狱，因苏三蒙冤落难囚禁于此及戏剧《玉堂春》的流传而闻名遐迩。监狱始建于明洪武二年（1369 年），每间牢房仅 4 平方米，阴暗潮湿，终日不见阳光。牢内现在陈列着明代律法和各种刑具实物，还陈列着苏三蒙难的实物。

左上 | 壶口瀑布

※壶口瀑布 AAAAA

千米龙槽、水里冒烟

🅐 临汾市吉县城西。
💰 110元。

壶口瀑布是黄河上的著名瀑布，世界上最大的黄色瀑布。滔滔黄河水在流经吉县龙王山附近时，由300米乍缩为50米，飞流直下，猛跌深槽，如壶注水然，故曰"壶口"。骇浪翻滚，惊涛拍岸，云雾排空，其雄壮之势，无与伦比。

文化解读

壶口瀑布，是由于黄河流至壶口一带，两岸苍山夹峙，把黄河水约束在狭窄的黄河峡谷中，河水聚拢，收束为一股，奔腾呼啸，跃入深潭，溅起浪涛翻滚，形似巨壶内黄水沸腾。巨大的浪涛，在形成的落差注入谷底后，激起一团团水雾烟云，景色分外奇丽。

※云丘山景区

云丘书院、灵岩寺、玉皇顶

🅐 临汾市乡宁县关王庙乡大河村。
🚌 在稷山汽车站换乘云丘山景区班车即可到达。💰 旺季（4~10月）100元，淡季40元。

景区内最高处是海拔约1600米的玉皇顶，景区内风光秀丽，林木茂盛，是一个天然的大氧吧。传说这里上古时为唐尧、虞舜和夏禹观天测时的地方，"中和文化"在这里延续。

云丘山除了有美丽的传说外，还是一处圣地，山中既有儒家的云丘书院，又有佛教的多宝灵岩寺，更多的则是道教殿宇。

运城
周边游

※解州关帝庙

结义园、崇宁殿、春秋楼

🅐 运城市盐湖区解州镇。🚌 运城火车站或市区都可以乘坐公交车前往景区。
💰 旺季（3~11月）60元，淡季50元。

关帝庙始建于隋代，现存的建筑基本都是清代重建的，整座关帝庙分为正庙和结义园两部分。进入景区后，先是来到结义园，园中有结义坊、君子亭等主体建筑，园中种植了不少古柏，还有小桥流水、亭台楼阁，是个休闲的好地方。

※普救寺

大钟楼、莺莺塔、花园

🅐 运城市永济市蒲州镇西厢村。
💰 60元。 ◕ 8:30~17:30。

普救寺即是我国历史名剧《西厢记》故事的发生地，寺内建筑富丽堂皇。"红墙匝绕，古塔高耸，绿树丛中，殿宇隐现"，建筑由寺院和园林两部分组成，大致分布在三条轴线上。由于《西厢记》的问世，使得这个"普天下佛寺无过"的普救寺名声大噪，寺内的舍利塔也被更名为"莺莺塔"而闻名遐迩。

※运城盐湖

黑泥养生、死海漂浮

🅐 运城市盐湖区城南。 💰 4+1套餐258元（含盐水漂浮、黑泥养生、矿泉水疗、矿盐盐疗四项、洗浴）。

运城盐湖地处山西晋南盆地，南依苍翠高峻的中条山，西接黄河古渡，湖光山色，景色奇特。因其湖中的黑泥蕴含七种常量和十六种微量元素，湖水中可以人体泛舟，湖中黑泥可以美肌活肤，有中国"死海"之称。

※五老峰

玉柱峰、太乙峰、棋盘峰

运城市永济市东南方向。 70元。

运城永济的五老峰，素有"东华山"的称号，因为五座山峰组成，远望状如五位老人巍然相拱，故名五老峰。山中植被茂盛，险峰怪石、流水瀑布随处可见，是一个天然的大氧吧，也是登山健身的好去处。

※黄河蒲津渡遗址

四尊铁牛、铁人四尊

运城市永济市蒲州镇西厢村。 旺季（4月~11月）60元，淡季48元。

蒲津渡源远流长，自春秋战国以来一直是中原地区沟通西部边关要塞的交通大动脉。蒲津渡遗址于1989年发掘出土，1991年完整出土了唐开元十二年（724年）铸造的铁牛四尊、铁人四尊、铁山两座、铁镦柱四个、七星铁柱一组等多种文物。

寻味之旅

临汾当地的餐饮仍以面食为主，油炸食物、杂粮细做是当地的特色，特色小吃有牛肉丸子面、炒凉皮、油酥饼子、烧卖、元宵、羊杂烩、油炸馓子、猪血灌肠等，一般在路边的小吃摊上就可以尝到。

运城饮食属于晋菜中的南路菜，口味以咸香为主，偏于清淡。香酥可口的闻喜煮饼、口感醇厚的"三倒手"硬面馍、色泽金黄的稷山麻花都是其中的精品。

目的地攻略

🚗 交通

飞机：临汾乔李机场距临汾市中心约15千米，目前已开通了飞往上海、广州、海口、重庆、天津等多个城市的航班。机场与市区之间可以乘坐大巴

往返。

运城关公机场现已开通往返北京、上海、合肥、深圳、杭州等多条航线。有公交可直接到达机场。

火车：临汾有临汾站和临汾西站（高铁站）两座火车站，有发往北京、西安、太原、石家庄、天津、重庆等地的火车。

运城有运城站和运城北站（高铁站）两座火车站，有始发往唐山、北京、太原的列车。

🏠 住宿

临汾市拥有众多宾馆饭店，市区中心的解放路是宾馆较集中的地方，设施齐全，交通便利；你也可以根据游玩景点决定住宿位置，壶口瀑布、洪洞古槐周边都有不少住宿的选择。

🛒 购物

运城土特产丰富，柔软甜美的运城柿饼、个大肉厚的平陆百合、肉多味美的稷山板枣等都是运城土特产的代表，而已有千年历史的桑落酒、四大名砚之一的澄泥砚等特产更宣示运城的人杰地灵。

左上｜永济五老峰
左下｜山西面食
中上｜澄泥砚
右下｜威风锣鼓

亮点→ 太行大峡谷｜皇城相府｜王莽岭｜通天峡

长治

太行水乡

"江山助磅礴，文化照光辉"，壮丽的山河、悠久的历史、广博的文化积淀和光荣的革命传统构成了长治地区丰富的旅游资源。长治主要以自然风光见长，秀美的仙堂山、灵空山、太行山大峡谷等自然风光是当地最显著的风景，漳河、沁河犹如两条白色飘带蜿蜒其间，水回鱼转，帆影绰绰。

晋城古称泽州，是中华文明最早的发源地之一。优美的自然风光、久远的历史文化遗存造就了晋城独特的太行山水风情。晋城境内自然风光旖旎，文物古迹遍地，优越的气候条件更使得众多野生动植物在此生长，赋予晋城"山西生物资源宝库"之美称。

旅 行 路 线

长治经典三日游

壮丽的山河、悠久的历史构成了长治丰富的旅游资源，三天的时间足够领略长治的万种风情。第一天去太行山大峡谷；第二天去观音堂、老顶山森林公园；第三天去风光秀丽的通天峡。

晋城精华二日游

晋城历史文化悠久，用两天时间去游览晋城最精华的项目。第一天重点游览皇城相府，感受相国府邸书香门第的文化气息；第二天去素有"清凉胜境"之美誉的王莽岭。

长治市景点

本地游

※上党门

钟鼓二楼、西花园

🏠 长治市区中心府坡街北端。

上党门是古上党郡署（后为潞安府府衙）的大门，现为长治的象征和标志。上党门坐北向南，依次有琉璃影壁、门庭，鼓钟二楼居大门左右。亭堂楼宫组群结合，高低错落，规模宏阔。

※老顶山国家森林公园

古寒泉、鉴天石、百草堂

🏠 长治市区东部。 💴 30元。

老顶山主要有雄狮卧岗、石丛缀菊、危岩耸空等10余处自然景观和九龙宫、百草堂、摩崖石刻等人文景观。这里不仅山峦秀丽，林木繁生，而且天然岩洞众多，景致各异，大小30余座岩洞，多位于半山陡

壁悬崖、深谷幽壑之地。老顶山除了这众多的岩洞外，还有一处"寒泉绝胜"，在滴谷寺村有一股甘甜的清泉，洞口匾额上嵌清朝所留楷书"古寒泉"。

※太行大峡谷国家地质公园

红豆峡、青龙峡、黑龙潭

🏠 长治市壶关县桥上乡。 💴 100元（八泉峡、红豆峡、黑龙潭、青龙峡中任选2~3个景区游玩）。

大峡谷境内千峰竞秀，万壑争奇，集雄、奇、险、幽、秀、美于一体。主要景点有红豆峡、青龙峡、黑龙潭、紫团山等，绘成了一幅风光秀丽的壮美画卷。景区内有绿浪滔天的林海，刀削斧劈的悬崖，千姿百态的山石，如练似银的瀑布，碧波荡漾的深潭，雄伟壮观的庙宇，引人入胜的溶洞和令人神往的传说。

左上 | 皇城相府御书楼
左下 | 天脊山
中下 | 通天峡景区

※天脊山风景区
天脊大佛、天泉飞瀑

🏠 长治市平顺县东寺头乡羊老岩村。
💰 60元。

天脊山有古朴原始的自然环境、温和湿润的气候条件、绮丽壮阔的地形风貌，是长治市的后花园，景色赛江南。这里特别适合城市居民前来度假休闲，远离大城市的喧嚣，呼吸清新的空气，爬爬山，健身运动一番。

※仙堂山
仙堂寺、黑龙洞、伟回山

🏠 长治市襄垣县强计乡境内。
💰 80元。 🕐 7:00~17:00。

仙堂山，九龙怀抱，地貌奇特，植被多样。观音峰、翠微峰、灵鹫峰等山峰环列如画屏，最高峰伟回山享有"上帝之碧炉"之誉，舍身岩悬崖万丈，天然卧佛神态安详而庄严。虎掌石、仙堂奇松、朱砂洞、黑龙洞等奇石、奇树、奇洞号称"仙堂三奇"。山上的气候多样，夏可避暑，冬可御寒，素有避暑胜地之称。

※通天峡景区
大峡谷、仙人峰、虹霓瀑布

🏠 长治市平顺县虹梯关乡。 💰 96元。

景区集雄、奇、险、秀于一身，融历史文化与自然风光于一体。拥有"大峡谷、仙人峰、虹霓瀑布及虹梯古关"四大特色区域，堪称北方小九寨。

这里奇峰林立、峡谷万丈、飞瀑流霞、红叶漫山、药材遍地，山水胜景美到极致，被誉为"三山五岳汇太行，北雄南秀看平顺"。

晋城
周边游

※皇城相府 AAAAA
点翰堂、小姐院、河山楼

🏠 晋城市阳城县北留镇皇城村。
🚌 晋城汽车站有前往皇城相府的班车。 💰 旺季（4月~10月）120元，淡季115元。 🕐 8:00~18:00。

皇城相府是康熙的老师、《康熙字典》总阅官、清代名相陈廷敬的府邸。整个建筑群由内城和外城组成，建筑风格和乔家大院、王家大院相似，都是典型的明清北方大院，不同的是除了古建筑外，在这里感受到更多的是书香门第的文化气息。内城另一个看点是中华字典博物馆，这里珍藏着中国历代各种形制的字典，是中国目前唯一一座字典博物馆。

※王莽岭

棋子山、挂壁公路、锡崖沟

🅿 晋城市陵川县古郊乡。🚌 陵川县汽车站有直达王莽岭景区的乡村巴士，但最好查清往返时间。💰 110元。

王莽岭，相传因西汉王莽追赶刘秀到此安营扎寨而得名。王莽岭地处黄土高原与中州平原断裂带的最险要处，由高低错落的50多个山峰组成，驻足山顶、太行雄姿尽收眼底。这里的云海、日出、奇峰、松涛、挂壁公路、红岩大峡谷、立体瀑布，形成了八百里太行最著名的自然景观。

※郭峪村

汤帝庙、挑角戏台、大殿

🅿 晋城市阳城县北留镇。🚌 晋城市乘坐前往北留镇或途经北留镇的汽车即可。

郭峪村现存明代民居40院，自古以来郭峪村经济繁荣，文风鼎盛。自唐至清，村内考取功名者多达80余人，特别是明清两朝，包括陈氏家族在内，这个小村一共有15位进士、18位举人，民间有"金谷十里长，才子出郭峪"的美誉。

※珏山

丹河、蕴月湾

🅿 晋城市泽州县金村镇寺南庄村。🚌 晋城市有班车直达珏山景区。💰 100元。

珏山风景素以险峻、雄奇驰名，古有"晋魏河山第一奇""小华山""小武当"之美

称，其势之凌峥，确可与华山的奇伟峭险、武当山的秀美风光相媲美。"珏山吐月"为晋城四大名胜之一。珏山自然景观迷人，人文内涵丰富，寺、观、殿、门构筑了丰厚的道教文化积淀。珏山月、天下奇，双峰捧月，绝无仅有，自古就有"中国赏月名山"的美誉。

寻味之旅

山西面食是中华民族传统饮食文化中的一绝，长治面食不但是其中的代表，而且更具地方特色，其中以三合面、长治黑圪条等最具有代表性。此外，地区小吃也丰富多样，以武乡枣糕、沁县干馍、壶关羊汤、酥火烧为代表，风味独特，深受人们喜爱。

晋城的传统著名小吃有烧大葱、晋城炒凉粉、高平烧豆腐、铺层馍馍、烧三鲜、转面、绿豆丸子、馍馍、馋酥等，都深受人们的喜爱。

目的地攻略

🚗 交通

✈️ 飞机：长治王村机场距离市区仅7千米，从市区可乘公交到达。机场可起降中小型客机，并开通了直达北京、上海、成都、广州、大同、天津、重

庆、太原等地的航线。

🚄 火车：长治有长治、长治北、长治东和长治南四座火车站。目前有发往山西省内各地及北京、连云港、郑州、商丘、武昌、厦门等地的列车。

晋城有三个火车站：晋城站、晋城北站和晋城东站，以发往商丘、太原、连云港、北京等地的列车为主。

🏨 住宿

长治景点多以山峰、森林公园居多，你可以选择在市区居住，交通便利，也可以根据自己的行程，选择就近的景区住宿。

到晋城旅行时你可以选择住在皇城相府周边，方便游玩，出行方便，也可以选择在王莽岭景区住宿几晚，放松心情，亲近自然。

🛒 购物

晋城特产较多，尤以水果为佳，苹果、梨、柿子、杏、枣等北方水果品种齐全，晋城特产山楂"泽州红"，沁水、阳城的五花龙骨和麝香，陵川的党参、花椒、核桃也久负盛名。

中下｜剔尖面
右下｜长治堆锦

亮点 → 殷墟 | 红旗渠 | 太行大峡谷 | 甲骨文

马氏庄园

安阳

这座七朝古都盘踞在河南省最北端，也矗立在中国版图的最中央，长达3 300多年的建城史及大约500年的建都史，让这座城市更是无愧于"中华第一古都"的美称。举世闻名的后母戊鼎、中国最早的都城——殷墟遗址、人工天河红旗渠……这些乍一听便极具魅力的地方，细细欣赏更能体会它们的珍贵。这里没有游人接踵而至的热门景点，更没有被浓厚商业气息占领的风光，安阳有的只是一份厚重历史，却值得所有中华儿女去了解、去阅读。

旅 行 路 线

安阳精华三日游

安阳是中华文明的主要发祥地，有着浓厚的文化底蕴。第一天去红旗渠分水苑、青年洞；第二天游览桃花谷、仙台山、仙桃峰；第三天参观殷墟、羑里城。

南太行壮丽山河之旅

巍峨的太行山脉绵延千里，为后世子孙留下了无数的宝藏。第一天从郑州出发，去参观潞王陵、百泉景区和淇县云门山景区；第二天去安阳市参观殷墟博物馆，然后去林州市红旗渠景区参观；第三天游览万仙山风景区；第四天游览王莽岭景区；第五天去壶关太行山大峡谷景区参观。

安阳市景点

本地游

※殷墟博物苑 ⊙ AAAAA

后母戊大方鼎、博物馆、车马坑

⊙ 安阳市殷都区殷墟路。⊙ 市内乘1路、18路公交车至殷墟博物苑站下车即可。⊙ 70元。

殷墟是商代后期的都城遗址，横跨洹河南北两岸，主要分为王陵遗址、宫殿宗庙遗址、洹北商城遗址三部分。殷墟王陵遗址是商王朝的皇家陵地与祭祀场所、举世闻名的后母戊大方鼎出土地。主要包括车马坑、王陵墓葬展、M260展厅、祭祀场等景。宫殿宗庙遗址有殷墟博物馆、妇好墓、车马坑、YH127甲骨窖穴等景。

文化解读

后母戊大方鼎是中国商代后期，王室祭祀用的青铜方鼎。1939年3月19日在安阳市武官村一家农地中出土，因其腹部有铭文"后母戊"三字而得名，现收藏在中国国家博物馆。

※中国文字博物馆

甲骨文、青铜器

⊙ 安阳市文峰区人民大道。⊙ 免费开放，提前预约。⊙ 9:00~17:00 对外开放，周一闭馆。

中国文字博物馆我国第一座以文字为主题的博物馆，整个建筑风格既有现代时尚气息，又充满殷商宫廷风韵。馆内主要由字坊、广场、主体馆、仓颉馆、科普馆、研究中心、交流中心等建筑组成，收藏了4123件文物，涉及甲骨文、金文、简牍、帛书、少数民族文字等各个方面。

※汤阴岳飞庙

精忠坊、正殿、岳云祠

⊙ 安阳市汤阴县岳庙街。⊙ 58元。

汤阴是岳飞的故里，这里的岳飞庙原名精忠庙，始建于明景泰元年，规模宏大。庙宇至今有六进院落，景区内含丰富，殿堂雄伟，碑碣林立。

岳飞庙的临街大门为精忠坊，木结构，斗拱形制九踩四昂重翘。在林立的碑刻中，有明清帝王谒庙诗篇，更多的是历代文人学士颂扬英雄的诗词歌赋。

※羑里城

演易坊、演易台、八卦阵迷宫

🏠 安阳市汤阴县韩庄乡文王路。
💰 38元。

羑里城有7米厚的龙山文化和商周文化遗存，是3 000年前殷纣王关押周文王姬昌7年之处，是我国历史上有文字记载的第一座国家监狱。姬昌在羑里被囚的漫长岁月里著成《周易》一书，后被列为五经之首。羑里城遗址现存有演易坊、山门、周文王演易台、古殿基等。

※马氏庄园

四合院、文昌阁、祠堂

🏠 安阳市安阳县蒋村镇西蒋村。
💰 40元。◎ 夏季8:30~18:00，冬季8:30~17:00。

马氏庄园，是清末"头品顶戴"广东、广西巡抚马丕瑶的故居，始建于光绪年间，一直到民国初年才建成，前后营建了50余年，被称为"中原第一宅"。庄园依山靠水，历经百年风雨，庄园主要建筑依旧保存完整。整个庄园布局严谨，古朴典雅，雄浑壮观，既有典型的北京四合院宽敞明亮的建筑风格，又有晋商大院深邃富丽的建筑艺术，还有中原地区蓝砖灰瓦五脊六兽挂走廊的建筑特色。

林州
本地游

※太行大峡谷 AAAAA

桃花谷、王相岩、太极冰山

🏠 安阳市林州市石板岩乡太行大峡谷风景区。◎ 从林州汽车站乘坐发往景区的班车。💰 140元（包含观光车费）。

太行大峡谷有着典型的北方山水特色，除了林海和瀑布，还处处可见刀削斧劈的悬崖，是"北雄风光"的典型代表。三个景区中，以桃花谷的"水景"最美，谷内处处草木茂盛，都是溪水汇集成的瀑布。还以王相岩区域内的"山景"最佳，如果你是登山爱好者，一定不能错过这里；太极冰山是山中的一个山洞，洞内有常年不化的寒冰。

> 亲历者行程
>
> 推荐一日悠闲游游路线：方案A：桃花谷景区看瀑布、走天路，从黄龙潭经二龙戏珠、九连瀑、桃花洞，到达太行天路。方案B：王相岩景区体验凌空栈道和摩天筒梯：荡魂桥—凌空栈道—森林浴廊—玉皇阁—王相岩瀑布—傅说雕像。

※红旗渠 AAAAA

分水苑、青年洞、络丝潭

🏠 安阳市林州市，豫、晋、冀三省交界处。◎ 从林州汽车站乘坐发往景区的班车。💰 80元。

红旗渠是20世纪60年代，林县（今林州市）人民在极其艰难的条件下，从太行山腰修建的引漳入林的人工水利工程。整条红旗渠都盘绕在太行山的

左下｜红旗渠
右下｜太行大峡谷

青年洞风景区，更多的是让你领略到"人工天河"的无尽诗意。主景"青年洞"靠断壁而凿，从大山之中穿通而过，为你展现出一幅雄壮的画卷，将太行美景"雄、险、奇、秀"凝聚于此，极目远眺，尽收眼底。

悬崖绝壁之间，周边是林州太行山雄伟险要的景色。对于普通游客来说，如今的红旗渠更多的是那个火红年代的象征。

※ 太行屋脊景区

平湖区、叠水区、民俗区

🏠 安阳市林州市石板岩乡。💰 44 元。

太行屋脊景区是中国书画写生基地，景区入口有宽广清幽的太行平湖，水陆两路进入景区。这里妍秀如峨眉，雄伟胜泰山，险峻如华岳，深幽如衡山。红岩壁立万仞，绿树碧映千山，山山皆丰碑，处处入图画，步随景移，可游、可赏、可居、可耕、可休闲、可修身、可涤凡尘，有"世外桃源""人间仙境"之美誉。

※ 天平山景区

天平寺、古驿道

🏠 安阳市林州市桃源乡。💰 50 元。

天平山因其"峰势峻极，上平于天"而得名，素有"北雄风光最胜处"之美誉。有大峰 6 个、小峰 5 个，环天平寺分布，这里飞瀑流泉、奇洞怪

石，三步一瀑，五十步潭，青山、密林、繁花交相辉映，自然景观壮丽。是一个回归自然、登高旅游的绝佳去处。

鹤壁—濮阳
周边游

※ 大伾山风景区

大石佛、千佛洞、碧霞宫

🏠 鹤壁市浚县城东。🚌 鹤壁火车站有专线车开往浚县，下车后再打车到景区。💰 大伾山 25 元，浮丘山 30 元。

风景区内包括大伾山和浮丘山，两座山峰相望而对，虽然海拔都不高，但是因为在一马平川的平原中突起，就显得挺拔秀丽。据当地的传说，当年大禹治水时曾在此登临。风景区内道观佛寺相连，游客还能够在景区内欣赏到多处历代摩崖题刻和几百株汉唐古柏。

在大伾山的后山，有一尊高约 22 米的大石佛，是中国北方最大的石佛，素有"南看乐山大佛，北看伾山大佛"之称。

※ 云梦山风景区

上圣古庙、五里鬼谷

🏠 鹤壁市淇县云梦山风景区。🚌 在淇县的社会汽车站，有发往景区的班车。💰 60 元。

云梦山素有"云梦仙境"之称，相传这里是鬼谷子隐居处。云梦山风景区分为主景区、五里鬼谷（峡谷）、云梦大草原三部分组成。景区内青山绿水、草木茂盛，还能看到不少瀑布、泉水，是个游山休闲的好地方。不过，如果你是冬天来这里，则是北方山脉冬日里的冷峻之色。

※ 古灵山风景区

灵光阁、古佛洞、朝阳寺

🏠 鹤壁市淇县县城西北部。💰 40 元。

古灵山是一个有众多神话故事的地方，根据当地传说，古灵山是人类始母——女娲娘娘炼石补天、捏土造人的地方。除了这些有着神话色彩的景点外，景区内的玄武山顶峰上有一座"铜顶"，这里是一座后建的道观，因为大殿屋顶用铜瓦而得名。这座道观中供奉着道教中的真武大帝。

※ 戚城文物景区

阙门、颛顼玄宫、伏羲亭

🏠 濮阳市华龙区京开大道戚城村。🚌 市内乘公交到戚城公园站下即可。💰 免费。

戚城曾经是春秋时期卫国一座重要的城池，各诸侯国曾在卫国会盟十五次，其中七次在这里会盟。

整个景区包含了仿秦汉风

左下 | 云梦山
中上 | 戚城文物景区

格的阙门，仿远古风格的颛顼玄宫，仿唐代建筑风格的龙宫，仿汉代建筑风格的历史陈列馆，仿明清建筑的子路墓祠，反映春秋战国时卫国文化氛围的"桑间濮上"苑、表现濮阳古战场的"历史名战微缩景观"等多个仿古建筑。

※中原绿色庄园景区

植物园、动物园、游乐场

濮阳市华龙区西北部的黄河风沙区。 在濮阳市区内乘坐 25 路、15 路公交车可到景区。 免费开放，部分项目收费。

作为濮阳最大的旅游景区，中原绿色庄园以清新、质朴、野趣的田园风格，成为濮阳市一道亮丽的风景线。庄园内满目苍翠，有多个专类植物园，还设有杂技艺术馆、动物园、游乐场、跑马场、趣桥世界、森林娱乐、艺术茶社等娱乐场所。

寻味之旅

安阳的风味小吃主要有皮渣、三不沾、安阳血糕、粉浆饭、安阳"三熏"、抽丝火烧、蓼花、老庙牛肉、林州山楂饼等。

炒三不沾：安阳传统名菜，以蛋黄为主料，配以桂花糖、白糖、粉芡等炒制而成。成品软香油润，不粘锅、盘、筷，所以得名"三不粘"。

三熏：包括熏鸡、熏鸡蛋、熏猪头肉。成品肥而不腻，浓香纯正，回味绵长。

血糕：安阳传统风味小吃，营养丰富，酥香适口，味道鲜美，经济实惠，风味独特。

皮渣：安阳市的名吃，用

粉条配海米，可煎可烩，炒菜作汤，味美可口，口感筋道，香而不腻，后味绵长。

目的地攻略

🚗 交通

火车：安阳境内有京广线贯通，向北可通往北京，向南可到郑州、武汉。安阳目前有安阳站和安阳东站（高铁站）两座火车站。

汽车：安阳境内有 107 国道通过，与京广铁路相辅相成。通过京港澳高速可到省城郑州。

🏠 住宿

安阳的宾馆大多集中在市区范围，不同价位的都有，可根据需要自行选择。如果您是去离市区较远的景点（比如太行大峡谷），可以考虑一下当地的农家小院，也别有风味。

🛒 购物

安阳特产很多，内黄县素有"枣乡"之称，内黄大枣个大肉厚，果味酸甜可口，营养丰富；老庙牛肉配方考究、色鲜味美、营养丰实、风味独特；还有太行山产大红袍花椒，都是值得购买的土特产品。

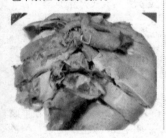

左上 | 道口烧鸡
左下 | 庙会舞狮
中上 | 风味胡辣汤

亮点→ 邙山黄河 | 黄帝故里 | 中岳嵩山 | 少林功夫

黄帝故里

郑州

郑州历史悠久，文化灿烂。2000多年前，河南是中国九州中心的豫州，所以，河南简称"豫"，且有"中州""中原"之称。轩辕黄帝故里、裴李岗文化遗址、大河村遗址、商城遗址等记载了它8000多年的文明史，以黄河游览区、大河村遗址为主的黄河有中国特色文化旅游群和以少林寺、嵩山国家森林公园为主的嵩山风景名胜区。这些都给郑州增添了无穷的魅力。

旅 行 路 线

郑州经典三日游

三天的时间不仅可以游览郑州市区景点，还可以游览登封的嵩山景区。第一天去看郑州的标志性建筑二七铁塔，参观河南博物院；第二天上午去新郑黄帝故里，下午登嵩山；第三天全天游览少林寺，观塔林，看精湛的武术表演。

新郑经典二日游

这是一条经典的新郑二日游线路。第一天主要游览新郑黄帝故里和新韩故城，探寻悠久的历史文化；第二天游览欧阳修陵园和始祖山，缅怀古人，祭拜祖先。

郑州市区景点

本地游

※河南博物院

青铜器、华夏古乐演出

🏠 郑州市金水区农业路。💰 免费开放，夏古乐演出20元。🕐 9:00~17:30（冬季开放时间为9:00~17:00），周一闭馆。

博物院的主要建筑有主展馆、东西两侧配厅，主体建筑以我国现存最早的天文台遗址——登封元代观星台为原型设计而成。主展馆分为三层，设有《中原古文化文明之光》的常设展览，时间跨度从原始社会延续到明清两朝，展现了中华文明的发展史。

※世纪欢乐园

火车模型、摩天轮、过山车

🏠 郑州市管城回族区石化路。💰 160元。🕐 10:00~17:30（11月~

文化解读

在博物院的众多文物中有几件镇院之宝是绝对不可错过的：

莲鹤方壶

1923年8月25日出土，壶上有冠盖，器身长颈、垂腹、圈足。该壶造型宏伟气派，装饰典雅华美。壶冠呈双层盛开的莲瓣形，中间平盖上立一展翅欲飞之鹤；壶颈两侧用附壁回首之龙形怪兽为耳；器身满饰蟠螭纹，腹部四角各攀附一只立体小兽；圈足下有两个侧首吐舌的卷尾兽，倾其全力承托重器。构思新颖，设计巧妙。

贾湖骨笛

贾湖骨笛是我国目前出土的年代最早的乐器实物，被称为"中华第一笛""中华音乐文明之源"。它是用鹤类动物的腿骨钻7个音孔制作而成。在第6孔与第7孔之间还有一个用来调节音差的小孔。经测试，用它能吹奏出七声齐备的下徵调音阶。这支骨笛证明早在七八千年之前，我们的祖先已经发明了七声音阶。贾湖骨笛不仅是中国年代最早的乐器实物，更被专家认定为世界上最早的可吹奏乐器。

次年 1 月）；9:00~17:30。

郑州世纪欢乐园是世界第一、中国唯一的大型火车文化主题公园。园区建设以铁路发展为主线，以一条长 3 000 多米的环园铁路为连线，建有工业伦敦站、南美雨林站、阿拉伯古堡站、荷兰风情站、西部牛仔站、世纪中心站六大站区，并陈列着多部"退役"的各种类型的火车头实物和不同年代不同型号的火车模型。

※"二七"纪念塔
展室、夜晚彩灯

- 🅐 郑州市二七区解放路二七广场。
- ⏰ 夏季 8:30~18:30，冬季 8:30~18:00。

纪念塔是为纪念 1923 年

嵩山风景区

嵩阳书院、少林寺塔林　　特 写

- 🅐 郑州市登封市中岳大街。
- 🚌 郑州火车站、客运站有直达旅游巴士。
- 🎫 联票 160 元（含少林寺、嵩阳景区、中岳景区）

嵩山自古即有"嵩高遗峰"之称，由太室山与少室山组成，共 72 峰，东西绵延 60 多千米。这里山峦峻拔崔嵬、壑深谷幽、清泉碧流、秀幽险奇，四季景色，美不胜收。相传，禹王的第一个妻子涂山氏生启于此，山下建有启母庙，故称之为"太室"。嵩山风景区有十寺、五庙、五宫、三观、四庵、四洞、三坛及宝塔 270 余座，是佛、儒、道教文化荟萃之地。

※少林寺　AAAAA

- 🅐 郑州市登封市市区西北郊 15 千米郭店村。🚌 郑州汽车客运中心站有发往少林寺的班车。🎫 80 元。

少林寺是声誉显赫的禅宗祖庭，少林功夫的发祥地。现存主体为常住院，沿中轴线建筑共 7 进：山门、天王殿、大雄宝殿、法堂、方丈院、白衣殿、地藏殿。寺内有古塔、碑刻、壁画等众多珍宝。

※少林寺塔林

- 🅐 郑州市登封市中岳嵩山南麓。
- 🎫 少林寺门票含塔林。

少林寺塔林是少林寺历代高僧的墓地，有历代砖石墓塔 243 座。塔的高度都在 15 米以下，大都有塔铭和题记，种类繁多，制式多样。这里有唐塔 2 座、宋塔 2 座、金塔 10 座、元塔 46 座、明塔 148 座，其余为清塔或年代不详的。

※嵩阳书院

- 🅐 郑州市登封市市区北郊 3 千米。
- 🎫 嵩阳景区套票 80 元。

嵩阳书院背依嵩山的主峰——峻极峰，面对流水潺潺的双溪河，两侧被山峰环抱，书院内外古柏参天，满目苍翠。书院原为佛教场所，后改名为嵩阳书院，以后一直是历代名人讲授经典的教育场所。宋代"洛派"理学家程颢、程颐、司马光、范仲淹等都在这里讲学授课。司马光所著《资治通鉴》有一部分就是在这里完成的。北宋中期王安石变法时，常在这里同司马光、范仲淹论证学说。

※中岳庙

- 🅐 郑州市登封市嵩山南麓的太室山脚下。🎫 中岳景区套票 60 元。

中岳庙前身是太室祠，是祭祀太室山神的场所，现存的建制基本上保留了清代重修以后的规模，是河南省保存最完善的古建筑群。中岳庙采用了传统的中轴对称的建筑风格，游览时，沿着中轴线向前步行游玩即可。中轴线上依次排列着牌坊、遥参亭、崇圣门、峻极门、中岳大殿、御书楼等建筑，其中以中岳大殿气势最为雄伟。

嵩山风景区示意图

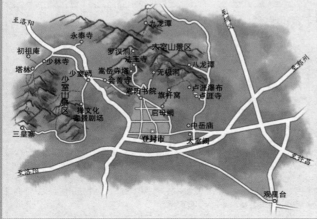

二七大罢工的英雄们而建造的。二七纪念塔，为双身并联式塔身，共14层，其中塔基座为3层，塔身为11层，钢筋混凝土结构。塔内一边为旋梯，一边为展室，可登至塔顶，远眺市容。入夜后，多种彩灯内透外照，使双塔更加绚丽多彩。

※郑州黄河风景名胜区

五龙峰、骆驼岭、炎黄二帝

⊙ 郑州市惠济区江山路黄河南岸。🚌 在郑州火车站乘坐旅游专线16路公交车可以到达景区。💴48元。

郑州黄河是地上"悬河"的起点，也是黄河中下游的分界线。如今，风景区已建成五龙峰、岳山寺、骆驼岭、星海湖、炎黄二帝等几大景区。主要景观有"中华炎黄坛""哺育""大禹""黄河儿女"等塑像，《西游记》等古代名著大型砖雕以及低空索道、环山滑道、黄河气垫船等现代化游乐设施。

郑州郊县景点 本地游

※康百万庄园

建筑雕刻、住宅区、栈房区

⊙ 郑州市巩义市康店镇。💴50元。

康百万庄园是一座大型封建地主庄园，是全国三大庄园（其余两个：刘文彩庄园、牟二黑庄园）之一，被称为豫商的精神家园，中原地区古建筑的典范。庄园的主人——康氏家族，显赫富裕了十几代，共四百多年。庄园背依邙山，面临洛水，有"金龟探水"的美称。

文化解读

康百万庄园的建筑风格既有别于晋商大院，又不同于徽商的别墅、戏楼格局，它依"天人合一、师法自然"的中国传统文化作为选址标准，在临街的地方建造楼房、靠山处筑窑洞、河边设置码头，并在一些险峻的地段垒筑寨墙。一座康家庄园，既保留了黄土高原民居和北方四合院的形式，又同时吸收了官府、园林和军事堡垒建筑的特点，是中原民居中最有代表性的古建筑群体。

康百万庄园不仅以其古建特色见长，还以深厚的文化底蕴为人们称道。遍布庄园的砖雕、木雕、石雕等构件，内容繁多、形神兼备，其中不乏"拜师求读""尊老爱幼""立志成才"等具有中国传统道德观念的雕刻图案，每一件对康家的子孙都有深刻的教育意义。

※竹林长寿山

桃树沟、杏树岭、天井

⊙ 郑州市巩义市竹林镇。🚗 可自驾前往。💴50元。

长寿山原名叫"龙龟山"，又叫"三树岭"，因这里有久居仙山的自然景观神龙、寿龟、天然洪福，还有树龄超过千年、峥嵘苍劲的三棵老橿树而得名。在这里望远山近景，登山间步道，或采摘野果，或林间小憩，都会让你心旷神怡，流连忘返。尤其是深秋季节，那漫山遍野的红叶，引无数的游人来到这里拍照留念，观光游览。

※环翠峪

龙溪宫、花果山大峡谷、杏花村

⊙ 郑州市荥阳市西南庙子乡。🚌 在郑州客运西站乘坐环翠峪旅游专线大巴即到。

环翠峪景区内主要景点有龙溪宫、花果山大峡谷、杏花村等。龙溪宫是个大溶洞，洞内穹顶钟乳倒悬，有钟乳石像一条龙的样子。景区内的大峡谷，以红色石头为主，峡谷内植被茂盛。

这里虽然知名度不是很高，但是景区内有山有水有溶洞，是登山休闲的好去处。

※黄帝故里

拜祖区、故里祠区

⊙ 郑州市新郑市轩辕路。💴免费。

这里是中华儿女寻根拜祖的圣地，也是拜祭中华人文始祖——黄帝的地方。黄帝故里始建于汉魏时期，至今已有约两千年了。黄帝故里祠前厅里面供奉着轩辕黄帝和他的两位夫人嫘祖和嫫母。穿过故里祠前厅，就是故里祠的大殿和东西配殿，可在此上香、祈愿。

开封 周边游

※大相国寺

天王殿、罗汉殿、藏经楼

⊙ 开封市鼓楼区自由路西段。💴40元。🕐8:00~18:30。

大相国寺原名建国寺，是

右下 | 大相国寺

中国著名的佛教寺院。大相国寺在北宋时期达到空前的鼎盛，深受皇家尊崇，后经多次重修及扩建，成为当时的皇家寺院。现保存有天王殿、大雄宝殿、八角琉璃殿、藏经楼、千手千眼佛等殿宇古迹。

※开封府

梅花堂、大小殿堂、仿古表演

🅰 开封市鼓楼区包公东湖北岸。💰65元。🕐7:00~19:00，7:30~17:30（冬季）。

开封府为北宋时期天下首府，驰誉天下，包龙图扶正祛邪、刚正不阿的美名传于古今。它主要分为府衙文化、道教文化、刑狱文化、帝王文化等9个展区，建筑气势恢宏、巍峨壮观。游客在景区内游玩时，还能观看到很多仿古的表演，如《开衙仪式》《包公断案》等。

※包公祠

包公铜像、照壁、碑亭

🅰 开封市鼓楼区向阳路包公湖畔。💰30元。

开封包公祠是为纪念著名清官包拯而建的祠堂，是一组典型的仿宋风格的古建筑群，由主展区、园容景区和功能服务区三部分组成。主要建筑有

大门、二门、照壁、碑亭、二殿、回廊等。游客在大殿内，能够看到一座高3米多的包公铜像，包公蟒袍冠带，正襟端坐，铜像两旁陈列着反映包公真实生平和清廉品德的历史文物与典籍。

※铁塔公园

包公铜像、照壁、碑亭

🅰 开封市北门大街。💰30元。

铁塔公园因铁塔而闻名。铁塔，原名开宝寺塔，又称灵感塔、上文寺塔，因外壁镶嵌褐色琉璃砖，远看似铁色，俗称"铁塔"。铁塔建成900多年，历经战火、水患、地震等灾害，至今仍巍然屹立，有"天下第一塔"的美称。

文化解读

铁塔设计精巧，结构坚固，塔身呈八角形，共13层，高约55米，从底层向上逐层递减。这里的砖雕非常有名，砖上刻有飞天、麒麟、菩萨、乐伎、狮子等花纹图案50余种，造型优美，神态生动，堪称宋代砖雕艺术的杰作。塔内有阶梯可直达塔顶，登塔远眺，市区街景尽收眼底。

左下 | 开封铁塔
右上 | 包公祠
右下 | 清明上河园

※清明上河园 AAAAA

排云阁、虹桥、九龙桥

🅰 开封市龙亭区龙亭西侧。🚌从开封站乘坐观光1号线公交车可到。💰120元，套票199元（门票＋《大宋·东京梦华》演出票）。🕐9:00~21:30，《大宋·东京梦华》20:10~21:20。

清明上河园是以宋代张择端的名画《清明上河图》为蓝本，以北宋都城汴梁（现名开封）的百姓生活和古代娱乐为题材的仿古文化主题公园，园内再现了繁华的汴京城，是活生生的《清明上河图》。在这里游客将置身于一个庞大的仿宋古建筑群，会让你产生错觉：一脚踏入了北宋时代的都城汴梁。

景点攻略

每年的3~11月，园中晚上将上演《大宋·东京梦华》大型水上实景演出。整场演出由八阕经典的宋词和一幅《清明上河图》串联，把观众拉回到一千年前的北宋时代，全剧演出时间约70分钟。

※大宋武侠城

万岁寺、龙坛、明清古城墙遗址

🅰 开封市东京大道中段。💰110元（含万岁山国际大马戏演出）。

大宋武侠城是一座以宋朝文化、武侠文化为背景建设的

清明上河图

《清明上河图》为北宋画家张择端创作的名画，现藏于北京故宫博物院。作品以长卷形式生动记录了12世纪中国北宋汴京的城市面貌和当时社会各阶层人民的生活状况，是汴京当年繁荣的见证，也是北宋城市经济状况的写照。

全图大致分为汴京郊外春光、汴河场景、城内街市三部分。

《清明上河图》之数字

宽：25.2 厘米
长：528.7 厘米
内容：各色人物 814 个
　　牛、骡、驴等牲畜 73 匹
　　车、轿 12 辆
　　大小船只 29 艘

《清明上河图》之现实版

清明上河园：它是以北宋著名画家张择端的传世之作《清明上河图》为蓝本建造的，是中原地区最大的仿宋古建筑群。

《清明上河图》之作者

姓　　名：张择端
出 生 地：琅琊东武（今山东诸城）
生 卒 年：1085—1145 年
职　　业：画家
主要成就：绘制《清明上河图》

《清明上河图》年表

1101 年，张择端作《清明上河图》，被收入御府，宋徽宗赵佶在卷首题五签。

1260 年，元朝建立后，《清明上河图》被收入秘府，后落入民间。

1911 年以后，《清明上河图》被溥仪带出宫外，存在天津租界张园内。

1932 年，溥仪将这幅名画带到长春。

1948 年，中国人民解放军解放长春后将《清明上河图》放到北京故宫博物院珍藏。

全图的中心是一座虹桥，气势不凡，从桥的结构来看整座大桥全部由木材修建而成，是一座木质拱桥。虹桥上车水马龙，熙熙攘攘，商贩云集，十分热闹。

作者注重描绘人物细节，在多达 800 余人物的画面中，穿插着各种细节，图中各色人物丰富，其动作神态和装扮各具特点。

汴河是北宋时期国家重要的漕运交通枢纽、商业交通要道，从画面上可以看到这里人口稠密，商船云集。

汴河两岸的屋宇店铺鳞次栉比，有茶坊、酒肆、脚店、肉铺、庙宇、公廨等，远处还分布着茅舍、草桥、老树等田园风光。

画面构图采用鸟瞰式全景法，真实而又集中概括地描绘了当时汴京东南城角这一典型的区域。

大型游览区。景区内建设有古色古香、韵味十足的宋朝园林街巷，常年有精彩的武侠、古装表演，还有丰富的娱乐设施，是开封及郑州等地周边放松娱乐的好去处。

※朱仙镇
岳王庙、清真寺、木版年画

🏠 开封市祥符区朱仙镇。🚌 郑州、开封的汽车站都有到朱仙镇的班车。

朱仙镇明末与湖北汉口镇、江西景德镇、广东佛山镇并称中国四大名镇，是我国木版年画的发源地。

小镇上有一处岳飞庙，是中国三大岳王庙之一。朱仙镇另一个值得去的地方是建于北宋太宗年间的清真寺，其建筑风格和装饰在全国百大清真寺中都属罕见。

焦作
周边游

※云台山风景区 AAAAA
红石峡、云台天瀑、茱萸峰

🏠 焦作市修武县岸上乡。🚌 焦作火车站有至云台山的公交旅游专线。💰 旺季（3月~11月）180元，淡季120元。门票有效期2天。🕐 旺季6:00~18:30，淡季7:00~17:30。

云台山是世界地质公园，有奇峰秀岭36座，天然溶洞20余个，泉潭流瀑不计其数，人文景观丰富。

在云台山景区内，你可以游览有"盆景峡谷"之称的红石峡。这里属于丹霞地貌，岩石都是红色的，峡谷两边峭壁林立，谷内飞瀑溪水，既有北方山川的雄浑，又有江南水乡的秀丽。

茱萸峰，是云台山景区内的主峰，这里古树参天，植被茂盛，空气清新。唐代大诗人王维，曾登临此峰写下"独在异乡为异客，每逢佳节倍思亲。遥知兄弟登高处，遍插茱萸少一人。"的千古名句。

※神农山 AAAAA
静应庙、龙脊长城

🏠 焦作市沁阳市紫陵镇赵寨村。🚌 焦作旅游车站有直达神农山的专车。💰 65元。

因炎帝神农氏在这里辨五谷、尝百草、设坛祭天，故而得名神农山。这里自然风光优美，亿万年沧海桑田的变迁，造就了

左上 ┃ 朱仙镇
左下 ┃ 云台山风景区
中上 ┃ 焦作影视城

它千峰竞秀、谷壑幽深的奇丽风光。世界地质奇观龙脊长城，是神农山最具代表性的自然景观。龙脊长城一岭九峰，蜿蜒起伏，犹如一条神龙盘横在太行之巅，山势俊秀，景色绝佳，令人叹为观止。

※青天河 AAAAA
石鸡下蛋、三姑泉、观音峡

🏠 焦作市博爱县北部。🚌 从铜马汽车站乘坐前往景区的班车。💰 60元，含往返船票150元。

青天河河水碧波荡漾、两岸青山环绕。峡谷内幽静清雅、山野间清泉凛冽，偶有野鸭、猕猴出没其中，为这清静又添了几分动感活力。景区内可谓是三步一泉，五步一瀑，青山绕碧水，绿树掩古寺，飞泉流瀑，如诗如画，既有江南水乡的淡雅，又有北国田园风光的气魄，一点也不负"北方三峡"的称号。

※焦作影视城
周王宫区、楚王宫区、市井区

🏠 焦作市解放区普济路北端。💰 35元。

影视城依山傍水而建，以春秋战国、秦汉、三国时期的文化为背景修建了大批仿古建筑。这里有着气势磅礴的宫殿城门、古朴典雅的城墙浮雕、体现古代民俗风情的街区，充分体现了质朴的中原文化、展现了中原粗犷大气的文化底蕴。影视城内曾拍摄过新版《水浒传》《大秦帝国》《秦始皇》等电视剧作品和《刺客》等影视作品。

体验之旅

梨园赏豫剧：豫剧，也称河南梆子、河南高调，大家耳

熟能详的《花木兰》为豫剧的代表。郑州的戏曲氛围很好，人民公园、碧沙岗公园、文化宫等地都是豫剧爱好者经常"切磋"的地方，如果有兴趣可以去梨园盛世听戏、喝喝茶，也是很惬意的事情。

少林看武学：自电影《少林寺》播放起，少林功夫开始名扬世界。现如今，游客可以凭少林寺套票，前往少林寺东约700米处的少林寺武术馆观看少林功夫表演，每次表演约半小时。

待仙沟听禅宗：《禅宗少林·音乐大典》由著名策划人梅帅元制作，演出由五个乐章组成，规模宏大，音画一体，近600人的禅武演绎，少林僧侣的现场唱诵，春夏秋冬的景观变化，直指心性的佛乐禅音，合成了中岳嵩山辉煌的交响曲。

时间：20:00~21:20（演出在待仙沟景区）。

票价：168~980元不等。

回味北宋繁华：《大宋·东京梦华》是由开封清明上河园出品的大型实景水上演出。演出时长70分钟，由700多名演员参与演出，豪华的场景，经典的宋词，高科技的舞美，带给广大游客的是强烈的视听震撼，生动、真实地再现了北宋京都汴梁的盛世繁荣。

时间：20:10~21:20（演出在清明上河园内）。

票价：168~999元不等。

《千回大宋》演出：大型多媒体歌舞剧《千回大宋》以300年大宋历史文化为背景，以千年开封历史人文为主线，以恢宏的气势、绚丽的色彩，再现汴京繁华，让游人在亲近美声美色美乐之时，尽享宋文化信息，感受宋文化魅力。

时间：20:00~21:25（演出在小宋城内）。

票价：总统票999元，贵宾票666元，A区票268元，B区票168元，儿童票80元。

寻味之旅

郑州作为典型的中原城市，以小麦为主要的粮食作物。因此，来到郑州，就等于来到了面食的家乡。烩面、羊肉汤和胡辣汤，看似平常，却能在郑州吃到最不同的味道。除此之外，还有枣锅盔、花窝窝、水煎包等当地特色小吃。

河南烩面：河南特色美食，是一种荤、素、汤、菜、饭兼而有之的传统风味小吃，以味道鲜美，经济实惠而享誉中原，在郑州大大小小的面馆都能吃到。

胡辣汤：胡辣汤几乎是每个河南人都喜爱和知晓的小吃之一，早上的街头巷尾会出现很多卖胡辣汤的摊子。油饼、包子、油条加胡辣汤就是一道美味早餐。

桶子鸡：开封特产名菜，以其色泽鲜黄，咸香嫩脆，越嚼越香几大特点而出名。提起桶子鸡不得不提百年老店"马豫兴"，其因形体丰满，嫩而香脆广受好评。

目的地攻略

交通

飞机：郑州新郑国际机场，位于郑州市东南地区，距市区约25千米，是河南省唯一的国际航空港，通达60多座城市。有机场大巴往返于市区和机场之间，十分方便。

火车：郑州素有中国铁路"心脏"之称，铁道交通四通八达，便捷迅速。郑州目前有三座客运火车站：郑州站、郑州东站、郑州西站，郑州站为中国最大的交通枢纽站之一，主要运行普速列车，有发往全国大多数地方的列车，其中东站、西站均为高铁站。

市内交通：郑州目前已开通了地铁1号线、2号线、3号线、4号线、5号线、6号线、14号线和城郊线，1号线途经郑州站和郑州东站。城郊线可到新郑国际机场。

住宿

去郑州旅游，住在市区交通便利，可以随时去周边景点，但如果你想重点游玩嵩山少林寺景区，建议你住在登封市，可以减少路途上的时间，开封市景点比较集中，住在市区可以方便游玩。

购物

郑州物产丰富，有"十大特产"，它们分别是：河阴石榴、嵩山绵枣、新密金银花、新郑大枣、荥阳柿子、郑州樱桃、中牟西瓜、郑州莲藕和黄河鲤鱼，但其中最方便携带也有营养价值的特产是红枣和石榴，其他的还有密玉以及少林寺出品的少林禅茶等。

在开封旅行，开封"汴绣"独树一帜，素有国宝之称，中国五大名瓷之一的官瓷、四大年画之一的朱仙镇木版年画等民间手工艺品，都是较有文化内涵的礼物。

亮点 → 周王城 | 汉魏故城 | 龙门石窟 | 白马寺 | 国色牡丹

龙门石窟

洛阳

洛阳是中国建都最早、朝代最多、历史最长的都城，先后有多位帝王曾在这里指点江山，偃师商城、夏都斟鄩、汉魏故城、隋唐洛阳城、东周王城遗址沿洛河由东向西一字排开，形成"五都贯洛"奇观。洛阳是一个接触得越深越觉得自己知识浅薄的地方，不仅随处可见文物古迹，就连荒山野地中的残垣断壁、碎砖片瓦，都有一段段令人荡气回肠的故事。

 旅 行 路 线

洛阳寻古一日游

洛阳，曾经的天朝古都，留出一天的时间好好地体会一下这座古城。上午游览龙门石窟，一睹女皇容颜，下午游览周王城天子驾六博物馆和洛阳隋唐城遗址公园，感受王者风范，听隋唐演义。

洛阳经典三日游

三天的时间，感受洛阳历史古都的底蕴，参观人文古迹、游玩自然山水。第一天游览王城公园和周王城天子驾六博物馆，感受王者风范；第二天游览关林景区和龙门石窟，一睹女王容颜；第三天游览白马寺和牡丹园，赏国花。

洛阳市区景点

本地游

※ 龙门石窟 ◎ AAAAA

奉先寺、卢舍那佛像

◎ 洛阳市洛龙区龙门镇伊河岸边。

🚌 从洛阳龙门站乘 53 路、81 路、60 路公交车至龙门石窟站下车。💴 90 元（含西山石窟、东山石窟、香山寺、白园）。

龙门石窟开凿于北魏孝文帝迁都洛阳期间。后历经东西魏、隋唐至宋等朝代，连续大规模营造达 400 余年之久，至今仍存有窟龛 2100 多个，造像 10 万余尊，碑刻题记 3600 余品，数量之多位于全国各大石窟之首，最大的佛像高约 17 米（卢舍那佛像）。其气魄之博大，蕴涵之深邃，雕刻之精湛，堪称世界雕塑艺术之宝藏。

右下 | 龙门石窟

※白马寺

镇寺之宝、历代碑碣

🅐 洛阳市洛龙区龙门中街。💲套票50元（含白马寺、齐云塔、世界佛殿博览区）。

白马寺是由官府建造的寺院，历来被尊为中国佛教的"祖庭"和"释源"，据传寺名因"白马负经"的典故而得。白马寺屡经战乱，数度重建，如今的白马寺面积不大，步行游览全景区完全没有问题。

※关林庙

匾额、石狮、墓冢

🅐 洛阳市洛龙区关林南路。💲40元。

在洛阳市城南的关林庙，规模不大，为埋葬着蜀汉名将关羽关二爷的首级之地。根据古代封建礼制，只有圣人的墓才能称为"林"。两千年来，关羽的地位从王侯一直上升到武圣人，能与"关林"相媲美的也只有山东曲阜的孔林。

※王城公园

古文化区、牡丹园、游乐场

🅐 洛阳市涧西区中州中路。💲平时免费，牡丹花会期间 40 元。

公园建于 1955 年，是洛阳市最大的综合性公园，因修建在东周王城遗址上而得名，既有深厚的传统意境，又不乏浓郁的现代气息。公园内最有名的就是牡丹区，每年的牡丹花会期间，王城公园都是古城的最佳赏花处。在牡丹丛中，有一尊洁白的牡丹仙子雕塑，亭亭玉立，婀娜多姿。

中上 | 白马寺
中下 | 洛阳牡丹

※国家牡丹园

牡丹王、亭榭楼阁

🅐 洛阳市老城区邙山镇。💲60元（每年都会略有浮动）。

牡丹园分为南区和北区，著名的隋朝西苑遗物"千年牡丹王"，就在牡丹园的南区。在公众开放期间，游客可以观赏到园内几十万株、上千品种的各色牡丹，色彩缤纷，香气浓郁。牡丹园内建筑，充满了宋明私家园林风格，有古香古色的亭榭楼阁、绿荫长廊，还有人工瀑布和小溪。

※周王城天子驾六博物馆

青铜器、东周墓葬

🅐 洛阳市西工区中州中路。💲30元。

天子驾六博物馆，是当年修建东周王城广场时发现的东周时期大型墓葬和车马坑，其中在五号车马坑中，出土了一辆六匹马拉的车，这就是著名的"天子驾六"。按照中国古代的礼制，只有"天子"才能乘坐六匹马拉的车。

博物馆规模虽然小，但是我国唯一的以原址展示的博物馆。考古工作者在这里发现了多座东周墓葬和车马坑，可以判定这里埋葬了一支两千多年前完整的周天子出行的车队遗迹，出土了多辆马车遗迹和马匹遗骨。

左上 | 白云山

洛阳郊县景点 本地游

※白云山 AAAAA
玉皇顶、小黄山、九龙瀑

📍 洛阳市嵩县南部伏牛山腹地。🚌 洛阳汽车站有前往景区的班车。💰 80元。

白云山位于伏牛山的腹地，景区内的玉皇顶是中原地区数一数二的高峰，也是中原地区看日出和云海的绝佳之地。白云山内有险峰奇石，也有万亩原始森林，既有瀑布深潭，又有白云洞、青蛇洞等洞穴，放眼望去，满目苍翠，是一个天然的大氧吧。

※龙潭大峡谷 AAAAA
古檀迎宾、龙潭水峪、大地丰碑

📍 洛阳市新安县石井镇龙潭沟村。🚌 洛阳—运汽车站有直达景区的班车。💰 旺季（4月~10月）80元，淡季65元。

龙潭大峡谷是一条由紫红色石英砂岩经流水追踪下切形成的U型峡谷，以峡谷的地貌、地质内涵著称，可谓"红色砂岩峡谷博物馆"。大峡谷内，不同地质时代的流水切割、旋蚀、磨痕十分清晰，巨型崩塌岩块形成的波痕大绝壁，十分罕见。

峡谷内的自然风光非常迷人，草木茂盛、满目苍翠，清澈的溪流和飞流而下的瀑布，随处可见大大小小的深潭。

※老君山 AAAAA
玉皇顶、追梦谷、寨沟

📍 洛阳市栾川县七里坪老君山。🚌 从洛阳锦远汽车站乘坐开往栾川县的班车，在老君山路口下车后，换乘当地摩的前往景区。💰 100元（两日内有效）。

老君山是伏牛山脉的主峰，相传是道教始祖老子的归隐修炼之地。这里记录了十九亿年前造山等地质构造的演变过程，山中具有独特的"滑脱峰林"地貌、壮观的石林景观等景观群，非常震撼心灵。山中树木茂盛，风景如画，处处都能看到山泉从山石缝隙中溢出，在郁郁葱葱的山林中隐藏着十几处瀑布，清澈的激流从数十米高的崖顶跌落下来。

> **亲历者行程**
> 第一天乘中灵索道至中天门开始爬山，一路参观救苦殿、舍身崖、菩萨殿，欣赏优美的自然景色。第二天上午游老子文化苑，参观世界最高的老子铜像、老君山照壁、浮雕墙等，下午去寨沟景区游玩。

※木扎岭
九撞沟、原始森林、官帽峰

📍 洛阳市嵩县车村镇龙王村。💰 60元。

木札岭是中原地区红叶最佳观赏地、红二十五军长征途经地、电影《木札岭》外景拍摄地。景区内森林密布，夏季凉爽，包含有国家级保护植物领春木、水曲柳、中华龙鳞榆、暖树、石难藤等珍贵植物，还有金钱豹、香獐、羚羊等野生动物，是避暑休闲的好地方。

※养子沟
老龙潭瀑布、三清殿

📍 洛阳市栾川县养子沟村。💰 45元。

景区内峡谷与山水相伴，古木遍布景区，一年四季都有不同的自然风光。景区内的老龙潭瀑布，在雨后丰水期，水流从10米高空飞流直下，发出震耳欲聋的冲击。养子沟还有深邃的人文底蕴，唐太宗时期，巾帼英雄樊梨花在这里扎寨安营，生子、养子，留下古寨墙等诸多古迹，养子沟的名称因此而得。

三门峡
周边游

※虢国博物馆
虢国车马坑、七璜组玉佩

⊙ 三门峡市湖滨区六峰北路。💰 40元。

虢国墓地是我国迄今为止发现的唯一的规模宏大、等级齐全、排列有序、保存完好的西周、春秋时期大型邦国公墓。从1956年发现至今，探明各类遗址800余处，出土文物近3万件。尤其是90年代发掘的虢季、虢仲两座国君大墓，因出土文物数量多、价值高和墓主人级别高，入选"中国20世纪100项考古大发现"。

> **文化解读**
> 虢国是西周时期一个重要的姬姓封国，开国之君为周文王的弟弟虢叔。虢回原分封在宝鸡附近地区，西周晚期，东迁到三门峡一带、建都上阳（今市区李家窑附近），公元前655年，被晋国采用"假虞灭虢"之计所灭。

※天鹅湖城市湿地公园
青龙湖、陕州故城、召公岛

⊙ 三门峡市湖滨区。

由于三门峡黄河库区生态环境的明显改善，每年迎来数以万计的白天鹅到湿地公园栖息过冬。洁白的天鹅、滚滚的黄河水、深沉厚重的黄土高坡，构成了美丽的湿地公园。

左下｜王屋山
中下｜函谷关

青龙湖是公园内的核心景区。召公岛南侧的苍龙湖，水生植被较多，有芦苇、香蒲、荷花等，来到这里感觉就像到了江南水乡。

※函谷关
太初宫、鸡鸣台、函关古道

⊙ 三门峡市灵宝市函谷关镇王垛村。💰 75元。⏰ 8:00~17:30。

函谷关始建于春秋时期，秦孝公从魏国手中夺取崤函之地，在此设置函谷关。函谷关不仅是一处军事重地，而且是古代中原腹地与西北地区文化、经济交流的要点。围绕着这座重关名城流传着"紫气东来""老子过关""鸡鸣狗盗""公孙白马"等历史故事和传说。

※豫西大峡谷
大淙潭瀑布、饮马槽、漂流

⊙ 三门峡市卢氏县官道口镇东汉村。💰 50元。⏰ 8:00~18:00，漂流时间13:30~16:30。

峡谷呈东西走向，像一条由西向东延展的飘带，狭长而深邃的峡谷河流滩多水急，由大大小小的瀑布及多个潭池组成。峡谷内几处悬崖绝壁势如刀削，峡谷两旁植被茂盛，满

目苍翠。风景区内还有拓展、真人CS、高空滑索、攀岩、坐游船等娱乐项目，最为吸引人的就是景区内的激情漂流。

※仰韶大峡谷
养生谷、悬棺谷、龙虎峡

⊙ 三门峡市渑池县段村乡南岭村。💰 68元。

大峡谷属石英砂岩构成的峡谷型自然风景区，以险、奇、清、幽、神、灵、野、秀的山水而著称。同时兼有多处人文景观，其中悬棺谷内的仰韶原始部落堪称中国之最。

仰韶大峡谷内共有泉潭150余处、瀑布跌水60余处。水质清纯，高低错落，使整个峡谷充满了灵气和动感，奇石林立，色彩斑斓。

济源
周边游

※王屋山
阳台宫、天坛山、九里沟

⊙ 济源市王屋镇愚公村。🚌 在济源公交汽车站，有直达旅游专车。💰 50元。

王屋山是中国古代的名山，也是中国古代著名人物——愚公的故乡，《愚公移山》的故事

就发生在这里。王屋山风景区分阳台宫、天坛山、天坛湖、五斗峰、清虚宫等七大景区。主峰天坛山海拔约 1700 米，是轩辕黄帝设坛祭天之所，世称"太行之脊""擎天地柱"，这里是登山健身的好地方。

※黄河小浪底

西滩、张岭半岛、黄河三峡

◎ 济源市大峪镇桐树岭村。◎ 济源市内有直达景区的班车。◎ 40 元。

小浪底水利枢纽造就了"北方千岛湖"的壮观景象，大量的半岛、孤岛、险峰，使自然景观近有曲折蜿蜒的河湾，远有烟色浩渺的湖面。西滩是万里黄河唯一有人居住的河心绿洲，由于河水阻隔，这里空气清新，犹如世外桃源。张岭半岛高大坝直线距离仅 2 千米，四周碧波荡漾，不是江南，胜似江南。

※五龙口风景区

猕猴、温泉、盘谷寺

◎ 济源市五龙口镇。◎ 可以直接从市区打车前往。◎ 40 元。

五龙口景区分温泉、盘古、沁河、愁儿沟、白涧沟五大景区，是一个以猕猴、温泉为特色的山岳风景区，特别适合休闲度假。风景区内不仅山清水秀，自然风光优美，此外还有众多人文景点供游客游览。

左下｜唐三彩

体验之旅

游公园，赏牡丹：牡丹是洛阳的市花，洛阳历来都有举办牡丹花会的习俗，每年会在牡丹盛开的 4 月 15 日至 5 月 8 日举办"牡丹花会"。届时在洛阳牡丹园、洛阳国花园、洛阳国际牡丹园等公园均能赏到品种繁多的牡丹花。

看演出，悟禅机：《功夫诗·九卷》是中国首部百老汇模式下的国学演出巨制，全剧以文化修行为主题，由九部独立诗卷构成，融合中国佛教、儒家、道家及禅学思想表达修行文化，让观众在舒放的意境空间里得到意想不到的禅机和感悟。感兴趣的朋友可以在 19:30 前往国学剧场观赏，票价从 199 元至 599 元不等。

寻味之旅

洛阳菜"出身"宫廷名门，号称"金枝玉叶"，除了传统的宫廷美食，洛阳菜更有雅俗共赏的不翻汤，当地人喜爱的张记烧鸡，遍地可见各色汤水，都值得一尝。

洛阳水席：已有 1000 多年的历史，由 24 道菜组成，8 个冷盘、16 道热菜，和洛阳牡丹花会、龙门石窟并称为洛阳三绝。

鲤鱼跃龙门：洛河鲤鱼，享有"龙鱼"的美誉，自古就因其肉质细腻、味道鲜美、营养丰富而闻名，而且造型优美，栩栩如生，寓意吉祥。

洛阳不翻汤：已有 120 多年的历史。因长期在"九府门"经营，人们称为"九府门不翻汤"。食用时在碗内放粉条、虾皮、韭菜等，再放一个不翻汤饼即成。

胡辣汤：胡辣汤是洛阳别具风味的小吃，只有早上才能吃到。用骨头汤做底料，加入胡椒、辣椒等调料后，汤就立马变得麻辣鲜香。在寒冷的冬天早晨喝上一碗，真的是营养丰富又驱寒保暖。

目的地攻略

🚗 交通

飞机：洛阳北郊机场位于洛阳北郊邙山之上，距市区 10 约千米，有发往北京、上海、广州、深圳、杭州等城市的航班。除开通飞往香港定期航班外，还开通了洛阳至名古屋、冈山、大阪、曼谷等不定期包机航线。

火车：洛阳是陇海和焦柳两大铁路干线交汇的地方，有两座主要的客运站：洛阳火车站和洛阳龙门站（高铁站），另外还有关林站和洛阳东站停靠少量区内列车。

🏠 住宿

比起一线大城市，洛阳的住宿要便宜很多，但是牡丹花期价格会翻倍涨价，床位紧张。如果想观赏牡丹，建议提前订好酒店；洛阳最著名的景点白马寺、龙门石窟都在郊外，住宿时尽量选择交通方便的地方，或者选择就近的宾馆入住。

🛒 购物

洛阳的工艺品和土特产琳琅满目。著名的唐三彩，在洛阳已有百年的历史，洛绣是洛阳传统的工艺品，还有牡丹、梅花玉、黄河鲤鱼等。

亮点 → 丹江小三峡 ┃ 三国览胜 ┃ 武侯祠 ┃ 恐龙遗迹 ┃ 伏牛山

伏牛山云海

南 阳

南阳市位于河南省西南部，处豫鄂陕三省交界处，为三面环山、南部开口的盆地，因地处伏牛山以南、汉水以北而得名，南阳又有"南都""帝乡"之称。历史上，南阳是古丝绸之路的源头之一。南阳的风俗民情极具特色，艺术丰富多彩，饮食美味，特产众多，同时拥有卧龙岗、水帘洞、太白顶、内乡宝天曼、西峡恐龙遗迹园等多处著名景点，是休闲度假的好去处。

旅 行 路 线

三国故地二日游

第一天上午去游览武侯祠—医圣祠，下午去白河游览区；第二天赴新野观览汉桑城、太子阁、议事台。

南阳经典三日游

第一天上午游览武侯祠—医圣祠，下午去紫荆关古镇游览；第二天主要游玩郊区，赊店古城、宝天曼生态旅游区都值得一去；第三天重点游玩伏牛山老界岭—恐龙遗迹园。

南阳市区景点

本地游

※武侯祠

石牌坊、茅庐

📍南阳市卧龙区卧龙路。 💴60元。

南阳武侯祠又叫诸葛亮庵，是为纪念三国时期著名的政治家、军事家诸葛亮而修建的大型祠堂建筑群，也是诸葛亮"躬耕南阳"的故址和刘备"三顾茅庐""草庐对策"故事的发生地。武侯祠内古代建筑群古朴典雅，匾额楹联高悬、底挂琳琅满目，祠内碑石林立，古木参天。

中下 ┃ 武侯祠

※医圣祠

仲景雕像、古代医学家塑像群

📍南阳市医圣祠街。 💴25元。

医圣祠是为纪念东汉末年医学家张仲景所建祠堂。医圣祠大门具有汉代建筑风格，布局严谨、巍峨壮观，屋顶金黄色的琉璃瓦光彩夺目。中国现代作家郭沫若 1952 年 12 月题写的"医圣祠"三个大字，苍劲有力，熠熠生辉。

※独山森林公园

森林观光、祖师宫、玄庙观

📍南阳中心城区 3 千米处。

独山森林公园划分为三大景区：森林旅游区、生态观光区、休闲娱乐区。山体浑圆，海拔约367.8 米。独山宗教文化历史悠久，有道教名观祖师宫、玄庙观和佛教豫山禅寺。每年农历三月三上独山，都会发现香客如云、游人如织。

左上 | 赊店古城

伏牛山老界岭—恐龙遗迹园 AAAAA 本地游

老界岭、恐龙园遗址

伏牛山老界岭—恐龙遗迹园旅游区位于南阳市西峡县，主要由老界岭和恐龙遗迹园两大景区组成。恐龙遗迹园是中国南阳伏牛山世界地质公园的精髓和核心，具有极高的观赏价值。

※老界岭

🚩 南阳市西峡县太平镇。🚌 西陕汽车站有直达景区的班车。💰 60元，联票150元（含门票、往返索道费）。

老界岭是中国东西走向山脉、南北气候过渡带、长江黄河的分界线、分水岭，故从古到今被人们称为"老界岭"。这里素有"避暑胜地、度假天堂"的美誉，景区内植被茂盛，处处都是古木参天。这里气候宜人，即使在夏季也十分清凉，是中原地区的避暑胜地。

※恐龙遗迹园

🚩 南阳市西峡县丹水镇三里庙村。🚌 南阳汽车站和西峡汽车站均有到景区的班车。💰 75元。🕐 旺季（4～10月）7:30~18:30，淡季 8:00~17:30。

西峡出土了大量恐龙蛋化石，种类繁多、分布广泛、保存完好，堪称世界之最，被誉为继"秦始皇陵兵马俑"之后的世界第九大奇迹。恐龙遗迹园现最高层位已暴露的恐龙蛋化石达1000多枚，在下部底层至少还有16个产蛋层。其中西峡巨型长形蛋和戈壁棱柱形蛋，在全世界稀有罕见，是西峡蛋化石的标志。

南阳郊县景点 本地游

※赊店古城

山陕会馆、广盛镖局

🚩 南阳市社旗县赊店镇。💰古城免费开放，城内部分景点收费。

古城始建于东汉，至今已有1900多年的历史，这里曾经是中国重要的商业重镇。如今的赊店古城，是一座保存完整的古城，这里有明清时代遗留至今的城墙、码头、街道与店铺、民居，处处都古色古香。

※内乡县衙

照壁、宣化坊、展室

🚩 南阳市内乡县县衙路。💰 75元。

内乡县衙始建于元朝大德八年（1304年），现存建筑群为清代所建。内乡县衙是我国目前唯一保存最完整的封建时代县级官署衙门，是国内第一座衙门博物馆，展出的文物体现了丰富的衙门文化内涵。

内乡县建筑群具有独特的建筑风格。它在整体布局上严格按照清代地方官署规制，表现了"坐北朝南、左文右武、前朝后寝、狱房居南"的传统礼制思想，整个建筑群融长江南北风格于一体，规模宏大，布局严谨。

※南阳府衙

召父房、杜母坊、石狮

🚩 南阳市宛城区民主街。💰 40元。

南阳府衙是中国唯一保存完整的府级官署衙门，经明、清两代不断修葺扩建，至清光绪末年，规模宏大。现存房屋100余间，保留了元、明、清三代的建筑艺术。

衙门前为照壁，北为大门，左右列榜房，门前东为召父房，西为杜母坊，还有谯楼和石狮一对。大门北为仪门，两侧为公廨，外有东西牌坊两座，分别与仪门两侧门相对应。再北为大堂，沿明旧额曰"公廉"，即公正廉洁之意。

※宝天曼生态旅游区

牧虎顶、望月台、岩溶洞穴

🚩 南阳市内乡县夏管镇葛条爬村。🚌 内乡县衙门口有班车到景区。💰 75元。

景区内群山拔地而起，直通云霄，岩溶洞穴、瀑布峡谷等珍贵的地质遗迹堪称鬼斧神工、雄奇瑰丽。牧虎顶是宝天曼著名的山峰，登上峰顶，有"一览众山小"之感；站在望月台、陶公台上可纵观景区美景；青松翠柏绿叶红花，构成了一幅迷人的森林群落景观。

※荆紫关古镇

古街道、平浪宫、法海寺

📍 南阳市淅川县荆紫关镇。

古镇历史悠久，有着丰厚的商业文化和绚丽的古建文化遗存，明清时期商业高度繁荣，有"小上海"之称。漫步在其有两千年历史的古镇街头，自南向北，青石铺街，700余间店铺串成五里长街，木墙灰瓦，翘檐雕饰。此外，古镇中还有清真寺、万寿宫等明清古建筑可以游玩。在古镇的郊外，游客可以去东北部猴山中的法海禅寺逛逛。

平顶山
周边游

※尧山 AAAAA

冬凌潭、玉皇顶、三岔口

📍 平顶山市鲁山县二郎庙乡。💰65元。

尧山是尧的裔孙刘累立"尧祠"纪念先祖的地方，这里是天下刘姓的发源地。主峰玉皇顶拔约2153米，景区内山峰奇特，处处都是郁郁葱葱的大树，还有数量众多的瀑布。尧山的景色以秋季最为美丽。每年的10月中旬至11月底，山中树叶的颜色变得红灿灿起来，层层叠叠，十分壮美。

> **亲历者行程**
> 第一天上午游览中原大佛文化地，下午自驾到尧山停车场，换乘景区大巴到猴山；第二天早起往玉皇顶看日出，然后一路向北经石人峰、老君峰，在青龙背宽不盈尺的步行道上极目览胜。

※中原大佛 AAAAA

佛泉寺、愿心台、佛泉湖

📍 平顶山鲁山县赵村乡上汤村。🚌在平顶山贸易广场乘坐发往尧山的班车，在中原大佛景区下车。💰120元。

中原大佛比著名的无锡灵山大佛还要高大，大佛高约208米，整体佛像铸造除了使用三千多吨铜，竟然还用了上百公斤的黄金。大佛法相庄严，佛像庞大，在去景区的路上，就能远远看到金色的大佛在山顶屹立着，在蓝天白云衬托下，阳光洒在大佛身上，光芒四射，非常壮观。

※二郎山

水上吊桥、栈道、民族表演

📍 舞钢市石漫滩水库南岸。💰55元。

二郎山地处石漫滩国家森林公园的腹心地带，因"二郎担山赶太阳"而得名。景区依山而建，临水而立，山、水、林、城浑然一体，湖光山色美不胜收。景区内有亚洲规模最大的水灯盛会、中国最长最美的水上古栈道、中原最惊险刺激的水上吊桥、豫南最大的音乐喷泉和水幕电影。

※诗景龙潭峡

龙潭瀑布、通天瀑

📍 平顶山市鲁山县尧山脚下。🚌郑州、洛阳、平顶山均有直达景区的班车。💰60元。

诗景龙潭峡景区内龙潭河水自上而下，弯弯曲曲，像一条从远古游来的巨龙，在两岸青山、一道峡谷间自由飘摆。景区内花岗岩体地形、地貌独特，两岸石壁陡峭，飞瀑幽潭叠落不穷，尤以一林、二溪、三峰、四洞、五奇、六瀑、七潭、八石、九果、十树最为著名。

寻味之旅

南阳的风味小吃众多，唐河火腿、唐河绿豆凉粉、新野板面、镇平烧鸡、博望锅盔等都足以让人食指大动，游玩至此，不可错过。美食主要分布在市中心一带，尤其是广场南街，那里可是南阳特色小吃的第一汇集地。

目的地攻略

🚗 交通

飞机：南阳姜营机场位于南阳市正东约15千米处，目前已经开通了飞往上海、北京、广州等城市的航班。机场有到汽车站、火车站的大巴，交通便利。

火车：南阳火车站有发往北京、上海、广州等方向的火车，宁西铁路也经过南阳。南阳火车站和汽车站相隔不远。南阳东站为高铁站。

🏠 住宿

南阳市区景点不多，但住宿选择性比较多。住在靠近汽车站等交通方便的地方，便于出行游玩。游玩老界岭、中原大佛等景点的游客，也可以就近景区选择合适的住宿地。

🛒 购物

南阳的民间工艺历来发达，其中最具魅力和个性的当属玉雕、烙画、丝毯、牛角雕、黄石砚。其中玉雕、烙画、丝毯被称为"南阳三绝"。

右下 | 黄石砚

山陕会馆

亮点 → 鸡公山｜南湾湖｜灵山｜茗山温泉

‖虹桥夕照‖

信阳地区山水秀丽、气候宜人，素来有"江南北国、北国江南""豫南小苏州"之美誉。信阳的鸡公山风景区闻名中外，南湾湖清秀美丽，还有连康山、金兰山、国家地质公园金刚台、中国最大鸟类自然保护区董寨、百里林海黄柏山、疗养胜地汤泉池……这些优美的自然景区，或与红色景点相邻，或互为一体，红绿交相辉映。

旅 行 路 线

信阳经典二日游

　　第一天上午游览城南的鸡公山，这座山是我国著名的避暑名山，是一个适合登山运动、消夏度假的场所。另外，爬山途中会有不少清中的建筑可以欣赏；第二天游览城西的南湾湖景区，南湖湾有杭州西湖的十倍大，湖中的岛绿树成林，好几十座岛屿错落分布。乘船登岛，可以看茶道表演，看猴群嬉戏，这里是很休闲的目的地。

信阳市区景点

本地游

※鸡公山　AAAAA

避暑山庄、防空洞、建筑群

🏠 信阳市浉河区鸡公山风景区。
🚌 信阳火车站有旅游专线可以直达景区。💰 60元。

　　鸡公山，因其山势宛如一只昂首展翅、引颈啼鸣的雄鸡而得名。这里是中国四大避暑胜地之一，素有"天然植物园和天然中药园"之美誉。山中处处都是奇峰怪石、瀑布溪流，还有机会看到佛光、云海、雾凇、雨凇等自然景观。此外山中的人文景观也值得游客去一看，有不同风格和样式的建筑群。

亲历者行程

　　自然探秘游路线：登山古道—长生谷—报晓峰—灵化寺—波尔登森林公园。休闲度假游路线：报晓峰—灵化寺—美龄舞厅—逍夏园、马歇尔国共调停历史纪念馆—姊妹楼、红娘寨—月湖—志气楼—北岗欧美别墅群—长生谷。

※南湾湖

贤隐山、五云山、猴岛

🏠 信阳市浉河区南湾乡。💰 60元。

　　南湾湖水域面积辽阔，有"豫南明珠"的美誉。湖周边植被茂盛，空气清新，湖中岛上绿树成林，苍翠欲滴，鸟岛、猴岛、消夏岛等几十座岛屿错落分布。湖上游的五云山便是"信阳毛尖"的产地。游客可以在湖边漫步，在湖中泛舟，赏湖光山色，听鸟语蝉鸣，感受绿色氧吧的舒畅。

※浉河公园

月季园、梅园、游乐区

🏠 信阳市浉河区解放路。💰 免费，部分项目收费。

　　位于信阳市浉河河畔的浉河公园，是信阳市中心城区的一座综合性公园，有儿童游乐区、水上游乐区、游览休闲区、动物观赏区和老年人活动中心五个功能区域。园内竹木葱茏，喷泉吐珠，四季风景如画。春到月季彤彤，夏至荷花满湖开，秋季桂花香一园，冬至梅花斗雪开。

※波尔登森林公园

纪念林、七叠瀑、金山湖

信阳市浉河区李家寨镇。 ¥ 45 元。

公园因英国林学家波尔登与我国林学家韩安先生、冯玉祥将军于1918年在此创建林场而得名。这里至今仍保存着引种的北美落羽杉基地，波尔登、韩安先生的办公旧址以及冯玉祥将军亲手栽种的英国梧桐。景区内主要景点有波尔登纪念林、波尔登纪念碑、古茶溪、茗湖、观鸟亭等。

信阳郊县景点 本地游

※灵山

灵山寺、看林鸟、落雁湖

信阳市罗山县灵山镇。 ¥ 52 元。

灵山是著名的佛教圣地，山中有多处寺庙和庵堂，其中最为重要的景点就是灵山寺。千年古刹灵山寺始建于北魏，距今有1 500余年历史，从唐朝起寺院改为"灵山"。景区内青

左下 | 灵山寺
右上 | 嵖岈山

山秀水、奇石怪峰，还有落雁湖的水上休闲。

※西九华山

留梦河谷、妙高禅寺

信阳市固始县陈淋子镇。 ¥ 50 元。
8:00~18:00。

西九华山自然风光优美，最值得称道的是山中成片的竹海和森林，还有万亩茶园。而山中的瀑布，为这个景区添加了不少灵性和柔性。除了欣赏优美的自然风光外，山腰之中的妙高禅寺也值得游客前往一游，寺庙始建于隋，距今已有1 400余年的历史。

※茗阳汤泉池

SPA水疗、中式养生、日式汤泉

信阳市商城县汤泉池风景区。 ¥ 188元。

茗阳汤泉位于商城县的雷山脚下，共有8个泉眼，是一处风光秀丽的温泉区。汤泉水温高达58℃，泉水中含有多种矿物质，水质优良，四季流淌，清澈透明，不仅能洗浴，还有较高的药用价值。汤泉池边上还有一些自然风光极佳的景区，如大雷山、孤山寨、黄陂寨等，其中最为人所称道的就是各景区中千奇百怪的山石。

※黄柏山国家森林公园

竹园、九潭谷、九峰尖

信阳市商城县西南部。 ¥ 90 元。

公园内千米以上的山峰有多座，空气新鲜，素有"天然氧吧""松杉林海"之称，又有"天然药库"之誉。景区内山峦叠翠，溪水清澈，不仅四时美景如诗如画，而且有着丰富的人文景观。三山夜月、九峰比肩、古庙遗风、将军观山等景观，都让游人惊叹此地厚重的历史文化沉淀。

驻马店 周边游

※嵖岈山 AAAAA

天磨湖、琵琶湖、乾隆洞、石猴

驻马店市遂平县嵖岈山乡。 遂平县有直达景区的班车。 ¥ 65 元。

嵖岈山有"中原盆景""西游记全书"等美誉，是中央电视台《西游记》剧组主要外景地

之一。景区内山势嵯峨，怪石林立。南山、北山、花果山、六峰山砥足而立，秀蜜湖、琵琶湖、百花湖点缀其间，构成了一幅美丽的画卷。

※南海禅寺

长老舍利塔、花岗岩牌坊

📍 驻马店市汝南县古塔路南段。💰 40元。

南海禅寺庙始建于明嘉靖二十四年（1545年），宏伟壮观，工程浩繁，历史上被誉为蔡州"八景之一"。主体建筑大雄宝殿超过故宫太和殿与山东曲阜孔庙大成殿的规模，号称"亚洲第一殿"。另有天王、观音、文殊、普贤四大配殿，三重飞檐、高大雄伟。

※金顶山

金沙湖、黑龙潭、飞天石瀑

📍 驻马店市确山县蚁蜂镇。💰 35元。

金顶山景区内古树参天，谷深峰险，境内大小山峰6座，一派原始风貌。金顶紫雾如梦如烟，云梦仙洞幽邃神奇，竹林寺、云空寺香烟缭绕，晨钟暮鼓。游客漫步山中，可以感受那峰峦隐现，云雾缥缈，水光激滟，山色空蒙的美景，令人真切地体验到一种回归自然、心旷神怡的感觉。

寻味之旅

信阳菜以咸、香、微辣、醇厚为主味，菜色微重、口感滑爽，代表菜是炖菜，又以固始、罗山炖菜而闻名。

信阳板鸭： 板鸭为大别山区的重要特产之一，将成鸭以传统工艺方法，腌制而成。鸭身干爽，盐味适中，含有丰富的蛋白质、脂肪、维生素和无机盐等营养物质。

信阳糍粑： 糍粑为信阳传统名吃，主要产地有商城、新县、潢川、光山等。糍粑可烤、可煮、可煎、可炸。

固始皮丝： 固始县制作猪皮丝的历史已有100多年，固始皮丝松散，富有弹性，放下后起堆、翻炒时不会粘边搅条，其味松嫩爽香，含有蛋白质和多种维生素。

罗山大肠汤： 在罗山，大街小巷都有大肠汤馆，而且几乎全是顾客盈门。附近几县甚至信阳市都有不少人开车专程来罗山吃这大肠汤，足见其吸引力。

左下｜南海禅寺
中上｜信阳糍粑
中下｜固始皮丝
右上｜信阳毛尖

目的地攻略

🚗 交通

火车： 信阳目前有两座火车站：信阳站位于新华路，停靠的列车很多；信阳东站位于羊山新区马岗村，为高铁站，是京广铁路的组成部分，也是宁西高铁的必经之地。

汽车： 信阳主要有两座汽车站：一个是弘运汽车站，以发往北京、河北等北方地区的班车为主；另外一个是信运汽车站，以发往上海、江苏、浙江等南方地区的班车为主。

🏠 住宿

信阳市面积不大，从市中心的宾馆出发，到达各个景点，一般不会超过半小时的车程。如果想去避暑胜地鸡公山，可以在市中心公交车站附近住宿，第二天乘坐公交车上山，十分方便。

🛍 购物

信阳著名的特产有信阳毛尖茶、固始柳编、潢川牛角工艺品等。尤其是信阳毛尖，是我国知名的绿茶，形美、香高、味长，至今已有2000多年历史，被列为我国十大名茶之一。

亮点 → 西安古城 | 宫殿遗迹 | 大雁塔 | 唐风古韵 | 秦始皇兵马俑 | 风味小吃

钟楼夜景

西安

西安，古称长安，自古帝王都，中华民族几千年的沉淀与底蕴仍然在这里静静地延续，有人说在西安，随便一块地方，挖下去可能就会出现一堆秦砖汉瓦。作为古都，西安的历史遗迹、文物珍藏的确很丰富；今天，古建筑和墓冢已经不能完全代表西安，城垣依旧，雁塔高耸，眼前已是高楼如林、汽车奔驰，街头巷尾遍布各种食肆，小吃鲜香的味道让热闹的食客们甜畅淋漓……千年的古都始终沉稳而坚定地不断向前走着。

 旅 行 路 线

西安经典三日游

西安是一座历史厚重的古城，而且有着丰富的美食文化，可以用三天的时间来逛逛这座古城，感受它的独特魅力。第一天主要游览市区，去古城墙骑行，去钟鼓楼俯瞰西安城，晚上去回民街品尝特色美食；第二天游览大雁塔和大唐芙蓉园，感受曾经的大唐盛世；第三天主要游览华清池、兵马俑。

西安及周边精华五日游

西安作为文化资源丰富的古城，至少可以玩上五天。第一天游览西安钟楼、鼓楼和城墙；第二天游览大明宫遗址和大唐芙蓉园；第三天游览秦始皇陵以及兵马俑；第四天游览华山；第五天游览乾陵博物馆和法门寺。

西安市区景点

本地游

※西安城墙 AAAAA

迎宾门、角楼

🏠 西安市中心区。🚇 乘坐地铁2号线到永宁门站下车即到。💰 54元。🕐 永宁门（4月~10月）8:00~22:00，（11月~次年3月底）8:00~20:00。

西安城墙，是古都西安的标志性景观，现存的城墙建于明朝初年，是中国现存最完整的古城墙。城墙环绕城市的中心区，呈合围的长方形，四周有城门四座——东长乐门、西安定门、南永宁门、北安远门，

中下 | 西安古城墙

每个城门都由箭楼和城楼组成。除了步行，在城墙上骑自行车是一种很不错的游览方式，在骑行中，你会有一种时光穿越的感觉。目前在东、南、西、北四门都有租借自行车服务。

※大慈恩寺·大雁塔 AAAAA

大雄宝殿、玄奘三藏院、塔林

🏠 西安市雁塔区慈恩路。🚇 乘坐地铁3号线到大雁塔站下车即到。💰 大慈恩寺门票50元，登大雁塔另付25元。

大慈恩寺是当时唐长安城内最著名、最宏丽的佛寺，唐

玄奘曾在这里主持过寺务，寺内的大雁塔是他亲自督造的，所以大慈恩寺在中国佛教史上具有十分突出的地位。

大雁塔位于慈恩寺内，是楼阁式砖塔，塔身呈方形锥体，具有中国传统建筑艺术的风格。塔高 64 米，共 7 层，塔身用砖砌成，内有楼梯盘旋而上。每层四面各有一个拱券门洞，凭栏远眺，城市风貌尽收眼底。

※小雁塔

雁塔晨钟、藏经楼、白衣阁

🚩 西安市雁塔区友谊西路。🚌 乘坐地铁 2 号线到南稍门站下车后，步行约 5 分钟可到。

小雁塔位于荐福寺内，因为塔形似大雁塔并且小于大雁塔而得名。唐初为唐高宗荐福而建为寺院，后扩充为翻经院。与大雁塔的喧嚣相比，小雁塔安静了许多。小雁塔下，露天摆放着不少历代精美的石佛、石狮、石马、拴马桩等石雕，喜欢民俗文物的游客一定不能错过。

※钟楼·鼓楼

大鼓、钟鼓楼广场

🚩 西安市碑林区东、南、西、北四条大街交汇处。🚌 乘坐地铁 2 号线钟楼站下车即到，步行可到鼓楼。💰 鼓楼登楼 35 元，与钟楼联票 60 元。

西安钟楼是我国古代遗留的众多钟楼中形制最大、保存最完整的一座。始建于明洪武十七年（1384 年），通高 36 米，是俯瞰西安城的好地方。

西安鼓楼与钟楼相望，是古城的标志性建筑之一。西安鼓楼是全国最大的鼓楼，始建于明洪武十三年（1380 年），底部是高大的长方形台基，台基上的楼分上、下两层，顶覆绿色琉璃瓦。登上鼓楼，能够看到一面高 1.8 米的大鼓，还有 24

面刻着二十四节气的红鼓，非常有气势。

景点攻略

1. 游玩鼓楼时，还可以欣赏到仿古的"晨钟暮鼓"表演，此外还有传统民乐和舞蹈的演出，每天日间 6 场，具体演出情况可详见官网。

2. 在鼓楼和钟楼之间为钟鼓楼广场，绿草红花点缀其间，还有造型独特的音乐喷泉，这里的夜景很美，适合拍照。鼓楼后边就是拥有众多美食的回民街。

中上｜大雁塔
中中｜西安碑林
中下｜钟楼
右下｜鼓楼

※西安碑林博物馆　AAAAA

碑刻、墓志、石刻艺术馆

🚩 西安市碑林区三学街。💰 旺季（3～11 月）65 元，淡季 40 元。🕐 夏季 8:00～18:45，冬季 8:00～18:00。

西安碑林创建于 1087 年，是收藏我国古代碑石时间最早、数量最多的一座艺术宝库，陈列着从汉至清的各代碑石、墓志共计 1 000 多块。博物馆内由碑林、石刻艺术等部分组成，

其中由历代碑石、墓志组成的碑林是馆内的亮点，其中包括颜真卿、柳公权、怀素等书法名家的碑刻，还有《石台孝经》和《开成石经》两块唐代碑刻。

※陕西历史博物馆

碑刻、墓志、石刻艺术馆

⊙ 西安市雁塔区小寨东路。🚍 乘坐公交车 610 路到陕西历史博物馆站下车后向东步行约 10 分钟可到。🎫 免费开放。
◎ 8:30~17:30，周一全天闭馆。

博物馆布局呈"轴线对称，主从有序，中央殿堂，四隅崇楼"的仿唐建筑群体，典雅凝重，堪称陕西悠久历史和灿烂文化的象征。博物馆内整个陈列分为序厅、基本陈列、专题展览、临时展览和已开辟为国际画廊的中央大厅等，馆藏文物多达 37 万件。

※大唐芙蓉园 AAAAA

御宴宫、芳林苑、陆羽茶社

⊙ 西安市曲江新区芙蓉西路。🚍 市内乘 22 路、23 路公交车可至景区西门。
🎫 120 元。

大唐芙蓉园是西北地区最大的文化主题公园，也是中国第一个全方位展示盛唐风貌的大型皇家园林式文化主题公园。芙蓉园包括紫云楼、仕女馆、御宴宫等众多景点。园内有全球最大户外香化工程和全国最大的仿唐皇家建筑群，每晚还有水幕电影表演。

游玩攻略
园区内会上演各种精彩节目，包括祈天鼓舞、"教坊乐舞"宫廷演出、"艳影霓裳"服饰表演等。每晚在紫云楼北广场上演的全球最大水幕电影，将带给你全新的立体震撼。而在凤鸣九天剧院上演的大型舞剧《梦回大唐》，更是一台集盛唐风情、歌舞精粹于一体的乐舞表演。

※半坡遗址博物馆

居住区、制陶区、墓葬区

⊙ 西安市灞桥区半坡路。🚍 乘坐地铁 1 号线在半坡站下车即到。🎫 55 元。

半坡遗址是黄河流域一处典型的原始社会母系氏族公社

左上｜大唐芙蓉园
左下｜陕西历史博物馆白釉黑花卧美人枕
中下｜半坡遗址博物馆

村落遗址，属新石器时代仰韶文化，在 1953 年被西北文物清理队发现。半坡遗址的遗存丰富，主要展出半坡遗址和姜寨遗址出土的原始先民使用过的生产工具、生活用具和艺术品等。

西安郊县景点 本地游

※翠华山

翠华峰、玉安峰、甘湫峰

🅐 西安市长安区太乙宫镇。

🚌 大雁塔北广场有环山旅游 2 号线公交可到景区。

💰 旺季（3 月~10 月）75 元，淡季 35 元。

翠华山国家地质公园地处秦岭北麓，以秀美的湖光山色和罕见的山崩地貌而著称，素有"终南独秀"和"中国地质地貌博物馆"的美誉，由碧山湖景区、天池景区和山崩石海景区三部分组成。翠华山还有悠久的历史文化背景，自秦汉起这里就被辟为皇家的"上林苑"和"御花园"，长安八大寺院围绕其周。

※秦始皇帝陵博物院 🅐 AAAAA

兵马俑、秦皇陵、遗址公园

🅐 西安市临潼区城东。 🚌 西安火车站东广场乘坐游 5（306）路公交可以到达景区。西安北客站至兵马俑之间，目前已经开通免费班车。 💰 120 元。

秦始皇帝陵博物院是以秦始皇兵马俑博物馆为基础，以秦始皇陵遗址公园为依托的一座大型遗址性博物院。它也是以秦始皇陵及其背景环境为主体，基于考古遗址本体及其环境的保护与展示，融合了教育、科研、浏览、休闲等多项功能的城市公共文化空间。

秦始皇兵马俑博物馆是在

中上 | 秦始皇帝陵兵马俑
中下 | 翠华山

1974 年发现的秦兵马俑坑原址上建立的遗址性博物馆，馆内展出陶塑艺术品，其中以陶俑为主。主要分为一号坑、二号坑、三号坑以及综合陈列大楼四个部分。其中一号坑最大，埋有约 6 000 个真人大小的陶俑。

秦始皇陵是我国现存最早的帝王陵之一，背靠骊山，面朝渭水，是中国古代帝王陵墓中保存最完好、规模最宏伟的陵园之一。墓内机关重重，还有众多的珍品陪葬，迄今尚未挖掘。

文化解读

大型彩绘铜车马： 1980 年在秦始皇陵西侧出土了两乘车马。每乘车前驾有四马，车上各有一御官俑。铜车马造型逼真，装饰华美，马銮头和挽具以金银为构件，制作非常精巧。

跪射俑： 出土于二号坑东部，所操武器为弓弩，身穿战袍，外披铠甲，头顶左侧绾一发髻，脚蹬方口齐头翘尖履，左腿蹲曲，右膝着地，上体微向左侧转，双手在身体右侧一上一下作握弓状，表现出一个持弓的单兵操练动作。

高级军吏俑： 俗称将军俑，在秦俑坑中数量极少，出土不足 10 件，分战袍将军俑和铠甲将军俑两类。

※华清池 AAAAA

飞霜殿、昭阳殿、长生殿

📍 西安市临潼区华清路。 🚌 在西安火车站东广场乘坐游5（306）路公交可以到达景区。 🎫 华清宫景区（含原华清池和骊山两个景点）120元。

华清池亦名华清宫，自古就是游览沐浴胜地，因唐玄宗和杨贵妃的巡幸而闻名。华清池现有4个泉眼，每小时总流量112吨，水温43℃，内含多种矿物质和有机物质，沐浴对理疗皮肤很有帮助，池边的杨贵妃塑像，形态优美，非常动人。

※关中民俗艺术博物院

"陕西老腔"、拴马桩、古建筑

📍 西安市长安区五台镇南五台山路。 🚌 在西安火车站乘坐500路公交车可到。 🎫 120元。

博物院内收集了历代民俗物品，如家具、灯具、年画、砖雕等，其中最引人注目的是搬迁复建的多座明清古民居、

戏楼、店铺和门楼等古建筑，还有几千根石雕拴马桩。在博物院内，你还可以欣赏到著名的"陕西老腔"剧目演出，观看演出需要另外付费。

※太平国家森林公园

石门、黄羊坝、月宫潭

📍 西安市鄠邑区太平峪。 🚌 旺季（3~11月）8:00~18:00，淡季8:00~17:00。 🎫 60元。

太平国家森林公园分为石门、黄羊坝、月宫潭、秦岭梁、桦林湾五个区域。其中最受游客喜欢的是靠近大门的石门区域和瀑布集中的黄羊坝区域。这里拥有西北地区少见的深山瀑布，每年4月，整个景区漫山遍野开遍了紫荆花，鲜艳绮丽。

左上 | 关中民俗艺术博物院
左下 | 华清池
中上 | 汉阳陵南阙门遗址

咸阳

周边游

※汉阳陵

陶俑、女性骑兵俑

📍 咸阳市渭城区正阳镇张家湾、后沟村北。 🚌 在西安火车站东广场乘坐游10路可到。 🎫 70元。

汉阳陵是汉景帝刘启和皇后王氏同茔异穴的合葬陵园。在陵园的北区设有地下博物馆和南阙门遗址保护展示厅，距离地下博物馆不远处矗立着高大的"南阙门遗址"保护厅，这座保护厅内就是目前规模最大的"阙门遗址"。陵园的南区有考古陈列馆和宗庙遗址等景点，陈列馆中主要陈列了从陪葬坑、墓中发掘出土的文物。

※昭陵

彩绘釉陶、唐三彩

📍 咸阳市礼泉县昭陵镇九嵕山主峰上。 🎫 40元。 🕐 夏季8:30~18:00，冬季9:00~17:30。

昭陵是唐太宗李世民的陵墓，也是关中"唐十八陵"中规模最大的一座，共有陪葬墓180余座。在祭坛东西两庑房内置有6匹石刻骏马浮雕像，驰名中外。昭陵六骏均采用浮雕雕刻而成，具有很高的艺术价值。

左上 | 华山
中上 | 乾陵神道
中下 | 茂陵

※茂陵

文物、"马踏匈奴""跃马"

🏠 咸阳市兴平市南位乡茂陵村。

💰 75元。

茂陵是西汉时期汉武帝刘彻的陵墓，是西汉帝陵中规模最大、修建时间最长、陪葬品最多的一座。陵体高大宏伟，形为方锥。至今东、西、北三面的土阙犹存，茂陵周边有李夫人、卫青、霍去病、霍光、金日磾等陪葬墓20多座，星罗棋布，蔚为壮观。

※乾陵

彩绘俑、唐三彩、壁画

🏠 乾县乾陵镇。🚌 在西安火车站东广场乘坐游3路公交车直达乾陵。

💰 100元。

乾陵是唐高宗李治和女皇武则天的合葬墓陵，乾陵以山为陵，依梁山而建，坐北朝南，由内外两城组成，占地颇广。乾陵是"唐十八陵"中保存最完整的一座皇家陵园，也是中国历史上唯一一座两位皇帝的合葬墓。东为著名的武则天"无字碑"，西为述圣记碑。

渭南一铜川
周边游

※洽川风景区

处女泉、夏阳瀵、黄河魂

🏠 渭南市合阳县洽川镇黄河岸边。

💰 处女泉55元，福山景区30元。

洽川素有"小江南"的美称，这里风景极好，鸟语花香，有大面积的芦苇荡、茫茫青山、温泉黄河河滨等。洽川拥有古朴的黄土峰林地貌和悠久灿烂的文化，同时是珍稀鸟类栖息的天堂。

※党家村

明清古建、四合院

🏠 渭南市韩城市西庄镇党家村。

💰 50元。

党家村是国内迄今为止保存最好的明清建筑村寨。党家村至今已有近700年的历史，村里石砌的巷道高大气派，典雅精美的四合院门楼格外引人注目，垂花门楼十分精美，村巷中的布局更是让人叫绝。

※华山 AAAAA

长空栈道、百尺峡、西岳庙

🏠 渭南市华阴市玉泉路南段。

🚌 乘坐火车到达华山站后，换乘公交车即到景区。💰 旺季（3月~12月）160元，淡季100元。

"华山天下险"，在五岳之中以险著称，登山之路蜿蜒曲折，长达12千米，全是悬崖绝壁，所以说"自古华山一条道"。华山景区面积辽阔，其中主峰景区是核心，包括"华山一条路"和东南西北中五大主峰。当你

洽川风景区

爬过所有险道山峰，跃上极顶，看到山谷中雾气升腾、云海翻滚之时，必定会有豪气冲天、大气磅礴之感。

东峰因峰顶有观看日出的朝阳台又称朝阳峰，朝阳台为东峰绝顶，极目远眺，可观东海日出。西峰是华山最秀丽险峻的山峰，因峰顶巨石状如莲花，故又名莲花峰。西岳庙是去华山的必经之地，它是历代

帝王祭祀华山的祠庙，庙内还保存有众多的碑刻。

※药王山

药王大殿、太玄古洞、石刻

铜川市耀州区东郊。 70元。

医药学家孙思邈晚年归隐于此，后世尊他为"药王"，药王山因此而得名。药王山历史悠久，文物荟萃，山上有

华山景区示意图

左上 | 玉华宫

金、元代建筑及大型元代壁画，有明代药王大殿及药方碑。药王山石刻遍及全山，隋唐摩崖造像四十余尊，精美绝伦，还有石塔、石棺、石碑坊等众多石刻。

※玉华宫风景区

唐玉华宫遗址、"三宫"石窟

🏠 铜川市印台区焦坪镇玉华山。
💰 60元。

玉华宫始建于唐高祖武德七年（624年），曾经是西部唯一的皇家避暑行宫，唐高宗即位后，改玉华宫为寺庙。如今这里群山环绕，植被茂盛，处处能看到飞瀑和清泉，素有"夏有寒泉，地无大暑"之美称。玉华宫人文景观丰富，古往今来的文人墨客也留下了许多描述玉华宫的诗词文章。

商洛
周边游

※金丝大峡谷 AAAAA

青龙门、黑龙门、月芽峡

🏠 商洛市商南县金丝峡镇。🚌 商南县城有到景区的直达班车。💰 100元，丹江漂流128元。

金丝大峡谷风光秀丽，具有窄、长、秀、奇、险、幽的特

点，被誉为"峡谷奇观，生态王国"。峡谷景观奇特俊秀，峡谷总长度约20.5千米。景内有白龙峡、黑龙峡、青龙峡和石燕寨四大景区，河流密布、森林茂密，原始生态保存得非常好，是一个天然的大氧吧，也是放松休闲的好地方。

※牛背梁国家森林公园

青龙门、黑龙门、月芽峡

🏠 商洛市柞水县营盘镇老岭。
💰 110元。

公园内有茂密的原始森林，清幽的潭溪瀑布，独特的峡谷风光，罕见的石林景观以及秦岭冷杉、杜鹃林带、高山草甸和第四纪冰川遗迹所构成的特有的高山景观。当游客进入幽静的森林，可以看到秀丽的自然风光，体验秦风楚韵交汇处的民俗文化，感受踏上黄河、长江分水岭，站在"中华脊梁"上一览无限风光的美妙。

※秦岭洞天福地景区

天佛洞、文人胜迹

🏠 商洛市柞水县石瓮镇。💰 90元（含古道岭）。

景区位于秦岭南麓，是一处以溶洞、峡谷、瀑布、古生物化石等地质遗迹景观为主体

的综合性地质公园。地质公园由柞水溶洞—泥盆系岩相剖面园区、九天山园区、凤凰古镇园区三个园区组成，这里是中国西北内陆罕见的溶洞峰丛群。天佛洞是公园的核心区，洞内形态各异的钟乳石琳琅满目、美不胜收。

体验之旅

回味唐朝：大型历史舞剧《长恨歌》的演出地点在骊山脚下华清池景区内，如梦似幻的场景让人梦回大唐。每年的4-10月有演出，分为平日单场演出和节假日双场演出。平时20:30开演；节假日第一场20:10，第二场21:30。东、西区票价258元，中区票价288元（节假日298元）。

《梦回大唐》是一台集盛唐风情、歌舞精粹、绚丽奇幻、神秘梦幻的舞剧，每天在大唐芙蓉园上演。平日17:00开始；节假日15:30、17:00各一场，票价198元。

激昂秦腔：秦腔是陕西省地方戏，也叫"陕西梆子"，其表演粗犷质朴，唱腔高亢激越，其声如吼，善于表现悲剧情节。剧目有《蝴蝶杯》《游龟山》《三滴血》等，在西安各大剧院可以欣赏。

欢乐皮影戏：皮影戏是用灯光照射兽皮或纸板雕刻成的人物剪影以表演故事的喜剧。由艺人一边操纵一边演唱，并配以音乐，剧目、唱腔多种地方戏曲。陕西是皮影戏的发源地之一，在雨田社、高家大院等地可欣赏到精彩的皮影戏。

寻味之旅

西安是著名的美食与小吃之城，在这里可以尽情地享用三秦美食。西安具有浓郁的西北风情，各种当地小吃多到数不过来。肉夹馍、羊肉泡馍、凉皮、岐山面、饺子宴都是耳熟能详的陕西名吃。

西安凉皮： 陕西著名小吃，西安大街小巷卖的凉皮，米皮白且透亮，加上红亮的辣椒油，咬上一口，那种香辣透心、鲜美爽口的感觉实在过瘾。这样代表性的美食无论是在高级餐厅还是街头小摊都能品尝到。

肉夹馍： 樊记腊汁肉夹馍可以算是西安腊汁肉夹馍的代表了！在刚出炉的白吉馍中夹入少量的腊汁肉，馍香肉酥，令人回味无穷。

羊肉泡馍： 西安的羊肉泡馍非常出名，是当地著名小吃，历史悠久，是一种难得的滋补佳品。特点是料重味重、香醇味美、粘绵韧滑、回味悠长。在回民街上有好多家泡馍店。

回民街： 要吃西安小吃，必定要去回民街。回民街是指北院门、化觉巷、西羊市、大皮院四条上千年的老街巷等多条街道的统称。在这里西安回族美食基本都能品尝到，如贾三灌汤包、红红酸菜炒米、盛家凉皮、刘家泡馍、樊记肉夹馍等。

钟楼美食街： 钟楼位于西安最繁华地段，彰显的是最具西安特色的美食文化。众多老字号的餐饮名店汇聚于此，像钟鼓楼广场的德发长饺子馆、同盛祥饭庄，东大街的西安饭庄、老孙家饭庄等，每一家餐饮老店都仿佛在讲述着古老的故事。

目的地攻略

交通

飞机： 西安咸阳国际机场位于西安市西北部、咸阳市郊，有往来国内各大城市的国内航班，还有往来日本、泰国、韩国等国家的国际航班。机场距西安市中心约47千米，有机场高速公路连通，至西安市区1小时左右可达。

咸阳机场较大，有多座航站楼，其中2、3号航站楼相隔600米，来往其间可乘坐免费摆渡车。

火车： 西安主要的火车客运站有三个：西安站、西安北站和西安南站。

西安站是陇海线上的枢纽大站，凡是经过西安的火车全部在此停靠。乘坐地铁1号线在五路口站下车，步行可到达。

西安北站运营的列车主要为动车和高铁，乘坐地铁2号线在北客站下车即到。

市内交通： 目前西安有8条地铁运营线路，分别是地铁1、2、3、4、5、6、9、14号线，票价2~8元不等。对于游客，2号线更显重要些，因为这条线路可以到达西安北站，部分站点还靠近钟楼、南门、陕西历史博物馆、大唐芙蓉园等著名景点。

住宿

西安的景点分布十分零散，如兵马俑、华清池、乾陵等知名的景点都位于郊县，但乘坐公交车极为方便，基本上任何旅游景点都可以乘坐公交到达。

大多数到西安游玩的人都会选择在钟鼓楼附近入住，因为这里最能感受浓厚的历史氛围。西安城墙外面有不少酒店式公寓和快捷连锁酒店，充满现代气息，适合商旅人士或休闲旅游的朋友入住。

购物

西安历史文化丰富，旅游纪念品的选择也很多，有仿秦兵马俑的仿制品、秦铜车马复制品、仿唐三彩、仿古青铜器、剪纸、玉雕、皮影、唐壁画摹本、鄠邑区农民画等。

左下｜清真凉皮及凉粉
中下｜秦腔戏曲演员
右下｜羊肉泡馍

亮点 → 革命圣地 | 延安精神 | 黄土高坡 | 陕北风情

宝塔山

延安自古就是兵家必争之地,有"塞上咽喉""军事重镇"之称,被誉为"三秦锁钥,五路襟喉"。其标志性的建筑宝塔山是革命圣地的象征,融自然景观与人文景观为一体。境内的人文景观还有杨家岭革命旧址、凤凰山麓革命旧址等。黄帝轩辕氏的陵墓——黄帝陵也在延安市内。瑰丽壮观的黄河壶口瀑布、美景怡人的万花山,使这块土地更加生动、感人。

旅 行 路 线

延安红色一日游

一天的革命之旅,让你回到那个热火朝天的革命岁月。上午主要游览宝塔山和清凉山旅游区,感受革命文化;下午游览安塞民间艺术馆,感受淳朴的民风。

延安经典三日游

用三天的时间来感受革命圣地延安的热情,会收获很多。第一天主要游览清凉山旅游区和延安革命纪念馆;第二天走近杨家岭和枣园革命旧址,继续革命之旅;第三天游览壶口瀑布。

延安市区景点

本地游

※宝塔山

烽火台、摩崖石刻、摘星楼

🏠 延安城宝塔区河滨路,三川交会处。

🎫 普通门票60元,登塔10元。

宝塔山是中国革命圣地延安的重要标志和象征,山上有许多历史文物和现代革命文物,如烽火台、摩崖石刻、范公井、古城墙、摘星楼、嘉岭书院、日本农工学校等。山脚下有北宋名臣范仲淹的墨宝"嘉岭山"三个隶书大字。宝塔山是欣赏延安城市风貌和黄土高原风光的绝妙观景台。

※延安革命纪念馆

青铜像、藏书、文物

🏠 延安市宝塔区枣园路王家坪。

🕐 8:00~18:00。

延安革命纪念馆建于1950年1月,馆前广场上耸立着毛泽东的青铜像。馆内有6个展厅,展出照片及文物近2 000件,还有毛泽东、周恩来、朱德、刘少奇、任弼时、林伯渠的藏书、手迹石刻及办公和生活用品。毛泽东长征时用过的手枪、转战陕北时骑的马(已制成标本)为该馆的独藏。

中下 | 宝塔山

※王家坪革命旧址

礼堂、名人旧居、民歌表演

- 延安市宝塔区枣园路王家坪。
- 免费，每日限领 3000 张。

王家坪革命旧址是中共中央革命军事委员会和八路军总司令部所在地，还有毛泽东、朱德、彭德怀等中央军委及八路军总部领导的旧居。旧址的规模不是很大，游客可以轻松步行游览。在旧址的空地上，可以观看陕北民歌、锣鼓等表演，具体表演以景区当日咨询为准。

※枣园革命旧址

小礼堂、名人旧居、幸福渠

- 延安城宝塔区枣园村。

枣园革命旧址原是一家地主的庄园，中共中央进驻延安后，为中央社会部驻地，改名为"延园"。如果说杨家岭的窑洞是陕北民居景观，那这里就充满了田园风光。当你走入枣园时，会感觉这里像一个开阔的农场，园内草木茂盛。

※杨家岭革命旧址

礼堂、"飞机楼"

- 延安市宝塔区枣园路杨家岭。
- 免费，每日参观上限 3000 人。

杨家岭是毛主席等老一辈中央领导人在延安居住时间最长的地方。期间，中共中央在这里领导和开展了轰轰烈烈的大生产运动和著名的延安整风运动。旧址中的礼堂是由一座教堂改建而成，直到 20 世纪 80 年代，这里一直是延安最豪华的建筑。

延安郊县景点 本地游

※黄帝陵 AAAAA

轩辕庙、汉武仙台、古柏

- 延安市黄陵县城北的桥山顶。
- 在延安汽车站有班车开往景区。
- 75 元。

黄帝陵是轩辕黄帝的陵园，为中华儿女寻祖的圣地。陵园处在桥山之巅，拾级上山，遍山有数万株古柏，其中千年以上的古柏就有 3 万余株，使整座山透出庄严肃穆。自唐代宗大历五年（公元 770 年）建庙祀典以来，这里一直是历代王朝举行国家大祭的场所。

※壶口瀑布 AAAAA

壶口秋风、冰瀑奇观

- 延安市宜川县壶口乡，与山西省吉县壶口镇交界处。 在延安汽车总站每天有班车到壶口瀑布。 100 元。

壶口瀑布是北方最富有特色的大型瀑布奇景。黄河水流经此地，以其巨大的力量泻入河谷，冲入深槽，顿时，涛声

轰鸣，水雾升空，气吞山河，显示出"黄河之水天上来，奔流到海不复回"的宏伟气概，《黄河大合唱》谱写的就是壶口瀑布的壮丽景观。

※安塞文化艺术馆

剪纸、绘画、泥塑

- 延安市安塞区真武洞镇内正街。

安塞文化艺术馆全面展现了安塞的历史和文物概貌。馆内陈列着安塞历史、安塞剪纸、安塞民间绘画、安塞民歌、安塞腰鼓、陕北说书六大板块，展出剪纸和绘画珍品 300 余幅，文物百余件。

※洛川民俗博物馆

皮影戏、剪纸、布艺

- 延安市洛川县凤栖镇。 从延安乘火车或者汽车都可方便到达洛川。

博物馆是一组按照清代民居风格复原的四合院式建筑。从老远就能看见一串五个醒目的大红灯笼挂在路边，博物馆外墙的雕刻非常精美，宅院中既有陕北常有的窑洞，也有关中农村的瓦房。馆内以大量珍贵的宝物再现了陕北高原的古老纯朴。

榆林 周边游

※红石峡

摩崖石刻、第四窟、第六窟

- 榆林市榆阳区城北。 30 元。

红石峡在明长城口红山脚下的榆溪河谷，又名"雄石峡"。因山皆为红石，故得名红石峡，红石峡山奇水秀，石窟古刹林立，还有陕西省最大的摩崖石刻群。红石峡是电影《东邪西毒》的取景地，这里最

窑洞

窑洞是中国西北黄土高原上人民的古老居住形式。窑洞这一"穴居式"民居的历史可以追溯到四千多年前，在中国西北地区的黄土高原，黄土层非常厚，当地百姓创造性地利用高原有利的地形，凿洞而居，创造了冬暖夏凉、被称为"绿色建筑"的窑洞。窑洞是黄土高原的产物，坚固耐用，"有百年不漏的窑洞，没有百年不漏的房厦"的说法。

窑洞院落的出入口： 下沉式窑洞比较特殊，多在供进出的窑洞处设置一个通道，相当于门。

牲口房： 有的人家会在侧房留出一孔窑洞作为牲口房，养些牛羊之类的牲畜。

窑洞： 院落的四周都可以设置窑洞，常见的院落为每边设计三孔窑洞。

窑脸： 窑脸的上部要留出一个通气孔，以便窑内外空气流通。

打谷场： 下沉式窑洞的上部最少要有3米以上的土层，不能种植任何植物，只能作为打谷场使用。

院落： 家人活动的主要场所。院内多有渗井，主要功能是排雨水，平时还可以像冰箱一样用来保鲜食物。

檐口： 窑院上方一圈设置出檐，防止雨水直接冲刷窑洞的墙面。

供进出的窑洞： 窑院要留出一孔窑洞作为出入口，也就是大门。

女儿墙： 院落的上方，四周设置女儿墙，防止上面的人落下跌伤。

卧室： 供人居住的窑洞内装饰多喜庆，墙面上会张贴各种彩画，窑脸上有大红色的节日剪纸，充满陕北特色。

火炕： 窑内靠山墙均盘有土炕。土炕一边紧接山墙，一边紧连窑壁，留有炕洞门。"烧柴点炕，满窑生暖，主窑坐炕，其乐融融。"利用烧饭的热能给火炕和窑内供暖。

左上 | 神湖红碱淖
中上 | 姜氏庄园

适合傍晚时分前来游玩，此时晚霞照耀下的峡谷十分有意境。

旅游攻略

1. 红石峡地处毛乌苏沙漠，游玩最佳时间是夏秋两季。夏季早晚气温较低，中午气温高，可在红石峡水库游泳和游玩。秋季可品尝到丰盛的陕北农家饭。

2. 在游览风景区之余，可以尝尝当地特有的大红枣。由于榆林地区降水少，这里出产的红枣个大、味甜、质细。

※红碱淖

红石岛、观鸟

榆林市神木市尔林兔镇。 ￥30元。

红碱淖是陕西省最大的内陆淡水湖泊，有"沙海明珠"之称。在这里可以尽情享受阳光、沙滩和湖水，还可观赏沙鸥、天鹅和湖中自在游弋的鱼群，十分惬意。红碱淖碧水蓝天，黄沙白云，湖面游艇穿梭，湖边牧羊成群，湖水草地充满着自然美。湖西南岸有一座半岛，名为红石岛，岛上有许多野生沙生植物，值得一去。

※姜氏庄园

寨墙、门楼、双院

榆林市米脂县刘家峁村。

姜氏庄园建于清朝同治年间，前后用时十三年。庄园设计巧妙，施工精细，布局紧凑，由上而下，浑然一体，对外严于防患，院内互相通联，是陕北罕见的庄园建筑。整座庄园主要建筑可分为院前、上院、中院及下院四大部分。

体验之旅

红色舞台剧：《延安保育院》是一部气势恢宏、真实感人、充满人性大爱，彰显人文情怀的中国首部大型红色历史舞台剧，感兴趣的游客可以去延安市的圣地大剧院观赏。

热闹秧歌节：秧歌节在每年农历正月十五举办，是一年一度"延安过大年"活动中最具有地方特色的文化活动。主要活动有陕北大秧歌、安塞腰鼓、子长唢呐、甘泉莲花舞等。严寒的冬日，有了这样一场正月大狂欢，让整个城市变得热闹非凡。

寻味之旅

延安地处黄土高原，这里出产的农林土特产品不仅种类多样，而且生长期较长，所以营养积累丰富，口味甚佳，这也使得延安的风味小吃品种繁多。

油糕：又叫年糕、枣糕，是陕北最具代表性的地方风味小吃之一，色泽金黄、细腻柔软，味道香甜可口。各饭店均作为地方特色风味出售。

凉粉：陕北特色风味小吃之一，其中尤以子长县的绿豆凉粉为上乘，色泽嫩绿鲜亮，而且具有清热解毒、消暑止渴的功效。用多种调料调制后清爽可口，酸辣香味俱全。

洋芋擦擦：洋芋即土豆，食用时盛入大碗，调入蒜泥、辣子面、酱、醋和葱炝清油等，或者入锅爆炒，风味独特。

目的地攻略

🚗 交通

飞机：延安二十里铺机场位于延安市区东部，距市中心约7千米，主要有发往西安、太原以及北京的航班。机场至市区开有专用机场大巴，在市区乘坐公交车也可到达。

火车：延安火车站位于延安市七里铺，主要有通往西安和榆林、宝鸡、神木等陕西省内城市，也有很多贯穿北京、上海、太原、包头等地的车次，终点大多在西安。

🏠 住宿

延安市的游览景点多在一条线路上，通常只需一天就可以参观完，如果想更多地体会陕北的厚重底蕴，也可以在这里住上一晚。在延安市内也有不少高档宾馆。另外，游客也可以选择一些有当地特色的旅馆体验陕北风土人情。

🛒 购物

延安地区的特产受其地势的影响，产出的苹果、红枣、荞麦等物品味道醇正，营养十分丰富。著名的土特产有：陕北红枣、小米、洛川苹果、烤烟等，工艺品有：安塞洛川剪纸、棉絮画、砂陶工艺品、陕北针插布贴画以及毛主席纪念章等。

亮点 → 两汉三国地 | 汉调秦腔 | 汉中油菜花 | 朱鹮栖息地

古汉台

汉中

汉中地处陕西南部,是国家级历史文化名城。早在商朝时期,这里就有了人类生息劳作的身影,汉中也一度成为兵家争战之地,如刘邦、诸葛亮等都以汉中作为军事基地。汉中市有"西北小江南"之称,生态环境良好,自然风光优美。南湖风景区山清水秀,再加上古朴精致的园林建筑,集天地灵秀于一身,是旅游避暑的首选之地。

旅 行 路 线

汉中经典三日游

汉中是汉家发祥地、中华聚宝盆,这样的风水宝地,至少可以游览三天。第一天游览汉中博物馆和秦巴民俗园,寻历史,品民俗;第二天游览武侯祠和马超墓,寻访三国故地;第三天去青木川自然保护区,感受自然的魅力。

汉中休闲二日游

这是一条经典的汉中二日游线路。第一天游览张骞纪念馆和洋县朱鹮保护区,缅怀伟大的西北外交家,泛舟观朱鹮;第二天游览佛坪自然保护区,亲近可爱的大熊猫。

汉中市区景点

本地游

※汉中博物馆

望江楼、石门十三品

⊙ 汉中市汉台区东大街。◎ 旺季(3~11月)8:30~17:30;淡季 9:00~17:00。

汉中博物馆成立于1958年,是汉中市以古汉台为馆址建立起来的,该馆建有望江楼,高约17米,登楼可以眺望汉中市全貌。馆内现珍藏历代碑刻、拓片、书画等珍贵文物1万多件,具有很高的历史和艺术价值。

文化解读

古汉台是刘邦统一天下后,为纪念汉中这个发迹之地而建,同时也取"天汉"之祥,定国号为"汉"。汉中、汉王、汉朝、汉台,这个"汉"字一脉相承了几千年。今天的汉台,不仅成为汉中的标志,而且也是汉王朝开国的象征。

※拜将台

石碑、亭阁

⊙ 汉中市汉台区南门外。❀ 旺季(3~11月)20元,淡季 15元。

拜将台在古汉台西南约200米处,由南北分离的两座夯土台筑成。两台高各有三米余,相传是当年刘邦拜韩信为大将军,举行隆重的授印仪式时所筑。南台下西面屹立着一尊高大的石碑,正面上刻"汉大将韩信拜将坛"八个大字;东边竖一高约2米的碑,是书法家舒同为拜将坛题的字。

汉中郊县景点

本地游

※石门栈道

驿站、邮亭、栈桥

⊙ 汉中市汉台区河东店镇。❀ 70元。

石门栈道是在石门水库修

建后新造的仿古栈道。自春秋战国时期开始，古人为了翻越秦岭天险，沿着山沟河谷在悬崖峭壁上凿孔，横木为梁，立木为柱，然后铺上木板形成"栈道"。

仿建的石门栈道全长约3千米，完全按照古代栈道"平梁斜撑""平梁立柱""依坡搭架"等七种形式。并按汉代风格恢复了一座驿站、三座邮亭、两座栈桥以及天心桥遗迹，另外还在"石门隧洞"遗址原处的山崖上仿凿了16米长的石门隧洞。

※青木川自然保护区
凤凰山、古镇、魏氏大院

⊙ 汉中市宁强县青木川镇。⊙ 古镇免费，景点通票（魏氏宅院、旱船屋、烟馆）60元。

青木川自然保护区境内山脉绵延，有大片原始森林，景区内有石梯，拾级而上，可见古栈道遗迹。凤凰山四季风光各有不同，山上有将军石、清泉飞瀑等，有"小九寨沟"之称。

青木川古镇山清水秀，生态天然，民风古朴。现在古镇上保留有大片古街、古祠、古栈道、古民居等建筑群。在距古街约5千米的地方，有明清时留下的通往甘肃的商运古栈道，道路顺河而上，依崖凿路，十分险峻。

※武侯祠
匾联、碑碣、古树

⊙ 汉中市勉县武侯镇。⊙ 70元（含马超墓门票）。

武侯祠始建于蜀汉景耀六年（263年），距今已有1200多年的历史，是全国最早，也是唯一由皇帝下诏修建的武侯祠，故有"天下第一武侯祠"

之称。武侯祠内文物丰富，匾联层层、碑碣林立，还有汉柏、汉桂、旱莲、银杏等古树名木，其中旱莲是世界稀有花木，现被定为汉中市市树。

※张良庙
张良殿、石碑摩崖

⊙ 汉中市留坝县留侯镇。⊙ 汉中汽车站每天有发往张良庙的直达车。⊙ 旺季（3~11月）60元，淡季40元。

相传"汉初三杰"之一的张良在辅佐刘邦成就帝业后就"急流勇退"，托名"辟谷"，隐居于此。后人仰慕他"明哲保身"的策略和"功成不居"的高风，在这里建庙奉祠。张良庙傍山依水，古朴典雅，终年云霭缭绕，颇有仙家灵气。

※佛坪自然保护区
三官庙、大庙坪、岳坝

⊙ 汉中市佛坪县岳坝等乡镇境内。⊙ 50元。

佛坪自然保护区是1978年建立的以保护大熊猫为主的森林和野生动物类保护区。区内气候凉爽，森林覆盖率高，茂林修竹，野生动植物种类繁多，是大熊猫理想的栖息地。除此

之外，保护区内还有牛角羚、金丝猴等许多国家一级保护动物。

中上 | 张良庙
右下 | 武侯祠

文化解读
景区内的大熊猫毛色奇特，不仅有黑白色大熊猫，还多次发现棕白色和白色的大熊猫。珍贵稀有的羚牛、金丝猴等野生动物种群数量逐年增加。

安康
周边游

※香溪洞
三天门、纯阳洞、香溪洞

⊙ 安康市汉滨区南郊5千米处。⊙ 旅游旺季市内有专车前往。

香溪洞周围山环峰绕，层峦叠嶂。山下溪流蜿蜒，山谷间野花香草，色彩绚丽，相传吕洞宾曾在此修道成仙。香溪洞为道教石窟，据现存碑文及

地方志记载，创建已有 500 余年。历经各代修葺增筑，香溪洞内楼台殿阁，桥梁洞府俱有。游香溪洞，从山底洞盘山小路曲折而上，停立"天门"处可遥望汉江一带，安康城郭尽收眼底。

※南宫山国家森林公园

金顶、火山石、莲花寨

安康市岚皋县四季乡南部。
90 元。

南宫山国家森林公园由二郎坪、金顶、火山石、高山栎和莲花寨五大景区组成。南宫山主峰金顶海拔约 2267.4 米，旁列两峰，形如笔架。两侧遍地是史前火山多次喷发形成的石林，峥嵘嵯峨，山的南坡有冰斗、角

左上 | 香溪洞
左下 | 肉夹馍

峰、围谷等大巴山第四纪冰川遗迹。这里森林环境优美，也有不少珍稀野生动植物。

※岚河漂流

两岸风光、刺激漂流

安康市岚皋县。100 元（含保险费）。

岚河属汉江一级支流，水质清澈，深浅适度，激流险滩与平缓水域连环相连。岚河漂流全长约 12 千米，历时近 2 小时随水漂流经九滩十八湾，山峡水转。忽而水平似镜，忽而水流湍湍，船随浪起，人跟船行，全神贯注地感受亲近自然的乐趣。

寻味之旅

汉中有句俗话叫"汉中小吃打天下"，说明了当地小吃的美味和百姓对于小吃的喜爱。热面皮、菜豆腐、腊汁肉夹馍等特色小吃，不仅遍布于街头巷尾，还慢慢随着汉中人走到了全国各地。

汉中热面皮：汉中地区特有的面皮与关中名吃"凉皮"相似，但汉中面皮与凉皮最大

的不同即为热吃，称为"热面皮"，配上菜豆腐，别有一番风味。

菜豆腐：又称"菜豆腐粥"，历史悠久，是汉中的名小吃。因取料方便，做工较细，好吃且富有营养，成了当地待客的佳肴。食用时还可以搭配油煎辣椒、蒜泥等拌成的佐菜，清香爽口，余味无穷。

王家核桃馍：宁强县的著名风味小吃，小如瓷盖，色泽金黄，香味浓郁，油酥可口，耐储存，放置数日也不变色和味。

目的地攻略

🚗 交通

飞机：汉中城固机场位于汉中城东，现已开通飞北京、上海、广州、重庆、厦门等多条航线。与市区翔龙大酒店有往返机场专线巴士。

火车：汉中火车站位于汉中市人民路北段，宝城、阳安、襄渝三大铁路动脉穿境而过。汉中有到西安、安康、广州、北京西的始发列车，也有到武汉汉口、成都、上海、福州等地的过路列车。

🏠 住宿

汉中市内住宿方便，从火车站沿人民路到北大街、中心广场这一段是汉中繁华区，建议住在广场附近，离火车站、客运站、公交车站都较近。

亮点→ 炎帝之乡 | 法门寺 | 钓鱼台

炎帝陵

宝鸡古称陈仓，是陕西的第二大城市。宝鸡的自然风光秀丽，绿意盎然的太白山国家森林公园、飞马逐鹿的关山牧场、皇家御用的汤峪温泉、美不胜收的红河谷风景区等构成了雄奇壮丽的山河，更显现了自然的绚丽多姿。此外，宝鸡历史悠久，名胜古迹众多。宝鸡还是周秦王朝的发源地，出土了大量的西周青铜器，因此被誉为"青铜器之乡"。

旅 行 路 线

宝鸡经典三日游

这是炎帝的故里，一个弥漫着青铜器气息的地方。这样的地方，至少值得停留三天。第一天游览周公庙和法门寺，叹周公智慧，拜舍利；第二天游览太白山，看六月飞雪；第三天游览五丈原诸葛亮庙和姜子牙钓鱼台，品味历史。

穿越秦岭之旅

第一天从西安市出发，去佛坪县参观佛坪自然保护区，然后至洋县参观朱鹮自然保护区；第二天前往汉中市参观古汉台和汉中南湖景区；第三天行驶至留坝县参观张良庙，然后去宝鸡市，参观炎帝陵、神农祠；第四天游览天台山风景区；第五天上午游览太白山，之后至法门寺参观。

宝鸡市区景点

本地游

※青铜器博物馆

何尊、厉王胡簋、石鼓阁

🏠 宝鸡市滨河南路石鼓山。
🕙 9:00~17:00，周一闭馆。

博物馆为风格独特的"平台五鼎"造型，内分四层。博物馆整体建筑浑然一体，结构严谨，以新颖、独特、雄伟的风姿，充分体现了青铜器庄严、凝重、恢宏、浑厚的神韵。拾级而上五米大平台，步入雄浑典雅的五鼎展厅，序厅通道墙面装饰着凤鸟纹浮雕，天花板上是象征西周井田制的"井"字造型。

中下 | 炎帝陵

※炎帝陵

陵前区、祭祀区、墓冢区

🏠 宝鸡市渭滨区神农乡。💰 30 元。

据说炎帝生于宝鸡天台山的蒙峪沟。炎帝陵分为陵前区、祭祀区、墓冢区三部分。这里雄伟、神圣、肃穆、古雅、幽静，成为后世子孙谒陵拜祖的圣地。每年农历七月七日及清明节的炎帝祭日，炎帝祠都会进行盛大的公祭仪式，共同拜祭中华始祖之一的炎帝。

※姜子牙钓鱼台

钓鱼台、金波峡、玉皇山

🏠 宝鸡市陈仓区天王镇伐鱼河上。
💰 45 元。

钓鱼台在天王镇的伐鱼河谷（即幡溪谷）中。溪中有一台石，传说是西周姜子牙涉政前隐居垂钓之地，故而得此名。唐代时钓鱼台就建庙塑像，如今人们可以看到"太公庙""文王庙"望贤台"等殿宇，以及一石驮五柏等奇景。

宝鸡郊县景点 本地游

※法门寺 AAAAA

地宫、珍宝馆、合十舍利塔

🅰 宝鸡市扶风县法门镇。🚌 西安城西客运站有直达景区的班车。💰 100元。

法门寺因存有流传千年的佛指舍利而闻名天下，更有多种文物珍宝，是一座罕见的文物宝库，被誉为"关中塔庙祖"。法门寺始建于东汉末年，如今的法门寺包括真身舍利塔、大雄宝殿、地宫以及法门寺博物馆（珍宝馆）等四大部分。

※太白山国家森林公园 AAAAA

古建筑、石碑

🅰 宝鸡市眉县汤峪镇。🚌 在西安城西客运站乘坐发往眉县的定点班车，再转去汤峪的班车即可。💰 150元（含旅游车）。

太白山因山顶终年积雪、银光四射而得名，山峰海拔约3767米，是秦岭主峰。太白山自然风光秀美，盛夏时节山顶也终年积雪，从关中平原远眺白雪皑皑，"太白积雪六月天"自古为关中八景之一。古代诗人李白、杜甫、柳宗元、韩愈、苏轼等曾在此游历并写下了许多著名的诗篇。太白山还有很多古建筑，农历七月初一为太白山庙会，每逢此时，山上山下，游人不绝。

※嘉陵江源头景区

黑龙潭、第一瀑、观日台

🅰 宝鸡市川陕公路33千米处。💰 旺季（3月21日~10月30日）50元，淡季20元。

著名的嘉陵江就是发源于景区内海拔2800多米的嘉陵谷。景区内峰石众多，著名的有神农采药石、大刀石、系马桩等。

左下 | 法门寺合十舍利塔
右上 | 太白山
右中 | 嘉陵江源头景区

> **文化解读**
>
> 在旁边的珍宝馆内，你能够观赏到唐皇室供佛的上百件珍宝，件件都让人为之惊叹。其中有：安放舍利的八重宝函、纯金塔、汉白玉灵帐、秘色瓷、皇帝使用的茶具等。
>
> 八重宝函和佛指：木函整身呈正方形，为一木一石三金三银，雕花银棱略斜函顶通体用檀香木制成，内壁用黑漆漆过，乌黑发亮。宝函一共八重，从外向里一层层揭开，都是不同的炫目光芒、雕刻佛像。第七层宝函内，装有一巧妙精绝，登峰造极的小金塔。金塔座上有一小银柱，就在这根小银柱上，套着一枚硕大的指骨，即佛指舍利。
>
> 镏金茶具：这是一套唐僖宗使用过的茶具。这一套茶具为茶碾子、茶罗子、银火箸、银坛子、结条笼子等，分别对应了烘焙、研磨、过筛、烹煮、饮用、贮藏等唐朝宫廷茶道的全过程，完全印证了陆羽写的《茶经》中的有关内容。

山间气象多变，晨雾朦胧、茫茫云海均为源头胜景，日出、云海等蔚为壮观。目前景区内已开展了骑马、射箭、滑索、篝火晚会等娱乐活动。

※五丈原诸葛亮庙

出师表石刻展、八卦亭

宝鸡市岐山县五丈原镇周五路。

诸葛亮庙坐南朝北，面向渭河，象征着诸葛亮毕生都在向往北伐，追求国家统一。景区内有始建于唐代的诸葛亮庙和三国时期诸多古遗迹以及高114米的斜峪关水库大坝，被誉为"亚洲第一土石高坝"。诸葛庙内有三绝：一是献殿横梁长约十五丈；二是正殿两根圆柱左右分立自然形成的龙凤图案；三是岳飞亲手书写的《出师表》。

中上 | 五丈原诸葛亮庙
中下 | 岐山锅盔
右下 | 岐山臊子面

文化解读

大门门廊上的对联"一诗二表三分鼎，万古千秋五丈原"，对仗工整，言简意赅，高度概括了诸葛亮一生的丰功伟业。穿过大门，进入院内，门廊内外，黄忠、严颜、赵云、马超四位将军塑像分立两旁，栩栩如生，威风凛凛。钟楼和鼓楼东西对称分布，中间的献殿巍峨高大，碧蓝色屋顶上的五脊六兽，或立或蹲，直视天空。

※关山牧场

牧马滩、观景台、民俗村

宝鸡市陇县关山店子村。 60元。

关山草原享有"小天山"之美誉。这里幽涧水泽兼具，草原森林相间，地势广阔，水肥草美，牧马成群，景色秀丽，自古以秦韩非子养马而闻名于世。虽然地处内陆腹地，到了这里也可以尽情享受草原的魅力，而这里秋天可以看到红叶，冬天的雪景也是很不错的。

寻味之旅

宝鸡位于关中西部，饮食的风格与特色依旧延续着陕西关中地区的风味。不过，宝鸡地区也拥有独具特色的西府美食，如岐山臊子面、擀面皮等，这些地方风味浓郁的小吃在陕西其他城市也非常受欢迎。

岐山擀面皮： 岐山擀面皮具有筋斗、柔软、凉香、酸辣可口的特点，是关中西府的重要名吃，也是西北最具民族风味的食品之一。

岐山臊子面： 臊子面历史悠久，清代就已驰名。以薄、筋、光、煎、稀、汪、酸、辣、香而闻名，并突出酸辣味。

岐山锅盔： 岐山锅盔，历史悠久，为岐山所独有的特色名小吃之一，其制作工艺独特而精细，素以"干、酥、白、香"著称西府，闻名于大西北。

目的地攻略

交通

火车： 宝鸡火车站位于市内最繁华的经二路上，要去宁夏、四川、甘肃、陕北等地的自助旅游者最好选择乘火车，既安全又便捷。宝鸡南站为高铁站，位于渭滨区蟠龙路南端，有发往北京、西安、延安等地的快速列车。

住宿

宝鸡市区面积不大，可以选择住在火车站附近，有发往周边各乡镇的班车，出行便利。

水乡都市
华东
旅游带

这个旅游带位于长江下游，大部分区域可称为江南——一个极富诗意的名称。江南的确是理想的家园，在乌镇、周庄、西塘等水乡，生活就是享受，在宏村、西递、棠樾等山村，生活就是快乐。江南和长三角通常是重合的，这里有中国最大的城市群，繁华的大上海是龙头，"上有天堂，下有苏杭"的苏州和杭州更是花园城市，南京则拥有更早做大都市的经验。山水间的黄山、雁荡山、普陀山也因区位优势而极具人气。

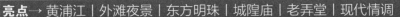

亮点→ 黄浦江 | 外滩夜景 | 东方明珠 | 城隍庙 | 老弄堂 | 现代情调

陆家嘴

上 海

　　繁华的"十里洋场"在黄浦江两岸展翅翔翔，在这里，现代与古老、中式与西式建筑完美结合，让这个被称为"魔都"的城市散发着迷人的魅力。在这里，老洋房红瓦粉墙承载着上海的传奇历史；石库门弄堂展示着上海传统的生活方式；朱家角、七宝老街尽显古镇风情。上海还是美食城，是金融中心、购物天堂，是浪漫者热爱的场所，是旅游者的心仪都市。

旅 行 路 线

上海市区经典三日游

　　第一天上午去上海博物馆、杜莎夫人蜡像馆，下午漫步在南京路商业步行街，傍晚去外滩赏大上海夜色；第二天上午去东方明珠，下午去世博园，参观中华艺术宫和世博会博物馆；第三天上午逛豫园，下午去中共一大会议纪念馆，听革命故事，晚上去上海新天地，体验独特的时尚情怀。

上海市区景点

本地游

※东方明珠广播电视塔 AAAAA

科幻城、空中旅馆、旋转餐厅

🏠 上海市浦东新区世纪大道 1 号。
🚇 乘坐地铁 2 号线至陆家嘴站 1 号口出来即到。🎫 有多种套票可供选择。
🕐 8:00~21:30。

　　东方明珠广播电视塔高约468 米，曾是亚洲第一高塔，也是上海的标志性建筑。整个塔由立柱、塔座、下球体、上球体和太空舱组成，登上三个主球体，可站在不同的高度欣赏浦江两岸

景点攻略

　　1. 东方明珠游客较多，尤其是节假日需要排队，早上去的话游玩时间更加充裕。建议选择天气晴好的日子，观景效果更好。
　　2. 夜晚的东方明珠塔在灯光渲染下美丽无比，每年9月中旬的上海旅游节以及除夕等重大节日期间，还可看到绚丽的塔体灯光秀。晚上在外滩或是乘坐浦江观光游船欣赏明珠塔，又是另一番美妙体验。

的城市风光。尤其站在 259 米高的全透明观光廊上，以"空中漫步"的独特方式欣赏上海美景。而夜晚登临观光层感受"不夜城"夜幕下的绚彩，更是难忘的享受。

※迪士尼乐园

米奇大街、探险岛、宝藏湾

🏠 上海市浦东新区川沙新镇。🚇 乘坐地铁 11 号线至迪士尼站。🎫 一日票标准票 399 元，儿童、老人票 299 元两日票：标准票 718 元，儿童、老人538 元，具体调整以官网为准。

　　2016 年 6 月 16 日开园的上海迪士尼乐园是中国内地第一个、亚洲第三个、世界第六个迪士尼主题公园。在这里，你可以亲历许多全球迪士尼乐园中的"第一"，包括最大的迪士尼城堡、首个以海盗为主题的园区、最长的迪士尼花车巡游路线等，身临其境地感受神奇"童话王国"。

※ 世博公园

世博轴、中华艺术宫、月亮船

🏠 上海市浦东新区世博园区A片区。🚇 乘坐地铁8号线到中华艺术宫站下，步行即可到达。🎫 世博园区免费开放，参观展馆需另外收费。

2010年5月至10月，上海世博会隆重举办。这届世博会以"城市，让生活更美好"为主题，吸引了189个国家和57个组织参与，会后保留了标志性的"一轴四馆"五个标志性建筑，很值得一看。

中华艺术宫居中升起、层叠出挑，以"东方之冠"的构思为主题，表达了中国文化的精神与气质。

※ 上海野生动物园 AAAAA

各种动物、游乐区

🏠 上海市浦东新区南六公路。🚇 乘坐地铁16号线至野生动物园站，出站后可步行至动物园。🎫 165元（含乘坐猛兽区普通大巴）。

上海野生动物园汇集了世界各地的动物。你可以乘坐游览车观察东北虎、非洲狮、黑熊等猛兽的生活，还可以观看大象、长颈鹿、火烈鸟等动物表演。这里还有备受小朋友们喜欢的小动物乐园，可体验亲手投食给小动物的乐趣。

※ 上海科技馆 AAAAA

天地馆、生命馆、智慧馆

🏠 上海市浦东新区世纪大道。🚇 乘地铁2号线上海科技馆站下。🎫 40元。🕐 9:00~17:15，周一闭馆（法定假日除外）。

上海科技馆以"自然、人、科技"为主题，是上海最大的科普教育殿堂。在这里可通过各种现代化设备、丰富的展示互动方式，全方位了解自然科学，更有声像效果震撼的科学影城。如果带着孩子来上海，这里一定是寓

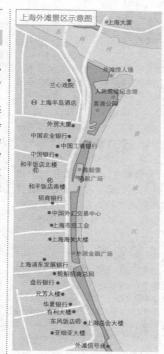

上海外滩景区示意图

教于乐的必游之地。

※ 外滩景区

万国建筑、城市雕塑

🏠 上海市黄浦区中山东一路黄浦江西岸。🚇 乘坐地铁2、10号线至南京东路站后向东步行约600米可到。

外滩位于黄浦江畔，是最具上海城市象征意义的景点，数十栋风格迥异的万国建筑和浦江夜景是它的精华所在。江

对岸矗立着东方明珠、金茂大厦、环球金融中心等摩天大楼，入夜霓虹闪亮，更可感受不夜城的韵味与浪漫。

※ 南京路步行街

各大百货、时尚餐厅、老字号餐馆

🏠 上海市黄浦区南京东路。🚇 乘坐地铁2号、10号线可至南京东路。

南京路步行街是上海最繁华的商业街之一，早在20世纪初就已是百货公司的聚集地。步行街长约1 200米，两侧商店林立，一眼望去，现代建筑夹杂着欧式老楼，竖挂的店铺灯箱连绵不绝，尤其夜幕之下霓虹灯光闪烁，别有风情。

※ 田子坊

艺术工作室、石库门建筑群

🏠 上海市黄浦区泰康路。🚇 乘坐地铁9号线到打浦桥站1号口出，步行即可到达。

田子坊由上海特有的石库门建筑群改建而成，是不少艺术家的创意工作基地。随意漫

右上 | 外滩清晨
中下 | 南京路夜景

步在老弄堂里，看看房顶的老虎天窗、屋顶上细细排列的红瓦、山墙上的裂纹和绿苔，一切都充满了老上海的味道。

※新天地

石库门老房子、各类店铺

🏠 上海市黄浦区太仓路。🚇 乘坐地铁10、13号线至新天地站，步行即可到达。

靠近淮海路的新天地由老上海石库门弄堂改造而成，依旧是青砖步行道，红青相间的清水砖墙、厚重的乌漆大门，仿佛时光倒流，有如置身于20世纪二三十年代的上海，但跨进每个建筑内部，则非常现代和时尚。白天来此悠闲品味下午茶，晚上则可以穿梭于各个酒吧之间，体验夜上海的生活。

※杜莎夫人蜡像馆

名人蜡像、制作手模

🏠 上海市黄浦区南京西路新世界商厦10楼。🚇 地铁1号、2号线人民广场站下可到。💴 200元。🕐 10:00~22:00。

杜莎夫人蜡像馆紧邻南京路，聚集了众多名人蜡像。在此，你可以了解到制作蜡像的幕后过程，或是参与植发比赛等互动体验，还能看到不少名人的真人手部模型，当然，还可以由工作人员为你做一个自己的手模做纪念。

左下 | 豫园
中下 | 上海博物馆

※上海博物馆

青铜馆、陶瓷馆、绘画馆

🏠 上海市黄浦区人民大道201号。🚇 乘坐地铁1、2、8号线至人民广场站或地铁8号线至大世界站可到。💴 免费。🕐 9:00~17:00，16:00停止入场。

上海博物馆与北京、南京、西安的博物馆并称中国四大博物馆。整幢建筑是上圆下方的造型，寓意中国的传统说法"天圆地方"。馆内拥有12万余件精品馆藏，荟萃了各朝各代的历史文物，尤以古代青铜陶瓷器、书法、绘画最具特色。

※静安寺

大雄宝殿、牟尼殿、佛塔

🏠 上海市静安区南京西路。🚇 乘坐地铁2、7号线至静安寺站下即可到达。💴 50元，香期（农历初一、十五、各菩萨生日等）免费开放。🕐 7:30~17:00，香期4:30~17:00。

静安寺地处上海市中心繁华的静安商区，交通便利，周围高楼林立，与清修的寺庙形成了鲜明的对比。寺院融入藏式建筑风格，大雄宝殿中供奉的银佛重达15吨，牟尼殿玉佛比上海玉佛寺的玉佛还要大得多。

※豫园

九曲桥、湖心亭、三穗堂

🏠 上海市黄浦区安仁街。🚇 乘坐地铁10号线至豫园站下，步行前往。💴 旺季（4~6月、9~11月）40元；淡季30元。

豫园是上海五大古典园林中唯一位于市区的一座，拥有400多年历史，曾是明代官员的私人园林。园林设计精巧，环境清幽，亭台楼阁、假山、池塘样样俱全。园内还可看到上百件出自名家手笔的匾额、碑刻以及藏品甚多的石雕展馆。

※七宝古镇

七宝当铺、酒坊、蟋蟀草堂

🏠 上海市闵行区七宝镇。🚇 乘坐地铁9号线至七宝站下，步行前往。💴 无需门票，里面的小景点联票30元。

七宝古镇是离上海市区最近的古镇，而七宝老街是古镇的旅游中心。如今的老街深巷多为宋代遗存，老街两旁大多是二层楼的仿明清式建筑，红墙黑瓦，白木门窗，古色古香，适合来此随便逛逛，感受江南古镇风情。

石库门

石库门是一种融汇了中西建筑文化、极具上海特色的居民住宅。兴起于19世纪60年代，是一个多世纪以来上海最普遍的民居形式。

石库门房子大都建造在当时的租界内，这种建筑大量吸收了江南地区汉族民居的式样，价格比花园洋房便宜很多，因而发展很快，最多时占全上海住宅面积的六成以上。现存的石库门建筑主要集中在上海黄浦和静安等地区，至今仍有200万左右上海人住在石库门建筑中。

上海石库门建筑

新天地：是以石库门建筑旧区为基础改建的时尚、休闲文化娱乐中心。漫步新天地，仿佛置身于20世纪二三十年代的上海。

静安别墅区：迄今为止仍然是上海最大的新式里弄住宅群，183幢老式石库门红砖房里住着900多户居民。

中共一大会址：位于上海市兴业路76号，是一座沿街砖木结构旧式石库门住宅建筑，坐北朝南。

步高里：建于1930年，属行列式旧式石库门里弄，共79幢。巴金、胡怀琛、张辰伯、平海澜等著名人士曾先后居于此处。

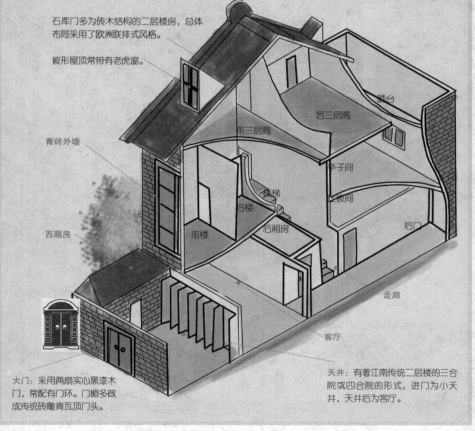

石库门多为砖木结构的二层楼房，总体布局采用了欧洲联排式风格。

坡形屋顶常常带有老虎窗。

青砖外墙

西厢房

晒台

后三层阁

前三层阁

亭子间

楼梯

后楼

后楼间

前楼

后厢房

后门

走廊

客厅

大门：采用两扇实心黑漆木门，常配有门环。门楣多做成传统砖雕青瓦顶门头。

天井：有着江南传统二层楼的三合院或四合院的形式，进门为小天井，天井后为客厅。

城隍庙

上海郊区景点 本地游

※ 上海大观园

怡红院、潇湘馆、秋爽斋

📍 上海市青浦区金商公路。🚇 乘坐地铁 2 号线至徐泾东，在汽车站换乘沪商专线可至。💰 90 元。🕐 8:00~16:30。

上海大观园是一座大型仿古建筑群和现代园林，布局是按照我国古典名著《红楼梦》中的描写设计而成。大观园内环境优美，石桥、荷塘、亭台楼阁样样具全，在宅内还有不少描绘《红楼梦》故事情节的人物蜡像，让人仿佛置身于小说场景之中。

※ 欢乐谷

蓝月飞车、峡谷漂流、大摆锤

📍 上海市松江区佘山镇林湖路。🚇 乘坐地铁 9 号线在佘山站下车，过街至欢乐谷接驳站搭乘欢乐园班车。💰 260 元，夜场门票 180 元。

上海欢乐谷是适合全家游玩的大型主题乐园。年轻人可以体验刺激的过山车，小朋友可以畅游蚂蚁城堡、感受 4D 电影带来的视觉盛宴。此外，还有多场大型马戏表演和花车巡游，玛雅狂欢节、国际魔术节等重大节日也经常在此举办。

※ 佘山国家森林公园

西佘山园、天主教堂、百鸟苑

📍 上海市松江区外青松公路。🚇 乘坐地铁 9 号线至佘山站下换乘佘山度假区免费旅游巴士至森林公园站下即到。

公园位于市郊西南松江区境内，山上松竹茂密、景色秀丽，除了游人最常去的东佘山与西佘山外，还有天马山、凤凰山、小昆山等 12 座山峰。其中，佘山山脉是上海唯一"真正"的山，作为上海的稀缺资源，这里是沪上爬山、休闲、踏青的热门景点。

※ 嘉定孔庙

石柱牌楼、大成殿

📍 上海市嘉定区嘉定南大街。🚇 乘坐地铁 11 号线到嘉定北站下，转乘嘉华线至塔城路中路站下。🕐 8:30~16:30。

孔庙坐落于嘉定城区，始建于南宋嘉定十二年（1219 年），曾为古代嘉定的县学所在地，是目前国内保存较完整的孔庙之一。嘉定孔庙殿前古树苍翠，建筑古色古香，这里的很多建筑都是古代遗存，来这里走走看看，可以感受到浓郁的儒家文化与历史气息。

※ 朱家角古镇

城隍庙、圆津禅院、放生桥

📍 上海市青浦区朱家角镇。💰 免费。主题线路游联票有 30 元、60 元两种。

古镇紧靠淀山湖风景区，是典型的江南水乡古镇，街道小巷间水路纵横，环境十分优雅。镇上有园林古迹等景点，整个建筑布局是多街、多弯、多角、多巷，还有众多传统特色小吃店铺，是上海周边游览古镇的首选。

※ 枫泾古镇

枫泾三桥、主街道、和平街

📍 上海市金山区枫泾镇。🚇 乘坐地铁 1 号线至锦江乐园地铁站，换乘枫梅专线可到。💰 古镇免费，景点联票 50 元。

枫泾是典型的江南水乡，由于地跨古吴越两界，枫泾古镇被誉为"吴越名镇"。古镇河道纵横，桥梁有 52 座之多，其中最古老的是建于元代的致和桥，有近 700 年历史。比起其他热门的江南水乡，枫泾游客不多，在这里你可以悠闲地欣赏小桥流水的风景。

※ 南翔古镇

古猗园、南翔双塔、留云禅寺

📍 上海市嘉定区沪宜公路。🚇 乘坐地铁 11 号线至南翔站下，步行即可到达。💰 古镇免费开放，各个小景点另付票价。

提到南翔，最先想到的是上海特色美食"南翔小笼"，仿佛是当地的象征，其实南翔古镇不仅有小笼，还有许多文化遗迹值得追寻。南翔古镇有

左下 | 上海大观园
中下 | 朱家角古镇

1500 年的历史，古镇内有上海最大的江南园林古漪园、南翔老街、留云禅寺、南翔双塔等，体现了深厚的古韵文化。

※东平国家森林公园

游乐设施、花卉园、梅花鹿场

🅰 上海市崇明区建设镇东平林场。
🚌 乘坐公交南东专线、南江专线至森林公园站下车，即可到达。💰 70 元。

公园位于崇明岛中部，这里树木茂盛、空气清新，远离市区喧嚣。你可以约上三五好友来此租自行车环园骑行，夏季时更是避暑的好地方。如果人多，还能打彩弹，小朋友们可以玩碰碰车、转马等游乐设施。

※东滩湿地公园

芦苇、木栈道、观鸟台

🅰 上海市崇明区东滩东旺路。💰 周一至周五 50 元，周末及节假日 80 元。
🕐 周一至周五 8:30~17:00，周末及节假日 8:30~18:00。

公园处于长江入海口，这里空气清新，又有一望无际的芦苇布满滩涂，走在木栈道上是一种亲近自然的享受。每年 11 月至次年 3 月是观鸟最佳时节，届时可看到成千上万的雁、鹭等飞禽，场面十分壮观。

寻味之旅

上海美食多样，中国及世界各地几乎所有的佳肴都能在上海觅到踪迹。上海本地菜系，又称海派菜、上海菜，以烹调鲜活著称，有浓油赤酱、色泽鲜亮、注重原味的特色，德兴馆、老正兴和上海老饭店等老饭店最闻名遐迩。

上海生煎包：这个可以说是"土生土长"的上海点心，据说已

有上百年的历史。生煎皮酥、汁浓、肉香、精巧。在飞龙生煎、小杨生煎、丰裕生煎等都能尝到。

南翔小笼包：作为上海郊区南翔镇的传统名点，素负盛名，到城隍庙可以品尝到上海的特色南翔小笼。

排骨年糕：上海一种经济实惠、独具风味的小吃。上海市曙光饮食店的"小常州"排骨年糕、"鲜得来"点心店作的排骨年糕最具特色。

八宝辣酱：上海著名特色菜，原是由"炒辣酱"改良而来的，味道辣鲜而略甜，非常下饭。在上海老饭店可以品尝到这道正宗上海菜。

目的地攻略

🚗 交通

飞机：上海有两座机场，上海浦东国际机场和上海虹桥国际机场。

浦东机场距市中心约 30 千米，有 T1、T2 两个航站楼，两个航站楼间有免费交通接驳车来往。可以乘坐地铁 2 号线、磁悬浮列车、机场大巴往返于浦东机场和市区之间。

虹桥国际机场分 T1、T2 两个航站楼，两个航站楼间有免费接驳车来往。地铁 2、10 号线均可到虹桥机场航站楼（其中 2 号线只到 2 号航站楼，10 号线可到达 1、2 号航站楼）。

火车站：上海是重要的铁路

交通枢纽，有上海站、上海南站、上海西站、上海虹桥站四座火车站，可以到达全国大部分城市。

上海站是上海客流量最大的火车站，乘地铁 1 号线可到。

上海南站列车大多为开往南方的长途列车和江浙两省的短途列车，乘坐地铁 1 号线、3 号线可到。

上海西站车次不多，乘地铁 11 号线即可到达。

上海虹桥站主要负责动车组列车、高速动车组，乘地铁 2 号线、10 号线可到。

🏠 住宿

上海面积比较大，景点分散，所以尽量要选择位于主要交通枢纽附近的酒店下榻。人民广场、淮海路、徐家汇一带市口繁华，交通便利，是最佳的入住选择。另外，老式别墅、花园、洋房是上海独有的特色，如今很多别墅都被开发成为酒店或者是餐厅，如果条件允许，千万要去体验一下老别墅的感觉。

🛒 购物

在上海可以买到各式各样的上海特产小吃和工艺品，最具代表性的是老城隍庙五香豆和梨膏糖，在当地专卖商店、超市一般都能买到。当然还有价格不菲、历史悠久的嘉定竹刻和上海织绣。

中下 | 生煎包

右下 | 南翔小笼包

亮点→ 历史古城｜逛夫子庙｜游秦淮河｜栖霞山红叶｜中山陵｜帝王墓

南 京

夫子庙步行街

"六朝金粉地，金陵帝王州"。有着6000多年文明史和2400多年建城史的南京，与北京、西安、洛阳并称为"中国四大古都"。朱自清说过，逛南京就像逛古董铺子，到处都有时代侵蚀的痕迹。在古老的金陵城里凭吊古今，六朝的兴废、王谢的风流、秦淮的艳迹、莫愁的眼泪，都是韵味无穷的千古绝唱。

旅 行 路 线

南京市区经典三日游

第一天主要游览玄武湖、总统府、夫子庙这一片核心区；第二天主要游览东部的钟山风景区；第三天主要游览西线的莫愁湖—南京城墙—长江风光。

铭记历史纪念二日游

第一天主要游览总统府和中山陵景区，解读南京的近代史；第二天主要游览侵华日军南京大屠杀遇难同胞纪念馆和雨花台，铭记革命烈士，不忘历史屈辱。

南京市区景点

本地游

※夫子庙——秦淮河景区 AAAAA

中华门、江南贡院

◎ 南京市秦淮区平江府路。◎ 乘坐地铁3号线至夫子庙站下，或乘坐地铁1号线至三山街站下。◎ 免费；秦淮画舫白天60元，夜晚80元。

夫子庙一带自古以来就是南京最繁华的地方之一，在这里不仅能看到古都南京的历史建筑，还能吃到最地道的秦淮风味名点小吃。深入到街巷中，或是泛舟于秦淮河，都能从不同视角感受到河畔风土人情。

景点攻略

夜游秦淮河，是最美妙的时光。可在奎星阁下面的游船码头，乘坐出租的仿古画舫，往返需45分钟，边吃小吃、边听桨声，看秦淮河两岸的灯火楼台，领略秦淮风情。

※南京总统府

门楼、煦园、东苑

◎ 南京市玄武区长江路。◎ 乘坐地铁2号线或3号线至大行宫站下，步行前往。◎ 35元。◎ 旺季（3~10月）8:30~18:00，淡季8:30~17:00。

总统府是国民政府办公旧

夫子庙—秦淮河景区示意图

址，是一座有着厚重历史的中西建筑遗存，有中式官衙建筑、中式园林建筑、西式建筑以及民国公共建筑等。著名碑碣散布其间，至今已有600多年的历史，这里也是中国最大的近代史博物馆。

※朝天宫

文庙、江宁府学、卞公祠堂

📍 南京市秦淮区朝天宫。 🚇 乘坐地铁1号线至张府园站下，向西步行前往。 💰 25元。

朝天宫是清代的文庙，是江南现存规模最大、保存最为完好的一组古建筑群。整个建筑群包括了江宁府学、朝天宫以及由朝天宫的几间大殿辟成的南京市博物馆，馆藏文物丰富。

※栖霞山

栖霞寺、红枫、明镜湖

📍 南京市栖霞区栖霞街。 💰 25元，旺季红枫节期间门票可能有所调整。

栖霞山也叫摄山，因山中建有栖霞寺而得名。栖霞山有三峰，山中有栖霞寺、舍利塔等众多古迹，还有青锋剑、天开岩、一线天等自然奇观。栖霞山也是我国五大红叶观赏风景区之一，山西侧的枫岭深秋景色令人陶醉，"栖霞丹枫"被列为金陵新40景之一。

左下 | 玄武湖公园莲花仙子
中下 | 鸡鸣寺

景点攻略

栖霞山的红叶很有名，每年10~12月期间举办红枫节，一般持续50天左右，届时满山红枫颇为壮观。春夏时看的主要是清幽迷人的山林景色；冬季较冷，可以欣赏人文古迹。

※玄武湖

五洲、小九华山、北极阁

📍 南京市玄武区玄武巷。 🚇 坐地铁1号线至玄武门站下。

玄武湖古名桑泊、后湖，位于钟山脚下，是中国最大的皇家园林湖泊，与嘉兴南湖、杭州西湖并称"江南三大名湖"。玄武湖分为五块绿洲，构成了环洲烟柳、樱洲花海、菱洲山岚、梁洲秋菊、翠洲云树等主要景点，现在是南京最大的文化休闲公园。

※侵华日军南京大屠杀遇难同胞纪念馆

哭墙、"万人坑"遗址

📍 南京市建邺区水西门大街。 🚇 乘坐地铁2号线至云锦路站下。 💰 免费。 ⏰ 8:30~16:30，每周一闭馆。

纪念馆位于原日军大屠杀遗址之一的万人坑，是一处以史料文物、建筑、雕塑、影视等综合手法全面展示"南京大屠杀"惨案的专史陈列馆。

※鸡鸣寺

藏经楼、念佛堂、药师佛塔

📍 南京市玄武区鸡鸣寺路。 🚇 乘坐地铁3号线或4号线至鸡鸣寺站下。

💰 10元，含3根香。

鸡鸣寺北临玄武湖，始建于西晋，是南京最古老的佛寺之一。寺中环境十分幽雅，佛殿精美，清明时在寺前道路可观赏樱花花海，夏季登上药师佛塔可眺望玄武湖的荷花。

※雨花台风景区

烈士陵园、雨花泉

📍 南京市雨花台区雨花路。 🚇 乘坐地铁1号线至中华门站下，步行前往。

雨花台是南京城南制高点，为登高佳地，因古时天雨落花的传说而得名，由烈士陵园区、名胜古迹区、雨花石文化区等六个功能区组成。这里不仅是一个集教育、旅游、休闲、娱乐为一体的风景名胜区，更是中国新民主主义革命的纪念圣地。

※阅江楼

天妃宫、静海寺

📍 南京市鼓楼区建宁路。 💰 40元。

阅江楼位于长江南岸的狮子山巅，仿明代建筑，红色的柱子，金色琉璃瓦覆顶，鲜艳夺目。登上阅江楼远眺，浩瀚的长江风光一览无余，令人心旷神怡，背江而望，金陵全景尽收眼底。

※莫愁湖公园

胜棋楼、郁金堂

📍 南京水西门大街。 🚇 乘坐地铁2号线至莫愁湖站下。

莫愁湖古称横塘，现在的公园是江南古典名园，为六朝胜迹，有"江南第一名湖""金陵第一名胜""金陵四十八景之首"等美誉。公园内春天的海棠、夏天的荷花，总能吸引一些摄影爱好者。

钟山风景区 AAAAA

中山陵、明孝陵、灵谷寺   特写

左上 | 中山陵

南京市玄武区石象路。 乘坐地铁2号线至苜蓿园站下车前往。 中山陵免费，明孝陵70元，美龄宫30元；景点套票100元。

钟山以"龙蟠"之势，屹立在扬子江畔，囊"六朝文化、明代文化、山水城林文化、生态休闲文化"等系列于一山之中，是为"中华城中人文第一山"。钟山风景名胜区以钟山和玄武湖为中心，分为紫霞湖、中山陵、明孝陵、灵谷寺等六个景区。

※中山陵景区

中山陵是孙中山先生的陵墓，东毗灵谷寺，西邻明孝陵，包括博爱坊、墓道、陵门、碑亭、祭堂和墓室等建筑。整个建筑群依山势而建，由南往北排列在一条中轴线上，墓地全局呈"警钟"形图案，被誉为"中国近代建筑史上的第一陵"。

※明孝陵景区

明孝陵是明太祖朱元璋与马皇后的陵墓，总体布局分为两部分：一是蜿蜒曲折的陵墓神道；二是陵寝主体建筑。陵墓宏伟壮观，代表了明初建筑和石刻艺术的最高成就，也直接影响了明清两代帝王陵寝的形制，历经600多年的沧桑，现存的仅为陵园的最后部分。

※梅花山

梅花山顶的梅花面积很大，数量繁多，被称为"天下第一梅山"。山上的种梅传统已有一千多年，现有梅花三万余株。每年三月初到中旬是梅花的花期，白色、粉色、红色等不同颜色不同品种的梅花铺满整个山体，层层叠叠一片花海，远观近看皆是美景，常有摄影爱好者在这里逗留一整天。

※美龄宫

美龄宫兴建于1931年，原为国民政府主席官邸，又名小红山官邸，因宋美龄常来此度假，故被称作"美龄宫"。

美龄宫黄色的外墙，红色的立柱，绿色琉璃瓦覆顶，屋顶上雕着1000多只凤凰，屋檐底下描着漂亮的彩绘，是南京最壮观、最典雅的建筑之一。

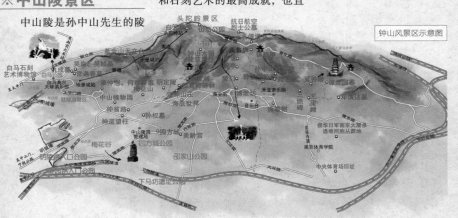

钟山风景区示意图

南京郊区景点 本地游

※老山国家森林公园

老鹰山、狮子岭

南京市浦口区江浦街道黄山岭路。乘坐地铁 10 号线至龙华路站下,换乘 608 路公交至老山森林公园站下即到。30 元。

老山国家森林公园素有"南京绿肺、江北明珠"之美誉,景观以"林、泉、石、洞"四绝著称,层峦叠嶂,风光秀丽。高峰奇险俊美,岗阜跌宕起伏,茂林修竹滴翠,青山绿水怡人,曲径通幽访古,禅房悟道听经,园中有寺、墓、泉、洞,自然景观与人文景观融为一体。

※珍珠泉风景区

珍珠泉、长城、动物园

南京市浦口区珍珠街。40 元,野生动物园 60 元。

珍珠泉风景区位于江北浦口区,核心景点珍珠泉碧绿清澈,依山而建的长城让游客仿佛置身八达岭。风景区内野生动物园、游乐园、水上世界等一应俱全,很适合亲子假期出游。

※高淳老街

关王庙、雕刻展示馆、杨厅

南京市高淳区淳溪镇。联票(含五景点)40 元。

老街南面紧邻官溪河,东连固城湖,现存的建筑多为明清所建。街区的徽派古建筑保存完好,被誉为"金陵第二夫子庙"。

走在老街上,一定要欣赏商铺屋檐下精致的木雕和马头墙下优美的黑白花卉纹饰。雨天的老街更有味道,雨水打湿了光滑的石板路,木头门面显出比晴天更深邃的颜色。

※高淳国际慢城

南城遗址、荆山竹海、赏花

南京市高淳区桠溪镇。

高淳国际慢城是一座整合了丘陵生态资源而形成的集生态观光、农事体验、休闲度假于一体的综合旅游观光景区。慢城旅游线路全长约 48 千米,盘旋于六个行政村之间,其内生态优美,景色宜人。境内有金陵最大的原始竹林——荆山竹海等瑶池十八景。另外,还有农家乐、度假村等配套设施。

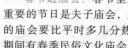

体 验 之 旅

春节赶庙会:春节里最为重要的节日是夫子庙会,此时的庙会要比平时多几分热闹,期间有春季民俗文化庙会、旅游文化节、大型祭孔乐舞表演等,有"东南第一学"之称的夫子庙学宫也会在明德堂的雅乐宫里复原春秋时代的雅乐表演。

清雅梅花节:每年 2 月底至 3 月中旬的梅花节是南京最热闹的节日之一。届时东郊的梅花山上几千棵梅花竞相开放,有成千上万的南京人或外地游客涌向梅花山赏花、观景,万里人海花香,蔚为壮观。

秦淮剧场看演出:《夜泊秦淮》大型水上实景演出以秦淮历史文化为主线,分为《梅花三弄》《桃叶团扇》《秦淮灯彩》等章节,对秦淮文化进行实景再现,具有强烈的现场感和观赏性。感兴趣的游客可以在 20:00 前往秦淮剧场观看。

1912 泡酒吧:1912 酒吧街是休闲街区中最为耀眼的地方,同时也是南京市最为著名的一条酒吧街。独有的民国建筑风格,浪漫的异国情调,燃情的劲舞狂歌,使这里成为人们最喜欢的地方之一。

左下 | 珍珠泉风景区
右上 | 梅花节
右下 | 高淳老街

寻味之旅

南京菜一向号称京苏大菜，饮食以金陵菜和清真菜为主，金陵菜四大名菜包括松鼠鱼、蛋烧卖、美人肝、凤尾虾。由于南京人嗜食鸭、鹅，因此制鸭技术久负盛名，著名的特色小吃有回味鸭血粉丝汤、尹氏鸡汁汤包、莲湖糕团店等。

盐水鸭：盐水鸭是南京久负盛名的特产，该鸭皮黄肉白，味淡香，不油腻，肉质酥嫩，一口下去满口清香。百年老字号韩复兴店里可以吃到正宗的盐水鸭，另外在湖南路上的桂花鸭专卖店里可以买到正宗的真空包装盐水鸭。

鸭血粉丝汤：这道南京著名的风味小吃，几乎大街小巷都能找到它的踪影，比较出名的有回味、鸭得堡等连锁店和石记鸭血粉丝汤。

美人肝：南京传统名菜，菜色乳白，卤汁紧裹，鸭胰本极少为人重视，此菜积少成多，用作主料，可谓颇具匠心。以老字号马祥兴菜馆的美人肝最为正宗。

鸡汁汤包：汤包皮晶莹剔透，小巧可爱。吃时先在盘子里倒一些醋，然后轻轻地夹起包子，慢慢地提到嘴边，等包子冷却后再咬一个小口子，把里面的汤汁全部吸完。在夫子庙、狮子桥等地都可以吃到。

夫子庙美食街：夫子庙地区是南京小吃的发源地，如今，这里已经形成了独具秦淮传统特色的饮食集中地。尤其是名声在外的"秦淮八绝"，一定不能错过。

狮子桥美食街：这里有最具特色的经典淮扬菜系，有中华民肴街，汇聚了福建扁食、云南米线、东北土食等各地风味，还有日韩料理、印泰餐馆，可尽情享受异国风情。

目的地攻略

🚗 交通

飞机：南京禄口国际机场位于南京市江宁区禄口街道，距市中心约36千米。乘坐地铁S1号线（机场线）可往返机场与市区，很便利；机场还有机场1号线（城东线）、机场2号线（城西线）发往南京城区，江北专线发往江北。

火车：南京城区目前有南京站、南京南站两座主要的火车站。南京站包括京沪铁路、宁合高速铁路等，既有高铁、动车停靠，也有快速列车、特快列车等停靠；南京南站主要停靠着高铁和动车。

市内交通：南京目前运营的地铁线路有1号线、2号线、3号线、4号线、7号线、10号线、S1号线（机场线）、S3、S6、S7、S8、S9号线。其中，地铁1号线和地铁2号线覆盖了南京城区的大部分景点，并在南京最繁华的商业圈新街口交会。

🏠 住宿

南京的旅游资源丰富，主要分布在市区和钟山风景区，如果想好好体验六朝古都的魅力，可以选择就近景点居住，交通便利，到各个景点都有地铁或公交；如果你喜欢南京的民俗和历史文化，住宿地首选秦淮河夫子庙片区；如果你是时尚和购物达人，新街口、总统府片区最方便不过。

🛒 购物

南京的土特产有盐水鸭、板鸭、香肚、小粒玫瑰花生等。传统工艺品有云锦、金箔、雨花茶、雨花石、金陵折扇、天鹅绒等，其中以雨花石最为出名。

左下 | 鸭血粉丝汤
右下 | 盐水鸭

亮点→ 苏州园林｜寒山寺钟声｜江南老街｜阳澄湖风光｜苏州评弹

狮子林

上有天堂，下有苏杭。好天气里，漫步在几百年前的皇家或士绅家族的园林，堪比天堂。虽然早已没有"姑苏城外寒山寺，夜半钟声到客船"的意境，但那些精致典雅的亭台楼阁，温柔的吴侬软语，足以为你营造一场江南水乡园林的梦。这里的每一条街巷都有一个古老而优美的故事，每一座房子都可能是一位名人的故居……

苏

州

旅 行 路 线

苏州市区经典三日游

三天的时间，足够体验苏州的氤氲与质朴。第一天游览以盘山和网师园为主；第二天是园林主题游；第三天主要是以虎丘和寒山寺为主的名胜古迹游。

江南古镇二日游

苏州周边多江南水乡，两天的时间，圆自己一个小桥流水的梦。第一天游同里古镇，体验江苏保存最完整的古镇；第二天前往锦溪，感受浓浓水乡情。

中下｜拙政园

苏州园林

本地游

※拙政园 ◎ AAAAA

盆景园、香洲、廊桥沼

🏠 苏州市姑苏区东北街。🚌 市内乘坐好行1、3号线、旅游1号、2号线公交在苏州博物馆站下，步行前往。💰 旺季（4~5月，7~10月）80元，淡季70元。◎ 3~11月15日7:30~17:30，11月16日~2月7:30~17:00。

拙政园是苏州最大、最著名的园林，与北京颐和园、承德避暑山庄、苏州留园并称为"中国四大名园"。全园以水为中心，萦绕着错落有致的假山及精致的庭院建筑，花木并茂。小径曲折，重重门廊，可谓是"一步一景"，处处体现着江南水乡的韵味。

※狮子林 ◎ AAAA

怪石名峰、真趣亭、修竹阁

🏠 苏州市姑苏区园林路。🚌 市内乘坐好行1号线，旅游1号线公交在苏州博物馆站下，步行前往。💰 旺季（4~5月，7~10月）40元，淡季30元。

狮子林与拙政园、留园、沧浪亭合称为"苏州四大名园"。狮子林虽然小，但园内的假山群很出名，这些怪石形似起舞的群狮，而且假山与假山间连通犹如迷宫，你可以数石狮子、钻石头迷宫体验捉迷藏的乐趣。

※留园 ◎ AAAAA

曲院回廊、小池塘

🏠 苏州市姑苏区留园路。🚌 市内乘坐旅游1号线公交可到。💰 旺季（4~5月，7~10月）55元，淡季45元。

留园是清代具有代表性的园林之一，也是中国四大名园之一。园中聚太湖石十二峰，蔚为奇观。亭台楼阁、奇石曲廊，加上满园的绿意和一汪碧水池塘，一步一景，景致很是秀气。在这里，可以体会一种园林山水之间的平淡气息。

※沧浪亭 ◎

假山、复廊、沧浪亭

◎ 苏州市姑苏区人民路沧浪亭街。
🚍 市内乘坐好行2号线可到。 🎫 旺季（4~5月，7~10月）20元，淡季15元。

　　沧浪亭依地势而建，三面临水，既有山之幽旷，又取清水回环。它是一座开放的园林，也是苏州现存园林中历史最为悠久的园林，相比其他热门园林，这里人少清静。园内以假山景色取胜，复廊上精美的花窗也值得欣赏。

※网师园 ◎ AAAA

彩霞池、撷秀楼、假山云冈

◎ 苏州市姑苏区带城桥路阔家头巷。
🚍 市内乘坐55路公交车可到。 🎫 旺季（4~5月，7~10月）40元，淡季30元，夜花园《游园惊梦》100元。

　　网师园是典型的苏州园林，面积不足拙政园的六分之一，但通过巧妙的布局，小桥流水、亭台楼阁不显得局促，是"以小见大"的典范。除了了解布局的奥妙，每年夜花园开放时，晚上欣赏曲艺表演是又一大特色。

江南园林

　　江南园林是中国古典园林的杰出代表，它特色鲜明地折射出中国人的自然观和人生观。凝聚了中国知识分子和能工巧匠的勤劳和智慧，蕴涵了哲学及山水诗、画等传统艺术，自古以来就吸引着无数中外游人。

自有章法： 江南园林章法独到：树高大乔木以荫蔽烈日，植古朴秀丽的树形树姿以供欣赏，再辅以花、果、叶的颜色和香味（如丹桂、红枫、金橘、蜡梅、秋菊等）。

叠石理水： 江南水乡，以水景擅长，水石相映，构成园林主景。

花木众多： 江南气候土壤适合花木生长，苏州园林堪称集植物之大成，且多奇花珍木，秀美非常。

淡雅朴素： 江南园林沿袭文人园轨辙，以淡雅相尚，布局自由，建筑朴素，亭榭廊槛，点缀其间，以清新洒脱见称。

借景抒情： 江南园林多采用门洞、漏窗作为建筑小品，以框映景，延展空间，进一步抒发园林的意境。

江南园林

苏州古镇
本地游

※周庄 AAAAA
贞丰街、沈厅、古戏台

🏠 苏州市昆山市周庄镇。🚌 苏州汽车站、昆山南站都有专线车直达周庄。
🎫 100元（15个景点，门票三天有效）。

周庄是江南最早闻名于世的水乡古镇，被称为"中国第一水乡"。镇上水路纵横，明清老建筑依河而建，画家陈逸飞笔下的双桥刻画出小桥流水人家的温柔，古镇南边的南湖开阔美丽。夜晚周庄亮了灯，又别有一番意境。

旅行攻略

周庄深厚的文化积淀形成风格别具的水乡民俗风情，阿婆茶、摇快船、斜襟衫，让人品尝不尽、道不完……在周庄的古戏台上，每天都有昆曲演出，您可以免票入座，带着音律，带着江南的呼吸，再长的历史都在典雅清幽的曲调中凝聚。

中上 | 周庄
中下 | 锦溪古莲桥

※同里 AAAAA
三桥、南园茶社、明清街

🏠 苏州市吴江区同里镇。🚌 苏州汽车北站、汽车南站、吴中区汽车站均有汽车前往同里。🎫 100元（九大景点可游览一次，两天有效），退思园夜花园40元。

江南水乡同里古镇四周都被湖泊围绕，网状的河流将小镇分割成七个岛。古镇上几乎家家邻水，有很多狭窄的小巷和明清老建筑，平日里游客并不太多，有种安静祥和的感觉。夜晚时灯光沿着房檐亮起，美轮美奂。

※木渎
严家花园、明月寺、山塘街

🏠 苏州市吴中区木渎镇山塘街。🚇 地铁1号线木渎站下，再转乘公交翠坊桥站下。🎫 免费开放，内部景

点联票78元。

木渎古镇是江南唯一的园林古镇，境内除了有山川林石之美外，更有小桥流水之秀。伴着木渎山塘街的香溪和伍子胥率众开挖的人工运河胥江在东部的古桥斜桥下相汇，坐游船在充满历史故事的河道上晃晃悠悠，再听船娘用吴侬软语唱一曲也很不错。

※锦溪
民间藏馆、莲池禅院、文昌阁

🏠 苏州市昆山市锦溪镇。🚌 昆山南站有专线公交可直达锦溪。🕐 旺季（4~10月）8:00~17:00，淡季8:00~16:30。🎫 古镇免费，内部小景点联票65元。

锦溪古镇位于昆山南郊的淀山湖畔，是一座有千年历史的江南水乡。古镇不大，山水

画般的古莲桥、神秘的陈妃水冢吸引着游客前来一探究竟，各种民间藏馆也值得参观，老街上还有各种小吃店。

※甪直
萧宅、保圣寺、双桥

🏠 苏州市吴中区甪直镇。🚌 苏州火车站乘坐518路公交可到甪直古镇。🎫 古镇免费，内部小景点联票78元。

甪（lù）直古镇与苏州古城同龄，有2500多年历史，年代比同属苏州的周庄、同里古镇久远得多。这里的游人没有其他热门水乡古镇多，适合周末来随意走走，跨过"桥都"的数座三步二桥（即双桥），看河边白墙黑瓦的建筑，寻找中学语文课本里《多收了三五斗》的故事发生地。

苏州市区其他景点 _{本地游}

※ 虎丘 AAAAA

云岩寺塔、剑池、千人石

📍 苏州市姑苏区。🚇 市内乘坐旅游2号线可直达景区。💰 旺季（4~5月，7~10月）80元，淡季60元。

虎丘只是小丘，却有悬崖峭壁和沟壑等自然景观，又因为历代以来的建设形成了众多人文景点。园内的建筑与植株相互衬托，具有精致的江南园林风范，你可以在这里了解到春秋时期的故事。

※ 寒山寺

钟楼、碑廊、藏经楼

📍 苏州市姑苏区寒山寺弄。🚌 乘坐313路、6路等公交均可到景区。

寒山寺位于苏州西郊，已有1500多年的历史，因唐代诗人张继的名诗《枫桥夜泊》中"姑苏城外寒山寺，夜半钟声到客船。"一句而闻名天下。寒山寺是著名的祈福胜地，每天来寺中撞钟进香、祈求平安的信徒络绎不绝。

※ 旺山 AAAAA

苏州最美乡村

📍 苏州市吴中区旺山景区。🚌 乘坐552路公交至旺山生态园站下即到。

旺山生态园处于天然山林环抱之中，是一处山林植被、农业生态、田园村落、历史古迹保存良好的田园梦乡。景区主要包括以农事参观体验为主题的耕岛景区；以乡村小宿、农家鲜菜品尝为主的钱家坞农家乐景区；以竹林天然氧吧及环山健康小径等养生设施为主的养生谷景区；还有

苏州城西重要的佛教圣地——竹林深处的千年古刹宝华寺；以茶文化为主题的霭达岭景区等八大景区。

※ 山塘街

玉涵堂、通贵桥、古戏台

📍 苏州市姑苏区山塘街。🚇 乘坐地铁2号线山塘街站下。

山塘街西北端至虎丘，东南端在阊门，街道与山塘河并行，一座座古桥横跨河面，石板街两侧是粉墙黛瓦的老房子和林立的店铺。晚上，亮起的红灯笼倒映在河里，适合拍照。你也可以自费乘游船，或是找家茶馆喝茶、听评弹。

※ 金鸡湖 AAAAA

桃花岛、李公堤码头

📍 苏州市吴中区星港街。🚇 乘坐地铁1号线东方之门站下，可到景区西入口。

金鸡湖位于苏州工业园区，相比古色古香的古城区，这里的高楼林立与现代化展现了苏州的另一面。金鸡湖面积比杭州西湖稍大，每天都有很多游客在湖畔休闲散步或是购物、

吃美食，新人们也喜欢来此拍摄婚纱照。

※ 盘门

吴门桥、瑞光塔、伍相祠

📍 苏州市姑苏区东大街。💰 40元，夜场灯光节40元。

中国的古城门很多，盘门的独特之处在于它是全国现存唯一的水陆并联城门，系因苏州水网纵横，因地制宜而建。盘门景区内除盘门，还有吴门桥、瑞光塔值得一看，合为"盘门三景"。

※ 穹窿山 AAAAA

上真观、望湖园、孙武苑

📍 苏州市吴中区藏书镇兵圣路南边。🚌 苏州火车站有直达公交可到。💰 80元。

穹窿山位于苏州太湖东畔，主峰箬帽峰，海拔约341.7米，是苏州最高、最大的山。盘山公路直达山上，山上森林成片，苏州当地人把它当成天然大氧吧。孙武等古代名人在此留下了足迹，山上的景点也多围绕这些名人展开。

中上｜寒山寺梵音阁
中下｜盘门
右下｜金鸡湖夜景

※天平山

白云泉、天平山庄、红枫

📍 苏州市吴中区木渎镇灵天路。
💰 30元。

天平山是范仲淹的先祖埋葬地，和范氏相关的人文景点主要集中在山脚。天平山海拔约201米，山虽不高，但有点险峻，爬起来很带劲。每年10~12月红枫节时，斑斓秋色总能吸引无数摄影爱好者前往。

※洞庭东山 AAAAA

莫厘峰、三山岛、陆巷村

📍 苏州市吴中区东山镇内。🚌 从苏州火车站乘502路公交车可到。💰 联票（含启园、紫金庵、雕花楼、陆巷古村、三山岛）150元，两天有效。

东山距苏州市区约2小时公交车程，是一座伸入太湖中的半岛，下辖数个太湖中的小岛。看烟波飘渺的湖景、品尝湖鲜是来此必做的事，岛上的景点以古建筑为主，游玩起来比较轻松，适合休闲度假的游客。

东山半岛上推荐住在陆巷古村内，陆巷村是一处集自然风光、名胜古迹、人文景观于一体的游览胜地。长约五百米的紫石街，栅栏店门，茶肆酒店，古色古香，遗风犹存。

※洞庭西山

西山雕花楼、缥缈峰、明月湾

📍 苏州市吴中区金庭镇。💰 无须门票，内部各小景点门票价格不一。

西山是太湖中最大的岛屿，也是我国内湖第一大岛。西山风景区是整个太湖风景区的精华，景区内群岛环抱，花果林立。这里有缥缈云场、水月问茶、林屋晚烟、消夏渔歌、角里梨云、玄阳稻浪、萧山读诗、鸡笼梅雪、横山旭日等二十个景点。

常熟旅游区

本地游

※沙家浜 AAAAA

瞻仰广场、红石民俗文化村

📍 苏州市常熟市沙家浜镇。🚌 在虞山公园乘常熟5路公交车可到。💰 70元。
🕐 旺季8:00~17:00，淡季8:00~16:30。

沙家浜位于阳澄湖北侧，因京剧样板戏《沙家浜》而出名，电视剧《沙家浜》也在此拍摄。景区中能看到剧中场景，还能坐游船深入芦苇荡，欣赏优美的湿地风光。夏日景区荷

左下 | 尚湖
中上 | 沙家浜

花盛开，可赏荷。

※尚湖风景区 AAAAA

太公岛、荷香洲、水上森林

📍 苏州市常熟市环湖南路西端。🚌 乘常熟116路公交车可到。💰 旺季（3~5月，9~11月）成人票80元，淡季成人票60元。

尚湖因为有水，多了几分灵秀。景区烟波浩渺，水质清澈，与十里虞山交相辉映，形成一幅自然山水画。湖内湿地遍布，荷香洲、钓鱼渚、鸣禽洲、桃花岛等七个洲岛镶嵌其中，呈岛中有湖、湖中有岛的独特景观。相传因殷末姜尚（姜太公）避纣王暴政隐居于此而得名。

※虞山风景区 AAAAA

兴福寺、维摩山庄、宝岩景区

📍 苏州市常熟市虞山北路。🚌 乘常熟5路、9路等公交车可到。💰 山上小景点联票（含剑门景区、宝岩景区、虞山城墙）30元。

虞山风景秀丽，东南麓伸入常熟城，有"十里青山半入城"的美誉，有辛峰、兴福、三峰、石洞、宝岩、维摩、剑门7大景区，还有维摩旭日、辛峰夕照等18个景点，尤其宝岩生态观光园是人们亲近自然的好去处。

※方塔园古迹名胜区

碑刻博物馆、古井、古银杏

📍 苏州市常熟市环城东路。💰 免费，登塔需另付10元。

名胜区主要含常熟古城区的三大古典园林方塔园、曾赵园、燕园。方塔园因方塔而得名，有兴福寺塔、月季园、常熟市碑刻博物馆等景。方塔原名崇教兴福寺塔，与宋代古井、古银杏并称为"园中三宝"，"闻古塔风铃，思千古幽情"，登塔拾级而上，古城风貌尽收眼底。

体验之旅

喝茶听评弹：苏州当地的戏种——评弹，被冠以"说书"的美名。到了苏州，一定记得去听一听，小公园、平江路、山塘街、石路都有，各乡镇也都有自己的书场，常年有演出，经常有名家。

游园赏昆曲：昆曲是一种古老的戏曲剧种，它源于江苏昆山，曲风清丽柔婉、细腻抒情，表演载歌载舞、程式严谨。在苏州的昆曲博物馆，山塘街的山塘昆曲馆，还有苏州昆剧院，都有可以欣赏到昆曲表演。

寒山寺祈福：枫桥古镇有新年庙会活动，寒山寺更隆重举行敲钟仪式，108 响迎新年钟声，最后一下钟声正是新年零点开始。很多人会选择除夕夜前往，为新的一年祈福。

水乡看演出：《四季周庄》是中国第一部呈现江南原生态文化的水乡实景演出，演出在"小桥、流水、人家"的经典环境里展开，以特有的水乡表现手法，再现中国第一水乡周庄的文化特质和迷人情韵。平日演出时间为19:30~20:30，票价150元，《四季周庄》为原生态实景演出，如遇暴雨等自然不可抗拒原因，可能会取消当日的演出。

寻味之旅

苏菜口味偏甜，食品品种繁多，是淮扬菜的一个分支，经过几千年的发展，至今已初具规模，被称为"苏帮菜"，有苏式菜肴、苏式卤菜、苏式面点等 12 大类。

松鼠鳜鱼：这是苏州地区的传统名菜，色泽酱红，外脆内嫩，甜酸适口，令人垂涎欲滴。在苏州得月楼、松鹤楼等老字号餐馆里可以吃到。

响油鳝糊：苏州菜肴中以黄鳝为原料的有不少，而响油鳝糊有名就在于"响油"上，鳝糊被端上桌后盘中的油还会噼啪作响，鳝肉鲜美、香味浓郁。

红汤面：红汤面早已融入了苏州人的"苏式生活"了，讲究的是面汤清而不油，食后鲜而不干。整碗面色泽红亮，爽滑带韧，咸鲜喷香，在苏州的大街小巷都能品尝到。

凤凰街美食街：随着街坊改造，凤凰街从北到南陆续开出了近二十家大小酒楼，以苏式菜肴为主，兼收浙江、四川

等菜系的特色。晚上，灯火通明的餐馆与高低错落、幽静休闲的市民广场成鲜明的对照。

目的地攻略

🚗 交通

火车：苏州有四座火车站：苏州站、苏州北站、苏州新区站和苏州园区站。其中苏州站为主要火车站，距离拙政园大约 3 千米，途经沪宁线的列车均停靠苏州站；苏州北站距市区较远，主要停靠高铁、动车。

市内交通：苏州目前有地铁1—5 号线，苏州站和苏州北站均有 1 号线可到，出行十分方便。

🏠 住宿

苏州各种高、中、低档酒店众多。游客住宿选择最多的是苏州古城区，因这里景点集中，方便游玩；如果想去太湖、东山、木渎、同里等距离城区较远的景点，其周边住宿条件也相当成熟且独具特色，游客可根据需要自行选择住宿地。

🛒 购物

到苏州购物，传统旅游纪念品首推苏绣，由丝绸制成的面料、服饰、绢帕等手工艺品也是赠送亲朋好友的最佳礼品。除此之外，桃花坞木版年画为中国四大年画之一，碧螺春茶是中国的十大名茶之一，都值得购买。

左下｜苏绣
中上｜东坡肉
中下｜大闸蟹

亮点 → 灵山大佛｜鼋头渚樱花｜大运河游船｜太湖风光｜宜兴竹海

鼋头渚

无 锡

"太湖美，美就美在太湖水"，鼋头渚被誉为"太湖佳绝处"，灵山大佛为世界上最高的露天青铜释迦牟尼立像，东林书院、清名桥、南禅寺，古色古香中蕴含着无锡的悠久历史，寄畅园、天下第二泉、蠡园、梅园展现了无锡的园林秀色。这座商朝建市、被称为四大米市之一的城市，让我们看到了积淀已久的韵味——江南城市的柔美中多了些鲜活的人情味。

旅 行 路 线

无锡经典三日游

经典的无锡城区近郊游可安排三天，老城区和惠山可安排一天，太湖畔的影视城和湖滨风光可安排一天，灵山大佛和其他景点可安排一天。

宜兴特色二日游

第一天主要以龙背山和善卷风景区的自然景观为主；第二天上午先去竹海景区，在竹海中探险，下午再去宜兴紫砂博物馆，体验紫砂文化。

无锡市景点

本地游

※鼋头渚 AAAAA

樱花、太湖仙岛、广福寺

🏠 无锡市滨湖区鼋渚路。🚍 在无锡火车站乘坐 1 路公交可到鼋头渚（充山大门）。💴 105 元。🕐 夏季 8:00~17:30，冬季 8:30~17:00。

鼋头渚是太湖北部的一处半岛，因形似浮鼋翘首而得名。在这里你可以游览庞大的园林群，坐船感受太湖的烟波浩渺，登太湖仙岛一探秘境，也可以在春日来此品赏樱花，体会郭沫若先生所赞"太湖佳绝处，毕竟鼋头"的意境。

旅行攻略

有名的鼋头渚国际樱花节通常在每年 3 月中旬至 5 月初举办，3 月底至 4 月上旬是壮观的樱花盛花期，届时是踏青高峰。若是专程来赏樱花，推荐樱花谷、充山隐秀以及长春桥一带。

左下 | 鼋头渚

※无锡影视城 AAAAA

三国城、水浒城、唐城

🏠 无锡市滨湖区山水西路。🚍 在无锡火车站乘坐 82 路专线公交可到。💴 三国城、水浒城、唐城联票 260 元；三国城、水浒城联票 150 元。

影视城是中央电视台为拍摄电视剧《三国演义》《水浒传》《唐明皇》和电影《杨贵妃》而建造的。包括三国城、水浒城、唐城三大景区。火烧赤壁的战场、武大郎与潘金莲的家、杨贵妃沐浴的华清池等在此都可看到。运气好的话，还能遇见正在拍戏的剧组。

※灵山大佛 AAAAA

青铜大佛、灵山梵宫、九龙灌浴

🏠 无锡市滨湖区马山镇灵山路灵山胜境景区内。🚍 无锡火车站有 88 路公交可直达景区。💴 210 元（不含珍宝馆）。

灵山大佛，坐落于无锡太湖边的小灵山上，整个大佛

通高约 88 米，其中佛体高约 79 米，规模宏大、十分壮观。大佛是中国五方五大佛之一，开光时有众多大师前来举办盛大仪式。

※锡惠公园
天下第二泉、寄畅园

🏛 无锡市滨湖区惠河路。 🎫 全票（含名胜区、休闲区）70 元。

公园很大，主要景点在西边惠山脚下的名胜区，包含寄畅园、惠山寺、天下第二泉等著名景点。名胜区东边是映山湖，再东边是锡山，相传周秦时盛产锡矿，到了汉代锡被挖光了，无锡的城名正源于此。

※蠡园
南堤春晓、西施庄、千步长廊

🏛 无锡市滨湖区环湖路。
🚌 在无锡火车站乘坐 1 路公交可到。
🎫 旺季 45 元，淡季 30 元。
🕐 7:30~17:30，随季节略有调整。

蠡湖，原名五里湖，是太湖东北处的一个内湖，伸入蠡湖的蠡园是无锡的老牌公园。蠡园具有江南园林风格，以水景见长，细细窄窄的长堤、小桥、长廊架于水上，到了 3、4 月份桃花盛开，6~9 月荷花盛开，整个公园宛如一座水上花园。

※崇安寺
图书馆、阿炳塑像

🏛 无锡市梁溪区人民中路与新生路交汇处。 🚇 乘坐地铁 1 号线在三阳广场站下。

崇安寺是无锡最繁华的地带，与上海城隍庙、南京夫子庙秦淮河风光带、苏州观前街合为江南四大特色街区。景区因过去曾坐落着崇安寺而得名，崇安寺有 1600 多年历史，但如今已不存在，只剩下周围热闹的商业区。

※梅园
梅花、郁金香、奇石圃

🏛 无锡市滨湖区梁溪西路。 🚌 乘坐 2 路、40 路梅园开原寺站下。

梅园位于无锡西郊的浒山南坡，原为中国民族工业"首户"荣宗敬、荣德生兄弟于 1912 年建造的私家花园。每年 2~3 月，景区内几千株梅花一起开放，漫山遍野的花海吸引无数游人前来观看。

※东林书院
小辨斋、丽泽堂、夜花园

🏛 无锡市梁溪区。 🚌 乘坐 722 路、501 路东林广场站下。 🕐 8:30~17:00，暑期开放夜书院 8:30~21:00。

书院始建于 900 多年前，"东林八君子"曾在此讲学，是我国古代四大书院之一，院内现

存石碑坊、仪门、三公祠、东西长廊等建筑。内有顾宪成所撰名联："风声雨声读书声，声声入耳；家事国事天下事，事事关心"。

宜兴旅游区
本地游

※宜兴竹海
大竹海风光、镜湖、太湖之源

🏛 无锡市宜兴市湖滏镇竹海村。 🚌 在宜兴高铁站乘坐 201 路旅游一线公交可到景区。 🎫 80 元。

宜兴有"竹的海洋"之称，这片"海洋"名副其实，横跨江苏、安徽、浙江三省。宜兴竹海只不过是这片大竹海中的一个小景区，就已经蔚为壮观，来此看竹林、呼吸新鲜空气，让人神清气爽。

※善卷洞
砥柱峰、白鹤苍鹰、喜雨亭

🏛 无锡市宜兴市张渚镇东北约 5 千米。 🚌 在宜兴高铁站乘坐 202 路旅游二线公交可到景区。 🎫 110 元。 🕐（3~10 月）7:30~17:00；淡季 8:00~16:30。

善卷洞是著名的石灰岩溶洞，进入洞内好似来到一座巨大的地下宫殿，既可见到玲珑

剔透的石钟乳，又可看到宏伟的天然巨石，洞中还有地下暗河流淌。景区内还有不少与梁祝文化相关的人文景点，内容丰富。

※宜兴陶瓷博物馆
古陶馆、紫砂工作室

🚩 无锡市宜兴市丁蜀镇。🚌 在宜兴高铁站乘坐 201 路旅游一线公交可到景区。💰 20 元。🕐 7:30~16:30。

宜兴陶瓷博物馆是国内最早成立的专业性陶瓷博物馆，分设古陶、名人名作、紫砂、精陶、均陶、青瓷等 16 个展厅。馆内的紫砂、青瓷、均陶、彩陶和精陶早就饮誉海内外，被誉为"五朵金花"。

常州—南通
周边游

※中华恐龙园　　AAAAA
恐龙馆、欢乐街、雨林冒险

🚩 常州市新北区长江东路。🚌 市内乘 50 路、53 路公交车可到。💰 260 元。🕐 周一至周五 9:00~17:00，周末 9:00~17:30。

中华恐龙园是一座以恐龙文化为主题的大型游乐园，是环球恐龙城的核心景区。这里既有刺激的娱乐设施，也有轻松休闲的项目，还有孩子们喜欢的动漫体验馆，夏季更有动漫水世界和夜公园，是亲子游的好去处。

※天宁寺
天王殿、大雄宝殿

🚩 常州市天宁区延陵东路。💰 20 元，登塔 60 元。

天宁寺始建于唐代，是常州现存规模最大，保存最完整的千年古刹。该寺特点是：殿大、佛大、钟大、鼓大、宝鼎大，号称东南第一丛林，寺内有我国最高最大的宝塔——天宁大佛塔。

※淹城春秋乐园　　AAAAA
百家春秋、市井春秋

🚩 常州市武进区武宜中路。🚌 乘坐 68 路公交在淹城站下车即可。💰 220 元，夜公园 100 元。

淹城春秋乐园是以春秋为主题的梦幻乐园，园内有仿古王宫、诸子百家雕塑。在了解春秋时期历史的同时，还可体验现代化的游乐项目，欣赏编钟表演、夏季的水影秀等节目。

※天目湖风景区　　AAAAA
湖里山、龙兴岛、状元阁

🚩 常州市溧阳市天目湖镇环湖东路。🚌 在溧阳汽车总站乘 9 路公交车可到。💰 120 元。🕐 5~9 月 8:00~17:30，10 月至次年 4 月 8:00~17:00。

天目湖风景区有"江南明珠"之誉，秀美、野趣、三绝是其三大特色。天目湖的北岸是整个天目湖的核心景区。这里四面群山枕水，湖中岛屿散落，水质很好，坐游船欣赏碧波荡漾的天

目湖，宛如进入仙境。

南山竹海是一个生态旅游区，植被覆盖率达 98% 以上，来到"竹海"可以暂别城市喧嚣，亲近大自然，呼吸清新空气。御水温泉毗邻南山竹海，水质天然，富含矿物质。你在户外泡温泉的同时还能欣赏到秀美的竹林山景，呼吸新鲜的空气。

> **亲历者行程**
>
> 　　夏季一日游线路：景区入口—状元阁—奇石馆—游船码头—龙兴岛—海底世界—天目湖水世界；冬季一日游线路：景区入口—山水园—天目湖御水温泉。

※濠河风景名胜区　　AAAAA
光孝塔、天宁寺、北极阁

🚩 南通市崇川区。🚌 市内乘坐 15 路、16 路公交在濠西书苑站下。🎫 游船票 60 元。

濠河被誉为南通城的"翡翠项链"，是国内仅存的 4 条古护城河之一。千百年来，它担负着防御、排涝、运输和饮用的重任，被称为"人身脉络"。濠河两岸有光孝塔、天宁寺、北极阁、文峰塔、南通博物苑、五公园等名胜古迹，有张謇故居、体育公园等景观。

> **游玩攻略**
>
> 　　夜游濠河（约需 1 小时）：沿途可赏光孝塔、文峰塔等景点，感受南通迷人夜色。每逢中秋之夜，濠河曲水回环，亭台桥榭掩映其间，乘画舫游荡、泛舟赏月，并品尝时令特产（芋头、莲蓬、豆角、菱藕等），更享濠河迷人风情。

左下｜濠河美景
右下｜善卷洞

体验之旅

乘船游运河：京杭大运河是与万里长城齐名的中国奇观，横贯于无锡市的古运河段以吴桥经西水墩、南门至清名桥这长约6千米的河段最具江南水乡风情。船游分为日游和夜游，不管是白天还是夜晚，运河两岸的景致各有风情。

三英战吕布：无锡影视基地内每天有20多个马战、歌舞、影视特技类精彩节目表演，其中"三英战吕布"是三国城内最大、最精彩的节目，强烈的视听冲击令观众如临其境、回味无穷。三国城内，每天10:00和16:00有两场演出。

宜兴陶瓷艺术节：每年的五月上旬，陶瓷艺术节期间，有陶瓷精品博览交易会、宜兴陶瓷艺术研讨会等，同时会开展一系列宜兴旅游观光活动，游客可以参与其中，了解宜兴当地的文化，尤其是陶瓷文化，还能在交易会上买到自己喜欢的陶瓷艺术品。

寻味之旅

无锡饮食属"四大菜系八大帮"的苏菜系苏锡帮，不同于北方的鲜、咸，口味偏重清淡，而且偏甜。《舌尖上的中国》里曾以无锡排骨来诠释无锡菜的甜。无锡水产丰富，其中太湖"三白"：银鱼、白虾、白鱼为水中上品。

无锡酱排骨：无锡肉骨头色、香、味俱佳，吃进口中油而不腻，烂而不糊，尤以"三凤桥"产销的酱排骨为佳。中山路上的三凤桥肉庄可以吃到正宗的无锡排骨。

太湖船菜：以太湖中盛产的白鱼、白虾、银鱼、蟹、鳖等为主料，最大的特点是讲究原汁原味，鲜货鲜做，特色大菜有八宝鸭、鸡汁排翅、荷叶粉蒸肉及时鲜鱼蟹等。在无锡沿太湖一带的水上船楼里就可以吃到正宗的太湖船菜，在无锡的太湖珍宝舫里也可以吃到。

无锡小笼：以皮薄卤多而享誉沪、宁、杭一带，是无锡传统名点，至今已有百年历史。此点不仅可即席食用，还可作为馈赠亲朋的礼品。其中，赛王记、王兴记、熙盛源等餐馆比较知名，各大美食城也都有出售。

目的地攻略

🚗 交通

飞机：无锡拥有一个民用机场——苏南硕放国际机场，西距无锡市区约16千米，东距苏州市区约20千米。机场目前开通有北京、广州、三亚、南宁、成都、昆明等国内航线，国际航线开通了东京、大阪、曼谷等城市。机场有发往无锡火车站、苏州、张家港、常熟、江阴等地的机场大巴。

火车：无锡有四座火车站：无锡站、无锡东站、无锡新区站和惠山站。其中位于市中心的无锡站，站内有普通列车和高速列车通过，其余三个均为高速列车通过的火车站。

市内交通：无锡目前有南北走向的地铁1号线和4号线、东西走向的地铁2号线、东南－西北走向的地铁3号线，串起了无锡火车站、火车东站、东林书院、梅园开原寺等地。

🏠 住宿

无锡市的精华景点主要位于太湖沿岸，这里风光秀丽，景点集中，出行方便，大大小小的酒店宾馆都有，可以根据自己的情况自行选择；周边的宜兴、常州旅游资源丰富，住宿的选择也很多，前去游玩的旅客不用担心住宿问题。

🛒 购物

无锡物产丰饶，水产丰富，太湖"三白"：银鱼、白虾、白鱼为水中上品；惠山泥人是购物单上不能缺少的一项；太湖珍珠不仅可作为装饰品佩戴，又可入药，还可口服；宜兴的紫砂壶名扬天下。

左下 | 宜兴紫砂壶
中下 | 无锡银鱼羹

瘦西湖

扬州

扬州，宜清风、宜月色、宜微雨、宜老饕，三月的柳、五月的槐和琼花……也只有到了柳絮纷飞、烟雨蒙蒙之时，扬州的婉约美才真正显现出来。瘦西湖边、二道河岸、古运河畔，一眼望过去，都是大片大片的鹅黄色，春天的气息弥漫在扬州。这座娴静的苏中小城，即使只是用脚步去丈量也不会太累。

旅 行 路 线

扬州市区经典二日游

用两天的时间来游览扬州，享受一场视觉的盛宴。第一天主要游览何园和个园，赏园林，再去转转扬州博物馆，看尽扬州城古今风貌；第二天上午在瘦西湖上泛舟，午后去大明寺，游千年古刹。

扬州近郊二日游

第一天上午参观孟城驿和镇国寺，逛南门古街，下午游览文游台和龙虬庄遗址；第二天上午游览东湖湿地，下午去高邮湖游玩。

扬州市区景点

本地游

※瘦西湖景区　◎AAAAA

五亭桥、二十四桥、徐园

◎ 扬州市邗江区大虹桥路。◎可从扬州火车站乘坐1路公交至扬大师院站下。◎旺季（3~5月，9~11月）100元，淡季60元。◎7:30~17:30，夏季开放夜游。

瘦西湖是著名的湖上园林，自然景观旖旎多姿，公园内建有楼台亭阁、曲室回廊、花木竹石，现有五亭桥、二十四桥、徐园、小金山、白塔等景点。春季

亲历者行程

从大虹桥开始进入南大门，按照：长堤春柳—徐园—四桥烟雨—小金山—月观—钓鱼台—五亭桥—白塔—望春楼—熙春台—二十四桥—静香书屋—簪花亭—石壁流淙—锦泉花屿—扬派盆景博物馆—唐罗城西门遗址—宋井顺序游览。

看点：大虹桥—扬州第一好代表；钓鱼台—乾隆曾在此钓鱼；熙春台—清代为皇帝祝寿的地方。

绿柳成荫，加之山茶、石榴、杜鹃、碧桃等花树相伴，每年吸引着各地游客来踏青赏花。

※大明寺

平山堂、鉴真纪念堂

◎ 扬州市邗江区平山堂东路。◎旺季（3~5月，9~11月）45元，淡季30元，登栖灵塔需另付20元。

大明寺因始建于南朝宋孝武帝大明年间而得名，后被毁重建。大明寺号称"淮东第一观"，整座寺庙分三个部分，中部是寺庙主体建筑，东部是栖灵塔，西部是园林式的后花园——西园。按中部—东部—西部的顺序即可游览全大明寺。

※扬州古运河　◎

游船、东关街、吴道台府

◎ 扬州市邗江区高桥路。

古运河指的是从茱萸湾风景区到高旻寺的河段，游客游览的主要区域集中在扬州城区

的南门码头到便益门广场码头这一带，这一段沿路有东关街历史街区等著名景点，可以步行或坐船游览，晚上运河边亮了灯，夜景很美。

※个园

四季叠石、竹林

扬州市广陵区盐阜东路。 旺季（3~6月，9~11月）45元，淡季30元。 7:30~17:15，冬季可能会提早关门。

个园是黄至筠在明代寿芝园旧址上兴建起来的。当时园中遍植翠竹，因竹叶形状像"个"字，故名个园。与其他著名园林相比，个园的精髓在于以四季为题的假山叠石艺术，游园一周，仿佛经历了春夏秋冬。

※何园

船厅、水心亭、玉绣楼

扬州市广陵区徐凝门大街。 旺季（3~6月，9~12月）45元，淡季30元。

何园园主何芷舠于清光绪九年（1883年）建造了这座私家园林，原名寄啸山庄。何园有"晚清第一园"的美誉，园中建筑中西合璧，并由复道回廊串联，布局富有层次感。

另外，何园还是国内著名的影视取景天然基地，《红楼梦》《还珠格格》续集等近百部影视剧在此取景。

※东关街历史街区

东关古渡、长乐客栈

扬州市广陵区东关街。

东关街位于扬州市中心，由一块块石板铺成主街，走在路上，不能看到青砖灰瓦的盐商大院，而美食与当地特产的集中，又给游客增添了逛街的乐趣，不愧为"扬州城里最具有代表性的一条历史老街"。

来到东关街，自然要尝一尝扬州特色美食，藕粉汤圆、四喜汤圆、饺面、黄桥烧饼等，在东关街都能吃到。

※文昌阁

四望亭

扬州市邗江区文昌路和汶河路交叉处。

文昌阁为八角三级砖木结构建筑，阁的底层四面辟有拱门，与街道相通。第二、三两层四周虚窗，登楼四眺，远近街景，尽收眼底。每到节庆之夜，阁上彩灯辉耀街衢，为扬州闹市的一处佳景。

※扬州八怪纪念馆

纪念馆主展厅、古银杏

扬州市广陵区驼岭巷。 旺季（3~5月，9~11月）25元，淡季15元。

扬州八怪纪念馆位于瘦西湖东南边，与四望亭仅一路之隔，由扬州八怪之一——金农晚年寄居的西方寺改造而成。在这里你可以了解到扬州八怪的生平与作品，适合喜欢书画、对人文景点感兴趣的游客。

※汪氏小苑

徽派三雕、西式家具

扬州市广陵区东圈门历史街区。 旺季（3~5月，9~11月）35元，淡季25元。

汪氏小苑是清末民初盐商的住宅，宅子主人汪竹铭原先是徽商，在这你可以欣赏到徽派三雕与江南园林相结合的建筑风格，融入西式家具又是另一个特点，此外，可以探寻盐商的秘密，找找藏宝洞、地下室等众多机关。

※扬州双博馆

国宝馆、雕刻艺术馆、书画馆

右上 | 文昌阁

扬州市邗江区文昌西路明月湖西侧。 每周一、春节前3天闭馆；黄金周正常开放（含周一）。

双博馆包括扬州博物馆和中国雕版印刷博物馆，自新石器时代以来的珍贵文物、扬州八怪的书画真迹、雕版印刷的版片，都能在这看到。

扬州郊县景点 本地游

※邵伯湖

条石街、斗野亭

扬州市江都区邵伯镇。 江都有专线城市客车可达古镇。

邵伯湖又名棠湖，古属三十六陂，素有"三十六陂帆落尽，只留一片好湖光"的美称。它以保存完好的条石街、斗野亭（有300多年历史的镇水铁牛）和独特的湖光月色、美味佳肴而引人入胜。

※盂城驿

邮驿博物馆

扬州市高邮市南门大街馆驿巷。 30元。

盂城驿历史极为悠久，早在秦王嬴政二十四年（公元前223年）就在此筑高台，设邮亭，将此地命名为高邮。现存的盂城驿始建于明洪武八年（1375年），是目前全国规模最大、保存最好的古代驿站，如今开辟为中国唯一的邮驿博物馆。

※文游台
四贤祠、名家书法
- 扬州市高邮市人民路。 江都有专线城市客车可达古镇。 30元。

文游台是在东山顶端的高台建筑，登高四望，能饱览四周美景。文游台四壁有名家书法，具有较高的艺术价值。西侧为明代建造的四贤祠，东西两侧博物馆，为了解高邮的历史文化提供了一个窗口。

※宝应湖国家湿地公园
水杉林、观鸟
- 扬州市宝应县正润路。 50元。

公园毗邻宝应县城，这里水清林幽，环境幽雅，具有

"水、绿、野、趣"四大主题和"水、岛、林、鸟"等生态要素，是绿色健康休闲旅游与农业观光的绝佳目的地。园内林木众多，水网密布，天蓝、水清、地绿，是一块难得的原生态净土。

泰州
周边游

※溱湖国家湿地公园 AAAAA
水禽园、古寿圣寺、药师佛塔
- 泰州市姜堰区溱潼镇溱湖大道。 在姜堰汽车客运站坐816路公交可直达景区。 100元（含往返班船）。

景区水体含南湖、北湖和溱湖，拥有大片的湖面和纵横的河道，水草和芦苇到处都是，你可以在木头栈道上散散步，或者坐游船行于河道，欣赏优美的湿地风光。园区里还能看到麋鹿、水鸟等动物，据说在远古这里就是麋鹿的故乡。每年还会在这里举办"中国姜堰·溱潼会船节""湿地生态旅游节""溱湖八鲜美食节"等一系列重大节庆活动。

※李中水上森林公园
小九寨沟、林中水巷、观鸟
- 泰州市兴化市李中镇苏宋村。 50元，单买木筏漂流40元，二者联票80元。

公园原为荒滩，而如今这

左上 | 溱潼古镇
左下 | 溱湖风景区

里栽种的10万余株水杉、池杉等品种树木已长成高大茂密、生机盎然的水上园林，这个天然大氧吧是都市人回归自然的好去处。公园一般由以下两种玩法结合：木筏漂流和徒步游走。若恰逢大闸蟹肥嫩期，还能品尝到正宗的兴化红膏大闸蟹。

※溱潼古镇
普济庵、玄帝观、禅院古槐
- 泰州市姜堰区溱潼镇。 在泰州火车站、长途汽车站乘坐溱潼旅游专线可到古镇。 古镇免费，景点36元（包括8个小景点）。

古镇四面环水，环境宜人，古镇内有众多的古民居、古街巷与古刹。每年清明节这里都会举办壮观的"溱潼会船节"，篙船、划船、花船、贡船、拐妇船等在此绵延百平方千米，数万游客聚集于此，争睹这"天下第一会船"的盛况。

> **亲历者行程**
> 景区入口—院士旧居—山茶院—民俗风情馆—契约文书管—绿树禅寺—高二适故居—婚俗馆—水龙局。溱潼古镇旁边是著名的溱湖风景区，如时间允许的话可选择游览。

※凤城河风景区
望海楼、桃园、泰州老街
- 泰州市海陵区南山寺路。 110元（含望海楼景点）。

凤城河是四方形环绕古泰州城的护城河，风景区的景点集中在东南角，以北岸的望海楼区域和南岸的桃园景区为主。河两边绿柳拂岸，错落有致地散布着人文建筑，沿河散步或者在河上划船非常舒服，到了晚上还有灯光夜景可看。

左上 | 千垛景区
右下 | 茅山

※千垛景区
油菜花海

🅐 泰州市兴化市缸顾乡东旺村。
🚌 油菜花季市区会有旅游专线直达景区。💰 90 元。

放眼垛田，河港纵横，块块隔垛宛如漂浮于水面岛屿，有"万岛之国"的美誉。每当清明前后，油菜花开，蓝天、碧水、"金岛"织就了"河有万湾多碧水，田无一垛不黄花"的奇丽画面，所以号称"世界最美油菜花海"。

镇江
周边游

※金山公园 AAAAA
金山寺、塔影湖、百花洲

🅐 镇江市润州区金山路。🚌 市内乘 2 路、17 路等公交可到。💰 65 元。

金山原是江心岛屿，被称为"江心一朵芙蓉"，由金山寺、天下第一泉、塔影湖、百花洲、镜天园等景点组成。远望金山，只见寺庙不见山，有"金山寺裹山"的说法。金山寺最吸引人的是许多民间传说故事，如白娘子水漫金山，梁红玉擂鼓战金山等都发生在这。

※焦山 AAAAA
定慧寺、观澜阁、宝墨轩

🅐 镇江市京口区东吴路。🚌 乘 4 路、104 路公交到焦山公园站下车。💰 旺季（3~5月，8~11月）65 元，淡季 50 元。⏰ 7:30~16:30（夏季 7:30~16:45）。

焦山海拔不高，约 70 米，与金山、北固山合称为"京口三山"。焦山位于镇江东北面的长江江心，与对岸象山夹江对峙，山上古木参天，掩藏着许多名石刻、古碑以及寺庙等众多景点。

※北固山 AAAAA
甘露寺、多景楼、铁塔

🅐 镇江市京口区东吴路。🚌 市内乘 4 路、8 路等公交至甘露寺站下车。💰 旺季 40 元，淡季 30 元。

北固山是长江边的"京口三山"之一，山上的景点多与《三国演义》中的故事有关，以甘露寺为最出名，是故事里刘备招亲结识孙夫人的地方。古往今来，

游客到北固山都为寻访三国英雄的足迹，辛弃疾游北固山曾留下"天下英雄谁敌手？曹刘。生子当如孙仲谋。"的名句。

※西津渡古街
小山楼、待渡亭、云台阁

🅐 镇江市润州区西津渡街。

西津渡自三国时期便是渡口码头，后因江岸逐渐北移，渡口早已不在，只留下了西津渡古街搁在云台山的山腰上。这里有一片历史气息浓郁的老房子，从东边登几十步台阶便可到，越往西走地势越低。古街铺满老旧的青石板，两侧是青砖砌成的传统民居和山墙，很显沧桑。

※茅山 AAAAA
万福宫、万宁宫、华阳洞

🅐 句容市境内与常州的金坛区交界处。🚌 镇江客运站有到茅山的班车。💰 旺季（2~6月，10月）100 元，淡季 90 元。⏰ 3~11 月 7:00~17:30，12 月至次年 2 月 8:00~17:00。

茅山素以"宫观甲天下"著称于世。茅山山上道观遍布，虽然历史悠久但屡经战火，现在看到的多为现代重修的，其中以九霄万福宫和元符万宁宫最为著名，合称"茅山道院"。

体验之旅

"三把刀"服务：扬州的特色服务业，有被公众一致认同的"三把刀"——剪发刀、扦脚刀和厨刀。来到扬州，理个发、泡个澡、扦个脚，然后再去尝一下扬州有名的淮扬大菜，真是到扬州旅游的一大享受。扬州的陆琴脚艺、苏扬足疗是扬州两个著名的品牌。

夜游古运河：在古运河五台山大桥至徐凝门桥短短的数千米之间有吴道台府、双瓮城遗址公园、东门遗址公园等众多景点。夜晚的运河两岸被灯火装点得格外好看，乘坐游船荡漾在河水上，有种人在画中的梦幻之感。

《春江花月夜·唯美扬州》：整场演出反应从古至今扬州的风貌和历史。演出场地设在瘦西湖万花园内，以瘦西湖水和园林景观为天然舞台，国际顶尖水准肩上芭蕾，百米喷泉，全场烟花，为观众打造了一场视听盛宴。演出时间为 19:45~21:00，票价为 220~460 元不等。

寻味之旅

扬州是中国四大菜系之一淮扬菜系的发源地，口味清淡鲜美、甜咸适中，历史上有"吃在扬州"的美誉。扬州菜以拆烩鲢鱼头、扒烧整猪头、蟹粉狮子头"三头"为代表，三头宴和红楼宴、全藕宴一起被称为扬州菜肴三绝。

三头宴：即扬州的三道传统名菜——拆烩鲢鱼头、清炖狮子头、扒烧整猪头发展而成的宴席。狮子头肥嫩不腻；鲢鱼头口味香醇；整猪头香溢四座，均具有浓郁的乡土风味。在菜根香饭店中即可吃到。

大煮干丝：又称鸡汁煮干丝，是一道既清爽，又有营养的佳肴，其风味之美，历来被推为席上美馔，是淮扬菜系中的看家菜。在扬州、泰州的许多酒店均可吃到，如扬州老字号福满楼、富春茶社等。

三丁包：扬州的名点，馅心是以鸡丁、肉丁、笋丁制成，故名"三丁"。在扬州富春茶社、冶春茶社等很多餐馆都可以吃到。

扬州炒饭：如今的扬州炒饭有很多品种，但无论是哪种炒饭，只要是真正的扬州炒饭，漂亮的色泽是重要的一环，同时，色香味俱全，米粒的软硬度恰到分寸。菜根香是公认扬州炒饭做得最好的老字号饭店，其他各个大小餐厅也都有扬州炒饭。

扬州美食街：位于市中心的扬州美食街，共有 2 千米长。其间一个紧挨一个地摆放着 190 多个小吃摊位，各种扬州风味小吃在这条美食街上应有尽有，堪称扬州一绝。

目的地攻略

🚗 交通

飞机：扬州和泰州合用一个中小型机场，名为扬州泰州国际机场，距扬州市区约 30 千米，距泰州市区约 20 千米，机场往来市区有巴士和公交车。现已开通往返北京、广州、三亚、西安、哈尔滨、厦门等城市的国内航班，此外还开通了仁川、清州、茨城等国际航线。

火车：扬州有两座火车站，市内的扬州站和扬州东站，均通动车。

🏠 住宿

扬州虽不大，但是市内遍布着档次不一的酒店和旅店，可满足不同游客的需求。若想品尝地道的扬州小吃并欣赏美景，那最好就住在文昌阁附近，虽然价格相对偏高，但是位置绝佳，也算物有所值；但如果你想休闲度假，就首选住在瘦西湖风景区周边。

🛒 购物

扬州的玉器、漆器、剪纸艺术被称为"扬州三绝"，其制作工艺考究，是送礼的佳品。而扬州酱菜已有多年的历史，在江浙一带小有名气，它有鲜、甜、脆等特点，是扬州小吃的代表菜之一。

中下｜昆曲
右下｜富春包子

亮点 → 汉文化 | 花果山 | 洪泽湖

大丰麋鹿园

苏北

　　自古有"东海明郡"之称的连云港宛如一颗璀璨的明珠，依山伴海，幽静的海岸、海浴、楫舟、散步、垂钓，无一不宜；历史文化名城徐州古称彭城，中华养生学的鼻祖彭祖、汉代开国皇帝刘邦、人杰雄豪项羽都在徐州留下了他们的痕迹；淮北明珠宿迁旅游资源丰富，洪泽湖、骆马湖珍禽聚栖，乾隆行宫气势非凡，楚霸王项王故里雄伟壮观；淮安素有"壮丽东南第一州"的美誉，沿大运河，环洪泽湖，自然风光壮丽。

 旅 行 路 线

连云港经典二日游

　　登山下海，访古寻幽，如果只有两天时间，不妨第一天游览连云港的花果山，品尝连云港美食；第二天观海景，享受连云港天然海滨浴场。

徐州市区二日游

　　5000多年的文明史为徐州留下了大量文化遗产和名胜古迹，徐州市区至少可以玩两天，第一天主要游览徐州汉文化景区，解读汉文化；第二天主要游览龟山汉墓，赏千古奇观。

左下 | 连岛景区

连云港市景点

本地游

※花果山景区　AAAAA
水帘洞、仙人桥、南天门

🅐 连云港市海州区郁林路。　🚌 市内乘游1路、游B11路可到。　💰 旺季90元；淡季50元。　🕐 旺季（3~11月）7:00~17:00，淡季 8:00~16:00。

　　花果山自然景观呈现山海相依，崎岖与开阔呼应对比的壮丽景色。更有与《西游记》故事相关联的孙悟空降生地的娲遗石、栖身之水帘洞、妖魔七十二洞等，神形惟妙惟肖，栩栩如生。

　　山顶玉女峰是江苏省最高山峰，登玉女峰可见云台铺海，白

亲历者行程

　　进山门，步行至仙人桥、竹节岭，在十八盘登山，登至南天门下行抵九龙桥，然后沿山路攀缘或乘缆车至三元宫。游览完三元宫路过义僧亭、惠心泉，便到屏竹竹神院。接着一路前行到水帘洞，在水帘洞附近过了一线天就能登上玉女峰。

云翻滚，好像海水扬波，露出来的峰顶就像大海里的蓬莱仙岛，群山俯伏，阡陌纵横，此情此景更令人有飘飘欲仙的感觉。

※渔湾景区
藏龙洞、三龙戏水

🅐 连云港市新浦区云台乡渔湾村。　💰 40元。

　　渔湾自然景观奇特优美，由瀑布、峭壁、怪石叠化而成，被人们誉为"苏北的九寨沟"，尤其是飞瀑四季不绝，传说中三龙戏水的老龙潭、二龙潭、三龙潭以及龙王三太子睡觉的龙床等景点，给人如入仙境的体验。

※连岛景区
海滨浴场、渔村

🅐 连云港市连云区连岛海滨旅游度假区。　💰 连岛海滨浴场旺季（5~10月）50元，淡季30元。

　　连岛，因其山周围浮海中，

群鸟翔集，嘤嘤然自相喧聒，因而又叫嘤游山。连岛是江苏省最大的海岛，区内著名景点连岛海滨浴场是江苏省最大的天然优质海滨浴场。连岛山势曲折，峰连岭涌，山青树碧，俨然一座美丽的海上屏风。

※海上云台山

二桅尖、法起寺、楸树林

🏠 连云港市连云区宿城街道。💰 旺季（3~11月）80元，淡季60元。

海上云台山以山称奇，以海叫绝，因水谓妙，因古显幽，群山透迤，峰峦叠翠，绿水长流。有江苏独一无二的山海奇峰二桅尖；有"佛从海上来，东土第一寺"之称的法起寺；有"紫气东来，王者之气"之称的中国最大的楸树林，自唐宋时期便分布于此。

※桃花涧

马耳峰、象形石、紫竹庵

🏠 连云港市海州区锦屏镇锦屏山南麓。💰 30元。

桃花涧，是锦屏山最大最长的一条山涧，"两岸桃花夹古津"的美景重现人间。马耳峰上细流千回百转汇集成滔滔涧水，从山上挺拔的林木丛中幽幽穿过，与裸露的山峰石骨共同构成一幅颇具风味的中国画，最后流向了南坡。

※孔望山风景区

摩崖造像、龙洞

🏠 连云港市海州区盐河南路。💰 40元。

孔望山因孔子登山望海而得名，这里有原始社会新石器时代祭海的杯盘石刻；有迄今为止中国唯一的汉代圆雕石像；有北齐年间的千年古刹；有唐、宋、元、明各朝代官宦文豪的题刻；特别是东汉摩崖造像的发现，取代了敦煌莫高窟"中华母窟"的桂冠，证实了以孔望山为起点的海上丝绸之路，其价值堪称国宝。

徐州市景点

本地游

※云龙湖景区　AAAAA

小南湖、水上世界、南湖水街

🏠 徐州市泉山区湖东路。🚌 市内乘游2路、游3路、9路等公交至滨湖公园东门站下车。

云龙湖地处市中心，湖东有云龙山，湖南有珠山，湖西有小长山和卧牛山。景区内湖波浩渺，山色叠翠，古往今来，吸引了众多游子，北宋文学家苏轼任徐州知府时即情钟此湖。如今的云龙湖，湖东以水上活动和参观游览为主，湖西以疗养度假为主，湖南则主要以娱乐及宾馆为主。

※汉文化景区

楚王陵、汉画长廊

🏠 徐州市云龙区兵马俑路。💰 90元。
🕐 夏季8:30~17:00，冬季8:30~16:30

徐州汉文化景区距离市区很近，其中汉兵马俑博物馆、水下兵马俑博物馆、汉画长廊、

1995中国十大考古新发现之首狮子山楚王陵，被誉为"两汉三绝"。在这里你可以一睹汉代楚王陵墓的内部构造，看楚王的地下部队兵马俑，探寻墓主神秘的身份之谜。

※彭祖园

彭祖祠、游乐园、动物园

🏠 徐州市泉山区泰山路。💰 动物园20元。

彭祖园简称彭园，西连云龙山，为纪念徐州的始祖彭祖所以名叫"彭祖园"。公园北部为福山，南部为寿山，山都不高，环境很好，绿树成荫，当地人常来此散步、爬山、放风筝，公园里还有徐州游乐园和徐州动物园，是孩子们的天堂。

※徐州汉画像石艺术馆

泗水捞鼎图、西王母图像

🏠 徐州市泉山区湖东路。💰 免费。
🕐 周二至周日9:00~17:00（16:30停止入馆），周一闭馆。

艺术馆分南馆和北馆两个馆：南馆是新馆，具有现代化的外观；北馆是旧馆，外观仿唐宋建筑。汉画像石是汉代地下墓室、墓地祠堂、墓阙和庙阙等建筑上的画像石刻，刻画手法古朴浑厚，内容涉及神话传说、历史故事、现实生活等方面，一定会让人文爱好者大呼"过瘾"。

※窑湾古镇

千年古槐、老式建筑

🏠 徐州市新沂市窑湾镇。🚌 到达新沂市后，乘新沂至窑湾的公交车可直达景区。💰 古镇免费，景点联票80元。

窑湾古镇是一座具有千年历史、闻名全国的水乡古镇，具有很高的观赏、游览和历史研究价值，素有"苏北水域胜江南"之美誉及"小上海"之称。

左下 | 彭祖园

左上 | 洪泽湖湿地公园
右上 | 中华麋鹿园

宿迁市景点 本地游

※项王故里

霸王骑马雕塑、娱乐区域

宿迁市宿城区黄河南路。 80元。

项王故里是西楚霸王项羽的出生地，景区里大片的仿汉建筑气势宏伟，用塑像群、场景布置等各种手法展现和项羽有关的故事，又有不少互动游戏。若是带着孩子来寓教于乐、增长点历史知识，倒是一个不错的选择。

※乾隆行宫

天王殿、御碑亭

宿迁市宿豫区102县道。

乾隆行宫建于清康熙二十三年（1684年）前后，是江苏省保存较好的一组古建筑群。其布局对称，重檐斗拱，建筑雄伟，有殿阁亭台20多处。庙前有石狮一对，往北及御碑亭，亭内御碑四面镌刻乾隆几度南巡的御笔题诗，屋面为黄色琉璃瓦，流光溢彩，金碧辉煌。

※洪泽湖湿地景区 AAAAA

千荷园、芦苇迷宫

宿迁市泗洪县城头乡洪泽湖湿地国家级自然保护区内。 60元。 旺季（3~11月）8:00~17:30；淡季 8:30~17:00。

景区湖水浩渺，原野广袤，荷苑飘香，曲桥蜿蜒，芦荡深深，百鸟齐鸣。置身其中，宛如走进一幅原始、自然的旖旎画卷。目前景区已建成湿地博物馆、千荷园、湿地芦苇迷宫、渔趣园等旅游景点。

盐城市景点 本地游

※中华麋鹿园 AAAAA

麋鹿园、各种鸟类

盐城市大丰区麋鹿大道东端。
盐城市五星车站有直达景区的大巴。 50元。

中华麋鹿园景区位于大丰林场内，其地貌由林地、芦荡、草滩、沼泽地、盐裸地组成，向人们展示了鲜为人知、内涵深厚的麋鹿文化。成群结队的珍禽飞鸟、碧波万顷的芦荡，一片连着一片的红果盐蒿构成了令人陶醉的生态风画，同时又组成了一个天然美丽的动植物王国。

※荷兰花海

木质建筑、风车、花海

盐城市大丰区新丰镇海海路。
8:30~17:30。 50元。

有"中国郁金香第一花海"美誉的荷兰花海，位于大丰北部。花海给"麋鹿之乡"增添了浓浓的异域情调，来到这里，便全身心投入了花的海洋，连呼吸都变得畅快。伴着几只高大风车，在溪流边随风而动，还有大片大片的郁金香花朵在风中。

※大纵湖

樱花大道、水上观音圣像

盐城市盐都区大纵湖乡。 在盐都汽车站乘坐大纵湖班车可至景区。
60元（不含影视城）。

大纵湖自古为盐城名胜，纵湖秋色列入盐城新十景之一，享有苏北第一湖美誉，大纵湖以宁静致远的意境、恬淡秀美的风光、清雅绮丽的魅力吸引着众多游客前来观光。其中，芦荡迷宫为全国之最，已经入选中国的吉尼斯世界纪录。

淮安市景点 本地游

※周恩来故里景区 AAAAA

仿北京中南海西花厅

淮安市淮安区永怀路。 市内乘10路公交可到。 免费。 8:30~17:30（16:30 停止入馆），周一闭馆。

周恩来故里景区由周恩来纪念馆、周恩来故居、驸马巷历史街区和河下古镇四部分组成。在这里，不仅可以了解到周恩来的事迹，看到很多珍贵的实物，还可以欣赏令人陶醉的风景，大片的湖面水平如镜，湖畔绿柳拂面，夏日湖中荷花盛开，分外美丽。

※ 第一山景区

谁山堂、翠屏堂、春昼堂

🚩 淮安市盱眙县淮河北路淮河文化会馆对面。💰 30元。

第一山，得名于北宋书法家米芾所题"第一山"。山上古木葱茏，胜迹众多，风景秀丽。宋代以来，雅士云集，吟咏勒石，弥足珍贵。现有谁山堂、翠屏堂、春昼堂、玻璃泉亭、明伦堂、摩崖石刻保护廊等。"阅尽江淮千里地，且看东南第一山"，登临游赏，思古叹今，心旷神怡，流连忘返。

※ 铁山寺国家森林公园

天泉湖、铁山寺

🚩 淮安市盱眙县306县道西南端。
🚌 盱眙影剧院旁有直达景区的班车。
💰 50元。

铁山寺公园山北有天泉湖，山上植被非常丰富，是周末爬山的好去处。如果你是植物爱好者，能发现蕨类植物，中草药当归、灵芝等，在大片的竹林里走走，非常舒服。山顶有铁山寺，最早由僧人严佛调建造，不过现在看到的寺庙是现代重建的。

※ 吴承恩故居

书房、后花园

🚩 淮安市淮安区河下古镇。⏰ 夏季7:30~18:00，冬季8:00~17:00。💰 40元。

吴承恩故居位于河下古镇内，是一组明代风格的园林建筑群，故居里有许多亭台楼阁、假山池塘，典雅古朴。在这里，你可以了解到《西游记》作者吴承恩的生平，看到一些相关

文物，央视版电视剧《西游记》里孙悟空的扮演者六小龄童为保护故居做出了很多贡献，故居里也能看到和六小龄童相关的展示。

寻味之旅

连云港饮食集合了淮扬菜、鲁菜、海派菜的特色，一年四季都有海鲜名菜，让人百吃不厌。当地海鲜品种繁多，如果追求实惠的话，可以去海鲜一条街上吃大排档。

徐州久负盛名的菜肴如雉羹、霸王别姬、羊方藏鱼等，特色小吃有烙馍、龟打、壮馍等。解放南路和复兴路是徐州著名的美食街。

淮安最出名的美食非盱眙小龙虾莫属。小龙虾肉质洁白细嫩，味道鲜美，尤其是以独特香料烹制的麻辣小龙虾、十三香小龙虾，香气浓郁，拥有大批的"虾迷"。每到夏天，街头各类餐馆都能吃到美味的小龙虾。

目的地攻略

🚗 交通

飞机：连云港白塔埠机场距市区约25千米，目前已开通北京、上海、广州、深圳、厦门等部分国内城市航线，以及城市的曼谷和大阪等国际航线。

徐州观音机场距离徐州市区约45千米，目前已开通有广州、三亚、哈尔滨、乌鲁木齐等国内部分城市航线。

淮安涟水机场位于淮安市东北方向，距离淮安市中心约

22千米，市区万达广场前有机场大巴直达。目前已开通北京、上海、广州、杭州、昆明等国内部分城市航线。

盐城南洋机场开通了到北京、广州、武汉、厦门等地的航线，市区有民航班车可前往机场。

火车：连云港市区有连云港和连云港东两座主要的客运火车站。两座火车站均有始发北京、汉口、上海、乌鲁木齐、广州等城市的列车，其中在连云港站经停，终点站均为连云港东站。

徐州有徐州站和徐州东站两座火车站，动车、高铁均由徐州东站发车。淮安主要的客运车站即淮安站。

🏠 住宿

去苏北旅游，住宿可选择在淮安或徐州，这两处一是著名景点较多，二是都处于交通枢纽，出行方便快捷。当然如果你想体验一下海滨风情，连云港也是不错的选择。

右上 | 小龙虾
右下 | 大丰豆腐

亮点 → 西湖十景 | 宋城古韵 | 钱塘江观潮 | 龙井问茶 | 灵隐拜佛 | 西溪湿地

西湖

杭州

"上有天堂,下有苏杭"表达了古往今来的人们对于这座美丽城市的由衷赞美。它拥有三面云山,一水抱城的水光山色,以"淡妆浓抹总相宜"的自然风光传承至今,情系天下众生。杭州之美,除了集江南神韵于一身的西湖十景,人文景观也同样丰富多彩:苏堤春晓、平湖秋月、灵隐寺、六和塔等景观早已声名远播;鱼米之乡、丝绸之府、文物之邦都是世人对杭州的唯美印象;历史上文人骚客在杭州留下了丰富的历史遗迹和诗书绘画,可以说杭州的景点处处是故事,处处是诗篇。

 旅 行 路 线

杭州市区经典三日游

享有"人间天堂"美誉的杭州,处处是美景。市区景点至少就能玩三天。第一天主要环绕西湖游览;第二天上午观千年古刹——灵隐寺,下午去西湖虎跑龙井景区,领略茶文化;第三天走近西溪湿地,乘船慢游。

绍兴经典二日游

第一天上午游览鲁迅故里,寻百草园、三味书屋,下午去东湖泛舟,晚上到沈园欣赏堂会——《沈园之夜》;第二天早起前往柯岩景区,乘乌篷船尽情欣赏山光水色。

西湖 ◎ AAAAA

西湖十景、灵隐寺、龙井茶园 | 本地游

◎ 杭州市西湖区西湖风景区。◎ 乘地铁1号线至凤起路、龙翔桥站可到湖滨附近。西湖沿岸有不少公交站,几条旅游公交线基本涵盖西湖边所有景点。

西湖无疑是杭州之美的代表,分为9大景区:环湖景区、北山景区、吴山景区、植物园景区、灵竺景区、凤凰山景区、钱江景区、五云景区、虎跑龙井景区,共有122处景点。著名的"西湖十景"环绕湖边,自然与人文相互映衬,组成了杭州旅行的核心地带。

※ 雷峰塔

◎ 杭州市西湖区南山路。◎ 乘坐旅游2、7、9号线公交净寺站下即到。

雷峰塔又名"黄妃塔",位于西湖南岸夕照山的雷峰上,很多人的"雷峰塔情结"都源于白娘子传说。大多数人登塔是为了看景,雷峰塔高处的视野很好,不仅可以看西湖全景,还可以俯瞰对面净慈寺的全貌。尤其是晚上,西湖沿岸的灯光勾勒出整个西湖的轮廓,景色很美。

※ 三潭印月

◎ 杭州市西湖区西湖中部偏南。
◎ 20元,普通船55元(含上岛船票+三潭印月门票),豪华游船70元。

三潭印月又称"小瀛洲",位于西湖中部偏南的湖面上,是西湖三岛中面积最大、唯一能上岛游览的一个。岛屿的轮廓像一个"田"字,外圈的环形是优美的江南园林,内部被十字形的岛和桥分割成四个小湖,充满诗情画意。

※ 灵隐寺

◎ 杭州市西湖区灵隐路。◎ 旅游2号线公交可到,从市区骑车去灵隐寺也是不错的选择。◎ 飞来峰景区45元,灵隐寺30元。

西湖

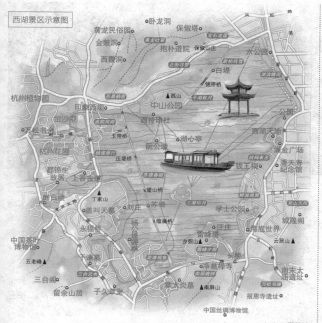

西湖景区示意图

灵隐寺又称"云林寺"，坐落于西湖西面的灵隐山麓。寺内环境清幽，是杭州最早的名刹，留存着各朝代众多精美文物。这里还是济公的出家地。

※龙井茶园

茶园、御茶坡、杂艺表演

🏠 杭州市西湖区翁家山。💰 35元。

龙井问茶是新西湖十景之一，用名列西湖三大名泉的龙井泉水冲泡的龙井茶更是一绝。在这个占地近130亩的龙井山园里，游客在远观西湖山色美景的同时，还可以近赏龙井茶农种茶、采茶、制茶、品茶过程，体验龙井茶人家的生活情趣。

杭州市区景点 本地游

※宋城景区

仿古建筑、歌舞演出、小吃

🏠 杭州市西湖区之江路。💰 观众席320元、贵宾席350元、带桌豪华沙发席580元（入园门票＋演出票）。

宋城是一座大型宋代文化主题乐园，充满宋代风情的仿古茶楼、杂货铺、打铁铺、酒坊等随处可见。街上有木偶戏、皮影戏、打擂台等表演，还会遇到披甲士兵巡街或是缉拿逃犯，给人一种奇妙的穿越感。来了宋城一定要看《宋城千古情》，通过大型的歌舞秀，体验一回心灵的震撼。

※清河坊街

胡庆余堂、美食街

🏠 杭州市上城区河坊街。

清河街坊是杭州人气最旺的商业街之一，沿街的商铺是老建筑改建的，古色古香。这里各种本地小吃、老字号、茶

左上｜灵隐寺
左下｜西湖泛舟
中上｜宋城千古情

左上 | 千岛湖
右上 | 西天目山

楼云集，加上背靠吴山，又与美食街高银街近邻，无论是游客还是本地人都常来光顾。

※胡雪岩故居
芝园、楠木厅、百狮楼

◎ 杭州市上城区元宝街。 ◎ 在杭州东站乘坐快速公交B4线至西溪湿地周家村站下车。 ◎ 8:00~17:30（随季节变化略有调整）。

胡雪岩故居邻近河坊街，是晚清著名商人胡雪岩在事业巅峰时期所建的豪宅。这座宅第内，大到亭台楼阁小到木雕石刻，用料和工艺都极为奢华讲究，尤其是庭院假山建造得别致细腻，可谓将江南园林的造园艺术发挥到极致。

※西溪国家湿地公园 AAAAA
烟水阁、深潭口、秋雪庵

◎ 杭州市西湖区天目山路。 ◎ 在杭州东站乘坐快速公交B4线至西溪湿地周家村站下车。 ◎ 洪园80元，周家村140元。

西溪国家湿地公园环境清幽、水道纵横，是城市中少有的天然湿地，有"杭州之肾"之称。如果时间充裕，建议坐上摇橹船漫游芦苇荡、寻访《非诚勿扰》取景处，或是探访隐于林中的秋雪庵、梅竹山庄等古迹，都是非常享受的体验。

杭州郊县景点 本地游

※钱江观潮城
钱塘江观潮

◎ 杭州市萧山区南阳镇赭山。 ◎ 20元。

钱江观潮城是以钱江大堤为纽带的观潮胜地。每年农历八月十八日前后数天，是观看钱江潮的最佳时期。观潮期间，都会举行中国国际钱江（萧山）观潮节。

※富春桃源风景区
胡庆余堂、美食街

◎ 杭州市富阳区胥口镇上练村。 ◎ 140元。

富春桃源以山清水秀、林茂洞奇而著称，这里有不错的溶洞和湖泊景观，因此也成了杭州周边休闲游览的热门景点之一。景区主要分为九霄碧云洞、逍遥岩岭湖、桃源三家村（渔村、牧村、稻香村）等景区，生态环境优越。

※千岛湖景区 AAAAA
黄山尖、龙川湾、芹川村

◎ 杭州市淳安县千岛湖镇。 ◎ 杭州长途汽车西站、黄龙旅游集散中心有发往千岛湖的巴士。 ◎ 旺季（3~11月）130元，淡季110元。

千岛湖是新安江大坝截流后形成的人工湖。这里湖水清澈，湖面上岛屿星罗棋布，不仅湖上风光秀美，湖中每个岛的景致都各有特色。西南湖区则有龙川湾、芹川村，可以观赏湿地、古村风光，是江浙地区度假休闲的热门选择。千岛湖周边有十几处漂流点，夏日消暑不可错过。

※大明山景区
明妃七峰、大明湖、悬空栈道

◎ 杭州市临安区清凉峰镇白果村。 ◎ 杭州旅游集散中心、临安旅游集散中心都有去大明山的车。 ◎ 25元。

大明山邻近安徽省，这里属黄山余脉，既承袭了黄山的奇峰怪石，又拥有浙西山水的明秀。春夏可踏青避暑，冬季的大明山滑雪场是滑雪胜地。穿越万米岩洞、走悬空栈道或坐旱滑道下山，都是不错的体验。

※浙西大峡谷
剑门关、白马崖、老碓溪

◎ 杭州市临安区龙井镇。 ◎ 门票100元（含柘林瀑、剑门关、老碓溪、白马崖），景区交通30元。

大峡谷是浙西北有名的山水景区，这里群山叠嶂，一江碧水穿流峡谷之中，湍急的河段还能体验皮筏漂流。大峡谷内森林密布，可赏奇峰飞瀑、还能看到高空走钢丝、竹竿舞等精彩表演。

※ 西天目山

大树王景区、禅源寺、冰川大峡谷

⚐ 杭州临安区西天目乡。 💴 136 元。

西天目山史称三十四洞天。景区峰峦叠翠，古木葱茏，有奇岩怪石之险，有流泉飞瀑之胜，有"江南奇山""大树王国""清凉世界"之称。这里有满眼的绿色植物、枝繁叶茂的巨大树木、瀑布溪流和清新的空气，来此游览让人豁然开朗。

※ 瑶琳仙境

"银河飞瀑""擎天玉柱"

⚐ 杭州市桐庐县瑶琳镇。 💴 116 元。 🕐 8:00~16:30（提前半小时停止售票）。

瑶琳仙境是当地最著名的钟乳石山洞，整个洞穴纵深约1 000 米，洞内造型各异的石笋和钟乳石在各色灯光映衬下特别漂亮。瑶琳仙境内分为三个洞厅，其中最值得看的有"银河飞瀑""擎天玉柱""三十三重天"和"瑶琳玉峰"这四景。

绍兴
周边游

※ 鲁迅故里 AAAAA

百草园、三味书屋、咸亨酒店

⚐ 绍兴市越城区鲁迅中路。 🚇 在火车站乘轨道交通 1 号线直达。 🎫 凭身份证免费。 🕐 8:30~17:00。

鲁迅故里是绍兴市内的一条历史街区，这里是鲁迅先生少年时生活过的地方。景区内不仅保留了不少当年的老建筑，还恢复了先生笔下的土谷祠、寿家台门等景观，百草园、三味书屋等儿时课本中的场景也能在这里找到。

※ 沈园 AAAAA

《钗头凤》碑、双桂堂的堂会

⚐ 绍兴市越城区鲁迅中路。 🚌 一般与鲁迅故里一同游览，可从鲁迅故里步行前往。 💴 白天 40 元；沈园之夜 A 座138 元，B 座 118 元，C 座 80 元。 🕐 白天 8:00~17:00，沈园之夜 18:30~20:30。

当年陆游为追忆与唐婉的沈园邂逅，写下了著名的《钗头凤》，寄予了这座精巧的江南园林许多浪漫的想象。如今人们到沈园，除了欣赏古典园林之外，白天主要看园内建筑，如果你是戏迷，那么晚上的沈园之夜会更对你的胃口。

※ 会稽山景区

大禹陵、百鸟苑、香炉峰

⚐ 绍兴市越城区会稽路。 🚌 乘公交车至大禹陵站下车即可。 💴 140 元（包含三个景区）。

会稽山景区包含大禹陵、百鸟苑、香炉峰三个部分。相传这里是大禹结婚、封禅和陵墓所在地，与会稽山相连的香炉峰怪石林立，山巅处修建了一座禅寺，非常壮观，而百鸟苑则是赏鸟的好地方。

※ 柯岩景区

石佛、镜水湾、越中名士苑、圆善园

⚐ 绍兴市柯桥区柯岩大道。 💴 130 元（含三大景区、画舫船票）。 🕐 冬天8:00~16:30，夏天 7:30~17:00。

柯岩景区位于柯山脚下，包含柯岩、鉴湖、鲁镇三部分。柯岩是整个风景区的核心，三国时期，这里曾是一处采石场，拥有姿态各异的石宕、石洞、石潭、石壁等奇景。景区内有往返三个景区的免费画舫，当然也可以选择步行，但距离较远。

嘉兴—湖州
周边游

※ 乌镇 AAAAA

茅盾故居、西栅夜景、民俗馆

⚐ 嘉兴市桐乡市乌镇。 🚌 桐乡火车站有班车前往景区。 💴 东栅 110 元，西栅 150 元，东西栅联票 190 元。

乌镇是桐乡北郊一座历史悠久的江南古镇。景区由十字形的水系分为东栅、西栅、南栅、北栅四个区域，赏西栅夜景、坐摇橹船、看民俗表演，

旅行攻略

你可以在西栅的石板路上闲逛一天，尝尝臭豆腐、定胜糕、姑嫂饼等当地小吃，坐上摇橹船细细品味水乡小镇。若是时间允许，一定不要错过西栅夜游。水巷、古桥和白墙被灯火映照着，美不胜收，乘摇橹游览更有意境。赏完夜景，去酒吧喝两杯，或看一场露天老电影，听一场花鼓戏，非常惬意。

左下 | 乌镇西栅

西湖雪景

乌篷船

江南地区河流纵横，到处都是河街水巷。乌篷船是江南水乡的独特交通工具，因篷篷漆成黑色而得名，水乡绍兴的乌篷船最具有代表性。乌篷船大多在江中行驶，体轻速快，或独或群，它船身窄，船篷低，船体轻盈，可以在一些狭小的水道里航行，不仅是江南地区的重要交通工具，也是水乡里的一道独特风景。

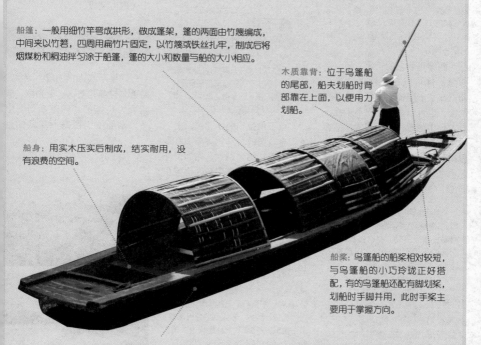

船篷：一般用细竹竿弯成拱形，做成篷架，篷的两面由竹篾交编成，中间夹以竹箬，四周用扁竹片固定，以竹篾或铁丝扎牢，制成后将烟煤粉和桐油拌匀涂于船篷，篷的大小和数量与船的大小相应。

木质靠背：位于乌篷船的尾部，船夫划船时背部靠在上面，以便用力划船。

船身：用实木压实后制成，结实耐用，没有浪费的空间。

船桨：乌篷船的船桨相对较短，与乌篷船的小巧玲珑正好搭配，有的乌篷船还配有脚划桨，划船时手脚并用，此时手桨主要用于掌握方向。

乌篷船的动力：是靠脚划桨。划船的人坐在后梢，一手扶着夹在腋下的划桨，两脚踏在桨柄末端，两腿一伸一缩，桨就一上一下地击水推进，时速可达 10 多千米。船的航向是用手桨来控制的，船行进时，船工脚手并用。有时船工便把作舵用的手桨夹在腋下，把双手空出，在轻舟快捷的行驶中捧一碗酒品尝。

著名画家吴冠中笔下的水乡和乌篷船

近代著名作家周作人曾写过一篇著名的散文——《乌篷船》，形象地描绘出乌篷船独有的江南韵味。

篷是半圆形的，用竹片编成，中央竹箬，上涂黑油；在两扇"定篷"之间放着一扇遮阳，也是半圆的，木作格子，嵌着一片片的小鱼鳞，径约一寸，颇有点透明，略似玻璃而坚韧耐用，这就称为明瓦。三明瓦者，谓其中舱有两道，后舱有一道明瓦也。船尾用橹，大抵两支，船首有竹篙，用以定船。船头着眉目，状如老虎，但似在微笑，颇滑稽而不可怕，唯白篷船则无之。三道船篷之高大约可以使你直立，舱宽可放下一顶方案，四个人坐着麻将——这个恐怕你也已学会了吧？

是游人不应错过的体验。这里也是黄磊和刘若英主演的《似水年华》的取景地。

※西塘古镇 AAAAA

古桥、弄堂、廊棚

ⓐ 嘉兴市嘉善县西塘镇。ⓑ 嘉善站和嘉兴站都有公交车直达西塘。ⓒ 联票95元（包含11个小景点）。冬季（11~2月）8:00~16:30，夏季（3~10月）8:00~17:00。

西塘是著名的千年古镇。在西塘，你可以在茶楼里品茶听曲，或乘上摇橹船看水中的各色倒影，也可以去酒吧坐下来找一点古朴中的现代感。即使是站在桥上俯视川流的木船、远眺整片屋檐，或在廊棚下漫无目的地闲逛也是一种乐趣。

> 旅行攻略
>
> "西塘的一夜，为你等待了千年。"夜游西塘别有一番情趣，在河道里漂漂荡荡，看看社戏，在西园内听听江南丝竹，品香茗，感受夜西塘的另一份热闹。

※南湖景区 AAAAA

湖心岛、烟雨楼、伍相祠

ⓐ 嘉兴市南湖区海盐塘路。ⓑ 市内乘8路、36路公交车至南湖景区站下车即到。ⓒ 乘船参观景点60元。

南湖因位于嘉兴城南而得名，与南京玄武湖、杭州西湖并称"江南三大名湖"。这里不仅有江南秀美的风光，还是我国近代史上重要的革命纪念地，1921年，中国共产党诞生在南湖中的游船上。

※莫干山

武陵村、剑池、芦花荡、民宿

ⓐ 湖州市德清县莫干山国家级风景名胜区。ⓑ 前往莫干山需先到湖州或德清县，再乘巴士或拼包车前往莫干山景区。ⓒ 旺季（3~6月）80元，淡季50元，7~8月及黄金周100元。

莫干山位于浙江北部，山上不仅有茂密的竹林，还有200多幢颇有韵味的老别墅，宛如世外桃源。毛泽东等众多名人也曾在此驻足，丰富的自然人文景观和巨大的名人效应，使之成为热门的避暑地。如今莫干山民宿众多，是远近闻名的度假胜地。

※南浔古镇 ⓐ AAAAA

小莲庄、百间楼、张静江故居

ⓐ 湖州市南浔区南浔镇。ⓑ 湖州、上海、杭州、苏州、嘉兴等地每天都有多班班车发往南浔。ⓒ 套票100元。ⓓ 夏季（4~10月）7:30~17:00，冬季（11月至次年3月）8:00~16:30。

南浔历史悠久，河流穿境而过。南浔自古富人居多，建筑也都是富户的优美庄园，由于西洋风曾经在此盛行，南浔也是唯一中西合璧风格的古镇，高贵优雅。古镇面积不大，若是浮光掠影式游玩一圈大概小半天即可完成。

体验之旅

印象·西湖：《印象·西湖》是著名导演张艺谋、王潮歌、樊跃合力打造的"印象系列"之一，剧场位于西湖西北区的岳

左下 | 西塘古镇
右上 | 莫干山
右中 | 南湖

湖、曲院风荷与苏堤之间。以湖面作舞台，利用高科技声光技术渲染场景、由众多演员演绎情节，再现江南美景与民间传说。演出具体时间以官方通知为准。

宋城千古情：表演以杭州的历史典故、神话传说为基点，融合世界歌舞、杂技艺术于一体，运用了现代高科技手段营造如梦似幻的意境，给人以强烈的视觉震撼。

杭州越剧：越剧是流行于浙江一带的地方剧种。著名越剧曲目有《红楼梦》《五女拜寿》《梁山伯与祝英台》等，感兴趣的朋友可以前往杭州剧院欣赏。

茶馆品香茗：杭州的龙井名扬天下，杭州的茶馆文化起于南宋，当代茶馆总离不开雅洁清幽的意境，清新自然的文化氛围。漫步西湖，参观茶园，再去梅家坞、和茶馆等地品一壶清茶，真是再惬意不过的了。

网红打卡：彩虹色的台州温岭石塘小箬村绝对是一个很特别的小渔村。临海而建的老石屋刷上了各种艳丽的色彩，就像是马卡龙世界一样，看到后心情就跟着斑斓了起来。每一个色块都是少女般的梦，怎么拍都很美。

寻味之旅

杭帮菜源远流长，杭州地处江南，饮食口味喜食鱼虾，菜肴历来注重原汁原味，讲究南北口味交融。杭州作为文化之邦，每一名菜背后又必有动人的历史传说，乾隆鱼头、东坡肉、西湖醋鱼等名菜，早已脍炙人口，名扬四海。杭州的风味小吃更是花式品种繁多，传统的本地小吃有吴山酥油饼、猫耳朵、片儿川、定胜糕等。

东坡肉：东坡肉可谓是一道色、香、味俱全的美味佳肴，皮薄肉嫩，色泽红亮，香糯而不腻口，在杭州大大小小的餐厅中均可吃到，楼外楼、知味观、外婆家等餐厅都比较出名。

龙井虾仁：以杭州特产西湖龙井的嫩芽和新鲜虾仁制成的一道杭州地方特色名菜。这两种极品食材放在一起烹制，散发着淡淡清香，口感鲜嫩丝滑，是来杭州绝对不能错过的一道美味佳肴。

西湖醋鱼：用西湖草鱼与醋糖调味制成，酸甜可口，略带蟹味，是来杭州寻味美食不可错过的一道佳肴。杭州本地的很多餐厅都经营此菜，楼外楼、天香楼等都是知名的酒楼。

河坊街美食街：步入步行街，除了可以参加庆余堂、万隆火腿庄、羊汤饭店等众多的百年老店，还汇集了众多传统小吃摊和美食店，如定胜糕、葱包桧、臭豆腐、油酥饼等都值得一尝。

保俶路美食街：这条因旅游而兴盛的美食街上，最受欢迎的是刘家香辣店和片儿川特色面馆。如今，这条街上早已五味俱全，每个月都能在这里找到新的美食"面孔"。

目的地攻略

🚗 交通

飞机：杭州萧山国际机场位于钱塘江南岸萧山区新街镇东，距杭州市中心约27千米。机场开通了通往众多全国大中城市的航班。机场有巴士往返于杭州市区的武林门、火车东站等主要地点，以及周边城镇，如绍兴、义乌、金华、苏州、乌镇等地。

火车：杭州有四座火车站，杭州站、杭州东站、杭州西和杭州南站。杭州站又叫城站，是杭州最主要的火车站，靠近市中心，火车东站为高铁客运站。

市内交通：目前杭州地铁有1—10、16、19号线。

🏨 住宿

杭州因西湖而闻名，来此游玩的旅客大多会选择住在西湖附近，用心体会这座城市的温婉美丽。西湖周边酒店很多，有不同价位的可供选择；虎跑路、四眼井地区青年旅舍扎堆，是背包客的天堂，受到文艺青年们和情侣们的追捧；武林广场是杭州的市中心和最繁华的商业圈，喜欢逛街购物的游客可以选择住在这里；西溪是一座湿地生态公园，住在这里最大的好处就是环境清幽，适合喜欢安静的朋友。

🛍 购物

杭州风光秀丽，文化底蕴深厚，百年老字号引人驻足流连。龙井茶叶、天竺筷、昌化山核桃、真丝绸、西湖绸伞、古香缎、藕粉、张小泉剪刀、杭州刺绣等一些特产广受游客欢迎。

右下 | 西湖绸伞

亮点→ 天一阁看藏书 | 宝国寺礼佛 | 东钱湖骑行 | 城隍庙美食 | 普陀山拜观音

溪口古镇

天一生水，海定波宁——从海港城市到江南水乡，从七千年前的"河姆渡文化"发祥地，到唐代"海上丝绸之路"的起点之一；从最古老的藏书楼——天一阁，到今天的现代化国际港口城市；从历史上扬名立万的阳明学派，到紧密联系宁波与世界各地的"宁波帮"。这一切，都给宁波打上独一无二的印记！

旅 行 路 线

宁波经典三日游

　　第一天去天一阁闻书香，在慈城古镇寻找"西子的缩影"；第二天游溪口风景区，欣赏这里美丽的景色；第三天前往滕头生态旅游区，体验采摘水果的乐趣。

宁波寻古二日游

　　第一天游览庆安会馆和梁祝文化公园，看先辈探索富国富民之路，赏化蝶；第二天游览保国寺和招宝山，解密"无梁殿"，体验"中峰古道"。

宁波市区景点

本地游

※保国寺

大雄宝殿、灵龙泉、青幛亭、梅林

🅐 宁波市江北区洪塘街道鞍山村。

💰 15元。

　　保国寺森林公园群山环抱，风景优美，虽然现在寺内已经没有香火，但有无梁殿等建筑可看。其中大雄宝殿是寺内主建筑，是江南最古老、保存最完整的木结构建筑群体。

※天一阁博物馆　AAAAA

藏书楼、东明草堂、秦氏支祠

🅐 宁波市海曙区天一街5号。🚇 乘坐地铁1号线至西门口站下，步行前往。

💰 30元。

　　博物馆本身其实是座江南园林。园区内分布着假山、池塘、亭台等，有书文化区、园林休闲区、陈列展览区（有秦氏支祠）三区，现藏各类古籍近30万卷，其中最出名的乃我国现存最古老的私人藏书楼——天一阁。

※梁祝文化公园

梁祝爱情邮局、梁山伯庙

🅐 宁波市鄞州区高桥镇梁祝村。🚇 乘坐地铁1号线至梁祝站下，步行前往。

💰 68元。

　　梁祝文化公园是全国第一座大型的爱情主题公园，为晋代梁祝墓、庙古遗址所在地。公园按梁祝故事的主线，兴建了草桥结拜、三载同窗、十八相送、楼台会、化蝶团圆等景点。每年公园内还会举行各种相亲活动。

※老外滩

江北天主教堂、欧式老建筑

🅐 宁波市江北区老外滩。🚇 乘坐地铁1号线至东门口（天一广场）站下，步行前往。

　　老外滩是中国最早的外滩，比上海外滩还早20年。如今，老外滩仍保存着大量漂亮的欧式老建筑，它们大多改成了现代化的酒吧和餐厅，形成一片颇有情调的休闲区，是宁波的地标之一。

※东钱湖

岳王庙、小普陀、陶公岛

🏠 宁波市鄞州区东钱湖镇。 🎫 免费，部分沿湖景点收费。

东钱湖由谷子湖、北湖、南湖组成，是杭州西湖的四倍，为浙江省最大的淡水湖。其中湖中小岛名"霞屿"，又名"小普陀"，是东钱湖景区精华所在。

※五龙潭

古祭龙坛、青云梯、天门二瀑

🏠 宁波市鄞州区西北部龙观乡境内。 🎫 50元。

五龙潭是一处以自然风光为依托，以中华龙文化、浙东山乡风情、民俗民风为文化内涵，以溪流飞瀑、怪石险峰为特色的风景名胜区。景区具有浓烈的"龙崇拜"民俗文化特色，人们可游龙潭、观龙俗、祭龙祖。

※九龙湖旅游度假区

四湖、九龙山庄、猴岛

🏠 宁波市镇海区九龙湖镇横溪村。 🎫 联票 80 元（九龙源 + 猴岛 + 观光车）。

九龙湖旅游度假区以湖光

山色、乡野情趣为特色。由"一迹、二池、三石、四瀑"等十余个景点组成，含九龙湖、凤凰湖、月亮湖和天鹅湖四湖，已开放环湖、香山寺和九龙源景区。九龙湖东侧西班牙别墅式的九龙山庄把九龙湖点缀得更加美丽。

宁波郊县景点 本地游

※前童古镇

职思其居、《理发师》拍摄地

🏠 宁波市宁海县前童镇。 🎫 60元。

前童古镇因为陈逸飞的电影《理发师》而被世人知晓，这里保留着老式的木结构瓦房，一片明清时期的景象，比起周庄和乌镇，这里景色更原始。如今，小镇内还居住着一些村民，民风淳朴，环境清幽。

※溪口风景区 AAAAA

雪窦山、雪窦寺、武岭学校

🏠 奉化区溪口镇。 🚌 溪口客运站有旅游公交车往返景区。 🎫 通票 210（蒋氏故里 + 雪窦山 + 交通费，2 天有效）。

溪口风景区包含蒋氏故居、雪窦山两大主要景区。雪窦山景区主要包括雪窦山、雪窦寺两部分。雪窦山山上风景秀丽，

空气清新，瀑布溪流值得一看，最养眼的自然景观是三隐潭的溪流与潭水以及千丈岩的瀑布。山下雪窦寺以露天弥勒佛像最为抢眼，蒋氏故居景区的主要景点沿着剡溪边的武岭路步行街排列，步行游览即可。最值得一看的是入口附近的武岭学校、小洋房和文昌阁。

※石浦渔港古城

古街巷、关帝庙、古宅区

🏠 宁波市象山县石浦镇。 🎫 60元。

石浦古城一边是山，一边是海，有着山城渔港特有的风情。城内保留着不少古朴的老宅，路边是出售海产的小店，还有 14 个展馆可了解当地文化。石浦渔业经济发达，渔俗文化丰富多彩，是全国四大渔港之一，有"海鲜王国"之誉。

※滕头旅游区 AAAAA

千鱼公园、玫瑰采摘园、石窗馆

🏠 奉化区滕头村。 🚌 宁波汽车南站乘坐到奉化的中巴车，途经滕头村下车即可。 🎫 7:30~17:00。

滕头旅游区是一个具有水乡特色的江南小镇，景区将生态环境和村庄结合在一起，再融入古建筑特色，呈现出绿树成荫、碧水环流、花果相间、

左下 | 前童古镇
中下 | 五龙潭

百鸟和鸣的江南田园美景。其中，滕头石窗馆是全国首家石窗艺术馆，具有独特的风格和深厚的文化内涵。

※象山影视城

神雕侠侣城、春秋战国城

🏠 宁波市象山县新桥镇。💰 150元。

象山影视城是《琅琊榜》《神雕侠侣》《碧血剑》等热门古装剧的取景地。景区主要分为神雕侠侣城、春秋战国城，你可以在逼真的古装场景中看演出、玩互动、拍照片，回味古装剧中的经典场景，运气好的话还能偶遇明星。

中上 | 象山影视城

舟山
周边游

※普陀山风景区 AAAAA

磐陀石、南海观音立像、海天佛国石

🏠 舟山市普陀区普陀山岛。🚌 乘汽车、飞机到舟山沈家门或朱家尖，再乘船前往普陀山岛。💰 旺季160元（2~11月），淡季120元。农历正月初一至初五，5.1~5.3，10.1~10.5门票180元。

普陀山是中国佛教名山之一，是观音菩萨的道场，有"海天佛国"的美誉。山中山石林木、寺塔崖刻、梵音涛声，皆充满神秘色彩。岛上树木丰茂，古樟遍野，鸟语花香，素有"海岛植物园"之称。景区内有普济、法雨、慧济三大寺，还有33米高的南海观音立像，是游人香客们都不愿错过的景观。宜人的山海风光是普陀山另一动人之处，漫步千步沙，远眺海上卧佛，非常享受。

※朱家尖景区

风情渔村、航海博览园、情人岛、千丈岩

🏠 舟山市普陀区朱家尖镇。🚌 普陀山

亲历者行程

普陀山二日游线路

D1 乘船上岛—普济寺—紫南海观音像—紫竹林（包括补祖紫竹林、潮音洞）—百步沙海滩；

D2 慧济寺—法雨寺—千步沙海滩。

去朱家尖有快艇；朱家尖蜈蚣峙客运码头至普陀山的夜航线。💰 除情人岛外联票60元，旺季100元。

朱家尖以沙石自然景观著称，集沙景、石景、海景、佛景于一体。岛上由北到南分布着乌石塘（乌石砾滩）、白山

景点攻略

1. 普济寺、法雨寺、慧济寺为普陀山三大寺庙。每年农历二月十九（观音生日）、六月十九日（观音成道日）、九月九日（观音涅槃日）的南海观音文化节期间，场面蔚为壮观。

提示：寺院内禁止摄像、摄影。

2. 看日出最佳处在朝阳洞（百步沙），从普济寺前去约10-15分钟可到。观日落就在西天景区，那里有著名的磐陀夕照。

（观音文化苑）、南沙、大青山四个主要景区。因为交通便利，去往普陀山、桃花岛，甚至东极岛的游客也会抽点时间来此看海。

※桃花岛风景旅游区

桃花峪、塔湾金沙、大佛岩

🏠 舟山市普陀区桃花镇。🚤 在宁波郭巨码头乘快艇可直接至桃花岛沙岱码头。💰 登岛免费，岛上部分景点收费参观。

桃花岛素有"海岛植物

龙头山
小山洞
佛顶山
古佛洞
梵音洞
海天佛国
善财洞
法雨寺
千步沙
大乘庵
朝阳洞
达摩峰
海滨浴场
不肯去观音院
传福庵
潮音洞
紫竹林
观音洞
南海观音
码头
南天门
普陀山风景区示意图

园"的美称，与普陀山、朱家尖、沈家门组成普陀旅游金三角。旅游区含桃花峪、塔湾金沙、安期峰、大佛岩、桃花港、悬鹁鸪岛六大景区。

※嵊泗列岛风景名胜区

花岛灯塔、枸杞岛

舟山市嵊泗县。 宁波镇海港乘船可到。

嵊泗列岛风景名胜区以"碧海奇礁、金沙滩火"的海岛风光著称。景区主要由泗礁、花岛绿华、嵊山枸杞、洋山四大景区构成。同时，嵊泗还盛产海鲜，号称"东海渔库"。

※东极岛

庙子湖岛、青浜岛、东福山岛

舟山市东极镇。 舟山出发可先乘公交至沈家门半升洞码头，由此乘船至庙子湖岛。

东极岛是我国大陆最东边的岛屿，因韩寒导演的电影《后会无期》在这里取景而名声大噪。这里有古朴的渔家风情，可以看日出、品海鲜、玩海钓，很适合与亲友一起度假。最东边的东福山岛是我国能看到海上第一缕阳光的地方，成为不少人看日出的首选。

※东沙古镇

老街民宅、东垦山、大蒲子山

舟山市岱山岛西北端。

东沙古镇坐落于大海湾东角，史称"东沙角"。曾是舟山群岛著名渔港，更是清末民初时期东部沿海的繁华商埠，往老街里走，悠悠古巷、斑驳民宅、留着旧商号印迹的店铺，渔厂、盐坨、货栈等触目皆是。

体验之旅

品越剧：越剧源出于浙江嵊州，吸收话剧昆曲的表演艺术之长，形成柔婉细腻的表演风格。著名越剧曲目有《红楼梦》《五女拜寿》《梁山伯与祝英台》等，感兴趣的游客可在宁波大剧院、逸夫剧院观看。

象山开渔节：每年9月中下旬举行的"开渔节"开创了中国独一无二的海洋庆典活动，以祭海、放海、开船等仪式为主，具有浓郁的渔乡风情和海滨旅游特色。

南海观音文化节：每年11月举办的普陀山南海观音文化节是舟山三大旅游节庆之一，文化节期间有大型法会、佛教音乐会、众信朝圣、莲花灯会等一系列活动，吸引着众多海内外观音弟子、佛教信徒、香客游客聚缘于此。

舟山国际沙雕艺术节：艺术节于每年7~11月举办，采用比赛与展示相结合的形式，每一届会定下一个主题，各路选手围绕这个主题施展各自绝活，观赏性强。主要活动有沙雕比赛、沙雕作品展示等。

寻味之旅

宁波菜又叫"甬帮菜"，擅长烹制海鲜，注重原汁原味，讲究鲜嫩香糯软滑，享誉江南一带名菜有冰糖甲鱼、苔菜小方烤、荷叶粉蒸肉等。特色小吃有猪油汤团、猪油洋酥块、酒酿圆子等。

在宁波吃小吃一定要去城隍庙，既热闹又有特色，蟹粉小笼包、锅贴米线、猪油汤团、酒酿圆子等各色美食应有尽有。

目的地攻略

🚗 交通

飞机：宁波栎社机场位于市区西南约13千米处，目前有发往国内主要大中城市航线和通往国际部分城市的航线。

普陀山机场由跨海大桥相连，目前已开通厦门、北京、深圳、上海等地的航班，同时运营着朱家尖—嵊泗和朱家尖—东极两条航线，最远可以飞到东极岛范围。

火车：宁波站位于海曙区尹江路。火车站有发往北京、上海、沈阳、贵阳、南宁等地的高铁及普速列车。乘地铁2号线到宁波火车站下车即到。

船运：舟山群岛与外界的交通联系主要依靠轮船。舟山本岛有鸭蛋山码头、定海西码头、定海港等多个水运港口，有发往宁波、上海等地的船只，内部岛屿之间也有船只来往。

🏠 住宿

去宁波游玩，如果想出行方便，可选择住在市区，交通方式多样，各类酒店也很齐全；如果想去舟山游玩，可以住在沈家门附近，靠近海鲜渔港和客运码头，食、住、行都很便利；若想体验渔家生活，则可以选择住在岛上，很多渔家都提供民宿，有着浓厚的渔家风情。

🛒 购物

宁波的旅游工艺品非常丰富，著名的有：骨木镶嵌、宁波金银绣、朱金木雕、竹编、宁波草席、余姚陆埠佛雕等，土特产则以海产品为主。

亮点 → 灵秀雁荡山｜大沙岙沙滩｜楠溪江泛舟｜江心屿

雁荡山

温州

"东瓯山水甲江南"，鹿城温州旅游资源极为丰富。境内有五潭二井之秀、九狮一象之奇的仙岩、峰险洞幽的百丈漈——飞云湖、我国东南沿海大陆架上最大的沙滩——渔寮大沙滩等。还拥有被誉为"海上名山、寰中绝胜"的雁荡山，号称"天下第一江"的楠溪江，以"贝藻王国"著称的南麂山列岛，被誉为"中国瑰宝"的泰顺廊桥以及峻奇瑰丽的洞头等著名景区。

温州经典二日游

"东瓯山水甲江南"，温州旅游资源极为丰富。第一天主要游览瑶溪和江心屿等温州西北景点；第二天游览雁荡山景区，观"东南第一山"。

台州经典三日游

先用两天的时间游览天台山景区，第一天上午到华顶森林公园喝高山云雾茶，下午到石梁飞瀑感受一下炎炎夏日中的清凉；第二天上午去天台山的著名古刹国清寺礼佛，下午去琼台仙谷感受奇特的花岗岩地质地貌；第三天早起前往仙居景区，尽情欣赏秀丽的山水风光。

雁荡山风景区 AAAAA 灵峰、灵岩、大龙湫 本地游

中上 | 雁荡山

🚩 温州市乐清市雁荡镇响岭头村。

🚌 杭州汽车南站每天都有班车直达景区。🎫 有多种组合套票可供选择。

雁荡山是中国十大名山之一，素有"海上名山"之誉，史称东南第一山，因山顶有湖，芦苇茂密，结草为荡，南归秋雁多宿于此，故名雁荡。这里尤以奇峰、巨石、幽谷、秀湖、飞瀑著称，分为雁荡三绝（灵峰、灵岩、大龙湫）、三折瀑、雁湖等八个景区。

灵峰景区：雁荡山的东大门，是雁荡山领略奇石的绝佳地点，灵峰夜景被誉为绝景。

灵岩景区：以灵岩古刹为中心，有天窗洞、龙鼻洞、小龙湫、玉女峰、双珠瀑等景。每天15:00有灵岩飞渡表演。

三折瀑景区：最为奇异的景区，尤以中折瀑为极致，被誉为"雁荡山第一胜景"。还有森林公园美景。

温州市景点

本地游

※ 江心屿

江心寺、宋文信国公祠、谢公亭

📍 温州市鹿城区瓯江之中。💰 25 元（包括大门票、来回轮渡和保险）。

江心屿位于温州市区北面的瓯江中，是一个东西长、南北窄的江中岛屿，也是温州城区最值得一逛的地方。岛上不仅有始建于南宋的东西塔等古迹，也有当年英租界的英国驻温州领事馆旧址，在这里，你可以看到从南宋到清末各个不同时期的温州历史。

※ 楠溪江风景区

狮子岩、茗岙梯田、石桅岩

📍 温州市永嘉县境内。💰 景区免费，石桅岩 50 元；龙湾潭 60 元；崖下库 50 元。

楠溪江由北往南曲曲折折贯穿整个永嘉，是浙南地区最令人神往的一片山水。点缀其中的古村落中，旧时的书院、宗祠比比皆是，颇有韵味。登山探幽、漂流赏水、漫步江边，尤其是春夏之交，溪流和田园如梦似幻。

※ 百丈漈

瀑布景观

📍 温州市文成县百丈漈镇内。💰 55 元。⏰ 夏季 7:30~17:30，冬季 8:00~17:00。

百丈漈这条阶梯形的瀑布分

为三漈，自古有"头漈百丈高，二漈百丈深，三漈百丈宽"的说法。一漈落差达 207 米，是全国落差最大的瀑布，百丈漈的出名很大程度上是因为这一漈绝壁上的飞瀑。

※ 寨寮溪景区

银瀑碧潭、龙潭、飞来瀑

📍 温州市瑞安市高楼镇。

寨寮溪景区是南雁荡山的余脉，以寨寮溪为中心，以瀑潭连串、滩溪蜿蜒、山林华茂为特色。寨寮溪的溪流蜿蜒曲折；溪水清澈明净；溪畔绿洲石滩，竹树摇曳；两岸群山逶迤，翠谷纵横，既有"小桥流水人家"的江南田园风光，又不乏浓郁的浙南山乡野趣。

中上｜楠溪江
中下｜南麂列岛
右下｜泰顺廊桥

※ 南麂山列岛

大沙岙、三盘尾、竹屿百屿

📍 温州市平阳县鳌江镇。💰 115 元。

南麂山列岛由 52 个岛屿组成，海洋风光秀丽，生态保持良好。南麂列岛分大沙岙、三盘尾、竹屿百屿三大景区，拥有景点 75 处。岛上山秀、石奇、滩美、草绿、海蓝、空远，生态环境独特，生物种类多样，贝藻资源丰富，有"蓝色牧场""贝藻王国"之美誉。

※ 泰顺廊桥

溪东桥、北涧桥、薛宅桥、

📍 温州市泰顺县的三魁镇、罗阳镇、泗溪镇、筱村镇以及洲岭乡。🚌 适合自驾出游，各乡镇之间均有班车相通，交通十分方便。

泰顺是浙江省南部一个山区县，素有"九山半水半分田"之称。"廊桥"顾名思义，就是有屋檐的桥，现泰顺境内保存完好的唐、宋、明、清代的木拱廊桥达 30 余座，其数量之多、工艺之巧、造型之美以及与周边环境之和谐，在世界桥梁史上堪称一绝，是《清明上河图》中虹桥结构的再现。

台州
周边游

※神仙居景区 AAAAA
西罨幽谷、迎客山神、观音岩

台州市仙居县白塔镇境内。 仙居车站有发往景区的专线车。 110元。

神仙居是世界上规模最大的火山流纹岩地貌典型，景观丰富而集中。奇峰环列，有观音岩、如来像、迎客山神、将军岩、睡美人、十一泄飞瀑等100余个景点。景区"兼有天台之幽深、雁荡之奇崛"，几乎囊括了仙居的全部精髓，那里的一山一水、一崖一洞、一石一峰都能自成一格，仿佛神仙为自己的豪宅亲自设计的盆景。

※长屿硐天
八仙岩、双门硐、崇国寺、野山

台州市温岭市长屿镇。 双门硐景区联票120元；八仙岩景区联票75元。

长屿是有名的"石板之乡"，长屿硐天也和绍兴柯岩一样，是一处采石遗迹。景区集雄、险、奇、巧、幽为一体，这个采集石板的地方已经开凿了1314个洞窟，堪称举世一绝的中华石文化的精髓。

※江南古长城
百步峻、白云楼、龙兴寺

台州市临海市石村路。 60元。

古长城原本是台州府城的城墙，它一半沿着灵江，一半在山上，既用于军事防御，又可防洪。山上有城隍庙、戚继光纪念馆和普贤寺等景点，炮台等摆设都新亮抢眼。

※天台山景区 AAAAA
石梁飞瀑、华顶归云、赤城栖霞

台州市天台县北部。 市内乘5路、7路公交车至国清寺站下车。 琼台仙谷65元；石梁飞瀑60元；华顶国家森林公园50元。

天台山是佛教天台宗和道教南宗的发祥地，又是活佛济公的故里，因此有"佛国仙山""佛宗道源，山水神秀"的美誉。景区有国清寺（南宋为"江南十刹"之一）、华顶、紫凝、赤城、佛华顶、天湖等13个景区，其中以石梁飞瀑（集天下山水奇观于一体）、华顶归云、赤城栖霞、琼台夜月等八景最为著名。

※大鹿岛
海上森林、奇礁异石、岩雕

台州市玉环市东南的披山洋面上。

大鹿岛主要由大小鹿山组成，因互以浅滩相接，合称大鹿岛。这里平日游人不多，晚上坐在海岸边看星星，听潮起潮落，很是静谧。岛的四周没有灯光，只有远处海面上若隐若现的灯塔光，很有意境。

寻味之旅

温州菜又称"瓯菜"，以海鲜为主，菜品口味新鲜，淡而不薄，名菜有三丝敲鱼、锦绣鱼丝和爆墨鱼花，并称"瓯菜三绝"，著名小吃有鱼丸、鱼圆、敲鱼。

三丝敲鱼："三丝"指的是鸡脯丝、火腿丝、香菇丝，三丝加清汤烹制而成的"三丝敲鱼"，汤清味醇、鲜嫩爽滑。如今在温州大小餐馆都可以吃到。

锦绣鱼丝：选用黑鱼脊背肉切成细丝，配红绿柿椒丝、黄蛋皮丝、棕色香菇丝等炒制而成。此菜色彩丰富似锦绣，五彩缤纷，其味十分鲜美。

爆墨鱼花：温州人以墨鱼作原料，能制作很多菜肴，以爆墨鱼花最有特色。墨鱼肉切花刀，烧熟后片片墨鱼卷曲成麦穗状，造型美观。

目的地攻略

🚗 交通

飞机：温州龙湾国际机场距市中心约21千米，辐射温州、台州、丽水和宁德四个地区，与国内主要省会城市都有通航，同时也可以通达济州、首尔、仁川等国际航线。乘客可乘坐机场大巴往返机场与市区。

火车：温州有两座火车站，分别是温州站和温州南站。温州站始发普通车次，温州南站停靠宁波及深圳方向的动车及高铁列车。

台州站为高铁车站，沿海高铁基本都停靠台州站。

🏠 住宿

去温州旅游不必担心住宿问题，各类酒店在温州都能找到，住在市区出行方便，若想去神仙居等地，景区周边也有酒店宾馆，但节假日价格会略高。

🛒 购物

温州的鞋、服装、小商品等早已成为国内众人皆知的地域品牌，素有"服装之城""鞋业之都"之誉，这里的服装和皮鞋不仅款式新、品种全，价格也便宜。

亮点→ 横店影视城 | 双龙景区 | 诸葛八卦村 | 丽水风光 | 畲乡风情

横店影视城

金华

国家历史文化名城金华以"山水城市、仙游胜地"著称，是一座有着1700余年历史的古城，因其母亲河婺江而得名婺州。金华目前拥有双龙洞、方岩、六洞山、仙华山、三都屏岩等6个省级风景区，兰溪、武义两个省级旅游度假区，闻名影坛的中国横店影视城、神秘莫测的诸葛八卦村、风水古老的郭洞古生态村等一批富有特色的景点，并有10个景点纳入国家和省级旅游线路。

旅 行 路 线

金华经典二日游

金华是历史古城，第一天主要游览双龙景区，再去横店影视城游览明清宫苑；第二天继续探访影视城的清明上河图和秦王宫，再去太极星象村游览。

丽水经典二日游

第一天上午先前往古堰画乡，赏两岸旖旎风光，下午逛南明湖，然后到宇雷路吃晚饭；第二天早起前往缙云仙都景区，用一天的时间欣赏这个"天然摄影棚"。

金华市区景点 本地游

※ 太平天国侍王府

东院、壁画、彩画

🏠 金华市婺城区金华城东鼓楼里酒坊巷。

整座王府由宫殿、住宅、园林、后勤四部分组成。侍王府是太平天国的艺术宝库，其壁画、彩画之多为全国之最，超过全国各地太平天国遗址所保存的壁画、彩画之总和，具有较高的艺术价值。

※ 双龙洞景区

地下悬河、岩溶奇观

🏠 金华市婺城区罗店镇金华山。
💴 80元。

双龙洞因堪称世界一绝的"双龙卧舟"而闻名。双龙风景名胜区是一处以山岳森林为背景，地下悬河、岩溶奇观、赤松祖庭为特色的风景区，分为双龙洞、黄大仙、大盘天、优游园、仙鹤妍、尖峰山6大景区。

金华郊县景区 本地游

※ 诸葛八卦村

隆丰禅院、百草生态园

🏠 金华市兰溪市诸葛镇。🚌 兰溪客运西站有到诸葛八卦村的旅游专线。
💴 主景区90元，西线景区55元；主景区＋西线联票155元。

诸葛村是诸葛亮后裔的最大聚居地，村子按照九宫八卦布局，像一个巨大的聚宝盆。以村中心太极图状的钟池为中心，延向八方的八条小巷形成内八卦，村外八座小山形成外八卦，因此这里也被称为"诸葛八卦村"。

※ 郭洞古生态村

回龙桥、海麟院、凡豫堂

🏠 金华市武义县郭洞村。💴 30元。

郭洞村被誉为"江南第一风水村"，由相连的郭上村和郭下村两部分组成。村中桥梁水井无不按水理论排布，极为讲究。若单说风景，郭洞葱郁的树林和斑驳青苔给人清新幽深的感觉，并无太多后人修饰的痕迹，明清古建筑比比皆是，是武义最值得逛的古村之一。

※牛头山国家森林公园

浴仙湖、金锁桥、神牛谷漂流

金华市武义县柳城镇西联乡上田村。⊙ 110元。

这个号称"江南小九寨"的牛头山以峭壁、溪流和潭瀑见长，也算有几分姿色，不过和九寨沟比起来，还是要逊色那么一点儿。由于公共交通不便，来到牛头山的大多是自驾的游客，游人总不算太多，所以景点还很好地保留了原生态的样子。

※俞源太极星象村

伯温草堂、声远堂

金华市武义县城南。⊙ 可以直接从武义打车到俞源。⊙ 40元。⊙ 8:00~17:00（冬季8:00~16:30）。

俞源太极星象村是俞氏一族的脉源所在，如今俞源还没有经过大规模的旅游开发，原始古朴，游人也不多，时常能看到一些写生的美院学生。村中声远堂、俞氏宗祠以及一些老宅民居的雕刻精美无比，非常值得一看。

※仙华山

梅坞香雪、宝掌幽谷、仙湖碧水

金华市浦江县城北。⊙ 乘坐公交车到仙华山景区入口下车。⊙ 60元。

传说明朝开国元勋刘伯温当年路过仙华山时，为这里险峻里透着灵秀、云烟缥缈百翠生的美景所倾倒，才写下了"仙华杰出最怪异，望之如云浮太空。"的诗句。几座突兀耸立的山峰是景区的亮点，沿着山间步道直攀上最高的少女峰，天气好时从高处俯览浦江城景还是很美的。

东阳

本地游

※卢宅

三登牌坊、肃雍堂、树德堂

金华市东阳市卢宅街。⊙ 65元。

卢宅这占地几千平方米的古建筑群，由当地的卢氏家族建造起来。东阳以木雕闻名，而卢宅内不同时期的彩绘、牛腿、雀替不乏精品，很有可看性。在当地人眼里，卢宅甚至是能与故宫媲美的建筑群。此外，卢宅还是影视基地，著名的《新少林寺》《理发师》曾在这里取景。

※横店影视城　AAAAA

刺史牌坊、凌云阁、敬爱堂

金华市东阳市横店镇横店影视城。⊙ 从杭州出发有直达横店的班车，影视城各景区之间有旅游公交车来往。⊙ 明清宫苑景区180元；秦王宫景区170元；梦幻谷景区295元；清明上河图景区180元；华夏文化园100元；广州街/香港街景区180元；屏岩洞府景区100元。

横店影视城由十几个分布在横店镇内外的大小景区组成，这里是目前中国最大的影视拍摄基地，大多数中国的古装影视作品都在这里取景拍摄。目前开放的景区共有九个，主要景点有秦王宫、清明上河图、明清宫苑、广州街、香港街、梦幻谷等。

※东白山

禅林院、高山天池、仙姑殿

金华市东阳市虎鹿镇境内。⊙ 东阳汽车北站有开往东白山的专线班车。

东白山系会稽山脉主峰，山上气候宜人，常年云雾缭绕，是得天独厚的避暑休闲胜地。遍布的峰峦，千姿百态的雾凇，惟妙惟肖的怪石，变幻莫测的云海，构成了东白山静中有动、动中有静的巨幅画卷，形成了东白山独特的魅力，赋予东白山永恒的灵性。

丽水

周边游

※古堰画乡

江滨古街、瓯江风光

丽水市莲都区大港头镇。⊙ 在丽水火车站乘坐203路公交车可直达景区。⊙ 50元（含船票）。

古堰画乡有丽质天成又磅礴大气的水乡景色，拍照或写生尤其漂亮，许多美术院校选

左下 | 横店影视城
中下 | 东阳卢宅
右下 | 牛头山

左上 | 云和梯田
左下 | 古堰画乡
右上 | 仙都景区

择这里作为写生基地，因此有了"画乡"的美誉。江滨古街边常能看到支着画板创作的人，颇有文艺气息。瓯江将景区分为"古堰""画乡"两部分，二者隔河相望，没有桥，只有画舫往返两岸。

※南尖岩景区

云海梯田、三峰插云

🏠 丽水市遂昌县王村口镇石笋头村。
🚌 遂昌客运站每天有班车开往南尖岩。
💰 80元。

南尖岩景区最出名的是云雾中的梯田和山野景色。景区虽不算太大，却集合了云海、梯田、石林、竹海、瀑布、村落等多重景观。正是因为能在一个地方观赏到多种丰富的景色，南尖岩也成了江浙地区炙手可热的"摄影基地"，每天都有不少摄影爱好者来此取景拍照。

※云和梯田

白银谷、九曲云环

🏠 丽水市云和县崇头镇。💰 80元。

云和梯田是华东地区规模最大的梯田，这里除了层层叠叠

的梯田和云海日出，5~6月播耕时还能看到漂亮的水景，10月稻谷成熟和冬天的雪景也分外迷人，吸引了不少摄影爱好者来此采风。

※仙都景区 AAAAA

鼎湖峰、小赤壁、黄帝祠宇

🏠 丽水市缙云县仙都乡。💰 110元。
🕐 鼎湖峰景点7:00~17:30；其他5景点7:30~17:30。

所谓"仙都"，即是"仙人荟萃之都"。因为风光异常秀丽，众多影视剧先后在此拍摄外景。与横店、象山等地的仿古影视城不同，仙都几乎全是天然的山水风光，因此有了"天然摄影棚"的美称。

※龙泉山

龙泉大峡谷、黄茅尖、瓯江源

🏠 丽水市龙泉市凤阳山。🚌 丽水市和龙泉市汽车车都均有直达班车至景区。
💰 158元（含索道和交通车）。

龙泉山主峰黄茅尖海拔约1929米，为江浙第一高峰。目前景区已开放绝壁奇松、七星潭、黄茅尖、瓯江源四大景区。

景区内奇松异石、深潭飞瀑、云顶佛光及上千米高的自然天成的龙泉大佛，无不给人以震撼。

衢州

周边游

※天脊龙门

"飞龙在天"栈道

🏠 衢州市衢江区黄坛口乡下呈村。
💰 65元。

天脊龙门景区几乎每个景点都以龙或与龙相关的事物命名，景色以峡谷飞瀑见长，树林掩映之中水流不断，微风掠过很是清爽。夏秋季节来此玩水、避暑或者看景，都是不错的选择。游玩线路大致是环形，前半程是上山路上，溪水瀑布边的石板路，后半程则多是山腰上的悬空栈道，可观山景。

※廿八都古镇 AAAAA

浔里、花桥、枫溪

🏠 衢州江山市廿八都古镇。🚌 江山有至古镇的班车。💰 80元。

廿八都地处浙西、福建和江西的交界处，当地人常用"一脚踏三省"来形容这里。北面的仙霞关，南面的枫岭关将廿八都阻隔在一个近乎封闭的环境里，而这里的文化却表现出令人诧异的开放与多元。古镇内保存着原汁原味的老建筑，融合了三省的建筑风格，白墙飞檐很有特色，细节之处的雕刻也令人印象深刻。

※江郎山 ◎ AAAAA

刺史牌坊、凌云阁、敬爱堂

◎ 衢州市江山市石门镇江郎乡。
◎ 江山乡村客运站有公交可直接到江郎山景区门口。 ◎旺季（3~11月）90元，淡季70元。

江郎山俗称三片石，由石峰郎峰、石柱亚峰、石墙灵峰组成。三块巨石就像从地面上长出来的三根石笋，像一个"川"字，是典型的丹霞地貌。在这里爬山感觉很刺激，幽深的一线天、大段近乎垂直的陡阶，其艰险不输华山。

> **亲历者行程**
> 江郎山可花一天时间游览，推荐线路：开明禅寺—会仙岩—霞客游踪—丹霞赤壁—神笔峰—一线天—登天坪—天桥—朗峰天游—天梯—钟鼓洞—烟霞亭—伟人峰—江郎书院—仙居剑瀑。

※根宫佛国文化旅游区 AAAAA

集趣斋、根雕佛国、醉根宝塔、

◎ 衢州市开化县城关根博路。 ◎乘604路公交车在开化客运中心站下车，步行前往。 ◎220元。

景区巧妙地以根雕艺术、盆景艺术、赏石文化与园林古建为载体，融中华上下五千年历史璀璨文化于奇根异木。此处亦陈列有世界上最大的根艺释迦牟尼佛造像和巨型根雕五百罗汉阵，以及根艺名家名作和醉根文化展示等，是一部根艺美术的"四库全书"。

寻味之旅

金华菜以火腿菜为核心，在外地颇有名气，仅火腿菜品种就达300多道，讲究保持火腿独特色香味。风味小吃以金华夜煲最为著名，其绝佳的风味，别致的情调闻名遐迩。此外还有东阳沃面、金华酥饼、兰溪鸡子馃、磐安拉面、金丝蜜枣等。

品尝金华美食的主要去处有：金华煲庄、金华夜市大排档、百年老店清和园、国贸宾馆、世傅美食厅、兰溪古商城饮食一条街等。

目的地攻略

🚗 交通

飞机：义乌机场距离金华市区约50千米，离义乌市区10千米左右，是浙江中西部地区最大的航空港，有飞往北京、广州、海口、成都、昆明、乌鲁木齐等地的航班。

火车：金华有金华站和金华南站两座火车站。金华火车站是高铁、普铁合一的车站，金华南站是高铁站，位于西南郊区。

🛏 住宿

去金华旅游，大多数都是为了游览横店影视城，因此可以选择住在交通便利的金华市区，也可以就近住在东阳市。喜欢浙南山水风光的游客则可以选择住在风光秀丽的丽水。

🛒 购物

金华物产丰富，金华火腿和金华酥饼两个传统名产更是名扬海外，除此之外，花茶、藕粉、佛手在全国知名度也很高。

左下 | 远眺江郎山
右下 | 金华火腿

亮点→ 包公祠 | 三国遗址 | 李鸿章故居 | 爬蜀山 | 游巢湖 | 泡汤泉

三河古镇

合肥

也许在你还未开始了解的印象中，合肥是一座平凡的江淮城市，名扬天下、威震古昔的古道逍遥津；松涛翠柏、祥鸟云集的紫蓬山森林公园；抱旧城于怀、融新城之中的环城公园；以及波光潋滟、浩渺无垠的万亩巢湖……深厚底蕴与现代景观的集合汇聚，无不验证着其内涵的魅力与乐趣。用心置身其中，这一古老徽州的省会中心会令你心生眷恋。

合肥市区二日游

第一天主要游览包公祠和李鸿章故居，追寻名人的踪迹；第二天主要游览蜀山和天鹅湖，欣赏自然山水风光。

合肥周边二日游

第一天游览舒城万佛湖，穿梭在风景各异的众多小岛上，晚上前往潜山，住在市区；第二天游览天柱山，观其独特的自然和人文景观。

合肥市区景点

本地游

※大蜀山风景区

野生动物园、蜀山画廊

🚩 合肥市蜀山区西郊约 9 千米处。
🎫 公园免费，野生动物园 35 元。

大蜀山风光旖旎，尤以古火山遗迹和自然风光为胜，满山遍野都是郁郁葱葱的苍松翠柏和引人入胜的奇花异草。风景区还拥有合肥野生动物园，长达 370 米的"安徽第一画廊"——蜀山画廊，以及十二生肖园等。

※逍遥津公园

梅花山、盆景园、独秀峰

🚩 合肥市庐阳区寿春路 16 号。🚌 乘坐 2 路、5 路、106 路等公交车直达步行前往。🎫 公园免费开放，游乐设施单独收费。

逍遥津公园古为洲水渡口，现在是合肥市内一所环境优美、景色宜人的综合性公园。全园以水系自然地分为东西两园，

东园为青少年活动区和儿童乐园，西园则以植物造景为主。

※包公园

包公祠、清风阁、浮庄

🚩 合肥市包河区环城南路。🚇 乘坐地铁 1 号线包公园站下。🎫 联票 50 元。

包公园是为纪念北宋著名清官包拯而建，公园总体布局为开放式，主要由包公祠、包公墓、清风阁、浮庄等景点组成。全园从不同的角度，用不同的形式，展示了包公"忠、孝、清、廉"的一生。

※徽园

仁和楼、惠风石坊、古戏楼

🚩 合肥市蜀山区繁华大道。🎫 20 元。

徽园是为庆祝新中国成立五十周年而建设的大型纪念园。园内浓缩了安徽全省的著名景点及其历史文化，让你能在短时间内了解安徽，触摸历史。

左上 | 三河古镇
右上 | 巢湖文峰塔

※李鸿章故居

福寿堂、走马楼、小姐楼

🏛 合肥市庐阳区淮河路步行街。 🕐 夏季 8:30~18:00, 冬季 8:30~17:30。

李鸿章故居原是晚清军政大臣李鸿章的家宅，属于典型的晚清江淮地区民居建筑。住宅布局整齐，结构严谨，雕梁画栋，是合肥市仅存的规模最大的名人故居。故居中精美的木头雕花令人赞叹，厅内还展示着与李鸿章有关的图片、资料和实物。

※明教寺

地藏殿、天王殿、大雄宝殿

🏛 合肥市庐阳区淮河路步行街。 🎫 免费，上香另付钱。

明教寺是由教弩台改建，是江淮著名胜迹。现存建筑有山门、客堂、寮房等。

合肥郊县景点 本地游

※三河古镇 AAAAA

望月阁、英王府、万年台

🏛 合肥市肥西县三河镇。 🚌 新亚汽车站、南门换乘中心都有班车直达景区。 🎫 古镇免费，古镇内部分景点单独收费。

三河古镇因丰乐河、杭埠河、小南河三条河流贯穿其间而得名，是一座典型的水乡古镇。古镇已有 2500 年的历史，至今仍保留有明清独特风格的建筑，享有"合肥周庄""庐剧之乡"的美誉。镇内河环水绕，形成了江淮地区独有的古河、古桥、古圩、古街、古居、古茶楼、古庙台、古战场"八古"景观。

※岱山湖

天鹅湖、翡翠岛、龟行岛

🏛 合肥市肥东县岱山湖旅游度假区。 🚌 从合肥东门换乘中心乘岱山湖专线车直达。 🎫 40 元。

岱山湖是一个人工水库，四面青山环绕，山水交融，以其独特的湖光山色闻名遐迩。湖中小岛千姿百态，植被繁茂，花草香溢四方。出翡翠岛过狭窄水道后有一岛，仿佛一只奋力击水前行的巨大乌龟，憨态可掬，名曰"龟行岛"。

※巢湖风景名胜区

姥山岛、中庙、紫薇洞

🏛 巢湖市中庙镇。 🎫 观湖免费，个别景点单收门票。

巢湖是我国五大淡水湖之一，从空中鸟瞰，如同一个鸟巢，因而得名。它山环水秀，风光迷人，揽湖光、山色、温泉、溶洞、奇花、朝霞、林海等多种优势资源于一体，融名人、故居、古庙、古塔、古人类文化遗址等人文景观于一身，曾令多少文人墨客叹为观止。

※牛角大圩景区

荷兰大风车、花海

🏛 合肥市滨湖区。 🚌 有节假日专线可直达景区。 🎫 免费。

景区因圩的形状看上去很像牛角，故名牛角大圩。每年的金秋十月，圩内沟渠纵横交错，60 亩花卉尽情绽放，红、橙、黄、蓝、白、紫七种颜色组成 12 个色团，形成花的海洋。花海中央，一架高耸的荷兰大风车尤其引人注目，把这个恬静的乡村田园装点的格外美丽，清风徐来，花香鸟鸣，游人如织，田园如画。

※融创乐园

过山车、跳楼机、室外剧场

🏛 合肥市滨湖新区环湖北路与包河大道交口。 🚇 乘坐地铁 1 号线万年埠站下。 🎫 有多项组合票可选择。

融创乐园将徽派优秀文化精髓与现代尖端科技完美结合，拥有徽州古韵、梨园春秋、欢乐水乡、巢州古城、梦蝶仙境、淝水之战六大主题区域，是全球首座、也是唯一一座大型徽文化主题乐园。

六安
周边游

※天堂寨 AAAAA
天堂顶、九影瀑、泻玉瀑

📍 六安市金寨县天堂寨镇。🚌 合肥旅游汽车站、六安客运总站、金寨汽车站都有直达景区的班车。💴 100元。

天堂寨境内拥有15座千米以上的高峰，主峰天堂顶为大别山主峰，这也是华东地区最后的一片原始森林。到天堂寨一是爬山，呼吸新鲜空气；二是亲水看瀑布，水质很好，在溪流中仔细寻找能发现珍稀动物大鲵和小鲵。

景点攻略
　　为了节约时间，建议住在景区内。在当地餐馆或酒店，可以品尝一下当地特色美食，有类似于干锅的吊锅，小吊酒也醇香甘美，还有秋天的山核桃、板栗都相当不错。

※万佛湖 AAAAA
瓦砾山、桃花岛、梅仙祠

📍 六安市舒城县万佛湖镇。🚌 舒城每天有多班车前往景区。💴 105元（含乘船费）。

万佛湖是一座大型人工湖，湖上有60多个大小不一的岛屿，如鲸似龟，因此万佛湖又有"安徽千岛湖"之誉。湖面为枫叶状，环湖皆山，湖中有一些岛屿

可以乘船登岛游玩，岛上植被郁郁葱葱，自然景观和人文景观交相呼应，形成了妖娆多姿、绚丽迷人的湖光山色。若不坐船，你也可以就在岸边散散步。

※燕子河大峡谷
忘情谷、八卦潭

📍 六安市金寨县燕子河镇茶铺村。💴 55元。

燕子河大峡谷靠近安徽省和湖北省的交界处，峡谷内游人非常少，自然清静。大峡谷以水景为主，辅以奇石，所以最好春、夏天的雨后来此游玩，若逢枯水季，景色会大打折扣。

※皖西大裂谷
大王井、点将台

📍 六安市金安区张店镇太平桥村。💴 60元。

大裂谷原名避王岩，当地老百姓称这为"三道闸"。整个景区状如三节莲藕，最好玩的便是在峡谷中穿梭攀爬，峡谷两侧峭壁耸立，窄处仅容一人通过，向上攀爬很有挑战性，有些地方甚至要踩在峭壁上借力。悬崖顶上时有水帘跌落，峡谷虽然不长，但攀爬的乐趣十足。

※东石笋风景区
东石笋、庆云寺、双虎寨

📍 六安市金安区毛坦厂镇东石笋村。💴 50元。

景区核心东石笋是一座经崩塌作用形成的残山，高约38米，形如擎天一柱。除了模样奇特的东石笋外，景区内的流水与瀑布、绿色植被，也使它成为散心的好去处。景区内产水晶，仔细留意山上的岩石，能发现在阳光底下发光的结晶。

安庆
周边游

※迎江寺·振风塔
天王殿、藏经阁、振风塔

📍 安庆市迎江区，长江之滨。💴 10元，登塔10元。

迎江寺是座千年古刹，规模宏大，殿宇华丽，主要建筑有天王殿、大雄宝殿、毗卢殿及藏经阁等。寺内有著名的万里长江第一塔——振风塔，有"过安庆不得不看塔"之说，可登高览胜，领略大江东去的浩荡气势。

※天柱山 AAAAA
三祖寺、马祖庵、虎头崖

📍 安庆市潜山市天柱山镇。🚌 潜山城区有班车到景区南大门。💴 130元。

天柱山远古时称为皖山，安徽省的简称便源于此，这里山清水秀，素以"峰雄洞幽、松奇石怪"而著称，为世界地质公园。天柱山秀美、奇险而且充满乐趣，天柱山云海也是一大绝美胜景。

景点攻略
　　天柱峰下的拜石台是观看云海最好的地方，云海通常出现在风雨欲来之时，雨后初晴时如果运气好还能看到"佛光"。

左下 | 天堂寨

※花亭湖

西风禅寺、佛图寺、狮子山

🅐 安庆市太湖县汤泉乡汤湾村。
🎫 30元，湖上岛屿另收费用。

花亭湖自然景观清新绚丽，集湖光、山色、温泉于一体。近100平方千米的湖面水质清澈，碧波荡漾；湖中大小岛屿相映成趣；四周山峦起伏，林木葱茏；汤湾温泉可饮可浴，被誉为"吴楚第一泉"。

※巨石山

龙洞、休闲拓展基地

🅐 安庆市宜秀区罗岭镇小龙山村。
🚍 安庆迎江寺有汽车站有直达景区的专线车。🎫 70元。

巨石山又名小龙山，因地球亿万年来各种内、外营力作用形成特殊形态的巨石地质景观而得名，最高峰龙头峰海拔约515米。山上到处都是奇形怪状的巨石，山脚有休闲拓展基地，来此既可以爬山看奇石，也可以参与各项户外娱乐活动。

※明堂山

葫芦河、古井庵、月亮崖

🅐 安庆市岳西县河图镇。🎫 旺季（3~11月）90元，淡季60元。

明堂山，相传因汉武帝封禅天柱山时在此设置祭拜的"明堂"而得名。明堂山主峰海拔约1563米，景区的风光和天柱山类似，奇峰异石，松柏顽强地生长在岩石上，山脚有瀑布和水潭可看，比天柱山多了几分秀气。

※桐城文庙·六尺巷

大成殿、博物馆、壁画

🅐 安庆市桐城市市区。🎫 免费。
◉ 文庙周一闭馆。

桐城文庙是桐城历史文化和桐城派文学的标志性建筑，始建于元朝，供奉有孔子像，现为市博物馆。六尺巷历史渊源深远，因清康熙年间，礼部尚书桐城人张英给家里人写的"千里家书只为墙，让他三尺又何妨。长城万里今犹存，不见当年秦始皇"这一份"让墙诗"而名满天下，其主体建筑包括巷道、石牌坊、休闲广场、诗画照壁等。

左下 | 琅琊山
中下 | 六尺巷

滁州

周边游

※明皇陵

石像生、皇陵碑、无字碑

🅐 滁州市凤阳县大庙镇。🎫 50元。

明皇陵是明代开国皇帝朱元璋父母的葬地，俗称明代第一陵。该陵平面为长方形，神道长253米，有32对神道石刻，刻工精细，是全国重点保护文物。

※狼巷迷谷

禅窟寺、禅窟洞、摩崖石刻

🅐 滁州市凤阳县宋集乡。🚍 凤阳县城的长途车站有专线车直达。🎫 60元。

狼巷迷谷景区分为古刹礼佛和迷谷探奇两大主题，自然风光优美，有禅窟古刹、禅窟洞天、狼牙巷、千层岩等50多处景点，石芽、石林、石峰等景各显其态。置身其中如入仙境迷谷。

※小岗村

大包干纪念馆、葡萄园

🅐 滁州市凤阳县小溪河镇小岗村。

小岗村是中国改革第一村，来小岗村，一是了解当年改革的历史，二是体验农家乐。如果要了解大包干，可以去大包干纪念馆，里面的农户保持着20世纪七八十年代年代的模样；想要体验农家乐，可以去葡萄园，夏天葡萄成熟时有采摘活动。

※琅琊山风景区

醉翁亭、琅琊寺

🅐 滁州市琅琊区。🎫 70元。

琅琊山因东晋司马睿任琅琊王时曾寓居于此而得名，因宋代欧阳修的《醉翁亭记》而著名。山上景点多围绕《醉翁亭记》展开，人文气息浓郁。这里风景秀丽，爬爬山，确有能找到"山水之间"的乐趣。

醉翁亭的建筑，布局紧凑别致，亭台小巧独特，具有江南园林特色；琅琊寺建于唐代大历年间，依山傍林，建筑雄伟。

皖北
周边游

※八里河 AAAAA
天下第一农民公园

📍 阜阳市颍上县八里河镇。 🚌 乘坐景区直通车。 🎫 90 元。

八里河景区，微缩了"世界风光"，有希腊宙斯神庙、法国雄狮凯旋门、德国柏林、美国众议院、荷兰风车、法国巴黎圣心教堂、中国北海白塔等景观。

景区分为鸟语林、西区、东区、十二花岛、明清苑五大景点。可行走栈桥、乘坐舟船放轻松，可欣赏明清古宅长知识。八里河是皖北难得的赏湖好去处。

※寿县古城
春申坊、古城墙、博物馆

📍 淮南市寿县县城。 🎫 进古城免费，宾阳门上的城楼另付门票。

寿县是中国历史文化名城之一。寿县古城是楚文化的故乡，被称为"地下博物馆"，是游安徽的必去之地。这里自古便是兵家必争之地，历史上著名的以少胜多的"淝水之战"和周世宗夺寿州引发的赵匡胤困南唐等战役都发生在此地。

※八公山
淮南王墓、珍珠泉、升仙台

📍 淮南市八公山区。 🎫 40 元。

八公山是一座历史文化名山，由大小四十余座山峰叠嶂而成。历史上的淝水之战、汉代淮南王刘安"一人得道鸡犬升天"的故事都发生于此，这里还是豆腐的发源地。每年春天，八公山的梨花、桃花开放，漫山遍野，风景秀丽。

体验之旅

赏黄梅： 安庆是黄梅戏的故乡，每年的黄梅戏艺术节精彩纷呈，在安庆旅游，观看黄梅戏是不可错过的项目之一。对戏曲感兴趣的朋友可以前往黄梅戏会馆、再芬黄梅艺术馆观看戏曲表演。

泡酒吧： 在合肥说到夜生活，一定要去 1912 街区，不同风格的酒吧、咖啡馆，还有各种小清新的文艺范店铺，可以满足各类消费人群的需求。

寻味之旅

在合肥不仅可以品尝到正宗的徽菜，还有包公鱼、曹操鸡、小龙虾、三河小炒、素烤鸭等特色名菜，都是游人必尝的美味佳肴。

曹操鸡： 又称"逍遥鸡"，合肥名菜，其皮黄骨酥，肉白细嫩，有别于烧鸡、扒鸡。

三河米饺： 以籼米粉制成饺皮，成饺后油炸而成。色泽金黄，外皮微酥脆，馅心味道鲜美，至今已有近百年制作历史，在三河古镇可以品尝地道的三河米饺。

淮河路步行街： 这里各类美食小吃和商场穿插交错，你可以捕捉到合肥最时尚的潮流，也可以品尝到合肥最可口的美食。

曇街： 如今小龙虾已经变成了夏天合肥的一种特殊文化了。一到夏天，大街小巷都有龙虾，但要数宁国路曇（léi）街一带最为有名，配上啤酒烧烤，别有一番风味。

目的地攻略

🚗 交通

飞机： 合肥新桥国际机场位于市区以西，距离市中心约 32 千米，市内有多条机场大巴可以抵达，车程约 1 个小时。航线基本通达全国各地，还有飞往泰国曼谷、印度尼西亚巴厘岛、日本大阪等国际航线。

火车： 合肥目前有两座火车站，合肥站位于瑶海区，几乎所有经过合肥的普通列车均会停靠此站；合肥南站为高铁站，位于包河区。

市内交通： 目前合肥已开通地铁 1 号线、2 号线、3 号线、4 号线和 5 号线，连接了合肥站和合肥南站两大交通枢纽。

🏠 住宿

来合肥旅游，如果想游玩当地景点，品尝美食，建议住在市区，因为这里不仅交通便利、美食众多，还有不同价位的酒店宾馆可供选择；如果想游玩周边，则建议选择靠近景点的城市、县城居住，周边的安庆、六安、芜湖等城市的居住条件都不错，酒店宾馆也很多，选择性很大。

亮点 → 方特乐园 | 远眺长江 | 登赭山 | 游镜湖

响水涧水库

芜湖

芜湖地处长江下游南岸，南倚皖南山系，北望江淮平原，浩浩长江自城西南向东北缓缓流过，青弋江自东南向西北，穿城而过，汇入长江。它像一颗璀璨的明珠，镶嵌在皖江与青弋江的交汇口。饮长江水，听赭麓钟，赏镜湖月，观鸠兹风。长江巨埠芜湖历史上列中国四大米市之首。这里有让人流连忘返的湖畔垂柳，使人心旷神怡的山色水韵。

 旅 行 路 线

方特乐园一日游

　　来芜湖方特欢乐世界进行一次科技幻想的探险王国之旅吧。各种惊险刺激的游乐项目，可以用一天的时间探险、游玩。

芜湖市区经典游

　　一天的时间游玩芜湖，上午可以游赭山，赏"赭塔晴岚"，下午去镜湖公园，赏亭台楼阁、曲桥长廊。晚上到中山路步行街购物、品美食。

芜湖市景点

本地游

※ 方特乐园 AAAAA

阳光广场、渔人码头、维苏威火山

⊙ 芜湖市芜湖长江大桥开发区。
🚌 乘5路、13路等公交至银湖北路站下车可到。🎫 水上乐园（夏季开放）220元，欢乐世界220元，梦幻王国260元，东方神画280元。

　　方特乐园是中国目前规模最大的第四代主题公园，现如今一共有四期主题乐园，分别是欢乐世界、梦幻王国、水上世界和东方神画，每期主题不同，各有各的乐趣所在。

※ 赭山风景区

赭山公园、广济寺、茶艺博物馆

⊙ 芜湖市镜湖区九华中路。🎫 公园免费开放，内部小景点票价不一。

　　赭山由大小两个山头构成，两座山都不高，风景优美，是登高远眺，俯视江城的境地。很多当地人会来此晨练，公园里还有游乐园和动物园，是孩子们的天堂。

※ 鸠兹广场

青铜雕塑、石柱雕画

⊙ 芜湖市镜湖区。

　　鸠兹广场整体上为北高南低、西高东低，广场中心处的青铜雕塑是以芜湖古名"鸠兹鸟"为原型设计而成的。广场北侧历史文化长廊的石柱上刻着代表芜湖历史、文化的浮雕，有干将莫邪炼剑、李白与天门山等。

※ 马仁奇峰森林风景区

仙人摆渡、月亮洞、乌霞寺

⊙ 芜湖市繁昌区孙村镇。🎫 80元。

　　马仁奇峰素有"皖南张家界，江滨小黄山"之称。整个景区由太阳山、月亮山两座山峰组成，自然风光绝佳，人文蕴藏丰厚，更兼山间珍禽翔集，时见水滨异兽出没，呈现出幽、险、秀、奇的特色。

※丫山花海石林

石林、珠帘瀑布、牡丹花

🏠 芜湖市南陵县何湾镇丫山村。

💰 87元。

丫山花海石林是芜湖比较有特色的景点，能看到大片的喀斯特石林。石林主要分石海迷宫和楠木林两块，石海迷宫是看石林的，楠木林的亮点是看珠帘瀑布。春天时还能赏花，3~5月是最佳旅游时间，牡丹和芍药会相继开放。

马鞍山—铜陵 周边游

※天井湖公园

游乐园、天井湖

🏠 铜陵市铜官区长江西路。

天井湖公园围绕着大片湖面，两条曲曲折折的长堤将湖分为东湖、南湖、北湖，呈"品"字形排布。当地人常来此散步、锻炼身体，公园里还有很多游乐设施，成为了孩子们的乐园。每年4月，天井湖公园会举办牡丹花卉展，万紫千红的牡丹很适合拍照。

※天门山

天门泉、五峰山

🏠 铜陵市义安区东南方与青阳县交界处。

天门山是铜陵境内的最高山峰。山脉向西自然断开，与五峰山之间形成一条高大峡口，南面又将天门山与五峰山连接起来，在峡口处拱起了一座高于峡口的弧形山峰，像两扇欲开又未开的大门，天门山由此得名。

※凤凰山

牡丹园、金牛洞古采矿遗址

🏠 铜陵市义安区顺安镇南部。

凤凰山景区内景点众多，其中凤凰山牡丹园内的牡丹禀性特异、别具风姿，与洛阳、菏泽牡丹齐名，为国内三大名贵牡丹基地之一。金牛洞古采矿遗址遗存丰富，场面壮观，是我国长江流域保存较好、规模较大、又有一定代表性的古采矿遗址。

※采石矶

太白楼、广济寺、三元洞

🏠 马鞍山市雨山区唐贤街。💰 68元。

采石矶是长江三大名矶之一，因李白而出名。海拔约131米的翠螺山探入西侧的长江，月牙形的锁溪河包围了山的东面。游客来寻访诗仙足迹的同时，还可以看到秀丽的园林景观和壮阔的长江水色。

※褒禅山

华阳洞、田园风光

🏠 马鞍山市含山县环峰镇华阳行政村。

褒禅山风景优美，唐贞观年间，高僧慧褒云游至此，爱其风物，结庐山游，故而得名。四周翠峰环黛，脚下农舍青烟，牧童横笛，来这里可以体验山野之趣、田园之乐、探幽之险、登临之兴，乐趣至极。

宣城 周边游

※太极洞

海天宫、玉皇宫、长乐宫

🏠 宣城市广德市新杭镇。💰 套票90元。

太极洞分干洞和水洞，干洞为阳，水洞为阴，因而称为太极洞。进洞先要乘船走过750米迷幻水洞，里面大洞套小洞，洞洞相通，有大小景点五百处。洞内冬暖夏凉，钟乳石千姿百态，可以步行游览，也可以乘船探秘地下暗河。

左下 | 采石矶
右上 | 褒禅山
右下 | 太极洞

※水墨汀溪

滑翔伞、漂流、自然景观

◎ 宣城市泾县汀溪乡大南坑村。

景区从宣泾公路弯进来，一路都是山路，算是"养在深闺中"的景点，游人不多。整个景区是一条峡谷，以原生态的自然风光为主，流水和竹林伴随着步道，不时能见到瀑布，也有漂流、滑翔伞这样的游乐设施，适合周末休闲游。

※清凉峰

石门、断崖、云海、虬松

◎ 宣城市绩溪县境东南部。

清凉峰以石门、断崖、云海、虬松四胜著称。主峰清凉峰是华东第二高峰，山中溪水清澈见底，光澈照人，溪中水潭，碧如翡翠，常年不涸。保护区内还有大量珍贵的生物资源，被生态学家誉为"自然博物馆"。

※鄣山大峡谷

伟人石、冠顶生花、百丈岩、葫芦潭

◎ 宣城市绩溪县伏岭镇水村。 ● 54元。 ◎ 8:00~17:00。

峡谷又名伟人谷，据说轩辕黄帝曾携容成子、浮丘公在此山中采药炼丹，今山中仍有天子墓、丞相坟等遗迹，因此鄣山古称三天子都、三王山，春秋时吴越以此为界。景区内溪水一路伴着峡谷，可以玩水，又有各种奇石可看，植被品种很多，是天然的氧吧。

体验之旅

乐园狂欢： 去芜湖游玩，一定不要错过方特乐园。新晋5A景点方特乐园如今一共有四期主题乐园，风格迥异，惊险刺激的欢乐世界、绚丽多彩的梦幻王国……不愧周末休闲之旅的首选地。

广济寺庙会： 每年的农历七月三十为地藏菩萨诞辰日，广济寺都有庙会活动。四方信徒、香客云集进香朝拜，还组织百子会，朝山进香，并虔心素食，民间艺人献艺，寺庙举行隆重仪式，诵《地藏菩萨本愿经》。

寻味之旅

芜湖是滨江城市，本地餐饮体现的是沿江菜系的特色，以烹调河鲜、家禽见长。极负盛名的有"芜湖三鲜"，即盛产于芜湖段江面的刀鱼、时鱼、螃蟹。

蟹黄汤包： 皮薄馅大，汤多肉嫩。蒸熟的包子呈半透明状，用筷子夹起晃动时，里面的汤汁隐约可见。

虾籽面： 将面条煮沸后略加冷水煮上片刻，捞起兑入有虾籽、猪油、葱花、酱油等佐料的高汤，入口鲜美无比。

小笼渣肉蒸饭： 以糯米为饭，是一种味美香咸，有饭有菜，经济实惠的芜湖小吃。

目的地攻略

交通

火车： 芜湖境内有宁铜、皖赣等铁路干线交会连接，向外可通达全国各地的火车站。芜湖火车站位于芜湖市中心，市内有多路公交均可到达。芜湖南站和芜湖北站均为高铁站。

轨道交通： 芜湖目前运营有轨道交通1号线和2号线，沿途可到火车站及方特等旅游景点。

住宿

芜湖市区住宿的选择很多，不同价位的酒店宾馆应有尽有，交通便利；如果想去玩方特乐园，可以选择周边的酒店，不过节假日估计要提前预订，价格也会稍高；芜湖周边景点也颇多，出行前可根据景点位置，就近选择住宿地，更方便游玩。

左下 | 汀溪景区
中下 | 虾籽面
右下 | 河蟹

亮点 → 徽文化 | 逛老街 | 登黄山 | 游古村 | 品徽剧

宏村夜景

徽州

明代戏剧大师汤显祖留下了一句"一生痴绝处，无梦到徽州"的感叹，道出了的人间仙境原来在徽州。历经宋、元、明、清四代的徽州是徽文化与徽商的发祥地。山清水秀的徽州，如今虽然名称不再，但其依旧是山水幽深处的人间仙境：漫山遍野盛开的油菜花、淡淡炊烟笼罩的马头墙、静静流淌的新安江，日出而作日入而息的生活……处处是安静祥和、岁月静好的模样。

旅 行 路 线

皖南古村三日游

第一天主要游览宏村和木坑竹海，走近摄影天堂，竹林深处寻幽；第二天去西递寻梦，桃花源里看耕田；第三天转到徽州古城，在渔梁坝上泛舟，体会孕育徽州文化的山水风貌。

黄山风景区经典两日游

第一天早上到达黄山风景区，乘索道上山，游览始信峰、清凉台、光明顶等精华景点，夜宿山顶；第二天早起观黄山日出，然后游览一线天、迎客松等精华景点。

徽州古村落

本地游

※宏村 ◎ AAAAA

古民居、南湖、月沼

🏠 黄山市黟县宏村镇宏村。🚌 黄山风景区南大门有班车直达到宏村，或在黟县乘坐开往宏村的公交车。💰 104元（含导游费）。

宏村以徽派建筑为特色，因《卧虎藏龙》而闻名中外，被誉为"中国画里乡村"。

全村现保存完好的明清古民居有 140 余幢，著名景点有南湖春晓、月沼风荷、牛肠水圳、双溪映碧、雷岗夕照等。

景点攻略

1. 要想拍到宏村的美景，5:00 点左右是最佳时间。这时，村里的景点尚未被游人所包围。走在小巷中，清幽宁静专可以听到自己走路的声音，是拍照取景的好时机。

2. 宏村小吃属于徽州风味，比较有特色的美味有黟县腊八豆腐、宏潭豆腐乳、黄山毛豆腐、臭鳜鱼、宏村御饼、千层饼等。

※西递 ◎ AAAAA

刺史牌坊、凌云阁、敬爱堂

🏠 黄山市黟县西递镇西递村。🚌 在黟县乘坐班车前往，黄山景区也有班车直达。💰 104 元（含导游费）。

西递古村素有"世界上最美的村庄""中国明清民居博物馆"之称。

这里保留有数百幢明清古民居，99 条高墙深巷使游客如置身迷宫，大量的砖、木、石雕等艺术佳作点缀其间，被誉为"古民居建筑的艺术宝库"。

文化解读

西递村呈船形，村中鳞次栉比的古民居建筑群像一间间船舱，组成大船的船体；昔日村头高大的乔木和 13 座牌楼，好比船上的桅杆和风帆；村前的月湖和上百亩良田簇拥着村子，恰似一艘远航的巨轮停泊在宁静的港湾里。

徽派建筑

徽派建筑是我国一个重要的建筑流派，也是徽州文化的一个重要组成部分。徽派建筑有着高超的建造技艺和浓厚的文化内涵以及独有的地方特色。它始形成于唐末、兴盛于明清时期，民居、祠堂和牌坊也被誉为"徽州古建三绝"，其中又数传统民居最具特色，它集中反映了徽派建筑的主要特征。

徽州三雕之砖雕

在徽州盛产质地坚细的青灰砖上精致的雕镂而形成的建筑装饰，广泛用于徽派风格的门楼、门套、门楣、屋檐、屋顶、屋瓴等处，使建筑物显得典雅、庄重。

天井： 能够通风透光，雨水通过水笕流入阴沟，传统叫法为"四水归堂"，意为财不外流。

木柱： 粗大的木柱比砖墙更能抵御地震。

木雕： 木雕精细的门窗有很好的装饰作用而且也很实用，能够很好地透光隔热。

坡形屋顶： 利于将雨水收集起来，使之流入池塘。

厅堂

卧室

廊房

池塘： 既起到装饰作用，又能使房子凉爽。

高窗槛： 使房屋免受土匪袭击。

牌楼门口： 一般都有精雕细琢的石雕，华丽精美，这在当地属于一种家庭身份的象征。

马头墙： 又称封火墙，是徽派建筑的重要特色，造型精美，还有防火防盗的功能。

徽州古建哪里看

民居：以西递、宏村、呈坎等徽州古村为代表，粉墙、青瓦、马头墙、砖木石雕和依山傍水的景致都能看得到。

牌坊：歙县古牌坊留存最多，被誉为"中国牌坊之乡"，其中以棠樾牌坊群规模宏大，是其中的代表。

祠堂：在古徽州，家族观念相当深刻，往往一个村落只生活着一个姓氏的族人，各个族姓为强化宗族的认同感和凝聚力，大兴土木，修建祠堂。

如今在歙县的每一个村落几乎都可以看到祠堂，如北岸村的吴氏宗祠、呈坎村的宝纶阁、昌溪村的吴氏宗祠以及棠樾村的鲍氏支祠等。

徽州三雕之木雕

用于旧时建筑物和家庭用具上的装饰，遍及城乡，其分布之广在全国屈指可数。宅院内的屏风、窗槛、栏柱，日常使用的床、桌、椅、案和文房用具上均可一睹风采，几乎是无村不有。

徽州三雕之石雕

主要用于牌坊、门墙、廊柱等处装饰，属浮雕与圆雕艺术，享誉甚高。

喜鹊登梅是中国传统吉祥图案之一，梅花是春天的使者，喜鹊是好运与福气的象征。

※ 棠樾古村 AAAAA

棠樾牌坊、宗祠、鲍家花园

📍 歙县郑村镇棠樾村。🚌 歙县有公交车直达棠樾村。🎫 联票 100 元（包括鲍家花园）。

棠樾古村的牌坊群最有名，以忠、孝、节、义的顺序相向排列，还有男祠鲍氏宗祠敦本堂和罕见的女祠清懿堂两座祠堂。古牌坊周围伴以古祠堂、古民居、古亭阁，是天然的影视基地，《红楼梦》《烟锁重楼》等三十多部影视名剧都在此拍摄。

鲍家花园与苏州的拙政园、无锡的蠡园齐名，是当今中国最大、最美、最具特色的徽商庄园。

※ 呈坎 AAAAA

八卦布局、宝纶阁、隆兴桥

📍 黄山市徽州区呈坎镇呈坎村。🚌可以在徽州坐公交直达。🎫 107元。

呈坎古村被朱熹誉为"江南第一村"，是世界上迄今发现的保存最古老、最神秘的八卦村。古村依山傍水，现保存着明清建筑 100 余处，代表作是宝纶阁，还有隆兴桥、"大司成"匾、长春社等景点，精湛的工艺和精美的石雕、砖雕、木雕、彩绘将徽州古建筑艺术的古、大、美、雅体现得淋漓尽致。

※ 龙川 AAAAA

奕世尚书坊、胡宗宪尚书府

📍 宣城市绩溪县城东部。🚌 在绩溪汽车站对面的公交站搭乘公交可到龙川。🎫 75元。

龙川村自古文风昌盛、人才荟萃，是徽州出名的"进士村"。古村山环水绕，景色秀丽，古建筑木雕、石雕技艺精湛，造型自然、美观，体现了徽派建筑的艺术风格，其中远近闻名的胡宗宪尚书府就坐落在该村的上村与下村之间。

※ 徽州古城 AAAAA

徽园、渔梁古坝、许国石坊

📍 黄山市歙县徽城镇。🚌 可直接在歙县乘坐公交车前往古城区游玩。🎫 联票 100 元（含徽园、徽州府署、许国石坊、斗山街、新安碑园、太白楼、陶行知纪念馆、渔梁）。

徽州古城是歙县的核心，也是徽州府治所在地，古城五峰拱秀，六水回澜，山光水色，楚楚动人。景区内古民居群布局典雅，古桥、古塔、古街、古巷、古坝、古牌坊交织着古朴的风采，犹如一座气势恢宏的历史博物馆。

※ 查济 AAAAA

桃花潭、德公厅屋、爱日堂

📍 宣城市泾县桃花潭镇查济村。🚌 需先坐长途汽车到泾县，再从短途汽车站坐到查济的公交。🎫 70 元。

查济距桃花潭约 20 千米，游客常把两者放在一起游览。这座建于唐初的徽派古村，一直聚居着查姓家族。岑溪、许溪、石溪三溪在村中汇流，白墙黑瓦的徽派建筑沿溪而建。村中祠堂众多，建筑上的徽派三雕砖雕、木雕、石雕很是精美。

※ 潜口民宅 AAAAA

江村总祠、父子进士坊、江村十景

🚌 从屯溪到潜口无班车，打车约 50 元。🎫 免费。🕐 淡季 8:00~17:00，旺季 8:00~18:00。

潜口民宅是古代徽州居民的生活缩影，在一个小山峦里展示不同古居民的生活风貌。

早在 1982 年，当地政府将分散在歙县和徽州的郑村、许村、潜口、西溪南等地的 10 余处较典型而不好当地保留的建筑，统一移至潜口民宅。最终形成明代民居建筑群。

※ 唐模 AAAAA

江村总祠、父子进士坊、江村十景

📍 黄山市徽州区潜口镇唐模村。🎫 80 元。

唐模景区自然风景优美，人文景观丰富，具有浓郁的徽派气息。唐模最具特色的是它的水口文化，水口是风水学的重要要素。在唐模水口建于村东，既有水口，又有园林，形成了古徽州独特的水口园林。

九华山 AAAAA 本地游

天台景区、肉身宝殿、化城寺

📍 池州市青阳县九华镇。🚌 池州火车站有直达九华山的旅游专线车。🎫 160 元。

九华山，与山西五台山、浙江普陀山、四川峨眉山并称

右上 | 九华山大佛
右下 | 九华山天台景区

黄山风景区 ◎ AAAAA 迎客松、西海大峡谷、飞来石、温泉 特 写

亲历者行程

黄山精华一日游：黄山南大门—云谷寺（云谷索道上行）—始信峰—狮子峰—排云亭—西海大峡谷（西海观光缆车）—天海—玉屏楼（迎客松）—玉屏索道下行—慈光阁—黄山南大门。

二日游：黄山北大门—松谷庵—太平索道上行—排云亭—西海大峡谷（西海观光缆车）—天海—光明顶—北海中路—始信峰—云谷索道下行—云谷寺—黄山南大门。

左上 | 黄山云雾

⊕ 黄山市黄山区境内。🚌 可乘火车或汽车先到黄山市区（一般为"屯溪"），然后乘车到汤口镇（景区南大门）。💴 190元。

黄山景区示意图

黄山，被世人誉为"人间仙境"，素以"四绝"（奇松、怪石、云海、温泉）和日出奇观著称于世，其胜景以三大主峰为中心展开，分玉屏景区、白云景区、北海景区、松谷景区、云谷景区、温泉景区、西海大峡谷景区七大景区。

玉屏景区古称文殊院，是黄山的中心景区，以玉屏楼为中心，包括莲花、天都两大主峰，有黄山绝佳处之称，有俗语云："不到文殊院，不见黄山面。"此处可观迎客松、送客松、玉屏卧佛、蓬莱三岛、松鼠跳天都、孔雀戏莲花等。

北海景区是黄山中部的高山主景区，以峰为体，以伟、奇、险、幻为特色，集峰、石、坞、台、松、云于一身，有清凉台等多处观景台。在此可远眺"仙人下棋""梦笔生花""猴子观海""猪八戒吃西瓜"等奇观。

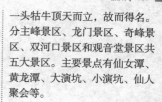

为中国佛教四大名山，是地藏王菩萨的道场。该山现存古寺庙94座，佛像一万余尊，文物2000余件，僧尼700余人，享有"佛国仙城"和"东南第一山"的美誉。

山间溪洞流泉交织其中，山势嶙峋嵯峨，共有99峰，其中以天台、天柱、十王、莲花、罗汉、独秀、芙蓉等九峰最为雄伟。山间古刹林立，香烟缭绕，古木参天，灵秀幽静。

亲历者行程

九华山一日游线路：

A线：化城寺一肉身宝殿一闵园一天台；

B线：化城寺一肉身宝殿一百岁宫一五百罗汉堂一通慧禅林一大悲宝殿。

徽州其他景点 本地游
※新安江山水画廊
三潭、南源口、漳潭村

黄山市歙县深渡镇。从歙县汽车站乘中巴车到深渡港，深渡港有游览山水画廊的游船。50元，船费66元。

新安江是古徽州文明的摇篮，山水画廊全长约30千米，是黄山一歙县一千岛湖黄金旅游线上的一颗璀璨明珠。

清幽的江水与古村落、古民居交相辉映，构成一幅秀丽的世外桃源图。沿岸点缀着樟潭古樟、三潭枇杷、九砂古村、古老作坊等景点，还有绵潭徽戏、鱼鹰捕鱼、采摘、养蚕、榨油等项目令人流连忘返。

※太平湖
西山、平龙山、神仙洞

黄山市黄山区西北部。从屯溪、汤口、黟县等地先乘车到太平（甘棠）再转车去太平湖。有多种套票可供选择。

太平湖属高山峡谷型湖泊，宽处烟波浩渺，狭处曲径通幽。整个太平湖共分为共幸、广阳、黄荆、龙门、三门五大景区。主要景点有西山观鱼、平龙山采茶、桂林小景及樵山神仙洞等自然景观和新建的白鹭洲乐园、黄金岛植物园、猴岛、鹿岛、蛇岛及金盆湾旅游度假区。

※牯牛降
仙女潭、四叠飞瀑、情人谷

黄山市祁门县赤岭乡，距县城约65千米处。从祁门汽车站有前往景点的班车。70元。

牯牛降以雄、奇、险著称，古称"西黄山"，因其山形酷似

一头牯牛顶天而立，故而得名。分主峰景区、龙门景区、奇峰景区、双河口景区和观音堂景区共五大景区。主要景点有仙女潭、黄龙潭、大演坑、小演坑、仙人聚会等。

※齐云山
洞天福地、太素宫、香炉峰

黄山市休宁县齐云山镇。黄山市汽车站坐直达景区的汽车，也可去祁门县或黟县坐车。68元。

齐云山与黄山、九华山并称为皖南三大名山，因最高峰廊崖"一石插天，与云并齐"而得名，集丹霞地貌、摩崖石刻、山光水色于一体，以山奇、水秀、石怪、洞幽著称，有月华街、楼上楼、云岩湖三大游览区，其中洞天福地、真仙洞府、太素宫、香炉峰、小壶天等景最负盛名。

※花山谜窟
摩崖石刻、花山湖游船、鸳鸯洞

黄山市屯溪区屯光镇浯村。屯溪、歙县都有班车路过此地。日游98元，夜游128元。

花山谜窟是古人开凿的石窟群，千百年来无任何文字记载，其规模之大，谜团之多，为国内罕见，堪称"中华一绝"，被誉为一座古徽州石文化历史博物院。花山石林海拔一般在200米以下，全部自然形成，崖石嶙峋，峭岩突兀，有的形似擎天菌伞，有的如金鸡报晓，形象逼真，栩栩如生。

左下 齐云山
右下 新安江山水画廊

宏村油菜花

体验之旅

爬山泡温泉：黄山"四绝"之一的温泉位于黄山温泉景区小补桥南，有温泉的池子近30个，各池都标着各自理疗健康的效用，还有鱼疗池30元/人。

香茗大剧院看《徽韵》：演出共分为《四季黄山》《天上人间》《痴梦徽州》《徽班进京》《皖风徽韵》五幕。香茗大剧院位于黄山市屯溪区西海路29号，除每周一外，每天演出时间为20:00~21:00，如遇节假日调整另行通知。门票根据座位价格不等，160元起步。

九华山赶庙会：九华山庙会起源于唐代，每年的农历七月三十日，山上各大寺庙相继举行"佛像开光""打佛七""水陆大法会"等佛事活动；四方信徒、香客云集九华朝山进香、拜塔，朝拜天台；许多山民和手工艺者趁此机会互做买卖，民间艺人也来此献艺，整个场面热闹非凡。

寻味之旅

黄山的饮食属于徽州菜系。徽菜重火功，提倡原汁原味，重油重色。在汤口镇的沿溪街、屯溪老街以及黄山山上都可以品尝到当地的美食。

臭鳜鱼：黄山臭鳜鱼据说是当地一种桃花鳜鱼。闻起来

虽臭，却臭中带香，吃起来口感鲜嫩，其中"老街第一楼"的臭鳜鱼最为有名。

毛豆腐：黄山毛豆腐因《舌尖上的中国》而名声大噪。豆腐用油煎后，佐以葱、姜、糖、盐及肉清汤、酱油等烩烧而成。上桌时以辣椒酱佐食，鲜醇爽口，并且有开胃作用。

黄山双石：全名是黄山石耳炖石鸡，黄山石鸡、石耳皆名山珍，山珍入馔是安徽菜的一大特色。此菜成菜清淡，开胃宜人，有滋补强身养颜之功效。

徽州圆子："徽州圆子"起源于歙县，别称"细沙炸肉"，是正宗徽菜品种之一。颗粒匀称，色泽金黄闪光，是一道深受欢迎的大众菜。

目的地攻略

交通

飞机：黄山机场位于屯溪西郊约5千米处。由机场前往市区可乘坐民航班车。现开通有至北京、广州、青岛、厦门、上海、西安、成都等城市的航线。

火车：黄山市目前有两座

火车站。黄山站位于黄山市屯溪区前园北路，主要停靠普快列车；黄山北站位于黄山市徽州区梅林大道，主要停靠高铁。

住宿

黄山的住宿主要可以分为三个部分，一是市区，二是古村，三是黄山山顶。市区交通便利，各类酒店、旅馆应有尽有，有不同档次可供选择；游览古村主要选在黟县、歙县等县城住宿，住宿类型以客栈民宿居多，更重皖南风情，但旺季价位偏高，需提前预订；黄山上的住宿价格普遍偏高，但一般大型酒店会配有温泉服务，在登山之后泡一泡温泉，洗去一身疲惫，真是惬意至极。

购物

来黄山最适合旅行购买携带的当属黄山烧饼、黄山毛峰、太平猴魁，还有文房四宝中的珍品徽墨和歙砚。此外，黄山还有营养价值很高的黄山野生香菇、黄山核桃等。所有这些特产一般都可在市区的特产专卖店、屯溪老街、汤口镇的沿溪街购买。

左下│毛豆腐
中上│歙砚
中下│臭鳜鱼
右下│黄山温泉

湖山古韵

旅游带

华中

这个旅游带位于长江中游，东北部有鄱阳湖、洞庭湖两个大湖和江汉平原湖泊群，自古就是鱼米之乡，古迹较多，滕王阁、岳阳楼、黄鹤楼三大名楼都在这里，景德镇的陶瓷，大冶的铜矿也是历史的见证。这个旅游区的西南北边缘则是大片的丘陵，山与水交融孕育了庐山、井冈山、武功山、衡山、桃花源、张家界、长江三峡、神农架、武当山等一大批秀丽风光。

亮点 → 楚文化｜黄鹤楼｜赏樱花｜长江大桥｜过早

黄鹤楼

武汉

千年岁月悠悠，留给武汉的，是白云黄鹤的灵动飘逸，是知音琴台的古朴坚贞，是战火纷飞后的沧桑凝重，是两江交融时的抵死缠绵。武汉，正如一位兼具江南灵秀与北方热情的女子，掀开巫楚的神秘面纱，向你招手。

旅 行 路 线

武汉经典三日游

第一天主要游览武汉大学，在樱花下寻梦；第二天参观湖北省博物馆，登黄鹤楼，探寻历史往事；第三天逛江汉路和吉庆街，寻找舌尖上的美味。

武汉历史二日旅

第一天来到大名鼎鼎的黄鹤楼，抒发怀古幽思之情，然后前往长江大桥，站在桥上眺望四方，武汉三镇尽收眼底；第二天来到归元禅寺，观五百罗汉，最后去晴川阁，登阁远眺，"汉阳"风景尽收眼底。

木兰文化生态旅游区 AAAAA

避暑、泛舟、赏杜鹃、秋季庙会 **本地游**

中上｜木兰湖

🚩 武汉市黄陂区木兰山。🚌 在汉口火车站乘坐292路、295路公交至终点站，再从终点站换乘景区专线车。🎫 木兰山70元，木兰天池70元，木兰草原70元，云雾山80元。

木兰文化生态旅游区由木兰山、木兰天池、木兰草原、木兰云雾山四大景区组成。

木兰山是木兰将军的故里。景区内有古朴别致的木兰古建筑群、千姿百态的石林、姹紫嫣红的奇花，风光旖旎，美不胜收。

木兰天池是我国著名的国家级森林公园，位于一处南北走向的森林山水峡谷中，沟壑纵横，林木茂盛，一年四季流水不断。

木兰草原是蒙古风情景区，属"木兰八景"之一。从木兰草原的门楼到白鹭湖的栈桥，有饱受风霜的蒙古包、历史久远的敖包，可领略悠扬的草原文化和传奇的塞北风情。

云雾山河溪纵横、泉瀑相间，还有寺观、古寨、古建筑等人文景观。每年的3~5月期间，是木兰云雾山万亩杜鹃盛开的时节，整座云雾山就是花的海洋。

东湖风景区 AAAAA

城中湖、湖边漫步、赏花观鸟、东湖灯会 **特写**

左上 | 东湖

🚩 武汉市武昌区东部。🚌 市内乘401路、411路公交可分别至磨山景区和听涛景区。💰 免费。

东湖是武汉市最大的风景游览地，中国最大的城中湖。湖岸曲折，港汊交错，素有"九十九湾"之说。东湖更是最大的楚文化游览中心，楚风浓郁，楚韵精妙，湖光山色，不一而足。

听涛区是一座狭长的半岛。岛上有先月亭、可竹轩、听涛轩、行吟阁、濒湖画廊和屈原纪念馆等建筑。其中听涛轩建筑古雅别致，四周苍松翠竹环抱，外景清幽。

磨山区三面环水、六峰逶迤，是东湖的重要组成部分。内部山水秀丽、植物丰富，还有别致的园中园和浓郁的楚风情，景区内的梅园规模居全国梅园之首。

落雁区最具观赏价值的是

景点攻略

1. 畅游东湖以后你可以在湖边享受美味佳肴，在这里你可以品尝到东湖的名吃名点。

2. 每年，东湖会举办中国武汉梅花、东湖荷花节、东湖樱花节、东湖夏日风情节等节日。来武汉看樱花最好的时间是3月下旬。

古树名木群落，是人与自然和谐相处的生态旅游胜地。每年冬天，这里聚集着数以万计来自北方的鸬鹚，并常有大雁、野鸭、白鹭上下翻飞。

东湖景区示意图

武汉市区景点 **本地游**

※黄鹤楼 AAAAA

《黄鹤楼上》、登高望远、浮雕、杜鹃花

🚩 武汉市武昌区蛇山西坡特1号。🚌 乘坐10路、61路等公交在黄鹤楼站下车即到。💰 70元。

黄鹤楼为"中国古代四大名楼"之一，被称为"天下江山第一楼"。登楼远眺，可见不尽长江滚滚来，三镇风光尽收眼底。

景点攻略

黄鹤楼有编钟的演出，每场大约15分钟，演出地点是在落梅轩，演出是免费的。从户部巷步行去黄鹤楼即可。

※辛亥革命武昌起义纪念馆

红楼、武昌起义、张竹君

🚩 武汉市武昌区武珞路1号。💰 免费。

辛亥革命武昌起义纪念馆因旧址红墙红瓦，武汉人称之为红楼。这里珍藏着大量文物和文学、照片资料，馆内现有

右下 | 黄鹤楼

两个主题性的基本陈列。

※湖北省博物馆

曾侯乙编钟、越王勾践剑、元青花瓷、编钟表演

武汉市武昌区东湖路 156 号。 乘坐地铁 4 号线到东亭站下车，步行前往。

湖北省博物馆为楚国建筑的中轴对称，"一台一殿""多台成组""多组成群"的高台建筑布局格式。整座建筑也突出了楚国多层宽屋檐、大坡式屋顶等楚式建筑特点。馆藏文物品类丰富、器类齐全，有文物 20 多万件。

※武汉大学

樱花大道、民国建筑、情人坡

武汉市武昌区珞珈山八一路 299 号。 乘坐地铁 2 号线到街道口站下车。

东湖之滨、珞珈山下，武汉大学被称为中国最美丽的大学之一。银灰外墙和孔雀蓝琉璃瓦构筑而成的仿古建筑，掩映于苍翠林木和万花丛中。每年三四月份，300 米长的樱花大道上空雪白一片，灿若云海。樱花树旁，4 幢民国时期的建筑，沿山而起，依次排开，人称之为"老斋舍"。

※昙华林街

老街、百年老建筑

武汉市武昌区昙华林路。 乘坐地铁 2 号线到螃蟹岬站下车，步行前往。

昙华林街东起中山路，西至得胜桥，全长约 1 200 米，是明代形成的一条老街。现在的昙华林保存有 50 多处百年以上的近代历史建筑，它的轶事旧闻，反映了武汉市历史上的风云变幻，记录了武汉多姿多彩的风土人情。

※古琴台

《高山流水》、伯牙抚琴、碑刻

武汉市汉阳区琴台大道 10 号。 乘坐地铁 6 号线到琴台站下即到。 15 元。

古琴台是为纪念伯牙子期的深厚情谊而建，有"天下知音第一台"之称。古琴台东对龟山、北临月湖，湖景相映，主要景点有伯牙和子期的故事"蜡像馆""伯牙抚琴"汉白玉雕像等。

※归元禅寺

拜财神、数罗汉、祈福

武汉市汉阳区翠微路 20 号。 10 元。

归元禅寺建于清顺治年间，寺内藏有许多佛教文物，除藏经外，还有佛像、法物、石雕、书画碑帖及外文典籍等。

※晴川阁

吹江风、看江景、曲径回廊

武汉市汉阳区洗马长街 86 号。 免费。

晴川阁又名晴川楼，有"楚国晴川第一楼"的美称。濒临长江，与长江对面的黄鹤楼夹江相望，与黄鹤楼、古琴台并称"三楚圣境"。景区主要由晴川楼、禹稷行宫、铁门关三大主体建筑和其他附属建筑群组成。

※汉口江滩

沿江大道、百年老建筑、戏水

武汉市江岸区蔡锷路和沿江大道交叉口对面。 乘坐地铁 2 号、6 号线到江汉路站下，步行前往。

汉口江滩一侧是车流滚滚的沿江大道，大道旁有十几幢

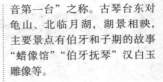

左上｜武汉大学
左下｜古琴台
中下｜昙华林
右下｜汉口江滩 - 码头工人塑像

风格各异的百年老建筑。另一侧则是开放式的江滩公园，由三层观水平台组成，其中第二层平台，一年之中有两个月会被上涨的长江水淹没，最低一层的平台在枯水季节会现出沙滩，你可以逐级而下，直接在长江中嬉水。

※古德寺

欧式建筑、佛教圣地

📍 武汉市江岸区上滑坡路 74 号。
💰 免费。

古德寺的建筑风格与传统寺庙的黄瓦红柱、飞檐翘角迥然不同。寺庙混合了欧、亚宗教建筑的特色，有回形步廊和许多方柱，又有希腊神庙的风韵，墙上圆窗和长窗则是基督教堂的建筑样式。

孝感
周边游

※天紫湖

泡温泉、篝火晚会

📍 孝感市孝南区天紫湖畔。
💰 60 元。

天紫湖，有山有水，空气清新。这里苍松劲柏，一步一景。各种树木花草覆盖了度假区的每一寸土地。传说中天紫湖是仙女下凡沐浴的地方，传说中的董永和七仙女就是在此相会。

※董永公园

孝文化、董永与七仙女

📍 孝感市槐荫大道 257 号。

董永公园于 1984 年建成，园内有孝子祠、仙女池、槐荫树、鸳鸯楼等景点。景点按董永卖身葬父、孝行感天、仙女下凡、百日姻缘等情节为线索

建造，歌颂了孝感人民尊老爱幼的传统美德。

※观音湖风景区

观音湖、大悟山

📍 孝感市孝昌县小悟乡境内。
💰 免费。

观音湖景区内有山水一色，碧波千顷，风光旖旎的观音湖；有巍峨挺拔，钟灵毓秀的大悟山；有田野风光，山水坦荡的金盆湖；还有九龙寺和观山禅寺。

※钱冲银杏谷

梅花洞、哪吒洞、桃花溪

📍 孝感市安陆市王义贞镇钱冲村。
💰 80 元。

钱冲银杏谷自然景色优美，古银杏参天连片，是目前中国现有的两大自然状态古银杏群落之一，与浙江的天姥山共享全国"银杏之乡"美誉。景区有千年以上古银杏 48 株，这些古银杏不仅年代久远，且树形各异，有夫妻树、情侣树、子孙树、母子树等。

※铁寨

关公拜佛、麒麟啸天、一线天

📍 孝感市大悟县刘集镇铁寨村西部。
🚗 适宜自驾前往。

铁寨风景旅游区山体属喀斯特地貌，岩石裸露，素有"鄂北小黄山"之称。主峰铁寨，孤峰耸立，风景区内奇石遍布，或如狮，或似虎，无不神形具备、惟妙惟肖，堪称鬼斧神工。"大象哭冢""神龟探月""金蟾观天""关公拜佛"等不一而足，千姿百态，妙趣横生。

※双峰山

兵寨文化、汉孝文化、旅游度假

📍 孝感市双峰山旅游度假区。💰 45 元。

双峰山林木葱郁、怪石林立，自然风光秀美。这里有白云古寨、双峰书院、第一泉、回龙寺等名胜古迹。景区中的青龙洞，是一个天然溶洞，洞中套洞，径道曲折幽深。

鄂东
周边游

※遗爱湖

遗爱亭、黄冈古城

📍 黄冈市黄州区东坡大道 62 号。
💰 免费。

遗爱湖是黄冈市的"城中湖"，苏轼为湖畔小亭题名为"遗爱亭"。湖位于古城中，城在赤壁山下，登山远眺，遗爱湖及古城风景尽收眼底。遗爱湖湖面广阔，明净通透，湖波如境，杨柳夹岸，湖边还有地标式的东坡塑像，以及一块一块的诗词碑刻。

※东坡赤壁

二赋堂、酹江月、坡仙亭

📍 黄冈市公园路 11 号。💰 40 元。

东坡赤壁因苏东坡被贬黄州时常漫游于此而蜚声古今中外。现存二赋堂、酹江月、坡仙亭、栖霞楼等建筑，其中二赋堂内有一块大木壁，正反面刻着前、后《赤壁赋》全文，留仙阁有一幅苏东坡游赤壁全图。

※天堂寨景区

哲人峰、大峡谷、九龙潭

📍 黄冈市罗田县境内，与安徽省交界处。💰 108 元。

天堂寨景区内最神奇的景观便是山，天堂美景数主峰天堂寨为最。登上主峰，环视天下，则可见大山拥拜于下。凌晨观日出似置身于九天之外，

傍晚看日落如在仙宫信步。每当雨过天晴，早晨登主峰观云海更是气象万千，无比壮观。

※三角山国家森林公园

革命遗址、历史古寨

⊙ 黄冈市浠水县绿杨镇大别山南麓。

🚌 适宜自驾前往。💴 80 元。

三角山公园内既有革命遗址，也有历史古寨。在景区内放眼望去，满目是苍翠的树木，处处都是奇峰怪石。据当地传说，李白、杜甫、苏东坡、欧阳修、李时珍、吴承恩等历代名人都来过这里。

※黄石国家矿山公园

百年矿山、工业遗址

⊙ 黄石市铁山区。💴 35 元。

黄石国家矿山公园有着悠久的历史，三国孙权在此"筑炉炼兵器"，清末湖广总督张之洞办洋务、兴钢铁。历经百年开采，铁矿东露天采场形成了落差 444 米的世界第一高陡边坡。矿冶大峡谷形如一只硕大的倒葫芦，被誉为"亚洲第一天坑"。

※东方山

曼倩垴、览胜垴、走马寨

⊙ 黄石市下陆区东方山路 8 号。

🚌 市内可乘多路公交车前往。💴 10 元。

东方山被誉为"三楚第一山"，山中有 2000 余种木本和草本植物。其中山上弘化禅寺有开山祖师智印手植的一株千年银杏，寿命达 1200 余年之久。据说西汉时东方朔曾来此隐居，为纪念这位历史名人，故而得名东方山。

※仙岛湖

野人岛、观音洞、仙福山

⊙ 黄石市阳新县仙岛湖景区。

💴 A 线、B 线均 110 元。

仙岛湖恰似银河星座，享有荆楚第一奇湖之美誉，因湖畔山崖上悬有一块"灵通仙岛"的古匾而得名。这里唐代洛宾王归隐陵寝圣迹依存，明末嘉靖甲寅岁"飞来钟"保存完好，"灵通仙岛"石碑字迹分明。

※九宫山

云中湖、林海深处

⊙ 咸宁市通山县九宫山镇境内。

💴 60 元。

九宫山既有江南山峰的奇秀，又具有塞北岭岳之雄、险、奇、幽、秀，被誉为"九天仙山"。旅游区划分为云中湖游览区、林海深处游览区、吴楚天游览区、龙潭探幽游览区和山下游览区。

※赤壁古战场   AAAAA

赤壁之战、古战场遗址

⊙ 咸宁市赤壁市赤壁镇武侯巷 6 号。

💴 135 元。

赤壁是三国古战场遗址，隔江就是洪湖乌林，东汉末年的赤壁大战即发生于此。赤壁大战的烈火早已熄灭，但那赤色的悬崖绝壁，不尽的滔滔大江，大战时的处处阵迹，赞美赤壁的碑刻和诗篇，一直吸引着无数游客前来参观游览。

※莲花山

元明塔、六合园、碑林

⊙ 鄂州市鄂城区凤凰路 76 号南郊洋澜湖畔。

莲花山旅游区以当今世界上规模最大的文化碑林——莲花山碑林而闻名遐迩。景区以莲花山为主体的九座山峰，宛似依水绽放的九朵莲花，历代文人如屈原、陶渊明、黄庭坚、苏东坡等曾在此行吟赋诗，留下许多脍炙人口的诗篇。

左下｜三国赤壁古战场
中下｜罗田天堂寨

体验之旅

横渡长江： 横渡长江活动从武昌汉阳门下水，汉口江滩三峡石广场上岸。这条线路直线距离约4295米，也是当年毛泽东畅游长江的线路。

东湖游览： 东湖独领中国最大的城中湖，120多个岛渚星罗棋布，其中点缀着落霞水榭长天楼、高洁素雅碧潭观鱼、感怀历史行吟阁、主席之爱梅岭一号、八里磨山园中园等。

赏樱花： 每年3月中下旬，1000多株樱花在武汉大学的校园内竞相开放，极为壮观。届时，漫步在樱树下，感念校园时代的青葱往事，看那和花瓣一起飞扬的青春。

乘坐绿皮小火车： 绿皮小火车被誉为"武汉最文艺兜风处"，是文艺青年最爱去的地方之一。火车沿着武昌边缘，穿越沙湖、南湖，也穿过城市中心，把武昌、青山、洪山串联起来，兜兜转转。

寻味之旅

湖北菜系由武汉、荆沙、黄州和襄郧四大风味流派组成，武汉菜则是鄂菜的典型代表，主要名菜有清蒸武昌鱼、天门三蒸、红烧义河蚶等。鸭脖子、热干面、排骨藕汤等美食也不可错过。

清蒸武昌鱼： 一般用一公斤左右的鲜活鱼作主料，辅以火腿、香菇、冬笋、鸡汤等十多种配料调料，上笼清蒸。蒸好后再在鱼上缀上红、绿、黄各色菜丝，使之色彩艳丽，香味扑鼻，此鱼鱼肉细嫩，汤质鲜美。

天门三蒸： 主要原材料一般不少于三种，肉类、鱼类、菜类必须两类以上，而且每一类还不止一种，其中最地道的是用猪肉（五花肉）、家鱼（鲢鱼、鳙鱼）、茼蒿做的天门三蒸。

八卦汤： 桃园煨汤馆的传统名肴，因为乌龟背壳形似古八卦图，故称为八卦，用龟肉制汤，便称八卦汤。

炸藕夹： 湖北盛产莲藕，湖北人对吃藕总是情有独钟，无论是凉拌、热炒，还是蒸、炖、炸、烤，逢年过节或是婚庆喜宴，炸藕夹都是必不可少的菜肴。

美食街： 以小吃闻名的户部巷是武汉最有名的"早点一条巷"，这里有"汉味小吃第一巷"之称。户部巷是一条长150米的百年老巷，其繁华的早点摊群二十年经久不衰。

目的地攻略

🚗 交通

飞机： 武汉天河国际机场坐落在武汉市黄陂区天河镇境内。机场每天都有直达北京、上海、南京、郑州、广州、南昌、福州、成都等国内主要城市的航班及部分国际航班。地铁2号线终点站即为天河机场。

火车： 武汉站位于青山区青山与洪山区交界的杨春湖东侧，主要营运高铁和动车。

武昌站位于武昌区中山路，武汉目前客流量最大的站，几乎所有经过武汉的普通列车均会停靠此站。

汉口站位于江汉区发展大道，主要停靠上海至武汉等东西走向的列车，也兼顾停靠京广线列车。

市内交通： 武汉目前运行的地铁线路有地铁1号线、2号线、3号线、4号线、5号线、6号线、7号线、8号线、11号线、16号线和21号线。2号线可到汉口站和天河机场，4号线可到武昌站和武汉站。

🏠 住宿

在武汉游玩，无须担心住宿问题。武汉的宾馆、酒店随处可见，武昌区和汉口火车站附近就有很多。想要游玩方便的话，推荐选择江汉路、黄鹤楼、武汉大学等周边住宿，酒店价格也较便宜。

🛍 购物

武昌特产首推武昌鱼，其他有马口陶瓷、洪湖莲藕、洪湖羽毛扇、江陵仿古漆器、洪山紫菜苔、桂花酥糖、特制黄鹤楼酒等。对于伴手礼来说的话，基本大家都会随手带的就是鸭脖子。

中下 | 热干面
右下 | 烧卖

亮点→ 道教文化 | 问道武当山 | 养生太极湖 | 看武术表演 | 漂流

武当山紫霄宫

紫霄殿

协赞中天　都清外云　始制六天

十堰

十堰是闻名海内外的汽车城，也是独具风采的花园城。道教名山武当山，穿越千年岁月的楚长城，烟波浩渺的汉江，众多自然人文景观使十堰充满了不可抗拒的魅力。

旅 行 路 线

武当山一日游

上午从武当山门开始到琼台中观，后坐索道到金顶，眺望武当山的八百里山水，然后下山到南岩宫，观看绝壁上的宫观，烧龙头香，再到紫霄宫，感受皇家道观的气场，之后走一走九曲黄河墙的曲折。

十堰一日游

用一天的行程来游览十堰市内的景点，上午先来到十堰市中心的人民公园，下午前往丹江口大坝，最后来到丹江太极峡景区，这是湖北唯一的丹霞地貌地质公园。

十堰市景点

本地游

※太极湖

太极湖水上游、太极养生谷

⌂ 十堰市丹江口市武当山旁。✈ 158元。

太极湖是亚洲最大的人工湖，坐落在群山环绕之中，长久以来武当山就有"72峰朝大顶，24涧水长流"的说法。这里山清水秀，气候宜人，是旅游度假的好地方。

※太极峡

观景阁、太极图

⌂ 十堰市丹江口市石鼓镇。✈ 80元。

太极峡景区内植被茂盛，处处都是古树参天、野花遍地，还

中下 | 太极峡

有丹霞地貌、石林景观以及多个溶洞，当地传说这里是道教"真武大帝"隐居修炼的地方。景区内青龙山与黄龙山这两座山脉相环相绕，不仅构成了狭长的 S 型峡谷，还形成了一个巨大的惟妙惟肖的天然太极图。

※五龙河

天乐谷、织女谷、飞龙谷

⌂ 十堰市郧西县安家乡。➔ 郧西客运站有专线车前往五龙河景区。✈ 110元。

五龙河风景区是一个神秘清幽的峡谷世界，被誉为鄂西北的"九寨沟"。景区因五龙而祥瑞、因道仙而扬名、因古猿而神圣、因奇秀而清雅，是返璞归真的人间天堂。

※龙潭河

沙滩沐浴、大小龙潭、银河飞泻

⌂ 十堰市郧西县羊尾镇。✈ 88元。

龙潭河集原生态的山、水、

武当山 ⊙ AAAAA

太子坡、紫霄、太和宫、金殿 **特写**

左上 | 武当山云雾

🚇 十堰市丹江口市武当山特区金街。🚌 十堰火车站有公交直达，景区之间可乘观光车或索道。¥ 264元。

武当山又名太和山、参上山，武当山古建筑群被列为世界文化遗产。由金顶、南岩、紫霄宫、复真观、五龙、老营等景区组成。

南岩又名紫霄岩，相传是真武得道飞升的圣境。今存石殿、南天门、碑亭、两仪殿等建筑。据说"金顶签、龙头香"是武当山最灵验的两宝。

金顶位于武当天柱峰之巅，金殿内供奉着"真武祖师大帝"的镏金铜像。每逢电闪雷鸣的时候，光球在金殿四周滚动，但霹雳却击不到金殿，这一奇观被称为"雷火炼殿"。

紫霄宫始建于宋代，是武当山唯一的重檐歇山式木结构殿堂，被明永乐皇帝封为"紫霄福地"。景区内还有太子岩、剑河桥、玉虚岩等景点。

武当山景区示意图

瀑、潭、洞、溪为一体，境内茂林修竹，葱岭峻峭，谷壑幽深。现存有清代古建筑，黛青鸳瓦、金碧辉煌，是咏诗写作、观瀑探险、养生度假的山水乐园、人间天堂。

※观音洞

凤凰山庄、世外桃源、清人谷

- 十堰市房县城南3千米处的凤凰山。
- 45元。

观音洞始建于唐朝，群山起伏，紫霭弥漫，鸟语花香。主体景观是奇特的天然洞穴，位于石岩峭壁之中，分为南北洞。洞顶山势陡峭险峻，古根老藤五色杂呈，疏密有致。洞前修竹挺拔，古木参天，一条石径盘旋而下，自山门直通沟底。

※野人谷

野人谷、野人洞、野人府

- 十堰市房县桥上乡。 ● 房县乘坐房县至野人谷旅游专线即可到达。
- 65元。

野人谷与野人洞毗邻，因经常有"野人"出没而得名，这里有"人间仙境、世外桃源、野人故乡、植物王国"之称。野人洞是一个多径洞口，洞内藏山，山中有洞，洞中泉水潺潺，四季长流，奇石映水，色彩各异。

左下 | 野人谷

神农架 ◎ AAAAA

周边游

※神农顶风景区

大龙潭、小龙潭、金猴岭

- 神农架林区神农顶风景区内。
- 一般是先到神农架林区的木鱼镇，再从木鱼镇出发，前往景区。
- 130元。

神农顶风景区是神农架林区内的精华景区，当地人有"不到神农顶，没来神农架"的说法。这里有华中地区第一高峰，还有机会看到珍稀动物金丝猴。

太子垭景区内茫茫的原始森林、嶙峋的喀斯特石林、动人的故事传说，无不引人入胜。在太子垭，可以漫步林海，穿越草甸，登临峰顶，寻访太子踪迹，尽享绚丽的自然美景。

板壁岩是原始森林中的一片高山石林，这里也是传说中野人出没的地方。景区内的石林，怪石嶙峋、姿态万千，无论正面看、还是侧面看，形象和神姿都不相同，却都一样栩栩如生。

神农谷又名"巴东垭"，有"神农第一顶"之誉。从垭底至近顶，条梁耸翠，洞谷含幽，小径回旋，山花遍缀，葱茏树木间以青藤缠绕，潺潺泉声伴以唧唧鸟鸣。

景点攻略

神农架原始森林很大，交通不太发达。在林中穿梭时，要穿长裤高筒靴，最好戴上帽子。为防止在森林中迷路，最好请一位导游。

※天燕景区

天门垭、燕子垭、燕子洞

- 神农架林区内，209国道旁。
- 可以沿着209国道行驶到达景区。
- 45元。

天燕景区是以原始森林风光为背景，以神农氏传说和纯朴的山林文化为内涵，集奇树、奇花、奇洞、奇峰与山民奇风异俗为一体，以反映原始悠久、猎奇探秘为主题的原始生态旅游区。

红坪画廊又称神农天梯，漫步坪中，可欣赏到清溪两旁如画的风景。炎炎夏日，峡谷内幽深秀丽，溪水清澈透明，在整块的岩石上冲刷出各种各样的沟壑和潭水。在溪水边游玩，可以感受到那份夏日难得的宁静和清凉。

天门垭两侧危崖叠叠，青松、红桦、紫杉、山花杂生其间。每当晴天清晨，云雾弥漫或阳光斜射时，云雾穿过山口，山口若隐若现。由于时常云遮雾绕，登临此垭如上云天，故名"天门垭"。

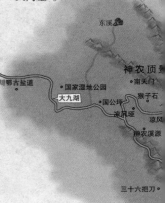

东溪

川鄂古盐道 国家湿地公园
大九湖 国公坪 南天门
凉风垭 猴子石
神农溪源 凉风

三十六把刀

神农架景区示意图

燕子垭崖上松杉吐翠，红桦披棉，远看山崖旁两翼山岭，似飞燕展翅，因邻近有著名的燕子洞，故被称为"燕子垭"。桥头生长着许多香柏迎风傲霜，婀娜多姿，桥下的森林原始古老，生机盎然。

※神农坛风景区

官门山、香溪源、杉树坪

神农架林区木鱼镇。 在神农架坐班车到达各个景区。 神农坛60元，官门山95元，天生桥55元，香溪源30元。

神农坛分天、地二坛，依山而建。天坛正中耸立着炎帝神农巨型牛首人身雕像。天坛之下为地坛，辟有可容数千人

之众的广场。神农塑像，牛首人身，双目微闭，威武古朴，似在静静地思索宇宙。

香溪是长江的一条小支流，据说当年昭君在溪中洗脸时曾掉过一串珍珠入水，从此溪水一年四季芳香扑鼻，故名香溪。香溪源头周围，奇峰竞秀，泉流清澈，瀑布壮观，古木参天，山花烂漫，是林壑幽美钟灵毓秀之地。

天生桥处在老君山下，景区的奇洞、奇桥、奇瀑、奇潭尤其迷人，飞瀑风情万种、天然石桥鬼斧神工、兰花山香飘万里、石壁栈道险峻奇特，形成了一道靓丽的风景。

老君山因传说古时太上老君常在此炼丹而得名。每当冬季，山顶皆为冰雪覆盖，山腰又常云雾缭绕，恰如银须白发的老君仙翁端坐云中。

※大九湖国家湿地公园

大九湖、小九湖

神农架木鱼镇九湖乡大九湖村。 在神农架坐班车到达景区。 100元。

大九湖又名九湖坪，九湖坪四周高山环绕，素有"高山盆地"和"天然草场"之美称。景区东西有九个大山梁，梁上森林密布，气势雄伟。山梁间九条小溪犹如九条玉带从云雾中飘舞下来，在这高山平原上也恰好有九个湖泊鳞光闪闪。

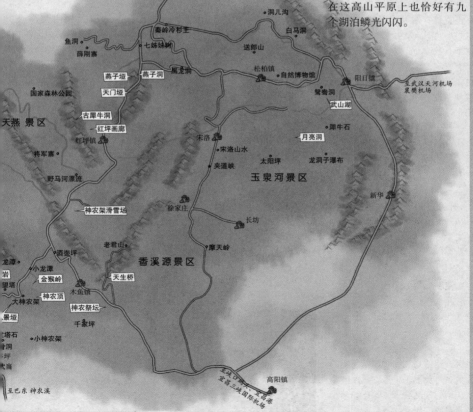

襄阳

周边游

※古隆中

水镜庄、承恩寺、七里山

📍 襄阳市襄城区隆中路6号。🎫 87元。

古隆中是传说中三国时期诸葛亮躬耕务农的隐居地，这里是三国故事"三顾茅庐"的发生地。景区内群山环抱、松柏参天，通过重建茅屋和塑像，再现了"隆中对"等三国时期的故事场景。

※襄阳城

昭明台、仲宣楼、绿影壁

📍 襄阳市襄城区北街128号。🎫 免费。

襄阳古城的南、北、东三面环水，易守难攻，自古就是军事重地，素有"铁打的襄阳"之称。襄阳城约始筑于汉高祖六年（公元前201年），外面砌有城砖，里面用土夯筑。这也是一座历史悠久的城池，《神雕侠侣》中很多故事发生在襄阳古城。

文化解读

襄阳城北、东、南由滔滔汉水环绕，西靠羊祜山、凤凰山诸峰。城墙始筑于汉，后经历代整修，现基本完好，踞山临水，蔚为壮观，明人李言恭诗赞"楼阁依山出，城高逼太空"。城下环以护城河，平均宽度180米，最宽处250米。

※黄家湾

三星殿、月老祠、听涛阁

📍 襄阳市襄城区黄家湾路258号。🎫 40元。

黄家湾风景区邻近古隆中景区，相传是三国时期诸葛亮的夫人黄月英的出生地。景区内山水相依、层林叠翠、绿草如茵，湖光粼粼，风景如画。

※夫人城

石匾、碑刻

📍 襄阳市襄城区铁佛寺路2号。🎫 10元。

夫人城位于巍峨雄壮的襄阳城西北角，是与襄阳城紧密相连的一座城外城。城墙朝北的一方正中嵌有大型石匾，上书"夫人城"三个苍劲有力的大字。这城墙上的匾和下边的碑刻，系清同治二年（1863年）襄阳人为缅怀东晋襄阳将朱序之母韩夫人所筑。

※米公祠

拜殿、宝晋斋、仰高堂

📍 襄阳市樊城区解放路2号。🎫 25元。

米公祠始建于元朝，原名米家庵，是纪念我国北宋时期杰出的书法家、画家米芾的祠宇。米芾能诗文、擅书画，与蔡襄、苏轼、黄庭坚一起并称"宋四大家"，祠堂庭院清静，碑石林立，怪石嶙峋，银杏参天，给人以清静幽深的感觉。

※鹿门寺

鹿门牌坊、八角井、暴雨池

📍 襄阳市襄州区。🎫 30元。

鹿门寺国家森林公园与古隆中隔水相望，远远望去，景区内的五座山如仙女，云遮雾绕、忽隐忽现，直叫人心驰神往，想投入其怀抱。其中鹿门寺坐落在鹿门山半山腰，始建

于东汉建武年间，是中国有名的佛教圣地。

※水镜庄

草庐、水镜祠、幽居斋

📍 襄阳市南漳县城关镇白房路2号。🎫 50元。

水镜庄背倚玉溪山，下临蛮水，是东汉末年名士司马徽隐居地，因司马徽雅号"水镜先生"而得名。山中有一巨洞，可容百人，传说有白马奔出，故名白马洞，上刻"洞天福地"四字。

※春秋寨

断崖、春秋楼、天外飞石

📍 襄阳市南漳县东巩镇陆坪村。🎫 70元。

春秋寨位于襄阳南漳县，又名青云寨、陆坪寨，因寨内建有纪念关公的建筑春秋楼而得名。放眼远眺，春秋寨宛如一段长城横亘于一座南北走向的山顶之上。步行于古朴的小径，可以感受到先祖们生活的气息。

※薤山

神农古道、神农洞、五谷堂

📍 襄阳市谷城县中部大薤山风景区。🚌 从谷城乘坐前往石花镇的汽车，石花汽车站有开往景区的班车。🎫 43元。

薤（xiè）山古称女儿山，源其主峰云雾缭绕如披纱曼舞

中下 | 水镜庄
右下 | 古隆中

之女，后因产中草药薤白而得名，是神农尝百草植五谷的地方。这里四季景色不一，优美迷人。登上景区内最高峰女儿峰，可尽览山野风景，令人赞不绝口。

体验之旅

观《梦幻武当》：《梦幻武当》从序幕《寻梦太极》开始，讲述了一个痴情追梦人，为了追寻心中至高无上的道，跋山涉水、历经艰险、饱受沧桑，一路寻道、问道、悟道，终成大道的故事。

太极湖水上游：乘船游览太极湖，让武当山历史上以水神玄武为主要人文教化的尊水文化得到生动诠释。

仙山漂流：武当仙山漂流，峡谷蜿蜒狭长，水流时缓时急，沿途除了充分享受漂流带来的刺激外，还可欣赏国家级非物质文化遗产——吕家河民歌。

寻味之旅

十堰地区以鄂菜和川菜为主，均属中国七大菜系之一，最为著名的就是三合汤了，是来十堰必吃的美味。而武当山特有的道家斋菜也很有特色，它取佛道两家素菜烹饪的精髓，很注重食材的本色，口味十分鲜醇。

凉虾：用大米制浆煮熟，用漏勺漏入凉水盆中而成。因头大尾细形似虾，故此得名。用它配入红糖水，香甜软嫩，入口冰凉，是夏季解渴佳品。

萝卜饺子：主要原料为大米、黄豆和萝卜。不同于北方的水煮饺子，萝卜饺子非下油锅炸不可，否则无法成形。

三合汤：一碗由牛肉、鲜水饺、红薯粉制成的三合汤下肚，浑身暖和，具有解疲乏、治哮喘、疗风湿的食疗作用。

中上 | 武当功夫
中下 | 保康茶叶
右下 | 凉虾

目的地攻略

交通

飞机：十堰武当山机场距十堰市城区约15千米，以国内旅游为主，兼顾通用航空服务，现已有北京、上海、广州、兰州、昆明、重庆等往返航线。

火车：十堰站位于十堰市茅箭区车站路，襄渝铁路贯穿于此，主要承载普通列车客运服务。

武当山火车站位于十堰丹江口市六里坪镇，为过路车站，距离武当山景区很近。

住宿

十堰有多家旅游涉外星级酒店、宾馆，可以满足不同游客的需求。来十堰旅游一般选择住在神农架或者武当山等景点附近。

购物

十堰特产丰富，生漆、桐油、矿泉水、木耳、香菇、茶叶、名贵药材等都畅销国内外。郧阳区出产的绿松石是我国四大名玉之一，其色蓝如天，加工出来的工艺品、首饰外观精美，具有极高的观赏和收藏价值。

亮点 → 屈原 | 昭君故里 | 三峡 | 三国故地 | 漂流

三峡风景

昔日夷陵，有昭君的衣香鬓影，有屈原的深沉叹息；今日宜昌，有"水上长城"三峡大坝，有壮丽秀美的高峡平湖。这座城市的昨天、今天和明天无一不散发着迷人的光彩，值得我们细细品味。

旅 行 路 线

宜昌三峡一日游

宜昌是一座美丽的城市，三峡文化更是吸引着众人前往。可以用一天的时间来观惊心动魄的泄洪场面，荡漾在西陵峡的诗画里，看峡谷奇观。

宜昌山水风光二日游

第一天观风情如画的三峡人家；之后来到三峡大坝，目睹其宏伟壮观的场面；第二天来到清江画廊，主要是坐船游，乘船而下，一路风光尽收眼底。

三峡大坝风景区 AAAAA 本地游

185 平台、西陵长江大桥、大坝公园

🏠 宜昌市夷陵区三斗坪镇。🚍 市区的三峡游客中心有发往景区的班车。❤ 免费。

大坝拥有三峡展览馆、坛子岭园区、185 园区、近坝园区及截流纪念园 5 个园区。旅游景区以世界上最大的水利枢纽工程——三峡工程为依托，全方位展示工程文化和水利文化。在坛子岭可以远眺大坝，俯瞰长江。泄洪观景区则是波澜壮阔、雷霆万钧。

坛子岭是观赏三峡大坝全景的最佳位置。在这里，游客不仅可以欣赏到雄伟的大坝全景，还能够观看到有"长江第四峡"之称的双向五级船闸，长江上的船只就是通过这个五级船闸，来往于大坝的上下游。

中下 | 三峡大坝

三峡人家风景区 AAAAA 本地游

灯影石、灯影洞

🏠 宜昌市夷陵区峡州路 5 号。🚍 在夷陵广场乘 10-1 路公交旅游专线可直达景区。❤ 210 元。

三峡人家位于三峡大坝和葛洲坝之间，这里依山傍水、风景如画。主要有水上人家、灯影洞、龙进溪、石令牌、石牌抗战纪念馆等景点。

水上人家在龙进溪水与长江的交汇处，许多三峡人祖祖辈辈生活在船上，常年以打渔为生，在水上流动，和风浪搏击，与渔船为伴，形成了"水上人家"。

灯影洞幽深狭长，洞内岩溶地貌景观奇特，洞道地形多变。洞内的"五色奇音石"是灯影洞最绝妙的景观，黑、白、黄、灰、绿五色交织，色界明晰，用手敲击，可闻鸣锣击鼓之声，令人叹为观止。

长江三峡

长江三峡西起重庆奉节县白帝城，东至湖北宜昌市南津关，全长约 193 千米。沿途两岸奇峰陡立、峭壁对峙，自西向东依次为瞿塘峡、巫峡、西陵峡。长江三峡还保存着众多的人文胜迹，如屈原祠、张飞庙、白帝城等。

西陵峡口

三峡中的瞿塘峡全部在重庆境内，巫峡地跨重庆和湖北两地，而西陵峡则全部在湖北境内。

三峡大坝位于西陵峡北。大坝以西部分受蓄水影响，景观变化较大。大坝以东部分，现在已经大力开发旅游，形成了规模宏大的西陵峡口、三峡人家、三游洞、石牌要塞等著名风景区。

瞿塘峡位于重庆奉节县境内，又名夔峡，全长约 8 千米，是三峡中最短的一个峡，两岸如削，岩壁高耸，有"险莫若剑阁，雄莫若夔"的美称。

巫山小三峡由大宁河上的龙门峡、巴雾峡和滴翠峡组成，与大三峡相比显得秀丽别致，精巧典雅。

西陵峡位于湖北宜昌市秭归县境内，西起香溪口，东至南津关，长约 66 千米，在长江三峡中最长，以滩多水急闻名。

巫峡位于重庆巫山县和湖北巴东县两县境内，绵延约 45 千米，以幽深秀丽著称，是三峡中最可观的一段。巫山十二峰被称为"景中景，奇中奇"，其中以神女峰最著名。

三峡大坝位于西陵峡三斗坪，是世界上最大的水坝。大坝为混凝土重力式，混凝土基础 2 794 万立方米，金属结构安装 25.65 万吨，均位居世界第一。三峡水电站年均发电量约 847 亿千瓦时。

葛洲坝水利枢纽位于长江三峡出口南津关下游约 2.3 千米处。是长江第一座大型水电站。最大坝高 47 米，总库容 15.8 亿立方米。年均发电量 140 亿千瓦时。

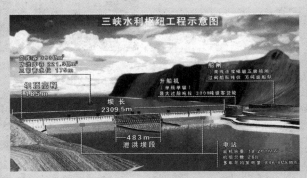

宜昌市区景点 本地游

※西陵峡风景区

嫘祖庙、桃花村、白马洞

📍 宜昌市西陵区夜明珠路西陵峡口。
💰108元。

西陵峡风景区位于长江三峡中最长的一段——西陵峡的峡口处,素有"三峡门户""川鄂咽喉"之美称。欧阳修曾赞这里"此地江山连蜀楚,天钟神秀在西陵。"这里有峰不雄,无滩不险,无洞不奇,无壑不幽,无瀑不秀,无一处不可以成诗,无一处不可以入画。

※三游洞

至喜亭、楚塞楼、陆游泉

📍 宜昌市西陵区夜明珠路108号。
💰 包含在西陵峡风景区门票内。

三游洞是开阔的石灰岩溶洞,周边景色奇丽,曾被古人喻为"幻境"。得名于白居易、白行简、元稹的"前三游"和苏氏父子三人的"后三游"。

※葛洲坝水利枢纽工程

拦水坝、船闸

📍 宜昌市西陵区三峡出口南津关下游约3千米处。💰 免费。

葛洲坝北抵江北镇镜山,南接江南狮子包,雄伟高大、气势非凡。葛洲坝水利枢纽工程是我国自行研究、设计、建设的长江上第一座大型水利枢纽工程。站在西陵峡口,眺望葛洲坝,犹如一颗璀璨的明珠镶嵌在风光秀丽的三峡峡口,为美丽的三峡添上了浓墨重彩的一笔。

※中华鲟园

鲟鱼馆、鳄鱼馆、水族长廊

📍 宜昌市夷陵区小溪塔集锦路7号。

中华鲟园以展示国家一级保护动物——中华鲟而得名。这里可以欣赏到享有"水中大熊猫"美誉的各种规格中华鲟,以及十多个品种的世界各国鲟鱼,这里还可以看到扬子鳄、湾鳄、胭脂鱼和种类繁多的热带鱼及长江名特鱼类。

※车溪民俗风景区

石仙谷、奇石馆、风洞

📍 宜昌市点军区土城乡。💰81元。

车溪毗邻三峡,因其水车众多而得名。溯溪而行,沿途有石仙谷、巴楚故土园、农家博物馆、腊梅峡、宝塔谷、天龙云窟、风洞和忘忧谷八大景区,全程约10千米。

※猇亭古战场

楚塞楼、擂鼓台、古战道

📍 宜昌市猇亭区猇亭大道6号。
💰45元。

猇(xiāo)亭又名古老背,虽弹丸之地,却因地势险要,自古即为兵家必争之地。史上发生在猇亭的战争颇多,西晋伐吴的索桥之战、杨素伐陈的江关之战等数十次战争均发生在这里。最著名的莫过于三国时期决定蜀国命运的夷陵之战。

> **文化解读**
>
> 车溪山灵水秀,民风古朴。这里雄峰、异石、奇洞、飞瀑、清泉等景观随处可见。在3 000米长的微型峡谷里,至今还保存着第四纪冰川时期遗存下来,属世界罕见的古生蜡梅群落3000多亩,被誉为"三峡植物奇观"。天龙云窟是车溪自然景观精品,特别是莲花洞内天然形成的莲花瓣,堪称"三峡一绝"。

左下 | 三峡沿岸风光
右上 | 三游洞石刻
右下 | 车溪民俗风景区

三峡人家

宜昌郊县景点 本地游

※清江画廊 AAAAA
倒影峡、白玉湖、武落钟离山

🅐 宜昌市长阳晒鼓坪村。🚌 长阳长途客运站有直达景区的专线车。💰A线145元，B线135元。

清江是古代巴人的发祥地、土家族人的母亲河，古诗中写道："三百里清江美如画，三百里长阳似画廊"，清江画廊风景区因此得名。

※九畹溪
地缝占道、漂流

🅐 宜昌市秭归县。💰180元。

九畹溪旅游区曾是爱国诗人屈原进京为左徒前开坛讲学、植兰修性之地，以奇山、秀水、绝壁、怪石、名花著称。溪流经过的地方，以峡谷、喀斯特地貌为主。两岸风景秀丽，生态环境良好，形成多处别具特色的景观，是新三峡十景之一。

※三峡竹海
玉兔峰、枫竹岭、金鸡报晓

🅐 宜昌市秭归县茅坪镇泗溪村。💰88元。

三峡竹海生态风景区被誉为"三峡地区的天然氧吧"。景区内茂林修竹、曲径通幽、小桥流水，仿若人间仙境。万亩翠竹连绵不绝，有风拂过，竹浪如海；圣水湖清澈见底，倒影小桥楼台；五叠水瀑似自天边直挂谷底，雾气冲天，尤为壮观。

※屈原故里 AAAAA
屈原祠、屈原墓、香炉坪

🅐 宜昌市秭归县城内。🚌 从宜昌长途汽车站坐车到茅坪镇凤凰山，下车步行前往。💰80元。

秭归县是伟大诗人屈原的故乡，在老秭归县城东门外矗立着一座高大的牌坊，上书"屈原故里"四字，是郭沫若的手书。秭归与香溪之间有一块沙滩，传说是屈原遗体安葬处，后取名"屈原沱"，沱上建有屈原祠，与三峡大坝正面相对。

※柴埠溪大峡谷
坛子口、笔架山、观云台

🅐 宜昌市五峰土家族自治县境内。🚗 可在五峰县包车或者打车前往景区。💰94元。

柴埠溪大峡谷既有迷人的石林绝壁，又有清澈的小溪和具有喀斯特地貌的峡谷，是典型的大峡谷风景区。不妨去走走山顶上的玻璃桥，行走在陡峭的山壁山，脚下是透明玻璃的桥面，感受到行走高空的强烈震撼。

※昭君村
粉黛林、佳丽岛、浣纱处

🅐 宜昌市兴山县昭君镇昭君村景区。💰55元。

昭君村原名宝坪村，因西汉时有"沉鱼落雁"之美的王昭君生长于此，得名昭君村。村内王家崖云雾缭绕，香溪河九曲八弯，娘娘泉古朴典雅，梳妆台花荫满地，昭君像亭亭玉立，抚琴习琴韵悦耳。

中上 | 屈原祠
右下 | 清江画廊

※鸣凤山
烟霞洞、尘寰蓬岛、明月阁

🅐 宜昌市远安县鸣凤镇凤山村三组。💰60元。

鸣凤山曾被形容为"如凤之将啸"。山上的鸣凤山道观始建于南北朝梁武帝年间。鸣凤山山势险峻，通往山顶的路窄而且陡，稍不小心将坠入万丈悬崖，故素有"武当远，鸣凤险"之说。

※玉泉寺
珍珠泉、显烈祠、玉泉山

🅐 宜昌市当阳市玉泉村230县道6千米处。💰免费。

玉泉寺始建于东汉末年，隋代智者大师曾在此讲法，正式定名"玉泉寺"，是天下丛林"四绝"之一。在寺前土丘上，建有北宋嘉祐六年（1061年）的佛牙舍利塔，塔基为特制青砖砌志，塔身为生铁铸造，寺内古柏、银杏枝叶繁茂。

体验之旅

赏土家歌舞: 宜昌是巴楚文化的发祥地,长阳的土家歌舞、枝江的民间吹打乐、宜都的民间故事和谜语都展示了这里的文化,一曲《土里巴人》更是让这里闻名全国。

游三峡: 三峡大坝是当今世界上有名的水利枢纽工程,来这里可以在各个观景台以俯视、平视、仰视等不同视角,全方位领略大坝的雄姿。

泡温泉: 清江温泉度假山庄有"鄂西后花园"之称,境内青山绵亘、古洞幽壑,奇峰耸立,秀水潆洄,万千景象,来这里泡温泉一定是种享受。

漂流: 宜昌是个"江城",水上娱乐活动也很丰富,漂流绝对是其中的一种,杨家溪军事漂流、九畹溪漂流等都是不错的娱乐地点。

寻味之旅

宜昌不仅有内河肥鱼的大餐,也有很多民族风味的

小吃,具有浓厚的地方特色。"老九碗"宴极具宜昌的本地特色,都是用大碗盛着端上桌,具有浓厚的乡土气息,最好能尝一尝。

"老九碗"宴: 由杂烩头子、炸相蝶子、炸春卷子等九道菜组成,都是用大碗盛着端上桌。

白刹肥鱼: 一道传统名菜,采用虎牙滩到南津关一带出产的肥鱼和肥膘肉共蒸而成,此菜鱼肉鲜嫩,鱼汤肥美,菜肴清淡,原汁原味。

峡口明珠汤: 由西陵峡口的景色而来灵感制成的,以鸡蛋清蒸制成西陵峡口群山峰岳状,然后用三色鱼丸作明珠飘浮于群山之间,形象逼真,富有诗意。

目的地攻略

交通

飞机: 宜昌三峡机场,位于宜昌市猇亭区机场路,每天都有往返上海、北京、深圳、成都、重庆等航班。

机场大巴往返于机场与市区的葛洲坝宾馆之间,距离约40千米,沿途就近各大车站、码头停靠。

火车: 宜昌目前只有一个火车站,即宜昌东站,车站位于伍家岗区城东大道花艳段,是普速和高铁混合站,主要承接宜万铁路线和汉宜高速铁路上列车的始发。

住宿

宜昌有各种消费层次的宾馆可供选择,从星级宾馆到特色的庄园式旅店,再到零星分布的家庭旅馆,乃至充满少数民族风情和地域特色的民居式住所一应俱全。庄园式旅店虽没有星级宾馆密集,但它一般与景点相配套,幽静而富有特色。

购物

宜昌地处长江中上游地区,境内多山多丘陵,特产比较丰富。茶叶有春眉茶、峡州翠绿茶、茉莉春尖茶、宜红工夫茶、仙人掌茶等;中药产品有乌红天麻;风味食品有三峡苕酥。

左上|玉泉寺
左下|红薯干
中下|三游神仙鸡
右下|炸春卷子

亮点→ 土家风情 | 女儿会 | 漂流 | 巴文化

恩施大峡谷

恩施

土家的吊脚楼、侗乡的风雨桥会让这里变得多姿多彩;秀美的山水,一望无际的茶园美景,气势雄阔的悬崖峭壁又让这里多了几分勃勃英姿。恩施,一如其名,大自然赠予了它一副绝世容颜,隐匿于崇山峻岭之中的它正等着人们前来揭开它的面纱。

旅 行 路 线

恩施经典二日游

处于崇山峻岭环抱之中的恩施有着无可匹敌的自然美景和独特的民俗风情,第一天主要游览恩施土司城和大峡谷,感受土家文化以及原生态气息;第二天游览梭布垭风景区和神农溪,观天然石葫芦,品巴东美食。

恩施大峡谷 AAAAA 本地游

云龙地缝、七星寨

🏠 恩施州恩施市屯堡乡和板桥镇。
🚌 恩施汽车站有直达班车可以到达景区。 💰 套票 175 元。

恩施大峡谷是清江大峡谷中的一段,还是世界上最美丽的大峡谷之一。峡谷中的百里绝壁、千丈瀑布、傲啸独峰、原始森林、远古村寨等景点美不胜收。

神农溪 AAAAA 本地游

龙昌峡、鹦鹉峡、神农峡

🏠 恩施州巴东县境内。🚢 巴东码头乘游船游览。 💰 180 元。

神农溪是长江北岸的一条常流性溪流,发源于"华中第一峰"神农架的南坡。两岸景观独具特色,集"雄、秀、险、奇"于一体。溪中扁舟点点,船行在溪流中,两岸的峭壁上植被茂盛,处处可见山花烂漫,有时你能够看到猴群和獐羊攀缘嬉戏的山野情趣。

景点攻略

在神农溪漂流使用的是一种形似"豌豆角"的扁舟。坐在舟上,两岸壁立水中,连绵不断,曲折迂回长达五千余米。峡东岸绝壁上,有许多小洞穴,深浅不同地放置着岩棺,肉眼清晰可见。源头密林中,栖居多种珍禽异兽,更为神农溪增添神秘色彩。

中下 | 神农溪

恩施市区景点 本地游

※恩施土司城

墨冲楼、廪君祠、土司王宫

⌂ 恩施州恩施市土司路138号。
¥ 80元。

恩施土司城是国内保存最完整的土家土司王城，有"中华土家第一城"的美誉。游土司城就像穿越时空的隧道，回到当年，走进一间间老房子，土司文化的神秘就一层层揭开，土司生活的点点滴滴尽收眼底，土家传统的生活习俗展现得淋漓尽致。

※梭布垭石林

青龙寺、莲花寨、磨子沟、九龙汇

⌂ 恩施州恩施市太阳河乡境内。
¥ 108元。

梭布垭石林外廊状若一只巨大的葫芦，林中遍布奇岩怪石，千般姿态，万种风情，令人叹为观止。这里四季分明，植被覆盖率高，环境怡人，享有"清凉王国"之称，是避暑的好地方。

※清江闯滩

清江画廊、土家民俗

⌂ 恩施州恩施市东风大道。¥ 150元。

"水色清明十丈，人见其清澄，故名清江"，素有"八百里清江"的美称。沿途既能感受到惊险刺激的险滩漂流，观赏

景点攻略

每年4~10月是清江闯滩的最佳时间，此时河水水量较大，水流湍急，但也较危险。漂流时乘坐橡皮艇，在水流缓处，可仰望两岸幽静的景色；而水流急处，浪花飞溅，一不小心会撞上大石头，既惊险刺激，又颇有意趣。

中上 | 恩施土司城

到如梦似幻的清江画廊，还能体验古朴独特的土家民俗。

恩施郊县景点 本地游

※腾龙洞

观彩峡、白玉石林、三龙门

⌂ 恩施州利川市郊。🚌 利川市火车站有腾龙洞旅游接送车辆。¥ 160元。

腾龙洞景区是一个面积巨大的溶洞，景区的开放地段分为前洞与后洞两个部分，前洞的规模较大，洞中有山，山中有洞，水洞旱洞相连，主洞支洞互通。洞外山清水秀、风光怡人。尤其是水洞口的卧龙吞江瀑布落差40余米，吼声如雷，尽显气吞山河之势。

景点攻略

1. 在这里，每天都要上演两场土家族原生态情景歌舞《夷水丽川》，与之配套的雾森、升降舞台、移动吊脚楼、廊桥、水中龙船等背景，既能让你充分感受腾龙洞震撼之美，也能带你情不自禁地融入原始古朴的土家文化民族风情。

2. 洞内还有梦幻激光秀，配有精心编排的现代歌舞，并融合了激光、球幕、水幕等多种元素，将为你展现出一幅幅美轮美奂、震撼难忘的画面。

※鱼木寨

古墓群、古碑林、古栈道

⌂ 恩施州利川市北部。🚌 利川汽车站乘车可到。¥ 15元。

鱼木寨四周皆是绝壁，悬崖如削，寨内数十座古墓石雕精湛，隘关险道惊心动魄。鱼木寨民风古朴、其生产、生活、婚丧嫁娶均保留了土家族传统文化的本质特色和习俗，有"天下第一土家山寨"之美誉。

※唐崖土司城

古墓葬群、夫妻杉、妃子泉

⌂ 恩施州咸丰县尖山乡唐崖河畔。
🚌 恩施乘车到咸丰，然后转乘当地车。
¥ 80元。

土司城在山水秀丽的唐崖河西岸玄武山麓，土司城帅府内，至今街道墙垣仍清晰可辨，部分建筑尚保存完好。司城内外，遍布人文景观，还修建有大寺堂、桓侯庙、玄武庙等寺院。

※野三峡

景阳画廊、黄鹤桥峰林峡谷、九叠水瀑布

⌂ 恩施州咸丰县尖山乡唐崖河畔。

野三峡气候宜人，野趣浓郁，素有"川鄂咽喉"之称。这里奇山秀水，集奇峰、泉流、飞瀑、古关和浓郁的土家文化

于一体，山浮水，水环山，山水相映。

体验之旅

恩施土家风情表演：以土家四道菜为主线，穿插土家山歌和舞蹈，其间的山歌独唱、对唱和小合唱字正腔圆，耍耍儿、莲响儿、摆手舞等也展示出浓郁的土家民情。

观板凳龙：板凳龙是富有武术技巧的民间传统舞蹈表现形式，舞蹈动作有"河鹰展翅""雪花盖顶""黄龙缠腰""猛虎下山"等。活动时间多在农历大年三十至正月十五，喜庆节日亦有之。

看灯戏：流行恩施民间尤其是乡村的地方戏种，因演出意义不同而名称各异，新春元宵，称"贺新灯"；清明祭把，称"清明灯"；寿涎祝寿，称"寿灯"；男婚女嫁、抱子添孙，称"喜灯"；烧香还愿、酬神祭把，称"公灯"。

网红打卡：清澈的湖水，宛若悬浮状的船只，恩施鹤峰屏山景区的照片一度火遍国内外。很多人不远千里来到恩施，就只为看一眼传说中屏山的水，坐一次行驶在"太空"中的船。这里除了美景，遗存的土司部落文化也很值得一看，这里绝对是个新兴的网红打卡地。

寻味之旅

由于特殊的地理环境，恩施当地的饮食既有蜀地麻辣特色又兼具潇湘香辣风格，特别是当地颇具土家族和苗族特色的风味小吃吸引了不少人。

土家油茶汤：一种似茶饮汤质类的点心小吃，香、脆、滑、鲜，味美适口，提神解渴，是土家族人非常钟爱的风味食品。

张关合渣：合渣，又名懒豆腐，将合渣煮好后点卤变得稍干，加鲜汤配猪肉、仔鸡、鸡蛋等做成鲜肉合渣、仔鸡合渣、鸡蛋合渣等系列合渣火锅。

鲊广椒炒腊肉：土家腊肉色泽焦黄、肉质坚实、熏香浓郁、风味独特。鲊广椒，也称为鲊辣椒，将鲊广椒在锅中焙熟后与土家腊肉一起炒食或作扣碗底料蒸食，成品色泽微红，酸辣味十分特别。

社饭：土家族、苗族、侗族等少数民族祭祀的一种食品。其味鲜美，芳香扑鼻，松软可口，老少皆宜。

中上 | 少数民族歌舞
中下 | 龙船调表演

目的地攻略

🚗 交通

飞机：恩施许家坪机场离市区很近，有航班发往武汉、宜昌、广州等地，机场与市区之间可以乘坐18路公交车往返。

轮船：长江黄金航道从恩施北部的巴东县穿过，每日都有很多客轮途径巴东，主要目的地为重庆和宜昌，同时三峡的游轮也会停靠巴东。

🏠 住宿

到恩施旅游住宿比较方便，高中低档各类酒店一应俱全，市区有设施比较豪华的大酒店，各个县也有价格适中的酒店与招待所。

🛒 购物

恩施是富硒茶的主产区，这里所产茶叶绿色纯天然，富含多种微量元素，是很好的保健饮品，我国名茶"恩施玉露"也产自这里。此外，古朴精美的宝石花漆筷、色泽鲜艳、图案精美的土家族织锦——西兰卡普，都具有极高的鉴赏和收藏价值，是恩施购物的首选。

亮点→ 楚文化 | 关帝庙会 | 龙舟文化 | 三国文化

九龙桥

荆州

荆州，楚文化的发源地，是一个历史悠久而又浪漫的城市。点将台上还能看到关公叱咤风云的身影，街头巷尾还能嗅到陆羽煮水烹茶的清香。来到荆州，发现历史就在身边。

旅 行 路 线

荆州一日游

荆州是著名的三国古战场，先来到荆州古城，可以近距离感受当年三国的气息，然后前往张居正故居，逛逛关羽祠，拜访当年桃园三结义的地方。

荆州市区景点 本地游

※荆州古城

宾阳楼、瓮城

⊙ 荆州市荆州区。 ✿ 宾阳楼 35 元。

荆州古城，始建于春秋战国时期，人们口中的"大意失荆州"，出典就是这里，一部《三国演义》，也让荆州城名声远扬。城墙依地势而起伏，蜿

> **文化解读**
>
> 荆州位于湖北省中南部，人们时常说的俗语"大意失荆州"，这一典故就发生在这里。在荆州，有许多古迹都是跟三国故事有关的。荆州保存着众多的名胜古迹，其中最有名的就是荆州古城，该城保存完整，里面有玄妙观、关帝庙及铁女寺等。

中下 | 荆州古城

蜒伸展，每座城门均设"双保险"，前后两道门，二门之间建有瓮城，以便"瓮中捉鳖"，致攻城之敌于死地。

※荆州博物馆

珍品馆、战国秦汉漆器

⊙ 荆州市荆州区荆州中路 134 号。 ✿ 免费。

荆州博物馆的文物陈列分前院、后院两大展区。在荆州博物馆中，你能够观赏到巧夺天工的各种玉饰；堪称国内之最的战国丝绸；还有寒光闪烁、成色如新的越王剑、吴王夫差矛等。

※张居正故居

大学士府、九鸟苑、首辅论证群雕

⊙ 荆州市荆州区荆州南路 2 号。 ✿ 20 元。

故居属明清时期四合院、小花园风格，南北向。一进院落迎面是太岳堂，左边为太师居。故居内花园众多，园内郁郁葱葱，小桥流水，亭台楼榭，更显幽静舒适。

※关羽祠

祥和殿、关公立姿石像、念佛堂

荆州市荆州区内环南路与郢都路交叉口。 ※ 27元。

　　荆州的关羽祠是荆州百姓为了纪念关羽而修建的，希望能借关公的忠、义、仁、勇精神教育后人。整个关羽祠具有明清的建筑风格，南面紧靠荆州古城的砖城墙，东、西、北三面台基与土城垣融为一体。

※关帝庙

关公塑像、钟鼓楼、戏台

荆州市荆州区爱民路关公馆。 位于古城南门边，可步行前往。
※ 20元。

　　关帝庙又称关公馆，始建于明洪武二十九年（1396年）。这里既是关羽镇守荆州10余年的府邸故基，也是关羽后代世袭江陵的地方所在。整个馆宇灰瓦红墙、画栋雕梁、飞檐翘角，气势宏伟，独具魅力。

左上｜洪湖夕阳
左下｜关帝庙
中下｜沧水湖畔

※万寿宝塔

汉白玉雕佛像、石碑

荆州市沙市区荆堤路万寿园内。
※ 10元。

　　万寿宝塔始建于明嘉靖二十七年（1548年），乃是当年袭爵于江陵的辽王朱宪㷆奉其母毛太妃之命为嘉靖皇帝祀寿而建。此塔为楼阁式塔，砖石结构，八角七级，下设高大石座，座上嵌扛塔力士，顶施葫芦形铜鎏金塔刹，内藏毛太妃手抄《金刚经》。

荆州郊县景点 本地游

※沧水风景区

沧水大坝、新神洞、颜将军洞

荆州市松滋市沧水镇境内。 ※ 100元。

　　沧水风景区融山、水、林、泉、洞、坝于一体，属山水型风景区。素有"亚洲第一人工土坝"之称的沧水大坝巍峨壮观，似绿色巨龙伸臂，守望湖光山色；漫步沧水，颜将军洞里泛舟水府洞天，依稀可闻远古巴国将士金戈铁马、刀劈剑击的拼杀与呐喊。

※东岳寺

观音阁、念佛堂、延寿楼

荆州市石首市三义寺汽渡口附近。
※ 免费。

　　东岳寺，横卧于楚天名山荆江秀峰东岳山中，依东岳山由南向北绵延千米，气象壮阔。东岳寺依山带水，人文荟萃，曾有蜀主刘备在此举行婚庆；唐朝诗圣杜甫在此早发泊舟；宋朝文豪黄庭坚居士在此咏诗书图；明朝文星袁中道在此寄情山水。

※洪湖蓝田

十里荷花带、观音座莲台

荆州市洪湖市瞿家湾镇。 洪湖客运站有直达景区的班车。 ※ 68元。

　　洪湖蓝田曾是湘鄂西革命根据地的中心区域，至今仍完好地保留着39处革命旧址遗迹。景区内水草茂盛，湖中生活着70多种鱼类，盛夏时节游客可以采莲、垂钓，春冬可以猎鸭。这里每天还上演《洪湖赤卫队》的实景演出。

荆州往北 周边游

※明显陵

双龙琉璃影壁、九曲河、龙鳞神道

荆门市钟祥市显陵路。 钟祥市内乘坐6路公交直达景区。 ※ 65元。

　　明显陵始建于明正德十四年（1519年），是明世宗嘉靖皇帝的父亲恭睿献皇帝朱祐杬、母亲章圣皇太后的合葬墓。陵

园由30余处规模宏大的建筑群组成，众多的建筑掩映于山环水抱之中，其"一陵两冢"的陵寝结构，为历代帝王陵墓中绝无仅有。

中上｜江陵荆缎
右上｜洪湖荷花

※绿林古兵寨

古烽火台、古城墙、古兵寨、古战场

荆门市京山市绿林镇。80元。

荆门绿林古兵寨被当地称为神州第一古兵寨，这里是汉光武帝刘秀的发祥地。在这里可以看到古烽火台、古城墙、古兵寨等景点，风景区内草木茂盛、处处是奇峰怪石，自然风光秀丽无比。

※曹禺公园

曹禺序厅、第一展厅、书画展厅

潜江市章华北路曹禺公园。

曹禺公园是一座开敞式水景公园，是潜江人民为纪念祖籍潜江的伟大剧作家曹禺修建的。公园内有曹禺故居、曹禺纪念馆、曹禺梅园、曹禺大剧院等建筑，值得一看。

※陆羽故园

夫子桥、青塘别业、茶圣广场

天门市竟陵西湖。免费。

陆羽故园原名西湖公园、陆羽公园，故园内的景观主要以茶圣陆羽一生为主轴进行设计。融合了生态、人文、休闲等元素和功能，是一座突出陆羽特色、茶文化特色的主题公园。

体验之旅

看花鼓戏：荆州花鼓戏原称"沔阳花鼓戏"，已有200多年的历史，是湖北江汉平原一带备受观众喜爱的地方戏曲剧种。

划龙舟：每年农历五月初五，为纪念伟大诗人屈原、弘扬爱国奋进的民族精神，荆州开展龙舟竞渡活动，划龙舟活动形成于楚，盛行于楚。

逛关帝庙会：关帝庙举行大型庙会的时候，荆州人在这里玩龙灯，划采莲船，骑马射箭，吹喇叭套轿子，把关帝庙内外闹腾得红红火火。

寻味之旅

荆州食俗重鱼，无鱼不欢。四大名肴龙凤配、鱼糕丸子、皮条鳝鱼、冬瓜鳖裙羹皆与鱼有关。此外还有散烩八宝饭、三丝春卷、凛糕、九黄饼等传统风味的点心可供品尝。

龙凤配：古荆州的传统名菜，以大黄鳝和凤头鸡制作而成，大黄鳝象征着龙，凤头鸡象征着凤。将这两样菜放在一个盘子的两边，因其象征吉祥如意，所以是喜宴上必备的一道大菜。

鱼糕：荆州一带特有的风味，以吃鱼不见鱼，鱼含肉味，肉有鱼香，清香滑嫩，入口即化被人称道。

皮条鳝鱼：荆州沙市的传统名菜，鳝鱼味美，且有药用价值。因段鳝鱼形似竹节，故原名"竹节鳝鱼"。

目的地攻略

🚗 交通

火车：荆州站位于荆州区郢城楚源大道，为高铁站，东连武汉合肥高速铁路、西接宜昌万州铁路，有通往北京、杭州、上海等地的高铁动车。

汽车：荆州陆运交通发达，南北方向的二广高速和东西方向的沪渝高速在此交汇，方便前往周边各地。荆州火车站附近的荆州客运枢纽站以及市区的长途汽车客运站为荆州主要客运站。

🏨 住宿

荆州住宿的选择性比较大，如果喜欢住在商圈附近，可以选择住在沙市区的酒店，如果想要距离大部分景点近一些，可以住在荆州区。

🛒 购物

荆州物华天宝，富庶丰饶，地下矿藏颇多，地上土产不胜枚举，特别是山核桃、青皮豆和高山蔬菜更是闻名于世。还有洪湖莲藕、笔架鱼肚等也都是其特色。

亮点→ 楚汉文明 | 品湘菜 | 逛芒果台 | 观红瓷器 | 赏湘剧

天心阁

长沙素来以灿烂的古代文化名扬天下，名城、名人、名山、名水、名校、名产孕育了这座城市千年的历史神韵和文化氛围。长沙历经沧桑，以其深厚的湖湘文化和丰厚的人文积淀著称于世。

旅 行 路 线

长沙市区两日游

两天的时间，可以在长沙市区好好逛逛。第一天游览橘子洲与岳麓山，看湘江北去，在爱晚亭赏夕阳美景；第二天主要游览长沙世界之窗，看精彩的湖南节目的拍摄地。

休闲访古两日游

用两天时间漫步市区，感受城市的历史和文化气息。第一天在长沙市区，游览马王堆、烈士公园等历史人文景点；第二天到橘子洲头看江心公园，再看看开福寺和第一师范的旧址。

韶山风景区 AAAAA 本地游

毛泽东故居、名山秀峰、滴水洞

⊕ 韶山市韶山冲。🚍 在韶山汽车站乘坐公共汽车或中巴车往返。💰 滴水洞40元。

韶山是一条狭长而灵秀的山冲，留下了许多毛泽东的遗迹和纪念建筑。相传古代时，虞舜南巡，奏韶乐于此，因而得名，山有八景，风景优美。

韶山冲上屋场，有一栋坐南朝北的"凹"字形农舍，这里就是毛泽东的诞生地。这里有南岸私塾、毛泽东图书馆、毛泽东纪念馆、毛泽东纪念园、

景点攻略

1.《日出韶山》演出：纪念毛泽东同志120周年诞辰的经典力作，分为《韶乐悠悠》《峥嵘岁月》《别梦依稀》《正道沧桑》四集。

2.《中国出了个毛泽东》演出：以伟大领袖毛泽东同志运筹帷幄，带领新中国登上世界政治舞台的伟大革命为线索，再现中华民族传奇的世纪蜕变。

毛泽东铜像、毛氏宗祠、毛鉴公祠和毛震公祠等景。

滴水洞是主席别墅，由滴水幽壑、虎歇坪、龙头山等自然风光与滴水洞一号等建筑组成。洞内有小溪，曲曲弯弯，幽壑口朝东北而开，洞中碧峰翠岭，茂林修竹，山花野草，舞蝶鸣禽，自然景观清雅绝伦。

长沙市区景点 本地游

※**岳麓山** AAAAA

古书院、湘楚文化、枫林胜景

⊕ 长沙市岳麓区登高路82号。🚍 市内乘坐旅3路区间车可至景区南门。💰 岳麓山免费，岳麓书院40元。

岳麓山山上风景秀丽，是四大赏枫胜地之一，以奇、珍、幽、美著称，古老的文化气氛和美丽的自然风光融为一体。岳麓书院始建于北宋，南宋理学家张栻、朱熹曾在此举行"会讲"，书院内还有大量的碑匾。山中爱晚亭原名红叶亭，琉璃碧瓦，亭角飞翘，东

景点攻略

1. 岳麓山的最佳旅游季节是秋季，每年秋天，红叶灿若彤云，如火如荼，美不胜收。

2. 岳麓山景区内，有三处佳地观赏红叶，即穿石坡、清风峡（爱晚亭就在清风峡的峡口）与兰涧一带。

西两面亭榱悬以红底鎏金"爱晚亭"额。

※橘子洲 AAAAA
《沁园春·长沙》、冲击沙洲、毛泽东塑像

🏠 长沙市岳麓区橘子洲。🚇 乘坐地铁 号线可到。🎫 免费。

橘子洲，是湘江中的一个冲击沙洲，自古就是长沙城的名胜之一。春天有江鸥在这里翱翔，夏、秋两季林木葱茏，冬天这里有著名的"江天暮雪"景致。

※天心阁
潇湘古阁、古城墙、太平军雕塑

🏠 长沙市天心区天心路 17 号。🚌 乘坐 2 路、143 路等公交，步行前往。
🎫 阁楼城墙区门票 32 元，公园免费。

天心阁是长沙古城一座城楼周边的城墙，整体建筑用四十六根红漆圆柱支撑，栗瓦粉墙，灰白色石基敦厚稳重，阁前、后的石栏杆上雕有 62 头石狮，阁体上挂着 32 只风马铜铃，迎风作响。

※湖南大学
古岳麓书院、开放式大学

🏠 长沙市麓山南路 2 号。🎫 免费。

湖南大学是一座没有围墙的开放式大学，著名的岳麓山是学校的后花园，千年学府岳麓书院是学校的一个分院，还有东方红广场和周边的老建筑，在校门口还能吃到美味的小吃。

※长沙世界之窗
仿造建筑奇观、异国风情表演

🏠 长沙市开福区三一大道。🎫 200 元。

长沙世界之窗位于长沙市东北郊区浏阳河畔，120 个世界各国名胜古迹各占地势，彰显了浓郁的异国风情。在这里，有按照不同比例建造的世界各地的建筑奇观，还能在"国际街"上观赏到富有异国风情的表演。

※开福寺
毗卢殿、大悲殿、观音像

🏠 长沙市开福区新河开福寺路。
🚇 乘坐地铁 1 号线开福寺站下即到。
🎫 10 元。

开福寺是长沙的一座古寺，当地人经常来这里祈福，去观音殿内转观音像。开福寺内的敬香和一般寺庙稍有不同，不是点香后插入香炉，而是将香直接扔到焚香炉中。

长沙郊县景点 本地游

※花明楼 AAAAA
刘少奇故居、一叶湖

🏠 长沙市宁乡市境内。🚌 长沙西站有开往景区的旅游专车。🎫 免费。

景区有刘少奇同志故居，和纪念馆。在这里可以了解伟人刘少奇的生平。景区内有一架苏制飞机，是当年刘少奇坐过的飞机。

※大围山
赏花、漂流、滑雪

🏠 长沙市浏阳市大围山镇。🚌 长沙汽车东站，乘坐开往大围山镇的班车。

大围山公园内树木茂盛，空气清新。春天有樱花和杜鹃；夏天来这里漂流避暑，体验野外露营；秋高气爽的时候，来这里观赏日出和晚霞；冬天这里有中南地区首家野外滑雪场。

左上 | 岳麓山
左下 | 橘子洲拱极楼
中下 | 长沙世界之窗

左上 | 湄江
左下 | 靖港古镇
中下 | 紫鹊界梯田
右上 | 梅山龙宫

※靖港古镇

小汉口、明清古建筑、宁乡会馆

长沙市望城区。 从望城汽车站转乘直达靖港古镇小巴士。

靖港古镇有众多的陈列馆和历史遗迹。20 世纪 30 年代的中共湖南省委旧址也在古镇内。古镇内的锄禾源农耕文化展览馆，展出的是旧时的农具、渔具。在小作坊、小铺子里还能亲眼看见打铁、制作杆秤等传统手工艺。

长沙往南

周边游

※湄江风景区

溶洞、自生桥、峭壁画廊

娄底市涟源市湄江镇境内。 涟源汽车站有开往景区的直达车。 188 元。

湄江为中低山岩溶地貌景观，湄水蜿蜒崇山峻岭之间，岸高峰耸立，怪石嶙峋。最为壮观神奇的一段，百丈高崖直插云霄，夹江形成约 10 千米的峭壁画廊。十里画廊是国内少见的独特地质地貌景观，具有地质构造科研价值。

※梅山龙宫

地下溶洞、洞府云天、水中金山

娄底市新化县油溪乡高桥村。 100 元。

梅山龙宫是一个地下溶洞群，由九层洞穴、上万个溶洞组成，以石景传神闻名。"哪吒出世"是标志性景观，还有"九龙迎宾""群龙啸涛""碧水莲宫""九龙游天""天上龙宫""天堂阁""龙凤呈祥"七大景区近万个溶洞。

※紫鹊界梯田

乡村民俗、月牙山、漂流

娄底市新化县水车镇。 68 元。

紫鹊界梯田始于秦汉，盛于宋明，地处古梅山腹地。梅山文化在这片热土上经久流传，梅山山歌、民歌、情歌妇孺皆知，广

为传诵，草龙舞、傩舞风格古朴原始神秘，民居建筑、地方饮食武术等个性突出。

※彭德怀纪念园

彭德怀故居、彭德怀铜像

湘潭市湘潭县乌石镇乌石村彭家围子。

彭德怀纪念园以铜像、纪念馆为主体，这里有浓缩元帅光辉战斗一生的"彭德怀生平业绩"陈列。彭德怀铜像位于铜像广场，双手置于背后，昂首挺胸，面容凝重慈祥，展现了彭德怀元帅生前坚毅果敢、刚正不阿的人格魅力和运筹帷幄、决胜千里的雄姿。

※神农谷国家森林公园

神农瀑布、农家乐

株洲市炎陵县。 株洲市汽车站直接发往景区的旅游巴士。 107 元。

神农谷是一座天然"绿色宝库"和动物园，园内自然景观神奇而迷人，是不可多得的避暑、休闲、疗养和探险的胜地。公园分 6 个景区，主要景点有：树抱石、珠帘瀑布、试鞭石、一线天、石板推、狮子崖、龙潭天河等。

体验之旅

岳麓山看枫叶：岳麓山是中国四大赏枫胜地之一，秋季枫叶流丹，一天的不同时辰有着不同的景色。取名于杜牧诗句"停车坐爱枫林晚，霜叶红于二月花。"的爱晚亭，专为赏枫之处，往后远望，整山之远景可尽收眼底。

听湘戏：湘戏是长沙的特色地方戏，用长沙方言演唱，别有一番韵味，著名湘戏有《琵琶记》《白兔记》《拜月记》等。在青山祠街巷中的光裕里等，齐聚众多戏剧院，一度被称为城南"戏窝子"。

足疗：长沙"脚都"的称谓并非浪得虚名，随意走进一家环境优雅的大型足浴场所，坐或躺在舒适的沙发上，将双脚泡入其中，和着悠扬的音乐，一边喝茶，一边享受畅快淋漓的足底按摩，舒服得可以忘掉尘世间一切琐屑。

橘子洲焰火：长沙市橘子洲周末焰火燃放时间已经长达两年多，是目前国内时间最长的烟花燃放活动，每周六晚上在橘子洲专用燃放场所燃放烟花。

寻味之旅

长沙是一座舌尖上的城市，来长沙旅游，美食是少不了的。长沙是湘菜的主要发源地，全国八大菜系之一的湘菜表现出令人无法抗拒的魅力。

臭豆腐：说到长沙的小吃，臭豆腐必不可少。闻起来臭，吃起来香，外焦微脆，内软味鲜。除了在有名的火宫殿吃外，更多散落于民间小巷中的个人摊点味道也相当不错。

口味虾：口味虾，又叫麻辣小龙虾、香辣小龙虾，是湖南特色小吃。口味虾色泽红亮，口感香辣鲜浓，深受长沙人喜爱。

糖油粑粑：糖油粑粑是长沙民间长盛不衰的小吃。新鲜出锅的糖油粑粑金黄脆嫩，甜而不浓，油而不腻，色香诱人。热气腾腾，一不心就会烫着嘴。

剁椒鱼头：剁椒鱼头是湘菜中一道很有名头的菜肴。红的辣椒、绿的香菜、黑的豆豉、白的葱花、黄的姜末、喷香的蒜蓉再配上大嘴鱼头，艳丽动人，撩人食欲。

美食街：长沙餐馆集中的地方有五里牌蒸菜一条街和罐罐一条街，长沙本地人喜欢去沙河街。

坡子街是吃货们的最爱，长沙著名的小吃街，很有名的火宫殿也在这里。

在曙光路这条街上，从南到北，依次特色化地排列着许多饭庄。每家酒楼饭庄都有自己的特色，口味、口碑俱佳，价格也比较亲民。

目的地攻略

🚗 交通

飞机：长沙黄花国际机场位于长沙市城东黄花镇，机场航线很多，包括飞往国内各大中城市的国内航线，以及飞往曼谷、首尔、吉隆坡、纽约等城市的国际航线。

火车：长沙有两座客运火车站，长沙火车站位于芙蓉区车站北路，主要停靠普快列车；长沙火车南站位于雨花区花侯路，运行高铁和动车组列车。

市内交通：目前长沙地铁运营的线路有地铁1号线、2号线、3号线、4号线、5号线、6号线和连接高铁、机场的磁浮快线，两条线路在五一广场站可进行换乘，地铁2号线连接了长沙站与长沙南站。

🏠 住宿

长沙不是传统意义上的旅游城市，多被视为中转站，然后前往韶山、张家界或者凤凰古镇。长沙不仅有价格便宜且干净的青年旅舍，还有别具新意且性价比较高的客栈。

🛒 购物

"长沙三绝"是长沙重要的艺术瑰宝，湘绣、中国红瓷器和菊花石雕都产在长沙，具有悠久的历史渊源和娴熟的制作技术。此外，长沙还有很多的步行街和老字号的店，琳琅满目的特产会塞满你的行李箱，让你满载而归。

左下｜橘子洲烟花
右下｜剁椒鱼头

亮点 → 洞庭观鸟 | 游南湖 | 登岳阳楼 | 赏荷

洞庭湖

岳阳古称岳州、巴陵，衔远山，吞长江，西邻八百里洞庭，是一个集名山、名水、名楼、名文、名人为一体的宝地。

旅行路线

岳阳一日游

如果你在岳阳只有一天的时间，那你一定要登岳阳楼，远眺洞庭湖，对面的君山在演绎着古老的爱情故事，晚上来到南湖散步，这里每年的端午节都会举办国际龙舟节。

岳阳悠闲四日游

第一天登岳阳楼眺望洞庭湖的美景，好好感受下巴陵古城浓厚的文化气息；第二天前往君山公园，一定要尝尝中国名茶"君山银针"；第三天前往张谷英古村落，体会湘北地区原汁原味的传统乡村生活；第四天去金鹗山公园登山看动物，感受大自然的气息。

岳阳楼　AAAAA

三醉亭、小乔墓、仙梅亭　　本地

中上 | 岳阳楼

🏠 岳阳市岳阳楼区洞庭北路 60 号。
🚌 市内乘坐 15 路、19 路等公交车可到。💰 70 元。

文化解读

1. 岳阳楼相传为三国时期吴国鲁肃的阅兵台，距今已有 1800 年的历史，整座建筑没有用一颗铁钉，一道横梁，很有特色，在中国古典建筑史上极为罕见。

2. 楼内有两份范仲淹的《岳阳楼记》木雕精品，但为一真一假，几乎难以分辨，唯一的区别就是赝品有一字与真品不同，赝品保存至今，也已历经 200 多年。

岳阳楼前身为三国时期东吴将领鲁肃的阅兵楼。它与湖北武汉的黄鹤楼、江西南昌的滕王阁并称为江南三大名楼。登上三层高楼顶，凭栏眺望，眼前是烟波浩渺的八百里洞庭湖水，耳边回荡的是那些千古佳句。

景点攻略

去岳阳旅游不可不去汴河街。岳阳楼旁新开发的仿古风情街——汴河街市渔阳市新建的仿古街。在这条街上，各种手工艺品琳琅满目，古玩、字画、蜡像，应有尽有。

岳阳市区景点 本地游

※君山岛 AAAAA
二妃墓、湘妃祠、柳毅井

📍 岳阳市君山区旅游路。🚌 从火车站乘坐 15 路公交车到君山公园站下车即到。🎫 78 元。

君山，是八百里洞庭湖中的一个小岛，与著名的岳阳楼遥遥相对，岛上绿树成荫，满目苍翠，拥有大片的湖畔湿地。岛上还有众多的名胜古迹，这些古迹基本都和古老的神话传说有关，闲庭漫步在绿荫中，听听故事，也是很惬意的一件事。

※洞庭湖
湘莲、大通湖

📍 岳阳市君山区旅游路。🎫 46 元。

岳阳楼下的洞庭湖是远古时代云梦泽的遗迹，它的湖面十分宽广，自古就有"八百里洞庭"之说。洞庭湖由东、西、南洞庭湖和大通湖四个较大的湖泊组成，在东洞庭湖与长江的接界处——城陵矶，有一块名为三江口的地方。从此处远眺洞庭，但见湘江滔滔北去。

※巴陵广场
瞻岳门、博物馆

📍 岳阳市岳阳楼区巴陵西路。🎫 免费。

巴陵广场位于美丽的洞庭湖畔，广场最明显的标志就是那座高达 16 米的"后羿射巴蛇"

左下 | 君山岛

雕塑，整个广场气势恢宏，站在滨湖景观区的台阶上可欣赏到洞庭湖美景。沿湖用岩石连城围栏，上面刻写着许多文人墨客留下的诗句，耐人寻味。

※南湖
三眼桥、紫荆堤、龙山

📍 岳阳市岳阳楼区南津古渡。🎫 南湖画舫 60 元。

南湖古称邕湖，湖水蔓延交错，在峰峦之间回叠，波映峰景，湖面终年碧波荡漾，幽静雅洁，自古就是文人泛舟品鱼喝酒、饮茶吟诗的最佳场所。湖南岸有一龙山，自东向西连绵起伏，宛如一条巨龙蔓腾水面，龙山前面有九个独立的小山头，一字摆向洞庭湖，酷似九只乌龟被巨龙飞赶，竞游水面，为"一龙赶九龟"之胜景。

※金鹗山公园
金鹗亭、孔子书院、奎星阁

📍 岳阳市岳阳楼区青年中路。🎫 免费。

金鹗山公园西临洞庭湖，东濒南湖，是岳阳楼洞庭湖风景名胜区的重要景点。金鹗山历史悠久，古代为兵家必争之地。在此你可聆听到"金鹗斗巴蛇"的传说，目睹文昌阁，一览古城风貌。

岳阳郊县景点 本地游

※五尖山
点将台、望郢山、相公冲

📍 岳阳市临湘市森林路 1 号。🚌 岳阳汽车站乘坐前往临湘的班车，在南正街下车，打车前往五尖山。

五尖山由轿顶山、鹰嘴山、周家山、望城山和麻姑山五个山峰组成，故名五尖山。园内森林资源十分丰富，有大面积的杉木和大片楠竹林，加上 300

多万平方米松林，形成了多层次的立体结构，集成了一片绿色的莽莽林海。

※任弼时故居
堂屋、任弼时卧室、任弼时塑像

📍 岳阳市汨罗市弼时镇唐家桥。🚌 从岳阳长途汽车站乘坐到达汨罗的班车，转乘汨罗到弼时镇的班车。🎫 免费。

故居是砖木结构，全部房屋为青瓦覆盖，属典型的清代湖南院落民居。故居前有一个池塘，院内古树参天，中堂门额下有"望重龙门""光照壁水"两块御匾，大门上方挂有邓小平同志1980 年手书的"任弼时同志故居"黑底金字匾。

※屈子祠
独醒亭、骚坛、桃花洞、寿星台

📍 岳阳市汨罗市汨罗城西北玉笥山顶。🎫 65 元。

屈子祠是为纪念我国伟大的爱国诗人屈原而修建的，伫立在玉笥山麓汨罗江边。整座建筑坐北朝南，是典型的江南古建筑。祠正门牌楼墙上绘有 13 幅屈原生平业绩和他对理想追求的写照的浮雕。在过道的墙壁上，镶嵌着许多石碑，镌刻着后人凭吊屈原的诗文祠赋。

※汨罗江
屈原墓、屈子祠、骚坛

📍 岳阳市平江县。🚌 岳阳汽车站有开往汨罗的汽车。

汨罗江分南北两支，南为汨水，北为罗水，两岸粉墙村舍，桃红柳绿，民风淳朴，具有典型的江南水乡风貌。屈原因主张"改革内政，彰明法度"而遭到贵族的排斥，被逐江南。最后他辗转来到了汨罗江边，在这里度过了一生中的最后九年时光，最终投身汨罗江自尽。

※石牛寨

蒸谷甑、牛口、试剑石

🅐 岳阳市平江县大坪乡。🚌 岳阳汽车站乘坐前往平江县的汽车，再转车到景区。💰 198元。

石牛寨海拔约523米，西部有一巨石，形如黄牛，故名石牛山。这里历来为军事要地，元末农民首领汤旷率兵驻山设寨。

石牛寨寨上风光无限，寨下景色诱人，由怪石、奇峰、石洞组成石的世界，鬼斧神工。这里的奇险程度让人瞠目结舌，人称"小华山"。

※平江起义纪念馆

黄公略生平陈列、平江起义团陈列

🅐 岳阳市平江县东兴大道。💰 免费。

右上 | 石牛寨

端午节

端午节是起源于中国的一个古老节日，为每年的农历五月初五，又称端阳节、午日节、五月节、龙舟节、浴兰节等。端午节最初是祛病防疫的节日，吴越之地春秋之前有在农历五月初五以龙舟竞渡形式举行部落图腾祭祀的习俗，后因诗人屈原抱石自投汨罗江（位于湖南岳阳）身死，又成为纪念屈原的传统节日。

岳阳汨罗江赛龙舟

玉笥山

屈子祠

汨罗江

赛龙舟

其他国家端午节

日本：端午节固定于每年5月5日，同时这一天也是日本的儿童日。这一天日本有男孩子的家庭要挂鲤鱼旗，这是中国端午节没有的习俗。

端午节习俗

吃粽子：由粽叶包裹糯米蒸制而成，糯米中还要添加红枣、葡萄干、鲜肉等，是汉族传统节庆食物之一。

雄黄酒：是用研磨成粉末的雄黄泡制的白酒或黄酒，端午节这天，人们会饮用雄黄酒，并把雄黄酒涂在小孩儿的耳、鼻、额头、手、足等处，希望如此能够使孩子们不受蛇虫的伤害。

赛龙舟：是汉族在端午节最重要的民俗活动之一，在中国的南方普遍存在，尤以湖南汨罗最为闻名。水手们划动龙舟互相追逐竞技，争夺第一，场面十分刺激热闹。

悬艾草：以艾草、菖蒲悬插于门户、堂屋、床头等处，起到辟邪祈福的作用。

戴香包：一些地区在端午节有戴香包的习俗，香包用五色丝线缠成或用碎布缝制，内装香料，佩在胸前，香气扑鼻。

平江起义纪念馆，也是平江起义旧址，原为天岳书院。1928 年 7 月 22 日，彭德怀、滕代远、黄公略等在此领导并发动了著名的"平江起义"，成立中国工农红军第五军。在纪念馆内有各类陈列，反映了彭德怀同志在平江起义中做出的卓越贡献。

※杜甫墓
杜甫墓、杜甫祠、诗社
⌂ 岳阳市平江县安定镇小田村。
🚌 平江县城直接包车前往。💰 25 元。

杜甫墓花砖结顶，一室二耳，楔形砖砌成，红石墓碑，典型唐墓风格。目前建有官厅、僧舍，僧舍门额上述"阆幽庵"。厅、舍之后是浣花草堂。

文化解读
据史志记载，唐大历五年（770 年），杜甫漂泊到湘，欲由长沙去郴州，到了耒阳却遇到发大水，只好掉头北行，乘船由湘江转汨罗江，途中贫病交加，在昌江病死在船上。

※张谷英村
上新层、石大门、潘家冲
⌂ 岳阳市岳阳县张谷英镇张谷英村。
💰 45 元。

张谷英村坐落在一个四面环山的盆地里，始建于明朝洪武年间，它是我国目前保存最完整，体现聚族而居的明清建

左下｜俯瞰张谷英村

筑群。张谷英村为汉族聚居村落，整个建筑群由当大门、王家塅、上新屋三大群体组合而成，素有"江南第一村"之誉。

体验之旅

洞庭观鸟：每年 10 月至次年 3 月，有 217 种鸟类在这里越冬。白鹤、白鹳、灰鹤、小天鹅、白鹭等国家一级、二级保护动物在东洞庭湖随处可见。

赏荷：仲夏时节，只见团湖"接天莲叶无穷碧，映日荷花别样红"，八月和十月间，莲蓬成熟，红男绿女，篷舟穿梭，莲歌对答，其乐融融。

端午赛龙舟：汨罗江畔的端午节活动历史悠久，办盛宴、吃粽子、喝雄黄酒、赛龙舟，让人眼花缭乱又颇感神秘。

游南湖：南湖港湾曲折幽深，湖水清澈明净，泛舟湖上，可饱览无边风月。到了白天再来看南湖，展现在眼前的水面真当得上"浩渺"二字。

寻味之旅

洞庭湖里钓好鱼，回家开火下锅，吃几条最新鲜的鱼，这是很多岳阳人的真实生活写照。

巴陵全鱼席：以洞庭湖所产 17 种鲜鱼为原料，采取煎、蒸、炸、焖、熘等多种工艺，佐以江南风味的各式调料精制而成的大小 20 余道鱼肴。

虾饼：岳阳的风味小吃，采用洞庭湖一带出产的鲜虾拌以面粉糊炸制成的，味鲜香嫩、焦脆可口。

蝴蝶过河：岳阳地区厨师用火锅并先以鸡汤、鱼头、鱼骨、鱼皮制成鲜汁倒入火锅，食用时将鱼片放入沸滚的火锅中烫熟捞起，蘸调味料食用即成。

君山银针鸡片：用鸡肉和君山银针茶滑炒而成，成菜白绿相间，鸡片鲜嫩，银针清香，其味极佳，很受欢迎。在君山岛上各处都可以尝到这一特色菜。

目的地攻略

🚗 交通

火车：岳阳共有两个客运火车站。岳阳站位于岳阳市站前路 9 号，是京广铁路的一个车站，主要承接广州站到发及京广铁路的各类旅客列车。岳阳东站位于岳阳楼区巴陵路，运行高铁和动车组列车。

游船：游洞庭湖的游览船每年 3~11 月间开行，在岳阳楼码头上船。

🏠 住宿

岳阳市内各个类型的酒店都有，不过岳阳楼和洞庭湖边的酒店选择的人比较多；另外火车站周边也有不少酒店可供选择。

🛒 购物

岳阳的土特产在历史上一直占有举足轻重的地位，有茶叶、桐油、扇类、毛笔、五香酱干等，其中的"君山银针"是到君山公园观光必饮的茗品，湘阴"易人和"牌毛笔也闻名中外。

亮点→ 世界遗产｜土家风情｜明代古寺｜玻璃天桥

张家界

武陵源

张家界原称大庸。武陵源以神奇峻峭的石英砂岩峰林、艳丽多姿的溶洞奇观被誉为"人间仙境"和"立体山水画"。这里还有天门山、茅岩河等众多美景。

旅 行 路 线

武陵源三日游

想要完全游览武陵源景区，至少需要三天的时间。第一天游览国家森林公园，电影《阿凡达》里的世界在这里变成现实；第二天游览天子山，看奇山异石；第三天游览索溪峪，徜徉在十里画廊里。

张家界西郊二日游

游览张家界西郊需要两天，第一天主要观赏玉皇顶石窟，体验惊险刺激的茅岩河漂流；第二天游览观峡谷风景，开启溶洞奇幻之旅。

张家界市区景点 本地游

※天门山 AAAAA

> 天门洞、天门山索道、通天大道、云梦绝顶

◎ 张家界市永定区官黎坪天门山索道下站。◎ 市内乘坐 4 路、6 路、10 路公交车均可直达景区。◎ 235 元。

天门山是张家界海拔最高的山，因自然奇观天门洞而得名。天门洞终年氤氲蒸腾，景象变幻莫测，瑰丽神奇，宛如幻境。在这还可以乘坐世界最长的高山客运索道——天门山索道，体验凌空飞仙般的神奇感觉。

※土家风情园

> 石牌楼、祭祖堂、九重天吊脚楼

◎ 张家界市永定区南庄坪五子坡。◎ 116 元。

土家风情园以当地湘西的土司城堡为基础建造而成，在这里可以领略到土家族山寨风貌和精彩的土家族民俗风情。风情园内建筑多为木石结构，或雕梁画栋，金碧辉煌，或飞檐翘角，雅致玲珑，有机会的话可以看到土家族古老的舞蹈——茅古斯舞。

> **景点攻略**
>
> 在祭祀堂前的广场上，可以欣赏到具有土家族民族风情的表演，每天这里会上演摆手舞，而每当有旅游团到达时，这里将会上演"茅古斯舞"——土家族古老、独特的舞蹈艺术。舞蹈表现了土家的祖先们开拓荒野、刀耕火种、捕鱼狩猎的创世业绩。

※大庸府城

> 朝天楼、天街、虎溪

◎ 张家界市永定区古庸路 145 号。◎ 免费。

大庸府城是在有 600 多年历史的老府衙旧址上兴建而成，建筑呈明清时期土、苗、侗、瑶、白等少数民族建筑风格：土家吊脚楼古朴大气，苗寨神奇秀美，侗族风雨桥浪漫多姿，瑶族盘王殿神秘威严，白族三坊一照壁清幽绚丽，精美灵动、淳朴细腻。

※普光禅寺

普光寺、武庙、文昌祠

📍 张家界市永定区解放路70号。
💰 20元。

　　普光禅寺是一座历史悠久、声名远播的古刹，建于明永乐十一年（1413年），参拜人数众多，有"江南名刹"之称。整个建筑采用传统斗拱和藻井结构，设计精巧、宏伟壮观。如今庙内供奉了释迦牟尼像、玉皇大帝像、四大天王像、十八罗汉像以及关公像等。

　　文化解读

　　相传600多年前，这里森林繁茂、古木参天，明永乐年间驻永定指挥使雍简在山坡上追赶一群白羊无果，白羊钻进地下，雍简顿觉惊奇，令人挖开泥土却发现一堆金子，于是他用这些钱建了这座寺庙，雍简将此事禀明明成祖朱棣，朱棣赐名"普光寺"，又此事因白羊而起，寺庙也叫"白羊古刹"。

※土家老院子

土司城堡、摆手堂、冲天楼、厘王宫

📍 张家界市永定区永定大道鹭鸶湾大桥东侧200米。💰 80元。

　　土家老院子始建于清雍正初年，是田氏族人的祖居，其建筑为典型的土家族民居，被誉为"土家第一宅"。老院子坐北朝南，东西对称，布局严谨，浑然一体。令人称奇的是，为了增加室内的采光，工匠就在天花板上开出覆斗式的天窗，令自然光线如瀑布般流泻。

※军声画院

《痕迹》《变迁》《秋韵》

📍 张家界市永定区子午路2号。
💰 免费。

　　军声画院是一个砂石画专题展览馆，被誉为"砂石画艺术宫殿"。展厅内展示了用张家界特有的天然彩色砂石、植物所绘制而成的"军声砂石画"，参观者在这里能见到许多优秀的砂石画作品，通过这些画可以看到一个不一样的张家界。

※老道湾

鬼谷峡、美人潭、岩板桥

📍 张家界市永定区官黎坪杆子坪村。
💰 108元。

　　老道湾绿树叠翠，山水交错，东线为近似九寨沟的鬼谷峡，十八个潭深浅不一，加之绿林映衬，水色碧绿见底，犹如十八颗翡翠石镶嵌在山林之间。中线是历史上曾经繁华的千年古道，青石板铺就的台阶整齐有致，见证了当年的历史沧桑。西线为仙女峡谷，山上泉水飞流直下，击打在岩壁上溅起的水花犹如雪花飞舞，潭中一片雪白，古人称之为雪花洞。

左下｜普光禅寺
中上｜土家风情园
中下｜土家老院子
右下｜老道湾

武陵源 ◎ AAAAA

杨家界、索溪峪、天子山、金鞭溪 **特写**

左上 | 武陵源

🏠 张家界市武陵源区。🚌 张家界汽车站有发往"森林公园门票站"的班车，景区内可乘坐小火车游览。💰 套票 228 元。

"九寨沟看水、张家界看山"，武陵源"三千奇峰拔地起，八百溪流蜿蜒流"，被誉为"中国山水画的原本"。武陵源风景区由张家界国家森林公园、索溪峪自然保护区、天子山自然保护区、杨家界自然风景区四部分组成。

张家界国家森林公园处处是造型各异的山峰，穿行在景区内，满目青翠，随处可见飞瀑溪水。有黄石寨、腰子寨、金鞭溪、朝天观等分景点。

袁家界景区是一个山地高台，这里树木茂盛，有雾气弥漫、群峰叠嶂的美景。最著名的景点是电影《阿凡达》中的悬浮山"哈利路亚山"的取景

地——乾坤柱。

天子山自然保护区位于武陵源西北，这里奇树异木比比皆是，珍禽异兽随处可见，是天然动植物园。天子山一带风光旖旎，尤以云海、石涛、冬雪、霞日最为壮观。

索溪峪又名索溪，因溪水状如绳索而得名，这里常年云雾缭绕，十里画廊就像一幅泼墨山水画，雄奇中透着清秀，幽深中带着恬淡，别有一番风味。

武陵源景区示意图

张家界郊县景点 本地游

※张家界大峡谷
一线天、天梯栈道、吴王坡

🏠 张家界市慈利县三官寺乡。💰219元（大峡谷和玻璃栈道）

张家界大峡谷集山、水、洞于一身，谷中百鸟争鸣，湖水清澈、群山倒蘸、形态各异的瀑布群，把生命之源倾泻得淋漓尽致。百米梭板，万米长廊，把峡谷内装扮得如画似锦。张家界大峡谷历史悠久，峡谷内的栈道绵延数里，在其上漫步，能体会沧海桑田。

文化解读

关于张家界大峡谷，土家族同胞世代还流传着这么一个故事。很久以前，龙王的小女儿偷偷地从龙宫溜出来玩耍，无意间来到这里，只见这里花香扑鼻，蜂飞蝶舞，流水凉凉，一下就被峡谷中的美景奇境深深吸引住了，竟产生了不想再回龙宫的想法，于是在这里潜心修道，最后修成正果，得道成仙。小龙女成仙之后，土家族同胞来到这里，就着这条小溪世代繁衍至今。人们为了纪念小龙女的恩赐，就给大峡谷取了一个令人心动的名字——龙女河。

※龙王洞
龙王潭、杜心武故居、地下阴河

🏠 张家界市慈利县境内。💰105元。

龙王洞被溶洞专家称赞为"世界溶洞奇葩"，是中国最大、最古老的溶洞之一。洞内有多个厅台、石走廊及十多处珍珠瀑布。洞中处处可以看到石笋、石钟乳、石幔、石花，在灯光的衬托下，更显光怪陆离。有着"天下第一柱"之称的龙王宝柱，顶天立地、气势磅礴。

※野人谷
蛇岛、野人生活表演

🏠 张家界市慈利县三官寺乡。🚌在张家界汽车站乘坐前往慈利县的车，再转车到野人谷。💰68元。

野人谷全景再现野人的生活场景，有许多新奇、惊险刺激的表演，如上刀梯、吞全蛇、啃树皮等，粗犷朴实。这里还有很多泥塑。树上有很多小木屋，大人们外出打猎就把小孩灌醉后放在木屋中休息，防止野兽的伤害。

※八大公山
黄岩溪、险滩冲浪漂流

🏠 张家界市桑植县八大公山乡。🚌从张家界汽车站乘坐汽车前往桑植，再转车前往八大公山。💰免费。

八大公山有着复杂的山形和茂密的森林植被，形成了罕见的植物群落，被誉为"天然博物馆"。山林内的黄岩溪，峡深谷幽，常有野生动物出没，是探险的好去处。八大公山有五绝："一片原始森林、一片珙

左上｜张家界大峡谷玻璃桥
中下｜龙王洞
右下｜桑植八大公山

桐林丛、一族红蛇、一杯五步蛇血酒、一谷夏蝉脆鸣。"

※茅岩河九天洞
九星山玉柱、九天玄女宫、寿星宫

🏠 张家界市桑植县利福塔镇水洞村。💰75元。

茅岩河九天洞景区的岩河两岸以岩溶地貌为主，间有砂崖峰林地貌自然景观，有"百里画廊"之称。九天洞因为洞中有九个天窗与地面相通而得名，洞内分为三层，洞中有3段落差不同的阴河以及多处壮观的瀑布、自生桥和天然湖，洞中还有多座洞中山。

※贺龙纪念馆
贵宾休息室、音像放映厅、展览陈列

🏠 张家界市桑植县洪家关村贺龙故居旁。💰免费。

洪家关是贺龙元帅的出生地，纪念馆就在元帅的故居附近。纪念馆平面图近似一把巨型菜刀。

常德

周边游

※柳叶湖

白鹤山、花山、太阳山

🔘 常德市武陵区柳叶湖游船大码头。

柳叶湖因其形状像柳叶而得名,湖边的太阳山重峦叠嶂,松竹青翠,泉水潺潺。柳叶湖西南的花山,每逢春天,满山杜鹃花盛开,一片姹紫嫣红。刘海砍樵的美丽传说就发生在这里。

※诗墙公园

武陵阁、诗墙

🔘 常德市武陵区沅安路沿江一带。
💲 免费。

诗墙公园以城区沅江北岸防洪大堤为载体,熔诗、书、画、刻于一炉,有"三绝诗书画,一墙天地人"的赞誉。在整个4 000米长的沅水防洪墙外侧刻嵌了自先秦以来有关常德的诗作和中外名诗1 530首,荟萃了中国当代名家诗词、书法、美术精品镌刻于一墙。

※花岩溪

五溪湖、银盘山、仙池古寺

🔘 常德市鼎城区港凹口镇259乡道旁。
💲 28元。

花岩溪层峦叠嶂、沟壑相连,每年的3~10月,数万只白鹭在景区内五溪湖畔的森林里栖息,因此花岩溪被誉为"中国白鹭之乡"。这里层峦叠嶂、沟壑相连,古木参天、神秘莫测,徜徉其间,若梦若仙,令人心旷神怡,流连忘返。

※桃花源

桃花山、桃源山、秦人村

🔘 常德市桃源县桃花镇319国道旁。
🚌 常德火车站有直达景区的大巴。
💲 128元。

桃花源是1600多年前东晋诗人陶渊明《桃花源记》所描述的世外桃源真迹,有"第三十五洞天,四十六福地的美誉"。桃花源前面有滔滔不绝的沅江,后面是绵延起伏的武陵群峰,境内古树参天,溪水清澈。

> **景点攻略**
> 桃花源从3月28日起为桃花节,历时一个月,此时桃花山景区万树桃花盛开,甚是好看,是来桃花源旅游的最佳时间。

※夹山国家森林公园

闯王陵、夹山寺、洗墨池

🔘 常德市石门县城东南8千米处。
💲 60元。

夹山国家森林公园因境内东西双峰对峙、南北一道中通而得名"夹山"。夹山灵泉禅院俗称夹山寺,在禅院内的一方空坪里,竖立着一块刻有"茶禅一味"的石碑,见证着一段远及唐宋的历史。

> **景点攻略**
> 景区内的观鹭台是欣赏白鹭的最佳视点,初春至5月上旬,可以看到白鹭在树上筑巢的繁忙景象;5月中旬至6月,白鹭在巢孵蛋,清晨和傍晚还可以看到白鹭成群结队飞出飞回的景象;7~8月可以见到白鹭父母教小白鹭展翅学飞的情景。

左上 | 柳叶湖
左下 | 诗墙公园
中下 | 花岩溪
右下 | 桃花源

体验之旅

篝火晚会：《魅力湘西》大型歌舞篝火晚会是张家界最负盛名的演出节目，这个节目不仅可以欣赏到现代舞台的艺术性，还可以看到张家界及湘西地区的少数民族节日、历史文化、婚丧嫁娶等独具特色的节目。

看演出：《天门狐仙》是一部超级震撼的山水实景演出、魔幻音乐剧，改编自湖南家喻户晓的民间故事和花鼓戏《刘海砍樵》，讲述的是一段感天动地的人狐之恋。

赏《烟雨张家界》：讲的是远古时代在烟雨缥缈的张家界大山深处，土家族英俊青年洛巴冲和苗族美丽姑娘阿依朵之间绵绵悱恻的爱情故事。特别之处在于演出地点位于"中国最美旅游溶洞"——黄龙洞中。

猛洞河漂流：猛洞河山猛似虎，水急如龙，洞穴奇多。乘着橡皮艇顺流而下，一路是古老的河道，河道两边怪石嶙峋，两岸都是苍翠的林木，惊险刺激之余，更让人沉醉于大自然的风景中。

寻味之旅

张家界的土家族饮食既具有浓厚的民族特色，又融合了湘菜的精华。辣，是湖南菜的特色，土家菜也不例外。除了辣以外，土家族人还特别钟爱腊、酸、腌制菜食，其风味独特。

土家下三锅：最有当地特色的一道美味菜肴，吃法分干锅与汤锅两种。干锅无汤，麻辣且味重，适合口味颇重的食客。

湘西腊肉：腊肉是湘西人民的最爱，用来炖菜、炒菜都是绝佳，香辣可口，十分下饭，腊肉炖黄豆、腊肉炒冬笋等各种当地出名菜肴都少不了它的存在。

团年菜：又称"合菜"，将萝卜、豆腐、白菜、火葱、猪肉、红辣椒条等合成一锅熬煮，即成"合菜"。

美食街：张家界大庸府城美食街是集吃、住、行、娱、游、购于一体的旅游文化走廊，展现正宗湖湘菜系和湘西地方及土家菜香结合之精华，为张家界地方风味小吃提供平台。

张家界南庄坪的夜市是市内大型的烧烤夜市，这里云集着张家界地方小吃，每当夜幕降临，各路食客在此畅谈畅饮，十分热闹。

目的地攻略

🚗 交通

飞机：张家界荷花国际机场位于张家界市永定区官黎坪办事处荷花村，距离市区大约6千米，目前已开通往返全国20多个城市的国内航班及通达釜山等地的国际航线。

机场大巴：到达机场大门口有机场大巴接送，每趟航班都有机场大巴，客满发车。

火车：张家界火车站位于永定区官黎坪，至广州、长沙、南宁、北京等城市都有始发车，乘坐较方便。

张家界的慈利县还有一个慈利火车站，途径张家界的火车都会途径慈利，所以深度游至慈利的旅客可乘火车前往。

🏠 住宿

张家界的酒店、宾馆主要分布在以下三个区域：索溪峪、市区、森林公园，其中以索溪峪与市区分布居多，森林公园次之。另外，如果想细品体味张家界的"山水画原本"，景区中的农家乐也值得考虑。

🛒 购物

张家界的特产是三宝（葛根粉、蕨根粉、岩耳）和一绝（杜仲茶）。桑植盐豆腐干是清朝贡品；"葛根宝"纯天然绿色系列饮品；茅坪毛尖茶清香扑鼻，味醇色美，都是不错的特产。此外，还可以购买一些龟纹石、土家粘贴画、土家织锦等。

中下 |《魅力湘西》剧照
右下 | 张家界下三锅

亮点→ 吊脚楼 | 凤凰古城 | 巫傩文化 |《边城》| 苗族风情

凤凰古城

湘西

湘西有着数不清的溶洞、峡谷和泉瀑，景色十分秀丽。更有独特的苗族、土家族风情，"中国最美的小城"凤凰和德夯是其代表。湘西还有天下第一漂猛洞河、王村古镇等著名景点。

旅 行 路 线

凤凰访古二日游

美丽的湘西小城，除了沱江、吊脚楼外还有温柔的苗族少女，第一天先去从文故居，重温《边城》的温婉与质朴，在沱江上泛舟，也可以徜徉于青石板路间，夜宿吊脚楼边，听着江水入眠；第二天可以去城外的山江苗寨，感受苗族风情。

湘西二日游

第一天前往红石林景区，步入景区后仿佛置身于画卷之中，然后前往坐龙峡，伴着脚边轰鸣的溪水，在刺激中体味大自然的美与险；第二天前往茶峒，这里就是沈从文笔下的边城，可以来这里看看翠翠的故乡。

凤凰旅游区

本地游

※黄丝桥古城

和育门、实城门、日光门、苗寨

🏠 湘西州凤凰县城正西。🚌 从凤凰汽车站坐到阿拉营的中巴。💰 40元。

黄丝桥古城，古称渭阳城，始建于唐垂拱二年（686年），古城系青石结构建筑，筑城所用石料皆石灰岩的青光石，砌筑时以糯米稀饭拌合石灰为砌浆灌缝，使数百米城墙浑然一体，坚固牢实。

※南华山森林公园

凤凰六句阵、凤竹林海、凤凰台

🏠 湘西州凤凰县凤凰古城南侧。🚌 从凤凰古城出发步行约20分钟。💰 108元。

南华山共九峰七溪，是凤凰城南一道天然屏障，被称作南华叠翠。山上草深林茂，野花遍地，树木参天，是凤凰八景之冠。登上南华山最高峰，无限风光尽在眼底，只见青山为屏，碧水为带。

※南方长城

哨台、炮台、碉卡

🏠 湘西州凤凰县土桥路。🚌 可以从凤凰古城包车前往。💰 45元。

南方长城，又称"苗疆万里墙"，始筑于明朝万历四十年（1615年），是明代长城的一部分，全长约190千米。南方长城是明朝统治者为隔离南方少数民族、镇压反抗、求苗疆稳定而建筑的。

※奇梁洞

龙宫、古战场、十里画廊

🏠 湘西州凤凰县奇梁桥乡境内。💰 60元。

奇梁洞中有山，洞内有楼，洞中还有田园、村落等，一条清溪穿过溶洞。奇梁洞中还有"古战场"。

※朝阳宫

大门、戏台、正殿

🏠 湘西州凤凰县文星街。💰 10元。

朝阳宫原名陈家祠堂，是

凤凰古城

沈从文故居、杨家祠堂、东门城楼、崇德堂

特 写

左上 | 凤凰古城

湘西州凤凰县凤凰古城。免票，小景点另外收费。

凤凰古城始建于清康熙四十三年（1704年），历经300多年风雨沧桑，古貌犹存。凤凰分为新旧两个城区，老城区集中了凤凰大多数的古老建筑，城内青石板街道，江边木结构吊脚楼。

沈从文故居原是沈从文先生的祖父沈宏富于同治五年（1866年）购买旧民宅拆除后兴建的，分前后两进，中有方块红石铺成的天井，两边是厢房，现陈列有沈老的遗墨、遗稿、遗物和遗像。

沱江河是古城凤凰的母亲河，它依着城墙缓缓流淌，世世代代哺育着"古城儿女"。坐上乌篷船，听着艄公的号子，看着两岸已有百年历史的土家吊脚楼，别有一番韵味。

万寿宫又叫江西会馆，坐落在风景秀丽的凤凰东门外沙湾，与百米外的古虹桥遥相对峙，所开的三门正对拱桥三孔，寓意财源似江水滚滚不息流进万寿宫。

亲历者行程

第一天逛凤凰古城，大红灯笼高高挂的吊脚楼群，横卧沱江之上的虹桥，青山绿水掩映的夺翠楼，伫立江边的万民塔，古色古香的陈斗南宅院，一座座富有风情的建筑美得让人窒息；或是漫步在古老悠长的青石板街上，逛逛小摊，选几件中意的玩意儿；晚上参加苗族风情篝火晚会，看表演；第二天上午开车到苗疆万里墙——南方长城游玩，看古碉楼、将军墓等景点，下午游玩奇梁洞，漫步十里长廊，赏八大景观。

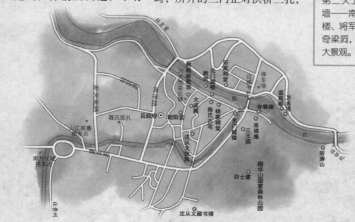

凤凰古城景区示意图

一座典型的南方木结构四合院，具有浓郁的湘西民族建筑风格。大门为紫红色砖墙楼，两旁镌有对联一副："瑞鸟起蓬蒿搏云高万里；嘉宾莅边隅眼看楼台总多情。"左右墙面对称式地塑有12幅花鸟浮雕，尤为精致，门檐飞檐翘角，别具特色。

※山江苗寨

保家楼、龙云飞故居、剥皮亭

🏠 湘西州凤凰县山江镇。🚌 土桥垅客运站有去山江镇的汽车。💰 148元。

山江苗寨是一个具有浓郁苗族生活气息的小山寨。进苗寨门先喝拦门酒，好客的苗族阿妹站成一排，要游客喝了酒才能进寨门。来这里还可以参观苗族博物馆，该馆向人民展示的是苗族同胞劳作不息、奋斗不绝的发展历史和绚丽多彩的苗族文化画卷。

景点攻略

传统节日"四月八"跳花节和"六月六"的山歌对唱，场面盛大热烈，充满了诗情画意，反映了苗族同胞的能歌善舞和热情奔放。而被列入湘西三大谜的赶尸、放蛊和落洞，更为其披上了一层神秘的面纱。

※苗人谷

平湖泛舟、苗王洞、早岗苗寨

🏠 湘西州凤凰县山江镇。🚌 土桥垅客运站有去山江镇的汽车。💰 68元。

苗人谷狭长的幽谷谷中藏洞，洞中藏洞，四季常年山花烂漫，百鸟争鸣，溪水潺潺流淌，峡谷迂回曲折，穿山洞穴气势壮观，飞天瀑布美轮美奂。

湘西其他景点 本地游

※德夯大峡谷 AAAAA

天门画廊、接龙桥、流沙瀑布

🏠 湘西州吉首市矮寨镇。🚌 吉首火车站有去德夯的专线车。💰 80元。

德夯，苗语为"美丽的峡谷"，这里山势跌宕，绝壁高耸，峰林重叠，形成了许多断崖、石壁、瀑布、原始森林。德夯民俗风情十分古老纯朴，坐落在大峡谷中间的德夯苗寨，每天上午有苗族婚俗表演，下午有中国苗族服饰展。

※乾州古城

胡家塘、三门开、辛女桥

🏠 湘西州吉首市乾州古城。💰 80元。

民间有云："乾州的城，凤

凰的兵"，自古以来，乾州就是南长城上与凤凰古城齐名的双子城。城内有十里古街，城中有十里河道，古城内，有"小桥、流水、人家"之称的胡家塘，是池塘水源之地。环塘而居的人家，明清古建筑至今保存完好，粉墙黛瓦、飞檐翘脊。

※猛洞河

哈妮宫、三角岩、鸡笼门

🏠 湘西州永顺县境内。💰 漂流 183元。

猛洞河风景区是一个集山势、水色和珍稀植物于一体，汇古镇风貌、山野情趣为一色的水道旅游胜地。上游为漂流景区，沿途河道狭窄，多险滩急流，飞舟闯浪，其乐无穷。下游为平湖区，河水平如镜。乘游船穿峡谷，钻溶洞，看两岸猕猴嬉戏，大自然的神韵任你感受。

※芙蓉镇

溪州铜柱馆、土家吊脚楼

🏠 湘西州永顺县境内。🚌 凤凰汽车站乘坐开往张家界市的班车，在芙蓉镇下车即到。💰 103元。

芙蓉镇是秦汉时期酉阳城旧址，还是一座"挂在瀑布上

左下 | 乾州古城
右下 | 芙蓉镇

的千年古镇"，古镇中心地带建在一片高大的山石上，一条落差几十米的瀑布悬挂在古镇脚下，镇内的土家吊脚楼紧贴着瀑布而建，瀑布水流入酉水河。芙蓉镇因拍摄的电影《芙蓉镇》而出名。

※永顺老司城

> 宫殿区、衙署区、司法区

📍 湘西州永顺县老司城村。💴118元。

与沱江的柔媚水色、古镇王村的绚丽山光相比，大山深处隐藏着的逍遥王城永顺老司别具沧桑和厚重之美。老司城建在地势峻峭的山地之上，依山傍水，与外界沟通的唯一通道是灵溪河上的木桥。

※坐龙峡

> 田湾溪、活龙潭、南照峡沟

📍 湘西州古丈县河西镇。💴88元。

坐龙峡风景区与芙蓉镇只一水之隔，从芙蓉镇对岸的河西镇，沿亮溪河而上，即可进入坐龙峡。峡谷两侧的山壁离得极近，山壁上能看到一层层岩石纹理，峡谷底下流水淙淙，不期而遇的瀑布总能给你带来惊喜。

※边城

> 翠翠岛、书法园、沿河吊脚楼

📍 湘西州花垣县境西南边城镇。
🚌 在花垣县边城广场乘发往边城镇的车。套票68元。

边城景区所在的边城镇就是沈从文的小说《边城》真正所在地，石板路、吊脚楼、酉水绕镇。沈从文描写的边城城墙逶迤，河水悠悠，青石道整洁风雅，吊脚楼古色古香，古渡摆舟，如诗如画。

怀化
周边游

※洪江古商城

> 万寿宫、天后宫、太平宫

📍 怀化市洪江区。🚌 怀化汽车站有直达洪江的大巴车。💴90元。

洪江古商城依沅、巫两水而建，典型的明清江南营造法式，又兼具显著的沅湘特色。沿着约三四千米长断续尚存的青石板路和码头高低错落的石级往前，完好地保存着一大片自明清至民国时代的寺庙、墟场、驿站、书院等，青耳粉墙，雕梁画栋，古香古色。

※地笋苗寨

> 鼓楼、古学堂遗址、花桥

📍 怀化市靖州苗族侗族自治县三锹乡。
🚌 在靖州汽车站，乘坐发往三锹乡的班车，在苗寨路口下车即可。

地笋苗寨内的极具民族风情的民居建筑和山清水秀的自然环境很有特色。地笋苗寨不大，漫步其中，随意闲逛，可轻松游遍整座苗寨的角角落落。在寨子各处漫步时，还能够观赏到非常具有苗族风格的吊脚楼。

※万佛山

> 悬空栈道、神仙洞、七星山

📍 怀化市通道县临口镇太平岩村。
🚌 直接从怀化汽车站乘汽车到通道，再转车到万佛山。💴100元。

万佛山有绵延100多千米的丹霞峰林地貌，山中草木茂盛，地面上是多年的落叶，走在上面软绵绵的，周围是松涛阵阵，有时能听到小鸟的叫声，会让人感到无比的轻松。如有时间还可以去山中的栈道走走，体验下刺激的感觉。

石上 | 边城

※黔阳古城

> 芙蓉楼、文庙、南正街

📍 怀化洪江市黔城镇。

黔阳古城位于沅水上游，三面环水，是湘楚苗地边陲重镇，素有"滇黔门户"和"湘西第一古镇"之称。古城内青石街巷纵横交错，明清建筑比比皆是。芙蓉楼主楼背廊临江，重檐歇山顶，二层有明轩可供远眺。

※凤凰山

> 凤凰古寺、风鸣塔

📍 怀化市沅陵县。

凤凰山因山体貌似凤凰展翅，故得名"凤凰山"。山顶建有凤凰古寺，为明万历年间所建，寺旁古木参天，环境清幽。南山香炉山建有"风鸣塔"，塔高7层，气势雄伟；沿峭壁砌有石阶路，宛如彩带飘落江边。

体验之旅

泛舟沱江：坐上乌篷船，听着艄公的号子，顺水而下，一座青山抱古城，一弯江水绕城过，一条红红石板街，一排小巧吊脚楼，一道风雨古城墙，两岸古城风韵青山绿水尽收眼底。

篝火晚会：湘西凤凰古城的篝火晚会是最具有民族特色的篝火晚会，晚会原始、粗犷、充满野气，将湘西凤凰的神秘性与苗族特有的风情展现得淋漓尽致。

猛洞河漂流：河水幽清，石壁嶙峋，一路是古老的河道，河道两边怪石嶙峋，两岸都是苍翠的林木，惊险刺激之余，更容易让人沉醉于大自然的风景中。

看《边城》：从吊脚楼到蜡染布，从咚咚喹到边边场，从傩舞到跳丧，在精心打磨中与现代的品质精妙结合，让您感受湘西的美，当地民族的美，沈从文笔下的美。

寻味之旅

湘西菜是湘菜的一个重要分支。湘西菜长于制作各种山珍美味、烟熏腊肉和各种腌肉，口味侧重于咸香酸辣。常以柴炭作燃料，腌肉方法也十分特殊，大多为腌后腊制。

米豆腐：湘西土家族、苗族地区少数民族的一种传统小吃，味道清爽酸辣，且米豆腐营养丰富，酸碱中和，软硬适中，有助于减肥排毒，美化皮肤，养颜美容。

米粑粑：糍粑在火气下催的渐渐鼓胀，表皮微微隆起，此时将表皮弄破，会有一股白气升腾，可见内里雪白，拿在手里软乎乎的，此时可别太心急，以免烫了口舌。

蕨菜炒腊肉：腊肉是一种少有的民间佳肴。吃隔年熏腊肉有利于增肾补虚，有利于健

胃畅肠，风干后的腊肉就着蕨菜来吃，味美不油腻。

野葱社饭：凤凰古城社饭乃食中一绝。社饭既有糯米的甜香，又有腊肉的熏味，还有社菜的清香，饭一开锅，香味四溢，直令人垂涎欲滴，食欲大振。

美食街：每当夜幕降临，华灯初上的时候，江边的各家店开始忙碌起来，回龙阁美食街做特色美食的商家各显神通，各家新老字号推出了各色令人垂涎的风味小吃以及各地美食。

虹桥烧烤夜市半夜的路灯照的整个虹桥热闹非凡，人声鼎沸，烤茄子、烤鱼、烤肉、烤鱿鱼、烤土豆的味道都还不错，鱼肉肉质鲜美，脆脆的小螃蟹必尝。

目的地攻略

交通

火车：吉首站位于湘西州吉首市峒河街道光明西路，是湘西最大的火车站，这里是去往湘西州各个县城的中转站。

怀化南站主要以高铁运输业为主，前往湘西多从此高铁站中转。凤凰古城亦没有高铁站。

汽车：湘西有很多汽车站，

乘坐客运班车是当地最主要的交通方式。吉首汽车总站、凤凰汽车客运总站、芙蓉镇汽车站是最常用到的汽车站。

住宿

凤凰的住宿可分为两类：宾馆酒店和家庭客栈。在凤凰建议住在沱江边的吊脚楼，那里能体会到真正的湘西风情，特别是虹桥那一段地点最好，可以欣赏沱江风光，沱江宾馆是拍摄虹桥、望江亭等地的绝佳地点。

购物

湘西的特产十分丰富多样，到了湘西可以选择一些具有民族特色的商品，如闻名的苗族刺绣、苗族银饰、土家织锦及当地的蜡染制品。有兴致的女孩也可选件当地的蓝布印花褂穿上进一进凤凰的老街。

中下 | 湘西小炒肉
右下 | 血粑鸭

亮点→ 衡山｜划旱舟｜竹雕

衡山祝融峰

衡阳因地处南岳衡山之南而得名,雅称雁城。衡阳是一座已有 2 000 多年历史的文化名城,以其山川秀丽、自然资源丰富饮誉天下。

衡山拜寺二日游

第一天可以先从南岳庙开始游览,步行到祝圣寺,最后可以到半山亭稍作停歇;第二天早起到祝融峰顶观看日出美景,之后可以去藏经殿看看,然后沿小道下到磨镜台,南岳景色尽收眼底,下山前还可以到水帘洞看看。

左下｜衡山麻姑
右下｜衡山日落

衡山风景区 AAAAA

祝融峰、南岳大庙、水帘洞 **本地游**

⊙ 衡阳市南岳区境内。⊜ 衡山西站门口有到景区的班车。⊛ 110 元。

南岳衡山为我国五岳名山之一,山上茂林修竹遍布,终年翠绿,又有奇花异草,四时飘香,因而又有"南岳独秀"的美称。在这里可以春观花潮、夏看烟云、秋望日出、冬赏雾凇。

祝融峰是衡山最高的山峰,是根据火神祝融氏的名字命名的。登上祝融峰顶,极目四望,脚下是连绵的山峰,还有郁郁葱葱的丛林,远处是蜿蜒的湘江。

水帘洞的水源来自南岳紫盖峰顶,流经山洞,汇入深不可测的石洞。水满后溢出下泻,形成瀑布。天晴时候,阳光照射水帘上,常有彩虹出现,五彩缤纷,十分壮观。

藏经殿是一座寺庙,这里没有山门、天王殿、大雄宝殿等建筑,只有一座单檐、歇山顶宫殿式建筑。殿内外全是雕梁画栋,红墙绿瓦,殿中供奉的是泰国华侨捐赠的毗卢遮那佛。

方广寺在衡山莲花峰下,这里古木森森,银泉淙淙,周围八座山峰如莲花瓣瓣,方广寺就是莲心。寺始建于南朝梁天监二年(503 年),寺右有"二贤寺",祀朱熹和张栻。

景点攻略

1. 衡山的最佳游季在夏末秋初，山上一年之中有将近 7 个月被云雾笼罩。

2. 观景：在衡山可看到"三层天"，自山麓到玉板桥为一层，玉板桥到半山亭为一层，半山亭到祝融峰为一层，越往上温度越低。此外，阴天登衡山会看到更多的美景。

3. 到衡山游览，除了令人目不暇接的山景、寺庙和道观外，最令人难忘的，就是那烟云了，几乎可以和黄山媲美。

4. 香期：香期是南岳最有特色的民俗之一，届时，来自四面八方的香客会在七月至九月间采取特定形式到南岳朝香。尤其是在南岳俗定农历八月初一的南岳圣帝神诞日，这天是香期的最高潮，来此进香朝拜的人多达十万之众。

5. 作为佛教名山的南岳，菜肴自然以素食为主。南岳斋宴是用各种素菜仿制与荤菜同名的酒席，主要原料是本地所产的山珍和四时瓜果蔬菜。菜肴主要以菜油、麻油、花生油烹调，葱、蒜、姜、辣椒佐之。

衡阳市区景点 本地游

※回雁峰

雁雕、雁峰寺、雁峰烟雨、平沙落雁

衡阳市雁峰区雁峰路。 免费。

回雁峰为南岳七十二峰之首，站在回雁峰上，不仅可俯瞰大桥，还可纵观衡阳城全貌。回雁峰上有一座古刹名雁峰寺，迄今已有 1500 多年的历史，正门悬挂赵朴初书写的"雁峰寺"，历代有不少高僧都曾来此参禅。

※岳屏公园

岳屏山、云水池、撷翠亭

衡阳市雁峰区。 免费。

岳屏公园因园内的岳屏山

而得名，岳屏山又名花药山，相传东晋时黄、葛二仙在此炼药，又传为何仙姑曾在此驻足。山上林木苍翠、百鸟聚集，山顶原有撷翠亭，山下建光孝报恩寺，又名花药寺。

※石鼓书院

东岩晓日、西豀夜蟾、绿净蒸风

衡阳市石鼓区青草桥旁。 20元。

石鼓书院距今已有约 1 200 年的历史，为中国宋代四大书院之一。这里自古就是文人墨客喜爱之地，苏轼、周敦颐、朱熹等历史名人曾在此执教，又有郦道元、彭玉麟等来此或讲学授徒，或赋诗作记，或题壁刻碑，或寻幽览胜，其状蔚为壮观。

※衡阳保卫战纪念馆

衡阳保卫战陈列展、湘南民居

衡阳市蒸湘区高新区蒸水大道南。 免费。

纪念馆内的主要建筑原是清代记名提督、振威将军陆成祖于清光绪七年建造。这里是珍贵的抗战遗址，至今南向墙面尚保留数十处当年留下的弹痕，右侧厢房封火墙山屏上的一个弹洞，直径达 1 米左右，是

抗日战争中衡阳保卫战难得的历史见证。

※雨母山

赤松子坛、千手观音殿、飞来石

衡阳市蒸湘区雨母山乡。 免费。

雨母山原名云雾山，因地形影响，易起云成雾，常有云雾缭绕而得名。雨母山下流水淙淙，百川入湖，南面雨母湖，北面寺塘冲水库，西边九龙冲水库、过路塘水库环绕山脚，犹如一面面镜子，倒映群山，湖光山色，美不胜收。

文化解读

清雍正年间，执政衡州的朱道台因久旱不雨，百姓遭灾，便慕名来雨母山赤松子坛祈雨，"虔诚祈拜，雨泽立降"，并赠送亲题"雨母山"三字金匾，是以更名雨母山。

衡阳郊县景点 本地游

※岐山

万寿仁瑞寺、仙人船、仙鹤岭

衡阳市衡南县。 免费。

中上 | 衡山
中下 | 石鼓书院
右上 | 衡阳抗战纪念碑

岐山原名凤凰山，南岳七十二峰之一，集高山、流水、古庙、原始次森林为一体，既具有江南景色之秀美，又兼西北风光之雄奇，山上恭亲王赠送的千人锅、曾国荃书写的"大雄宝殿"等御赐古物保存完好。

※罗荣桓故居

罗帅铜像广场、罗帅办公室

📍 衡阳市衡东县荣桓镇南湾村。

🎫 免费。

罗荣桓故居坐西朝东，砖木结构，单层两进五开间；硬山顶，小青瓦，翘脊飞檐，施封火山墙。

※锡岩仙洞

迎客厅、芙蓉洞、仙人洞

📍 衡阳市衡东县荣桓镇锡岩村。

🎫 30元。

锡岩仙洞位于南岳七十二峰之一的凤凰峰附近，自古为"楚南第一景"。洞口东向，洞内有20余个厅堂，洞壁间现仍清晰可见的历代文人题咏有60余处，其中以谢灵运的题壁诗《岩下赞》最为珍贵。

※岣嵝峰

嫘祖峰、白石峰、酒海岭

📍 衡阳市衡阳县境内。🎫 35元。

岣嵝峰为南岳七十二峰之一，黎明时分，登上峰顶的望日亭，远眺东方，一轮红日从云山雾海中喷薄而出。大雁南飞季节，日出时常有数只大雁迎日而飞，时而一字排开，时而人字排开，能持续3~5分钟，可谓世之奇观。

邵阳—永州
周边游

※崀山

🏅 AAAAA

八角寨、天一巷、辣椒峰

📍 邵阳市新宁县城南10余千米处。

🚌 在新宁县城乘坐新宁2路、6路到崀山公园北大门下车。🎫 有136元和186元套票。

崀山是典型丹霞峰林地貌，被誉为"丹霞之魂，国之瑰宝"。自宋朝以来，崀山就是游览胜地，墨客骚人常来此游山玩水，留下许多溢美之词。北宋哲学家、散文巨匠周敦颐偕门生游学期间，在城西扶夷江岸的石壁上挥毫题写"万古堤防"四字。

> **亲历者行程**
>
> 第一天从八角寨景区汽车站沿途观整齐划一的青瓦白墙、红窗围栏的江南民居。可步行或乘坐八角寨索道（上行60元，下行40元，全程90元）登顶，感受一脚跨两省的伟大，观崀山六绝之一的有"丹霞之魂，国之瑰宝"之称的鲸鱼闹海大峡谷绝景群，晚上回崀山镇住宿。

※南山牧场

紫阳峰、茅坪湖、沙角洞

📍 邵阳市城步苗族自治县。🎫 55元。

南山牧场属雪峰山脉南段，拥有连片天然草场，人称八十里大南山。著名的南山奶粉基地在这里。这里地域宽广、景象壮美，既有北国草原的苍茫雄浑，又有江南山水的灵秀神奇，被誉为"南方的呼伦贝尔"。

※资江风光带

赛双清、将军石、护江石林

📍 邵阳市新邵县。🎫 免费。

资江是新邵的母亲河，干流由南向北贯穿全境，素有"小三峡"之称。沿江群山耸立，崖危岩翠，奇峰异石，千姿百态，急流险滩，惊心动魄。

※柳子庙

三绝碑、荔枝碑

📍 永州市零陵区愚溪南路。🎫 25元。

柳子庙坐落在永州潇水之西的柳子街上，始建于北宋仁宗至和三年（1056年）。庙门上镌有柳子庙三字石刻，两边有联。进入大门，首先可见一座双檐八柱戏台，后行至二进中殿，再后为三进正殿，殿中有柳宗元塑像供人祭祀。

> **文化解读**
>
> 柳宗元（773—819年），唐代著名文学家，唐宋八大家之一。柳宗元因参与王叔文改革失败遭贬至永州谪居10年，写下了《永州八记》《江雪》《捕蛇者说》等大量诗文，同时因心系民众而广受百姓爱戴。

※阳明山

流泉飞瀑、奇峰怪石、云山雾海

📍 永州市双牌县境内。🚌 永州汽车站有直达班车。

阳明山树木茂密，山中还有

中下｜崀山
右下｜柳子庙

清澈的溪水，环境非常优美。主峰望佛台海拔约 1600 米，登高远眺，极目千里。每年的 4 月底至 5 月初，是这里赏杜鹃花的最佳时节，届时景区内有大面积杜鹃花海，被誉为"天下第一杜鹃红"。

※九嶷山

舜帝陵、舜源峰、紫霞岩

- 永州市宁远县九嶷山瑶族乡。
- 舜帝陵 60 元，紫霞岩 60 元。

九嶷山是湘江的发源地之一，山中树木茂盛，还有石枞、香杉、斑竹等植被，被誉为"九嶷三宝"。九嶷山的舜帝陵，是我国始祖陵中最高最大的陵。舜源峰是九嶷山的主峰，相传舜源峰因舜帝驾崩后葬于山脚下而得名。

郴州
周边游

※东江湖 AAAAA

小东江、东江大坝、龙景峡谷

- 郴州资兴市东江镇。 郴州火车站有直达景区的班车。 套票 85 元。

东江湖湖面烟波浩渺，景区内气候宜人，山奇水秀，景色迷人，别具雄、奇、秀、明、趣的特色。在领略东江山水景色之外，还可参与一些冒险、探幽、逍遥的旅游项目，有"中国生态旅游第一漂"的东江漂流、湖畔垂钓、温泉浴等。

※王仙岭

普济寺、王仙庙、凤谷庵

- 郴州市苏仙区京珠高速公路郴州出口处。 40 元。

王仙岭由三十六座峰谷组成，山泉遍布，溪水潺潺，栖息着 130 多种野生动物和 380

多种植物。景区内山清水秀，古树参天，青松翠竹，漫山遍野。半山腰的露泉云雾缭绕，泉水长流，王仙岭瀑布自 40 多米高的断崖直泻而下，色皎如练，气势磅礴。

※苏仙岭

桃花居、白鹿洞、三绝碑

- 郴州市苏仙区苏仙南路。 47 元。

苏仙岭原名牛脾山，是一处集神话传说、秀丽风光和名胜古迹于一体的风景胜地，号称"天下第十八福地"。桃花居是游客登山的起点，面向桃花水溪，四周都是竹林；白鹿洞在桃花居的上方。

※莽山

将军寨、天台山、崖子石

- 郴州市宜章县南部。 60 元。

莽山气候温和，雨量充沛，

左上｜阳明山万和湖
左中｜九嶷山舜帝牌坊
右下｜莽山

优越的自然条件使这里的森林植被种类繁多。热带、亚热带、温带，还包括少数寒带的森林植物在这里都可以见到。良好的自然环境、原汁原味瑶族风情，使莽山成为难得一见到的休闲、避暑胜地。

体验之旅

观佛教礼仪：充分体验"青灯黄卷，晨钟暮鼓"的生活。清晨鸡鸣时，寺院的早课、诵颂、坐禅、偈乐，声声入耳，感受到另样的娱乐含义。

九龙峡漂流：九龙峡漂流蜿蜒在巍巍南岳之巅祝融峰和岣嵝峰之间的深山峡谷中。来九龙峡漂流，既可领略南岳的钟灵毓秀，又可感受浪遏飞舟的惊心动魄，被誉为"五岳第一漂"。

网红打卡：郴州原始丹霞地貌高椅岭绝对是一个大气的户外休闲摄影胜地。独特的丹霞风光仿佛俯卧在此的龙脊一样栩栩如生。由于尚未全面开发旅游，高椅岭在网络上逐渐走红之后，已成为当地知名的网红打卡景区。

寻味之旅

衡阳为湘菜两大中心之一，美食都以辣味为主，特别讲究调味，尤重酸辣、咸香、清香、浓鲜。夏天炎热，其味重清淡、香鲜。冬天湿冷，味重热辣、浓鲜。衡阳饮食最具特色的当属品尝南岳衡山的佛门素斋，其不仅历史悠久，而且工艺精湛，营养丰富。

玉麟香腰：菜肴样式特别，造型美观，其状如七层宝塔，且每层分别有相应主菜；味道多样，主打菜式种类繁多，口味独特。

衡阳荷叶包饭：衡阳地区的传统风味小吃，制法独特，选用新鲜荷叶将混合后的饭团裹紧，旺火蒸熟；包饭色彩鲜艳，几种颜色相间交杂，饭团鲜香味美，柔软嫩口。

南岳佛门素斋：南岳衡山佛门的著名素餐；其菜肴制作工艺精湛、技法纯熟，用素菜仿制出的荤菜可达到以假乱真的程度，且素斋五味俱全，营养丰富。

鱼头豆腐：衡阳风味名菜。鱼头一定要选用花鲢鱼头，再加上半片鱼肉，抹上酱油、豆瓣酱、糖，放入豆腐块、香菇、生姜末等，食之汤鲜味美，爽口宜人。

目的地攻略

🚗 交通

火车

衡阳站：位于衡阳市珠晖

区湖北路1号，有发往全国各地的班次，基本属于过路车。

衡阳东站：位于衡阳市珠晖区耒水河东岸，高铁站。

汽车：衡阳市内主要有中心汽车站、酃湖汽车站和华新客运站三个汽车站，其中前往省外的长途客车基本设在中心汽车站，酃湖汽车站主要经营发往衡阳周边市县的客运，而华新客运站主要承担衡阳、祁东、衡南等县的市内短途客运。

🏠 住宿

在衡阳，如果想住宾馆，可以到南岳区的磨镜台，那里的南岳宾馆条件不错，游客登山之前可以在这里养精蓄锐。

衡山山下住宿便宜，如果想好好享受山间的清新空气，可以住在山腰的家庭旅社。山间也设有农家乐，提供食宿且费用便宜。

🛒 购物

云雾茶是衡山的特产，沏上一壶，既可以生津解乏，又是极佳的纪念品，当茶叶的淡淡清香在齿颊之间悠悠流转，衡山的秀丽风光似乎又历历在目。盖牌瓷器也是南岳的特产，这种瓷器选用优质高岭土为原料，经过工人精心制作，成为远销海外的名牌产品。

左下｜荷叶包饭
中上｜南岳云雾茶
中下｜鱼头豆腐
右下｜常宁凉粉

亮点→ 滕王阁｜观鸟｜六月六｜板龙灯｜鱼文化

滕王阁

　　南昌，是一座有着优美自然风光的绿色城市。城外青山积翠，城中湖泊点缀，城在湖中，湖在城中，赣江穿城而过，市区错落着东湖、西湖、南湖、北湖四个人工湖，像四面明镜镶嵌在市中心；在赣江与抚河的汇合处，登上滕王阁，可体味"落霞与孤鹜齐飞，秋水共长天一色。"的诗意。

旅 行 路 线

南昌一日游

　　上午来到滕王阁，漫步回廊，山水之美，尽收眼底。随后去八一起义纪念馆，参观昔日的旧址，追忆古今。继续前行是绳金塔，感受古塔的古朴秀丽。下午登上"南昌之星"摩天轮，体验惊险刺激。

九江经典三日游

　　第一天可先在城内逛逛，能仁寺的大胜宝塔，浔阳楼的大型瓷板画都值得一看；第二天和第三天主要游览庐山风景区，游毕还可以去天沐温泉度假村好好放松一下。

南昌市区景点 本地游

※滕王阁 AAAAA

序厅、茶座、暗层

🚩 南昌市东湖区仿古街 58 号。　🚌 乘坐地铁 1 号线至滕王阁站下车。🎫 50 元。

　　滕王阁主阁落成于 1989 年，南北配有回廊连接的两个辅亭，滨邻南浦，面对西山。主体建筑为宋式仿木结构，碧瓦丹柱，雕梁飞檐，宫灯高悬，书画满堂。暮秋之后，鄱阳湖将有成千上万只候鸟飞临，登楼眺望，"落霞与孤鹜齐飞，秋水共长天一色"的美景尽收眼底。

※八一广场

八一音乐喷泉、八一起义纪念塔、升旗台

🚩 南昌东湖区八一大道。　🚌 乘坐地铁 1 号线至八一广场站下车。🎫 免费。

　　八一广场原名人民广场，是南昌的中心广场。八一起义纪念塔为广场中的标志性建筑，广场中心南面设置了高高的升旗台，升旗台北侧，一方高大的汉白玉镌刻着"军旗升起的

地方"的题词，这突出了南昌在中国革命中的特殊历史地位。

※秋水广场

音乐喷泉、文化长廊

🚩 南昌市东湖区赣江中大道。　🚌 乘坐地铁 1 号线至秋水广场站下车。🎫 免费。

　　秋水广场和对面的滕王阁隔江相望，开放式的广场上有一座亚洲最大的音乐喷泉，每当夜幕降临时，喷泉在灯光和音乐的配合下变幻出优美的造型。喜欢安静的话，还可以沿江边的文化长廊散散步，一路走，一路细细看下来，赣文化的厚重也可见一斑了。

※天香园

茶艺馆、金佛堂、云泉书画室

🚩 南昌市青山湖区南大道 333 号。🎫 50 元。

　　天香园 16 米高的朱拱珐琅彩绘大门正面上方是我国当代书圣启功的亲笔镏金大字"天香园"。反面为其鲍弟启儒的真迹。园内湿地、湖泊、原始沼泽串通成一片，这里野生候鸟

群有 32 个品种，10 万余只。

※八一起义纪念馆

陈列大楼、八一起义总指挥部旧址

🏠 南昌市西湖区中山路中段 380 号。
🚇 乘坐地铁 1 号线至八一馆站下车。
🎫 免费。

　　纪念馆大门临街而立，门楣上悬挂着陈毅元帅手书"南昌八一起义纪念馆"金匾。周恩来工作过的房间，林伯渠的办公室兼卧室，军事参谋团的办公地点、房间，部分起义领导人住过的房间以及警卫连和卫生处的部分住房，均陈设着许多文物。

南昌郊县景点 本地游

※梅岭

翟岩寺、洗药湖、洪崖丹井

🏠 南昌市湾里区西郊 15 千米处。
🎫 狮子峰 50 元，竹海明珠 40 元，神龙潭 30 元，紫清山 15 元。

　　梅岭原名飞鸿山，因西汉梅福于此修道而得名，山间寺庙观坛曾多达 130 处，道教称此地为"第十二洞天"。梅岭有许多古树名木，雄伟俊俏的迎客松，姿态万千的陵上古松林，幽溪之畔的擎天大竹，尤以"盆景樟""石中兰""树生竹"为奇，被誉为"梅岭三绝"。

左下 | 南昌之星
中上 | 安义古村
中下 | 仙女湖
右下 | 梅岭

※安义古村

士大夫第、闺秀楼、黄氏宗祠

🏠 南昌市安义县石鼻镇。🚌 南昌火车站有直达古村景区的班车。🎫 80 元。

　　安义古村其实是个古村群，古建民居尚保存完好，古街、麻石板道、古车辙清晰可见，春天大片油菜花开时更是好看。横街与后街交汇处的士大夫第是村中最出彩的建筑，宅院中有多达 48 处天井，高墙深院耐人寻味。附近的一棵唐代的千年古樟亭亭如盖，夏天树下总有不少乘凉的人。

※南昌之星摩天轮

赣江新天地、市民公园、摩天轮

🏠 南昌市新建区红谷滩新区赣江南大道 1 号。🎫 50 元。

　　南昌之星摩天轮屹立于赣江之滨，是世界上第二高的摩天轮。该摩天轮设有 60 个太空舱，每小时将可容纳近千人"空中"旋转看南昌一江两岸的壮丽景观。南昌摩天轮上还将安装世界第一大时钟，60 个太空舱分别代表 60 分钟的时间刻度，旋转一周约需 30 分钟。

新余—萍乡 周边游

※仙女湖

千年水下古城、水边古石刻

🏠 新余市渝水区西南郊 16 千米处。
🎫 125 元（含船票）。

　　仙女湖是古籍《搜神记》中记述"仙女下凡"传说的发祥地，在这片古老神奇的灵山秀水之间，既传颂着许多美丽动人的传说，又点缀着无数彪炳史册的历史遗存。仙女湖风景区具有"幽、秀、奇、雄"之特点，湖中 99 座岛屿星罗棋布，湖汊港湾扑朔迷离。

※昌坊村

仿古祠堂、文化广场

🏠 新余市渝水区欧里镇昌坊村。
🚌 在新余城东汽车站乘开往昌坊的班车即可到达。🎫 免费。

　　昌坊村是一个有 700 多年历史的古老山村，这里自然风光秀丽，山环水绕，开门见山，出门即水，犹如一幅美丽的山水画。这里还有古道、古树、古洞、古寺、古窑、古水

井、古店铺、古祠堂，山如黛，湖似镜，蓝天白云，泉水叮咚，鸟语花香。

※武功山 AAAAA

福星谷、紫极宫、白鹤峰

🚇 萍乡市芦溪县东南。🚌 萍乡火车站有直达武功山的旅游专线。💴 70元。

武功山地处罗霄山脉北段，登金顶、看日出、赏云海是武功山最值得体验的三大项。当红日从天边升起，山体逐渐被染红，如果运气好，日出后就能看到壮观的云海。秋季满山芦花盛开，草甸金黄一片，在阳光照耀下更显璀璨。

※孽龙洞

卧龙厅、茅舍春柳、洞天飞瀑

🚇 萍乡市上栗县福田镇清溪村。🚌 安源汽车站有萍乡到上栗的班车，在孽龙洞下车。💴 68元。

孽龙洞是一个形成于1.8亿年前的天然溶洞，洞长约4000米，蜿蜒曲折，溪水相伴，水

庐山风景区 ◎AAAAA　三叠泉、五老峰、如琴湖　周边游

左上 | 庐山领袖峰

🚇 九江市庐山市庐山风景区。🚌 在九江长途汽车站乘坐班车前往庐山。💴 160元。

庐山以云海、绝壁、瀑布闻名。自古享有"匡庐奇秀甲

亲历者行程

二日游 D1：北山公路—北山园门—小天池—望江亭—花径—如琴湖—天桥—锦绣谷—仙人洞—大天池—龙首崖—石门涧—芦林湖—会址—东谷名人别墅—美庐—周恩来纪念室—牯岭街。

D2：含鄱口—大口—植物园—五老峰—三叠泉。

天下"之盛誉。大山、大江、大湖浑然一体，险峻与柔丽相济，素以"雄、奇、险、秀"闻名于世，是中国名山之一。

三叠泉的每叠瀑布各具特

色，上级如飘雪拖练，中级如碎玉摧冰，下级如玉龙走潭。站在第三叠抬头仰望，三叠泉水抛珠溅玉，宛如白鹭千羽，又如明珠飞洒。

五老峰的五峰从各个角度去观察，山姿不一，有的像渔翁垂钓，有的像老僧盘坐。其中第三峰最险，峰顶有"日近云低""俯视大千"等石刻。第四峰最高，峰顶云松弯曲如虬。

芦林湖又称东湖，四周群山环抱，苍松翠柏，湖水如镜，似发光的碧玉镶嵌在林荫秀谷之中，在缥缈的云烟衬托下，犹如天上神湖。

庐山风景区示意图

随洞转，洞因水活。洞内厅廊相连，可容纳上千人，石笋、石花、石幔玲珑剔透，千姿百态，形成一座蔚为壮观的天然雕塑艺术长廊。

※名人雕塑园

宰相园、汉白玉门楼

ⓞ 抚州市临川区行政中心南广场正对面。❀ 免费。

名人雕塑园是以抚州历代66位名人雕塑为主题的城市公园，景区的主体是一个长条形的小岛，四周有水环绕，并以桥相连。北广场的地面上用不同篆体雕刻的"抚州名人雕塑园"印章是景区的园标，广场上仿明代风格的汉白玉门楼则是景区内的标志建筑。

※梦湖景区

音乐喷泉、杜丽娘雕像、梦园

ⓞ 抚州市临川区梦湖西路。❀ 免费。

梦湖景区南面近临川大道部分，景观灯上饰以历代赞咏抚州的诗句，颇有文化气息。北面湖中的梦园中，岛与陆地以步道相连，岛中景观以《牡丹亭》为主线，建有杜府花园等一些仿古建筑。岛中央雕塑广场上的杜丽娘和柳梦梅的雕像是这里的标志。

※大觉山 AAAAA

莲花山、大觉寺、聪明泉

ⓞ 抚州市资溪县县境内。🚌 资溪有到大觉山的班车。❀ 门票+观光车+漂流套票 310 元。

大觉山境内山清水秀，山峦苍郁峻拔、溪流清澈萦回，自然风貌原始，气候舒爽宜人。驰名中外数百年的大觉寺，坐落在海拔约 1118 米的莲花山天然石洞中。此洞之深廓，世所罕见。

左上 | 浔阳楼
右上 | 石钟山

九江

周边游

※浔阳楼

宋江塑像、壁画、锁江楼

ⓞ 九江市浔阳区滨江东路 908 号。❀ 20 元。

浔阳楼因《水浒传》中宋江浔阳楼题反诗、李逵劫法场的故事而出名，一楼大厅有两幅宽 4.5 米、高 3.2 米、用 600 块彩绘瓷砖拼成的"宋江题反诗"和"劫法场"大型壁画。二楼展厅陈列"水泊梁山 108 名好汉"瓷雕彩绘像，是精美的景德镇瓷雕艺术的展现。

※甘棠湖

烟水亭、听雨轩、浸月亭

ⓞ 九江市浔阳区庐山脚下。❀ 免费。

甘棠湖是一座天然湖泊，古名称为"景阳湖"。长堤将湖面分成东西两半，东为南湖，西为甘棠湖，湖区内景色优美，杨柳依依，碧波荡漾。甘棠湖中心的小岛上原有东吴名将周瑜的点将台，后著名诗人白居易被贬为江州司马，于周瑜点将台原址上建造了一座亭子，因其《琵琶行》中的名句"别时茫茫江浸月"而得名为"浸月亭"。

※石钟山

江天一览亭、忠烈祠、慈禅林

ⓞ 九江市湖口县双中镇登山路 22 号。🚌 在九江长途汽车站乘班车到湖口汽车站，下车后可打车直接到景区。❀ 72 元。

石钟山位于鄱阳湖边上，山中的景观大多与苏轼、石和钟有关。一路走到江天一览亭，这里是山上观景最佳处，站在亭中放眼望去，近处是鄱阳湖，远处是长江，天气好的时候可以看到湖水和江水交汇处一道明显的分界线，确实是水天一色。

※龙宫洞

龙仙寺、仙真岩、玉壶洞

ⓞ 九江市彭泽县天红镇乌龙山麓。🚌 在九江长途汽车站乘到澎泽的班车，中途在定山下车，转乘去龙宫洞方向的车。❀ 80 元。

龙宫洞全长约 1600 米，是一座规模宏大、气派非凡的地下艺术宫殿。洞内四季恒温 18℃，小桥流水，钟乳倒悬，石笋擎天，姿态万千让人目不暇接，酷似古典小说《西游记》中描绘的东海龙宫，令人叹为观止。

※龙源峡

漂流港、蝴蝶谷、林间秋千

ⓞ 九江市永修县龙源峡风景区。❀ 门票+战鼓船+画舫船套票 78 元。

龙源峡被誉为南国"九寨沟"。每到金秋，漫山红叶，着实醉人心扉；这里有江南最大的蝴蝶谷、碧绿的湖水、腾泻的瀑布、五彩的潭水、古老的寺庙旧踪；还有泉水叮咚声、竹林松涛声、鸟歌蝉鸣声、樵夫山歌声

※庐山西海 AAAAA
云居山、桃花岛、民俗村

🚩 九江市永修县柘林镇。🚌 九江客运站乘九江到武宁的班车，在柘林湖景区下即可。💰 100 元。

庐山西海风景区空气清新，湖区拥有形态各异、大小不一的岛屿 997 座，这里是众岛星列、簇簇拥翠的壮观景象。风景区包括云居山和柘林湖两大部分。云居山素有小庐山之称，是盛夏避暑和参佛朝圣的好去处。柘林湖，湖水清澈，碧波荡漾，湖区四周群山环抱，古迹甚多。

宜春 周边游

※明月山 AAAAA
太平山、云谷飞瀑、青云栈道

🚩 宜春市袁州区温汤镇潭下村。🚌 宜春汽车站每天有多班班车发往明月山。💰 95 元。

明月山位于江西宜春的温泉之乡温汤镇，主峰太平山，海拔约 1735.6 米，因整个山势呈半圆形，恰似半轮明月，故称明月山。这里有奇峰峭壁、瀑布溪流、高山草甸、云海日出等多种美丽奇幻的自然风光可以观赏。

※明月山天沐温泉度假村
太极调养八汤、天沐特色池、明月溪util区

🚩 宜春市袁州区温汤镇江源北路。🚌 汽车西站乘明月山旅游中巴在温汤

中上 | 明月山

下车。💰 268 元。

明月山天沐温泉度假村是一个拥有 800 多年历史的温汤地热温泉，温泉从地下 470 米深处花岗岩中涌出，为国内外罕见的富硒温泉。这里的特色观景客房临湖而建，依山傍水，山景、湖景、庭景三景合一，高贵雅致。

※酌江风景区
白龙洞、酌江洞、石林

🚩 宜春市袁州区三阳镇酌江风景区。🚌 从宜春市 7 路外环线转 31 路公交即可达到酌江风景区。💰 70 元。

酌江风景区分为白龙洞、酌江洞、水上基地、石林、果园等五大景区。酌江洞内最大的特点是洞内钟乳石千姿百态，造型各异。一排排数不清的白色钟乳石似冰柱闪闪发光，无数圆锥形的石笋也挺立向上，成为各种形状的石柱。溶洞中河道流出的水汇为多处深潭，星罗棋布，深潭里生活着种类繁多的鱼类。

※天柱峰
天柱飞瀑、象鼻山、观音晒鞋

🚩 宜春市铜鼓县东南部。💰 110元（含船票）。

天柱峰三面环水，雄伟挺拔。坐落在天柱峰山腰岩洞中的

灵石庵是一座千年古庙。通往山腰的石径两旁树木郁郁葱葱，绕过一井清泉后就到了灵石庵观音殿，很多人来此烧香祈福，以祈求观音娘娘的保佑。

※竹山洞
寿星指路、金牛回首、千佛崖

🚩 宜春市万载县马步乡洞口村境内。💰 65 元。

竹山洞为喀斯特溶洞，洞内宽敞高大，洞道幽深，内有潺潺流动的地下长河，是华东地下第一长河。竹山洞也是一座"断层博物馆"，这里可以近距离地看到裂隙带、断层带和被溶洞中雨水淋净的顶板断裂面，非常震撼，是大自然鬼斧神工的雕塑艺术精品。

体验之旅

游滕王阁：历朝历代文人墨客都爱滕王阁，自古有"落霞与孤鹜齐飞，秋水共长天一色。"这样的千古绝句，夜晚乘坐游轮观赏滕王阁风景，晚风伴着美景，穿越百年的滕王阁和日新月异的城市相互交融，一览无余。

看舞台剧：在南昌有两部极其有名的舞台剧，他们是

左上 | 庐山云雾茶
左下 | 《神奇赣鄱》演出
中上 | 庐山石鸡
右上 | 安义枇杷

《神奇赣鄱》和《琴岛之夜》。一部用歌舞描绘了江西历史风情、一部本土出身却比肩百老汇水准。漫步在这座城市的一隅，看尽这座城市的繁华与浪漫。

漂流：三叠泉漂流河段全程近 2.8 千米，茂密的原始森林和天然峡谷赋予三叠泉漂流与众不同的特色，密林之下，瀑布飞舟，在峡谷中穿石绕壁，凌波逐浪。

泡温泉：地处庐山南门方向的庐山市温泉镇的温泉是全国最大的富氡温泉，北眺庐山，南浴温泉，泡出浪漫意境。

寻味之旅

南昌以赣菜为其主流菜系，口味以鲜辣为主，酥兰脆嫩，鲜香可口。冬至日酿米酒、杀猪腌肉，晒冬粉、冬至后晒干鱼、制板鸭、腌鸡等也是南昌人的风俗习惯。

九江菜也是赣菜的主要组成部分之一，多年以来，形成了自己的特色，讲究辣、烂、脆、嫩。各地区的招牌菜都选取的是当地的特产为原料，但都有所区别，如有以庐山特产的庐山云雾茶的汤汁而烹饪的虾仁，也有鄱阳湖特产鳊鱼和鲇鱼，风味独特。

目的地攻略

交通

飞机：南昌昌北国际机场位于新建区东北部，距南昌市区约 23 千米，每周有近百个航班抵达北京、上海、广州、香港等地及开通了曼谷、芭堤雅、新加坡等地的航线。

火车：南昌站位于西湖区站前路，每天有开行北京、上海、广州、南京、哈尔滨等地的列车。

南昌西站位于红谷滩新区红角洲片区南部，为高铁站。

九江站位于濂溪区长虹大道 60 号，离市区很近。

地铁：南昌目前开通了地铁 1 号线、2 号线和 3 号线和 4 号线，其中 1 号线线路涵盖滕王阁、八一广场、秋水广场等南昌著名景点。

住宿

南昌的八一广场商圈位于市中心，可以看南昌的夜景；滕王阁商圈临近八一桥，住在这边不仅方便游览滕王阁，且能看到美丽的赣江；火车站附近大大小小宾馆很多，几十块钱的青年旅舍很便宜，但是比较乱，建议打车到八一广场附近住。

九江住宿的选择较多，如果想全程在庐山游玩，可以选择庐山景区内或者附近的住宿地点。

购物

南昌主要特产有江西名扇、南昌瓷板画像、南昌大曲酒、安义枇杷、丁坊酒、胡卓人蕲蛇药酒、甲鱼、江西梨瓜、江西珍珠、李渡高粱酒、鄱阳湖银鱼等。

九江物产丰富，当地可供购买的土特产丰富多样：庐山的云雾茶、九江的陈年封缸酒、修水宁红茶、湖口豆豉等。另外，九江还可购买著名的"庐山三石"，即庐山石鸡、庐山石鱼和庐山石耳。

亮点 → 婺源油菜花 | 徽派古建筑 | 三清山 | 鄱阳湖 | 茶文化

婺源彩虹桥

在历史的长河中，这片神奇的土地不仅孕育出灿烂的茶文化、铜文化、戏曲文化和书院文化。上饶四季分明，风光秀丽。中部三清山雄奇峻秀，素有"江南第一仙峰"的美誉。这里还存有大量古树、古溶洞、古建筑、古文物的婺源，山青水碧，小桥流水，一派恬静的田园风光，被游人誉为"中国最美的农村"。

旅 行 路 线

婺源东线三日游

婺源的东线以古村落为主。第一天先去婺源民俗风情街，下午去祥云山，然后去汪口古村；第二天早起赴江湾景区，下午去晓起古村；第三天早起去江岭，看层层梯田，随后去五龙源，体验刺激的漂流，下午去庆源古村，穿行在深幽的峡谷，体验宽如太行之盘谷。

上饶市景点

本地游

※龟峰 ◎ AAAAA

双龟迎宾、南岩寺、龙门湖

上饶市弋阳县南部。在弋阳高铁站乘旅游大巴直达龟峰景区。100元。

龟峰的山体是典型的丹霞地貌，受自然风化影响，这一带有非常多形似乌龟的山岩，龟峰也因此得名。龟峰由两大景区构成：一是龟峰景区，为自然地貌景观游览区，以千姿百态的龟形丹山称奇；二是南岩景区，为佛教文化游览区，以源远流长的洞穴佛龛文化称奇。

※鄱阳湖国家湿地公园

饶娥像、香油洲、斗笠山

上饶市鄱阳县北部。95元。

鄱阳湖国家湿地公园以湿地为主体景观，公园聚集了世界上98%的湿地候鸟群种，是著名的观鸟胜地。鄱阳湖四季都各有一番特色，夏季是丰水季节，公园内湖光山色，空气清新；冬季是枯水期，水落滩出，成群结队的天鹅在此上演着真实版的"天鹅湖"。

※上饶集中营

革命烈士陵园、茅家岭监狱旧址

上饶市信州区陵园路66号。

景区对面有座纪念馆，馆内共有四个展厅，里面的图文展示、实物陈列和塑像还原了当年场景。尤其是集中营刑具繁多，残酷程度难以想象。

右下 | 鄱阳湖晚霞

婺源旅游区
本地游

※ 婺源风景区
庆源、上下晓起、李坑

🏠 上饶市婺源县。💴 通票 210 元（5日内有效）。

婺源县境内纵横密布、碧而清澈的河溪山涧与怪石奇峰、古树茶亭、廊桥驿道相得益彰，融雄伟豁达与纤巧秀美于一体。

李坑是个四面环山的水乡小村，村前是大片的油菜花田，入春后满山遍野的金黄，村内溪河两岸多傍有徽派的古建筑，灰墙白瓦十分古朴素净。

江岭的油菜花田是沿着山坡一层一层的梯田，到了三四月份油菜花开，漫山遍野的油菜花层层叠叠，一望无际地从山顶铺散到山谷中，谷底的河水绕着青山，河边围拢着几个小小的村落，黑瓦白墙的徽派民居夹杂在一片金黄之间。

大鄣山卧龙谷是一片原始的森林峡谷景区，春季山花遍

景点攻略

春季来婺源，别忘了品茗春茶。深山中的长溪村是婺源高山茶的著名产地，你可在这里参观制茶车间并体验亲手采茶。11月中下旬是赏红叶黄叶及观赏雾的理想时节。大山深处的村落被薄雾笼罩，大片的红枫和银杏映衬着乡村的白墙黑瓦，在雾中若隐若现，十分迷人。

左下 | 婺源江湾
中下 | 婺源乡村

野，夏季绿草茵茵，秋季红枫尽染，冬季冰雕玉砌，这里有成群的瀑布、清澈的溪水，是夏季避暑好去处。

※ 江湾 AAAAA
萧江大宗祠、岳飞桥、后龙山

🏠 上饶市婺源县江湾镇。🚌 婺源县汽车站有班车直达景区。💴 通票 210 元，单独门票 60 元。

江湾是一座具有丰厚历史文化底蕴的古村落。江湾的建筑布局极具特色，一街六巷，纵横交错，从后龙山俯瞰，巷道间竟构成一个硕大的"安"字，令人叹为观止。

※ 月亮湾
白墙、金花、绿水

🏠 上饶市婺源县秋口镇金盘村附近。💴 免费。

月亮湾是去李坑的路上路过的一个小岛，清晨五点的月亮湾是最美的，晨雾笼于水面上，白墙、黑瓦、金花、绿水在一片朦胧中更加幻亦真，宛如一张中国水墨山水画。如果是油菜花开的旺季的话，整个月亮湾染成一片金黄色，非常惊艳。

※ 灵岩洞
涵虚洞、莲华洞

🏠 上饶市婺源县古坦村西侧。

灵岩洞是婺源北线的景点之一，由 36 个溶洞组成，洞内除了流水冲击石灰岩形成的石芽、石林景观，还可以欣赏到历代名人的题墨。洞中第五层的"菩提古树"是洞内最有代表性的景观，生得像一棵需要多人合抱的菩提树，这也是整个涵虚洞的顶梁柱。

※ 文公山
积庆亭、古驿道、朱熹祖墓

🏠 上饶市婺源县南部。

文公山原名"九老芙蓉山"，因山上有朱熹的祖墓而改名"文公山"。文公山上林木葱翠，周边是十万亩阔叶林海，有人说"不游文公山，不算到婺源"。从山脚山门牌楼而入，沿山岭是一条始建于宋代的千年古驿道，青石板台阶层层而上，两旁古木成荫。

※ 鸳鸯湖
月老祠、鸳鸯

🏠 上饶市婺源县西部赋春镇。💴 90 元（含游船票）。

鸳鸯湖是野生鸳鸯越冬栖息地，每年有 2 000 多对鸳鸯翩然汇聚于此越冬，鸳鸯成群成片栖息在库湾之中，红嘴翠羽，如鲜花盛开，双双对对形影不离，或嬉水觅食，或翱翔长空。

三清山 ◎ AAAAA

南清园、玉京峰、万寿园　**特写**

左上 | 三清山玉京峰

🚌 上饶市玉山县。🚍 玉山汽车站有到景区的班车。💰 125 元。

三清山景区主峰玉京峰海拔约 1819.9 米，自然风光以奇峰怪石、古树名花、流泉飞瀑、云海雾涛见长，并称自然四绝。

三清宫景区上至"九天应之府"，下至"风门"，有 1600多年的历史，共有观、殿、府、坊、泉、池、桥、墓、台、塔等 230 多处古建筑及文物。

南清园集中展示了 14 亿年地质演化形成的花岗岩峰林地貌特征，范围包括从浏霞台经禹皇顶、巨蟒出山、东方女神、杜鹃谷、一线天至游仙谷，构成一个环线。

西华台景区有诗情画意的田园风光，犹如陶渊明写下的"桃花源"。一路上松声合泉声、万木葱茏、百花争艳、石径穿行于林荫中，即使盛夏三伏天气，也无暑热之苦。

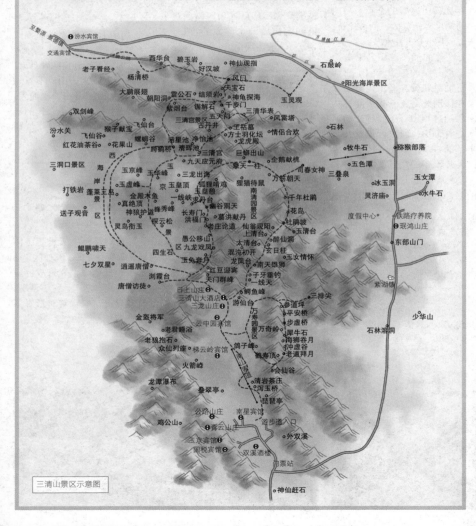

三清山景区示意图

婺源石城程村

龙虎山 ⊙ AAAAA

周边游

象鼻山、仙水岩、上清古镇

⊙ 鹰潭贵溪市龙虎山镇。⊜ 鹰潭火车站广场左侧乘 K2 旅游专线车直达景区。⊛ 230 元（含观光车＋竹筏）。

　　龙虎山景区有 99 峰、24 岩、108 个景物，明净秀美的泸溪河从山中流过，如从上清古镇乘竹筏顺泸溪河而下的 10 千米山水景色宛若仙境，令人流连忘返。仙女岩深藏于泸溪河畔的曲径幽处，坐南朝北，其形态逼真，毫不扭怩作态，被称为"大地之母、万灵之源"。

> **亲历者行程**
> 　　观光车线路：游客中心—象鼻山东门—象鼻山西门—无蚊村—正一观景区—上清古镇。
> 　　竹筏漂流线路：正一观景区竹筏码头—仙水岩景区仙女岩码头。

景德镇

周边游

※古窑民俗博览区 AAAAA

瓷碑长廊、风火仙师庙

⊙ 景德镇市昌江区瓷都大道古窑路 1 号。⊜ 市内乘 1 路、6 路等公交车至枫树山站下。⊛ 95 元。

　　古窑民俗博览区主要分历史古窑展示区和陶瓷民俗展示区两块，在这里你可以看到从宋代到清代的古窑，再现了十五、十六世纪景德镇制瓷业的风貌。景区内的建筑多由老房子改造，让游客在古色古香中了解景德镇的陶瓷文化。

※三闾庙古街

三闾大夫庙、清街

⊙ 景德镇市昌江区昌江大道 226 号。⊛ 免费。

　　三闾庙古街分为明街、清街和古码头三部分，是著名的历史文化街区。三闾庙的清街街口有"三闾古栅"的石牌，街面用长石条、青石板铺成，清街两旁为各式商铺和民宅。古码头则是用青石条垒成的，古码头上还建有一座纪念著名诗人屈原的"忠洁侯庙"。

※瑶里景区

梅岭、瓷茶古镇、汪湖

⊙ 景德镇市浮梁县瑶里镇。⊛ 联票 110 元。

　　瑶里古称"窑里"，因是景德镇陶瓷的发祥地而得名，这里有的是安安静静的徽派老建筑、山水景色，以及古时制陶业昌盛时留下的辉煌印记。古镇基本是个回字形，瑶河水很有灵性，沿路上的高架水渠是瑶里相较于其他徽派民居的最大特点，走在上面还可以俯视古镇。

※浮梁古城

红塔、古县衙、千年瓷坛

⊙ 景德镇市浮梁县旧城村。⊛ 50 元。

　　浮梁古城建于唐元和十二年，是历代浮梁县治之所在。古城内有全国唯一的五品古县衙和宋代佛塔——红塔、气势宏伟的古城门楼、堪称世界一绝的历史文化长廊。唐代诗人白居易曾叹"商人重利轻别离，前月浮梁买茶去"，充分体现了浮梁古城瓷茶文化源远流长。

※洪岩仙境

仙凡界、九天瀑布

⊙ 景德镇市乐平市洪岩镇。⊜ 从乐平短途汽车站乘坐乐平至洪岩的班车，到洪岩镇即可。⊛ 81 元。

　　洪岩仙境拥有众多自然、生态、人文景观，如鬼斧神工、堪称溶洞四绝的"洪岩仙境"；丹桂飘香、怪石嶙峋、藤穿石、石抱树的"石林峰谷"；建于明万历二十六年，终年水花飞溅的"铁井飞泉"；雍正皇帝御赐"世德、流光"四字的"项家庄古祠堂"；更有"一门四进士，一相两尚书"的洪公气节和《容斋随笔》的巨献。

左下 | 景德镇古窑民俗博览区

体 验 之 旅

　　看油菜花：婺源的春色非常养眼，每年春天，千亩油菜花肆意蓬勃地绽放着，美得发光，美的耀眼而纯粹，粉墙黛瓦的徽州民居点缀在金闪闪的油菜花田里，山风里都飘荡着淡淡的油菜花香。

峡谷漂流：溯溪是由峡谷溪流的下游向上游，从登山运动中独立出的溯溪，以沿着溪谷逆流而上，需要视地形而进行技术性攀登，如瀑布或巨石。

观龙灯表演：每逢春节、元宵节、灯会、庙会及丰收年，都举行舞龙灯的活动。一般用竹、木、纸、布扎成，节数均为单数，形象按颜色不同，可分为"火龙""青龙""白龙""黄龙"。

寻味之旅

景德镇地方菜肴色重油浓，喜好辣椒，不论是正餐还是家常菜，辣椒都是不可缺少的调味品。风味小吃以面点品种较多，而且制法各异，颇有特色。

婺源的饮食文化承袭了徽菜的传统，以粉蒸、清蒸和糊菜为鲜明特色，主要名菜有：

左上 | 婺源茶道表演
左下 | 婺源傩舞表演
中上 | 景德镇瓷器

蹄包、干鱼、李坑撰肉、糖醋鹅颈等，此外还有蒸汽糕、木心果、野艾果等特色小吃。

目的地攻略

🚗 交通

飞机：景德镇罗家机场位于浮梁县洪源镇罗家村，距景德镇市中心约7千米。有直飞上海、深圳、北京、广州、深圳、杭州、西安、福州的多条航线。

火车：景德镇火车站位于珠山区通站路，有至南昌、鹰潭、北京等地的班车，不过车次较少。

上饶火车站位于信州区灵溪镇境内，所有抵达上饶的火车都在这里停靠。

婺源火车站位于婺源县江湾大道，是高铁站。

🏠 住宿

景德镇市区不大，珠山区人民广场绝对是景德镇的中心，离火车站不远。周边区域中，东北郊的瑶里古镇会是大多数人的选择。

婺源的住宿非常方便，各景点周边的村子也有客栈可以留宿，能感受更原始的婺源风情。东线和北线是婺源旅游最热门的线路，西线较为冷门，喜欢自然景观的游人可"不走寻常路"，赋春镇上的旅馆价钱相对便宜。

🛒 购物

景德镇被誉为"瓷都"，市内几乎所有的大小商场、摊点都有瓷器可买，无论是自己用的、收藏的，还是给人的伴手礼，景德镇瓷器都是最好的选择。

婺源的四色特产非常有名，分别指代婺源特有的红色荷包鲤鱼、驰名中外的江西绿茶"婺绿"、丹青垂爱的黑色龙尾砚、个大肉脆雪白的江湾雪梨。此外还有清华婺酒、珍珠液酒、猕猴桃、甲路纸伞等都是婺源家喻户晓的土特产品。

亮点→ 客家文化｜赣南脐橙｜采茶戏｜九狮拜象｜马灯舞

瑞金沙洲坝红井

赣州

赣州市位于江西南部，赣江上游，这里是红色的摇篮，举世闻名的两万五千里长征就是从赣州开始的；这里是文化的沉积层，盎然古韵流露着人杰地灵的辉煌；这里还是绿色的家园，自然资源丰富，名胜古迹众多，纵横绿水青山的快意，带来质朴纯真的满目葱茏。

旅 行 路 线

赣州市区一日游

上午先去通天岩，看江南第一石窟的摩崖题刻，随后来到赣州古城，下午去建春门浮桥，然后去五龙客家风情园，观客家民居建筑。

瑞金二日游

第一天前往瑞金中央根据地历史博物馆，下午去沙坪坝红色旅游景区，漫步古村的街道；第二天直奔叶坪红色旅游景区，午饭后去罗汉岩，看壮观的五百尊罗汉。

赣州市区景点 **本地游**

※赣州古城墙

宋代古城墙、郁孤台、古浮桥

⊙ 赣州市章贡区。❀ 登古城墙免费，郁孤台20元，八境台30元。

赣州因江西省的母亲河——赣江得名。赣州古城墙是全国保留的唯一的宋代城墙，至今仍发挥防洪作用。城墙上保留着数以万计的带有文字的城砖，上面记载了赣州古城的兴衰、嬗变，具有十分重要的历史价值。行走在古城墙上俯瞰赣江两岸新城美景，郁孤台、八境台、古浮桥都记载着古赣州的沧桑历史。

※通天岩

观心岩、忘归岩、龙虎岩

⊙ 赣州市章贡区水西镇黄沙村。❀ 60元。

通天岩因山中有很多天然岩洞，其中一个洞顶上有窟窿可以看到天而得名。通天岩的

核心景区是一处环形的山壁，峭壁上的8尊唐代造像是通天岩石窟年代最久远的作品。石龛中，宋代毗卢遮那佛的禅定像，以及旁边石壁上层叠的五百罗汉浮雕气势恢宏。

※五龙客家风情园

森林动物园、植物园、百果园

⊙ 赣州市章贡区沙河大道18号。❀ 40元。

五龙客家风情园是一个以生态为主题，以客家为品牌，以龙文化为底蕴的旅游胜地。五龙客家风情园集世界客家围屋之大成，来这里可以在悠悠古韵与客家小调中得到充分的放松，满目的葱茏和激滟的湖光使风情园平添了诗情画意，湖水潋滟则增加了山林动感。

※灶儿巷

六合铺、东门井、仿古牌坊门

⊙ 赣州市章贡区和平路。❀ 免费。

灶儿巷街区的街巷保留着

清代至民国时期具有代表性的多处建筑物，建筑风格亦呈多样化，既有赣南的客家建筑，又有精工细作的徽式建筑，同时还有典型的西洋建筑。在部分街区，还保留有跨街的门栋，这充分体现了城市文化的多元性。

赣州郊县景点 本地游

※共和国摇篮景区 AAAAA
红井、叶坪、中华苏维埃纪念园

赣州市瑞金市壬田镇境内。东可汽车站有直达景区的班车。叶坪35元，红井30元，军事博览园10元。

共和国摇篮景区由叶坪、红井、二苏大、中华苏维埃纪念园（南园和北园）四大景区组成，是全国爱国主义教育示范基地，也是全国红色旅游经典景区之一。

叶坪景区拥有全国保存最完好的革命旧址群之一，中华

苏维埃第一次全国代表大会在叶坪召开，向世界庄严宣告中华苏维埃共和国临时中央政府成立。

红井景区是中华苏维埃共和国临时中央政府1933年4月至1934年7月的办公地点，毛泽东亲自为群众开挖的水井——红井，大片部委旧址和新建的"群众路线广场"都掩映在四季花开的田园风光之中。

中华苏维埃纪念园分中央苏区革命纪念区、各省苏区革命纪念区、红色休闲纪念区等五部分，这些无不彰显了红都瑞金独特的历史地位。

※阳明山国家森林公园
兰溪瀑布、云隐寺

赣州市崇义县城南郊3千米处。在赣州长途客运站乘开往崇义的大巴车，在崇义直接乘出租车即可到达。40元。

阳明山国家森林公园是国内难得一见的原始森林和沟谷

雨林，景区内有参天大树和幽静小道，以及大面积保存极好的原始森林。游玩路上，有溪流相伴，在兰溪沟谷雨林中漫步，感觉很舒畅。另外，山中的云隐寺也值得一看，颇有几分"深山藏古寺"的禅意。

※客家文化城
客家宗祠、太极广场、艺术长廊

赣州市赣县区杨仙大道1号。免费。

客家文化城的形状是个规矩的圆形大圈，主要建筑都分布在大圈的外围。太极广场是一个有点像祭坛的大圆，大圆中央是一个黑白相间的太极图案。它的后方是客家宗祠，里面展出了一些木雕和摄影作品，谒祖堂内收藏着百家姓氏的族谱，不过平时都是上锁的。

※阳明湖
铁扇关、狮象山、九曲览胜

赣州市上犹县陡水镇。通票120。

阳明湖（原陡水湖）地跨上犹、崇义两县，绿水长青，湖中藏湾，湾内套港；湖中有湖，岛中见岛。湖中林地木本植物多达千余种，形成了一个天然的南方树木博物园。而落地于湖中的座座岛屿，更是郁郁葱葱，如翡翠宝珠，沁人心脾。

吉安 周边游

※青原山
净居寺、七祖塔、待月桥

吉安市青原区河东镇。 60元。

青原山峰峦连绵10余千米，山上古木蓊郁，奇葩芬芳，碧泉翠峰，潭、泉、溪、峡共30余处，喷雪、虎跑、珍珠、水三叠等飞瀑流泉并泻于密林之中，攀天岳、芙蓉、翠屏、华盖诸峰，挺拔巍然，秀色如绘。

※白鹭洲书院
云章阁、泮月池、状元桥

吉安市吉州区沿江路248号。

白鹭洲为一梭形绿洲，形似白鹭，洲上茂林修竹绿荫如盖，成为百鸟栖息之所。

南宋淳佑年间，吉州太守万里为来此讲学和程大中以及北宋理学家邵雍、周敦颐及朱熹等六君子立祠建书院，曰白鹭书院。

※武功山
武功湖、金顶、徒步胜地

吉安市安福县西部。 70元。

武功山是江西境内最高山峰，历史上曾与衡山、庐山并称江南三大名山。武功山风光旖旎，以景观奇特的花岗岩为主要地貌，瀑布、云雾较多，雾日超过庐山，为观赏云海的理想胜地；垂直型自然植被景观、高山草甸、黄山松群落罕见，是徒步者的天堂。

左下｜井冈山景区

井冈山景区 AAAAA 周边游
黄洋界、五龙潭、金狮面

吉安市井冈山市茨坪镇。 井冈山火车站有到茨坪镇的班车。 165元。

井冈山革命旧居遗址遍布，其中属国家级保护的有10处，被朱德称为"天下第一山"，为国家首批风景名胜区，享有"中国旅游胜地四十佳"之美誉。

茨坪景区内人文景观和自然景观都十分丰富，包括革命旧居旧址、革命纪念地、山石、瀑布、高山田园等。

龙潭景区的五神河是龙潭"五潭十八瀑"的源泉。溪水冲击小井峡谷后，陡然跌落绝壁之下，又连续飞下四级断崖，形成梯状的五个气势磅礴的瀑布和深潭。

瓷市景区是著名的朱毛会师、红四军成立、红四军第二次党代会，以及成立红四军军官教导队的所在地。两军会师后，井冈山的斗争就进入了全盛时期。

体 验 之 旅

观《井冈山》：《井冈山》是中国最大的红色实景剧，红旗、镰刀、斧头、红米饭、南瓜汤、八角楼以及黄洋界上的隆隆炮声在井冈山儿女的叙述中展开，营造了一个重回革命年代的"红色"人文和自然环境。

乘杜鹃山索道：乘上杜鹃山索道，犹如踩着一条美丽的彩虹，云游在山水之间。雄伟峻峭的山峦、浩瀚无垠的林海、绝壁千仞的峡谷、瑰丽灿烂的

日出、奇绝独特的杜鹃五大奇观将尽收眼底。

寻 味 之 旅

赣南菜为客家菜流派之一，用以入馔的副食品都是家养禽畜和山间野菜，海产品较少，有"无鸡不清，无肉不鲜，无鸭不香，无肘不浓"的说法，偏重"肥、咸、熟"。

赣南小炒鱼：赣南独具特色的一道地方菜，与鱼饼、鱼饺和小炒鱼合称赣州"三鱼"，是赣州人民的家常菜。

烫皮：赣南客家人的特色食品，以优质大米、大蒜、天然果蔬、食盐为原料，晒干的烫皮可煎、炒、煮，具有色泽鲜亮，口感香、酥、脆等特点。

赣州麻通：又称麻枣，质量好的麻通，油炸时有发头，全体肥大，皮薄如纸，内空似瓜瓢，腹中为白丝。吃起来，"落口溶"无渣，香酥可口。

目 的 地 攻 略

🚗 交 通

飞机：赣州黄金机场位于南康区凤冈镇峨眉村，距赣州市中心约16千米，现已开通飞往北京、上海、广州、重庆、

青岛等地的航线。

井冈山机场位于泰和县境内，距井冈山约65千米，现已开通飞往北京、上海、广州、深圳、西安、厦门、海口等城市的航班。

火车：赣州站位于章贡区五洲大道31号，距离市中心约3千米，是京九铁路上的一个站点，班次较多。赣州西站为高铁站。

🛏 住 宿

赣州的旅游景点多分布在郊县，住宿一般会选择市区。

去井冈山旅游不论是住在景区内或是在景区外都各有各的好处，住在景区内可以观赏到更美丽的风景，亲近自然也是不错的选择。

🛒 购 物

赣州的特产主要有赣南脐橙、会昌酱干、寻乌蜜橘、南安板鸭等。吉安的特产有泰和乌鸡、安福火腿、狗牯脑茶等。

井冈山的土特产很丰富，有猕猴桃、石耳、香菇、玉兰片、黄连等。另外，还有一些用当地植物加工成的工艺品也很不错，像用井冈山方竹加工成的各种手杖、竹席和竹筷等，美观而实用。此外还有黄杨木雕、檀木壁扇，都是不错的旅游纪念品。

右下 | 烫皮

海滨雨林

旅游带

华南

这个旅游带位于中国东南沿海低纬度地带，气候比较温暖湿润，盛产热带水果。海滨风光是这里最主要的旅游资源，既有厦门、香港、北海、三亚、高雄等老牌旅游地，也有霞浦滩涂、南澳岛、三娘湾、博鳌等新兴旅游地。稍远离海滨的地区多山，有武夷山、丹霞山等名山，更有漓江、巴马等地的喀斯特奇观。珠三角地区经济发达，广州、深圳、香港等大都市，度假旅游非常繁荣。

亮点→ 三山 | 榕树 | 温泉 | 三坊七巷 | 马尾港

三坊七巷

福州

福州背山依江面海，气候宜人，地理环境优越，有"榕城""温泉城"之雅称。走在大街上，总能在不经意间看到参天的榕树，它长长的根像老树的"胡须"般垂落下来，迎风飘扬，默默述说着这个城市的悠久历史。福州温泉文化历史悠久，这里的温泉水量大、水温高，适于疗养。

旅 行 路 线

福州经典二日游

榕城福州是一座秀丽的南方城市，经典的福州二日游市区和近郊各安排一天即可。第一天游览福州市城区的景点：西湖公园—三坊七巷—林则徐纪念馆—乌山，这样玩下来比较顺道；第二天上午去鼓山，下午去马尾，参观船政文化景点。

宁德经典三日游

第一天攀登太姥山，途中观云海，赏奇石；第二天乘车前往霞浦小晗村，在沙滩上漫步，拍摄晚霞映照下的海滩风光、渔民劳作场景，晚上去吃海鲜大餐；第三天早起去北岐拍摄海上日出，尽兴游玩后可前往杨家溪欣赏大榕树人文风光。

福州市景点

本地游

※鼓山

涌泉寺、达摩洞十八景

◎ 福州市晋安区鼓山镇鼓山风景区。
⊛ 涌泉寺40元，十八景10元。

鼓山景区分为鼓山、鼓岭、鳝溪、磨溪、凤池白云洞五大景区。鼓山是福州名山，景区以千年古刹涌泉寺为中心，东有回龙阁、灵源洞等景；西有洞壑数十景。

※三坊七巷 AAAAA

明清建筑、名人故居

◎ 福州市鼓楼区三坊七巷区域。➜ 乘坐地铁1号线到东街口站下即到。
⊛ 内部景点套票120元。

三坊七巷是南后街两旁从北至南依次排列的十条坊巷的概称。在这个街区内，坊巷纵横，石板铺地，白墙瓦屋，不少还缀以亭、台、楼、阁、花草、假山，被建筑界誉为规模庞大的"明清古建筑博物馆"。

※西禅寺

天王殿、藏经阁、荔枝树

◎ 福州市鼓楼区工业路。⊛ 门票20元。

西禅寺原名长庆寺，名列福州五大禅寺。寺内主要建筑有天王殿、大雄宝殿、藏经阁、玉佛楼、观音阁及客堂、禅堂等建筑36座，最珍贵的文物是藏在藏经阁内的康熙御笔的《药师经》。整个寺庙园林遍布，荔枝树数百株环绕其间，清幽古雅，是福州市一大名胜。

※西湖公园

开化屿、龙舟比赛

◎ 福州市西北郊的湖滨路。

西湖公园为晋太康三年（282年）郡守严高所凿，唐末就已经是游览胜地，距今已有1700多年的历史，是福州迄今保存最完整的一座古典园林。每年端午节，福州西湖都会举行龙舟比赛，届时，激烈壮观的竞渡场面在广阔的水天之间展开，阵阵锣鼓声响彻云霄。

※福州国家森林公园

林木、花草、亲子游乐

📍 福州市晋安区新店上赤桥。

福州国家森林公园原名福州树木园，整座公园共分六大区域：竹类观赏园、树木观赏园、人文景观区、龙潭风景区、福建森林博物馆和鸟语林，最高处的笔架山海拔约643米。公园里面植被丰富，氧气充足，是福州的天然氧吧。

※马尾船政府

船史纪念馆

📍 福州市马尾区江滨东大道。🚌 三坊七巷有到景区的专线公交车。💰 15元。

马尾船政府是福建省最大的修造船厂，创建于1866年，亦称福州船政局，是中国近代第一家专业造船厂，为当时远东地区之最。现在，厂内还留有众多人文景观，船政建筑群的轮机车间、法式钟楼、英国领事分馆等构成了爱国主义内涵的船政文化，形成了马尾船政局独有旅游产品。

※十八重溪

火山岩地貌、野生猕猴

📍 福州市闽侯县南通乡境内。💰 20元。

十八重溪因有十八条支流而得名，整个景区自然风光奇特，火山岩形成似丹霞、似熔岩的地形、地貌，山峰峻峭险拔、涧壑幽深、山重水复，彩云叠嶂，天然浑朴，美不胜收。景区东北部的大帽山，又名古灵山，晴日登顶，可一览十八重溪山水秀色。

※云顶景区

花海梯田、天池草场、七彩瀑

📍 福州市永泰县青云山顶。💰 173元（大门票＋观光车＋索道）。

云顶景区位于青云山顶，海拔在1000米以上的山峰有7座。景区由花海梯田、天池草场、翡翠谷、红河谷、七彩瀑谷5个游览区组成。在春夏秋三季可以看到不同的花海；天池是古火山爆发形成的，周围就是万亩高山草甸，坡度平坦，可以放风筝。

莆田
周边游

※南少林寺遗址

资福寺、红花亭、文人石刻

📍 莆田市西天尾镇九莲山林山村。💰 上山免费。

南少林寺始建于南朝陈永定元年（557年），比河南嵩山少林寺仅晚建60多年，其中寺院正处莲花山盆地中心。南少林景区现有九华叠翠、紫霄怪石、关帝庙等等自然景观，还有九牧祖祠、九华山摩崖"虫文鸟篆"的仙篆文字，著名理学家朱熹的史迹和石刻等人文景观。

※九鲤湖

九真观、九漈飞瀑

📍 莆田市仙游县钟山镇境内。💰 50元。

九鲤湖风景区由九鲤湖、麦斜岩、卓泉岩三大景区组成，这里以湖、洞、瀑、石四奇著

称，尤以飞瀑为最，自古以来有"鲤湖飞瀑天下奇"之誉。九鲤湖荡青漾翠，碧澄一泓，是个秀丽的天然湖。湖的四周怪石嶙峋，每一块奇石都有一段美丽动人的故事。

※湄洲岛 AAAAA

妈祖祖庙、鹅尾神石园、黄金沙滩

📍 莆田市秀屿区湄洲岛。💰 入岛65元，妈祖文化园30元，鹅尾神石园20元，妈祖文化影视园80元。

湄洲岛是一座南北纵向狭长的小岛，这里是妈祖文化的发源地，岛上坐落着雄伟的妈祖祖庙，一直是中国沿海信众的朝圣之地。岛上景色优美，有着随处可见的奇特巨石地质景观，以及宽阔细软的沙滩，是度假旅游的好去处。

> **亲历者行程**
>
> 观光朝圣二日游线路：D1 上午参观世界上最早最大的妈祖庙群，了解妈祖文化，下午可选择到妈祖文化影视园游览；D2 上午游览鹅尾神石园，这里有天然的海蚀地貌，下午到黄金沙滩漫步、游泳和戏水，有兴趣的话还可以玩海上娱乐项目。

中下 | 九鲤湖
右下 | 湄洲岛妈祖雕像

宁德
周边游

※太姥山 AAAAA
国兴寺、葫芦洞、一片瓦

🚩 宁德市福鼎市境内东海之滨。🚌 温州、上海、福鼎都有直达景区的班车。💴 140元。

太姥山风景名胜区分为太姥山岳、九鲤溪瀑、晴川海滨、桑园翠湖、福瑶列岛五大景区。其中，太姥山岳是太姥山的主体风景区，相传尧时老母种兰于山中，逢道士羽化仙去，故名"太母"，后又改称"太姥"。主要景点有国兴寺、葫芦洞、九鲤朝天、香山寺等。

亲历者行程

太姥山景区适合长走，分两条线路。一条是游人多选择的景点密集线路，时长3小时，太姥山庄—将军洞—七星洞—九鲤湖—金鸡报晓—鸿雪洞—夫妻峰—云标石；一条是游人稀少的线路，时长4小时，多有上山下山解体，很有挑战性，唐塔—龙潭—摩霄峰—天门寺—龙门洞—白云寺—七星洞—将军洞—璇玑洞。

※白水洋—鸳鸯溪 AAAAA
白水洋、叉溪、鸳鸯湖

🚩 宁德市屏南县双溪镇。🚌 福州西客站有直达景区的班车。💴 鸳鸯溪78元，白水洋120元。白水洋鸳鸯溪联票160元。

景区分为白水洋、鸳鸯溪、叉溪、水竹洋—考溪、鸳鸯湖等5个游览区。每年秋分至次

年清明，上千对美丽的情鸟鸳鸯飞来过冬，它以目前世界唯一的鸳鸯猕猴自然保护区为特色驰名中外。另外这里也是夏季玩水的好去处。

※霞浦滩涂
滩涂风光、摄影胜地

🚩 宁德市霞浦县。

霞浦全县14个乡镇有10个靠海，海洋优势尤为突出，浅海滩涂面积大，港湾众多，岛屿星罗棋布。这里游览胜地众多，除了美丽的滩涂景观，还有县城南的葛洪山、宋朱熹讲学地"秀泉""闽东小普陀"三沙留云洞、"闽东北戴河"——外浒沙滩等。每年，霞浦滩涂吸引着众多摄影爱好者前来观光摄影。

寻味之旅

福州菜属于闽菜的一个分支，以选料精细、色泽美观、调味清鲜而闻名。各种民俗小吃也是当地一大特色，是老福州最平民化的美味。三坊七巷街区汇集了琳琅满目的传统小吃，达明路是接地气的宵夜一条街。

佛跳墙：选用鱼翅、海参、干贝、鲍鱼等二十多种原料和配料煨而成。此菜品尝起来，醇香浓郁、烂而不腐、味中有味，使人唇齿留香，余味无穷。

荔枝肉：福州传统名菜，起自清初。以猪瘦肉仿荔枝形烧制

而成，形似荔枝，其口感也和荔枝有共同之处，酸甜可口。

七星鱼丸：福建著名的汤菜，煮过后的鱼丸Q弹十足，色泽洁白晶亮，吃起来爽口而不腻，久煮也不会变质。

目的地攻略

🚗 交通

飞机：福州长乐国际机场距市中心约55千米。机场与北京、长沙、成都、上海、广州、昆明等地都有国内航班往返，另外还有通往东京、大阪、曼谷、新加坡、吉隆坡等城市的国际航班。

火车：福州有福州站和福州南站两座火车站，福州站是高铁普速合一车站，高铁为北京、上海、南昌等方向，普铁面向全国；福州南站为高铁站，负责杭福、深圳方向高铁列车。

市内交通：福州目前运营地铁1、2、5、6号线路。

🛏 住宿

福州的住宿区域大致分为温泉公园附近、五一广场附近、西湖公园附近、火车站地区、城东地区。如果还想去周边游玩的旅客建议住在车站附近。

🛒 购物

福州当地盛产多种土特产品，福橘在中国柑橘评比中名列前茅；福州软木画国内外独一无二；寿山石雕是福州的千年工艺珍品。此外，福州玉雕、牙雕、角梳、肉松、福果等亦久负盛名，十分畅销。

左下 | 霞浦滩涂

亮点 → 鼓浪屿｜万国建筑｜环海公路｜厦门大学｜南普陀寺

鼓浪屿上看厦门

"城在海上，海在城中"，厦门是一座风姿绰约的"海上花园"。岛、礁、岩、寺、花、木相互映衬，侨乡风情、闽台习俗、海滨美食、异国建筑融为一体，四季如春的气候更为海的魅力锦上添花。这里风景秀丽，气候宜人。厦门的魅力还在于令人垂涎欲滴的众多美食上，受闽南菜影响深远的厦门特色菜，道道令人感觉新鲜而美味！

旅 行 路 线

厦门经典三日游

厦门是个安静的城市，三日厦门之旅，可大致涵盖厦门主要景点。第一天去鼓浪屿走一走，看看万国建筑风情；第二天上午去南普陀，午后去著名的厦门大学逛一逛；第三天去环海公路骑行，体验曾厝垵的小清新。

厦门美食三日游

第一天先去鼓浪屿，那里有众多特色小店和美食；第二天去筼筜湖畔，咖啡一条街浓香四溢，中山路的沙茶面、姜母鸭一直都是人满为患；第三天去大嶝岛，尽享美味的海鲜。

厦门市景点

本地游

※南普陀寺

天王殿、大雄宝殿、藏经阁

📍 厦门市思明南路厦门大学老校门附近。

南普陀寺起源于唐代，曾数次被毁，清康熙二十三年（1684年）重建，因其与浙江舟山普陀山普济寺同为主祀观音菩萨，又地处普陀山之南，故名南普陀寺。寺内千手观音工艺精绝，藏经阁珍藏佛教文物丰富多彩，庙宇周围还保留众多名人题刻。

中下｜曾厝垵

※曾厝垵

文艺店铺、特色建筑

📍 厦门市思明区曾厝垵。

曾厝垵，一个小渔村，三面环山，一面临海，它的名气远没有鼓浪屿那么大，但是也正因此，才得以保留那份最原始的美好。在这里，建筑颇有特色，不论是红砖古厝还是南洋风格的"番仔楼"都书写着华侨遗风，随处可见的铁花和瓷砖也为这里平增了一份幽静。

※胡里山炮台

战坪区、兵营区、后山区

📍 厦门岛南端胡里山海滨。 💰 25元。

胡里山炮台始建于清光绪二十年（1894年）。胡里山炮台拥有当今世界最大和最小的两门古炮，被称为"炮王"的克虏伯大炮是世界上现仍保存在原址上最古老和最大的十九世纪海岸炮。

※集美学村

龙舟池、集美中学、鳌园

🏠 厦门市集美区集美学村。

　　集美学村为陈嘉庚先生倾资创建，这里整体的建筑风格为中西合璧，呈现了典型的闽南侨乡的风格。无论是高大壮观的校舍堂馆，还是小巧典雅的亭台廊榭，无一不是琉璃盖顶、龙脊凤檐、雕梁画栋。其中最漂亮的是龙舟池及池边的集美中学，最值得一看的是陈嘉庚先生的陵园——鳌园。

※环岛路观光大道

环岛骑行、观海景

🏠 厦门岛东南部。🚲 在环岛路沿途可租到双座或三座的自行车，骑车慢行，别有韵味。

　　环岛路连接了众多景点，胡里山炮台、上李水库、国际会展中心等，在环岛东路的草坪上，立有97座栩栩如生的马拉松赛跑运动员铜雕像。在环岛路上远望，海岸线曲折起伏，海景宜人，大金门也隐约可见。

※天竺山森林公园

摩崖石刻、屏风石、一线泉

🏠 厦门市海沧区东孚镇西北的天竺山林场内。💰 80元。

　　天竺山森林公园动植物资源丰富多彩，山势磅礴，峰崖壮观，湖光山色如诗如画，更有摩崖石刻、象鼻岩、忘归石等多处奇景。游客可在这里开展森林浴、登山体训、寻奇探

险、狩猎烧烤、野营休憩、避暑疗养等活动。

泉州
周边游

※开元寺

双塔、天王殿、拜亭

🏠 泉州市鲤城区西街。

🕐 7:30~17:30。

　　开元寺建于唐武则天垂拱二年（686年），至今已有1 300多年的历史，是我国东南沿海重要的文物古迹，也是福建省内规模最大的佛教寺院。开元寺最有名的是它的双塔，东为"镇国塔"，西为"仁寿塔"，双塔历经风雨侵袭，仍屹然挺立，是中国古代石构建筑的瑰宝。

中上 | 环岛路木栈道
右下 | 开元寺仁寿塔

厦门环岛路示意图

鼓浪屿 ⊙ AAAAA

日光岩、菽庄花园、海天堂构　特写

左上 | 鼓浪屿俯瞰

⊙ 厦门市思明区鼓浪屿岛。◎ 从厦门邮轮中心厦鼓码头乘轮渡前往景区。◎ 日光岩、菽庄花园（含钢琴博物馆）、皓月园、风琴博物馆、国际刻字馆五景点联票 90 元。

鼓浪屿是一个面积约 1.78 平方千米的小岛，与厦门隔鹭江相对。这里有各种风格迥异、中西合璧的建筑，汇集了各种特色的食铺和商铺，充满了文艺气息。最高峰日光岩是厦门的象征，有"未上日光岩等于没到厦门"之说。

※日光岩

⊙ 鼓浪屿中部偏南的龙头山顶端。

日光岩俗称"晃岩"，是一块直径 40 多米的巨石，为鼓浪屿的最高点。岩顶筑有圆台，站立峰巅，凭栏远眺，厦鼓风光尽收眼底。山腰上有一庵，名叫莲花庵，每当朝阳喷薄，霞光直射寺内，庵中四壁生辉，莲花庵又得名"日光寺"。

※菽庄花园

⊙ 鼓浪屿岛南部。◎ 冬季 8:00~19:15，夏季 8:00~19:45。

花园建于 1913 年，面向大海，背倚日光岩，原是地方名绅林尔嘉的私人别墅。菽庄花园利用天然地形巧妙布局，全园分为藏海园和补山园两大部分，各景错落有序，园在海上，海在园中，既有江南庭院的精巧雅致，又有海鸥飞翔的雄浑壮观。

※海天堂构

⊙ 鼓浪屿福建路 38 号。

海天堂构共有五幢老别墅，现对外开放三幢。其中，34 号被开发成极具品味的南洋风情咖啡馆；42 号被开发为中国非物质文化遗产南音和木偶的演艺中心；最富建筑特色的主楼 38 号则被开发为鼓浪屿建筑艺术馆，主要展示老别墅及其背后鲜为人知的名人往事，深具怀旧色彩。

※皓月园

⊙ 厦门市思明区鼓浪屿漳州路 3 号。

皓月园是为了纪念郑成功收复台湾的历史功绩而建立。这里明代风格的建筑与海景山色相辉映，园中广场竖立着被誉为厦门最美的大型群雕《藤牌驱房》。

鼓浪屿景区示意图

※崇武古城

古城墙、石雕、岩礁

◎ 泉州市惠安县崇武镇。 ¥ 45 元。

崇武古城的房屋不是用红砖而是用整块方形大石建成的，所以又被叫作石头城。虽然年代久远，但是用石头砌成的城墙依旧很完整。站在最高的灯塔处，清晰可见整个古代军事战略要地的城墙轮廓，视野开阔，可以一览整个海面，还能看见妈祖像的柔美背影。

※清源山 AAAAA

老君岩、弘一大师舍利塔

◎ 泉州市丰泽区清源山。 ⊜ 市内乘 3 路、10 路公交车至清源山风景区站下车。 ¥ 70 元。

清源山的景色以奇石和清泉著称，其中尤以老君岩、千手岩、弥陀岩、虎乳泉、清源洞、赐恩岩等为胜。林壑幽美，历代文人墨客到此登游留题甚多，山中石刻多达 300 余方，都具有很高的文物价值。

漳州

周边游

※云水谣景区

云水谣古镇、和贵楼、怀远楼

◎ 漳州市南靖县书洋镇云水谣景区。 ¥ 90 元（含云水谣古村、和贵楼、怀远楼）。

云水谣景区因为电影《云水谣》的拍摄被大家熟知，也因此改名为云水谣。它是南靖土楼的一部分，也是南靖土楼中最热门的落脚地。这里有客家土楼、百年老榕树，还有鹅卵石铺成的古道，看流水潺潺、白鸭慢步、榕树垂柳，确实是一种享受。

※威镇阁

百年古建筑、藏品丰富

◎ 漳州市芗城区战备大桥桥头左侧。

威镇阁始建于明隆庆六年（1572 年），数百年间，几经毁建。如今的威镇阁，踞九龙江畔，望漳州府城，与建在芝山上的威镇亭遥相呼应。主楼雕梁画栋，彩画、红木雕刻独具风格，栩栩如生；楼中辟有"中华灯谜"第一馆，馆内收藏有"国粹一号端砚"及中外灯谜资料万余件等。

※南靖土楼 AAAAA

土楼的博物馆

◎ 福建省漳州市南靖县。 ⊜ 厦门直达长途汽车。 ¥ 田螺坑门票：90 元 / 人。

南靖土楼是客家民居的一类，分布于漳州南靖、华安、平和、诏安、云霄等县山区的土楼，被誉为"神话般的山区建筑"。

南靖称为"土楼的博物馆"，不仅是因为土楼的数量众多，保存完整，而且还集中了土楼之最。比如，最高的土楼——长教和贵楼，最大的土楼——书洋顺裕楼，最小的土楼——南坑翠林楼，保护最完好的土楼——梅林怀远楼，最奇特的土楼——田螺坑土楼群等。

※东山岛

海湾、风动石

◎ 漳州市东山县东山岛。 ¥ 风动石 45 元，东门屿 55 元（含往返船票）。

东山岛介于厦门市和汕头之间，岛上有多个海湾，比较有名的有乌礁湾、金銮湾、马銮湾三个海湾，这三个海湾各具特色，可以根据自己的需要选择。除此之外，还有风动石、东门屿、寡妇村等，其中风动石算是岛上的标志性景观。

左下 | 云水谣

体验之旅

闽南神韵：《闽南神韵》是一台反映闽台民俗的大型演出，结合了南音、博饼、木偶、戏剧、南少林、惠安女、郑成功等最具特色的闽南元素，融合了海洋文化和闽南文化的精华。

表演地址：厦门思明区体育路文化艺术中心《闽南神韵》剧场。

表演时间：周二到周日20:00。

门票：A区220元，B区180元。

环海骑行：厦门的环海公路可以算得上"厦门最美公路"了，吹着海风，看着蔚蓝大海，租上一辆双人自行车，和好友或爱侣一路骑行，一路畅聊，绝对是来厦门不可错过的绝佳体验。

网红打卡：万石植物园因其独特的园林布局和美丽的"森系"氛围，成了厦门拍摄美照的好地方，爱拍照的女生一定不要错过。

寻味之旅

厦门菜是福建菜中的闽南菜的代表，味道以清鲜、甜香为主，以佛跳墙、厦门特有的酱油水海鲜、白灼章鱼等最为出名。厦门的小吃多种多样，既有来自本地的蚵仔煎、土笋冻、米线糊、烧肉粽、花生汤，也有来自其他地方但是已成为厦门代表的沙茶面等。

中山路一带，是老字号和各种小吃的聚集地，喜欢小吃的一定要在这里好好寻觅；海鲜的话，实惠一点可以去各种海鲜大排档；小清新的餐馆主要聚集在鼓浪屿和曾厝垵地区。

沙茶面：遍布厦门大街小巷的一道著名小吃，沙茶面的美妙在于汤头，吃起来口味香辣扑鼻，痛快淋漓。

海蛎煎：用闽南话讲是蚵仔煎，福建很多地区都有，口感香脆，内馅香滑，蘸上辣酱更好吃。因为海蛎的营养丰富，有"海中牛奶"之称，这款小吃更是老少皆宜。

土笋冻：土笋是沿海江河入海处咸淡水交汇的滩涂上，学名叫作"星虫"的一种环节软体动物，待熬出胶汁后自然冷却便成为土笋冻，入口冰凉感十足。土笋更是具有滋阴降火、清肺补虚和养颜等功能，受到大众的喜爱。

目的地攻略

🚗 交通

飞机：厦门高崎国际机场，位于厦门岛的东北端，国内通航城市众多。旅客可乘坐空港快线、市内公交、BRT快速公交、出租车等往返于机场和市区以及厦门周边城市。

火车：厦门有厦门站和厦门北站两座火车站。几乎所有经过厦门的列车均会停靠厦门站，包括福厦动车和普通旅客列车。厦门北站为高铁站。

🏠 住宿

厦门是一个美丽文艺的海边城市，去厦门旅游住宿主要分成三处：一是住在市区，出行购物便利；二是住在思明区的厦门大学或曾厝垵附近，曾厝垵有很多清新文艺的民宿；三是住在鼓浪屿，岛上风景秀美，但节假日住宿紧张，价格上涨。

🛒 购物

厦门主要特产有各种亚热带瓜果、鱼皮花生、花生酥、菩提丸、青津果、馅饼、文昌鱼、香菇肉酱、海产干货等。

左下 | 土笋冻
右下 | 沙茶面

亮点→ 武夷山水 | 永安石林 | 大金湖风光 | 闽南古镇

武夷山

南平

南平旅游资源丰富，是华东地区不可多得的旅游资源密集区之一。雄伟秀丽的奇山异水、种类繁多的生物资源、灿烂辉煌的历史文化和丰富多彩的乡土人情共同组成了独具南平特色的旅游资源。

 旅 行 路 线

武夷山经典二日游

武夷山是赣东闽西的一块山水宝地。第一天以武夷山景区为主，感受其秀丽风景；第二天主要游览下梅古村和五夫古镇，体会古镇文化。

三明经典五日游

五天的行程从三明市的泰宁县出发，经沙县游玩至永安县。第一天上午前往泰宁上清溪，乘竹筏赏秀美景色，下午游览泰宁古城，赏古建，品美食；第二天去有着"民间故宫"之称的明清园；第三天前往沙县，先去沙村，尽情品尝美食后，去看沙县的地标性建筑——悬索桥；第四天前往永安县的桃源洞，赏山水风色；第五天游览安贞堡，欣赏这座福建省罕见的大型民居建筑。

武夷山风景区 ◎ AAAAA

天游峰、九曲溪、桃源洞　　**本地游**

◎ 南平市武夷山市南部。◎ 建议外地游客到武夷山北站下车，可以乘坐 7 路或 9 路公交车到达景区。如果不直接进入景区，可以在景区附近的三姑环岛、太阳城等地下车，这里是主要的住宿区域。◎ 一日票 + 观光车 210 元；武夷山主景区两联票（三日有效，含观光车）235 元。

武夷山风景区有"三三""六六""七十二""九十九"之胜。三三指的是碧绿清透盘绕山中的九曲溪，六六指的是千姿百态夹岸森列的三十六峰，还有七十二个洞穴和九十九座山岩。碧水丹山，一曲一个景，曲曲景相异，构成了奇幻百出的武夷山水之胜。

亲历者行程

经典二日游：D1：水帘洞—天心岩—武夷山大红袍景区—九龙窠—云窝—天游峰—隐屏峰—玉女峰—武夷宫；D2：灵岩——线天—虎啸岩—星村镇—九曲溪。

※九曲溪景区

镇寺之宝、历代碑碣

◎ 包含在武夷山门票内，如需漂流，则另需购买。

九曲溪从西向东，蜿蜒自如，可谓曲曲含异趣，湾湾藏佳景。每曲自成意境，浅成滩，深成潭。游览九曲山水，乘竹筏从星村顺流而下，或从武夷宫拾级

右下 | 武夷山大王峰

而上，只半天时间，可览尽山光水色，意趣无穷。

※天游峰景区
群峰高耸、云海大观

　　天游峰东接仙游岩，南续清隐岩，西连仙掌峰，壁立万仞，高耸于群峰之上。每当雨后天晴、晨曦初露之时，可在此欣赏云海大观。只见群峰出没于云端，宛如置身于蓬莱仙境，有时还可看到奇妙的"佛光"。云开雾散之后，凭栏四望，武夷山水尽收眼底。

南平市景点
本地游

※茫荡山
溪源峡谷、石佛山、晴雨树

　📍 南平市延平区西北部。🚌 南平市城乡车站有开往茫荡山的班车。

　　茫荡山是一处极好的避暑胜地，人称"福建的庐山"。这里山幽林深，清泉潺缓，云雾缭绕，森林茂密，景区由溪源峡谷、石佛山、三千八百坎、鸳鸯石、朦瞳洋、茂也天湖等多个经典景区组成，其中溪源峡谷、石佛山景区为最佳览胜处。

※华阳山
瀑布景观、仿古廊桥、九龙湖

　📍 南平市顺昌县双溪街道下沙村。🎫 65元。

　　华阳山景区以天门峰、华阳峰、三宝峰为核心，景观则以瀑布、洞穴为主。景区入口处的仿古廊桥是这里的标志。九龙湖的水流从廊桥下方的大坝落下，景色优美。湖边的华阳山庄可提供食宿，住在景色

优美的小别墅里，吃吃农家菜，是周末休闲度假的不错选择。

※天成奇峡
红色岩石、锦溪漂流

　📍 南平市邵武市肖家坊镇将上村南。🎫 60元，漂流125元。

　　天成奇峡曲径通幽，云锁雾绕。景区内古树参天，奇峰林立，既有气势磅礴的峡谷山峦，又隐隐透着诱人的韵致。乘竹筏漂流，感受山水妙趣，既能让人体味世外秘境的幽雅，又能让人感触惊涛拍岸的荡气回肠。

※和平古镇
青砖琉瓦、雕梁画栋、明清民宅

　📍 南平市邵武市西南部。🎫 60元。

　　和平古镇始建于唐朝，是福建省历史最悠久的古镇之一。和平旧称"禾坪"，取地势平坦和盛产稻谷之意。史上入闽三道之一的愁思岭隘道就在和平镇境内，是中原文化进入福建的纽带、桥梁。至今，古镇内还保存着闽北历史上创办最早的"和平书院""大夫第"、司马第、天后宫等近200幢典型明清古民居建筑群。

三明
周边游

※泰宁世界地质公园 ◎ AAAAA
大金湖、八仙崖、金铙山

　📍 三明市泰宁县境内。🚌 泰宁县城汽车站有直达景区的班车。🎫 大金湖168人（含船票、导游费）。

　　泰宁世界地质公园是泰宁县丹霞景观的统称，下属有许多独立的子景区，由石网、大金湖、八仙崖、金铙山四个园

中下 | 天成奇峡景区
右中 | 泰宁世界地质公园

区和泰宁古城游览区组成，在这里，你可以四处寻访那些形态各异的石头，也可以徜徉在泰宁古城中，走在街头巷陌的石板路上享受清静。

※瑞云山景区

天然大佛、瑞云寺

☉ 三明市三元区陈大镇的大源村和棕南村之间。🚍 可在三明广场乘公交车前往。

瑞云山因山中常有云彩缭绕得名。整个瑞云山是一座火山喷发形成的山体，每年6月的阵雨天气，山中的云彩尤为好看，运气好还能看见彩虹。游人多是享受山中充满绿意的植被，欣赏山中的瀑布，走走吊桥，来此避暑最是惬意不过。

寻味之旅

武夷菜的特点是选料新鲜，制作精良，讲究营养。如果你能喝两盅的话，那么武夷留香、武夷沁泉、菊花酒、五步蛇酒以及十月白米酒都是不错的选择。

建瓯板鸭： 此菜在武夷山及闽北一带属颇有名气的风味食品。它形如龟体、色泽白嫩光润、肉质肥厚、味道香美。

冬笋炒底： 以鲜冬笋为原料的季节性特色佳肴，笋茎带金黄色，香嫩，其味清香，吃口嫩脆。

苦槠糕： 武夷山风味食品。采用山中野生苦槠、甜槠等壳斗科植物的果仁制作而成，再加佐料精煮，味道清滑可口而又略带苦涩，别有风味。

目的地攻略

🚗 交通

飞机： 南平区域内的武夷山机场离武夷山景区很近，但直达航班较少，现已开通至上海、深圳、广州、南宁、厦门、西安、青岛航线，有公交车来往于武夷山市和武夷山机场之间。

火车： 南平市目前主要有南平北站和南平南站两座火车站，其中南平北站为高铁站。

🏠 住宿

去南平旅游，大多数人是冲着武夷山而去的，武夷山周边有高档的星级酒店，也有特色的精致旅馆，但节假日住宿比较紧张，建议提前预订。

🛒 购物

南平的地方特产有：武夷岩茶、香菇、红菇、竹笋、桂花茶等，都是天地山林精华孕育而成。除此之外，南平一些特色商品如福茅酒、闽北水仙茶、光泽蕲蛇酒、花纸伞、漆木碗等也都在国内外享有盛誉。

左下｜瑞云山
中下｜建瓯板鸭
右上｜青蒜炒冬笋

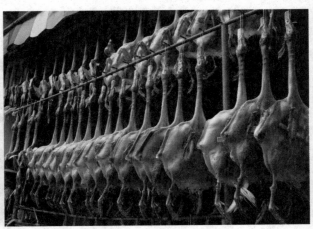

亮点→ 客家文化 | 福建土楼 | 冠豸山丹霞 | 梅花山

冠豸山

龙岩

龙岩是福建省最重要的三条大江——闽江、九龙江、汀江的发源地。龙岩市地处福建省西部,也称"闽西",闽西是客家的发源地,又是福建著名的侨区。福建客家土楼历史悠久,规模宏大,结构精巧,功能齐全,被称为中国式城堡。龙岩的永定土楼正是"福建土楼"这一世界文化遗产的代表之一。

 旅 行 路 线

龙岩土楼文化一日游

早餐后去高北土楼群,五云楼诉说着土楼悠久的历史,"圆楼之王"——承启楼则将太极八卦发挥到极致,下午去洪坑土楼群,体会明清土楼的差异和统一,随后参观振福楼,从依山傍水的环境到雕梁画栋的内门,随处可见"土楼公主"的典雅精致。

龙岩市区经典一日游

龙岩的旅游资源丰富多彩,如果只有一天的时间,可以在市区好好玩玩。上午逛龙硿洞,赏溶洞奇观,下午游览江山,领略"小武夷"风情。

永定土楼 ◎ AAAAA
高北土楼群、洪坑土楼群 **本地游**

永定全区分布着历史悠久、风格独特的客家民居建筑群,它们被统称为"永定客家土楼"。土楼分为圆楼和方楼两种,永定全县有圆楼 300 余座,方楼 4000 余座,被称为一座没有大门的中国客家土楼博物馆。

※ 高北土楼群

⊙ 龙岩市永定区高头乡高北村。
🚌 到达龙岩汽车站后转龙岩到永定土楼的旅游直通车。💰 50 元。

全村几十座土楼,依山傍水,高低错落。村内的承启楼是最著名的土楼。承启楼坐北向南,由四个环环相套的同心圆楼组成,是圈数最多的圆楼。进入楼内,就如进入一个迷宫,令人难辨东南西北。承启楼以其恢宏、奇特、古朴被誉为"圆楼王"。

※ 洪坑土楼群

⊙ 龙岩市永定区湖坑镇东北面的洪坑村。🚌 龙岩汽车站有到土楼所在的湖坑镇的直达车。💰 90 元。

洪坑土楼群荟萃了永定土楼的精华,还可以欣赏客家舞龙、娶亲、客家山歌、树叶吹奏等乡土气息的民俗表演。"土楼王子"振成楼是景区中最富丽堂皇的一个,景区内还有布达拉宫宫殿式的土楼——奎聚楼,五凤楼的经典、永定府第式土楼的杰出代表——福裕楼等,它们沿溪而上,错落有致,与青山绿水、翠竹田园融为一体。

※ 初溪土楼群

⊙ 龙岩市永定区下洋镇初溪村。🚌 在龙岩市客运站坐前往下洋镇的巴士,然后在镇上乘坐摩的前往。💰 70 元。

初溪土楼群由五座圆楼和数十座方楼组成。它们依山傍水,错落有致,呈现出极高的美学艺术价值。其中的集庆楼建于明永乐十七年（1419年），距今已有600多年的历史，是客家年代最久远的土圆楼之一。

※衍香楼

徽园、渔梁古坝、许国石坊

⌂ 龙岩市永定区湖坑镇新南村。🚌 从永定汽车站乘坐前往南溪土楼群的班车，下车后乘摩的或步行前往景区。🎫 无须门票，要参观可以和当地住户协商。

衍香楼是一座圆形土楼，建于清光绪六年（1880年）。主楼按八卦构建，厅内及楼外围墙、左右小门等雕刻精巧，墙壁上书画精美，龙飞凤舞。整体布局协调、统一、美观而实用。楼前，小溪、流水、风景别致。

※振福楼

徽园、渔梁古坝、许国石坊

⌂ 龙岩市永定区湖坑镇新南村。🚌 从永定汽车站乘坐前往南溪土楼群的班车，下车后乘摩的或步行前往景区。

振福楼是一座富丽堂皇的圆楼，它按八卦布局设计，楼内用了许多石料和砖料，雕刻精细，是一座外土内洋、中西合璧的土楼，被称为振成楼的"姐妹楼"。

龙岩市景点

本地游

※龙岩国家森林公园

龙硿洞、石山园、"睡美人"山景

⌂ 龙岩市新罗区。

公园分为龙康景区和江水

景区，主要包括一洞一园一山，一洞即龙康景区有华东第一洞美称的龙硿洞，一园即江山景区的石山园，一山即地球上罕见的象形山江山"睡美人"山景。"睡美人"风景区由五座青山连接构成。在蓝天下清晰而细腻地勾勒出一位仰卧的美女。

左下｜振成楼祖堂
中下｜古田会议旧址

※古田会议会址 AAAAA

古田会议陈列馆

⌂ 龙岩市上杭县古田镇溪背村。🚌 龙岩汽车站有到景区的班车。

目前，会址大厅已恢复成当年开会的原貌，马克思、列宁画像和代表席位、大会会标、主席台及墙上的党旗都按原样放置。会址左边有荷花池，右

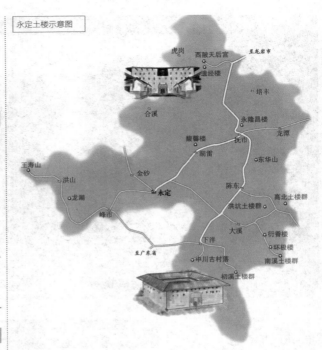
永定土楼示意图

福建土楼

　　福建客家土楼是中国古建筑的一朵奇葩，它以历史悠久、风格独特、规模宏大、结构精巧等特点屹立于世界民居建筑艺术之林。土楼大多为圆形或方形，由永定、南靖、华安的"六群四楼"组成，包括永定的初溪土楼群、洪坑土楼群、高北土楼群、衍香楼、振福楼，南靖县的田螺坑土楼群、河坑土楼群、和贵楼、怀远楼，华安县的大地土楼群。

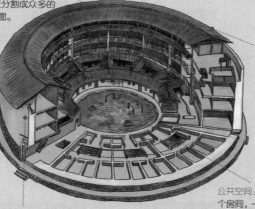

环环相套：圆形土楼一般都由两三圈组成，由内到外环环相套。沿圆形外墙用木板分割成众多的房间，其内侧为走廊。

外圈：圆形土楼的外圈通常高十余米，一般有4层，大的土楼有一两百个房间，一层是厨房和餐厅，二层是仓库，三四层是卧室。

土楼结构

外墙：土楼外墙的基础宽大，最宽达3米，向上依次缩小，顶层墙厚也近1米。由于土楼土墙厚度大，隔热保温，冬暖夏凉，因此土楼除具有防卫御敌的作用外，还具有防震、防火及通风采光好等特点。

公共空间：二圈通常为两层，有30~50个房间，一般是客房，正中一间是祖堂，是居住在楼内的几百人婚丧喜庆的公共场所。楼内还有水井、浴室、磨坊等公共设施。

六大土楼群

　　高北土楼群分布于永定东南高头乡11个自然村内，坐落着有"圆楼之王"美誉的承启楼和历史悠久的五云楼、世泽楼，以及有"博士楼"之称的侨福楼等土楼。

　　河坑土楼群距南靖县城约58千米，包括6座方形土楼、6座圆形土楼和1座五角形的南薰楼。其中年代最早的朝水楼建于1549年。

　　田螺坑土楼群由1座方形土楼、3座圆形土楼和1座椭圆形土楼组成，居中的方形步云楼和右上方的圆形和昌楼建于清嘉庆元年，后又在周边相继建起振昌楼、瑞云楼、文昌楼。5座土楼依山势错落布局，居高俯瞰，像一朵朵盛开的梅花点缀在大地上。

　　洪坑土楼群为林氏民居，现有建于明代至现代的圆形土楼、方形土楼、宫殿式土楼、五凤式土楼、府第式土楼等各种类型的土楼数十座。

　　初溪土楼群位于永定下洋镇初溪村，由5座圆楼和数十座方楼组成，主要有集庆楼、善庆楼、绳庆楼等，它们依山傍水、错落有致，呈现出极高的美学价值。

　　大地土楼群位于华安县仙都镇大地村，由"土楼之王"二宜楼、"福建土楼博物馆"南阳楼、"宜居典范"东阳楼3座土楼组成。

边有红军检阅台，后面竖立"古田会议永放光芒"八个红色大字，背后是茂密的树林。

※梅花山

华南虎、竹海、形石景观

📍 龙岩市上杭县古田镇步云乡马坊村。
💰 50元。

梅花山是一处依托着梅花山和华南虎建立的生态旅游区，游人可在此领略华南虎的雄姿，同时也可亲近自然，享受"森林浴"。进入景区大门是动物观赏区，右后方靠近尖峰岭的地方是猴山，顺着登山步道上山，沿路有大片的竹海，空气清新。

※长汀古城

古城墙、汀州文庙、南禅寺

📍 龙岩市长汀县汀州镇。
💰 无须门票。

长汀古城位于福建省西部山区，历来是客家人的大本营。长汀古城依山傍水，城内保存着许多宋明时期的客家民居，漫步巷间或逛逛那些传统店铺，随处可见当地居民原汁原味的生活场景。你也可以登古城墙，或去历史景点看看，寻迹那些专属于长汀的古老痕迹。

※冠豸山风景区

半云亭、东山书院、灵芝庵

📍 龙岩市连城县境内。💰 联票 115 元（含冠豸山、石门湖）。

"不连岗自高，不托势自远"，是人们对冠豸山山势的总体描绘，而"客家神山""生命神山"则是冠豸山在全世界客家人心中地位的写照。山中风景秀丽，独树一帜。历代留下许多摩崖石刻和楼台亭阁及书院等人文景观。最为珍贵的有林则徐登临冠豸山时手书的

横匾"江左风流"，现存于东山草堂内。

※九鹏溪

九鹏索桥、渔人码头、茶田

📍 龙岩市漳平市南洋乡梧溪村。
💰 50 元，游船 30 元。

九鹏溪是天台国家森林公园核心景区之一，这里最标志性的景观是一座横跨水流两岸的浮桥，与四周的山峦构配合得恰到好处。茶山一年四季景色宜人，特别是到了清明时节，茶山云雾茫茫，采茶女采茶于茶树之间，茶歌悠扬，茶客们上山问茶、品茶，可谓别有一番茶山情趣。

寻味之旅

龙岩一带的闽西地区聚居客家人，这里的饮食风味以客家特色的菜肴和点心为主。长汀的白斩河田鸡、连城的涮九品、永定的菜干扣肉及新罗城区内各式各样的小吃，让人百吃不厌，流连忘返。

白斩河田鸡：最负盛名的客家名菜，被誉为"客家第一大菜"。选用产于长汀河田镇的"中国名鸡"河田鸡加客家米酒烹制，皮黄脆、肉白嫩、味香。

菜干扣肉：永定名菜，气味浓香为度，肉酥菜嫩，鲜香醇厚。

客家捶圆：又叫波圆，即肉圆，既有韧性又很爽脆，既有嚼头又不打渣，人们形容捶圆的弹性良好常常会说是"跌落桌上跳三跳"。其中永定的牛肉圆及下洋的牛筋圆以味道鲜美受到赞誉。

目的地攻略

🚗 交通

飞机：龙岩冠豸山机场位于龙岩市连城县莲峰镇江坊村，离连城县较近，航班较少。现已开通了飞往北京、成都、桂林、武汉、上海的直达航班。连城机场有开通到达龙岩市区的机场大巴。

火车：龙岩境内除武平和上杭没有火车到达之外，其他地方都有火车经过，境内可通高铁的车站有长汀南站、冠豸山站、古田会址站、龙岩站。

🏠 住宿

在龙岩住宿极其方便，各种档次的宾馆、酒店、别墅齐全，还有许多旅馆、招待所，条件设备比较完善；如果想体验当地独特的客家风情，可以选择住在永定土楼或者长汀古城的客家旅舍。

🛒 购物

闽西八大干、连城白鸭、盐酥花生、沉缸酒、水仙茶饼等，名扬海内外，是前来龙岩旅游的人们不可不尝的美味，也是旅游购物的首选。连城宣纸、永福藤器等手工艺品也十分精致。

右下 | 白斩河田鸡

亮点→ 广州花市 | 老式粤戏 | 夜游珠江 | 民国风情 | 广式早茶

越秀公园五羊石雕

广　州

广州，简称"穗"，别称羊城、花城。羊城是对它无可厚非的赞赏，花城是对它植物王国的赞誉；美食云集珠江两岸，民族情调别具沙面岛上，而它却没有停留在别人的赞美之中，总是走在时代的前列。

旅 行 路 线

广州市区三日游

铺天盖地的粤语、大街小巷的鲜花、美味的粥品靓汤，三天的时间，体验不一样的广州。第一天游览越秀公园和中山纪念堂，欣赏岭南风格园林建筑；第二天逛上下九步行街，购物品小吃；第三天游览白云山，领略羊城之秀。

广州南线休闲二日游

这是一条经典的广州南线二日游线路。第一天主要游览沙湾古镇，领略龙狮之乡、飘色之地的风采；第二天主要游览南沙湿地和百花葵园，享受"曲水芦苇荡，鸟息红树林，万顷荷色美，人鸟乐游悠"的境意及葵海的壮观。

广州市区景点

本地游

※ 白云山 AAAAA

云台花园、鸣春谷、雕塑公园

📍 广州市白云区广园中路。🚇 乘坐地铁2号线在白云公园站下车即到。💰 5元，内部小景点另收门票。

白云山位居新"羊城八景"之首，主峰摩星岭海拔约382米，为广州城的制高点。每当雨后天晴或暮春时节，山间白云缭绕，蔚为奇观，白云山之名由此得来。目前白云山景区从南至北共有麓湖、三台岭、鸣春谷、摩星岭、明珠楼等7个游览区。

※ 越秀公园

镇海楼、五羊石像

📍 广州市越秀区解放北路。🚇 乘坐地铁2号线至越秀公园站下车。

越秀公园因越秀山而得名，由七岗三湖（东秀、南秀和北秀）组成。整座公园花草茂盛，山水秀美，除了本身的自然风光外，公园还充满了很多古迹。主要有中山纪念碑、广州古城墙、古老的四方炮台等，可以在这里品味历史。

※ 中山纪念堂

孙中山史迹陈列馆、木棉花

📍 广州市越秀区东风中路。🚇 乘坐地铁2号线在纪念堂站下即到。🎫 套票10元（含参观大堂及陈列馆）。🕐 8:00~18:00。

中山纪念堂原址是清代督练公所。纪念堂为八角形宫殿式建筑，外形庄严宏伟，具有浓厚的民族特色，是广州最具标志性的建筑之一。

※ 陈家祠

岭南建筑、雕塑、彩绘

📍 广州市荔湾区中山七路恩龙里。🚇 乘坐地铁1号线到陈家祠站下即到。

陈家祠又名陈氏书院，为广东省陈氏的合族祠堂，后辟为广东省民间艺术博物馆。祠堂集岭南民间建筑装饰艺术之大成,被誉为岭南建筑的明珠,以其"三雕、三塑、一铸铁"著称,号称"百粤冠祠"。

※黄埔军校旧址纪念馆
校本部、中山故居、群英馆

🏠 广州市黄埔区长洲岛。
🕐 9:00~17:00,周一闭馆。

赫赫有名的黄埔军校是国共第一次合作时期,孙中山在苏联和中国共产党的帮助下,为培养军事干部而创办的。校址内有孙中山铜像和史料陈列馆等。

※沙面旅游区
露德天主教圣母堂、红楼

🏠 广州市荔湾区珠江岔口白鹅潭畔。
🚇 乘坐地铁1号线或6号线至黄沙站下。

沙面可能是广州最有意思的地方,这里的建筑向人展现着19世纪英法租界地的欧陆风情,街头巷陌漫布着雕像、凉亭、花圃、木椅和喷水池等西式街道的元素,岛上有150多座欧洲风格建筑,环境极美,很适合漫步其中。

广州郊区景点 本地游

※长隆旅游度假区 AAAAA
欢乐世界、动物园、大马戏

🏠 广州市番禺区大石街道。 🚇 乘坐地铁3号线或7号线到汉溪长隆站下。
🎫 动物世界350元,欢乐世界250元,水上乐园200元。

长隆旅游度假区是集旅游景点、酒店餐饮、娱乐休闲为一体的综合性大型旅游度假区,旗下拥有长隆欢乐世界、长隆国际大马戏、香江野生动物世界、长隆水上乐园、广州鳄鱼公园、长隆高尔夫练习中心等景区,此外还有多家星级酒店。

※宝墨园
岭南建筑、砖雕、瓷雕

🏠 广州市番禺区沙湾镇紫坭村大川岗。
🎫 54元。

宝墨园建于清末,集岭南古建筑、岭南园林艺术、珠三角水乡特色于一体,园内有大量的灰雕、石雕、陶塑和紫檀木雕以及传统宫灯,惊世之作当属瓷逆浮雕《清明上河图》,已列入世界吉尼斯之最。

※莲花山
望海观音、度假村

🏠 广州市番禺区石楼镇狮子洋畔。
🎫 50元。

莲花塔矗立在莲花山主峰之巅,里面设有螺旋式楼梯,可以直达塔顶。在塔的各层有大小不一的门洞,造型各异,塔高50米,是莲花山的最高点。自古以来,从伶仃洋进出珠江的船只,皆以莲花塔为进出广州的标志,故莲花塔有"省会华表"的美誉。

右中 | 长隆水上公园

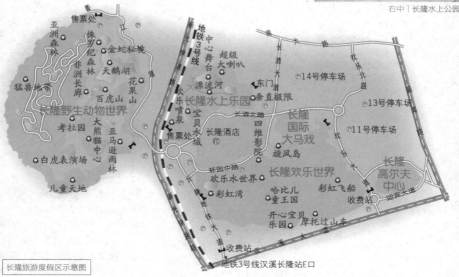

长隆旅游度假区示意图

中山—珠海
周边游

※孙中山故居 AAAAA
故居、纪念馆、中山鼎

📍 中山市南郎镇翠亨大道。🚌 市内乘坐87路公交车至孙中山故居站下车。
🕐 9:00~17:00。

孙中山故居堪称中山市最有名的览胜景点，游人但凡行至此处，便会被景区外四个金色醒目大字"天下为公"深深震撼。故居纪念馆是以翠亨孙中山故居为主体的纪念性博物馆，是一幢砖木结构、中西结合的两层楼房。

※中山影视城
中西方建筑、市井风情

📍 中山市南朗镇翠亨村。🎫 65元。

中山影视城是一个集旅游观光、爱国主义教育和影视拍摄等于一体的新主题文化旅游景点。影视城是一个具有南国特色的知名影视拍摄基地，城内四大景区荟萃了中西方建筑艺术精华，有旧广州的街市店铺和市井风情，电视剧《冼星海》就在此完成。

※中山詹园
园林景观、山水庭院

📍 中山市北台村。🎫 60元。

中山詹园，又名中山大宅门，是目前岭南地区最大的私家古典园林。詹园建筑以苏杭园林为基调，综合中国古典园林之精髓，强调岭南水乡的布局脉络，结构简洁而凝重，风格古朴而洒脱。

佛山—江门
周边游

※西樵山风景名胜区 AAAAA
火山景观、金观音、宝峰寺

📍 佛山市南海区西樵镇。🚌 广州客运站有开往西樵的专线大巴。🎫 55元。

西樵山是广东四大名山之一，是一座死火山，山体外陡内平，状若莲花复合，共有72峰，以大秤峰最高。山体岩石节理发育，形成28处瀑布，232口泉眼，主要景区有白云洞、碧玉洞、南海观音文化苑、黄大仙圣境园、宝峰寺等。

※清晖园
澄漪亭、碧溪草堂

📍 佛山市顺德区大良街道清晖园路。🎫 前园免费，后园15元。

清晖园是广东四大名园之一，取名"清晖"，意为和煦普照之日光，喻父母之恩德。园内布局吸取苏州园林之精华，环境清幽自然、秀丽典雅。该园集明清文化、岭南古园林建筑、江南园林艺术、珠江三角水乡特色于一体，是一个如诗如画、如梦幻似仙境的迷人胜地。

※长鹿旅游休博园 AAAAA
农家乐、游乐园、动物世界

📍 佛山市顺德区伦教三洲。🚌 乘坐910路公交在长鹿农庄站下车。🎫 160元。

长鹿旅游休博园又叫长鹿环保度假农庄，整个农庄主要由"尖叫乐园""动感玩水区""农家乐主题公园""童话动物世界"和"长鹿休闲度假村"五大块组成，以玩游乐园和动物园为主。农庄的娱乐设施多，建筑也小巧精致，是周末度假的好去处。

※开平碉楼与村落 AAAAA
立园、自力村碉楼群

📍 江门市开平市塘口镇。🚌 由于碉楼分布较分散，建议包车。🎫 套票150元（含立园和自力村），有效期两天。

左下 | 孙中山故居纪念馆
中下 | 西樵山宝峰寺

左上｜开平碉楼
左下｜鼎湖山

开平碉楼是侨乡开平一带特有的乡土建筑群落，始建于明朝后期，完善于20世纪初，现存1833座。它融合了古希腊、古罗马、阿拉伯及中国古典的风格，遍布开平城乡，从水口到百合，又从塘口到蚬冈、赤水，纵横数十千米连绵不断，是活生生的近代建筑博物馆，也是一条别具特色的艺术长廊。

肇庆—云浮
周边游

※鼎湖山风景区

宝鼎园、庆云寺、飞水潭

🅰 肇庆市鼎湖区上山路坑口镇鼎湖山风景区。🚌 在肇庆市区可乘坐公共汽车直达鼎湖山门票口。💰 70元。

岭南有四大名山，即鼎湖山、罗浮山、西樵山及丹霞山。

鼎湖山是四大名山之首，拥有着千姿百态的流泉飞瀑、林木茂盛的原始森林和丰富的亚热带植物。这里还有唐朝就已建立的知名古刹白云寺和庆云寺，前来祈福的香客很多。

※天露山旅游度假区

岱山寺、龙王庙、刺激漂流

🅰 云浮市新兴县里洞镇洛洞村村委洛洞旧村。💰 50元，另有多种套票。

天露山拥有中国首创的龙中漂流景点。在20米的最高落差处，可见一条栩栩如生的巨龙盘旋在瀑布当中，随着瀑布飞流，寓意龙在飞翔。龙身与漂流河道完美结合的设计，让游客可随盘旋的龙中飞流而下，充分体验御龙飞翔"可上九天揽月，可下龙潭捉鳖"气势磅礴的无上快感。

体验之旅

听一曲粤剧：粤剧形成于清初，流行于广东、香港等地区。剧目有《搜书院》《关汉卿》等，广州粤剧院、黄花岗剧院、江南大戏院等都可观看粤剧。

夜晚酒吧狂欢：广州的夜生活丰富多彩。广州有三条酒吧街：沿江路酒吧街、芳村酒吧街、环市路酒吧街。每条街都各有特色，都是广州夜生活的新开始。

品早茶文化：广州人向来有饮茶的习俗，尤其是"喝早茶"。其中黄振龙凉茶馆、雁南飞茶艺馆、六合茶居、瑞丰茶馆等比较有名。

花市迎早春：广州是花城，迎春花市是广州独一无二的民俗景观，行花街关键是为了沾点花香端气。一年一度的迎春花市往往从春节前三四天开始，除夕达到高潮。

网红打卡：佛山西樵山国艺影视城是个网红打卡的好去处。岭南文化中的武术、醒狮、建筑等诸多元素随处可见，其场景精细还原了20世纪40~80年代香港街区。这里绝对是个港剧迷打卡拍照的好地方。

寻味之旅

俗话说"玩在杭州，食在广州"。广州菜是粤菜的代表，烹调方法尤以炒、煎、焖、炸、煲、炖、扣等见长，且时令性强，较为常见的广州名菜有白云猪手、明炉乳猪、广式烧腊、

北回归线标志塔

白切鸡、白灼海虾、挂炉烤鸭、油泡虾仁、红烧大裙翅、虾籽扒婆参等。

粤式早茶：早茶主要由中式点心和茶水构成。配茶的点心除广东人爱吃的干蒸马蹄糕、糯米鸡等外，还有著名的早茶四件套干蒸烧卖、水晶虾饺、鲍汁凤爪、豉汁排骨。以莲香楼的早茶尤为出名。

烧味：烧味包括豉油鸡、叉烧、烧鹅等。其中叉烧是烧味中颇受欢迎的一种，烧鸭、烧鹅也是港式烧味中的经典，它们油润光亮，皮香脆，肉质嫩鲜，配以酱汁食用，味道更佳。

广州靓汤：广州靓汤种类繁多，最常见最著名的有猪肚煲鸡、胶红枣乌鸡汤等。汤料种类丰富，味道鲜美，且营养价值高。

惠福东路风味街：越秀区堪称是广东饮食的传统重地。其中，惠福东路的风味小吃在食客们的心目中一直有不可动摇的优越地位，主要经营岭南传统特色美食。

东都大世界美食街：是广州市现今为止颇具规模、聚集各地美食品种最多、最具特色的一条美食商业街。来这里，即可享用川、湘等地风味小吃。

目的地攻略

🚗 交通

飞机：广州白云国际机场位于市区北郊，距广州市中心约28千米。目前广州共有4条空港快线和6条机场快线往返机场与市区之间，地铁3号线北延段可直达机场。白云机场通航城市众多，是国内最繁忙的机场之一。

火车：广州目前有4个主要的火车站，分别为：广州站（地铁2号线、5号线可至）、广州东站（地铁1号线和3号线北延段可至）、广州南站（高铁站，地铁2号线、7号线可至）和广州北站（过路站）。

市内交通：广州市内地铁系统健全，是中国城市轨道交通最发达的城市之一。目前已经开通了17条地铁线路。基本覆盖了市区的主要景点，游客出行非常方便。

🏨 住宿

广州城市繁华，酒店服务业相当发达，环市东路是广州酒店最集中的地区，高档酒店多集中在这里。中山大道和石牌地区有一些中低档宾馆和高校招待所。

🛍 购物

广州土物产特别多，也非常广泛。其中水果有红果杨桃、岭南木瓜、番石榴、荔枝、龙眼等；工艺品有织金彩瓷、象牙雕刻、菠萝鸡、花都中彩珐琅等；食品类有马蹄糕、方式腊味等；饼类有鸡仔饼、老婆饼、杏仁饼等。

左上 | 烧鹅捞面
左下 | 上下九步行街
中上 | 广式早茶
右下 | 奶油猪仔包

亮点 → 海阔石奇｜礐石｜青澳湾｜潮州古迹｜工夫茶

潮汕

广济桥

　　汕头是一座典型的亚热带滨海城市。自然景观的特色是海阔、石奇、洞幽。汕头还保留着独特的古代寺庙、工夫茶等，这些无不让你感到古老又神奇。

　　历史文化名城潮州位于广东省最东端，素有"岭海名邦"之称。潮州古城三山环抱，一江濠绕。市区东北群峰连绵，西南桑浦山石奇洞怪，东南平原沃野如黛，碧海无涯，韩江、黄冈河自北向南贯穿全境，风光绮丽。潮州市内有古城墙、古寺、古桥、古塔、古祠、古牌坊、古民居等文物胜迹 700 多处。深宅幽巷之间充盈着久远历史的气息。

旅 行 路 线

潮汕逛吃四日之旅

　　第一天上午先前往潮州西湖游览，之后步行至许驸马府，游览后到莲华素食府吃午饭，下午依次游览开元寺、甲第巷，最后去牌坊街闲逛品美食；第二天上午登广济门城墙，然后去中国四大古桥之一的广济桥上走走，中午去十八曲老尾鱼饺店吃饭，下午先去韩文公祠，然后到泰佛殿领略泰国风情，晚餐可以去永兴餐厅；第三天早起前往汕头南澳岛，沉醉碧海蓝天中，晚上在岛上畅享海鲜；第四天前往汕头市区，去福晋轩吃早茶，漫步海滨路，然后坐轮渡去对岸的礐石风景区，晚上去富苑品尝汕头大排档。

汕头市景点

本地游

※ 礐石风景名胜区

垂虹洞、奇峰异石

🏠 汕头市濠江区礐石街道。 🎫 六个景区都独立售票，平日票价为 10 元。

　　礐（què）石风景区位于汕头海湾南面，由沿海台地和 43 座山峰组成，景区内遍布奇峰异石，加上海景的风情相伴，具有海、山、石、洞和人文景观等综合特色。目前规划有啸石景区、塔山景区、焰峰景区、香炉山景区、笔架山景区、苏安景区六部分。

中下 | 礐石风景区

※ 南澳岛旅游区

海岛风光、青澳湾、金银岛

🏠 汕头市南澳县南澳岛。 🎫 上岛免费，部分景区收费。

　　南澳岛的山水景致浑然天成，因为开发得比较少，许多山石草木依然保留着最原始的面貌，海滩风景也不错。岛上生长着 1 400 多种热带和亚热带植物，栖息着多种野生动物，岛上除了留有长山尾炮台、总兵府、雄镇关等古迹，还有黄花山国家森林公园、青澳湾等景点。

※ 汕头中海度假村

又一村、老虎滩、娱乐设施

🏠 汕头市濠江区河浦大道中段斧头山北麓。 🎫 龙虎滩 60 元。

　　汕头中海度假村依山而建，极富浓郁的亚热带风情，其专属度假沙滩——龙虎滩，濒临南太平洋，海天一色。海上娱乐项目、沙滩康体活动众多，既能享受戏水、游泳、乘船、潜水所带来的惊险刺激，又可享受美妙的沙滩活动所赋予的轻松舒适。

中上｜潮州古城
中下｜凤山祖庙

潮州市景点 本地游

※潮州古城
韩文公祠、涵碧楼

⊙ 潮州市湘桥区潮州古城。

潮州古城素有"岭海名邦"之美誉，有驰名中外的"潮州八景""三山一水绕城郭"的自然景观，更有以潮州方言、潮剧、潮州音乐、潮州工艺、潮州菜和潮州工夫茶等自成体系、独具一格的文化。

※开元寺
千佛塔、藏经阁

⊙ 潮州市湘桥区开元路。

开元寺是始建于唐代的庞大古建筑群，较好地保留了唐代的布局，有粤东第一古刹之称，至今已有1 200多年的历史。寺内保存着唐代石经幢、石香炉、木雕千佛塔等大批珍贵文物。

※甲第巷
古井、古木、古民居

⊙ 潮州市太平路甲第巷。

甲第巷是古代潮州城仕宦商贾望族聚居之地，保留着潮州古民居的古色古香，传统民居内存许多古井和古木，民居建筑山墙上的彩色嵌瓷，屋檐和柱头上的精制木雕和石雕都值得一看。

※广济桥
楼台亭阁、梁桥、拱桥、浮桥

⊙ 潮州市湘桥区环城东路广济城门对面。
💰 20元。晚上有免费灯光秀可以观看。

广济桥俗称湘子桥，始建于南宋乾道七年（1171年）。梁舟结合，刚柔相济，有动有静，起伏变化，是广济桥的一大特

色。其东、西段是重瓴联阁的梁桥，中间是"舳舻编连、龙卧虹跨"的浮桥。

汕尾市景点 本地游

※凤山祖庙旅游区
凤山祖庙、妈祖圣迹馆

⊙ 汕尾市城区东南郊清湖畔。
💰 15元。

凤山因形似凤凰展翅而得名，有"金凤展翅"之称，景区包括凤山祖庙建筑、妈祖圣迹馆、凤仪台等景，有全国最大的天后圣母石像。凤山祖庙始建于明崇祯九年（1636年）它既是汕尾市著名的风景区，也是粤东地区百姓和沿海渔民朝拜妈祖的地方。

※玄武山·元山寺

摩崖碑刻、古戏台、福星垒塔

📍 汕尾市陆丰市碣石镇玄武山旅游区。

💰 15元。

玄武山濒临南海碣石湾，是一处环境优美的旅游圣地。山上的元山寺规模宏大，整体建筑融宫殿建筑、民居建筑、园林建筑于一体，具有鲜明的地方建筑特色。

寻味之旅

潮菜的筵席自成一格，饮食文化独特。潮州菜有三多：水产品多、素菜式样多且独特、甜菜品种多且用料特殊。口味清鲜、浓郁而不油腻，比较喜欢用鱼露、沙茶酱、梅糕酱、红醋等调味品。

绿豆糕： 其传统技术工艺和加工制作方法考究，蒸熟后金碧晶莹，入口清香甜美，风味独特，是一味适合时令的可口药膳糕点，堪称是潮汕地区中秋糕点的佼佼者。

海鲜： 想吃地道的海鲜，大排档最为经济可口。在潮州，"枫春大排档""鲤鱼门大排档""新星餐馆""西苑酒家"都以烹制海鲜出名。

工夫茶： 来到潮州，一定要品品潮州的工夫茶。晚上品茶有很多地方，知名的有潮州大道北端的逍遥茶座和金山顶上的茶座。

目的地攻略

🚗 交通

飞机： 潮汕地区的机场为揭阳潮汕机场，机场位于揭阳市揭东区境内。机场已开设有至北京、上海、广州、武汉、长沙等地的多条航线，能够抵达国内各大、中城市及通往国际部分城市的航班。

火车： 潮汕地区的火车站主要有潮汕站、潮阳站、陆丰站、汕尾站。潮州站、汕头站均为普通车站。到深圳方向的动车组和城际列车居多。

🏠 住宿

来潮汕地区游玩，市区不缺高档酒店和普通宾馆。若是喜欢大海，想体验当地渔民生活，可以在沿海景区寻找民宿，虽设施简单，却也简单舒适，别有风味。

🛒 购物

潮汕工艺陶瓷驰名中外，美术工艺瓷以造型美观、精巧玲珑、形态生动逼真而闻名海内外；潮绣属粤绣一大派系，以构图严谨、疏密有致、针法多变、色彩丰富而闻名；抽纱既有欣赏价值，也有实用价值，深受欢迎。

左下 | 潮汕牛肉汤
中上 | 观花灯
中下 | 潮州卤咸虾
右下 | 南澳赛龙舟

亮点→ 客家文化｜山歌之乡｜金柚之乡｜客家围屋

元魁塔

梅州

　　素有"山歌之乡、金柚之乡、客家菜之乡，单丛茶之乡"美称的国家历史文化名城——梅州市誉称为"世界客都"，具有浓郁的客家风情和众多的名胜古迹。

　　游览梅州，您可以瞻仰叶剑英、黄遵宪、丘逢甲等名人的故居，参观中国五大民居形式之一的客家围屋，欣赏原汁原味的客家山歌，品尝正宗的客家美食，还可以游览千佛塔、人境庐、雁南飞茶田度假区、灵光寺、阴那山、汤湖热矿泥山庄等旅游胜地，迷人的客家文化渗透出的独特韵味，一定能令您流连忘返。

旅 行 路 线

梅州绿色休闲二日游

　　这是梅州一条经典绿色生态休闲线路。第一天游览雁南飞茶田，看茶艺表演、游生态谷，然后在围龙食府就餐，之后到层峦叠翠的茶园参观；第二天上午参观叶剑英纪念园，瞻仰伟人风范，午后逛客家风情街，在农家乐园享受难得的田园时光。

梅州客家风情三日游

　　客家文化是中国南方文化的重要组成部分。千百年以来，客家人极力地保留着自己独具魅力的文化。第一天游览野趣沟景区和镜花缘景区，拾得野趣归；第二天游览叶剑英故居和雁南飞风景区，追故人，品茗闻香；第三天参观围龙屋，欣赏客家民居代表建筑。

梅县旅游区

本地游

※叶剑英纪念园

叶帅故居、叶家宗祠、叶剑英纪念馆

🅐 梅州市梅县区雁洋镇虎形村。
🚍 乘公交可到。

　　叶剑英纪念园由叶帅故居、叶家宗祠、叶剑英纪念馆、题壁广场等系列景观组成。纪念馆外观呈几何构造，规模宏大，设四个展厅，以"少怀壮志、泉井情深、力挽狂澜、翰墨飘香、百战归来"五大主题序列，共展出叶帅各个时期的图文600多张、艺术品22件及一大批手稿、文稿、文献与实物史料。

※雁南飞茶田度假村 AAAAA

神石、茶艺表演、笑傲江湖瀑布

🅐 梅州市梅县区雁洋镇长教村。🚍 在梅县县城乘坐17路公交车至雁南飞站下车。💴 80元。

　　雁南飞茶田度假村营造了浓厚的茶文化内涵并融客家文化于其中。度假村建有14栋山庄别墅、围龙大酒店、围龙食府等设施，拥有茶坛晨霞、云梯远眺、雁南飞神石、笑傲江湖瀑布等景观。

　　在此游览度假，可领略客家人正宗传统的款待之道，品尝丰富多彩的客家美食及甘滑香浓的雁南飞名茶。在一片清新高雅的自然空间内，尽情感受博大精深的茶文化和饮食文化。

右上｜叶剑英故居
右下｜雁南飞茶田度假村

※雁山湖国际花园度假区

秋实园、凤凰阁、千手观音

⊙ 梅州市梅县区雁洋镇南福村。
💰 50元。园内游乐项目、康乐项目等单独收费。

度假区依山傍水，是天然的森林大氧吧，有春晖园、夏晓园、秋实园、冬融园和森林公园等多个景点。夏晓园内最著名的是凤凰阁和千手观音，凤凰阁是度假村最高点，登高远眺，有一览众山小的畅快之感。千手观音由纯金打造，祈福襄助，平安如意。

※阴那山·灵光寺

灵光寺、奇石、翠瀑

⊙ 梅州市梅县区雁洋镇东部。

阴那山为"粤东三胜"之一，人称粤东群山之祖。其山势雄奇，峰峦叠翠，冬季山顶有积雪，具有"神山、群峰、奇石、翠瀑、浮云"的特色。

灵光寺始建于唐咸通二年（861年），寺内有"三绝"，一绝是"生死柏"；二绝是大殿后面绿树繁茂，而大殿屋顶上却从来没有落叶；三绝是"菠萝顶"。

梅州其他景点 本地游

※梅州客天下景区

客家风情、杜鹃花

⊙ 梅州市梅江区三角镇客天下旅游产业园。🚌 市区、火车站都有公交可前往。💰 90元。

客天下景区主要以梅州自然山水、客家文化为主，文化浓郁，风情醇厚。这里是亚洲最大的百花园，尤以万亩杜鹃为代表，种植有锦绣杜鹃、毛白杜鹃等100多个品种的杜鹃花，每当花期来临，漫山遍野，姹紫嫣红。

※花萼楼

客家围楼

⊙ 梅州市大埔县大东镇联丰村。
💰 10元。

花萼楼是大型客家土围楼，建于明朝，楼内有面积约为283.4平方米的圆形天井，用大小不等的鹅卵石铺成，中心装饰着一个直径3米的古钱币图案，寓意着人们祈求丰衣足食的心愿。

※坪山梯田

梯田风光、赏花

⊙ 梅州市大埔县大东镇坪山。
🚗 建议自驾前往。

坪山梯田是集"观梯田风景、饮神奇泉水、瞻将军故居、游特色民居"于一体的国家旅游景区，因其有始建于元末的

形态原始、线条优美的千亩梯田而享有"广东元阳"的美誉。梯田迄今已有600多年的历史了，共有1200多亩，坡度多为25度到65度，沿山坡层层叠叠，从山脚连到山顶，从此山连到彼山延绵不断。

※五指石

石林寺、丹霞地貌

⊙ 梅州市平远县差干镇境内。
💰 110元。

五指石因拔地而起、形同五指擎天的五座石峰而得名。景区拥有"丹霞地貌、森林生态、人文古迹"三大景观，具雄、险、奇、秀、幽、古的特色。"五奇"（即奇石、奇藤、奇缝、奇洞、奇树）和"八景"（即剑门、石林寺、隆武殿、混元塔、聪明泉、一线天、青云路、仙人床）一直吸引着无数游人。

河源 周边游

※万绿湖

水月湾、镜花缘、送水观音

⊙ 河源市源城区源南镇。💰 192元（含水月湾 + 镜花岭 + 龙凤岛）。

万绿湖原是华南最大的人工湖，因处处是绿，四季皆绿而得名，有岛屿380多个。万

左上 | 灵光寺
左下 | 雁鸣湖
右下 | 万绿湖

绿湖集"水域壮美、水质纯美、水性恬美、水色秀美"于一身，沿湖有水月湾、镜花缘、送水观音、三里长峡、龙凤岛等景观，湖畔的桂山为河源第一高峰。

※龙川霍山

头观日、玉麟玩月、雄狮吼风

🏠 河源市龙川县田心镇东江村。
🚌 从龙川汽车总站，乘坐霍山旅游专线车即可到达。💴40元。

霍山是广东七大名山之一，属于丹霞地貌风景区，以三组峰峦组成一个整体，气势磅礴，奇峰突兀，令人叹为观止。霍山特色繁多，丹霞、奇岩、秀石、碧泉、云影、药香组成，堪称仙境。有险峻峰峦三百七十二、二十七岩、十三奇石、十一泉池、八大洞府等名胜。

体验之旅

品味客家生活：客家人在当地的生产生活中逐渐发展起来的采茶舞、山歌、小曲等民间曲艺舞姿优美，曲调悠扬，拥有浓郁的地方气息。感兴趣的游客可以去雁南飞、客天下

或客家居住地体验一二。

乘兴夜游梅江：梅江是梅州的母亲河，从梅州城的中间穿城而过，沿江两岸风景如画。夜游梅江也成为梅州旅游的特色旅游项目之一，具有浓郁的梅州客家特色。

寻味之旅

传统的梅州菜主要为家禽和水产。特色菜有客家三大菜肴（盐焗鸡、酿豆腐、梅菜扣肉），还有醋溜鱼、炒仔鸭、娘子鸡、炖鱼肚、玻璃猪肠。另外当地的客家黄酒、米羔板和梅州腌面也很有名，值得一尝。

盐焗鸡：盐焗鸡皮脆肉酥，香鲜可口，是梅州地区的一道名菜。

酿豆腐：其实就是包馅料的豆腐。将香菇、鱿鱼、虾仁等多种材料塞入嫩豆腐块中，之后上锅蒸熟，可以油炸，味道鲜美，营养丰富。

客家娘酒：类似于酒酿。娘酒香甜可口，度数在10~20度，客家妇女坐月子时爱用娘酒冲鸡蛋花喝，具有补血和保健作用。

目的地攻略

🚗 交通

飞机：梅州梅县机场位于距离市中心4千米左右的梅州市梅江区三角镇。目前机场已开通飞北京、上海、广州、大连、西安等城市的航线。

火车：梅州火车站位于梅州市梅江区三角镇，有发往厦门、广州、武汉、昆明等方向的列车，公交车来往于市区和火车站。

🏠 住宿

梅州市区宾馆齐全，不论是高档酒店还是普通旅馆，都整洁舒适；梅州客家文化浓厚，像雁南飞、客天下等度假区内也提供住宿，环境优美，但价格略高，适合周末度假。

🛒 购物

有客都之称的梅州深受客家人沿袭千年的传统文化的影响，著名的客家娘酒、白渡牛肉干、大埔苦丁茶、平远梅菜干都是客家独有的美味。

左下｜龙川霍山
右上｜酿豆腐
右下｜盐焗鸡

亮点→ 都市风情 | 地标建筑 | 莲花山公园 | 主题乐园 | 东门老街 | 大小梅沙

深圳城市风貌

深圳经济特区成立于1980年，是我国除海南省以外最大的经济特区。这座新兴的城市整洁美丽，四季草木葱茏，当地政府因地制宜地开发了不少旅游景点，将自然风光与人工建筑巧妙结合。值得一提的是，深圳的人造景观开发得相当成功，对于这座天然美景相对匮乏的城市来讲，众多优秀的主题乐园使它仍然成为一个旅游热点。

旅行路线

深圳经典三日游

　　三天的时间，可以细细感受当年的小渔村是如何成为如今的大都市的。第一天游览华侨城，感受华侨文化；第二天游览仙湖植物园，走近神秘的植物王国；第三天游览鹏城古村和东西冲海岸，赏海滨风景。

惠州休闲度假二日游

　　第一天上午游览哈施塔特小镇，赏欧式风情建筑，拍文艺照片，下午前往惠州西湖，可以环湖骑行或泛舟湖上；第二天前往双月湾，散步、看日落、烧烤，开启度假模式。

深圳市区景点

本地游

※莲花山公园

风筝广场、邓小平雕塑

🏠 深圳市福田区红荔路。🚇 乘坐地铁3号线至青少年宫站下车，可到公园东南门。

　　莲花山公园内覆盖着大量热带、亚热带植物，堪称一处天然氧吧，这里有山有树有湖，很适合休憩、散步、运动、爬山，是周末郊游的好去处。在山顶公园还能瞻仰邓小平铜像，了解深圳特区的发展历程。

※地王观光·深港之窗

高空娱乐、动感电影

🏠 深圳市罗湖区深南中路地王大厦。🚇 乘坐地铁1号线或2号线到大剧院站下即到。💰 80元。

　　深港之窗坐落在深圳地王

中下 | 莲花山公园花田

大厦的顶层，这座楼曾经是深圳的第一高楼。深港之窗是亚洲第一个高层主题性观光游览景区，以高空娱乐为特色，伴着悠扬的乐曲乘上电梯，只需50秒，便可达69楼最顶层。

※东门老街

各色店铺、岭南民居

📍 深圳市罗湖区东门。🚇 乘坐地铁1号线或3号线到老街站下。

东门老街其实不是一条街，而是约17.6万平方米范围内的17条街道和所有商业设施。老街历史悠久，深圳建特区后，这里成为最早的商业中心，是深圳人气最旺的传统商业旺区。除了商业繁华外，这里还有岭南特色民居、骑楼、庙宇、书院、祠堂、古钟等。

※仙湖植物园

植物花卉、弘法寺

📍 深圳市罗湖区莲塘仙湖路。💰15元。

仙湖植物园分天上人间景区、湖区、庙区、沙漠植物区、化石森林景区和松柏杜鹃六大景区。植物园由棕榈、苏铁、竹、百果、水生植物和珍稀树木等多个园区组成，美丽的自然风光，别具一格的园林建筑，神秘的植物王国，令人赞不绝口。

深圳郊区景点 本地游

※东部华侨城

茵特拉根小镇、茶翁古镇、华兴寺

📍 深圳市盐田区大梅沙东部华侨城。💰大侠谷200元，茶溪谷150。

东部华侨城包括大侠谷、茶溪谷、云海谷等多个区域，是一处景色很美的大型生态度假区。大侠谷是自然风光和惊

中上 | 东门老街
中下 | 大梅沙

险刺激的游乐项目的融合，而茶溪谷则是一片繁花似锦的田园风光。来这里看湿地花园的百花齐放，徜徉在三洲茶园的茶田、丛林里，非常惬意。

※大、小梅沙

海滨风光、沙滩运动

📍 深圳市盐田区大鹏湾畔。🚌 市内乘坐公交可直接到这两个景点。

大梅沙地处南海之滨。这里三面环山，一面临海，中间绵延约1 800米的开阔沙滩是深圳最长的海滩。海滨公园的中心是太阳广场和月亮广场，一条"阳光走廊"连接其间，走廊内设有供游客休憩的磨光石凳。

小梅沙是深圳拥有天然沙滩的海滨休闲假度区之一。目前处于升级改造进程中，预计2025年投入运营。

※大鹏所城

古民居、将军府第

📍 深圳市龙岗区大鹏街道。

大鹏所城始建于明洪武二十七年（1394年），是深港地区海防要务的军事要塞，为深圳八景第一景观。村内的主要格局、街道及清式建筑至今仍基本保留。东、西、南三城门及振威将军第、刘起龙将军府

华侨城旅游度假区 AAAAA 锦绣中华、世界之窗、欢乐谷 特写

🏠 深圳市南山区深圳湾畔。🚇 乘坐地铁1号线在华侨城下即到。

深圳八景之侨城锦绣——华侨城旅游度假区拥有锦绣中华、中华民俗文化村、世界之窗、欢乐谷四大主题文化公园和美术馆、体育俱乐部等众多文化设施，全自动高架列车欢乐干线贯穿各景区。景区内每年举办狂欢节等众多节庆活动，还有东方霓裳、魔幻之光等大型的歌舞晚会。

※世界之窗

💰 日场夜场通用票220，夜场100元（入园时间为19:30）。

世界之窗以弘扬世界文化为主题，集世界著名景观、自然风光、民俗风情和民间歌和大型演出舞于一体。景区分为世界广场、亚洲区、大洋洲区、欧洲区、非洲区、美洲区等九大景区，包括埃及金字塔、埃菲尔铁塔、科罗拉多大峡谷、悉尼歌剧院等佳景。

※锦绣中华

💰 日场夜场通用票220元，夜场85元。

锦绣中华是目前世界上面积最大、内容最丰富的实景微缩区，有万里长城、秦陵兵马俑、赵州桥、古观象台、故宫、乐山大佛等缩景以及具有民族风情的民居。让人在一天内可以"畅游大江南北锦绣河山，领略中华五千年历史风云"。

左上 | 华侨城园区
左下 | 世界之窗

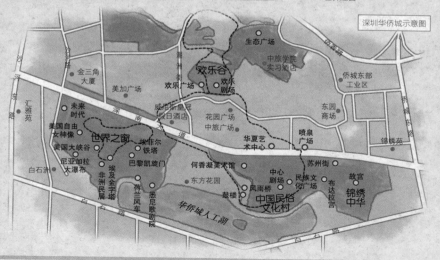

深圳华侨城示意图

东部华侨城茶溪谷

等建筑规模宏伟，保存完好。

※杨梅坑

海边烧烤、骑行

⊙ 深圳市龙岗区南澳镇西北侧。

杨梅坑是一处临海的山丘，这里有青山、溪流还有大海，被誉为深圳最美的溪谷。由于离市区较远，没有过多开发，这里还是一片原汁原味的休闲之地。杨梅坑最棒的是有一条接近大海的自行车骑行带，沿路一面是山一面是海，还有一条溪流和一个小湖泊，应该是深圳最有浪漫气息的滨海休闲带了。

※观澜湖休闲旅游区 AAAAA

高尔夫、娱乐休闲

⊙ 深圳市龙华区观澜街道。**⊜** 市内乘坐 m338 路公交车可至景区。**⊛** 旅游区无须门票，高尔夫球场、SPA 会馆等消费另计。

观澜湖高尔夫球会是中国规模最大、档次最高、配套最齐全、影响力最大的高尔夫球会，以 180 洞、10 个球场的规模成为世界第一大高尔夫球会。旅游区的娱乐设施十分丰富，除了高尔夫练习场，还有健身中心、射箭、桌球等体育运动设施和 SPA 会馆，是休闲度假的好去处。

东莞
周边游

※可园

邀石阁、岭南园林、博物馆

⊙ 东莞市莞城街道可园路。**⊛** 9:00~17:30，周二闭馆。

可园始建于清道光三十年（1850 年），内部建筑多以"可"字命名，如可楼、可轩、可堂、可洲。建筑做工讲究，是岭南古典园林的珍品。最高建筑可楼，高约 15.6 米，沿楼侧石阶可登顶楼的邀石阁，凭窗可眺莞城景色。

※旗峰公园

东莞象征、黄岭道院

⊙ 东莞市莞城街道旗峰路。**⊜** 乘坐地铁 2 号线旗峰公园站下。

旗峰公园绿树成荫，幽静秀丽。园内海拔约 189 米的黄旗山曾是岭南第一名山，也是东莞的象征。山下有黄旗观音古庙，山麓有"廉泉"，尚存古井，还有黄岭道院、黄旗山顶灯笼等自然和人文景观十数处，是游人踏青、了解东莞历史的好去处。

※鸦片战争博物馆

雕塑群像、大炮、虎门故事

⊙ 东莞市虎门镇解放路。

鸦片战争博物馆以具有炮台神韵的门楼、陈列大楼、抗英雕塑群像、林则徐铜像、虎门销烟纪念碑、露天陈列抗英大炮等构物，营造了走近"虎门销烟"与"鸦片战争"的气氛。馆内有林则徐销烟池旧址，是当年林则徐销毁鸦片的历史遗址。

※粤晖园

蘩文馆、南韵馆

⊙ 东莞市道滘镇。**⊛** 60 元。

粤晖园是一处集岭南民俗风情、岭南古建筑艺术、园林艺术、雕刻艺术、戏曲艺术、珍藏艺术于一体的文化宝地，是岭南园林的代表杰作，是全国最大的私家园林。蘩文馆是园中的主体建筑，为岭南仿古楼阁之冠，珍藏着岭南文化艺术瑰宝。

左下 | 观澜湖高尔夫球会
右下 | 杨梅坑

MISSION HILLS GOLF CLUB
观澜国际高尔夫球会

※龙凤山庄影视基地
风情园、龙凤八景

🅐 东莞市凤冈镇官井头嘉辉路。🅧 观光通票 78 元，其他收费项目另算。

　　龙凤山庄影视基地是华南地区最大的集婚纱摄影、蜜月休闲、餐饮娱乐、旅游度假为一体的一站式影视与度假基地。景区内分为婚纱摄影区、动感玩乐区、欢乐艺演区、水上游乐区、烧烤野炊区、四季果蔬区等几个大型功能区域及四面佛、马场、冰雪嘉年华等。

惠州
周边游

※惠州西湖
五湖、六桥、十八景

🅐 惠州市惠城区环城西路。

　　惠州西湖已有 1 000 多年的历史，以五湖（平湖、丰湖、南湖、菱湖、鳄湖）、六桥（西新桥、迎仙桥、明圣桥、拱北桥、圆通桥、烟霞桥）、十八景闻名，有"苎萝西子"的美誉。景区内有玉塔微澜、苏堤玩月、

西新避暑、南苑绿絮、芳华秋艳等景，是宝贵的文化遗产。

※罗浮山 AAAAA
云顶日出、瀑布、石洞

🅐 惠州市博罗县长宁镇，大门在麻姑峰村。🚍 在惠州汽车总站坐罗浮山旅游专线车直达罗浮山正门。🅧 60 元。

　　罗浮山是道教十大名山之一，又称东樵山。罗浮山由朱明洞、黄龙观、酥醪、飞云顶四大景区组成，山上瀑布石泉、石室洞天俯拾即是。景区有冲虚古观、葛洪炼丹灶、洗药池、朱明洞、东纵纪念馆、拨云寺等景

点，还可以参加罗浮山漂流。

※南昆山温泉旅游大观园
温泉、泥浆浴、小鱼池

🅐 惠州市龙门县永汉镇油田林场内。🅧 酒店运营，实时计价。

　　南昆山温泉最高水温达82℃，属高硅酸钙温矿泉水。度假区设有日本风情、巴厘岛风情、南美风情、河岸线风光、岭南风情区五个浸泡区，79 个功能各异、各具特色的温泉池。夏季的时候还有刺激的水世界可玩。

左下 | 罗浮山
中上 | 惠州西湖风景区

深圳地标京基 100

体验之旅

梦幻水域舞台秀:《深蓝秘境》是一座未来感十足、与海浑然一体的超大型水域舞台。剧场运用水幕、喷泉、激光、烟火等国际最新的多媒体艺术和技术成果,结合天然红树林,细腻生动地展现了树林中的唯美世界。演出在欢乐海岸水秀剧场展开,门票有 140 元、200 元和 300 元三种。

休闲放松泡酒吧:到深圳泡吧,既要泡那些个性独立的知名酒吧,如本色、老窑、根据地、龙胜吧等,也不可错过"团结"在一起的酒吧街。华侨城和蛇口海上世界的酒吧街已成为深圳人享受情调休闲必去的地方。

寻味之旅

深圳除了主流的粤菜之外,全国各地的主要菜系在这里都

可以尝到,而且泰国菜、越南菜及日韩料理和西餐也都随处可见,饮食方面完全体现了深圳的多元文化。

在深圳有很多美食街,代表的有华强饮食圈、东门美食圈、八卦路美食街、南园路食街、黄贝岭食街、金地美食城等。

光明乳鸽:宝山区内原光明华侨农场烧制的招牌菜,以润、滑、甜、嫩为特点,即宰即用,滋味浓鲜,因皮脆肉滑、鲜嫩味美受到市民喜爱,成为深圳特色食品。

南澳鲍鱼:素有"食海鲜,到南澳"的美誉。南澳鲍鱼主要产于南澳海湾的海崖险要处,尤以东冲的鹿咀为最多。鲍鱼肉质滑爽脆嫩,营养特别丰富。

公明烧鹅:宝安区公明镇的烧鹅,因色、香、味佳而名扬天下。刚出炉的烧鹅金黄鲜亮,皮脆嫩可口,肉肥而不腻,香味浓郁扑鼻,令人大饱口福。

目的地攻略

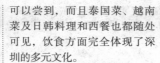

🚗 交通

飞机:深圳宝安机场位于珠江口东岸,距市中心约 32 千米,是国内较大的机场之一。现已开通国内航线近 130 条,通达城市较多。机场与市区及深圳周边城镇之间有大巴往返。

火车:深圳目前运营的火车站主要有 5 个:深圳站、深圳西站、深圳北站、深圳东站和福田站。深圳站为主要车站,停靠车次最多,为普速、高铁混合车站;深圳北站为高铁站,车次较多;深圳西站和东站车次较少,为普速车站;福田站为高铁站,主要运营到广州南的城际高铁。

市内交通:目前深圳地铁已开通 14 条线路,基本覆盖深圳市区。

🏠 住宿

深圳的住宿比较贵,在商业及金融业的黄金地带,有不少星级酒店,设施完备,出行方便;华侨城等主题乐园里面有配套的酒店,环境优雅,但消费偏高;喜欢海的朋友可以选择大鹏半岛,岛上的民宿客栈都很有特色。

左上 | 荔枝
左下 | 八卦美食街
右上 | 沙井蚝
右下 | 石岩沙梨

亮点→ 丹霞山｜梅岭古道｜英西峰林｜瑶族风情

丹霞山

韶关境内有国家级风景区丹霞山，南宗禅法的发祥地南华寺，著名的"马坝人"出土处、"石峡文化"遗址狮子岩，有"地下宫殿"之称的古佛岩，全国保存最完好的古驿道梅岭古道，珠江三角洲居民的发祥地珠玑古巷，南方第一家天然狩猎场乳源南水狩猎场……可以用 12 个字来概括韶关："历史名城、山清水秀、民族风情"。

 旅 行 路 线

乳源经典二日游

乳源这座小城，如同它的名字一样美丽。第一天主要游览乳源大峡谷，猎奇探险；第二天主要游览南岭国家森林公园和必背瑶寨，领略瑶族风情。

清新经典二日游

清新位于清远市，是一个小清新旅游地。第一天游览温矿泉和玄真古洞，泡温泉，感受道教文化；第二天观览天然梯级瀑布群，体验"小三峡"之美。

韶关市景点

<small>本地游</small>

※云门山景区

<small>百亩花海、水上乐园、玻璃桥</small>

⊙ 韶关市乳源县城北约 6 千米处。
❀ 套票 98 元。

云门山海拔约 1215 米，高峰直入云天，云雾常罩峰顶。旁有"脉接云门山"的秀顶峰，古称乳源八景之——秀顶奇云。云门山紧邻千年古刹云门寺，从寺后向东北山径而行，即见桂花潭，潭内水清见底，瀑布从几十尺高的崖顶飞流而下，置身潭畔，神清气爽。山上还有一座玻璃桥，桥身悬于望乡台，横穿万丈深谷，沿台阶的祥云梯拾级而上，实在惊险刺激。

※南华寺

<small>放生池、藏经阁、灵照塔</small>

⊙ 韶关市曲江区马坝的曹溪之畔。
🚌 乘坐南华寺旅游专线到南华寺总站下即可。❀ 20 元。

南华寺是中国佛教名寺之一，是禅宗六祖惠能弘扬"南宗禅法"的发源地。一进三门，便是"五香亭"与放生池，大雄宝殿正中供奉释迦牟尼、药师、阿弥陀佛。大殿后面是藏

中下 | 南华寺

经阁和灵照塔，其后就是祖殿，六祖慧能的真身放置于内。

※广东大峡谷

峡谷瀑布、通天梯

○ 韶关市乳源瑶族自治县的大布镇。
○ 乳源汽车站有达大峡谷的班车。
¥ 65元。

广东大峡谷总长约15千米。大峡谷景色秀丽而地貌险峻，由崖顶至谷底有观光梯，也有高达1386级石阶的陡峭"天梯"，还有神象出谷、神掌擎天、玉烛临风等景点。

※梅关古道

古驿道、关楼、梅关

○ 韶关市南雄市珠玑镇梅岭村。
¥ 40元。

梅关古道始通于秦汉，是古代沟通中原与岭南的五条交通要道之一，是全国保存得最完整的古驿道。古道现存全长约8千米，路面整齐地铺着鹅卵石，道旁是繁茂的灌木丛，两侧山崖树木葱茏，层峦叠翠。

※坪田银杏之乡

银杏染秋、摄影胜地

○ 韶关市南雄市坪田镇坪田村。

坪田镇是粤北有名的"银杏之乡"，境内目前有百年以上树龄的古银杏树5 000多株，年产白果数百吨。每年金秋，坪田镇境内坳背、迳洞、姜塘、汪汤、军营寨等地的古银杏树上树叶落黄，地上一片金黄，吸引着众多省内外摄影爱好者、画家等前来采风创作。

清远

周边游

※连州地下河 AAAAA

水溶洞、钟乳石

○ 清远市连州市东陂镇大洞村。○ 在连州汽车站乘坐前往东陂的巴士，在连州地下河路口下车。¥ 120元。
○ 8:30~17:00。

连州地下河隐藏在山势雄俊的大口岩溶洞中，分三层，全长约1860米。景区的特色是洞中有洞、洞中有河、洞中有桥，神秘瑰丽。在走完陆地层后，就是上船游河，河道蜿蜒曲折，两岸的钟乳石景千姿百态，加上灯光的映衬，确实美轮美奂。

※故乡里主题公园

岭南水乡、民俗风情

○ 清远市清新区碧桂园假日半岛内。
¥ 90元。

故乡里是清远市独具特色的岭南文化旅游区，走在青石板路上，经营传统工艺品的商铺、极具民族特色的传统表演等，为这里增添了浓厚的人文风韵。景区是广东首个集中华民间绝艺展示、民俗风情表演及休闲游乐为一体的古时村落，真实再现岭南水乡的建筑风貌及祖辈生活场景。

※黄腾峡

峡谷漂流、山水乐园

○ 清远市清城区石板村黄腾峡。¥ 勇士漂198元，猛士漂238元，勇猛漂358元。

黄腾峡有峡谷漂流、高山滑车、观光缆车、山水乐园、观光栈道、大型酒家和度假别墅等大型项目。黄腾峡峡谷漂流被誉为"小九寨"，其中全程勇猛漂约4.8千米，天然猛士漂约2.8千米，观营勇士漂约2千米，三种漂法各具特色，适合不同需求的人群。

中上 | 广东大峡谷
中下 | 故乡里建筑

广州骑楼

　　骑楼对于广州的意义，就像北京的四合院、上海的小洋楼一样，是城市的符号印记。广州大部分骑楼是在 20 世纪二三十年代兴建，最密集的骑楼建在今天中山路以南、越秀路以西的地带。

　　广州骑楼建筑艺术极高，各种中西结合的装饰风格百花齐放，每间骑楼的石雕、砖雕、灰塑、彩画、彩色玻璃、彩色水磨石等装饰都不相同，而骑楼空间的整齐和骑楼屋顶上不规则突出的中式小凉亭和西式小尖塔，又使得广州城的天际线更加丰富多彩。

骑楼结构

　　传统的骑楼通常是楼下做商铺，楼上住人，很多临街商铺都是几十年的老字号。

　　楼底多以巨大的柱子作支撑，形成走廊，有防雨、防风的功能。

　　骑楼墙面装饰亦丰富多彩，有浮雕图案、窗洞形式、线脚、阳台铸铁栏杆等，融合了西方巴洛克建筑装饰风格，也有岭南特色的吉祥纹饰及中国古典卷草图案。

　　楼顶有的是尖顶塔形，有的在正面墙挑出拱形雨篷，造型丰富。

骑楼种类

　　仿哥特式骑楼：以强烈的垂直线条和拉长的拱形窗表现明显的哥特装饰意味，代表建筑为爱群大酒店、北京路新华书店。

　　古罗马廊式骑楼：其底层骑楼为券柱式，券心处以旋涡装饰，风格雄伟，线角明朗而细部丰富，代表建筑为新华大酒店。

　　南洋式骑楼：在女儿墙上开有一个或多个圆形或其他形状的洞口，最初是为了预防南洋一带强烈的台风袭击，减少对建筑物风负荷的技术处理，从而形成了独特的建筑艺术形态，代表建筑为文明路 186 号。

　　仿巴洛克式骑楼：既不同于古典式的严谨，也区别于 17 世纪巴洛克风格的烦琐与追求曲线、动感，而是在构图稳定的基础上加上巴洛克装饰，代表建筑为万福路 114 号。

　　中国传统式骑楼：延续了我国南方传统民居的特点，底层沿街挑出，长廊跨越人行道沿街布置，楼层正面墙上并排开着两至三扇窗户，立面基本无装饰，代表建筑为德政南路 139 号。

丹霞山风景区 ◎ AAAAA

阳元石、阴元石、双乳石、睡美人 **特 写**

左上 | 丹霞山

⚐ 韶关市仁化县丹霞镇。🚌 韶关火车站有丹霞旅游专车直达丹霞山山门。💴 100元；索道上行40元，往返60元。

　　丹霞山有中国红石公园之称，是广东四大名山之首，是发育最典型、类型最齐全、造型最丰富、景色最优美的丹霞地貌集中分布区。丹霞山由韶石、长老峰、阳元石、翔龙湖、八寨、锦江游览区组成。

游玩攻略

　　1. 游丹霞山的最佳旅行季节是春秋两季，春季杜鹃花满山遍野；秋季成片的枫树与丹崖赤壁相映生辉。另外，天高云淡的秋季，这里的日出、日落更是独具魅力。

　　2. 在丹霞山游览，除阳元山景区外，其他三个景区都是连在一起的。可以将阳元山安排在时间紧的一天游览，把其他景区用一整天游览。

※长老峰游览区

　　长老峰游览区是历史最悠久的游览区，以历史悠久、丹霞地貌为亮点。它是由长老峰、海螺峰、宝珠峰三峰构成的连体山块，由三级绝壁和三级崖坎构成三个最典型的赤壁丹霞景观层次，下层景观以锦石岩为中心。

※韶石山景区

　　韶石山景区位于丹霞山以东，东临浈江，西临锦江。美丽的神话和古老的传说为这块土地抹上了神秘的色彩。区内众多的山峰、山寨、岩庙、岩棺、摩崖石刻，吸引着众多游客来此探胜寻幽。

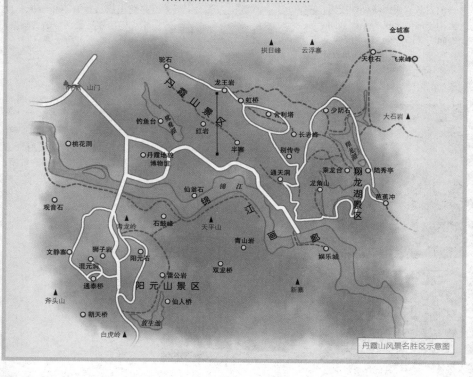

丹霞山风景名胜区示意图

※玄真古洞度假区
道教文化、漂流

○ 清远市清新区太平镇。❀ 漂流198元，探险50元，野战80元。

度假区集山水、奇石、碑林等自然景观，漂流、探险、钓鱼等娱乐项目为一体。玄真古洞漂流素有"华南第一漂""南粤至激漂流"的美誉，该地区水质清澈，溪水自山涧与茂林间汇流而成，河床为天然山石，沿途水天山色，景色宜人。

※英西峰林
山峰、雾景、竹林、农舍

○ 清远市英德市西南的九龙、黄花两镇之间。❀ 峰林胜境68元，九重天88元，溶洞漂流168元，彭家古堡60元。

英西峰林是广东最密集的峰林游廊，被称为"南天第一峰林风光"。峰林内有1000多座形态各异的石灰岩质山峰纵横连绵，大大小小的河流溪涧穿绕其间，山峰四周常年云雾袅绕，绿树成荫，气候宜人。山水与简朴的村庄、纯朴的民风融为一体，充满着浓郁的田园气息。

寻味之旅

韶关是多民族聚居的地区，有瑶、壮、回、满、蒙、苗、白、侗、土家等三十多个少数民族。这里的菜肴也风味各异，博采众家之长。

启明北路美食街位于韶关市浈江区，各种菜式汇聚于此，食街以粤菜为主，但国内的湘菜、湖北菜、川菜、江西菜也有，如果你想到韶关找本地小吃，这里可以说是最佳选择地。

爆炒山坑螺：到韶关一定要吃爆炒坑螺。每年秋天是吃山坑螺的最佳时节，炒好以后的山坑螺香鲜无比。在街边小店和夜宵排档上都能吃到。

龙归冷水肚：曲江龙归镇的特色菜，烧成后香郁肉甜，风味独特。这道菜的具体烹制方法是保密的，只有去龙归才可吃到最正宗的冷水肚。

银杏五彩丁：南雄素有"中国银杏之乡"的美誉，南雄银杏以无心、粒匀、晶莹剔透享誉中外。该菜香滑可口，是降脂降压的绿色食品。

南雄酸笋鸭：酸笋炆鸭到处皆有，唯独南雄出名。该地农家腌制的酸笋味道独特，爽脆无水渍味，酸味醇而不呛喉，闻而不腥，酸而不腻，定能使您胃口大增。

目的地攻略

🚗 交通

火车：韶关有两座火车站：韶关站和韶关东站。京广铁路大动脉贯穿市境，经韶关市区和乐昌、乳源、曲江三市县。每天都有往返于韶关—深圳和韶关—广州的特快专列。

汽车：韶关公路四通八达，从韶关市出发到附近各景点均有旅游车，一般以中巴为多。如果没有直达景点的车，可先在车站转乘到各市县城后再转车去各景点。

🏠 住宿

韶关市区酒店众多，交通便利，无论是商务人士还是悠闲旅客，都能找到满意的住处。丹霞山周边也有不少酒店、民宿，但因靠近景点，消费稍高，节假日价格会有所上调。

🛒 购物

当地的土特产很多，首推始兴的香菇，其他有冬笋、白毛茶、乐昌马蹄、三华李等。清远地区的土特产主要有清远鸡、骆坑笋、连州白茶、黄精、猴头菇、红薯干、沙田柚、英德红茶等，都很适合带一些回去馈赠亲朋好友。

左上 | 英西峰林
左下 | 爆炒山坑螺
中下 | 粤北采茶戏《阿添牯》

亮点→ 湖光岩｜红土文化｜海陵岛｜海上丝路

海湾大桥

湛江

湛江在历史上以古老的海滨商镇而著称，徐闻港为"海上丝绸之路"的始发港。这里气候宜人，自然景观独特，拥有中国唯一的玛珥湖、中国最长的沙滩、中国最大的珊瑚礁群，还有中国大陆最南端的地理坐标。湛江人文历史积淀深厚，古城雷州拥有众多文物古迹，半岛上随处可见传习久远的古老民俗。

旅 行 路 线

湛江经典二日游

第一天上午游览湛江市内的西式建筑，广州湾法国公使署旧址、维多尔天主教堂旧址都很值得一看，下午可以乘船到东海岛参观，去看蔚为壮观的红树林及别具风采的民族村，还可以在沙滩漫步，去赶海拾贝；第二天先游览湖光岩景区，徜徉在山清水秀的景色里，返回市区后逛逛渔港公园，近距离感受一下当地人的生活。

湛江市景点

本地游

※湖光岩

楞严寺、白衣庵

🚩 湛江市麻章区湖光镇。🚌 赤坎汽车总站有公交可到。💴 50 元。

湖光岩是 20 万年前火山爆发的遗址，是我国现存的三座火山湖之一。湖深约 18 米，底有一深洞。湖中无落叶，湖区无青蛙，是为奇谜。湖周岩穴、岩洞密布，野树盘轧，景色迷人。

文化解读

湖光岩有很多有趣的谜团，其一，湖光岩与外界地表水系不相通，但湖水早不涸涝不溢，这满湖碧水从何而来又往何而去，让人大惑不解；其二，湖水清澈见底，自净能力强，沿湖有茂盛的草木，但湖面几乎没有漂浮之树叶等杂物；其三，水中无蛇无蛙，但鱼类丰富，最大者长近 2 米，重达上百斤。

※东海岛旅游度假区

海滩、红树林、别墅群

🚩 湛江市麻章区东简镇。

东海岛是一个平坦而开阔的大海岛，在全国排行第五。岛上最出名的莫过于龙海天沙滩，它延绵 28 千米，是中国最长的海滩，仅次于澳大利亚的黄金海岸，现已被载入吉尼斯世界纪录。海岛上拥有各种异国情调的别墅群、别具风采的民族村、蔚为壮观的红树林，令人流连忘返。

※硇洲灯塔

海边风光、灯塔

🚩 湛江市麻章区硇洲岛马鞍山。🚌 先乘班车前往东海岛，之后在东海岛乘班船前往硇洲岛。

硇（náo）洲灯塔位于硇洲岛海拔约 81.6 米的马鞍山上，1898 年建起这座灯塔，历时两年零两个月竣工，灯塔高约 23

米，由麻石一块块砌成，是世界目前仅有的两座水晶磨镜灯塔之一，也是与伦敦灯塔、好望角灯塔齐名的世界三大灯塔之一。

※西湖公园

苏公亭、十贤祠、水乡风光

🏠 湛江市雷州市西湖大道。 💰 免费。

雷州西湖公园原名罗湖，从跨湖九曲桥、苏公亭、别湖亭、迎秀亭伫立眺望，澄湖碧柳，绿波粼粼，这个具有亚热带和江南水乡色彩的公园沉浸在绿色之中，明月清风，春色盎然。

阳江

周边游

※大角湾海上丝路旅游区 AAAAA

博物馆、碧海银沙

🏠 阳江市闸坡镇内。 🚌 阳江车站直达快车不停在往返于闸坡与阳江之间。 💰 海上丝绸之路博物馆64元，大角湾两天内无限次门票88元。

大角湾三面群峰环抱，面向浩瀚南海，因状似牛角，故名"大角湾"，它是海陵岛最知名的景点。大角湾内风和浪平，沙滩均匀松软、海水清澈纯净，空气清新，是度假的好去处。

海上丝绸之路博物馆坐落于海陵岛十里银滩，背山面海，主体建筑十分有特色，是

海陵岛的地标性建筑。博物馆以"南海1号"宋代古沉船的发掘、保护、展示与研究为主题，是展现水下考古现场发掘动态演示过程的世界首个水下考古专题博物馆。

※阳西咸水矿温泉

园林景观、泡温泉

🏠 阳江市阳西县东湖生态开发区。 💰 118元。

温泉度假山庄庄内绿树成荫、湖水清澈明净，是天然的绿色氧吧。咸水矿温泉为山庄一大特色，温泉源自县城织篢河出海口沙洲中，经年流淌，源源不绝，水温达76℃以上，为高浓度氯化钠矿泉，也是极为罕有的咸水矿温泉。

※沙扒湾

扒海滨、月亮湾、青洲岛

🏠 阳江市阳西县沙扒镇沙扒湾。 🚗 建议自驾前往。 💰 40元。

沙扒湾头枕风光秀丽的北仔岭，面向浩瀚的南海，岸边绿林含翠，海面碧波粼粼，是一个理想的天然浴场。由于住宿接待酒店少，规模较小，外来旅游人数有限，因此这里没

有其他海滩的吵闹和喧哗。

茂名

周边游

※茂名森林公园

游乐区、动物区

🏠 茂名市茂南区西郊茂名森林公园。 🚌 市区乘坐专线车可到达公园。 💰 27元。

森林公园树木葱郁，鸟语花香，空气清新，景色迷人。不仅是生态旅游、观光、休闲、娱乐的好去处，也是展示生物多样性和奇妙性、传播百科知识，开展科研、科普和生态环保教育的理想场所。

※天马山

苗瑶山寨、山泉浴场

🏠 茂名市信宜市北界镇旺将村的西南边。 💰 60元。

海拔约1080米的天马山有蓊蓊郁郁的森林、清澈的甘泉、幽深的峡谷、形态各异的瀑布、鬼斧神工的怪石、高旷令人神往的南国大草甸，旅游资源得天独厚。山上人文色彩浓郁，有石砌梯田、石屋遗址和大片茶树、柠檬。

※潜梦岛海洋王国

潜水运动、礁石

🏠 茂名市电白区博贺镇翠湖路博贺港码头。 💰 180元。 🕐 9:00~18:00。

潜梦岛海洋王国，又名放鸡

左上｜放鸡岛
左下｜猪肠粉
右上｜清煮花蟹
右下｜白切鸡

岛，为茂名最大的海岛。据传海船到此必放一只鸡于岛上，以予放生祈求平安，该岛附近海域水深6~12米，能见度可达8米，是一个美丽而神秘的潜水旅游胜地。同时岛上的植被覆盖率也居广东省海岛之冠。

寻味之旅

湛江的传统饮食属于正宗粤菜，独具浓郁的地方风味，以清煮花蟹、油炸虾饼、沙螺汤为代表的湛江名吃鲜香味美、盛名远扬。湛江的风味小吃也很有特色，最有名的要数白切鸡、猪肠粉、糯米甜糟了。

清煮花蟹：将花蟹洗净，整个放于锅中盖好，不下水，慢火煮，闻到香味即可吃。这样的蟹保持了其本身的风味，因此特别可口。

白切鸡：湛江人做白切鸡一重选鸡，二重煮鸡，三重配味。因此本地的白切鸡肉嫩骨香，十分可口。

猪肠粉：猪肠粉香滑爽口，是湛江的一道特色美食，无论是在夜市摊点还是出售早餐的小铺，都可以见到。

目的地攻略

🚗 交通

飞机：湛江机场位于市机场路，离市区仅5千米。旅客可选择乘坐出租车到达机场。

火车：湛江火车站位于霞山区世纪广场，市内有多路公交可以到达。湛江西站是高铁站。

🏨 住宿

湛江住宿比较方便，价格也不算昂贵，有设施豪华的高档酒店，也有价格亲民的普通旅馆，你可以根据自身预算合理选择。湛江市区不大，火车站、机场都在周边，出行十分方便。

🛒 购物

湛江海岸线曲折漫长，海产品种类繁多。湛江最著名的特产是珍珠，是最佳的纪念品；包装精美的瑶柱、海马干、生鱼片等海产干货经过特殊处理后即保持了原有风味，又能够长期保存还便于携带，是人们馈赠亲友的佳品。

亮点 → 绿城 | 南湖公园 | 扬美老街 | 大明山峦 | 邕江两畔 | 壮族歌海

南宁大桥

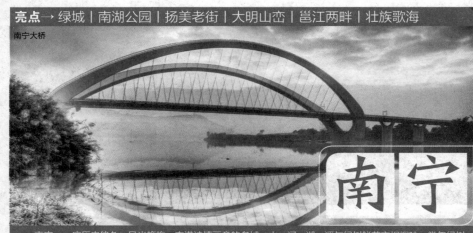

南宁

南宁，一座历史悠久、风光旖旎、充满诗情画意的名城。山、河、湖、溪与绿树鲜花交相辉映，常年绿树如荫，花果飘香，被誉为"花园城市""中国绿都"。这里融南亚热带自然风光与现代园林城市的风貌为一体。极具亚热带风光的南湖公园、常年苍翠的青秀山风景区、犹如一颗碧绿的翡翠镶嵌在首府大地上的良凤江国家森林公园及大明山和泉水湖，使之散发着无穷的风光和少数民族风情。

 旅 行 路 线

南宁经典二日游

"半城绿树半城楼"的南宁，绿荫如盖、繁花似锦，是个宜居之城。第一天先游览扬美古镇，然后前往八桂田园，品尝美味果蔬；第二天游览广西药用植物园和伊岭岩，畅游神奇的"地下宫殿"。

南宁西线山水三日游

这是一条经典的南宁西线三日游。第一天游览龙虎山和绿水江仙缘谷，体验深山逗猴，江上漂流；第二天游览德天大瀑布，观跨国瀑布雄姿；第三天游览明仕田园，畅游迷人小桂林。

南宁市区景点

本地游

※青秀山 AAAAA

龙象塔、观音禅寺

🄰 南宁市青秀区邕江畔。 🄱 乘地铁 3 号线青秀山站下。 💰 20 元。

青秀山又名青山，由青松岭、凤凰岭等 18 座山峰组成，有青山松涛、海天一览、翠屏飞瀑、子夜松风、泰青远眺等精华景点，被誉为"南宁市的绿肺"。

山巅的青山塔是广西最高最大的塔，它是青秀山的象征。

※南湖公园

南湖、园中园

🄰 南宁市青秀区双拥路。 🄱 乘地铁 1 号线南湖站下。

南湖公园内有三个"园中园"，即中草药圃、盆景园和兰花圃，人们可以看到来自全国各地的中草药植物及许多国外名树，还可在南湖中泛舟，或是沿湖散步。

※狮山公园

螺狮山顶、湖泊、烧烤野餐

🄰 南宁市兴宁区邕武路五村岭大转盘旁。 🄱 乘地铁 5 号线狮山公园站下。

狮山公园是南宁市八大公园之一，园内有棕榈园景区、竹文化景区、草地活动区、野趣山林区、水上景观区等十大景区。夏季时湖上莲花盛开，景色宜人。

※扬美古镇

明朝房屋、魁星楼、黄氏庄园

🄰 南宁市西乡塘区扬美镇。 🄱 南宁火车站旁边乘旅游专线车至古镇。 💰 10 元。

扬美古镇建于宋代，明清时学士迭出，近代则有不少革命先贤生长于此。该镇是目前广西境内保存最为完好的明清古建筑群。至今，它依然保持着清代一条街、明清古建筑群、魁星楼、梁列亚故居、龙潭湾等景点。

南宁郊县景点 本地游

※大明山

大草坪、瀑布、峡谷

📍 南宁市武鸣区两江镇明山路。🚌 南宁朝阳广场旁有直达大明山景区的班车。

大明山是南方较大的山脉之一，大明山可以看到大草坪、瀑布、峡谷等自然景观。"春之岚，夏之瀑，秋之云，冬之雪"堪称绝景，其中以冬季的"冬雪"最为典型，观看时间一般为每年12月至次年3月。届时山脚下满目葱茏，山上却时常出现雾凇景观，是我国南端的最佳赏雪胜地。

※伊岭岩

石笋、壮族风情

📍 南宁市武鸣区双桥镇伊岭村。🎫 60元。

伊岭岩是一座喀斯特溶岩洞，素有"地下宫殿"的美称。因地处伊岭村而得名，又名"敢宫"（壮语），意为宫殿一样美丽的岩洞。据地质学家推断，这里形成于一百万年前。洞分3层，游程达1100米，曲折迂回。洞内辟有八个景点。伊岭岩前的壮寨文化长廊充分展示了壮族文化历史和民族风情。

左上 | 大明山杜鹃花
左下 | 莲花山

※龙虎山

野生猕猴、山林景观

📍 南宁市隆安县屏山乡东部。🚌 在南宁市北大客运中心乘坐发往龙虎山专线车。🎫 60元。

龙虎山是中国"四大猴山"之一，野生猕猴是这里的第一大景观。这里群峰叠翠，生态环境极佳，游人可零距离和猴子接触。山中约有八大族群共3000多只猕猴，在中国四大猴山之中，龙虎山的猴子是与游人最亲近的。

桂东南 周边游

※莲花山

盘瓠庙、瑶族风情

📍 来宾市金秀瑶族自治县境内。🎫 100元。

景区主峰海拔约1350米，因整个山体酷似一朵含苞待放的莲花而得名。其景观由能多山峰群、莲花山峰及棋盘山群峰组成。由于充足的雨量和优越的地理位置，莲花山形成了风光绮丽、气势磅礴、丹峰碧水、朱崖绿树、四季如春、景色如画的自然景观。

※容县"三名"景区

真武阁、贵妃园、都峤山

📍 真武阁位于玉林市容县东外街；贵妃园位于容县十里乡杨外村；都峤山位于容县石寨镇庆寿岩景区。🎫 真武阁60元，贵妃园30元，都峤山30元。

容县"三名"景区由真武阁景区、贵妃园景区、都峤山景区三部分组成。名楼是指古经略台真武阁景区；名人是指反映"古代中国四大美女"之杨贵妃一生传奇的贵妃园景区；名山是指中国道教三十六洞天之第二十洞天都峤山风景区。

※鹿峰山

山岳景观、溶洞景观

⊙ 玉林市兴业县城隍镇东。 ❀ 38 元。

　　鹿峰山风景区由龙泉岩和鹿峰山石林公园两大部分组成，其中龙泉被誉为"岭南第一岩"，是石灰岩形成的大溶洞，已经开发的游程约达 1268 米。石林公园位于鹿峰山主体部分，因它的地质属地垒断层类石山，整个公园可概括为"险""幽""壮""秀"四字。

※谢鲁山庄

赏荷亭、玉兰树

⊙ 玉林市陆川县乌石镇谢鲁村。 ❀ 27 元。

　　谢鲁山庄规模颇大，亭台院落造得也很有格调，号称是"中国四大私人庄园"之一。如果你恰巧喜欢苏州园林，那么砖墙瓦顶的谢鲁山庄不可错过。

※骑楼城—龙母太庙

骑楼建筑、拜龙母

⊙ 梧州市河东老城区内，龙母太庙位于万秀区桂林路。 ❀ 龙母太庙 28 元。

　　梧州现存骑楼街道 20 多条，总长约 7 千米，骑楼建筑 500 余幢，其规模之大、数量之多，国内罕见，是名副其实的"中国骑楼博物城"。

　　相传梧州是龙母的故乡，为纪念龙母，因此建成了龙母太庙，太庙由牌坊、前殿、中殿、后宫、行宫、龟池等组成，是广西少有的保留宋代建筑特色的文物古迹，兼有宋、明、清时代的建筑风格。

崇左

周边游

※德天跨国瀑布景区 AAAAA

竹筏观瀑布、53 号界碑

⊙ 崇左市大新县硕龙镇德天村。 ⊟ 南宁市琅东客运站有直达德天的旅游快速班车。 ❀ 115 元（含往返观光车票）。

　　德天瀑布地处中越边境，有"亚洲第一大跨国瀑布"之称，是世界第二大跨国瀑布。瀑布气势磅礴、三级跌落，宽达百米，与越南的板约瀑布连为一体。瀑布旁边大约 50 米便是中越边境 53 号界碑，有不少游客在这里合影。

> **旅游攻略**
> 　　景区最佳游览时间是每年的 7~11 月，此期间为雨季，瀑布水质清冽，壮观无比，极具风韵。

※明仕田园

田园风光、喀斯特地貌

⊙ 崇左市大新县硕龙镇。 ❀ 漂流套票 120 元（含景区门票、船票）。

　　明仕田园是独特的喀斯特地貌，山势俊秀，周围又有流水环绕，素有小桂林之称，景色极为漂亮。除了山水相映的景色外，这里还有清新淳朴的村寨、农田等风光，游客来此可以乘竹筏漂流、拍照观景，感受美妙的景色和宁静的田园生活。

左下｜梧州骑楼
中上｜明仕田园
中下｜德天瀑布

左上 | 友谊关
右上 | 烤肉串

※友谊关

城墙、拱门、展览厅

⊕ 崇左市凭祥市友谊镇。 ❀ 42元。

友谊关始建于明代洪武年间，是中国古代九大名关之一，也是目前九大关中唯一一个至今仍在行使通关职能的关口，距今已有2 000多年的历史。友谊关是一座城楼式建筑，高约22米，拱门上"友谊关"三个大字是陈毅同志亲笔书写的。

※花山壁画 ◉

左江风光、历史壁画

⊕ 崇左市宁明县驮龙镇左江岸边花山崖壁画景区。 ❀ 90元（含船票）。

花山壁画是指广西凭祥、龙洲、崇左、大新等壮族聚居区的左江流域各县发现的古老岩画。花山岩画是战国至东汉时期岭南左江流域壮族先民遗留下来的遗迹，是目前为止中国发现的单体最大、内容最丰富、保存最完好的一处岩画，为广西第一处世界遗产。

寻味之旅

南宁的美食以酸闻名，讲究鲜、嫩、爽。乾隆皇帝锅烧牛杂粉、爽记鱼生及第粥、绿豆大肉粽、李子凡的糯米水圆、成香园茶食被称为邕城饮食的"五虎将"。此外，还有花雕碎鸡、纸包鸡、核桃香鸽等菜品也十分有名。

在南宁，中山路是著名的小吃一条街，在这里可以吃到正宗的老友粉、牛杂粉、炒田螺、白果芋泥等。

老友粉：南宁特色美食的绝对代表，与柳州的螺蛳粉、桂林的桂林米粉并称为广西三大米粉。拥有百年历史的老友粉口味鲜辣，汤料浓郁，夏天吃开胃，冬天吃驱寒。

酸嘢：指腌制的瓜果蔬菜。常见的酸嘢有酸萝卜、酸豆角、酸莴笋、酸包菜、酸李子、酸杨桃、酸木瓜、酸番石榴、酸芒果、酸黄瓜、酸笋等。

肉粽：南宁肉粽以大而香出名，世界上最大的肉粽便出自南宁。糯米加入去皮绿豆及调好味的猪肉块，口味清香、软糯、甘润、膏腴不腻。

目的地攻略

🚌 交通

飞机：南宁吴圩机场位于邕宁区吴圩镇境内，距市区约32千米。航线直达国内主要城市及河内、曼谷等国外城市。机场每天都有专线巴士往来于市区与机场之间。

火车：南宁火车站位于市中心中华路，每天都有开往北京、上海、深圳等各大中小城市的列车，也设有始发钦州、北海、桂林、百色的列车，有动车停靠；南宁东站为高铁站；南宁西站为郊区的动车停靠站。

🏠 住宿

南宁的住宿条件比较完善，市区有设施豪华的高档酒店，中低档旅社也有很多，火车站、汽车站及朝阳路、友爱南路都有很多招待所，价格便宜，比较适合背包客住宿。

🛒 购物

南宁当地手工艺品以壮锦、绣球为代表。土特产主要有龙眼、荔枝、菠萝、芒果、柚子等新鲜水果。另外，南宁的皮革制品和金银首饰也都很不错。

亮点 → 漓江山水 | 文艺阳朔 | 泛舟遇龙河 | 靖江王城 | 龙脊梯田

漓江渔夫

"桂林山水甲天下"这一名言在人们心中刻下了永恒的桂林印象。到桂林，"游山如读史，看山如观画"，桂林独特的喀斯特地貌使之被誉为国际旅游明珠。象鼻山、叠彩山、伏波山、穿山，众山平地拔起，神姿仙态；七星岩、芦笛岩、银子岩、冠岩、丰鱼岩，洞中奇石，琳琅满目，鬼斧神工，地布暗河，神秘莫测。加之大小江湖贯穿其中，流泉、峰林环布，间有险滩、飞瀑，形成"山青、水秀、洞奇、石美"的美丽景观。

桂林经典二日游

第一天主要在市区游览靖江王城、七星岩；第二天游览漓江山水的精华，体验人在画中游的感觉。

阳朔精华二日游

阳朔是桂林山水的精华。第一天先去漓江漂流，体验人在画中游的感觉，然后去逛逛兴坪古镇，晚上在西街品美食、泡酒吧；第二天租辆电瓶车，沿着十里画廊骑行，赏田园山水风光，晚上去看《印象·刘三姐》山水实景演出。

悠闲梯田一日游

早起从桂林市区出发，来到龙胜梯田，迷失于梯田的阡陌交错间，下午如果还有时间，可以去龙胜温泉景区，享受难得的森林之浴。

桂林市区景点

本地游

※ 两江四湖·象山风景区 AAAAA

象山、乘船夜游

🏠 桂林市市区，跨象山区和叠彩区。🚌 两江四湖乘船游览；市内乘 2 路公交车可至象山公园。💰 景区免费，日游船票 90 元，夜游 210 元。象山景区 55 元。

两江四湖景区是由漓江、桃花江、杉湖、榕湖、桂湖、木龙湖组成的市内各费公园。坐游船是游览两江四湖的主要方式。

象山因整个山形酷似一头驻足漓江边临流饮水的大象而得名，现已成为桂林山水的代表，桂林城的象征。

旅游攻略

1. 两江四湖景区有日游和夜游两种方式，日游观光山色，夜赏灯光夜景。白天拍摄的照片色彩更加鲜艳，更有层次，另外，因为白天没有大量的灯光，船票也便宜不少。

2. 两江四湖景点的最大特色是桥，一是数量多，共经过 19 座桥梁；二是仿世界名桥而建，有桥梁博览园之说。

※ 叠彩公园

叠彩亭、拿云亭、仙鹤洞

🏠 桂林市叠彩区叠彩路。🚌 市内乘公交或旅游观光 1 号线在叠彩公园公交站下车即可。💰 25 元。

叠彩公园以叠彩山命名。叠彩山位于漓江西岸，由明月、仙鹤、于越、四望等山峰组成，叠彩山景色优美且易于攀登，山上有许多摩崖石刻，山顶的拿云亭是俯瞰桂林城的好地方，也能看到秀美的漓江。

※ 独秀峰·王城景区 AAAAA

靖江王府、独秀峰顶

🏠 桂林市叠彩区中山中路。🚌 市内乘 10、18 路等多路公交车至十字街站下车。💰 100 元（包含靖江王城、靖江王府、独秀峰）。

靖江王城景区是以山形秀美的独秀峰为代表和整个明代靖江王城为地域范围的景区，自古以来就有"城中城"的美誉。

靖江王城是朱守谦被封为靖江王时修造的王城，是我国目前保存最为完好的明藩王府第。独秀峰位于桂林王城内，与桂林著名的叠彩山、伏波山三足鼎立，有"南天一柱"之誉，史称桂林第一峰。

※七星景区

花桥、七星岩、浮雕壁画

🏠 桂林市七星区漓江东岸。 💴 七星公园55元，含七星岩套票95元。 🕐 七星公园6:00~20:30，七星岩8:30~17:30。

七星景区因由七星山、七星岩而得名，是桂林最大、景点最多的综合性公园，景区具有典型的岩溶地貌景观，集山清水秀、洞奇石美四绝于一体。主要景点有花桥、七星岩、"华夏之光"、浮雕壁画、驼峰叠翠、月牙楼基地等。

※芦笛景区

岩洞、田园风光

🏠 桂林市叠彩区西北郊。 💴 90元。

芦笛景区以岩洞为主，山水田园风光为辅，由候山、芦笛岩、桃花江、芳莲池等组成，被誉为"大自然的艺术之宫"，是一个由石笋、石钟乳、石幔、石花、珊瑚、翡翠雕砌而成的宫殿。最宽阔、最美的部分在"水晶宫"，86版《西游记》曾在此拍摄取景。

左下 | 芦笛岩
中上 | 漓江

漓江景区 AAAAA

乘竹筏、观倒影

特写

🏠 桂林市区至阳朔段。 🚢 乘船游览。

旅游攻略

竹筏漂流是游玩漓江的主要方式。说是漂流，实际是平缓的、非刺激的那种竹筏，一般是杨堤到兴坪段往返，可以看到漓江最主要的景观九马画山和黄布倒影，游览时间一般为2.5小时。

漓江是典型的喀斯特地貌，兼有"山清、水秀、洞奇、石美"四绝，更有倒影奇观。漓江是世界上规模最大、风景最美的岩溶山水旅游区，其常游段为桂林市磨盘山码头到阳朔段，精华段（杨堤—兴坪）在阳朔县。沿岸有桃源仙境、鸳鸯戏水、九马画山、七仙下凡、黄布倒影、螺蛳山、杨堤古镇、兴坪古镇等景点。

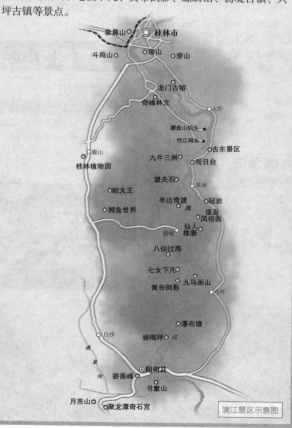

漓江景区示意图

阳朔旅游区 ^{本地游}

※阳朔西街

老街建筑、特色酒吧、咖啡店

📍 桂林市阳朔县县城中心。

阳朔西街是一条有千年历史的石板路，充满了异国情调。这里店铺林立，沿街出售民族服饰、工艺品、瓷器古玩等各种各样的商品，最有特色的是到处遍布着酒吧和咖啡厅。

※世外桃源旅游区

山水田园、民族建筑

📍 桂林市阳朔县白沙五里店。🚌 在桂林火车站乘坐桂林至阳朔专线车，世外桃源门口下车即可。💰 60元（含船票）。

世外桃源旅游区由燕子湖、燕子洞、荷花池、侗族风情园和原始部落组成，风景犹如陶渊明笔下那个虚幻的世界。世外桃源还是岭南建筑文化博物馆，这里承载了壮、侗、苗、瑶等少数民族独一无二的建筑景观精粹，令人目不暇接、流连忘返。

※遇龙河

山水风光、竹筏漂流

📍 桂林市阳朔县境内。🚌 可在阳朔汽车站乘至金宝的中巴车在金龙桥下车。

遇龙河是漓江在阳朔境内最长的一条支流，河水清澈如

镜，随手就能拍出山水画般的照片。与漓江风光相比，遇龙河的风景更温婉，有"小漓江"之称。遇龙河的竹筏漂流很有名，可以坐筏细细品味沿河秀美的山水田园风光。

※兴坪古镇

码头、古建筑

📍 桂林市阳朔县兴坪镇。🚌 在阳朔汽车站乘班车前往。

兴坪是一座拥有1700多年历史的古镇。古镇规模不大，比较完整地保持了原有的历史环境风貌，如今古镇内仍存有古街、古桥、古戏台、古庙等景物，而古镇的江边即是竹筏漂流的码头，这里也是二十元人民币背面图案的取景地。

桂林其他景点 ^{本地游}

※龙脊梯田

七星伴月、九龙五虎

📍 桂林市龙胜县和平乡平安村。🚌 可在桂林琴潭汽车站乘坐发往龙胜的车，沿途停靠龙脊梯田的三个入口。💰 80元（含四个村寨）。

龙脊梯田群规模宏大，由山脚一直到山顶。山间流水湍急，山巅白云缭绕，万木葱茏，还坐落着几个少数民族古寨。景区由东向西分为大寨红瑶梯田、平安壮族梯田和龙脊古壮寨梯田景观区三部分。

> 游玩攻略
>
> 1. 龙脊梯田每年只种一季稻子，最好的游览和摄影季节在农历四月十五以后，梯田开始放水的半个月中。中秋节前后到龙脊则一片金黄，也是拍摄的好时机。
>
> 2. 游龙脊梯田，最好在平安村住一晚，这里家家户户都可以住宿，而且可让户主带着前往览月阁赏梯田。平安村的览月阁是观赏梯田的最佳位置，推窗即可看到。

※银子岩

"三绝""三宝"

📍 桂林市荔浦市马岭镇。💰 65元。

银子岩被誉为"世界溶洞奇观"，景区宛如一个巨大的天然盆景，四周群山环抱，千亩桃林错落其间，古寨依山而坐，鸡犬相闻，一派田园风光，有"诗境家园典范"之美称。

左下｜龙脊梯田
中上｜阳朔西街
右下｜遇龙河富里桥

阳朔峰林

壮族服饰

　　由于壮族妇女擅长纺织和刺绣，所织的壮布和壮锦图案精美，色彩艳丽，因此壮族服饰非常多姿多彩，尤以妇女服饰最为多样。上衣以短袖、偏襟最为常见，裤子一般比较宽松，腰间常扎上围裙。襟边、袖口、裙边、裤脚的装饰形形色色，非常精美。此外，壮族的头饰、鞋饰也很多样。

上衣着藏青或深蓝色短领右衽偏襟上衣。

服饰以蓝黑色衣裙、衣裤式短装为主。

腰间系着精致的围裙。

布袋上用五色丝线绣上花纹、鸟兽、花卉，五花八门，色彩斑斓。

下穿宽肥黑裤，裤脚膝盖处镶上蓝、红、绿色的丝织和棉织阑干。

银饰

　　种类主要有银梳、银簪、耳环、项圈、胸排、戒指、银镯等。之前壮族妇女最多戴4个银项圈，10多个戒指（有的一指几个）。

发式

　　壮族女子头上喜欢包着彩色印花或提花头巾，已婚者结髻，梳顺后由左向右绕，扎头巾；少女梳一条长辫加刘海；中老年结髻，垂于脑后，或扎深色头巾。

花鞋

　　鞋头有钩，像龙船，鞋底较厚，多用砂纸做成。在色彩上，喜用亮底起白花，常用石榴红、青黄、绿等艳丽色，纹样有龙凤、蝶花、雀等。

※乐满地度假世界 AAAAA

蹦极、飞艇冲浪、破浪过山车

🚗 桂林市兴安县灵湖西岸。🚌 桂林汽车总站或兴安汽车总站乘坐乐满地旅游专线车可达。💰 150元。

　　乐满地是桂林地区规模最大的主题游乐园，景区由欢乐中国城、美国西部区、梦幻世界区、海盗村、欧洲区、南太平洋区六大主题区和森林游乐区组成，各区均设丰富的表演节目。

※灵渠景区

秦城水街、大小天平、铧嘴

🚗 桂林市兴安县双灵路。💰 仿古游45元（包含了景区门票，不含游船）。

　　灵渠沟通了湘江和漓江，是秦始皇为进攻岭南的军队运送粮草而下令修建的水上通道，是我国古代著名的三大水利工程之一。如今漫步在灵渠河边，依然可以感受到古人的雄心与智慧。灵渠两岸大小景点很多，其中，大小天平、铧嘴及水街是灵渠最主要的看点。

※八角寨

天空寺、降龙庵、降龙栈道

🚗 桂林市资源县梅溪乡大坨村。💰 138元。

　　八角寨方圆40平方千米，赤红的山石如巨笋耸立插天，有8座数百米高的盆地丘陵簇拥在一起，故称八角寨。这里以独特的丹霞地貌著名，这里的丹霞规模庞大、景象壮观，曾被《中国国家地理》杂志评为"中国最美的七大丹霞"之一，被地质专家誉为"丹霞之魂"。

左上 | 灵渠
左下 | 八寨景区
右上 | 姑婆山

贺州
周边游

※ 姑婆山

方家茶园、仙姑瀑布、锦绣村

贺州市八步区里松镇。 82 元。

姑婆山以秀美的山势、灵秀的瀑布河流和古老茂密的森林风光为主。景区高峰林立，天堂顶是桂东第一主峰，有奔马瀑布、仙姑瀑布等景。景区还是著名的影视剧外景拍摄地，以"围屋""姑婆青梅酒"和"贵人茶"而驰名。

※ 黄姚古镇 AAAAA

古民居、古戏台、宗祠

贺州市昭平县黄姚镇。 桂林和阳朔有到黄姚的专线车，贺州到黄姚也有直达车。 100 元。

黄姚是有着近千年历史的古镇，它发祥于宋朝年间，与很多江南小镇一样，黄姚也有小桥、流水、人家，有精雕细刻的檐梁壁画，有屋檐上诗文画壁的古宅民居。石板街依旧

是 300 年前的老样子，青砖瓦顶的屋子连成一大片，显得绵延深邃。

※ 江氏客家围屋

围屋建筑、客家饮食

贺州市八步区莲塘镇。 30 元。

江氏客家围屋是目前中国保存最完整、规模最大、历史最悠久的古建筑之一。该围屋建于清朝道光年间，是典型的客家建筑。《围屋里的女人》《夺宝英雄》等剧组曾到此取景拍摄。

※ 十八水原生态景区

瀑布、相思湖、漂流

贺州市平桂区黄田镇路花村。 59 元。

十八水原生态景区内自然风光优美，以众多落差、规模很大的瀑布最为著名，是观赏瀑布的绝佳地带，其中黄绸瀑布、神龙瀑布、仙女瀑布和大佛瀑布是最主要的四处。

柳州
周边游

※ 程阳风雨桥

民族风情、风雨桥

柳州市三江县古宜镇林溪乡平岩村程阳桥风景区内。

到广西不能不看民族风情，看民族风情不能不到柳州，苗族的节日、壮族的对歌、瑶族的舞蹈和侗族的建筑被誉为柳州民族风情"四绝"。程阳桥就是典型的侗族建筑，它建于1916 年，是广西众多风雨桥中最出名的一个。

※ 八寨景区

侗族村寨、民族歌舞

柳州市三江县林溪乡。 60 元。

程阳八寨分别是指马鞍（安）寨、平寨、岩寨、东（董）寨、大寨、平坦寨、平埔寨、吉昌寨，是一大片古老的侗族村寨，周围青山绿树环境优美。游客来此可以漫步传统村庄观赏美景，可以参观程阳桥等全国闻名的古迹，还可以观看侗族风情的民俗表演等。

体验之旅

游山水，看歌舞：《梦幻漓江》在七星路的梦幻剧场上映，采用杂技和芭蕾完美结合的大型山水全景表演，展示了漓江山水duck化和人文风采的主题，为山清水秀的桂林增加了新的文化内容。票价分 150 元和 180 元两种。

《龙脊魂》上演于漓江剧院，将少数民族歌谣、民族舞蹈及少数民族生活实景三者融合，再现了龙脊梯田古朴壮丽的场景。

刘三姐歌圩周围的水域及 12 座背景山峰，构成了全世界最大的天然剧场。张艺谋导演的大型山水实景演出《印象·刘三姐》每晚都在这里上演，票价分 188 元、238 元、328 元、688 元不等。

逛古街，泡酒吧：阳朔西街上的西餐厅大部分都兼酒吧，暮色降临的时候，阳朔酒吧街便呈现在眼前。街的一边，兜售的是古玩和纪念品，另一边，浓郁热烈的阳朔酒吧街在光影与音乐中婉转流动着，带着一种异国情调。

寻味之旅

桂林的美食有口皆碑，尤其是街头小吃更是一绝，马蹄糕、三花酒、尼姑素面等深受欢迎。尤其桂林米粉是众多游客来桂林寻找的目标之一，各种口味的米粉一应俱全。此外，还有啤酒鱼、漓江虾、荔浦芋头扣肉等。

桂林米粉：桂林最负盛名的风味小吃。其特点是洁白、细嫩、软滑、爽口。制成的米粉，配以由牛肉、猪筒骨、花椒等熬制的卤水，鲜美芳醇，香松爽口。

桂林田螺：很有地方特色的小吃，其味道又辣又鲜。田螺酿也是桂林的特色美食，是阳朔"十八酿"之一，它不仅味美，还有健胃消食之功效。

荔浦芋扣肉：采用正宗桂林荔浦芋、带皮五花肉、桂林腐乳和各式佐料制作而成。特点是色泽金黄，芋片肉片松软爽口，浓香四溢。

目的地攻略

 交通

飞机：桂林两江国际机场位于临桂区两江镇，距市区约 30 千米。与国内大部分大中城市和日本福冈、韩国济州岛、泰国曼谷、马来西亚吉隆坡、新加坡等机场均有直航航线。机场有到桂林市区和阳朔的大巴。

火车：桂林市目前有三个火车客运站：桂林火车站（南站）、桂林北站（高铁站）、桂林西站。

住宿

桂林的旅游业很发达，酒店宾馆主要集中在市中心。阳朔住宿首选西街，特色的家庭旅馆是阳朔的特色之一。喜欢安静的游客可以选择住在兴坪古镇。

购物

桂林有很多著名的土特产，如沙田柚、荔浦芋、罗汉果、马蹄、桂花茶等，工艺品有桂绣、梳篦、纸伞、手绘式屏、竹木雕刻、山水书画、纸扇纸伞等，但是最著名的还属"桂林三宝"：三花酒、豆腐乳、桂林辣椒酱。

左上｜阳朔田螺酿
左下｜酿豆腐
中下｜八宝荔浦芋头
右下｜苗族跳芦笙

亮点→ 大石围天坑 | 通灵大峡谷 | 民族风情

巴马三门海

百色

百色拥有神秘独特的桂西自然风光，以"两坑二洞一河一湖"为代表，另外百色地处少数民族聚居区，各民族民俗活动丰富多彩，少数民族风情浓厚。百色还是著名的革命圣地，是广西壮族自治区最大的市，地势险要。

旅 行 路 线

百色经典三日游

　　百色是著名的革命圣地，拥有神秘独特的桂西自然风光，以"两坑二洞一河一湖"为代表。第一天在市区游玩，去百色起义纪念馆和大王岭公园；第二天去通灵大峡谷，看峡谷、瀑布风光；第三天去大石围天坑景区，感受自然的神奇。

左下 | 通灵大峡谷瀑布

百色市区景点 本地游

※百色起义纪念馆 AAAAA

邓小平塑像、历史展厅

🏠 百色市右江区东北郊迎龙山。
🕘 9:00~17:00，周一闭馆。

　　百色起义纪念馆是百色城的标志性建筑，全国百个爱国主义教育示范基地之一，馆里详细记录了关于右江革命根据地和百色起义的历史，算得上国内数一数二的革命纪念馆。

※大王岭森林公园

漂流、步游栈道

🏠 百色市右江区大楞乡。🚌 百色汽车站有到大王岭的班车。

　　大王岭原始森林景区是广西离城市最近的原始森林，这里河道条件好，周围景色优美，是广西本地最受欢迎的漂流之一。除了体验漂流外，景区内还有一条步游栈道，栈道的两侧葱葱郁郁，可以欣赏到优美的原始森林风光。

百色郊县景点 本地游

※通灵大峡谷

瀑布、峡谷

🏠 百色市靖西市湖润镇新灵村。🚌 在靖西汽车站乘长途汽车到峡谷。💰 115元。

　　通灵峡谷是一处结合了热带雨林、河流瀑布、峡谷溶洞等多种景观的自然风景区，一共有6个峡谷，各峡谷间有巨大的地下河通道相通，中有念八河依次穿越。通灵瀑布是中国落差最大的瀑布。

※古龙山峡谷群

溶洞景观、漂流

🏠 百色市靖西市湖润镇新灵村。🚌 在靖西汽车站乘车前往。💰 115元，漂流218元。

　　古龙山峡谷群位于靖西喀斯特峰林的最高点，由古劳峡、新灵峡、新桥峡和三个地下暗河溶洞构成，形成世界罕见的"三峡三洞"连贯奇观。三叠岭瀑布落差约100米，宽30多米，为靖西八景之一。

※大石围天坑群

黄猄天坑、穿洞天坑

⚲ 百色市乐业县同乐镇刷把村百岩脚屯。 ⬤90元。

大石围天坑群分布在方圆不到20平方千米的崇山峻岭里，有24个天坑，是全世界第三大的喀斯特溶斗，有"天坑博物馆"之称。天坑周边村屯又有独特奇绝的百洞、神木、苏家坑、邓家坨等20多个石围，其中以黄猄天坑、穿洞天坑最为有名。

景点攻略

1. 到大石围旅游的最佳时间是夏季，乐业地区很凉爽，夏天去不会很热；冬天探险地下河、进岩洞可能会感觉很冷。

2. 在游玩时，不要有到坑底的想法，专家提醒"没有专业设备，下去是很危险的"。每隔两分钟，上面会掉下一块风化石，从坑口堕落到坑底，坑底会凹下一个小坑，周围约1平方米的植物都会因冲击而毁坏。

※布柳河景区

仙人桥、布柳河漂流

⚲ 百色市乐业县新化乡磨里村。

布柳河是集秀山、绿水、仙桥、奇洞于一体的漂游观光景区，有钢铁长城、铜墙铁壁、水面大厅等景。尤为奇特的是由三座大山塌陷形成的天然石拱桥——仙人桥，为世界最大、最美的水上天生桥。布柳河景区漂流游河段全长约9.3千米，有"广西第一漂"之称。

左下｜壮族歌舞
中下｜靖西旧州绣球

巴马

周边游

※长寿村

拜访长寿老人

⚲ 河池市巴马县甲篆乡平安村巴盘屯。

巴马长寿村是桂北山区中一个神奇而美丽的地方。这里自古就有很多长寿的老人，多数老人无疾而终，是著名的"世界长寿之乡"。来到长寿村的游人主要是探访村里的百岁老人，沾福气、探寻养生之道。

※盘阳河

青山碧水、竹筏漂流

⚲ 河池市巴马县境内。 ⬤漂流80元。

盘阳河是巴马的母亲河，全长约145千米。盘阳河景色优美，一路逶迤而来，河水碧绿，在河边，有酷似桂林山水的碧莲叠彩、书童独秀、榕荫古渡和屏风山，还有老虎山、象山、孔雀山以及大水溶洞等，这里风光多样，非常适合竹筏漂流。

寻味之旅

市内小吃多用酸笋做配料，较出名的有全羊汤、澄碧河鱼、卷筒粉、羊肉米粉、竹虫、红扣铁皮牛、通灵油鱼、南瓜香糯米粥、五色糯米饭、白毫油茶等。

目的地攻略

🚗 交通

飞机：百色机场位于百色市田阳县百育镇，距百色市约47千米，机场已开通至广州、桂林、重庆等地的航线。

火车：百色火车站位于城东路，是南昆铁路上的一个大站，目前已经开通了到达珠海、广州、昆明、南宁、桂林、柳州、湛江等地的客运列车。

🏠 住宿

百色三星级以下的酒店、旅馆较多，价格比较实惠。去长寿村游玩，可以住在巴马县城，也可以住在长寿村附近，许多人慕名来到长寿村探寻长寿的秘诀，因此会在长寿村或者附近的月城村租下房子，来这里过冬或者长居一段时间养生。

🏠 购物

无论是本地的特产凌云极品白毫茶、田东七里香猪、德保矮马、蛤蚧酒（神鞭酒）、靖西绣球、壮锦、刺绣或百色云耳和木竹类根雕、藤竹编制品，还是附近云南、贵州的各种土特产在百色的市场上都可以看到。

亮点 → 银滩海滨 | 老街骑楼 | 涠洲岛屿 | 红树林 | 渔家风情 | 北海南珠

北部湾

涠洲岛

北部湾一带是中国最早的海上丝绸之路始发港之一。沙软如毯的海滨走廊，炊烟袅袅的涠洲风光，波光粼粼里轻舟破浪，白龙城的珍珠池诉说着这片土地的古老和沧桑。白云朵朵的蓝天下，敞开胸怀的大海旁，洒满贝壳珠玑的沙滩上，结网于屋前的渔女在芭蕉林的掩映下若隐若现……这，就是北部湾，西南沿海的绚丽天堂。

旅 行 路 线

北海经典二日游

北海是一个浪漫的城市，这样的地方，待上两天再好不过了。第一天畅游海底世界，观览奇妙的海洋生物，逛老街，寻历史痕迹；第二天迷失于涠洲岛光影交错的世界，漫步银滩，踏浪，观日落。

北海海滨风情二日游

第一天游览英罗红树林自然保护区和银滩，观赏珍稀的红树林和白鹭，在银滩上吹海风；第二天早起在鳄鱼山公园内最佳观日台远眺海上日出的壮观景观，下午开始海岛风情之旅：游南湾港、滴水丹屏、三婆庙、风波岭、猪仔岭等景点。涠洲岛上惊涛拍岸，民风淳朴，故素有"大蓬莱"仙岛之称。岛上玩点不少，建议在岛上住一晚。

北海市景点

本地游

※北海老街

骑楼建筑、中西风情
🏠 北海市海城区珠海路。

北海老街是一条始建于1883年的街道，这条长约1.44千米的老街两旁，分布着许多中西合璧的骑楼式建筑，见证了北海曾经的繁华。老街骑楼的墙，基本都由灰、黄、黑三种色调构成。你可以从一个个斑驳残缺的老字号招牌或刻印于骑楼之上那逐渐褪色的字迹中，寻找老街昔日辉煌的痕迹。

※银滩

银白沙滩、椰树林、民族表演
🏠 北海市银海区四号路以南。

中下｜银滩

银滩旅游区以沙滩平长、沙质细白、波浪柔软、无鲨鱼出没等著称，被誉为风光优美的"中国第一滩"，是优良的天然海水特大型浴场。园内有生态广场、楼台阁宇、大型雕塑海恋、椰树林和鸟类表演、民族风情表演等。

游玩攻略

1. 银滩的太阳很厉害，12月的紫外线就能把人变黑，要注意防晒。

2. 去银滩玩最好穿短裤、凉鞋或拖鞋，这样可以随意在海里嬉戏。另外，银滩附近有许多出售或出租游用具的小摊，只是价钱不便宜。游泳时要注意安全，游到深水区或无救生员的看守区是比较危险的，一旦起风涨潮要马上上岸。

3. 银滩附近海域每年有9个多月可以入水游泳。还可以潜水观赏美丽的珊瑚和奇妙的海底世界。另外，海滩边有沙滩椅供租借，可以一直躺在海边，直到太阳下山，舒爽无比。

※涠洲岛

鳄鱼山景区、潜水、海鲜

⚲ 北海市银海区涠洲镇涠洲岛上。
🚌 在北海国际客运码头乘船前往涠洲岛。💰 涠洲岛火山国家地质公园98元。

涠洲岛是一个由火山喷发形成的海岛，是我国最大的死火山岛。岛上层峦叠嶂的火山岩石是一大奇景，而滴水丹屏的日落和五彩滩的日出也非常漂亮，主要景观有仙人洞、滴水丹屏、珊瑚滩、火山公园等。对于爱吃的人来说，这里价廉味美的海鲜不容错过。

> 游玩攻略
>
> 1. 上岛一定留意天气预报，如因天气或风浪的原因不能开船，会被迫在岛上滞留数日。
> 2. 岛上以吃海鲜为主，青菜和肉比海鲜贵。建议到码头附近的菜市场买爱吃的海鲜，请大排档的人加工，加工费很便宜。
> 3. 涠洲岛是潜水的最佳地点，这里的海清澈通透，置身海底，仿佛就置身于珊瑚和鱼的海洋。
> 4. 涠洲岛上的芝麻滩风光旖旎，火山形成的海蚀、海积都十分典型和奇特，地质工作者和摄影爱好者绝不可错过。

钦州市景点 本地游

※八寨沟

原始森林、仙人石屋

⚲ 钦州市贵台镇垌利村。🚌 在钦州市汽车总站乘坐八寨沟专线车可以直达景区。💰 50元。

八寨沟是一个幽谷探险、放飞夏日心情的清凉世界。区内有仙人石屋、贼王寨、牛郎织女桥，还有松虬藤缠、兽走鸟鸣、遮天盖地的原始森林等，大自然造化形成了八寨沟的独特旅游景观和稀有的砂页岩山涧地貌。

> 游玩攻略
>
> 八寨沟有着长约8千米长的砂页岩山涧地貌，整个景区以水为主，夏季下雨较多，所以夏天无疑是八寨沟旅游的最好季节，但也因下雨较多而应选择天气晴朗之日游玩。

※三娘湾

中华白海豚、奇石

⚲ 钦州市钦南区犀牛脚镇海滨。
🚌 钦州客运站有班车直达三娘湾景区。💰 40元。

三娘湾旅游区由三娘湾风情渔村、海滨浴场、伏波庙、乌雷观海山庄等景观组成。景区可开展渔家乐活动和欣赏海潮奇观，最富特色的是海豚和奇石。海域内常年活跃着数百头五彩斑斓的中华白海豚，一年四季都能近距离观看。

※刘、冯故居

古代建筑、爱国主义教育

⚲ 钦州市钦南区板桂街。

刘永福旧居原名三宣堂，整座建筑保留得比较完整，造型端庄而朴实，装饰着漂亮的彩绘，既有晚清风格又有民族特色。

冯子才故居系清代南方府第建筑群，有六角亭、珍赏楼、虎鞭塔等景。

防城港市景点 本地游

※江山半岛风景区

月亮湾、怪石滩、白浪滩

⚲ 防城港市港口区江山乡北部湾畔。
🚌 在防城港汽车站乘巴士到大坪坡，下车即到半岛海滩。

江山半岛是广西最大的半

左下 | 三娘湾
右下 | 涠洲岛

岛，其海岸线绵长，沿岸分布有沙软海蓝的月亮湾，乱石穿空的怪石滩等景点，是滨海旅游度假的理想场所。

※十万大山森林公园

原始雨林、瑶族风情

⊙ 防城港市上思县红旗林场。

🚌 到十万大山一定要先到上思县，再乘班车前往森林公园。💰 35 元。

十万大山森林公园内分布着完整的原始状态的亚热带雨林，最高峰薯良岭可远眺北部湾茫茫碧海。石头河常年流水不断，天然药浴池适宜泡澡疗养。晚上的瑶族风情表演令人期待。另外还有天女浴池、龙袍树、情网同心、三叉江、九龙松等诸多景点。

※京族三岛

金滩、京族风情

⊙ 防城港市东兴市江平镇万尾村。🚌 乘东兴到万尾的班车可以到万尾金滩。

京族三岛（万尾岛、巫头岛和山心岛）处于中国大陆海岸线的最西端。其中万尾岛上的金滩最为著名，集沙细、浪平、坡缓、水暖于一身，是天然的海滨浴场。

寻味之旅

美食以海鲜为主，最有名的小吃要数牛腩粉、猪脚粉。

花蟹粥： 花蟹营养丰富，内含大量蛋白质和微量元素。北海人特别习惯把这种蟹拆开后混着大米煮成粥，味道鲜美，小孩子尤其爱吃。

猪脚粉： 北海的一个特色小吃，以猪脚做佐料而得名，香辣鲜爽，汤料鲜美，价格实惠，吃起来别有一番风味。

目的地攻略

🚗 交通

飞机： 北海福成机场距离北海市中心约 24 千米，目前已开通北京、上海、深圳、广州、成都、昆明、长沙等城市的直飞航班。福成机场有机场巴士往返于市区之间。

火车： 北海火车站位于市中心北京路，有到达南宁的城际旅游专列。因为车次较少，乘客也不是很多，车票基本可以随到随买。

防城港的主要车站为防城港北站，主要为发往南宁、广州方向的火车。

钦州的主要车站为钦州东站，主要为发往北海、桂林、南宁、昆明等方向的火车。

轮船： 国际客运码头是北海唯一的一个客运站（原北海港客运站早已取消）。目前已开通北海至海口、涠洲岛航线。

🏨 住宿

北海有各类酒店、宾馆和招待所。比较多的是中档旅社，大多集中在汽车总站附近、客运中心对面、北部湾广场的两侧。涠洲岛住宿方便，主要集中在码头附近，也可以住在渔家民宿，体验真正的渔民生活。

🛒 购物

北海是南珠的故乡，这里出产的珍珠素有"西珠不如东珠，东珠不如南珠"之称。另外涠洲珊瑚、牛角雕、贝壳工艺品、编结芒制品等工艺品制作精良，也是旅游购物的不错选择。

左下 | 十万大山
中下 | 京族哈节

亮点→ 骑楼老街｜海瑞故居｜石山火山群｜椰风海滩

渔船

　　海口，又称椰城，是一座具有热带风情的海滨城市。历史长河，载述海口市漫长曲折的发展历程，也记述海口市光荣的革命传统，更展现丰富的人文史迹景观。海口以迷人的热带风光、独具魅力的滨海特色，以及改革开放以来迅速崛起的发展态势，吸引着世人的目光。闲适清静、节奏舒缓的海口是度假的理想之地。

 旅 行 路 线

海口市区一日游

　　迷人的碧海蓝天，旖旎的海底世界，茂密的热带丛林，传奇的少数民族风情。如果只有一天的时间，可以在市区好好逛逛，上午游览五公祠和琼台书院，品味幽幽书卷气，下午游览骑楼老街和海瑞墓，在古迹遗址中寻找历史的痕迹。

儋州经典二日游

　　这里的人民爱好古典诗词，素有"诗乡歌海"之称。第一天游览光村银滩和东坡书院及蓝洋温泉度假区；第二天游览云月湖度假区和石花水洞，看青山水上游，泛舟地下河。

海口市景点

本地游

※骑楼老街

南阳建筑、小吃街

● 海口市龙华区。● 海口骑楼老街靠近人民桥，乘坐公交到钟楼站下车可到。

　　骑楼老街是海口市一处最具特色的街道景观，大多是从南洋回来的华侨借鉴当时的南洋建筑风格所建。骑楼老街主要分布在博爱路、中华路、新华路、得胜沙路与长堤路。这里处处留有巴洛克、阿拉伯、印度等风格，是海口百年沧桑历史的见证。

中下｜海口骑楼老街

※假日海滩

海上运动、阳光沙滩

● 海口市秀英区滨海大道西海岸带状公园内。● 海口市区有专线中巴车通往假日海滩。

　　假日海滩长约 6 千米，左边是郁郁葱葱的木麻黄林带，右边是碧海连天的琼州海峡。景区由东至西划分为海上运动区、海鲜餐饮文化区、沙滩日浴区、休闲度假区四大功能区。游人可在这里进行海水浴、日光浴、各种沙滩活动和海上运动。

※五公祠

五公祠、西斋、苏公祠

● 海口市琼山区府城镇海府大道。● 20 元。

　　"五公祠"是一组古建筑群的统称，五公祠是为纪念被贬谪到海南的李德裕、李纲、李光、赵鼎和胡铨五位历史名臣而建，是一处展示中国古代官贬文化的文物古迹。其主楼是海南最早的楼房，有"海南第一楼"之称，素有"琼台胜境""瀛海人文"和"海南第一名胜"之誉。

※雷琼海口火山群世界地质公园 ⓖ

马鞍岭、罗京盘、双池岭

🏠海口市秀英区石山镇。🚌乘旅游专线至火山口地质公园站下车。💴54元。

雷琼海口火山群世界地质公园我国罕见的全新世火山喷发活动的休眠火山群之一，区内分布了40座各种类型的火山和30余条熔岩隧洞。景区有火山神道、奇特的结壳熔岩、神秘的火山口等丰富的地质人文景观。

※东寨港红树林

野菠萝岛、红树林、鸟类

🏠海口市美兰区演丰镇。🚌在白沙门公园乘旅游专线，到东寨港红树林站下即可。💴景区免费，游船需另付费。

东寨港红树林在这里的海滩上绵延50千米，是我国面积最大的红树林自然保护区，树种和鸟类丰富，是"鸟类天堂"和"天然养殖场"，须乘船游览。这里最奇特的景观就是海

水低潮时可以看到红树林的根部和泥地，高潮可以看到红树林的树冠，成为壮观的"海上森林"。

※海南热带野生动植物园

猛兽区、猴山、百鸟园

🏠海口市东山镇东山湖畔。💴158元。

海南热带野生动植物园内景观自然天成，被誉为海南的"生物基因库"和"浓缩了海南岛本土动植物精华的天然博物馆"。与其他动物园高墙铁笼格局不同的是，这里让野生动植物拥有热带丛林生活的空间，你可乘车在行车观赏区观非洲狮等猛兽的自然风采。

左下 | 石山火山群
中下 | 东寨港红树林

五指山

周边游

※五指山热带雨林景区

观音禅寺、第二指、峡谷漂流、

🏠五指山市水满乡境内。💴50元，漂流198元。

五指山是海南岛第一高峰，以形如五指而得名，是海南岛的象征。山中晨凉午热，夕暖夜寒，故有一日四季之说。山上多泉、湖，有天桥和原始森林，很有探险的味道。目前游客可以攀登的是"第一指"和"第二指"。五指山大峡谷漂流是全国唯一可四季漂流的峡谷漂流点。

※番茅黎寨

黎族建筑、歌舞表演

🏠五指山市北郊。

番茅黎寨是黎胞聚居的自然村，尚成片地保留着传统的船形茅屋，一派田园风光。这里原是"合亩制"的村落，只有十几间"船形"的草屋。现建有黎族特色的竹楼等建筑。寨内陈列着黎族各种劳动工具、生活用品和娱乐器具，还可观

看黎族舞蹈表演，买到特色鲜明的民族工艺品。

海南西线
周边游

※东坡书院
载酒亭、载酒堂、奥堂龛

📍 儋州市中和镇。🚌 在海口汽车西站坐豪华大巴，在洋浦高速路口下，再坐三轮车到景点即可。💰 21元。

东坡书院建于北宋，是海南重要的历史人文景观，原是苏轼贬谪海南时居住和讲学的地方。现在书院内大殿和两侧耳房展览着许多苏东坡的书稿墨迹、文物史料和著名的《坡仙笠屐图》。另外，还有郭沫若、邓拓、田汉等文化名人题咏的诗刻及书画名家的艺术作品。

※千年古盐田
石槽、古法晒盐

📍 儋州市洋浦经济开发区新英湾盐田村。

盐田村是个非常平静悠闲的海边村庄，距今1 200多年，是我国日晒制盐之一，也是我国至今保留最完好的原始日晒制盐方式的古盐场。入村后，一眼就可看到海边散落的大小不一的石槽，它们像一方方砚台错落分布在一垄垄盐田周围，颇为壮观，有些上面还雕琢着古朴的文字。

※石花水洞
民族民居、民族歌舞

📍 儋州市雅星镇八一总场英岛山。💰 58元。

石花水洞景区总长约5 000米，由旱洞和水洞两部分组成，洞道系统复杂。旱洞内有石钟乳、石笋、石柱、石旗、石瀑布、水晶石晶簇等，尤其是洞内发育生长的文石花、卷曲石、

中上 | 洋浦古盐田
中下 | 东坡书院

方解石晶簇堪称国之瑰宝和世界一绝。水洞里曲折蜿蜒的地下河水光怪陆离，五彩斑斓，轻舟漫游，宛若遨游龙宫，让人遐想万千。

※尖峰岭森林公园
四海奇观

📍 乐东黎族自治县尖峰镇尖峰岭。
🚌 海口省长途西站有至尖峰岭的班车。💰 50元。

尖峰岭森里公园是我国第一个国家热带雨林公园，拥有我国现存面积最大、保存最好的热带原始森林，被誉为中国最美十大森林之一和世界顶尖级的旅游资源。"云海""雾海""林海""大海"为尖峰岭四海奇观。景区内还有南天池、沟谷雨林等40多种自然景观。

※棋子湾
彩色卵石滩、峻壁角、细眉角

📍 昌江黎族自治县昌化镇沙渔村。

棋子湾呈S形，湾长20多千米，有"万亩沙漠落海南"之称，海水清澈见底，海沙细软且洁白如银，海岸奇峰林立，怪石嶙峋，是日光浴和沙浴的理想之地。原始自然生态游、沙漠风情游、神秘海湾游、棋子蓝游和海上石林游是棋子湾的独特情调。

体验之旅

观赏《印象·海南岛》：演出就在滨海大道边，以海为背景，将人工与天然浑然融为一

体，演绎出了海南岛上真正的海岛风情、休闲文化和浪漫椰城。演出为每天20:30准时呈现，票价为168至688元不等。

品尝老爸茶：老爸茶是海南人最喜欢喝茶、聊天的地方。茶店没有什么装修，即便是茶客就点一壶几毛钱的茶，依然能得到周到的服务。这里是体验海南人生活最好的地方。

寻味之旅

海口菜是海南菜的代表，主要特点是保持食材的原汁原味，以海鲜为主，还经常把水果作为辅助食材。一般来说，海南有四大名菜，也就是文昌鸡、嘉积鸭、东山羊、和乐蟹。

嘉积鸭：海南传统四大名菜之一，用鲜荷叶包裹嘉积鸭精制而成。其特点是外观色泽酱红光亮，肉酥质爽，馅料软糯香滑，荷香飘逸，口味极佳。

和乐蟹：和乐蟹产于万宁市和乐镇一带海中，膏满肉肥为其他蟹种罕见，特别是其金黄油亮，尤如咸鸭蛋黄，香味

扑鼻，营养丰富。

东山羊：其美味据传是因羊食东山岭的稀有草木所致，因此肥而不腻、食无膻味且滋补养颜防湿热，具有汤味浓稠乳白、气味芳香、味道鲜美、营养滋补和美容之特点。

海南椰奶鸡：海南传统名菜，以文昌鸡、鲜牛奶、椰子汁为原料制成。鸡肉嫩滑，椰香常有，不需用刀切开，只需筷子戳就可以分块食用。

目的地攻略

交通

飞机：海口美兰机场位于琼山区美兰镇，距市中心约25千米，与国内外许多城市都有航线相通。机场大巴发车时间是从第一个航班至最后一个航

班到达机场。

火车：海口站有发往北京、上海、哈尔滨等地对开的列车，三亚也有到达海口的列车；海口东站为动车站，发往三亚的动车从这里出发。

住宿

海口的酒店、旅馆数量众多、档次齐全。市区一带的各类酒店分布最多，这里交通发达，商场林立；而西海岸海景风光秀丽，星级酒店林立，价格也普遍较高。

购物

在海口不妨逛逛当地的土特产商店，在这里买些兴隆咖啡、胡椒粉、椰糖之类的东西带回去，尤其是海南的胡椒粉，非常香，很值得买。

左下 | 苗族服饰
中上 | 早茶
中下 | 西餐厅卡布奇诺咖啡
右下 | 文昌鸡

亮点 → 天涯海角│亚龙湾│蜈支洲岛│南山拜观音│大小洞天

鸟瞰三亚湾

三亚

鹿城三亚拥有洁净的海水、沙滩、空气和阳光及众多的人文景观，是海南岛最南端的热带滨海旅游城市。这里沙滩、潜水、海鲜是三亚度假的三大永恒主题。四季如夏的三亚密布了亚龙湾、大东海、三亚湾等众多海湾，椰树成林；海上还有东、西两岛为碧波万顷的海面增加层次，互掩其中。蜈支洲岛则享有"中国第一潜水基地"美誉，有中国保护最完好的生态珊瑚礁。

 旅 行 路 线

情侣浪漫三日游

　　第一天上午去天涯海角，午后前往鹿回头，黄昏在大东海海滩并肩看日落；第二天上午去亚龙湾参观贝壳馆、蝴蝶谷，下午游览热带天堂森林公园，之后前往《非诚勿扰Ⅱ》拍摄地人间天堂鸟巢度假村；第三天前往情人岛蜈支洲岛，在这里携手潜水，观看瑰丽自然美景。

三亚经典五日游

　　第一天游览天涯海角和南山；第二天游览蜈支洲岛；第三天游览锦母角和亚龙湾，穿越原始森林；第四天游览呀诺达和鹿回头山顶公园，观览十二生肖；第五天游览椰梦长廊和第一市场，尽享美味热带水果。

南山文化旅游区 AAAAA

本地游

南山寺、海上观音

⊙ 三亚市崖城镇南山村。◎ 市区可乘坐旅游专线至南山景区。◉ 108 元。

　　南山是中国最南端的山，人们在这里能领略热带阳光、碧海、沙滩、鲜花、绿树等美景，体味回归自然、天人合一的乐趣。

※ 海上观音

　　"南山海上观音"铜像巍然屹立于南海，高 108 米，是世界上第一尊耸立于海上的观音像，也是世界上最高大的海上雕像建筑物。南海观音还充分运用高科技手法，充分展示了"佛光普照""踏海而来"等观音文化艺术效果。

中下 │ 南山海上观音

文化解读

　　海上观音设计独特，一体化三尊，在每尊的正面看均不同，环绕一周方可看清三尊手势各异的观音圣像全貌。

　　观音圣像正面为手持经箧的观音，体现观音的般若德即智慧德性；右面为手持念珠观音，体现观音的解脱德，表现"众生念佛，佛念众生"同等同体的慈悲精神；观音圣像左面为手持莲花观音，体现观音的法身德。

※ 南山寺

　　南山寺是一座仿古盛唐风格居山面海的大型寺院，集聚着浓厚的中国传统佛教文化。整座寺庙气势恢宏，建有仁王殿、大雄宝殿、东西配殿、钟鼓楼、转轮藏等。

※金玉观音

金玉观音被供奉在金玉观音阁中，是目前世界上最大的一尊金玉佛像。这尊约3.8米高的观世音雕像内镶释迦牟尼舍利子，是用黄金、南非钻石、红蓝宝石、祖母绿、珊瑚、珍珠等各种奇珍异宝敬造而成，是当代工艺美术史和佛教造像艺术史上的稀世瑰宝。

蜈支洲岛 AAAAA 本地游

情人岛、观海长廊、情人桥

📍 三亚市海棠湾镇。 🚢 从蜈支洲码头坐游轮抵岛。 💰 136元（含往返船票）。

蜈支洲岛又名情人岛。岛的西部及北部有玉带状优质沙滩，沙质均匀细腻，色泽洁白如雪。周围海域海水清澈透明，是潜水观光的首选之地。

岛上还有观日岩、妈祖庙、情人岛、观海长廊、情人桥等景点。有极具特色的各类度假别墅、木屋及酒吧、网球场、海鲜餐厅等配套设施，还开展了包括潜水、半潜观光、水上降落伞等30余项海上和沙滩娱乐项目。

左下 | 蜈支洲岛
右上 | 亚龙湾
右下 | 南山大小洞天

旅游攻略

1. 去蜈支洲岛前先要了解天气情况，风浪大是不能上岛的。在1~3月的时候最好携带几件长袖外套，以备早晚或室外用；由于阳光强烈，最好带上太阳镜、帽子、防晒霜；还有防蚊虫的药和晕车、晕船药。

2. 另外，岛上只有些小商店，最好将自己必须的物品带全。

3. 傍晚或者早上观日出时的观日岩及下方的礁石区，能够拍到很漂亮的朝日。另外，蜈支洲岛的情人桥看似不大起眼，但在夕阳西下时，这里的光线和角度能拍出很漂亮的照片。

三亚其他景点 本地游

※南山大小洞天 AAAAA

小洞天、海山奇观、不老松

📍 三亚市崖城镇南山村。 🚌 乘坐25路、崖州1号等公交站到大小洞天站下车。 💰 90元。

南山大小洞天旅游区有奇特秀丽的海景、山景和石景，还有众多名人胜迹，蔚为奇观。自古以来被称为"海山奇观"，有"琼崖第一山水名胜"的美誉。

现在的大小洞天旅游区以道教文化为主题。区内尚留有"小洞天""钓台""海山奇观""仙梯""仙人足""试剑峰"等摩崖石刻，是海南重要的历史文化遗迹。

※亚龙湾

贝壳馆、蝴蝶谷、海底世界

📍 三亚市田独镇附近。

亚龙湾被称为"天下第一湾"，海水蔚蓝清澈，能见度高，沙质洁白如玉，是滨海浴场，潜水胜地，珊瑚礁重点保护区，被《中国国家地理》杂志评为中国最美八大湾之一。有锦母角、亚龙角、中心广场、贝壳馆、蝴蝶谷、海底世界等景，此外还有奇石和怪滩。

游玩攻略

1. 来亚龙湾游泳，最好早晨和傍晚的时候，要带防晒霜，中午和下午太热了，容易晒伤。

2. 亚龙湾里面很少见个人餐厅，但所订酒店一般都含有自助早餐，各大酒店内有各类自助烧烤、餐厅、酒吧等，但消费较贵。也可以选择去市里的海鲜大排档饱尝海鲜，经济实惠。

3. 亚龙湾主要是四、五星级高档酒店云集在海湾边，分一线海景和二线海景，三大酒店（万豪、希尔顿、喜来登）最为著名，但价格不菲。

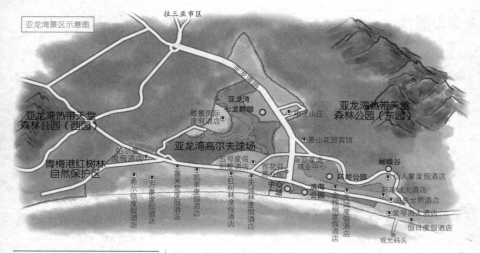

亚龙湾景区示意图

往三亚市区

维景国际度假酒店

亚龙湾七龙群礁

市亚山庄

亚龙湾热带天堂森林公园（西园）

亚龙湾热带天堂森林公园（东园）

景山花园宾馆

亚龙湾高尔夫球场

蝴蝶谷

青梅港红树林自然保护区

铂尔曼度假酒店

五号度假别墅酒店

百花谷商业中心

亚龙湾商业中心

环湖公园

仙人掌度假酒店

环球城大酒店

海底世界酒店

希尔顿度假酒店

万豪度假酒店

喜来登度假酒店

凯莱度假酒店

红树林度假酒店

天域林度假酒店

中心广场

滨海公园

迎宾度假酒店

金棕榈度假酒店

爱琴海大酒店

假日度假酒店

观光码头

※亚龙湾热带天堂森林公园

电影取景地、高山榕

🏠 三亚市亚龙湾国家旅游度假区亚龙湾路。 ¥ 140 元。

森林公园是电影《非诚勿扰Ⅱ》在海南的主要取景地，整个环境呈现热带风格，这里树木繁多茂密，是很原始的热带自然风光。园内有"树中之王"高山榕，还有另类的藤竹等，都是山中不可错过的景观，此外还时不时地见到蝴蝶扑闪而来，极尽野趣。

※天涯海角

椰林海景、天涯石、海角石

🏠 三亚市天涯镇下马岭山脚下。 ¥ 68 元。

天涯海角背负马岭山，面向茫茫大海，在海南岛的最南端，是一处令人神往的旅游胜地。著名的"天涯""海角"和"南天一柱"等刻石在群崖之中，甚为壮观。

※大东海

潜海观光、海水浴、阳光浴

🏠 三亚市河东管理区，东南郊3千米东海路。

大东海素有"福如东海"之渊源。大东海三面环山，整个海湾呈优美的月牙形，一排排翠绿

椰林环抱着沙滩，辽阔的海面晶莹如镜，景色宜人。

※鹿回头

山顶公园、巨型雕像、听潮亭

🏠 三亚市大东海旅游区鹿岭路。 ¥ 35 元。

鹿回头是三面临海的半岛，似鹿回头观望，风光旖旎。登上海拔约275米的山顶可饱览三亚城区风光与海岸美景，这里也是观赏日出日落的制高点。该岛素有"南海情山"的美誉，有着富有神奇色彩的爱情传说。

左下 | 天涯海角
中上 | 大东海
中下 | 鹿回头
右下 | 亚龙湾热带天堂森林公园

三亚海滩

陵水—保亭

周边游

※分界洲岛 AAAAA

海豚湾、珊瑚湾、水上运动

🏠 陵水自治县南桥镇牛岭东北部海面上。🚌 由海口或三亚出发，在陵水动车站下车，在车站乘坐分界洲岛旅游区专线巴士。💰 128元（船票+门票）。

分界洲岛所处位置是海南岛重要的分水岭，是个非常美丽的小岛，这里的海水相当清澈干净，沙滩也非常松软细白。该岛是牛岭的一部分。在这里还可感受曾经荒无人烟的岛屿风情，并在无人岛上畅游与冒险。

※呀诺达雨林景区 AAAAA

雨林谷、梦幻谷、三道谷

🏠 保亭黎族苗族自治县三道镇。🚌 在三亚总站乘坐三亚至保亭的大巴，在景区新大门下车即可。💰 150元。

呀诺达雨林景区是中国唯一地处北纬18度的热带雨林，景区里遮天蔽日，流泉叠瀑倾泻而下，年平均温度24℃，穿越在雨林栈道，呼吸最清新的空气，百年古藤、千年古蕨、巨大的仙草灵芝、"冷血杀手"见血封喉及热带雨林的六大奇观无不让人惊叹。

※槟榔谷黎苗文化旅游区 AAAAA

槟榔树、黎家歌舞、热带景观

🏠 保亭县三道镇甘什岭自然保护区内。🚌 三亚汽车总站有直达景区的班车。💰 80元。

槟榔谷景区坐落在郁郁葱葱、原始古朴的热带雨林中，百年古黎村、雨林苗寨、《槟榔·古韵》大型实景演出、苗家兰花小屋、黎家田园风光等七大文化体验区组成了景区的核心资源。

体验之旅

观《三亚千古情》：全剧围绕《落笔洞》《鹿回头》《鉴真东渡》《海上丝路》《冼夫人》《美丽三亚》等几大幕为脉络。表演整体情节简单、老少皆宜，音响、灯光、道具舞美效果都很棒。演出在三亚宋城旅游区内，票价有260元、280元、480元。

南山长寿文化节：三亚是我国著名的长寿之乡，南山长寿文化节每两年在农历九月初九"重阳节"期间举办，届时有歌舞表演、登山比赛、老年太极拳表演等小型活动提供给老年游客参与。

浪漫婚庆节：天涯海角国际婚庆节于每年年底展开，集大型婚庆活动和蜜月度假旅游于一体。婚庆节通过系列活动，使每对夫妇享有终生难忘的记忆。同时举行的还有形式浪漫的"相亲会"，为单身男女提供邂逅幸福的机会。

寻味之旅

来到三亚这种最具椰岛风情的地方，海鲜和热带水果自然不可错过。在海边观海景，吃海鲜，即捞即煮即吃，真正体会到"人间鲜味"，尤其是三亚三珍（鲍鱼、海参、海胆），闻名国内外。

中下 | 海上摩托艇表演

三亚吃海鲜最好的地方有两个：一个是大东海的东郊椰林，以现代化情调出名；另一家则是大名鼎鼎的"春园海鲜广场"，价廉物美。

目的地攻略

🚗 交通

飞机：三亚凤凰国际机场位于三亚市西北约11千米处。目前已开通上海、北京、天津、广州、成都、贵阳、桂林、哈尔滨等地的航线，通航城市众多。机场有大巴可到大东海、亚龙湾。

火车：三亚有两座火车站，三亚火车站和亚龙湾火车站。三亚火车站距离市中心比较近，有来往海口的动车；亚龙湾火车站距离亚龙湾景区更近。

🏠 住宿

三亚的旅游业发达，消费也普遍较高，尤其是冬季时节，住宿异常火爆。三亚酒店众多，从亚龙湾、大东海、三亚湾到新开发的海棠湾，无论是星级酒店还是家庭旅馆，都有其自身特色，游客可根据自身经济条件做出适当的选择。

🛒 购物

三亚的土特产主要有椰子糖果、椰丝、椰子糕、椰子酱，还有珍珠和海鲜水果等，工艺品主要有贝壳、海螺等。

香港

香港城市风光

推荐景点

① 海洋公园

② 星光大道

③ 太平山顶

④ 大屿山天坛大佛

⑤ 迪士尼乐园

⑥ 维多利亚港

⑦ 尖沙咀钟楼

澳门

澳门城市风光

推荐景点

① 大三巴牌坊

② 妈阁庙

③ 澳门观光塔

④ 威尼斯人度假村

台湾

台湾垦丁海岸线

推荐景点

① 台北 101 大楼

② 阿里山

③ 西门町

④ 太鲁阁

⑤ 九份老街

⑥日月潭

⑦ 绿岛

⑧ 赤崁楼

⑩ 野柳地质公园

⑨ 士林夜市

奇山异俗

西南

旅游带

这个旅游带主要包括四川盆地和云贵高原。除了成都平原地势低缓，以历史古迹和生活悠闲闻名以外，大部分地区都是山岭起伏，喀斯特地貌尤为广布，武隆天生三桥、荔波樟江、龙宫、石林、九寨沟、黄龙都是世界遗产。群山间则有着中国最多样的民族分布，苗族银饰、侗族鼓楼、布依族蜡染、彝族火把节、白族三道茶、傣族孔雀舞都各具魅力。西边横断山区则以藏族为主。

亮点 → 山城 | 古镇 | 石刻 | 船过两江 | 码头文化

摩天大厦

重庆

重庆享"山城""雾都"美名，以"火锅""美女"出名。在重庆街头流连忘返，喜欢解放碑热闹繁华的时尚气息，喜欢朝天门两江交汇的恢宏气势，喜欢洪崖洞倚山而建、古老又精致的吊脚楼群。美丽的山城，醉人的雾都，重庆就是这样充满风姿而又耐人寻味。

旅 行 路 线

重庆全景三日游

在这里待上三天，赏尽美景佳丽，尝尽人间美味。第一天游览红岩革命纪念馆和磁器口古镇，体验红色文化，品茶听民乐；第二天观朝天门，看解放碑；第三天游览北山和宝顶山，寻摩崖造像。

武隆二日游

两天的时间，就可以尽情感受"梦幻武隆"的魅力所在。

第一天进入芙蓉洞探奇，泛舟于芙蓉江，赏两岸风光；第二天在武隆观神奇的天生三桥，赏仙女山四绝。

奉节轻松二日游

奉节不大，花两天的时间游玩足矣。

第一天游览夔门和白帝城，听白帝城托孤的故事，看轻舟走过万重山；第二天主要游览天井峡地缝，观一线天。

重庆市区景点

本地游

※朝天门

朝天门广场、南滨路、朝天门大桥

⊙ 重庆市渝中区朝千路、长江滨江路、陕西路的交叉口。🚇 乘坐地铁1号线或6号线到小什字站下，步行前往。💰 船票158元。

朝天门原为城门，每当初夏仲秋，碧绿的嘉陵江水与褐黄色的长江水激流撞击，漩涡滚滚，清浊分明，形成"夹马水"风景，其势如野马分鬃，十分壮观。

※解放纪念碑

能仁寺、罗汉寺

⊙ 重庆市渝中区解放碑周边区域。🚇 乘坐地铁2号线在临江门站下车即到。💰 免费。

解放纪念碑位于民族、民权、邹容三大路交会的十字路口，有旋梯可达顶端。该建筑为低矮木质结构。1950年由刘伯承题名为"重庆人民解放纪念碑"。如今，解放碑一带已经成为重庆市区最繁华的商贸中心地带。

※洪崖洞

纸盐河酒吧街、天成巷巴渝风情街

⊙ 重庆市渝中区嘉陵江滨江路88号。💰 免费。

洪崖洞是逛山城老街、观赏两江风光、品尝当地美食的好去处。商业街依山就势，沿江而建，以最具巴渝传统建筑特色的吊脚楼为主体，站在观景平台上，可远观两江交汇，风光极佳。

※长江索道

中半岛、滨江路、跨江大桥

⊙ 重庆市渝中区新华路151号。🚇 乘坐地铁1号线小什字站下可达。💰 往返30元。

索道起于渝中区长安寺，横跨长江至南岸区的上新街。乘上索道，滑向江对岸，一路可见灯火辉煌的渝中半岛、璀璨夺目的滨江路、波光粼粼的长江水、流光溢彩的跨江大桥。如果你在蒙

左上 | 磁器口古镇
右上 | 歌乐山烈士陵园

蒙细雨之夜，乘坐长江索道看夜景，还可欣赏到一幅水墨淡彩的《巴山夜雨图》——巴山雨态，水墨中的城市山林。

※三峡博物馆

《壮丽三峡》展厅、《远古巴渝》展厅

🏠 重庆市渝中区人民路 236 号。
🎫 免费。

三峡博物馆建筑正上方漏斗型的圆形穹顶很像一个巨大的承露盘，取"三峡之水天上来"之意。外墙以大面积的蓝色玻璃和古朴的砂岩构成，蓝色玻璃象征着水，而砂岩外墙则代表着山。博物馆展示了重庆的历史发展，馆内展厅还营造出一种真实的三峡景象。

※湖广会馆

禹王宫、湖广填四川移民博物馆

🏠 重庆市渝中区长滨路芭蕉园 1 号。
🎫 30 元。

湖广会馆又名禹王庙，是当年湖北、湖南在渝商人的聚会之所。湖广会馆建筑中的浮雕镂雕十分精湛，题材主要为西游记、西厢记、封神榜和二十四孝等人物故事的图案，每个故事旁边都刻有寓意福气的蝙蝠、花草、瑞兽等。

※人民大礼堂

人民广场、大礼堂

🏠 重庆市渝中区人民路 173 号。
🎫 10 元。

重庆市人民大礼堂是一座精美奇巧的东方式建筑。1987 年，英国出版的世界建筑经典著作《比较建筑史》收录我国当代 43 项建筑工程，将该建筑排列为第二位。礼堂由大礼堂和东、南、北楼四部分组成，是重庆市独具特色的标志建筑物之一。

※罗汉寺

古佛岩、十六尊者塑像、供养人像

🏠 重庆市渝中区罗汉寺街 7 号。
🚇 乘坐地铁 1 号线在小什字站下车，步行即到。🎫 10 元。

罗汉寺始建于北宋，因寺内有 500 尊罗汉像而得名，寺中可以"数罗汉"，并可寻找自己的护法罗汉。自从拍摄了电影《疯狂的石头》后，罗汉寺名声大振。

※磁器口古镇

宝轮寺、马鞍山、钟家院

🏠 重庆市沙坪坝区磁器口镇。🚇 乘坐地铁 1 号线在磁器口站下车即到。
🎫 免费。

磁器口，以出产瓷器而得名。古镇始兴于宋，清末时达极盛，有"一江两溪三山四街"。

抗日战争时文化名人荟萃。镇上建筑极具川东民居特色，石板路与沿街民居相依和谐。

景点攻略

1. 来磁器口古镇，踩踩青石板路，找个茶馆坐坐，感受下老重庆的风土人情。古镇内能够品尝到很多当地的美食和小吃，毛血旺、千张皮和椒盐花生是镇上的"美食三绝"。这里要出名的是"陈麻花"。

2. 在古镇的"横街"上，有家特色明信片馆：思念的素颜，可以在这里寄明信片，寄给未来的自己。

※歌乐山

林园、歌乐山烈士陵园、仙女湖

🏠 重庆市沙坪坝区歌乐山镇森林路。
🚇 乘坐地铁 1 号线到烈士墓站下车，步行前往。🎫 免费。

歌乐山随着长篇小说《红岩》的广泛流传，成为一座英雄的山。歌乐山主要的旅游资源有烈士陵园、渣滓洞、白公馆、森林公园等。

※渣滓洞

放风坝、特务办公室、刑讯室

🏠 重庆市沙坪坝区凌云路歌乐山中。
🎫 免费。

渣滓洞原为人工采煤的小煤窑，1938 年开始被国民党特务机关改造成秘密监狱，用来关押和迫害革命者。渣滓洞看守所分内、外两院。内院可以看到当年国民党特务写的标语；外院是特务们的办公室和刑讯室，刑讯室内有铁锁链、辣椒水、老虎凳等刑具用品。

※南山
一棵树观景台、南山植物园、老君洞室
🚍 重庆市南岸区。💰 30元。

南山风景区是一片山脉，这里的一棵树观景台，是观赏山城夜景的好地方。南山风景区号称重庆的后花园，景区内的南山植物园荟萃中外名花1000余种。这里有很多民国建筑遗迹和抗战博物馆，还可以沿着黄桷古道会到达老君洞。

重庆近郊景点 本地游

※金刀峡
滩口牌坊、偏岩古镇、胜天湖
🚍 重庆市北碚区金刀峡镇小塘村1号。
🚍 北碚渝运客运中心有直达景区的班车。💰 80元。

金刀峡分上下两段。上段由于喀斯特地质作用，金刀神功般形成了独特的峡谷幽壑，石壁如削，两山岈合，上有古藤倒挂，下有潺潺流水；下段由于流水侵蚀的作用，飞泉瀑布层层叠叠，古钟乳、石笋、石柱更是千姿百态。

※缙云山
香炉峰、缙云寺、洛阳桥
🚍 重庆市北碚区缙云路。🚍 乘坐地铁6号线到北碚站后，换乘至景区的专线客车可到。💰 40元。

缙云山九峰挺立，拔地而起，山上古木参天，翠竹成林，因而有"小峨眉"之称。缙云

山也是全国自然保护区，这里生长着1700多种亚热带植物，是著名的植物宝库和森林公园。山中还有世界罕见的活化石树——水杉，此树是1.6亿年前即存在的古生物物种。

※北温泉风景区
关圣殿、接引殿、大佛殿、观音殿
🚍 重庆市北碚区北温泉镇212国道旁。
🚍 在北碚城区乘坐北碚至北温泉专线可到。💰 368元。

北温泉公园楼台亭阁错落有致，翠竹森森，林木葱茏，水光山色，风景如画。接引殿后有一山峦细流汇成的方池，池上石桥栏杆上刻有麒麟、芭蕉及花鸟等图案，皆为明代之作。古香阁系温泉寺旧址，园中古木参天，浓荫蔽日，存有宋、明、清三代僧人墓塔。

※嘉陵江小三峡
沥鼻峡、温塘峡、观音峡
🚍 重庆市北碚区邻水县幺滩镇境内。💰 免费。

嘉陵江小三峡由沥鼻峡、温塘峡、观音峡组成。上为沥鼻峡，峡中江流湍急，水深莫测，峡岸群峰高耸，峻峭幽深；中是温塘峡，古时峡口建有温泉池，称为温塘，故名；下有观音峡，峡口岸边有巨石屹立，形如石笋，俗称文笔石，旁边

悬崖高处有一古刹，名观音阁，峡以阁得名。

※统景风景区
温塘峡、桶井峡、老鹰峡
🚍 重庆市渝北区景泉路66号。
💰 158元。

统景峡素有"小三峡"之称。峭壁青崖倚天而立，两岸翠竹铺天盖岭、秀色可餐。野生猿猴成群结队，或悬挂树梢或攀于崖壁，可以与猿猴亲密接触。统景的温泉闻名遐迩，有人冠之"统景温泉甲天下"的美称。

重庆西南部 本地游

※大足石刻 ◎ AAAAA
宝顶山、北山
🚍 重庆市大足城区东北15千米处的宝顶镇。🚍 菜园坝汽车站乘坐前往大足的班车，转乘205路公交车可到。💰 115元。

大足石刻有石刻造像70余处，其中以宝顶山和北山最为著名。宝顶山石刻有大、小佛湾等共十三处景观，这里有多幅生活场景和佛经中的故事；北山石刻的佛像小巧玲珑，体态多变，呈现出由唐至宋的过渡风格。

中下 | 大足石刻

中上 | 茶山竹海
中下 | 涞滩古镇
右上 | 四面山

※涞滩古镇

涞滩寨、小青瓦建筑群、二佛寺

🏠 重庆市合川区东北28千米涞滩镇。
💰 免费。

涞滩古镇濒临渠江，融古庙、古城、古佛于一体，明清民居高低错落，老街小巷古朴典雅，清代修筑的瓮城现保存完好。古镇分上场与下场，上场坐落在雄视渠江的鹭峰山上，其势巍峨，寨墙高筑，如龙盘虎踞于山势之间。

※茶山竹海

桂山茶园、竹海迷宫、天子殿

🏠 重庆市永川区城西北2千米处。
🚌 永川客运中心有到茶山竹海的班车。
💰 38元。

两万亩茶园和五万亩天然竹林相互缠，茶连竹，竹连茶，故称茶山竹海。《十面埋伏》就是以此作为国内唯一的外景地。茶山竹海风景区主要有三大片茶园和六大片竹海，茶园广袤，竹海苍翠。主峰薄刀岭海拔约1025米，为渝西最高峰。

※黑山谷　AAAAA

十里峡谷、鱼跳瀑、飞龙瀑

🏠 重庆市綦江区黑山镇景星乡境内。
🚌 观景湾车站有直达景区的班车。
💰 85元。

黑山谷山高林密，被誉为"湘黔生物基因库"。黑山谷景区两端分别是两个门，走进景区大门，是一段约1千米长的下山石阶，沿途林木茂密，路边小溪潺潺。下到谷底就是一段约6千米长的栈道，沿途风光不错，这里还有很多地方可以玩水，很是惬意。

※龙鳞石海　AAAAA

天门洞、神女峰、香炉山

🏠 重庆市綦江区万东北路。🚌 万盛旅游汽车站有直达景区的班车。💰 65元。

龙鳞石海是我国第二大石林，也是我国最古老的石林。石海属喀斯特地貌特征，石林群峰壁立，千姿百态，石头多形似飞禽走兽，被地质学家称为天然塑造的"动物乐园"；抑或似田园阡陌，炊烟袅袅，清泉碧池，悬崖飞瀑，景象瑰丽动人。

※四面山　AAAAA

大窝铺、八角尖、坪山

🏠 重庆市江津区四面山镇。🚌 江津客运中心有直达景区的班车。💰 90元。

四面山属云贵高原大娄山北翼余脉，景观以原始森林为基调，众多溪流、湖泊、瀑布点染于苍山绿树之间。大小瀑布倾泻激荡，掀起满天烟雾，轰然鸣响，数里之外也能感受到其威势。风景区内的洪海湖，湖水晶莹清澈，蜿蜒透迤于深山峡谷、莽莽森林之中。

※聂荣臻元帅陈列馆

铜像广场、卫星发射塔、元帅雕像

🏠 重庆市江津区吴滩镇郎家村西南750米。🕘 9:00~17:00，周一闭馆。

聂荣臻元帅陈列馆主体建筑采取碑馆合一的建筑构思，正中碑体高36米，宏伟、挺拔。碑体顶端托起一颗卫星，象征着聂荣臻元帅为中国革命和新中国科技事业作出的不朽功勋，永垂青史。主馆展厅宽阔、展线流畅，再现了聂荣臻元帅为中国革命和建设事业作出的丰功伟绩。

※金佛山　◎ AAAAA

永灵古道、生态石林、碧潭幽谷

🏠 重庆市南川区三汇镇汇星村。🚌 南川客运站有发往北坡景区的班车。💰 套票150元（含往返索道）。

金佛山又名金山，是大娄山脉最高峰，典型的喀斯特地貌，山势雄奇秀丽，天然溶洞星罗棋布，尤以古佛洞最为著名，洞内有山有河，洞中有洞。金佛山林木葱郁，珍稀动植物繁多，其中银杉、银杏、大叶茶、方竹、杜鹃王属国家一类保护植物，被誉为"金山五绝"。

武隆及其周边 本地游

※ 武隆喀斯特 ◎ AAAAA
龙水峡地缝、芙蓉江、乌江画廊

⊙重庆市武隆区。 ☐一般是在仙女镇的游客中心购票后，乘坐景区提供的环保车到达景区。 ⊛芙蓉洞套票150元，仙女山50元，天生三桥125元。

武隆位于武陵山与大娄山的结合部，自古便有"渝黔门屏"之称，千里乌江从城中缓缓流过。"一洞一江两山一桥一缝一坑一画廊"，武隆独特的地质风貌造就了鬼斧神工的自然奇观。

天生三桥以天龙桥、青龙桥、黑龙桥三座气势磅礴的石拱桥称奇于世。景区呈一派雄奇、苍劲、神秘、静幽的原始自然风貌，当地居住了不少土家族居民，喜居吊脚楼，楼的四周铺设走廊，雕栏花窗，屋檐呈鱼尾上翘。整个建筑描红着绿，色彩斑斓。

仙女山因山上有一峰酷似翩翩起舞的仙女而得名。仙女山的林海、奇峰、草场、雪原被游客称为四绝。登峰远眺，起伏而又不失平坦；万峰林

中上 | 武隆天坑

海，苍翠欲滴；镶嵌在山林之间的辽阔草场，野花似锦、延绵天际、牛羊荡漾其间，如诗如画。

芙蓉洞是世界上唯一被列

文化解读
芙蓉洞主洞长约2700米，总面积3.7万平方米，其中"辉煌大厅"面积约1.1万平方米，最为壮观。洞内钟乳石类型几乎包括世界各类洞穴近30余个种类的沉积特征，其中有宽15米、高21米的石瀑和石幕，光洁如玉的棕榈状石笋，粲然如繁星的卷曲石和石花等。净水盆池中的红珊瑚和犬牙状的方解石结晶更是珍贵无比。

为世界自然遗产保护地的洞穴。这里拥有世界上绝大部分类型的钟乳石，在灯光的照耀和衬托下，色彩斑斓，极具视觉冲击感。

※ 酉阳桃花源 AAAAA
潜村、问津亭、桃花岛、秦人栈道

⊙重庆市酉阳县桃花源路232号。 ☐酉阳乘101路公交车至桃源金水岸站下车，步行可到。 ⊛100元。

桃花源景区的入口处为大酉洞，洞口有一片茂盛葱郁的桃树林，桃花溪从洞中潺潺流出。逆桃花溪入洞，洞内钟乳倒挂，千姿百态。穿洞而过，沿着石板铺就的甬道进入桃源

武隆天生三桥景区示意图

景区，沿途有很多亭台楼阁。底部有一终年不枯的泉眼，崖壁上若干小溶洞中，亦有泉水飞泻。

※龚滩古镇

冉家院子、西秦会馆、川主庙

🅰 重庆市酉阳县西部。 🚌 酉阳汽车北站有发往龚滩的中巴车。 💰 16元。

　　龚滩古镇因当年镇上居民多姓龚，故名龚滩。古镇内一条石板街，串联起整个古镇的老建筑，街两边是古香古色、临崖高挑的木制吊楼。镇上有座名桥——"桥重桥"，这座桥是由两座桥重叠成的一座小拱桥，两桥错落有致，弧形优美。

※洪安古镇

象鼻吸水、九龙坡、三不管小岛

🅰 重庆市秀山县境东南洪安镇。

　　洪安古镇有"渝东南门户"之称，是个一脚踏三省的古镇。镇内古建筑群立，其工艺、造型独特，土家苗寨风情别具一格。全镇依山傍水，风景如画。

※丰都鬼城

哼哈祠、奈何桥、鬼门关、黄泉路

🅰 重庆市丰都县名山镇。 💰 95元。

　　相传在汉代有两位方士，一位叫阴长生，另一位叫王方平。两人前往丰都境内的名山修炼成仙。有人误将两个姓连缀为"阴王"，后来这里就被附会为"阴曹地府"的鬼都了。之后这里陆续建起了许多与"阴曹地府"相关的寺庙殿宇。

※雪玉洞

雪玉企鹅、沙场秋点兵、鹅管林

🅰 重庆市丰都县垫道路龙河乡龙河峡谷左岸。 💰 100元。

　　雪玉洞是目前国内已开发

的洞穴中"最年轻"的溶洞。洞内80%的钟乳石都"洁白如雪、质朴似玉"，是世界罕见的"冰雪世界"溶洞，故名雪玉洞，它被《中国国家地理》评为中国最美的十大旅游洞穴之一。

※小南海

朝阳寺岛、老鹳坪岛、牛背岛

🅰 重庆市黔江区小南海镇后坝乡与南海乡之间。 🚌 在黔江汽车站乘坐到达景区的汽车。 💰 68元。

　　小南海地处渝鄂交界之地，是重庆市第一大天然湖泊。湖面上碧波荡漾，以板夹溪为主的五条溪流源源不断地注入湖内。朝阳寺岛、老鹳坪岛、牛背岛等三大岛屿林木葱郁、环境幽雅。湖区四周秀峰环列，植被苍翠，使小南海宛若一颗镶嵌在深山之中的"明珠"。

※阿蓬江

神龟峡、官渡峡、蒲花河

🅰 重庆市黔江区阿蓬江镇细水村。

　　阿蓬江是乌江第一大支流。黔江境内的阿蓬江山高谷深，绝壁对峙，支流纵横，形成优异卓越的河谷风光。它荟萃了神龟峡的原始奇特，官渡峡的神奇秀丽，支流细沙河的温泉与溶洞，蒲花河的间歇泉和天生桥、大漏斗及地下暗河，深溪河的天生四桥等景区。

※长寿湖

水立方、童话城、自然界

🅰 重庆市长寿区桃源西四路。 💰 免费。

　　长寿湖湖中港滩交错，岛屿众多，大量的岛屿排列成一个寿

左上 | 龚滩古镇
左下 | 大渡口小南海
中上 | 洪安古镇

字，故得名为长寿湖。长寿湖湖面辽阔，气势壮观。湖中岛屿众多，岛上林木青翠，留有多处名人遗迹。从空中俯瞰，它像一颗颗璀璨的明珠镶嵌在一碧万顷的长寿湖核心景区。

中上 | 三峡游轮

万州及其周边 本地游

※白帝城 AAAAA
白帝庙、明良殿、武侯祠

🔘 重庆市奉节县瞿塘峡口长江北岸。
🔘 奉节汽车站有直达白帝城的班车。
💰 100元。

　　白帝城因三国时期刘备讨伐东吴兵败，白帝城托孤而闻名于世。这里历来为兵家必争之地，也是观看瞿塘峡"夔门"的最佳地方。城内建有白帝庙，供奉的是刘备、关羽、张飞及刘备托孤的彩塑。白帝庙内的明良殿、武侯祠、观星亭等建筑均为明清时代所建，其建筑古朴典雅，庄严肃穆。

※长江三峡
八阵图、巫山十二峰

🔘 西起奉节县白帝城，东止湖北宜昌南津关。🔘 可在重庆朝天门码头乘坐三峡游船。

　　长江三峡是以长江峡谷水道为主的河川风景名胜区，三峡为瞿塘峡、巫峡、西陵峡的总称，三峡之间有大宁河宽谷和香溪宽谷隔开。

　　瞿塘峡，长江三峡的起点，是三峡中最短的一个，却最雄伟险峻。峡江两岸有很多摩崖石刻，以白盐山粉壁墙最为壮观，绝壁上镌刻着数十幅石刻。

　　巫峡是三峡中最长最大的峡谷，俗称大峡，峡长谷深，奇峰突兀，素以"秀"著称。著名的巫山十二峰分别坐落于两岸，南北各六座。十二峰中尤以神女峰最为著名，峰上那一挺秀的石柱恰似亭亭玉立的少女。

　　夔门是瞿塘峡的西门，夔门段江水湍急，两岸高峰耸立，形如一道门口守护着三峡，故名夔门。长江上游之水纳于此门而入峡，是长江三峡的西大门，又名"瞿塘关"。

※小三峡—小小三峡 AAAAA
巴雾峡、滴翠峡、三撑峡、秦王峡

🔘 重庆市巫山小三峡景区。🔘 巫山县小三峡龙门渡口乘船即可游览小三峡风光，经大宁河到马渡河小小三峡渡口，再换乘小船游览。💰 120元。

　　巫山小三峡—小小三峡旅游区被誉为"中华奇观""天下绝景"。小三峡峡谷内不仅有青山奇峰，更有留存千古的巴人悬棺、船棺和古寨等历史遗迹。

三峡景区示意图

游人可以荡舟在青山峡谷间，观赏两岸绝壁上悬挂的巴人千年悬棺。与大宁河小三峡相比，小小三峡山更高，峡更窄水更小，滩更险，洞更幽，景更秀，有"张家界的山，小小三峡的水"之誉。

※万州大瀑布

水帘洞、将军墓、陆安古桥

⌂ 重庆市万州区甘宁镇甘宁河段。
¥ 98元。

万州大瀑布群景区以其磅礴气势和众星拱月般的奇特景观与脍炙人口的民间传说受到世人瞩目。瀑布下面约1600平方米的水帘洞能极大丰富您的想象力。7000余平方米的青龙洞中，令人叹为观止的是自然天成的青龙洞"天工画壁"。

※张飞庙

碑刻书法、张飞像、桃园三结义雕塑

⌂ 重庆市云阳县望江大道886号。
¥ 40元。

张飞庙又名张桓侯庙，始建于蜀汉末期，距今已有1700余年。张飞庙临江而建，庙外环境清幽，庙前临江石壁上刻有"江上风清"四个大字，字体雄劲秀逸。庙内塑有张飞像，珍藏有汉唐以来的大量诗文碑刻书画及其他文物数百件，多为稀世珍品。

文化解读

相传勇毅刚直的张飞急于为义兄关羽报仇，被部将张达、范疆所害，其头颅被抛于江中。有渔人夜得张飞托梦，到江中打捞张飞头颅，意外捞到一罐金子，于是用此金修造了张飞庙。

※龙缸国家地质公园 AAAAA

望月洞、月崖洞、月崖洞

⌂ 重庆市云阳县清水镇。🚍 在云阳东城车站乘坐发往清水的大巴可到达景区。¥ 100元。

龙缸是一个深约550米的椭圆形天坑，因形状为一个天然大石缸，又被誉为"天下第一缸"。龙缸口下有天然条石平伸入内，可于此俯伏窥视坑内特异景物。缸壁上部藤萝覆盖，野花点缀，下则石壁如削，呈青灰色，向坑内投石，需数十秒钟方能听到回声。

※石宝寨

寨门、寨身、阁楼

⌂ 重庆市忠县石宝镇印山街18号。¥ 50元。

石宝寨临江处有一块十多丈高的巨石，相传为女娲补天所剩的五彩石，故称为石宝。石宝寨始建于明万历年间，原为9层，隐含"九重天"之意。寨内有三组雕塑群像，寨下有古朴雅致的石宝街。

体验之旅

观看《印象·武隆》：以濒临消失的"号子"为主要内容，让观众体验壮美的自然景观和巴蜀大地独特的风土人情。

坐一次过江索道：缆车连接长江两岸，穿梭于密集的高层居民楼间。索道起于渝中区长安寺，横跨长江至南岸区的上新街，有"万里长江第一条空中走廊"之称。

泡一泡温泉：重庆的温泉闻名天下，天寒地冻之时，窝在汤水之中，感受"温泉水滑洗凝脂"的乐趣，洗去一身疲惫。

网红打卡：重庆这个网红城市，除了美食及美景以外，还有个好玩的万盛奥陶纪值得一去。惊险刺激的高空项目深受年轻人的喜欢，特别是悬崖秋千和极限飞跃，很多外地的游客都特意跑来打卡。

寻味之旅

重庆菜属于渝派川菜，以"麻、辣、鲜、嫩、烫"为重点。重庆被称作"中国火锅之都"，可以品尝到各种各样的

左下 | 长江三峡
右下 | 石宝寨

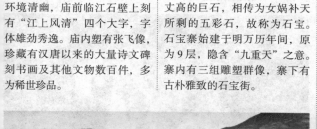

特色火锅，最受欢迎的地道老火锅总是深藏在大街小巷之中。

重庆火锅：又称为毛肚火锅或麻辣火锅，是中国的传统饮食方式，以调汤考究，麻辣鲜香见长，具有原料多样，荤素皆可，适应广泛，风格独特。

重庆酸辣粉：酸辣粉以它的酸辣味而得名，是重庆民间广为流传的传统名小吃。主要采用红薯粉加工而成，因价廉物美，长期以来一直受人喜爱。

磁器口麻花：又称陈麻花，一般分麻辣味、椒盐味、甜味三种，味道香甜酥脆。

毛血旺：重庆市的特色菜，将生血旺现烫现吃，遂取名毛血旺，其味道麻、辣、鲜、香四味俱全，汁浓味足。

糍粑：重庆的糍粑是把蒸熟的糯米放入石臼里，用芦竹把糯米捣碎，再撒上黄豆粉、白糖。其味道清香滋润，醇甜爽口。

美食街：靠近解放碑的八一好吃街，短短的一条街上汇聚了很多重庆的人气美食小店。传统正宗的酸辣粉、蘸料百变的荤豆花、香甜滑糯的山城汤圆、滋味鲜美的棒棒鸡，在这里都可以吃到，这里也逐渐变成了重庆小吃的精华浓缩地。

千年古镇磁器口，也是一个不可错过的小吃集结地，在这一条石板路上，可以品尝到"古镇三绝"毛血旺、烩千张皮、椒盐花生，还有香辣可口的鸡杂、现场打制的糍粑和香酥脆爽的陈麻花。

目的地攻略

🚗 交通

飞机：重庆有三座民用机场，分别是重庆江北国际机场、重庆万州五桥机场、重庆黔江舟白机场。来重庆游玩一般是降临江北机场。从江北机场有直飞全国158多个大中城市的国内航班，并开通了直飞欧洲的国际航线。

江北国际机场位于重庆市渝北区两路镇，可以在江北机场乘坐地铁3号线到达市区。

火车：重庆站，位于渝中区菜园坝，主要开行普通、快速、特快列车，可与重庆地铁1号线、3号线在两路口站换乘。

重庆北站，位于渝北区龙头寺，北广场主要负责城际铁路、高速铁路客运运营，南广场主要负责特快、普快等普通列车的客运运营。地铁3号线、10号线可到。

重庆西站，位于沙坪坝区张家湾32号，现已开通到重庆北站的公交化列车，仅需23分钟。

客轮：重庆的客轮目前主要是开往宜昌。很多游客会在重庆登上三峡游轮，前往宜昌。乘船地点大多在朝天门附近的各个码头。

市内交通：重庆轨道交通比较发达，目前运行的线路有1号线、2号线、3号线（含北延线）、4号线、5号线、6号线、9号线、10号线、国博线及环线。

🏠 住宿

重庆的住宿价格、服务水平差距非常大。如果是在渝东的西阳、秀山等地，住宿价钱还要便宜。四面山、大足石刻以及一些古镇上都有家庭旅馆。地缝、天坑和芙蓉洞都在武隆区的边上，路很好。其中，地缝、天坑相隔很近，所以建议住武隆区。武隆城区住宿选择较多。

🛒 购物

重庆地域广阔，资源繁多。在漫长的历史岁月中，形成了众多著名的土特产品。民间手工艺品有：荣昌折扇、三峡石砚等；本地风味食品有：江津米花糖、涪陵榨菜、合川桃片等；着迷重庆火锅的朋友，不妨带些重庆产的火锅底料回家。

中上｜苗家歌舞
中下｜酸辣粉
右下｜磁器口小吃摊

亮点→ 天府之国 | 茶馆 | 麻将 | 川剧 | 古镇

青城后山

成都

成都又称"蓉城"，公元前4世纪，蜀王迁都至此。府南河边手持香茶晒太阳的人眼里，流露着温厚的人间暖意和世俗烟火；"花重锦官城"的诗句里，浓缩着太多的繁华往事与沧桑流年。洁净清新的空气，厚重的人文积淀，怡人的自然山水，闲散包容的城市风情，让这里成为来了就不想离开的城市。

旅 行 路 线

成都市区二日游

第一天早上去文殊院，参拜佛教寺院，然后去金沙遗址博物馆，走近神秘的古蜀文明，下午去武侯祠，体验三国文化，傍晚逛锦里古街；第二天先去杜甫草堂，然后游览青羊宫，傍晚在宽窄巷子里，喝着盖碗茶，摆摆龙门阵。

乐山礼佛三日游

这是一条经典的三日游线路。第一天主要游览乐山市区，以乐山大佛和乌尤寺为看点；后两天游览峨眉山，以金顶拜佛赏云海和观峨眉山灵猴为看点。

成都市区景点
本地游

※锦里

美食、川剧变脸、茶技

⊙ 成都市武侯区武侯祠大街231号。
⊛ 免费。

锦里是西蜀最古老的商业街道，以川西民居风格建筑为主。锦里以集中展示巴蜀民风民俗和三国蜀汉文化为主题。古街有茶坊、客栈、戏台等，古戏台定期上演川戏的经典剧目。

※武侯祠

刘备殿、过厅、三义庙

⊙ 成都市武侯区武侯祠大街231号。
⊛ 50元。

武侯祠是纪念蜀汉丞相诸葛亮的主要胜迹。祠内有著名的唐碑，此碑因文章、书法绝妙和诸葛亮功德绝世，在明代即被誉为"三绝碑"。

文化解读

建筑布局

武侯祠坐北朝南，古柏苍翠，红墙环绕。二门至刘备殿与东西殿、过厅至诸葛亮殿与东西两厢房，形成两组四合建筑结构。轴线建筑两侧配有园林景点和附属建筑。祠内有蜀汉历史人物泥塑像47尊，蜀汉君臣分列上下，济济一堂，构成全国最多的三国人物塑像群。西侧是刘备墓，史称惠陵，墓前有"汉昭烈皇帝之陵"墓碑。

珍贵文物

除塑像外，武侯祠内还有碑碣、匾联，以及鼎、炉、钟、鼓等文物，其中以唐碑最为珍贵。唐碑耸立在大门至二门之间，建于唐宪宗元和四年，距今已有1100余年。此碑因文章、书法妙绝和所称颂的诸葛亮的功德绝世，在明代即被誉为"三绝碑"。另外，在武侯祠还可以看到很多历史名人对那段历史或人物的凭吊，尤以清末文化名人赵藩的《攻心联》和相传宋代岳飞手书的诸葛亮的《出师表》最为著名。

※望江楼公园

崇丽阁、濯锦楼、浣笺亭

成都市武侯区望江路300号。
20元。

望江楼公园位于一片竹林中，这里有望江楼古建筑群、唐代著名女诗人薛涛纪念馆等文物遗迹及各类珍奇异竹。薛涛一生爱竹，赞颂竹"虚心能自持"，"苍苍劲节奇"，后人在园内遍栽各类佳竹，荟萃了国内外200余种竹子，其中不乏名贵竹种，被誉为"竹的公园"。

※杜甫草堂

草堂寺、浣花祠、工部祠

成都市青羊区青华路37号。
50元。

杜甫草堂是唐代诗人杜甫流寓成都时的故居，后人为纪念他而建。其建筑为混合式中国古典园林风格，大庙、柴门是杜诗中提到的草堂原有建筑，诗史堂正中是杜甫立像，堂内陈列有历代名人题写的楹联、匾额。工部祠内供奉有杜甫画像。

※宽窄巷子

掏耳朵、摆龙门阵

成都市青羊区同仁路以东长顺街以西。乘坐地铁4号线在宽窄巷子站下车。免费。

宽窄巷子是成都遗留下来的较成规模的清朝古街道，宽巷子与窄巷子又是成都这座古老又

左上｜宽窄巷子
中上｜望江楼全景
中下｜杜甫草堂
右下｜金沙遗址公园

年轻的城市往昔的缩影，是一个记忆深处的符号。当游人伴着夕阳，望着炊烟，走在黄昏中的巷子里，久违的老城区市民化生活场景一一浮现在眼前。

文化解读

宽巷子——闲生活

宽巷子代表了最成都、最百姓的民间文化：龙堂客栈、精美的门头、街檐下的老茶馆……构成了宽巷子独一无二的吸引元素和成都语汇。宽巷子中，最值得一提的是老成都原真生活体验馆，它展示了民国时期一户普通成都人家一天的生活场景。用一个院落复原这个家庭的厨房、书房、堂屋、新房等，向参观者呈现老成都的生活状态。

窄巷子——慢生活

成都是天府，窄巷子就是成都的"府"，展示成都的院落文化。这种院落文化代表了一种传统的雅文化：宅中有园，园里有屋，屋中有院，院中有树，树上有天，天上有月。

※金沙遗址博物馆

太阳神鸟、《梦回金沙》

成都市青羊区金沙遗址路2号。
70元。

金沙遗址是古蜀王国的都邑，遗址出土了世界上同一时期遗址中最为密集的象牙、数量最为丰富的金器和玉器。遗址博物馆是在遗址上兴建的专题博物馆。博物馆建筑简洁大方，与遗址环境浑然一体，由遗迹馆、陈列馆、文物保护与修复中心、游客中心和园林区组成。

※文殊院

天王殿、说法堂、藏经楼

成都市青羊区文殊院街66号。
乘坐地铁1号线在文殊院站下车。
免费。

文殊院始建于隋朝，院内供奉着大小300余尊佛像，其中有一尊缅甸玉佛，来自缅甸，极其珍贵。寺院内5座大殿递次连接，与东西两侧的钟楼、斋堂、廊房浑然一体，院内还开设有茶馆和独具特色的素餐馆"香斋堂"。

※四川博物院

大风堂、百年回眸、中国书画精品馆

📍 成都市青羊区浣花南路 251 号。

四川博物院馆藏文物中，最具特色的是巴蜀青铜器、张大千绘画作品、四川汉代画像砖和陶塑等。博物院共分三层，一层以四川汉代画像石艺术展为主。二层主要由巴蜀青铜馆、大风堂、中国书画精品馆和瓷器馆组成。三层以藏佛之光、万佛寺石刻馆、古风雅韵工艺美术馆、大山回响和百年回眸构成。

※大慈寺

玄奘纪念馆、素斋、茶馆

📍 成都市锦江区大慈寺路 23 号。
🚇 乘坐地铁 2 号线在春熙路站下车，步行前往。🎫 免费。

大慈寺古称"震旦第一丛林"，以壁画著称，寺中所藏碑石书法墨迹也丰富。据记载，唐代名僧玄奘法师曾在这里受戒、讲学。山门殿上方"古大圣慈寺"石匾刻于光绪六年（1880 年），距今已有 140 多年，各殿堂石柱上刻有清代名士撰书的楹联。

※成都大熊猫繁育研究基地

露天园子、熊猫产房、大熊猫体验工作站

📍 成都市成华区外北三环熊猫大道 1375 号。🎫 55 元。

基地位于成都市北郊，建设完全模拟大熊猫野外生活环境，建有湖泊、溪流、竹林、草坪等。内有露天园子和室内休息室，天气凉爽时大熊猫会在园子内玩耍，游客可以隔着栏杆观赏萌萌的大熊猫。可以说，大熊猫繁育研究基地是成都人气最高的景区之一。

都江堰—青城山 ◎ AAAAA

都江堰、泰安古镇、上清观　特写

左下 | 都江堰

📍 成都市都江堰市西部。🚄 成都站乘坐到都江堰站的城际列车，再转乘公交前往景区。🎫 80 元。

都江堰是世界上年代最久、唯一留存、以无坝引水为特征的宏大水利工程。从 2200 多年前到今天一直发挥巨大作用。

青城山背靠岷江雪岭，面向川西平原，为邛崃山系中的一个环扣。群峰环绕，状若城郭，终年青翠，故名"青城山"。这里山林幽深、亭阁幽雅、溪流幽清，故有"青城天下幽"的美誉。

青城前山全山有道教宫、观几十余处，著名的有天师洞、祖师殿等，以人文风光为主，还有众多道教文化遗迹。

青城后山主要是自然风光，这里水秀、林幽、山雄，是徒步休闲的好去处。

青城山景区示意图

大熊猫

　　大熊猫属于食肉目、熊科的一种哺乳动物，已经在地球上生存了至少 800 万年，被誉为"活化石"，它是世界上最可爱的动物之一，也是世界生物多样性保护的旗舰物种。

　　大熊猫是中国的国宝，主要栖息在中国四川、陕西和甘肃的山区中。截至 2011 年 10 月，全国圈养大熊猫数量为 333 只，全国野生成年大熊猫有 1 596 只。大熊猫最初是吃肉的，后经过进化，99% 的食物都变为了竹子。

国宝档案

中文学名：大熊猫
别　　称：猫熊、银狗、杜洞尕、
执夷、貊、食铁兽
性　　情：温顺
保护级别：国家一级保护动物

头部和身体毛色黑白相间分明，但黑非纯黑，白非纯白，而是黑中透褐，白中带黄。

皮肤较厚，最厚处可达 10 毫米，体背部皮肤要厚于腹侧，体外侧厚于体内侧。

大熊猫体形肥硕似熊、丰腴富态，头圆尾短，头躯长 1 200~1 800 毫米，尾长 100~120 毫米。体重 80~120 千克，一般雄性个体稍大于雌性。

视觉并不发达，由于大熊猫长期生活于密林中，光线很暗，障碍物多，致使其视觉退化。

熊猫们互相帮助，十分团结，如果有伙伴掉队，它们会停下来，等伙伴跟上再走。

相对锋利的爪和发达有力的前后肢，有利于大熊猫快速爬上高大的乔木。

国内主要大熊猫保护区

　　卧龙自然保护区：位于汶川县境内，成立于 1963 年。
　　蜂桶寨自然保护区：位于宝兴县境内，成立于 1975 年。
　　四姑娘山自然保护区：位于小金县境内，成立于 1996 年。
　　喇叭河自然保护区：位于天全县境内，成立于 1963 年。
　　黑水河自然保护区：位于芦山县和大邑县境内，成立于 1993 年。
　　金汤—孔玉自然保护区：位于康定市境内，成立于 1995 年。
　　草坡自然保护区：位于汶川县境内，成立于 2000 年。

艺术形象

　　2008 年北京奥运会的吉祥物之中，福娃晶晶就是以大熊猫为蓝本设计的。此外大熊猫憨态可掬的形象还经常出现在影视作品中，例如大家熟悉的动画电影《功夫熊猫》。

最长寿大熊猫

　　2015 年 7 月 28 日，香港海洋公园为雌性大熊猫"佳佳"过 37 周岁生日。当天，吉尼斯世界纪录认证官公布，"佳佳"刷新了两项吉尼斯世界纪录荣誉，成为"迄今为止最长寿的圈养大熊猫"及"最长寿的在世圈养大熊猫"。据介绍，大熊猫 37 岁的年纪相当于人类 110 岁高龄。

※东郊记忆

办公楼、红砖厂房、铁轨

🏠 成都市成华区建设南路中段 4 号。
💰 免费。

东郊记忆原名"东区音乐公园"，是成都又一张具有划时代意义的城市新名片。景区内处处都是苏联援建的办公楼、红砖厂房、火车头和铁轨，充满了浓浓的怀旧感。你也可以在这里找一间咖啡店、书吧，进去坐坐发发呆。

成都郊县景点 本地游

※西岭雪山

映雪湖、日月坪、阴阳界

🏠 成都市大邑县西岭镇西岭雪山风景区。💰 120 元。

一座距离成都市区最近的雪山，山中景色，一年四季各有特色。春季，漫山遍野的杜鹃花盛开，仿佛一片花的海洋；夏季林木葱郁，是避暑的好地方；冬季积雪期的西岭雪山，是冰雪游乐的好地方。

※安仁古镇 AAAAA

刘氏庄园、建川博物馆聚落、红星街

🏠 成都市大邑县安仁古镇。💰 古镇免费，刘氏庄园通票 40 元，建川博物馆聚落 60 元。

始建于唐朝的安仁古镇，是一个安宁的古镇。这里有保存完好的刘氏庄园，有中国最大的民间博物馆聚落。古镇内三条建筑风格各异的古街上集中了十几座民国时期的老公馆。

刘氏庄园曾经是大地主刘文彩的私家住宅，是目前国内保存最完好的一处封建地主庄园。庄园内珍品馆展出了刘文彩收藏的文物，后院还有大型雕塑"收租院"。

建川博物馆聚落是国内规模最大的民间博物馆，馆区内最知名的抗战系列以珍贵的历史资料、实物、图片和实景复原等方式，展示当年抗战的艰辛岁月。

※新场古镇

李氏旧宅、福临社、璧山寺

🏠 成都市大邑县新场镇。💰 免费。

新场古镇保留了很多川西传统民居，古镇的房屋大都为清朝、民国时期建造，古镇有七条古街和六条巷子，街巷两边的古建筑古朴美观。每年农历七月初六是新场古镇盛大的璧山庙会。届时许多村民会穿上古装，扮成戏曲中人物的模样，由专人抬着沿街游行。

※黄龙溪古镇

镇江寺、潮音寺、三县衙门

🏠 成都市双流区黄龙溪镇。🚌 成都市新南门汽车站有班车直达黄龙溪古镇。💰 免费。

黄龙溪古镇至今已有 1700 多年历史。镇上有明清时代的青石板古街，与古牌坊、古寺庙、古建筑民居等浑然一体。一条溪水穿城而过，两岸是青石铺就的路面。路两边多为明清建筑，傍水而筑，木柱青瓦的楼阁房舍，镂刻精美的栏杆，宁静古朴。

> **景点攻略**
> 黄龙溪民俗风情浓郁，以每年农历正月初二至十五的"烧火龙"为最。"火龙"栩栩如生，而家家户户则准备好烟花爆竹，待龙灯临门时，烟花齐射向龙身，表演结束后，众人将龙身烧毁，残灰撒入江河，以祈求当年风调雨顺。

※洛带古镇

广东会馆、湖广会馆、凤仪馆、基督教堂

🏠 成都市龙泉驿区洛带镇。🚌 成都新南门汽车站有班车直达洛带古镇。💰 免费。

洛带古镇分老街和新街。老街是一条约 1000 米长、形如玉带般的街道，由一块块 1 米左右的石板镶嵌而成。那凹凸不平的石板见证了古镇漫长的岁月和沧桑。

左下 | 西岭雪山
右下 | 洛带古镇

※街子古镇

光严禅寺、字库塔、凤栖山

📍 成都市崇州市街子镇。 💰 免费。

街子古镇有上千年的历史，古镇现存以江城街为中心的六条街，街两边多为清代中晚期遗留下来的古建筑。街道的尽头是一座用石条、石墩和青砖建成的字库塔。镇旁的凤栖山林木茂密遮天蔽日，山中藏着以光严禅院为中心的32座寺庙等古迹。

※天台山

十八里香草沟、摩云峰、响水滩瀑布

📍 成都市邛崃市天台山风景区。 🚌 成都市新南门汽车站每天有班车直达天台山景区。 💰 58元。

天台山是大熊猫栖息地，景区内林木茂密，清溪瀑布随处可见。金龙河自玉霄峰而下，沿途瀑布、深潭密集，其中最有名的是响水滩瀑布，这是川西地区第一大瀑布。西川绝壁顶端为摩云峰，以峰高崖险著称，登上顶峰，可以看到古人所点天灯的遗址——天灯岗。

※平乐古镇

白沫江、乐善街、万亩竹海

📍 成都市邛崃市平乐镇。 🚌 成都市新南站有直达平乐古镇的班车。 💰 免费。

平乐古镇以原生态的川西古建筑和古朴的民风而著称。白沫江自西向东流经古镇，江畔的千年古榕、沿江吊脚楼和青石板街道，都展现了平乐古镇的风韵。古镇有著名的水景风情街——乐善街，街的尽头就是乐善桥，为七孔石桥，桥洞改用桃型，堪称川西一绝。

※石象湖

七星码头、石象寺、文相桥、古琴台

📍 成都市蒲江县成雅高速公路86千米出口处。 💰 100元。

石象湖坐落在原始森林之中，湖水清澈通透，港湾极多，乘坐乌篷船泛舟湖上，是感受湖光山色的最佳方式。人在船上坐，云影水中飘，仿佛进入江南水乡。景区种植有数十种花卉，在每年三月郁金香节期间，漫山遍野盛开着数百万株郁金香。而秋季，则会举办百合花旅游节，此时整座园区弥漫着百合花的香气。

成都往东
周边游

※安岳石刻

毗卢洞石刻、圆觉洞、华严洞

📍 资阳市安岳县境内。 💰 30元。

这里至今保存较好并具有一定规模和文物价值的石刻有45处，具有很高的雕刻艺术价值。造像风格除少数淳朴、粗犷的魏晋风格外，大多是体态丰满、雍容华贵的唐代风格，也有一些精细华美、璎珞盖身的宋代特征。

※广德寺

圣旨牌坊、善济塔、西来玉佛

📍 遂宁市船山区卧龙山。 💰 36元。

广德寺始建于唐朝（618年），距今已有1400多年历史，是古代朝廷钦定的观音道场、皇家禅林。寺庙依山而建，规模宏大，建筑形仿京城故宫排列。

※中国死海

水上乐园、黑泥景区

📍 遂宁市大英县中海大道888号。 💰 230元。

中国死海就是在古盐湖盆地上采用古老的卓筒井开采技术汲取地下3000米的盐卤海水，在地表形成的5万平方米的水域。度假区依山傍水而建，是一个只生产"快乐"而不长水草的地方，人可以在水中轻松漂浮不沉。

左下｜邛崃天台山
中下｜石象湖

成都往北
_{周边游}

※三星堆博物馆
青铜器馆、综合馆

📍 德阳市广汉市南兴镇真武村。💰 70元。

三星堆博物馆位于三星堆遗址东北角，博物馆现有两个独立的展馆，第一展馆为综合馆，主要陈列金、铜、玉、石等文物，第二展馆为青铜专馆，陈列着出土的各种青铜器具。园内建有大型访古祭祀台，可登台凭吊。

※北川羌城旅游区 AAAAA
北川地震纪念馆、吉娜羌寨

📍 绵阳市北川新县城永昌镇。🚌 在绵阳汽车站乘前往新北川安昌镇的大巴可至景区。💰 免费。

北川羌城旅游区是一个开放性景区。旅游区主题定位为缅怀祭奠、大爱无疆、禹羌文化，即缅怀和纪念"5·12"特大地震灾难、承载伟大抗震救灾精神和无疆大爱、展示和传承羌族悠久的人文历史与灿烂的民族文化。

乐山
_{周边游}

※峨眉山 ⑥ AAAAA
报国寺、金顶、一线天、九十九道拐

📍 乐山市峨眉山市境内。🚌 峨眉山站乘坐5路A线公交至伏虎寺站下车。💰 160元。

峨眉山是四大佛山之一，也是普贤菩萨的道场，充满了佛陀的气息。这里有十大胜景以及佛光、云海、日出、圣灯四大自然奇观，素有"峨眉天下秀"之美誉。

报国寺是峨眉山进山的门户，前对凤凰堡，后倚凤凰坪，

左濒凤凰湖，右挽来凤亭，朝迎旭日，晚送落霞。现有殿宇五重，山门正中悬挂康熙御书"报国寺"大字木匾。另外，藏经楼两侧还陈列着丰富的文物、书画，以及峨眉山全境模型。

金顶为峨眉山次高峰，顶上是个小平原，原有铜殿一座，在太阳的照射下，光彩夺

中下 | 峨眉山圣境

峨眉山景区示意图

峨眉山

目，故而得名金顶。登上金顶，人们顿觉万象排空，气势磅礴。千山万岭，起伏如浪，极目四望，成都平原尽收眼底。

※乐山大佛 ◎ AAAAA
龙湫虎穴、凌云寺、九曲栈道、灵宝塔拐
◎ 乐山市市中区凌云路 2435 号。
◎ 市内乘坐 3 路、13 路公交车到乐山大佛站下车即到。◎ 80 元，游船 70 元。

乐山大佛位于岷江、青衣江和大渡河交汇处凌云山栖霞峰的岩壁上，又名凌云大佛。大佛双手抚膝正襟危坐，造型庄严。佛头与山同高，足踏大江，体态匀称，神情肃穆。大佛头上共有螺髻 1051 个，为石块逐个镶嵌而成，做工细致，远看发髻与头部浑然一体。

在大佛左右两侧沿江崖壁上，还有两尊手持戈戟、身着战袍的护法武士石刻，数百龛上千尊石刻造像。大佛左侧，沿"洞天"下去就是近代开凿的长近 500 米的凌云栈道，右侧是唐代开凿大佛时留下的施工和礼佛通道——九曲栈道。

※东方佛都
地下佛宫、东南亚佛像群
◎ 乐山市市中区凌云路 362 号。
◎ 80 元。

东方佛都坐落于乐山大佛景区群峰之间，系仿古石刻佛像主题公园，内外佛教艺术珍品仿制大小佛像三千多尊。大门用褚红条石砌建，广阔方正的门额上书"东方佛都"四字。门洞间四尊高 5 米的敦煌菩萨浮雕，形象端丽丰美，门廊西侧古印度风格的佛教故事浅浮雕神韵飘然，墙后六座小乘教缅甸式佛塔与之烘托，别具一格，肃穆庄严。

※嘉阳小火车
矿井、喷气表演、油菜花
◎ 乐山市犍为县石溪镇和芭沟镇。
◎ 往返 160 元。

嘉阳小火车是目前世界上少有的正常运营着的客运窄轨蒸汽火车，起始站是石溪镇，一个丘陵山区的普通小镇，终点站是黄村井站，一个当年有名的煤矿出口。铁路全长约 19.8 千米，沿途可以观赏田园风光，花季的时候这里是满眼金黄的油菜花，非常惬意。

※罗城古镇
灵官庙、凉厅街
◎ 乐山市犍为县东北部。
◎ 免费。

罗城古镇的建筑布局极为独特，全镇坐落于山顶，街道房舍即如一艘航船。这座船形古镇主街道为南北走向，街面起伏，恰如波涛中的甲板；街中戏楼高耸，如高扬的风帆。而街尾的灵官庙又如同航船的船舱。街道两侧各有一排阴廊，仿佛船篷一般，又称"船厅街"。

> **文化解读**
> 相传明代崇祯年间，一位外地秀才到此，看到当地民众苦于缺水，生活极不方便的情形，不禁口念几句"罗城旱码头，衣冠不长久。要得水成河，罗城修成舟。舟在水中行，有舟必有水。"当地人居然也认定改造建筑是解决缺水难题的好办法，于是纷纷捐资修建，结果就有了这座举世罕见的小镇。

※黑竹沟
瀑布、黑竹沟温泉
◎ 乐山市峨边县境内。
◎ 60 元。

黑竹沟境内重峦叠嶂，溪涧幽深，迷雾缭绕。这里地理位置特殊，自然条件复杂，生态原始，加之曾出现过数次人、畜进沟神秘失踪现象，给人一种神秘莫测之感，也产生了众多的令人费解之谜。

左下 | 黑竹沟
中上 | 乐山大佛
中下 | 嘉阳小火车

雅安

周边游

※碧峰峡 AAAAA

白熊坪、熊猫幼儿园、豹子山

📍 雅安市雨城区下里乡。🚌 可到成都新南门旅游客运站乘坐"成都—碧峰峡"的旅游专线。🎫 风景区 100 元，野生动物园 180 元（含猛兽区观光车＋动物表演）。

碧峰峡是两条呈 V 字形排列的峡谷，左峡长约 7 千米，右峡长约 6 千米，峡谷内林木葱郁，层峦叠嶂，四季青碧，故而得名。沿着一米多宽的石板路在峡区内环绕前行，可领略险、奇、秀、幽之原始风貌。其中碧峰峡野生动物园是全国第一家生态型野生动物园。

※上里古镇

韩家大院、二仙桥、白马泉

📍 雅安市雨城区上里镇雅上路。🎫 免费。

上里古镇初名"罗绳"，是唐蕃古道上的重要边茶关隘和茶马司所在地。古镇二水环绕，面向田野小丘，与四周古树、修竹、溪水、古桥相映成趣。镇上古朴的建筑，风格各异，石板铺街，木屋为舍。身临其间，有一种时光倒流的感觉，仿佛置身世外桃源。

左下 | 上里古镇

※蒙顶山

上清峰、银杏群

📍 雅安市名山区蒙阳镇境内。🎫 52 元。

蒙顶山，又称蒙山，因"雨雾蒙沫"而得名。蒙顶山五峰环列，状若莲花，最高峰上清峰，海拔约 1456 米。蒙顶山麓有着浓郁的川西乡村景色，农田村舍，小桥流水；中山地带则是大片茶园密布，环境清幽；中山以上是森林地带，大片的古银杏群高大挺拔，非常壮观。

※东拉山大峡谷

赶羊正沟、鹿井沟、桂嫱湾

📍 雅安市宝兴县陇东镇。🎫 50 元。

东拉山大峡谷地处夹金山麓青衣江源，山中奇峰异景，溪水飞瀑，雨雾红叶，林鸟山兽，让人目不暇接。秋季来临，接连的秋雨，迎来霜降，东拉山的树叶逐渐由绿色转为红色。放眼望去，秋林尽染，红叶烂漫，在万亩野生桂花林的绿中尽情绽放。

※神木垒

红杉坪、根雕园、五彩池

📍 雅安市宝兴县硗碛藏族乡内。🎫 50 元。

神木垒，藏语里就是神仙玩耍的地方。山顶绿油油的草地上留下的一个个桌面大的树桩，仿佛天然的木雕艺术。树木葱茏蓊郁，流动的白云增加了山的活力和灵气，给人高远空阔的感受，到了 11 月，红叶红遍层林尽染，景色十分漂亮。

体验之旅

看川剧：来到成都，当然不能错过川剧，尤其是川剧中著名的"变脸"绝技，更是让世人感叹中华文化的博大精深和无穷奥秘。川剧语言生动活泼，幽默风趣，充满鲜明的地方色彩。

泡茶馆："坐茶馆，摆龙门阵"是成都人的一种特别嗜好。无论你走进哪座茶馆，都会领略到一股浓郁的成都味：竹靠椅、小方桌、三件头盖茶具、老虎灶、紫铜壶，还有那堂倌跑堂添水的功夫，无一不给你留下深刻的印象。

月亮产房看熊猫：在大熊猫基地的月亮产房中不仅可以零距离欣赏大熊猫母亲哺育幼仔的生动场景，还能看到熊猫宝宝们在地上打滚和嬉戏。

掏耳朵：挖耳当之无愧是成都的民间绝活儿，由着大大小小的器物在耳道中"穿行"，产生的若痒若离、深一分嫌痛、浅一分又索然无味的境界，仿佛置身云中雾里，飘飘欲仙。

网红打卡：IFS 位于成都的商业中心春熙路，这里有众多国际品牌，人气很高。这有个爬墙的熊猫雕塑最受欢迎。爬上楼顶的熊猫所在位置，显然已经成为无数朋友拍摄的绝佳地。不夸张地说，很多时候在这里拍照都要排队。

寻味之旅

成都，真正属于吃货的天堂，小吃、川菜和火锅构成了这个遍地美食的城市。成都人不仅爱吃，而且会吃。在成都，吃是一件非常重要的事情，广州人偏爱早茶，成都人更喜欢夜宵，半夜两三点也能看到人声鼎沸的烧烤摊和大排档。

串串香： 在成都的大街小巷，随处可见串串香铺子。海带、土豆、肉片、香肠、鱿鱼、冬瓜等各种食材往竹签上一串，一边涮一边吃，和火锅的吃法差不多，因而也有人称之为"小火锅"。

成都火锅： 味道追求麻辣的均衡。即使最普遍的红味火锅，也以鸡、鱼、牛棒骨熬汤。在香味上，是以五香味和豆瓣味为主。蘸料碟则是香油和蒜泥的经典搭配。

钵钵鸡： 成都非常流行的特色小吃，"钵钵"其实就是瓦罐，而鸡则选用本地土鸡品种跑跑鸡。因其具有麻辣爽口、食用方便、风味独特等优点，受到四川地区的民众广泛喜爱。

目的地攻略

🚗 交通

飞机： 成都双流国际机场，位于成都市区西南的双流区，距成都市区约16千米，有两个航站楼。机场有飞往国内100多座城市的直达航班，还有曼谷、东京等城市的国际航线。

机场有多班机场专线可达成都市区。机场长途客运汽车还可以到达周边的几座城市，包括绵阳、南充、自贡、泸州、德阳、宜宾等地，去往这些城市的游客可以就近乘车。

火车： 成都市区目前运行的火车站有成都站、成都东站和成都南站。

成都站： 位于金牛区站东路1号，西南地区最大的火车站之一。是普速列车和高铁混合站。

成都东站： 位于成华区，是西成高铁、成贵高铁、沪汉蓉快铁、成渝高铁的重要站点。

成都南站： 城际列车始发站。有发往峨眉山、乐山、江油等地的城际列车。

市内交通： 成都目前运行的地铁线有1—10号线、17—18号线。天府广场、骡马市、春熙路和中医大省医院为市区内的主要换乘车站。

🏠 住宿

成都住宿是相当方便的，几乎东西南北中任何一个方向都能找到适合下榻之所，以火车站、汽车站附近最为集中。如果是背包族，可去成都的各家青年旅馆，或者小街上的家庭旅店。一般你可以选择住在景点附近或者交通枢纽附近，这样便于你游玩和出行。

🛍 购物

成都地处四川盆地，天府之国，物产丰富。"四大名锦"之一蜀锦和"四大名绣"之一蜀绣都是好选择；瓷胎竹编让人大开眼界；银丝工艺品美轮美奂；青城丝毯精美绝伦。还有郫县豆瓣、青城山的茶叶都是朋友们购物的优选。

左下 | 蛋烘糕
中上 | 成都夜色
中下 | 四川火锅
右下 | 麻婆豆腐

亮点→ 酒文化｜竹文化｜僰文化

蜀南竹海

　　宜宾的景致与城市性格离不了山、水、酒。山是宜宾的骨，宜宾人因此而直率；水是宜宾的灵，他们因此而灵婉；酒是宜宾的魂，骨子里的壮怀激烈由此而生。山水之灵与历史传说，成就了宜宾。

旅 行 路 线

竹海石乡二日游

　　第一天前往蜀南竹海，站在最高处俯瞰，连绵起伏的竹山就像静止的绿波浪；第二天去感受一下怪石嶙峋的石海洞乡，从石海出来，顺路看一眼被称为巴蜀一绝的僰人悬棺。

宜宾经典四日游

　　第一天去真武山古庙群，参观宗教建筑群；第二天在蜀南竹海里畅游；第三天去石海洞乡；第四天去李庄古镇。

自贡经典二日游

　　第一天上午去恐龙博物馆和燊海井，下午去龙王庙和盐业历史博物馆，晚上去吃大名鼎鼎的冷吃兔或邱金小炒；第二天前往仙市古镇游览，漫步石板街，品味盐帮菜。

宜宾市区景点

本地游

※真武山

无量殿、望江楼、玄祖殿

　宜宾市翠屏区西北部。　免费。

　　真武山是川南著名道教名山，山上道观以玄祖殿为主庙，建于山顶，视野开阔，是明代万历年间的建筑。右侧两座山峰还建有斗母宫、三府宫和文昌宫。真武山海拔虽然只有 369 米，但山上林木葱茏，四季常绿，风景优美。

※李庄古镇

旋螺殿、南华宫

　宜宾市郊 19 千米处的长江南岸李庄坝。　通票 20 元。

　　李庄古镇素有万里长江第

中下｜李庄古镇

一古镇之称。古镇至今仍保留了明清时期的格局和风貌，街道以石板铺就，两边是原始的清代建筑，雕花门窗，高耸的山墙，古色古香，庭院间小巷幽深，石阶层层叠叠。院落中木雕石刻，无不做工精细。

> **文化解读**
>
> 　　李庄不仅古迹众多，还是抗日战争时期大后方的文化中心之一。全国知名专家、学者如李济、林徽因、梁思成等云集李庄达六年之久，梁思成在此完成了《中国建筑史》这部扛鼎之作；林徽因曾写下一首《十一月的小村》，描述了李庄古镇优美而充满诗意的乡村画面。

※五粮液酒厂

奋进塔、酒文化博览馆、鹏程广场

　宜宾市翠屏区五粮液大道酒源路。　免费。

　　五粮液集团有限公司位于"酒都"宜宾，是以五粮液系列酒生产为主业的企业集团。精心规划的厂区、独具匠心的雕塑、现代气魄的建筑、四季常青的花木构筑起极富特色的五粮液企业文化。

※ 翠屏山公园

百草园、哪吒行宫、三友亭

🏠 宜宾市翠屏区翠屏路 239 号附 51 号。 💰 免费。

翠屏山因山上竹木森列，四时山色常青，故名。该山于 1958 年辟为公园，建有公路和石级，皆可直达山顶，原有古迹明代千佛寺、神仙庙等亦修整一新。

※ 合江门

地标广场、三江

🏠 宜宾市翠屏区滨江路。 💰 免费。

合江门是宜宾市大型码头，金沙江、岷江、长江、三江在此交汇，波澜壮阔，雄浑壮观，风光无限。站在合江门处，左面缓缓流淌、水色如黛的江是岷江，右面翻花鼓浪、水色泛黄的江是金沙江，两江在此交汇后，融为一体，继续东流，改称长江，最终注入东海。

> **景点攻略**
>
> 每当中秋之夜，明月当空高照，江口风平浪静，江中双月辉映，一明一暗，是世间少有的景象，称为三江口吻月。

※ 流杯池

催科山、丞相祠

🏠 宜宾市区，岷江北岸天柱山下。 💰 免费。

流杯池是 1098 年大诗人黄庭坚谪居戎州时，仿王羲之《兰亭集序》的意境修建的。池建于峡谷中，仰望蓝天一线。池两侧石壁有历代名人诗词、书法石刻遗迹 90 多处。池为九曲形，小溪从谷中流出，水流九折，没入石缝。池边有石凳 8 个，可围坐流杯饮酒。

宜宾郊县景点 本地游

※ 蜀南竹海

忘忧谷、墨溪、翡翠长廊、仙寓洞

🏠 宜宾市长宁县蜀南竹海景区。 🚌 宜宾市南岸客运站有直达竹海的客车。 💰 100 元。

蜀南竹海海拔 600~1000 米，气候温湿多雨。景区内生长着楠竹、水竹、人面竹、琴丝竹、巨龙竹、黄金间碧玉竹等 58 种竹子，28 座山岭全是茂密的竹林。

翡翠长廊的路面是由"色如渥丹、灿若明霞"的当地的天然红色沙石铺成。两旁密集的老竹新篁拱列，遮天蔽日，盛夏时节，长廊是一个清凉的

世界。

仙寓洞幽深奇险，位于悬岩绝壁的天然岩腔里，只有一条曲折险峻的石阶可通洞内。洞上是莽莽的竹林，洞下是竹海大峡谷，隔竹海大峡谷与挂膀岩洞穴群相望。

墨溪的溪水底部因为岩石表面长出的黑色地衣，让清澈的溪水远远看去像是墨汁一样。

※ 佛来山

石燕子、佛临三潭、撑腰岩

🏠 宜宾长宁县开佛乡。 🚌 在长宁县客运站乘坐佛来山旅游专线车。 💰 20 元。

佛来山，古称"小峨眉"，又名"飞来山"，自古即是川南著名的佛教圣地。山上有三万多棵上百年的梨树，每年春季梨花盛开，漫山遍野一片雪白的花朵。在关口处有三座深潭，称为佛临深潭。山顶北面是悬崖峭壁，相传六月雨霁，山壁中则会呈现佛光，非常神奇。

※ 石海洞乡

天下第一大漏斗、天泉洞、地下河

🏠 宜宾市兴文县石海镇境内。 💰 150 元（含景区交通）。

石海洞乡因石林溶洞遍布周边 17 乡，故有"石海洞乡"之誉。整个景区分为石林、石

左下 | 石海洞乡
右下 | 蜀南竹海

海、溶洞三个部分，地表奇峰林立，地下溶洞纵横交错，上下相映。景区地表奇峰林立，千姿百态；地下溶洞纵横交错，大小溶洞相互交错，构成庞大的地下溶洞群。

※夕佳山民居

东花园、西花园、川南婚俗表演

🏠 宜宾市江安县夕佳山镇。 🚌 由宜宾南门客运站乘车前往。 💰 免费。

夕佳山民居始建于明万历四十年（1612年），古民居深院高墙，飞檐黛瓦，古木参天，景色秀丽，属保存完整、国内罕见的川南古民居。民居四周分布大量桢楠，并群居着上万只国家二级保护动物——鹭鸶鸟，形成我国罕见的"天然鹭鸟公园"。

※僰人悬棺

壁画、悬棺

🏠 宜宾市珙县洛表镇麻塘村。 🚌 由宜宾南门客运站乘车前往。 💰 50元。

僰（bó）人悬棺是明代以前的古代崖葬墓群，以将死者的棺木放置在悬崖绝壁上为特征。置棺方式，一为木桩式，二是凿穴式，三是利用岩壁间的天然洞穴、裂缝盛放棺木。悬棺的崖壁上一般会有许多红色彩绘壁画，内容丰富，线条粗犷，构图简练，形象逼真。

※龙华古镇

打渔村、棋盘阵、天仙石桥

🏠 宜宾市屏山县屏山镇南37千米处。 💰 免费。

龙华古镇始建于宋朝，古镇三面环水，一面靠山，街道皆以石板铺就，蜿蜒曲折地穿过小镇，街道两边都是木质结构古屋，多为平房或一楼一底式，古朴沧桑。古镇背后的八仙山上，矗立着八仙山大佛。桥下流水潺潺，仿佛在诉说着古镇悠悠的历史故事。

※筠连岩溶

岩溶峰丛、仙人洞、间歇涌泉

🏠 宜宾市筠连县境内。 💰 40元。

筠连岩溶紧邻云南，景区内的黄金坝巡司温泉、海瀛潮涌泉和仙人洞地下梯田被称为"筠连三绝"。其中间歇潮涌泉为地下河，因岩溶洞道的虹吸作用发生涌潮现象而得名。海瀛潮涌泉则为典型的间歇泉，昼夜约涌四次，每次涌流时水势奔腾，被誉为"中国第一绝"。

宜宾周边

周边游

※豆沙关

唐碑亭、五尺道、老黎山

🏠 昭通市盐津县豆沙镇 G85 渝昆高速。 💰 50元。

豆沙关古称石门关，是古人由蜀入滇的第一道险关。西岸岩壁上刻有"滇南枢纽""其险也若此"等大字，被誉为"滇南第一关"。景观有雄险的古驿道豆沙关，绚丽的老黎山岭风光，梦幻迷离的天然迷宫，顶天立地的参天古木，美丽如画的三股水瀑布等。

※西部大峡谷

大峡谷温泉、西部水城

🏠 昭通市水富市坝尾槽大峡谷景区内。 💰 88元。

金沙江流经大峡谷，沿江两岸山崖险峻，草木葱翠。在风景如画的大峡谷深处蕴藏着一股奇泉，水压高，流量大，日涌水量达 8000 余立方米，居全国之首。来这里玩的几乎全是冲着泡温泉来的，四季都可以来泡。

※大山包

鸡公山、黑颈鹤

🏠 昭通市昭阳区大山包乡。 💰 78元。

大山包是中国目前黑颈鹤越冬海拔最高的亚高山湿地生态系统，境内有大片的沼泽湿地，成为世界濒危动物黑颈鹤

左上 | 豆沙关
左下 | 大山包
中上 | 龙华古镇

的理想越冬栖息地。每年十月底都会有大批的黑颈鹤从遥远的青藏高原迁徙到这里越冬，第二年四月初离开。

※太平古镇

四渡赤水纪念碑、红军街、顺河街

🏛 泸州市古蔺县太平镇，赤水河南岸。
🚌 泸州市客运中心有班车直达太平古镇。💰 免费。

太平古镇位于赤水河南岸的泸州市古蔺县境内，素有"赤水明珠"之美誉。沿着阶梯状巷道缓缓前行，两边是非常有层次感的古建筑。古镇的房屋以干栏式和吊脚楼风格为主，青瓦木楼高低错落，房屋山墙内外装饰有富含平安吉祥等各种寓意的泥塑山花，显得古朴又独特。

※方山

云峰寺、黑脸观音殿

🏛 泸州市江阳区 027 乡道离方山镇 2 千米。💰 20 元。

泸州方山，蜀中名山。其矗立长江之畔，终年云烟雨雾缭绕。景区中的云峰寺以其规划宏大，造型雄伟，林木葱郁，古树森森，环境幽静，盛名噪于世，历代骚人墨客、风流雅士游山览

胜和敬香朝拜者络绎不绝。

※泸州老窖旅游区

国宝窖池群、纯阳洞、安宁工业园

🏛 泸州市江阳区三星街国窖广场。
💰 50 元。

泸州老窖旅游区是泸州老窖巨资打造的名酒文化旅游精品，这里有泸州老窖传统酿造基地 1573 国宝窖池群、独特洞藏文化的天然储酒洞纯阳洞、科技含量突出的安宁工业园、川南民居风格的中国第一个白酒生产加工配套产业园、中国白酒金三角泸州酒业集中发展区。

※佛宝古镇

回龙古街、三宫八庙、惜字亭

🏛 泸州市合江县城东南约 42 千米的大漕河畔。🚌 在合江汽车站乘坐去佛宝古镇的班车。💰 免费。

古镇依山而建，随水而走，三水相汇，五桥相通，青石街道蜿蜒逶迤，老房古阁栉比鳞次，更有青山环抱，绿荫掩映。这里座座明清建筑、宫庙坛祠，

处处吊脚木楼、雕刻绘画，以及幽婉的唢呐古乐、古朴的民俗演唱，无不凝聚着历史文化的灿烂光辉。

※恐龙博物馆

恐龙化石骨架、恐龙化石

🏛 自贡市大安区大山铺 238 号。
💰 20 元。

恐龙博物馆建在世界著名的"大山铺恐龙化石群遗址"上，被誉为"东方龙宫"。该馆主要陈列大山铺恐龙化石埋藏现物及出土化石，在高大的装架陈列厅里，可以看到四川峨眉龙、亚洲第二龙、李氏蜀龙、多齿盐都龙等大山铺恐龙动物群的复杂骨架等。

※盐业历史博物馆

龙凤山、西秦会馆

🏛 自贡市自流井区解放路 107 号。
💰 20 元。

盐业历史博物馆建于 1959 年，是中国最早建立的自然科技史博物馆之一。博物馆主要收藏、研究、陈列中国盐业历史文物和资料。其中陈列《井盐生产技术发展史》，从钻井、采卤、制盐等方面，展示了两千多年来，中国古代劳动人民对人类文明作出的重要贡献。

※隆昌石牌坊群

郭王氏功德坊、德政坊、节孝坊

🏛 内江市隆昌市金鹅镇南北二关。

左下 | 佛宝古镇
右下 | 恐龙博物馆

隆昌石牌坊群现存石牌坊17座，石牌坊大多为四柱三门三重檐五滴水石质牌楼式建筑，造型端庄，雕刻细腻。主要的13座牌坊呈念珠状坐北向南一字排列，分布在县城金鹅镇南北二关的古驿道上，远远望去，鳞次栉比，颇为壮观。

体验之旅

参加苗族花山节：又名踩山节，是苗族同胞的一个传统节日。花山节最庄重的仪式是敬花杆，一根10多米长的花杆高高地竖立在花山场上，花杆上装饰绿叶，又称花树。敬杆仪式结束后，即开展一系列的风俗风情活动。

寻味之旅

宜宾的美食多种多样，街头小摊上的红桥叶儿粑、附油黄粑飘散出诱人的香味；街边小店中的柏溪潮糕、葡萄井凉糕绵软细嫩、入口清香，回味无穷。最能代表宜宾美食的是大名鼎鼎的宜宾燃面，在飘香的面馆中，体味辣麻在舌尖舞动的感觉，宜宾的感觉便在其中。

宜宾燃面：宜宾最具特色的小吃，原名叙府燃面，以宜宾黄芽菜、小磨麻油、芝麻、花生、核桃、辣椒、花椒等调和而成的料直接覆在面上，特点是红、香、麻辣、干爽。

竹海名菜：以竹笋、竹荪蛋、竹荪菜、竹菌、竹海腊肉、竹筒豆花、竹筒竹、竹荪酒、竹泡菜等"竹"菜汇成的"全竹宴"。可谓满桌皆是竹，无竹不成席，令人大开眼界、垂涎欲滴。

兴文乌骨鸡宴席：以乌鸡为原料，可烹制出方笋乌鸡、苦笋乌鸡、板栗乌鸡、药膳乌鸡、芋儿乌鸡等近二十种乌鸡肴，其中以乌鸡全席最负盛名。

李庄白肉：选料精、火候准、佐料香，特别是刀工片制，堪称一绝。成菜白肉肥瘦均匀，晶莹剔透，肥而不腻，爽口化渣，无穷回味。

洛表猪儿粑：珙县独特的地方风味名吃，具有清香、揉糯、富有弹性，收汗不粘手、爽口不粘牙，盐馅油而不腻，糖馅甜不伤味的特点，其味纯正可口，多食不厌。

目的地攻略

🚗 交通

飞机：宜宾莱坝机场位于宜宾市区西北方向的莱坝镇，目前有飞北京、上海、广州、西安、拉萨等多条航线。

火车：宜宾站位于四川省宜宾市翠屏区，主要承接从成都发往各地的普快列车。

🏠 住宿

如果想在宜宾市内游览尽兴，市区有不少三星级酒店，较为方便。在蜀南竹海景区游玩的朋友，有很多有特色的酒店、山庄。

🛒 购物

宜宾著名的商品有宜宾红茶、金丝牛肉、叙府芽菜、五粮液等。此外，还有以竹子为原料衍生出来的竹工艺品，特色工艺结合着当地人文风情，形成了一件件精美的手工艺术品。

左上｜宜宾燃面
左下｜蜀南竹海竹筒饭
中上｜宜宾白酒
右下｜花山节

亮点 → 木偶戏 | 巴象鼓舞 | 川北灯戏 | 三国文化 | 丝绸文化

阆中古城

南 充

源远流长嘉陵江，千年绸都南充城。这里历史厚重，文脉深远，历经数千年的历史文化的浸润，民风淳朴，文化厚重。古城阆中号称"天下第一江山"，"嘉陵江第一山"锦屏山风景秀丽、白云山俊美、升钟水库清幽，还有太蓬山、金城山、凌云山的宗教文化源远流长。

南充休闲二日游

第一天先去凌云山游玩，山上文物古迹丰富，民间故事传奇纷纭，下午前往嘉陵第一桑梓；第二天前往阆中，住在老城的小院里，感受光阴岁月，感受陈年旧事。

川东北小环线三日游

第一天前往嘉陵江畔的阆中市，游览古韵悠扬的阆中古城，夜宿阆中；第二天前往鹤峰乡，一睹千年古柏"九根柏"，继续前行到达恩阳古镇，午后向北至光雾山镇，游览牟阳故城；第三天前往光雾山十八月潭景区，看十八潭水与满山红叶的交相辉映。

阆中古城 ◎ AAAAA

本地游

张飞庙、四川贡院、永安寺、五龙庙

◎ 南充市阆中市下沙河街，乐水中路33号。◎ 南充城北汽车站有班车直达阆中古城。◎ 联票 110 元。

阆中古城位于四川南充市，嘉陵江畔，建城至今已有2300多年历史。阆中古城内民居风格独特，棋盘式的格局，融南北风格于一体的建筑，是中国古城"天人合一"的典型范例。

汉桓侯祠，俗称张飞庙，从初建时至今已有1700多年历史。桓侯祠为四合庭院式古建筑群，规模恢宏建造精美。

贡院，是全国规模最大的科举文化博物馆。现存有卷棚式廊房，纵横共长50多米，是全国仅存的两处考棚之一。

华光楼又名南楼、镇江楼，始建于唐代，登楼可看"三面江光抱城郭，四围山势锁烟霞"，一览古城全貌，丹青城廓、嘉陵山水尽收眼底。

中天楼又名四牌楼，始建于唐代，为三层明清风格木楼，

有"阆中风水第一楼"之美誉。古城街道以它为轴心，呈"天心十道"向四面八方次第展开。顶楼视野开阔，古城的风水格局可尽收眼底。

景点攻略

游览阆中古城，万不可错过多姿多彩的民俗文化。动人心魄的打钱棍，朴实酣畅的花灯戏、太平牛灯，风情万种的剪纸、川北皮影，被誉为戏剧活化石的阆中傩戏，深情优美的山歌调、打夯歌，耐人寻味的川剧座唱，抑扬顿挫的茶馆评书等，堪称阆中民俗的精华。

南充市景点

本地游

※ 西山

金泉夜月、果山秋色、栖乐灵池

◎ 南充市顺庆区环峰路城西郊号。◎ 6元。

西山风景区宛如一道绿色屏障，环抱市区西面。西河从山脚缓缓流过，形成山水相接、林木葱郁的良好自然景观，素

有"西山秀色"之美誉。西山不但有谢自然飞天的美丽传说，还有"三月三游西山"之盛举。

※凌云山
白云寺、三清殿、卧佛

🏠 南充市高坪区老君镇。

凌云山风景区以凌云山、白山、图山为主体，景区内万亩松柏苍翠葱茏，凌云群峰云涌雾绕；山下湖水碧波荡漾，山中时传古刹钟声。更为独特的是凌云山自然景观的左青龙、右白虎、前朱雀、后玄武与中国古代风水天文所称的"四象五行"玄机契合，浑然天成。

※天宫院
袁天刚墓、李淳风墓

🏠 南充市阆中市天宫乡天宫街1号。
🎫 40元。

天宫院始建于唐朝，因阆中天文文化深厚，唐代天文学家袁天罡、李淳风先后来阆定居，在此择地观天，著书立说，死后都葬于此，天宫院为纪念他俩而建。

※周子古镇
万寿宫、财神楼、濂溪祠

🏠 南充市蓬安县。🎫 免费。

周子古镇，又名周口镇，与相如故城隔江相望，被誉为嘉陵江上最后的码头古镇。古镇三面环山，一面环水，临江有"码头客栈"和"临江阁茶楼"，凭栏远眺，天水一色，可见"云里鱼鳞江上市，镜中蜃气水边楼"之胜景，是古镇观景的绝佳之地。

※朱德故居 AAAAA
朱德诞生地、朱德同志故居纪念馆

🏠 南充市仪陇县马鞍镇琳琅山下。
🚌 仪陇县汽车站有到景区的班车。
🎫 免费。

朱德故居是1982年8月为纪念朱德元帅而建立的。该故居为土木结构的三合院瓦房，四周有竹木园林。朱德青少年时代，曾在这里居住过13年。纪念馆设5个展厅，通过文物、文献、图表、照片等反映了朱德元帅的生平事迹。

广安
周边游

※邓小平故里 AAAAA
邓小平同志故居、洗砚池、翰林院子

🏠 广安市广安区协兴镇牌坊村广花路。
🚌 市内乘9路公交至小平故里站下车。
🎫 免费。

邓小平故里是邓小平同志年轻时候居住和生活过的地方。故里有多处邓小平童年及青少年时期的活动场所，四周栽植有各色花草，是一个缅怀伟人的红色景点。

邓小平同志故居是一座具有浓郁川东风情的农家三合院，古朴典雅。老院子是由邓小平祖上三代人陆续建造而成的，当地人亲切地称之为"邓家老院子"。北面的北厢房保存着他儿时睡过的木床和学习用的书桌、油灯、笔砚等物品，简单朴素。

邓小平故居陈列馆是国内以纪念邓小平同志为专题的博物馆。陈列馆以大量的实物、图片、文献、多媒体及世界首创的三机联映数字电影，全方位、多角度地再现了邓小平伟大而传奇的一生。

※华蓥山
普贤殿、高登古刹、天池湖

🏠 广安市华蓥市华蓥山旅游区。
🎫 95元。

华蓥山境内既有奇特的喀

左上 | 凌云山
左下 | 琳琅山朱德故居
中上 | 周子古镇
右下 | 邓小平故里

斯特地貌景观，也有红色革命为主的人文景观，更兼有漫山的山茶、磅礴的云海和茂密的竹海，让人流连忘返。其景观特点可集中概括为"峰奇、石怪、山绿、谷幽"，此外，小时候视为神人的"双枪老太婆"及她带领的华蓥山游击队，就是在这个区域内活动的。

※沿口古镇

永寿寺、定远古塔、禹王宫

🏠 广安市武胜县真静街附近。🎫 免费。

沿口古镇地处武胜县城，古称封山镇，古为水陆"通商巨镇"。镇子始建于宋代，现多为明清建筑。

广元
周边游

※昭化古城

费祎墓、怡心园、龙门书院

🏠 广元市元坝区昭化古城。🚌 广元市南河汽车站乘坐直达昭化古城的班车。🎫 58元。

昭化古城，古称葭萌，公元前299年秦灭蜀后曾建葭萌县，三国时这里都是重兵屯集的古战场，蜀国初兴，张飞挑灯夜战马超；蜀汉将灭，姜维

左下 | 剑门关
中下 | 皇泽寺
右下 | 昭化古城

兵败牛头山，都是在这附近。城西约7千米的牛头山半腰间，是有"剑门锁钥"之称的天雄关，又名葭萌关。

※剑门关 AAAAA

剑门细雨、梁山松涛、雪染翠云

🏠 广元市剑阁县城南约15千米处。🚌 广元南河汽车站有直接到剑门关景区的班车。🎫 105元，翠云廊40元。

"一夫当关，万夫莫开"的剑门关两边悬崖峭壁，峰峦似剑，对峙如门，故称剑门。剑门蜀道是在连绵不断的秦岭、巴山、岷山之间，以"蜀道"为主干的带状风景名胜区。沿线地势险要，山峦叠翠，风光峻丽，关隘众多，唐代李白有"蜀道难，难于上青天"的形容。

翠云廊如今还有古柏8000多株，蜿蜒蟠绕、展翠摩云、妖娆袅娜。远远望去，像一条莽莽苍龙，逶迤于山岭之间，身临其境，又似一条翡翠画廊，溢彩流辉，实属世界罕见，被誉为"蜀道灵魂""国之珍宝"。

※皇泽寺

则天殿、大佛楼、小南海

🏠 广元市利州区女皇路。🎫 50元。

皇泽寺始建于后蜀广政二十二年（959年），寺内保存着开凿于北魏至明清的6窟、41龛、1203躯摩崖石刻造像，大部分为盛唐时期的作品。除摩崖造像外，还有众多碑刻，其

中有著名的《蚕桑十二事图》。

※唐家河自然保护区

摩天岭、高山草甸

🏠 广元市青川县青溪镇。🎫 50元。

唐家河自然保护区是个风光绮丽，珍奇遍布的稀罕神奇世界。这里有900余种珍奇植物。春夏之季，满山遍野的奇花异草，争芳吐艳。一到秋天，红的枫树、黄的银杏、绿的松柏……把整个唐家河染上了五颜六色。到了冬天，这里又是一片白雪皑皑的景象。

> 景点攻略
> 每年的12月至次年2月可观赏金丝猴、大熊猫；3~4月可观赏杜鹃花；5~8月可登上高山草甸领略草原情趣，并观赏扭角羚；7~9月是避暑的胜地。

※明月峡

黄颖洞、蛤蟆碚、仙人桥

🏠 广元市朝天区明月峡景区。🎫 80元。

明月峡是嘉陵江冲破山脉而形成的峡谷，原名朝天峡，后明清文人墨客取李白诗"清风清，明月明"之意改名明月峡。峡两岸的山岩多呈银白色，并和青峰、江水相辉映，使整个峡江好像镀上了一层朦胧的月光，十分美丽。

※天曌山

蟠桃石、九龙山、走马岭

🏠 广元市利州区西北部。🎫 50元。

左上｜南龛石窟
右上｜光雾山

天暨（zhào）山地处米仓山南麓，是一个以森林生态环境为基础，以森林、自然山水、女皇文化为重点的文化休闲旅游区。这里万亩森林密布，郁郁葱葱，大自然的鬼斧神工将天暨山打造得重峦叠翠、风景如画。

※鼓城山—七里峡

鼓城山、七里峡、端公潭、小龙

⊙广元市旺苍县。 ¥50元。

东、西鼓城山相距约千米，山顶形似一对天生石鼓，故名鼓城山。其间有条横亘的山梁叫"横担梁"，就像一条扁担担着一对"石鼓"，两山山势挺拔、高峻，双峰矗立，悬崖峭壁，奇险情难攀，俨然天然"城垣"，山顶至山脚林木葱茏，山泉四时长流。

七里峡全长七华里，所以叫七里峡。峡中有流水，悬崖上有瀑布、飞泉，峡顶林木葱郁，遮天蔽日。

巴中

周边游

※南龛景区

梓潼宫、南龛山、望州亭

⊙巴中市巴州区境内。

南龛景区包括南龛摩岩造像和南龛公园。南龛的摩崖造像以佛教为主，人物特征鲜明生动，匠心独具。南龛石刻艺术以全崖正中的卢舍佛像为杰作。这里还留有历代文人墨客的墨迹，李白曾书"怪状"二字镌刻于此。

南龛公园风景秀丽，整个园内覆盖着水杉、雪松、黑壳楠、银杏、露经柏、苏铁等150多个品种的乔、灌木林及名贵花卉。

※恩阳古镇

文治寨、白云寺、红梅阁

⊙巴中市巴州区恩阳镇。 ¥免费。

恩阳镇地处巴中市要冲，历史上是东北著名的水码头，素有"早迟恩阳河"之说。镇内两河环绕，四面青山环绕，镇北有白云寺，镇西有文治寨、千佛岩，镇东有登科寺，镇东南有巍峨的义阳山、普贤寺、红梅阁等。

※光雾山

桃园、大坝、大江口、神门

⊙巴中市南江县北部光雾山镇。 ¥90元。

光雾山是一方神奇秀丽的自然山水。它以秀丽奇特的群峰为代表，苍翠茂密的森林植被为基调，景区内景色秀丽，步移景换，奇峰林立，沟壑纵横，谷幽峡，瀑布珠连，古木参天，红叶千里。诗人高平有诗称赞："九寨看水，光雾看山，山水不全看，不算到四川。"

※米仓山国家森林公园

贾郭山、天然画廊、香炉山

⊙巴中市南江县城西北。 ¥85元。

米仓山国家森林公园地处川陕交接处，深藏于米仓山腹心，森林资源极其丰富，是一个天然的森林王国。

天然画廊的景色变化多端，一年四季、一天十二时，每一个时候都会呈现一幅不同的天然画卷。金秋十月，视线所及，层林尽染，峰峰岭岭的红叶不是春花胜似春花。

因沟内常有黑熊出没而得名的黑熊沟，沟内溪水清幽、舒缓，形成无数水潭，其中碧玉潭最为漂亮，沟的两旁山峰林立，情侣峰和骆驼峰尤为灵秀。

米仓山国家森林公园内山奇水秀，环境优美，风光迷人。春赏山花，夏看山水，秋观红叶，冬咏雾凇。米仓山红叶甲天下，十八月潭瀑布赛九寨。

景点攻略

光雾山以红叶著称，每年10月开始，漫山遍野的红叶如火如荼，极为壮观。春季的光雾山，则是一片杜鹃花的海洋。

※十八月潭景区

梦月潭、望月潭、追月潭、赵公潭

🏠 巴中市南江县米仓山国家森林公园西南部。💰 55 元。

十八月潭景区的十八潭犹如年方十八的少女，万般羞涩地躺露在旖旎的高山绿林深涧。十八月潭瀑布群以其水清石异、风光秀丽而著称，潭潭都有特色，一些珍贵的鸟类和兽类在这里畅游嬉戏、悠然自鸣，为这美丽的景点增添了一份神奇与活力。

※诺水河风景名胜区

诺水洞天、临江丽峡、空山天盆

🏠 巴中市通江县诺水河镇北。💰 中峰洞 120 元，狮子洞 52 元，楼房洞 60 元，龙湖洞 80 元。

诺水河风景名胜区紧邻陕西汉中，境内秀水中流，奇泉遍地，险峰兀立，怪石丛生。诺水河南北贯通，两岸群峰耸峙，沟壑纵横，林海茫茫，山、水、石、林各呈姿态，尤以 128 个地下溶洞令人叹为观止。

达州

周边游

※八台山

独秀峰、竹林

🏠 达州市万源市八台乡。💰 125 元。

八台山耸立在群山之上，高峻雄伟，气势巍峨。站在峰顶，脚下群山起伏，如波似涛，延绵千里。其西南部为白沙河支流，谷坡宽阔，这里有相对高差达 100 米的石灰岩孤丘 36 座，参差错落，形似象棋的棋子，故称棋盘山，是四川省独一无二的石灰岩丘陵群景观。

※賨人谷

观音崖、青蛙石、老龙洞

🏠 达州市渠县城东 26 千米华蓥山脉中北段。💰 55 元。

賨（cóng）人谷以奇山、秀水、幽洞、丽峡、飞瀑等著称，被誉为川东"小九寨"。景区有大小溶洞 60 多个，呈现于地表的多为落水洞形式，洞间又有小洞相通。溶洞群中，以老龙洞的规模最大、最奇，洞中有暗河和地下湖，可以划船荡舟。

※观音山

神龙宫、宝盖寺遗址、红军战场遗址

🏠 达州市宣汉县柏树镇。

观音山以丰富的自然景观见长，具有"奇""秀""古""幽""神"的特色。春有杜鹃分外饶，盛夏正好瞧青松，秋赏枫叶红满山，冬有雪花盖葱茏。四季可观日出、云海等奇观。

※真佛山

云华山、一佛寺、双石塔、凌云赛

🏠 达州市达县福善乡境内。🚌 在县城汽车南站乘至福善班车可到。💰 40 元。

真佛山是一座远近闻名的佛教圣地，山势陡峭，从山脚至山门，松柏密绕，翘檐朱梁，有千步石阶直伸山顶，犹如半空垂下的云梯，两旁香樟夹道。整个寺庙依山取势，几座殿堂错落有致地分布于山腰、山顶之间，寺周古树苍柏相拥，林木葱茏，鸟语虫鸣，使人有"万籁此皆寂，唯闻钟磬声"之感。

体验之旅

看木偶戏：川北大木偶距今已有 300 多年历史，人物造型以写实为主，身体各部位都可以活动，表演时能取物握物，穿衣解衣，吹火点蜡，拂袖掸尘，变脸下腰，神乎其技，与人无二。

赏皮影：川北皮影以其生动的造型、精巧的雕工、细腻的表演、优美的唱腔、风趣的剧情和乐曲倍受人民的青睐。

看灯戏：川北灯戏，在南充地区的历史可以追溯到明嘉靖年间，与川北大木偶戏、川北皮影戏共为川北戏曲的三朵奇葩，被称为"传统戏剧的活化石"，独具特色。

观赏巴渝舞：巴渝舞是阆中渝水当地人所创造的民间舞蹈，被誉为巴渝文化"活化石"。

观看《阆苑仙境》演出：演出以古城为背景、以嘉陵江为舞台，场面大气恢宏、梦幻唯

美。《阆苑仙境》最大化地融入了阆中古城的历史文化、饮食文化、风水文化、市井文化及科举文化，把古城的"前世今生"展现得淋漓尽致。

寻味之旅

川府之地，火锅是不可或缺的美食，在南充市区内，不仅有来自成都的巴国布衣和重庆的刘一手、巴乡鱼头等名店，还有南充当地的老南充、忘情水鱼头火锅店等。川菜当然也不可错过，不大的南充市区被川菜的美味充斥着。

顺庆羊肉粉：是南充名小吃之一，粉是由米粉和羊肉汤、馅，配上考究的佐料而成，具有粉鲜、馅鲜、汤鲜的特色，米粉质细、绵软，馅味清香无腥膻，汤色乳白而滚烫。

川北凉粉：自清末问世以来，以其独具红辣味醇、鲜香爽口的川味风格饮誉巴蜀，流传至今。

营山板鸭：每年立冬以后，立春以前方可制作，有三忌：忌未阉之雄鸭、忌越冬老鸭、忌体弱瘦鸭；三选：选膘肥肉厚者、选羽毛光亮者、选活泼强食者。

蓬安河舒豆腐：具有两大特点：一是绵软，端在手上东摇西晃不垮墩子，放在桌上仍端正不偏，放一天不流水，不变形；二是吃起细嫩，味道鲜美，吃后有回味，给人以爽适的感觉。

目的地攻略

🚗 交通

飞机：南充高坪机场，位于高坪区青松乡，现已开通至北京、上海、广州、深圳、三亚等城市的航线。

火车：南充火车站位于南充市顺庆区铁欣路1号，多为成都始发列车的中间站。

南充北站位于南充市顺庆区漾华北路，是兰渝铁路上最大的中间站之一。

🏨 住宿

来南充游玩可以选择住在市区，市内的酒店比较多，五星级酒店也有不少；如果去阆中游玩，大多会选择留宿古城，古城的民居价格一般不贵，而且可以更好地体验古城的氛围。

🛒 购物

南充因盛产优质的柑橘被誉为"果城"，蓬安锦橙、阆中脐橙、营山冰糖柚及嘉陵的南良三号等都是南充柑橘中的名品。南充还有两千多年的栽桑养蚕历史，有"巴蜀人文胜地，秦汉丝锦名邦"的称号，这里丝绸产品闻名遐迩。此外，手绘软缎、竹丝画帘和川北剪纸等都是比较有名的手工艺品。

左上｜川北皮影
左下｜丹巴藏族歌舞表演
中上｜广元核桃

邛海

凉山

碧波荡漾的邛海、千峰叠翠的螺髻山，妙趣横生的土林、"瑶池仙境"的泸沽湖，杆杆酒的微醺诱人、火把节的歌舞狂欢，可以让心飞起来。凉山的美丽粗犷豪爽，让人忘却尘世烦扰。

旅 行 路 线

西昌三日游

三天的时间已经足够把西昌的精华浏览一遍。第一天游览泸山和邛海，以自然风景为主；第二天去螺髻山，观世界罕见的大型冰川刻槽；第三天去礼州古镇，走进青石铺就的画卷。

攀枝花三日游

三天的时间里，在攀枝花享受一段难忘的慢时光。第一天到竹湖园公园散步，去长江国际漂流基地玩漂流；第二天去格萨拉生态旅游区，看峡谷溶洞；第三天泡红格温泉，逛会理古城。

凉山纵览山水二日游

第一天去邛海和泸山，感受特有的山海风情，下午可以逛一逛礼州古镇，感受异于其他地区古城别样的风情；第二天从西昌出发去黄联土林，下午去螺髻山，晚上返回西昌。

西昌市景点

本地游

※ 邛海

观鸟岛、梦里水乡、烟雨鹭洲、西波鹤影

◎ 凉山州西昌市海滨中路。
🚌 市区可以乘坐公交到达邛海公园。
💰 联票 90 元。

邛海是四川省第二大淡水湖，湖周群山环抱，绿树成荫，环境优美，景色宜人。邛海四季如春，以恬静著称，景色优美，风景如画，湖水常年清澈。

景点攻略

来邛海，建议住宿一晚。月色风情小镇、观海湾和对面的小渔村都有住宿，湖上泛舟、湖畔垂钓，小渔村里吃吃湖鲜、搓搓麻将，像西昌本地人一样度过两天的悠闲时光。

※ 泸山

光福寺、彝族奴隶制展览馆、猴子

◎ 凉山州西昌市海滨中路 92 号。
🚌 与邛海风景区连成一片，乘车到达邛海即可。💰 3 元，往返索道 60 元。

泸山又名蛙山，濒临邛海，被誉为"川南胜境"。泸山海拔约 2317 米，山上古树参天，松树尤其茂盛，泸山的浓荫丛中隐有 10 多座著名的古刹。古人

中下｜邛海
右上｜泸山

曾用"松风水月"来描绘泸山邛海的风光，即泸山的松、安宁河的风、邛海的水、西昌的月。

※西昌卫星发射中心

光福寺、彝族奴隶制展览馆、猴子

🏠 凉山州西昌市航天北路泽远乡。
🚌 从西昌包出租车或面包车前往。
🎫 套票 100 元。

西昌卫星发射中心，建于20世纪70年代初，发射场区的两个发射工位及技术测试中心、指挥控制中心等配套设施，能担负和完成多种型号的国内外卫星发射服务。来到这片神奇的峡谷，可以了解火箭发射的精彩过程。

※黄联土林

狮驼迎宾、背新娘、通天门

🏠 凉山州西昌市南约 30 千米的黄联关镇。🚌 从市区南桥车站搭乘到黄联的班车可到达。🎫 20 元。

黄联土林气势宏大，造型各异，有的酷似远古城堡，有的又如茫茫森林，有的似倚天长剑，整个土林景观风光秀丽。土林里的景物千姿百态、神形逼真、奇妙无穷；景区风景优美、空气清新，设有避暑山庄接待游客，令人流连忘返。

左下｜螺髻山
右下｜礼州古镇

※礼州古镇

祖师庙、西禅寺、胡家大院

🏠 凉山州西昌市礼州镇。🎫 免费。

礼州镇古称"苏祁县"，历史悠久，曾七朝设县郡，五代置州所。古镇有三处古城和新石器遗址，遗物千余件。现在可看的建筑多是明清时所建，古风犹存。街面排列整齐，到处是茶馆。

凉山其他景点 本地游

※螺髻山

仙人洞、水草湖、古冰刻槽

🏠 凉山州普格县螺髻山镇以西约 11 千米。🎫 90 元（含往返摆渡车），索道往返 130 元。

螺髻山峰体的形状有点像青

> **文化解读**
>
> 古籍中将螺髻山名胜归结为十二佛洞、十八顶、二十五坪、三十二天池、七十二峰、一百单八景。五彩缤纷的冰川湖泊，雄奇壮观的冰川角峰刃脊，世界上最大的古冰川大刻槽，姹紫嫣红的杜鹃花海，幽深奇险的温泉瀑布被称为"螺髻五绝"。
>
> 湖的出水口之下，3500 米"V"谷北壁的大型冰川刻槽，横嵌岸壁，是螺髻山的绝景，槽中遗有古冰川作螺旋式推进碾磨岩壁的清晰擦痕，显示了当年冰川活动巨大的自然威力。

螺，山峰则酷似少妇发髻，故而得此名，有"西子淡妆，峨眉淡抹，螺髻天生"之美誉。螺髻山沿途林木茂密，山间生长有大片野生杜鹃，每年 5 月开始，螺髻山变成一片杜鹃花的海洋。

※灵山

灵山寺、杜鹃花海、清泉飞瀑

🏠 凉山州冕宁县。🎫 58 元。

灵山，背靠小相岭，傍依安宁河，天生灵秀之景。灵山水质常年清冽，形成大大小小的瀑布，为灵山增添了许多灵动的趣味。古刹灵山寺，因背倚灵山而得名，建于乾隆年间，因寺内杨祖师肉身佛像百年不腐而闻名遐迩，素以"灵验"著称，在民间有许多神奇的传说。

> **景点攻略**
>
> 每年农历七月十八日至二十八日是庙会会期（祖师会），也是敬香和旅游的高峰期，此时庙堂里里外外，人山人海，熙熙攘攘，络绎不绝。

※木里风景区

长海子、木里大寺

🏠 凉山州木里县境内。🎫 免费。

木里在藏语里的意思是美丽、辽阔、深远，它与泸沽湖格姆神山只有一山之隔。木里的风光属高原风光，蓝天白云，风高气爽，气候宜人。由于相对温差大，气候、土壤、植被呈明显的垂直变化，正所谓"一山有四季，十里不同天"。

※马湖风景区

茶园、金沙江峡谷

　凉山州雷波县黄琅镇。

　西昌客运东站每日有班车发往雷波。

　50元。

　　马湖是与邛海、泸沽湖齐名的四川第三大天然高原湖泊。湖区港湾深幽，湖岸曲折多变，湖底灰岩层光滑细腻，无淤泥，湖水四季盈盈，清澈透明，无任何污染。湖周沿岸由茶园和森林环绕，林木苍翠，湖光山色交相辉映，风光秀美绮丽。景区由马湖、金沙江峡谷、原始密林等部分组成，是小凉山深处一颗璀璨的风景明珠。

※大槽河温泉瀑布

水帘洞、鸳鸯池

　凉山州普格县城西北部荞窝镇。

　　温泉隐藏在大槽河深处的青山绿水间的悬崖峭壁之上，温泉瀑布水质清澈，可直接饮。值得一提的是温泉流经山中的洞穴形成一个个水潭，水潭里没有一点泥沙，在潭中洗浴如仙境一般。而且泉水不论春、夏、秋、冬，水温基本不变，即使是狂风、暴雨，温泉水依旧清澈如镜。

左下｜马湖风景区
中上｜黄联土林
中下｜二滩水库泄洪
右下｜龙潭溶洞

攀枝花

周边游

※苏铁林

攀枝花苏铁

　攀枝花市西区巴关河西岸的丰家梁子一带。

　　攀枝花苏铁奇，奇在它岁岁含苞，年年开花。俗话说，"铁树开花马生角"，"千年铁树开了花"，可见苏铁开花之不易。而攀枝花苏铁生长良好的雄株可年年开花，雌株亦可两年开花一次。这不能说不是世间一奇。

※龙潭溶洞

龙吟峡谷、花水坝壁画、龙肘山顶

　攀枝花市米易县宁华乡龙塘沟村。

　50元。

　　龙潭溶洞山清水秀，崖壁

　　如画，四季常青，景色宜人。龙潭溶洞一洞两景，前似龙宫，后若天宫，洞内的钟乳石七彩斑斓、质地纯净、色白如雪；洞内瀑布众多，且气势磅礴，这里还是天然的氧吧，堪称"攀西、蜀国第一洞"。

※格萨拉生态旅游区

万亩杜鹃、原始森林、天然园林

　攀枝花市盐边县格萨拉乡。

　50元。

　　格萨拉生态旅游区是黄金旅游线路——攀枝花至泸沽湖的必经之地，景区景观由原始森林、高山风光、天坑地漏和彝家风情等组成，被誉为"天然地质博物馆"。境内植被多样、生物丰富。

※二滩

二滩电站大坝、二滩历史纪念馆

　攀枝花市盐边县北约2.4千米。

　免费。

　　二滩国家森林公园地处成

都—峨眉山—西昌—昆明这条旅游热线上，森林覆盖率达50%以上。二滩包括二滩电站大坝以上区域，公园内山峦重叠，峡谷幽深，高山平湖，绿荫密布，是一处难得的消闲度假疗养胜地。

体验之旅

泡温泉： 西昌是温泉胜地，大多数泉水无色无味没什么刺激，螺髻山乔窝农场附近有一个罕见的温泉水帘洞。

参加火把节： 火把节是彝族人民一年一度最隆重最欢乐的节目。在节日里，人们从方圆几十里甚至上百里的地方赶来，云集在草坪上举行斗牛、赛马、摔跤、达体舞比赛等庆祝活动。

寻味之旅

西昌美食以彝族风味为主，砣砣肉、荞麦面、野山菌、建昌板鸭都是不容错过的美味。西昌的米线也很有特色，可以在城里的多家米线铺子品尝。

醉虾： 西昌当地最有名的特色美食是醉虾，材料是西昌邛海抓的鲜活的虾，醉虾入口还是鲜活，嫩滑香甜，同时还有黄酒的醇美，辣椒的辛香，绝对是场舌尖上的盛宴。

砣砣肉： 制作时将猪肉或羊、牛肉连骨带皮切成如拳头大小的块块，用清水煮至八分熟捞入簸箕内，撒蒜水、盐巴及花椒等回簸荡即可食用，吃时将砣砣肉抓在手上，边啃边嚼，既鲜又香。

西昌米粉： 西昌米粉类似与成都的米线，较之米线更细

而且口感更劲道，大多会配上牛羊肉或是动物内脏，加上清炖很软和的牛肉和牛杂，味道鲜美让人过口不忘。

建昌板鸭： 外形饱满、体干皮亮呈玫瑰红色、肉质细嫩、香味浓郁、不肥不腻，是居家、旅行、馈赠的传统风味食品。

目的地攻略

🚗 交通

飞机： 西昌青山机场，位于西昌市北郊，现已开通西昌至成都、北京、重庆等地的航线。

机场没有直达西昌市区的公共汽车，游客最好选择乘坐出租车进市区。

火车： 西昌站位于西昌市区迎宾路，为普速车站。每天有火车可直达北京、昆明、成都等城市，成都—西昌的夕发朝至的列车最适合旅游者。

西昌南站位于西昌市马道镇境内，客运车站很少，为过路车站。

🏠 住宿

西昌市内住宿条件不错，各种宾馆物美价廉。凉山州其他县市住宿条件没有大城市好，但是如果要求不是太高，基本也能找到性价比较高的宾馆，部分景区内也有酒店或农家乐可提供住宿服务。

🛒 购物

到了西昌，一定要看看漂亮的彝族漆器，种类繁多，可以买来作为馈赠亲朋好友的礼品。其他还有松茸、虫草、盐源苹果、建昌板鸭、苦荞茶等，都是西昌地区的特产。

中下｜彝族服饰
右上｜醉虾
右下｜砣砣肉

亮点 → 灵物崇拜 | 转山会 | 羌历年 | 土司寨

九寨沟芦苇海冬景

阿坝

阿坝以九寨沟和黄龙而闻名。那里有美不胜收的高山和海子、峡谷与草原，更有人们淳朴的笑容和纯净的眼神，仿佛未经世俗烟火的侵袭。这是一个恍若梦境的地方，宛如儿时读过的童话。在纯净的山与水之间，将远离石头森林里的倦懈与疲意。

川北九寨沟大环线

第一天先去映秀地震遗址纪念地，之后去松潘古城；第二天去黄龙景区，沿着黄龙溪徒步，看黄龙古寺，下午前往九寨沟；第三天游览九寨沟，晚上观看藏羌歌舞表演及烤羊晚会；第四天上午去报恩寺，之后去窦圌山，下午去李白故里，寻觅一千多年前诗仙的踪迹。

川北精华之旅

第一天至桃坪羌寨参观，然后西行游览米亚罗景区，夜宿米亚罗红叶景区；第二天至马尔康市参观卓克基土司官寨、马尔康寺和松岗碉群；第三天从红原北上至若尔盖县，沿途景观有红原大草原和九曲黄河第一湾；第四天至郎木寺乡参观格尔底寺，沿途经过花湖景区。

黄龙 ◎ AAAAA

本地游

黄龙主沟、五彩池、雪宝顶、丹云峡

阿坝州松潘县黄龙乡。九黄机场、松潘县城和川主寺镇都有班车前往景区。260 元（含上行索道）。

黄龙风景区由黄龙景区和牟尼沟景区两部分组成。黄龙沟沟内遍布碳酸钙华沉积，并呈梯田状排列，仿佛是一条金色巨龙，并伴有雪山、瀑布、原始森林、峡谷等景观。

雪宝鼎是岷山的主峰，其山势雄伟，峰体挺拔，终年积雪，冰川倒挂。雪宝鼎周围地区原始森林茂密，野生动物资源丰富，也是登山和旅游的胜地。

五彩池是黄龙沟内最大的一个彩池群。由于池堤低矮，汪汪池水漫溢，远看去块块彩池宛如片片碧色玉盘。隆冬季节，整个黄龙玉树琼花，一片冰瀑雪海，唯有这群海拔最高的彩池依然碧蓝如玉，仿佛仙人散落在群山之中的翡翠，诡谲奇幻，被誉为"人间瑶池"。

黄龙寺始建于明代，以道家为主流。相传助大禹治水的东海黄龙功成身退修道成仙，成为黄龙真人，其身化作十里金沙，其鳞化作千座彩池。后人感激黄龙真人的功德，建黄龙寺纪念。寺前有近万平方米的开阔地，每年举办庙会。

中下 | 黄龙五彩池

九寨沟 ◎ AAAAA

镜海、犀牛海、火花海、五彩池 **特写**

左上｜九寨沟

◎ 阿坝州九寨沟县漳扎镇。◎ 成都新南门车站每天有几趟班车发往九寨沟景区。◎ 旺季门票 169 元，车票 90 元；淡季门票 80 元，车票 80 元。

九寨沟是白水沟上游白河的支沟，因沟内有九个寨子而得名。高峰、彩林、翠海、叠瀑和藏族风情为九寨沟的"五绝"。

则查洼沟段，从诺日朗宾馆开始至长海子，长海是九寨沟内最大的海，沿岸山峦叠彩，绿树幽深。五彩池水上半部呈碧蓝色，下半部则呈橙红色，色彩之斑斓，与日则沟的五花海不相上下。

日则沟段以珍珠滩瀑布、孔雀河、孔雀海、高瀑布和五花海最为有名。五花海的底部景观妙不可言，湖水一边是翠绿色的，一边是湖绿色的，在阳光的照射下，五光十色，非常迷人。

树正沟段为主沟，火花海神奇莫测，风吹浪生，显出朵朵"火花"，奇光闪闪。犀牛海是树正沟内最大的海子，是九寨沟内景色变化最多的海子，树正瀑布在树正寨附近，是九寨沟内第一个瀑布群。

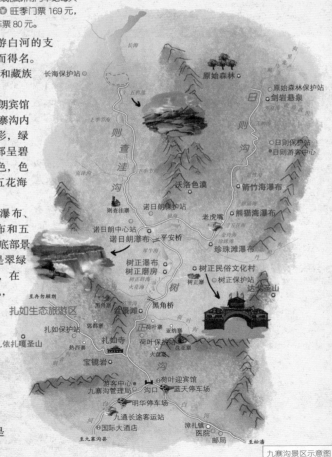

九寨沟景区示意图

四姑娘山 ⊙

本地游

双桥沟、长坪沟、海子沟

⊙ 阿坝州小金县日隆乡境内。🚌 成都茶店子客运中心有发往小金县的班车，在日隆镇下车即可。💰 双桥沟 80 元，长坪沟 70 元，海子沟 60 元。

四姑娘山属邛崃山脉，由四座毗连的雪峰组成，终年银装素裹，如四个美丽的白衣仙女俏立在群山之中，因而得名。四姑娘山以雄峻挺拔著称，山体陡峭，直指蓝天。

长坪沟沟内古柏苍松密布，原始古朴。樟木寨保留着独特的建筑风格，民风淳朴。若遇婚嫁庆典，您还会领略到藏族独特的民风民情。

双桥沟是目前四姑娘山中唯一不需要骑马就可游览的沟，是四姑娘山最美丽的沟。景区比较有特色的是古柏栈道，可体验到真正的牧区风光。

海子沟以山景为主，沟内湖泊众多，湖水清澈，水草丰茂。当地百姓以四姑娘山为龙头，以锅庄坪为龙尾，登上锅庄坪即踏上了龙尾，这是观四姑娘山的最佳观景点，也是嘉绒藏族百姓观庄朝圣的好去处。

左下｜牟尼沟扎嘎大瀑布
中下｜四姑娘山

松潘旅游区

本地游

※ 甘海子

桃花谷、王相岩、太极冰山

⊙ 阿坝州松潘县和九寨沟县交界处的弓杠岭。💰 免费。

甘海子学名芳草海，原是一处高山湖泊，后因地质变化，出水口扩大，所以俗称"干海子"。这里四周远山层叠，森林茂密，海子中溪水蜿蜒，芳草萋萋，如天鹅绒地毯铺满大地，夏秋季野花点缀其间，牛羊骡马成群，冬春时则一片深黄，与周围的雪山红叶相映成趣。

※ 松潘古城

古松桥、映月桥、清真北寺

⊙ 阿坝州松潘县进安镇岭。🚌 成都茶店子客运站有班车直达松潘县客运站。💰 40 元。

松潘为川西北地区的门户之一，古城分内、外两城，内城平面跨崇山，依山顺势略呈三角形，外城毗邻内城南面的河谷下坝，有城门与内城相通。古城内小桥流水，景观独特。

※ 牟尼沟

扎嘎瀑布、二道海、牟尼后寺

⊙ 阿坝州松潘县 151 乡道。💰 100 元。

牟尼沟地处成都至九寨、

黄龙旅游主干线必经之地，景区可分为扎嘎瀑布和二道海两个景区。

扎嘎瀑布为中国最高、最大的钙化瀑布。瀑水从巨大的钙华梯坎上飞速跌落，气势磅礴，声震十里。

二道海在牟尼沟的末端，和扎嘎瀑布仅一山之隔。从沟口沿栈道进入，在茂密林木之间，散落着大大小小上千个湖泊，景观神奇，如梦如幻。

※ 七藏沟

卡卡沟、阿翁沟、红星沟

⊙ 阿坝州松潘县川主寺镇北部。💰 免费。

七藏沟方圆约 50 平方千米，其间草深木繁，高峰林立，溪水潺潺却渺无人烟。行走在海拔将近 4000 米的山沟里，呼吸着最原始的空气。碧波荡漾的海子，在湛蓝的天空底下尤为壮观。

> **景点攻略**
>
> 七藏沟方圆 50 平方千米都是荒无人烟的境地，因此没有良好的户外知识和户外生存经验的朋友，切不可贸然前往。沿途不可以随地生火、丢弃垃圾，更不可以在海子里钓鱼。

左上 | 若尔盖九曲黄河第一湾
左下 | 月亮湾
中上 | 花湖

间；牛厄湖星罗棋布，独成一湾风景。

※花湖

热尔大坝草原、黑颈鹤、栈道

🚩 阿坝州若尔盖县 213 国道花湖风景区。💴 80 元，观光车 30 元。

花湖因湖中盛开的一种白色小花而得名花湖。花湖湖面辽阔，水下是深不可测的沼泽地，在阳光的照耀下，水面反射出不同的光彩。湖边是大片茂密的芦苇丛，随微风拂动，越发映衬出湖面的宁静与沧桑。湖边建有木质栈桥，一直延伸到水中，沿着栈道走到湿地深处。

景点攻略

花湖最漂亮的时候是每年 6~7 月份，草地上开满了五颜六色的花朵，极为漂亮。广阔的热尔草原一片碧绿，蓝色的花湖被一片绿色包围，仿佛绿色地毯上的一颗蓝宝石，美轮美奂。

※格尔底寺

佛教经堂、五世活佛肉身灵塔

🚩 阿坝州若尔盖县。💴 30 元。

格尔底寺全称达仓郎摩格尔底寺，是郎木寺镇上的两座著名寺院之一。格尔底寺的入口处旁边，就有一座清真寺，大门色彩明艳，高塔重檐绿瓦。

文化解读

相传这里有一只猛虎，是当年莲花生大师为此降妖伏魔时驯服后，使猛虎幻化成仙女。溶洞的最高处有一尊颇似女神的钟乳石，当地人视为神灵，经常前来磕头跪拜，祈求平安。

红原—若尔盖旅游区 本地游

※月亮湾

月亮湾、红原草原

🚩 阿坝州红原县 209 省道。💴 免费。

红原草原的美在月亮湾发挥得淋漓尽致，一片开阔的草地上，白河呈"S"形蜿蜒流过，如同天上的一弯新月，故而得名"月亮湾"。黄昏时，近处绿草茵茵，远处山峦叠黛，夕阳染红了天空，也染红了弯弯的流水，伫立在河边的马匹，悠闲地吃着青草，摆着尾巴，使草原更显得格外的静谧。

※九曲黄河第一湾

索克藏寺、若尔盖草原

🚩 阿坝州若尔盖县唐克乡以西9千米处。💴 65 元。

黄河自甘肃一侧来，白河自黄河第一弯弯弯汇入，型如"S"形，故名九曲黄河。此地丘状高原如小岛，浮于河中。九曲第一湾岛屿众多，红柳成林，婆娑多姿，锦鸡野兔隐遁其中，

景点攻略

欣赏黄河九曲第一湾最好是在夕阳西下的时候，登上路边的高坡，向远方望去，S 形黄河在夕阳下就像一条血红的彩带，色彩浓重，与满天的红霞相互映衬，美丽之极。黄河边上还有一座唐克寺和一个藏族村寨，可以领略到藏族的民俗风情，河岸边还竖有成片的经幡，给美丽的九曲黄河第一湾增添了几分神秘的气氛。

水鸟翔集，渔舟横渡，是锦鸡、黄鸭、野兔、丹顶鹤、黑颈鹤的乐园，被中外科学家誉为"宇宙中的庄严幻景"。

※若尔盖草原

鹧鸪山、牛厄湖、红原草原

🚩 阿坝州中部。💴 免费。

若尔盖草原由草甸草原和沼泽组成。草原地势平坦，一望无际，人烟稀少。大草原南部鹧鸪山巍巍挺立，山顶积雪气势雄伟；草原上聚集了白天鹅与梅花鹿等大量候鸟和野生动物。河流弯曲摆荡，蜿蜒其

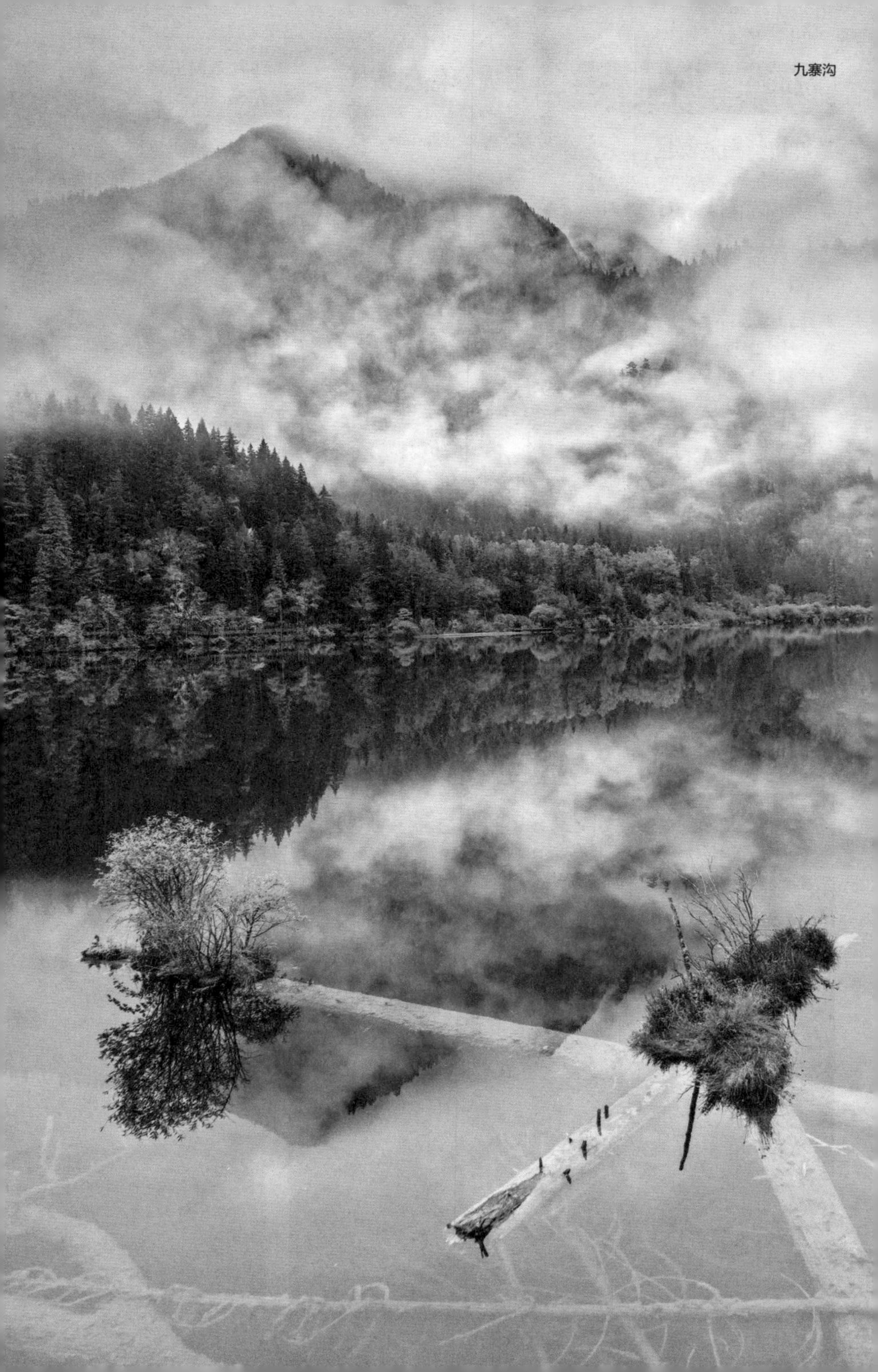
九寨沟

汶川一理县旅游区 本地游

※汶川特别旅游区 AAAAA

三江生态旅游区、映秀镇、水磨古镇

⊙ 阿坝州汶川县南部。 ➤ 搭乘前往水磨或三江的班车即可至景区。 ➤ 三江生态景区 50 元，映秀镇、水磨古镇免费。

汶川特别旅游区由三江、映秀和水磨古镇组成，是 2008 年 5 月 12 日汶川特大地震重建后特别开发的纪念性和文化主题景区。

三江以三江生态区为主要游览内容，瀑布、古道、桥梁构成一派原始好风光；映秀作为大地震时的重灾区，如今保留着震源点、漩口中学遗址等地震原貌；水磨古镇是汉族和少数民族的交融区，这里人文风情浓郁。

汶川三江生态旅游区是世界自然遗产大熊猫的栖息地，这里有保存完好的自然生态，有藏、羌民俗文化，茶马古道历史文化。

※卧龙自然保护区

大熊猫野外观测站、大熊猫博物馆

⊙ 阿坝州汶川县卧龙镇。 ➤ 旺季 90 元，淡季 60 元。

卧龙国家级自然保护区以"熊猫之乡""宝贵的生物基因库""天然动植物园"享誉中外，有着丰富的动植物资源和矿产资源。保护区地理条件独特、地貌类型复杂，风景秀丽、景型多样、气候宜人。

※毕棚沟

龙王海、娜姆湖、上海子

⊙ 阿坝州理县朴头乡境内。 ➤ 120 元（含观光车）。

毕棚沟以优美的自然风光、完美的自然生态景观而著称，是国内知名的红叶观赏圣地。毕棚沟一年四季各有特色，每年的金秋时节，沟内枫叶艳红似火，极为壮观，而且此时的毕棚沟天气状况也非常好，无论是徒步穿越还是乘坐观光车，都是最适合的季节。

※桃坪羌寨

碉楼、羌族古民居、地道

⊙ 阿坝州理县桃坪乡。 ➤ 50 元。

桃坪羌寨始建于公元前 111 年，因其典型的羌族建筑、交错复杂的道路结构被称为"东方神秘古堡"。羌寨完整地保存了羌族民族的特点，走进桃坪，映入眼帘的便是那些有着上千年历史的古朴神秘的羌族古民居建筑。走进桃坪，仿佛走进一个深深浅浅、迂回曲折的迷魂阵。

※米亚罗

藏羌民族村寨、红叶

⊙ 阿坝州理县米亚罗镇附近。 ➤ 免费。

米亚罗为藏语，意为"好玩的坝子"。米亚罗是目前中国最大的红叶观赏区。除了漫山遍野的红叶，这里还有石寨、古堡、碉楼等各具特色的建筑掩映在密林之间，错落有致，屋顶上悬挂着飘扬的经幡。寨子里居住着藏族和羌族民众，至今还保留着许多古老的民俗。

景点攻略

每年 9 月底 10 月开始，杂谷脑河谷两岸密林中的枫树、槭树、桦树、鹅掌松、落叶松等渐次经霜，树叶被染成为绮丽的鲜红色和金黄色。这一片 3000 余平方千米的金黄，与蓝天、白云、山川、河流构成一幅醉人的金秋画卷。

左上 | 卧龙自然保护区熊猫
左下 | 毕棚沟秋色
右下 | 汶川地震遗址

马尔康—黑水旅游区
本地游

※卓克基土司官寨
藏式民居、土司官邸

🏠 阿坝州马尔康市卓克基镇西索村。🚌 马尔康市区有到卓克基的班车。💰 60元。

卓克基土司官寨始建于清朝乾隆年间，官寨依山而建，坐北朝南，其布局仿汉族四合院结构，上下五层，是一座典型的嘉绒藏族建筑。一层主要是厨房经幡房和酿酒房等；二层有毛主席当年居住过的蜀锦楼；三层展示的是土司的卧室、餐厅、吸烟室、会客室等；四层是宗教文化展示厅。

※西索民居
西索村、红军博物馆

🏠 阿坝藏族羌族自治州马尔康市卓克基乡。🚌 马尔康市区有往来卓克基的班车。💰 免费。

西索民居是一座具有典型嘉绒藏族特色的寨子。整个寨子鳞次栉比，错落有致，远远望去犹如一座古城堡。墙体笔直整齐，上窄下宽，内有木结构横梁支撑，稳定性相当好。房屋的窗口都外小内大，窗框制作精美，雕花彩绘，无所不用其极，具有浓浓的民族特色。

※梭磨河大峡谷
杜鹃如霞、秋林如屏、悬冰流珠

🏠 阿坝藏族羌族自治州马尔康市乡。🚌 包车从马尔康市一路沿着梭磨河南麓，从鹧鸪山脚至白湾乡可以观赏到峡谷风光。💰 免费。

"梭磨"藏语含义为"岗哨多"，因梭磨土司官寨得名。瑰丽修长的梭磨河大峡谷两岸石壁峻峭，植被丰茂。梭磨河水浩浩荡荡，从谷底奔流而过，犹如鹧鸪山山神手中舞动的彩带，把众多的美景串连在一起，这里景色宜人，美不胜收。

景点攻略
梭磨河峡谷最美的一段是梭磨乡以下20多千米处。春天杜鹃花开如霞，秋天树林五彩似画，不管是自驾还是坐车，都能感受那种走在彩色画廊中的陶醉。

※直波碉群
箭口、地下通道

🏠 阿坝藏族羌族自治州马尔康松岗镇直波村。💰 免费。

直波碉群共两座，依山势南北分布。南碉在村内、北碉在村北山脊上，其外形均呈八角形，

左上 | 米亚罗
中上 | 达古冰川
右下 | 卓克基西索民居

内呈圆形，整体由下往上渐内收成锥体形。碉群高大雄伟，棱角分明，墙体平整如削，系八角碉中的杰作。碉内有木板、树枝搭成的楼层，每层都有箭口、瞭望窗口。

※达古冰川
金猴湖、红军湖、则娜措

🏠 阿坝州黑水县芦花镇。💰 120元。

达古冰川是中国第一彩色冰川，也是迄今发现的世界上海拔最低、面积最大、"年纪最轻"的冰川。景区内有皑皑的雪山，巨石林立的山地，宛如明镜的高山湖泊，莽莽的原始森林和绿草如茵的高山草甸。金丝猴、小熊猫、野牛、盘羊、山鹿子等珍稀动物栖息于此。

体验之旅

泡雪景温泉：冬季的阿坝尤为宁静，山峦与树林银装素裹，那撩人心魄的飞雪，纷纷扬扬、飘飘洒洒。这里有无数的温泉谷遍布其中，赏雪景，泡温泉，温热的泉水令心事也蒸腾微醺。

看舞会：九寨沟藏羌歌舞晚会有神秘的宗教仪式、奔放的民族歌舞，展示了当地丰富多彩的文化。晚会上你还能品尝到具有藏羌特色的食品如烤全羊、青稞酒、酥油茶、奶茶等。

参加篝火晚会：九寨沟民族风情烤全羊篝火晚会，充满浓郁的藏羌风情，洁白的哈达、飘香的青稞酒、欢快的锅庄、肥美的烤全羊。在这里您可以感受地道的藏族人民的饮食和生活。

赏红叶：秋风乍起之时，风景区内沿杂谷脑河谷两岸密林中的枫树、槭树、桦树、鹅掌松、落叶松等渐次经霜，树叶被染成为绮丽的鲜红色和金黄色。这时候，万山红遍，层林尽染，三千里红叶装饰着三千里江山，成为一大奇观。

寻味之旅

阿坝地处四川，又是藏族、羌族自治州，所以菜品中既有川菜的香辣，也有浓浓的藏族和羌族风情。比较有特色的藏族美食有牦牛肉、酸菜面块和血肠。

血肠：藏族食谱中的上等食物，贵客临门，能以血肠待之，那是主人的荣耀。血肠是由肠衣、血汁、香料及牦牛肉或猪肉制作而成，营养丰富，美味可口。

人参果饭：被藏族同胞视为一种吉祥的食物，他们逢年过节首先就要进食这种食物。

酸菜面块：一种特色很浓的藏族传统晚餐。制作面汤时首先加酸菜，其次加本地阴干的腊肉或新鲜牦牛肉，再加入土豆、面块和盐、葱等煮熟，香喷喷的酸菜面块便做出来了。

洋芋糌粑：以土豆为主要原料烹调的膳食。食用时将土豆切成块状煮入酸菜汤内，再根据口味放入精盐、红油辣椒或伴以蜂蜜、炒黄豆面等，味道鲜美，营养丰富。

金裹银：用玉米面配大米蒸煮的一种饮食，因金黄色的玉米粉中夹裹着白色的大米，故称"金裹银"，是当地饮食的遗传。

目的地攻略

🚌 交通

飞机：九寨沟黄龙机场位于阿坝州松潘县境内的川主寺镇北约12千米处，现运行的航线有飞往成都、西安、绵阳、无锡等4条航线，另有部分季节性航班，机场开通有两条机场巴士。

🏠 住宿

阿坝州住宿地很多，下辖各个县城都有大大小小的宾馆招待所，从星级酒店到家庭旅社一应俱全，其中星级酒店主要集中在四姑娘山、九寨沟—黄龙景区周边；经济型宾馆分布在全州各个地方，选择范围也很广；至于家庭旅社，多分布在景区周围，不仅价格便宜还能感受到当地特有的风情，很适合背包客落脚。

🛍 购物

川西北高原的阿坝县是虫草、贝母、羌活、大黄、秦艽等中草药盛产之地，尤以虫草、贝母等驰名藏族聚居区。独特的藏羌文化不仅延续着古老的民族历史，而且吸引着喜欢它们的游客。富有地方特色且做工精细的地毯、水晶佛塔、藏式刀具、佛珠、僧碗、首饰和仿牦牛、鹿、盘羊纪念品等都是馈赠亲朋好友的最佳选择。

中下 | 九寨沟歌舞晚会
右下 | 桃坪羌寨羌绣鞋子

亮点 → 泸定桥｜格萨尔文化｜藏传佛教｜碉楼

稻城亚丁红草地

甘孜是世界上保存自然生态最完整的地区之一，贡嘎山的伟岸、海螺沟的晶莹、金碧辉煌的庙宇、匍匐朝拜的身影，历史中的"茶马古道"与人人传唱的《康定情歌》等。这里，一切都如此融洽地相依相偎，人们的灵魂洁净如清泉。甘孜，一个可以触摸天堂的地方。

旅 行 路 线

丹巴四日游

第一天前往甲居藏寨，然后前往丹巴美人谷，之后在返回途中参观中路藏寨；第二天前往牦牛谷，徒步其中充分享受大自然之美；第三天经过布科巴郎藏寨和天堂谷，过了天堂谷很快就到了党岭，晚上借宿民居；第四天在党岭徒步，看原始森林，高山海子。

稻城四日游

第一天去著杰寺，之后前往堆红草滩，下午到海子山景区，看古冰川遗迹；第二天上午去扎郎寺，之后去傍河色拉，走近典型的藏式高原田园风光；第三天去贡嘎郎吉岭寺，穿越地狱谷，来到亚丁，参观冲古寺；第四天从冲古寺出发，来洛绒牛场欣赏美丽的草原风光，最后在五色海，朝拜亚丁三大神山。

贡嘎山风景区
五须海、贡嘎南坡 **本地游**

📍 甘孜州泸定县贡嘎山。🚌 康定有专门的旅游车前往贡嘎，山下有缆车，可送游客上山。

贡嘎山海拔约 7556 米，是大雪山的主峰，被称为"蜀山之王"。贡嘎主峰周围林立着 145 座海拔五六千米的冰峰，区内还有 10 多个高原湖泊。

贡嘎山险峻挺拔，峰顶终年积雪覆盖，晴空万里时，放出熠熠光芒。这里冰坚雪深，险阻重重，是国际上享有盛名的高山探险和登山圣地。

康定旅游区
本地游

※ 海螺沟 AAAAA

植被、温泉

📍 甘孜州泸定县磨西镇。🚌 成都新南门汽车站有直达海螺沟的旅游车。💰 160 元（含观光车）。

海螺沟冰川是贡嘎山东坡众多冰川中的一条，是地球上同纬度的冰川中海拔最低的。海螺沟落差 6000 米以上，形成了自然界独特的七个植被带、七个土壤带，荟萃了我国大多数的植物种类。沟内有温泉点数十处，游人可在冰川上洗温泉浴。

※新都桥

藏族村落、秋色美景、摄影胜地

⊙ 甘孜州康定市新都桥镇。● 适合自驾或者包车前往，方便停靠拍照。
☻ 免费。

小桥、流水、藏族村寨加上山和树，构成的是一幅田园牧歌式的风景画。路旁的溪水上有许多座用石头和木头搭成的小桥，古朴简约。小溪的那边是一直延伸到远处的青稞田，在青稞成熟的季节，你会看到黄的青稞、绿的苜蓿，以及三三两两走入这画卷中的藏族民众。这就是新都桥，一片如诗如画的世外桃源，被誉为"摄影家的天堂"。其秋色尤为美丽。

※塔公草原

雅拉雪山、塔公寺

⊙ 甘孜州康定市塔公乡。☻ 草原免费，塔公寺 20 元。

塔公草原位于川藏公路两边，草原背靠著名的雅拉山，地势平坦，牛羊成群，绿茵茵的草地上散落着牧民的帐房，一派和谐的高原藏族聚居区风光。

塔公寺全名"一见如意解脱寺"，是藏传佛教萨迦派著名寺庙，寺内保存有一尊与拉萨大昭寺相同的释迦牟尼像。传说是文成公主入藏路经此地，模拟携往拉萨释迦牟尼像造一尊留供寺中，所以塔公寺又有"小大昭寺"之称。

左下 | 新都桥
中上 | 塔公草原
中下 | 木格措景区
右下 | 金刚寺

景点攻略

每年藏历六月中下旬，寺庙会举行盛大的佛事活动，场面隆重盛大。7 月中旬到 8 月初，塔公草原上则会举行一年一度的耍坝子活动，其间会有民间赛马活动和歌舞等节目，届时草原上一片五颜六色的帐篷，热闹非凡。

※木格措

杜鹃峡、芳草坪、七色海

⊙ 甘孜州康定市北部境内。● 可以选择包车或者搭车前往。☻ 105 元，观光车 90 元。

木格措汉语称野人海，水质清润，四周被群山和森林草甸及几十个大小不一的海子围绕着，犹如众星捧月。木格措左侧的金色沙滩被誉为爱情滩，其沙细柔软，呈金黄色。爱情滩还会随着季节的更替出现水涨覆沙，水落凹沙的场景。

※跑马山

吉祥禅院、凌云白塔、九龙浴佛池、飞云廊

⊙ 甘孜州康定市炉城镇东南。● 景区在康定市城边上，可以走路过去。☻ 50 元。

"跑马溜溜的山上，一朵溜溜的云哟。"一曲康定情歌使得跑马山扬名世界。跑马山，藏名为拉姆则，因山顶有湖泊五色海，故又名五色海子山。为了纪念佛祖释迦牟尼的诞辰日，每年的阴历四月初八，当地群众都会在跑马山举行盛大的纪念活动，当地称之为四月八转山会，并同时在跑马山上举行赛马活动，届时热闹非凡。

※金刚寺

僧寮、唐卡壁画

⊙ 甘孜州康定市区南郊。● 康定市内步行可到。

金刚寺迄今已有七百余年历史，寺院为四合大院，其中大

景点攻略

每年藏历五月初十，为纪念莲花生大师，金刚寺都要举行名为"泽久"的跳神活动。是日，寺院内香烟缭绕，鼓号齐鸣，僧人诵经，观者潮涌。最吸引人的是俗众称为"骷髅舞"的面具舞蹈。

殿是拱斗式建筑，藏汉合璧，瑰丽雄伟，堪称一绝，寺内杨树参天、环境幽静，它同近旁的南无寺一道形成了康定南郊双璧。

※安觉寺

宗喀巴正殿、弥勒殿、护法殿

🚩 甘孜州康定市光明路。🚌 康定市内步行可到。🎫 10元。

安觉寺坐落于康定城内将军桥西侧，是一座著名的格鲁派寺庙。安觉寺本名安雀寺，"安雀"为藏语，即五僧供奉的寺庙。寺庙是一座由四周石墙围成的藏式木质结构四合院建筑，内设宗喀巴正殿，弥勒、护法两偏殿。正殿规模较大，庄严雄伟，金碧辉煌。

稻城旅游区

本地游

※稻城亚丁　AAAAA

五色海、洛绒牛场、冲古寺

🚩 甘孜州稻城县香格里拉镇境内。🚌 从稻城县到香格里拉镇亚丁景区购票中心只能包车。🎫 266元（含观光车）。

亚丁，藏语意为"向阳之地"，属于高山峡谷风景。亚丁有三座雪山——仙乃日、央迈勇和夏纳多吉，三座雪山峰形各异，周围角峰林立，大大小小共三十多座，千姿百态，

蔚为壮观；雪线下冰川直插碧绿的原始森林；山脚宽谷曲流，镶嵌着碧蓝如玉的湖泊和草甸，野生动物出没其中，托出了一方静谧的净土。

※海子山

兴伊措、兔儿山

🚩 甘孜州稻城县境内。🎫 免费。

海子山以"稻城古冰帽"著称于世，一千多个海子如晶莹剔透的泪滴散落在乱石间，而石隙间偶尔露出的花草又令人心醉。大大小小的砾石构成的石河、石海及形态各异的冰蚀湖遍布山间，如千百颗钻石熠熠闪光，其密度之大为世间罕见，海子山由此得名。

文化解读

到了这里，除了那令人心醉神迷的海子，最引人注目的就是一山神奇的石头。山上那铺天盖地的石头千奇百怪，却又形神兼备，令人惊叹自然的神秘和不可思议。这些大大小小的砾石与湖泊，就是青藏高原乃至世界规模最大、最典型的古冰帽遗迹——"稻城古冰帽"。

※红草滩

藏族村寨、红草地

🚩 甘孜州稻城县216省道，桑堆小镇。🎫 免费。

桑堆是典型的藏族村寨，风景秀丽。辽阔的牧场一望无边，河水缓缓流过，远处起伏的山峦间散落着几处民居，这就是桑堆。每年的9月底10月初，村边湿地那一团团一簇簇水草像被点燃了一样，红的像火，吸引了川藏线上无数的行人驻足，这就是著名的红草滩。

景点攻略

1. 红草滩季节性很强，9月底到10月初，持续10~15天。

2. 拍摄红草滩最好是有阳光的时候，因为这时水草色泽会更艳丽而且比较有层次感。雨后天晴的话，效果最佳。

※傍河色拉

杨树林、山中杜鹃、傍河

🚩 甘孜州稻城县去往亚丁的公路两边。🎫 免费。

傍河与色拉分别是稻城县的两个乡，傍河既是一条河，也是一个乡的名字。这里有著名的十万亩青杨林，金秋时节，一片金黄，颇为壮观。傍河从林间穿过。每当傍晚时分，河水在夕阳的余晖中闪烁着粼粼波光，青杨树倒映在水面上，景色如梦如幻。

色拉也是一个乡的名字，辽阔的草甸上散布着零星的藏民居。每天早上，草甸上弥漫着一层淡淡的薄雾，太阳慢慢地从山岗上升起来，照着朦胧的薄雾，光影迷离，如梦似幻，色拉乡即因晨雾而著称。

甘孜其他景点 本地游

※理塘寺
弥勒殿、金顶红宫、法相院

📍 甘孜州理塘县长青路。 💰 免费。

理塘寺又名长青春科尔寺，依山而上，高低错落。主殿位于寺庙中央的最高点，巍峨耸立，殿内大梁上绘制有独具特色的佛教壁画，千姿百态，无不栩栩如生。

景点攻略

每年藏历六月初三，是理塘的赛马会，又称"六月转山节"，长青春科尔寺都会举办盛大的庆祝活动来祭拜神山，同时会有长达10天的赛马会。而每年藏历正月十五的酥油花会，则被誉为"康区一绝"。

※格聂神山
冷谷寺、肖扎神山、克麦隆神山

📍 甘孜州理塘县热柯乡。 💰 免费。

格聂神山是藏民心中的神山，山中岩石有天然形成的六字真言等佛教字样，是藏传佛教徒心中的圣地。主峰白雪皑皑，在阳光的照耀下，金光闪闪，山体和缓，左右有四座卫峰护卫，两边群峰依次排列，犹如众星捧月，蔚为壮观。

※姊妹湖
海子山、姊妹湖

📍 甘孜州巴塘和理塘交界的海子山内。 🚌 可以乘坐稻城到理塘的班车到达海子山。 💰 免费。

海子山姊妹湖是川藏线上一颗耀眼的明珠，是青藏高原最大的古冰川遗迹，以"稻城古冰帽"著称于世。"姊妹湖"周围是白雪皑皑的雪峰，它犹如两颗璀璨的明珠，又像雪山的两滴眼泪，洒在山脚。

※甲居藏寨
藏式楼房、经堂、家碉

📍 甘孜州丹巴县城北7千米处。 💰 50元。

甲居藏寨是最具嘉绒藏族特色的藏民居村寨。"甲居"在藏语是百户人家的意思，在相对高差近千米的山坡上，一幢幢藏式楼房洒落在绿树丛中，星罗棋布，衬以袅袅的炊烟、丛丛的桃花，显得恬静别致。寨内一般每户一楼，寨楼坐北朝南，均为木石结构。

文化解读

寨楼的木质构架部分和屋檐均为红色，墙体刷白色或原色与白色相间。而每年春节前夕，主人们会依照传统习俗，以当地的"白泥巴"为主要原料，精心涂染寨楼墙面，使整个藏寨披上洁白的盛装。

※丹巴美人谷
藏寨、墨尔多山

📍 甘孜州丹巴县西南约21千米的巴底乡境内。 💰 免费。

丹巴美人谷位于巴底乡，丹巴境内的墨尔多山是嘉绒藏区最著名的神山。神山周围被65座山峰环绕，绚丽多姿的景色美不胜收。传说许多年前，一只凤凰飞到了墨尔多山，随后化成千千万万美丽迷人的美女，于是墨尔多神山下便成了美女如云的地方。

文化解读

每年农作物收获的时节，丹巴各村各寨都要举行盛大的选美和祭祀活动。据史书记载，西夏王朝灭亡之时，大批皇亲国戚、后宫嫔妃从遥远的宁夏逃到气候温和、山美水秀，地处横断山脉深山峡谷里的丹巴。

※梭坡碉楼
五角碉、梭坡村

📍 甘孜州丹巴县梭坡乡。 💰 免费。

"梭坡"藏语意为"蒙古族"。梭坡共有碉楼84座，是整个丹巴乃至全世界范围内古碉最集中的地方，碉楼主要集中在河谷两岸，尤以梭坡、中路、蒲角顶三处的古石碉楼群最为稠密壮观，在蓝天白云的映衬下巍峨壮观，并与村寨民居相容。

左下 | 丹巴甲居藏寨

文化解读

1. 摄影爱好者如要拍摄丹巴碉楼坡碉楼应在黄昏时分，那里所有的碉楼都沐浴在晚霞之中而变得金光灿烂，而且有时间也可进寨去亲手触摸这千百年的古碉，感受古碉的百千风云与沧桑。

2. 登碉楼参观时，需使用独脚梯，有一定的危险性，必须注意安全。

※新路海

玛尼石、雪山碧湖、雀儿山

● 甘孜州德格县马尼干戈乡。 ● 20元。

新路海晶莹的大型冰川从海拔五千米的粒雪盆直泻湖滨草原，湖泊周围由高原云杉、冷杉、柏树、杜鹃树和草甸环绕。湖岸珍禽异兽出没，湖中野鸭成群，鱼儿游弋。夏秋季节，山花烂漫，争芳斗艳，真可谓世间仙境。

体验之旅

看锅庄舞：锅庄舞是藏族三大民间舞蹈之一，跳锅庄舞一般在夜幕降临的时刻开始，男女各围一圈，围火起舞。有且歌且舞的形式，也有只舞不歌的形式，有男歌舞时女停止的形式，也有女歌舞时男停止的形式。

泡温泉：身边一片白雪皑皑，露天温泉的池蒸汽滚滚腾空，原始森林中的绿树与奇花异草朦胧一片，影影绰绰。在热乎乎的天然温泉里欣赏雪花漫天飞舞，何等浪漫。

寻味之旅

甘孜州是我国川西北第二大藏族聚居区的主要组成部分，甘孜牧区的人们还保持着游牧民族生活的许多特点，日常多食用牛羊肉、糌粑等牧区食品；而甘孜农区的人们多以青稞、小麦、玉米等农作物为食品，辅以猪牛羊肉等肉类食品。

康定凉粉：以黄凉粉著称，自制的凉粉筋丝好，切得四棱四现，厚薄均匀，光泽发亮，筷拈不断。特别讲究红油、盐酱制作，调入凉粉，食者一拌，麻、辣、香、柔、嫩，可口极了。

麦秋熏牛肉：熏牛肉是大条形的，切开或撕开内为绛红色，外形黑里透亮，入口酥香回甜，不卡牙齿，老少品后称妙。

康定牛杂汤：牛杂肠肚洗得干净，牛骨和牛杂在深二三尺的锅灶内猛煮文炖，汤白而香醇，牛杂碎、火巴嫩，佐以一二碟盐巴、小葱，食客川流不息。

目的地攻略

🚗 交通

飞机：康定机场地处康定折多山斯木措，是世界海拔第二高的机场，也被称为是最美丽的景观机场。机场航班较少，有飞稻城、成都、重庆、杭州、拉萨航班。康定机场周边没有公交车和正规的出租车，游客可以乘坐机场大巴前往康定城区，大约一个小时车程。

🏠 住宿

若想静心感受"神山圣湖"之美，合理安排好在稻城亚丁的住宿问题是重中之重。一般说来，主要住在这几个区域：稻城县城、日瓦乡、亚丁村和龙龙坝。青年旅馆名气最大的莫过于亚丁人社区，位于进县城的大路右手边。

🛒 购物

康定的土特产品很多，"康定青豌豆""康定雪豆""康定花椒""康定核桃"等畅销全国，"张大哥"牦牛肉干更在众多土产中独占鳌头。野生食用菌的经济、营养价值都很高，其中尤以松茸为上品。

左下 | 锅庄舞
右下 | 康定凉粉

亮点 → 九门四阁 | 苗族四月八 | 古桥 | 温泉 | 打麻将

甲秀楼夜景

贵阳

被誉为"高原明珠"的贵阳，因城区位于境内贵山之南而得"贵阳"之名，因古代贵阳盛产竹子，并以制作乐器"筑"而闻名，所以也简称筑。贵阳拥有以"山奇、水秀、石美、洞异"为特点的喀斯特自然景观，还有古朴浓郁、多姿多彩的少数民族风情，以及夏无酷暑、冬无严寒的宜人气候。

旅 行 路 线

贵阳经典三日游

第一天游览城内，主要是黔灵公园和甲秀楼；第二天游览南郊的天河潭和青岩古镇；第三天游览北郊的南江大峡谷。

贵阳市区一日游

早上先前往黔灵公园，赏青山秀水，之后来到合群路小吃一条街，尽享美食的诱惑，午后来到阳明祠，在幽静的环境中体会平静。华灯初上的甲秀楼别有一番风情。

贵阳清凉二日游

第一天从黔灵山开始，参拜一下弘福寺，午后坐车去青岩古镇，看看古城墙逛逛老巷子；第二天上午前往花溪公园，接着游览天河潭风景区，观喀斯特地貌，穿天生桥，傍晚回到贵阳市区，参观甲秀楼。

贵阳市区景点

本地游

※黔灵山公园

黔灵湖、九曲径、七星潭

🏠 贵阳市云岩区枣山路 187 号。
💰 5 元。

黔灵山公园是一个综合性的游览公园，园内古树参天，泉清石奇，集高原灵气于一身，登上山顶"瞰筑亭"可眺望贵阳全景，以明山、秀水、幽林、古寺、圣泉、灵猴而闻名遐迩。

※甲秀楼

浮玉桥、甲秀楼、翠微园

🏠 贵阳市南明区翠微巷 8 号。💰 免费。

甲秀楼是贵阳的标志性建筑，始建于明代，是一座三层的木质阁楼。这座木楼高约 22.9

中下 | 甲秀楼

米，共有三层，顶层题"甲秀楼"三字，登楼可俯瞰南明河岸风光，数百年来众多文人墨客在甲秀楼留下了赞美诗词。

※弘福寺

诗词碑廊、赤松和尚纪念碑、古佛洞

🏠 贵阳市云岩区枣山路 187 号。
💰 2 元。

弘福寺始建于清康熙十一年（1672 年），是贵阳有名的佛教寺院，素有"贵州首刹"之称。寺内有多处古代遗迹，包括赤松和尚开辟的九曲径及摩崖石刻、徐霞客游过的古佛洞、历代长老塔林等。寺内钟楼里则有一口三千余斤重的铜钟，是铸于 1469 年的古物。

※贵州省民族博物馆

服饰专题展、摄影精品展、画展

🏠 贵阳市南明区箭道街 23 号。
💰 免费。

贵州省民族博物馆内主要陈

列了贵州地区 17 个少数民族的传统服饰、银饰、生产用具、生活用品及民族文献古籍等展品，向人们展示了其文化与历史。在陈列展厅可以欣赏到贵州省内各个少数民族的图文介绍，以及相关的摄影作品和农民画等常设的展品。

贵阳郊县景点 本地游

※ 青岩古镇 AAAAA

九寺、八庙、五阁、三洞

贵阳市花溪区青岩镇。在花溪车站有前往古镇的小巴。60元。

青岩古镇中不但有众多的寺庙，而且保留着一座基督教堂和一座天主教堂。古镇四周筑有城墙，分内城和外城，用方块巨石垒砌，城墙上筑有敌楼、垛口、炮台。气势宏伟的定广门城楼与石板古道、古牌坊交相辉映。

※ 天河潭

梦草园、石板滩、峥灵洞

贵阳市花溪区石板镇。全票80元。

天河潭汇聚了溶洞和瀑布景观，堪称贵州山水的微缩。山中有洞，洞中有水，洞行山空，空山闻水声，碧潭衍飞瀑。景区的一弯天生石桥雄跨壁立的两山之间，气势恢宏。过了桥洞，河水似自天而降，涛声轰鸣，飞珠溅玉，形成一泓深潭，以此得名天河潭。

※ 花溪公园

芙蓉洲、百步桥、坝上桥

贵阳市花溪区花溪大道南段 3108 号。免费。

花溪公园历来有"高原明珠"之美誉。这里有巴金和萧珊 1945 年举行婚礼的东舍，有周恩来总理曾下榻过的西舍。花溪河在此蜿蜒而过，河水清澈见底，陈毅元帅游过花溪后，曾留下"真山真水到处是，花溪布局

更天然。十里河滩明如镜，几步花圃几农田。"的诗句。

※ 红枫湖

吊脚楼、石板房、北湖

贵阳市清镇市湖滨路。40 元。

红枫湖湖域四周遍布红枫树，金秋时节，枫叶似火，湖水轻柔，颇具诗情画意。红枫湖有 192 个大小岛屿及半岛散布其间，景区内建有苗族、侗族、布依族三个民族村寨，苗家吊脚楼、布依石板房和侗家的鼓楼、风雨桥错落有致，别具特色。

> 旅游攻略
>
> 10~11 前往，天气微寒，既能饱览红枫湖美景，又可欣赏到红枫湖的精华漫山红叶，令人不禁心醉神迷。如果是夏秋两季，建议夕游，这里夕照极美，还能观赏少数民族歌舞表演，也可以参加篝火晚会。

※ 镇山村

石巷、武庙、屯墙

贵阳市花溪区石板镇镇山村。

镇山村是一个以布依族村民居多的小村，三面环水，景色优美而宁静，村内仍完好地保留了石头城楼、城墙、石板路等建筑，整个村子看起来就像一座石头城堡。

左上 | 天河潭
左下 | 红枫湖
中上 | 花溪十里河滩湿地公园
右下 | 青岩古镇

旅游攻略

每年正月十二、十三、十四这三天,镇山村布依族和苗族的"跳花场",苗族的"四月八"和布依族的"六月六歌会"都是镇山村最热闹的节日。来到镇山村,可以做客布依人家,品尝布依族的风味饭菜,看布依族的歌舞表演,也可去花溪湖边的码头坐船游湖。

※高坡苗乡

云顶草场、地下洞堡、石门村

◎ 贵阳市花溪区高坡乡。

高坡苗乡最有名的当属云顶村的云顶草场,因为这里是高原上难得的一处广袤的平地草原。高坡苗乡居住着苗族、布依族等民族,每逢正月"跳场""跳硐""四月八"和"吃新节"等民族节日,这里都要举行赛马、斗牛、对歌和芦笙会,尤以苗族的"四月八"最为隆重。

※南江大峡谷

撵子塘、水落亭台、鸳鸯湖

◎ 贵阳市开阳县南江乡龙广村。
¥ 100 元(含观光车)。

南江大峡谷两岸是典型的喀斯特地貌,山崖夹着清澈的河流,姿态万千的瀑布群从山崖跌落,风光旖旎。沿栈道向前走,一路可以看到奇特的植被,两岸的喀斯特山崖绿意盎然,从山崖上挂下的瀑布也非常漂亮。

左下 | 大方百里杜鹃
中下 | 威宁草海

毕节

周边游

※织金洞 AAAAA

迎宾厅、讲经堂、琵琶宫

◎ 毕节市织金县官寨乡。 ◎ 织金县有去往织金洞景区的班车。 ¥ 150 元。

织金洞原名打鸡洞,被誉为"喀斯特地貌百科全书"。洞中遍布各种形状的石笋、石柱、石芽、钟旗等,形成千姿百态的岩溶景观。《中国国家地理》杂志对织金洞作出这样的评价:如果你一生只想去一个洞穴,那非织金洞莫属了。

景点攻略

1. 人在洞中行走较慢,但仍然会有目不暇接之感。约 6.6 千米的观赏路程,大约需要两个小时。

2. 洞中并不禁止拍照,但要注意避免为了取一个好景碰触到路边沉积岩,它们很脆弱。

3. 由于游客进入带来二氧化碳,洞中很多美丽透明的钟乳石已变黄了,所以请注意不要吸烟。

4. 洞中空气较凉、潮气较重,游客最好穿长衫长裤,注意保暖。另外这里路面很滑,要小心摔跤。

※百里杜鹃风景区 AAAAA

杜鹃观赏、登高

◎ 毕节市大方县普底乡。 ◎ 毕节汽车东客运中心有前往景区的班车。 ¥ 130 元。

景点攻略

每年杜鹃花开的时候,当地政府会举办规模盛大的国际杜鹃花节。杜鹃花期正好是几个少数民族节庆的日子,比如彝族插花节、苗族跳花节等,届时旅行者会看到丰富多彩的民族风情表演。

百里杜鹃风景区是全国最大的杜鹃花景区,景区内有多达 23 个品种的杜鹃花,这里杜鹃花花色多样,最为奇特的是"一树不同花",一棵树上最多可开出 7 种颜色的花朵,号称"世界最大的天然花园。"

※草海

天然湿地、观鸟胜地

◎ 毕节市威宁县草海镇。

草海是全国三大高原淡水湖之一,也是贵州最大的天然淡水湖。世界人禽共生、和谐相处的十大候鸟活动场地之一,有珍禽约 186 种,尤以国家一级保护的黑颈鹤最为稀贵。每年冬天,成千上万只珍禽异鸟飞来这里越冬,这里也是摄影观鸟的好地区。

※乌江源百里画廊

东风湖、化屋苗寨、乌江山石

◎ 毕节市威宁县。 ◎ 船票 60 元。

乌江源百里画廊旅游区有多瀑布山泉跌落湖中,是千里乌

江上最美的崖壁画廊。湖水清澈澄深，倒影沉碧，宁静秀丽，两岸峰壁险峻，气势恢宏，断层壁画神秘多姿，鬼斧神工，景观众多，有"山似三峡而水胜三峡，水似漓江而山胜漓江"的美誉。

※阿西里西天上花海

韭菜坪、花海

毕节市赫章县韭菜坪景区。 10元。

阿西里西天上花海景区，是全国唯一的野生韭菜花保护区。韭菜花开的季节，登上大韭菜坪峰顶，放眼望去，漫山遍野的紫色球状韭菜花，点缀在万亩绿色草叶之间。畅游花间，野韭菜花的芳香扑面而来，令游人流连忘返，陶醉其间。

体验之旅

赏戏剧：贵州的民间戏剧历史悠久，黔戏又称为贵州梆子，富有浓郁的地方色彩；黔剧是由贵州弹词发展而成的；花灯剧又称灯戏，由民间歌舞"花灯"发展而来。

泡温泉：贵阳得天独厚的地理条件造就了非常多的天然浴场，冬季天气干燥，多泡汤治疗皮肤干痒，有保湿作用；还可以促进血液循环，加速代谢。

看歌舞：来贵阳大剧院看一场《多彩贵州风》的演出，艺术家们用最贴近真实的手法、最纯粹的方式、最难于叙述的情怀以他们的方式向我们娓娓道来关于贵阳的故事。

桃源水漂流：乘着橡皮艇在时而湍急时而平缓的水流中顺流而下，在与大自然抗争中演绎精彩的瞬间，天高水长，阳光普照，四面青山环绕，漂流其间，迎面而来的是一种期待。

中上 | 大型民族歌舞《多彩贵州风》

寻味之旅

贵阳菜是贵州菜的重要组成部分，以"麻、辣"为特色，口味上接近川菜和湘菜。贵州苗族同胞爱吃酸，素有"三天不吃酸，走路打串串"一说，酸汤鱼就是其中的经典之作。荷叶糍粑、豆腐圆子、丝娃娃、米豆腐都是贵阳的名小吃，而且价格便宜、味道诱人。

酸汤鱼：苗族独有的食品，入口酸味鲜美，辣劲十足，令人胃口大开。如再加些黄豆芽、小竹笋和野葱作配料，风味就更加独特。

肠旺面：贵阳极负盛名的一种风味小吃，用手擀鸡蛋面为原料，以猪的大肠和血作配料，汤色鲜红、血旺嫩滑、鸡汤油亮而不腻，辣而不猛，回味悠长。

豆腐圆子：很有特色的贵州特色小吃，近似黄金的松脆外皮，内里裹着的是柔软细滑的豆腐馅料，配着用酸萝卜和折耳根等材料调好的微辣酱汁，味道爽口。

美食街：陕西路夜市一条街的小吃多为烧烤，大街两侧的店内不时飘来阵阵诱人的香味，让人食欲顿生。

龙井巷小吃街有众多老字号，这些传承多年的美味，每

天成百上千的人慕名而来，营造出小吃一条街的繁华景象。

黔灵东路是火锅和家常菜馆的集结地，豆花火锅店最受游客喜爱，最好提前预订。

目的地攻略

交通

飞机：贵阳龙洞堡机场距市中心仅10千米，民航大巴沿机场高速公路20分钟左右即可到达，市区发车点为遵义路与青云路交界的贵阳民航售票点附近，机场发车点为候机楼外。

火车：贵阳站位于贵阳市南明区遵义路，有开往北京、上海、成都、昆明等地的车次。

贵阳北站位于观山湖区大关和阳关片区甲秀北路东侧，主要负责高铁旅客的乘降。贵阳东站位于乌当区奶牛场片区，是贵广高速铁路的始发站。

住宿

贵阳住宿主要集中在市中心附近的南明、云岩、观山湖几个区及南部的花溪区，尤其在花溪区，还有许多以民族、古镇为主题的客栈，价格在平均线上，还别有一番意趣。

购物

贵阳拥有许多富有地方和民族特色的工艺品、土特产品，其中较为出名的有蜡染、牛肉干、辣椒、原木艺术、中药、苗银、牛角制品，以及粗犷古朴的图腾面具等，其中，蜡染被誉为"东方第一染"。

亮点→ 地戏｜穿洞文化｜夜郎文化｜放河灯｜喀斯特地貌｜瀑布群

黄果树瀑布

安顺

安顺是贵州西部旅游的中心，素有"滇喉黔腹"之称。安顺有举世闻名的黄果树大瀑布、龙宫等国家级风景名胜区，"天然大盆景"天星桥及"十八飞瀑"瀑布群位于安顺市西南；有"地下漓江"之称的龙宫和被誉为"世外桃源"的漩塘位于安顺以南。

旅 行 路 线

安顺二日游

第一天游览龙宫和黄果树瀑布，畅游地下奇幻世界，观声势浩大的瀑布；第二天游览体验惊险刺激的黄果树漂流，探秘神奇的红崖天书。

黔西南五日游

第一天先去兴义附近的泥凼石林；第二天上午去万峰林看喀斯特地貌，下午去万峰湖转一圈；第三天游览南龙古寨的民俗风情，十八先生墓的南明记忆，还有不能落下的安龙招堤；第四天来到美丽的民俗村鲤鱼坝，然后去北盘江大峡谷；第五天出发去隆隆的24道拐，有时间就顺道去一下安南古城，感受一下古城的特有风情。

龙宫风景区 AAAAA 本地游

卧龙湖、油菜湖、漩塘

🚩 安顺市龙宫镇。🚌 安顺客车西站有专线班车直达龙宫。🎫 通票 180 元。

龙宫景区以溶洞、洞穴、瀑布为主体，上下辉映，别有洞天，宛如神话中龙王所居的水晶宫殿。

龙门飞瀑在龙宫入口处附近，是天池水倾泻而成。瀑布气势宏伟，丰水季节常常声势浩大，有如万马奔腾。

漩塘是国家级风景名胜区，在龙宫的上游。通漩河的水流到这里便沉入地下，变为地下暗河。塘面呈圆形，一年四季塘水以顺时针方向，挟带水上绿色浮萍不停地旋转，终年不息。

中下｜旧州古镇

群芳谷是一段丘陵地带，在满眼的绿色中爬上爬下，呼吸着清新的空气，十分惬意。沿途也会遇到玉龙洞、观音洞和地藏殿。

安顺市景点 本地游

※旧州古镇

鼓台仙境、翁擂龙潭、陆岩赤壁

🚩 安顺市西秀区东南部。🚌 安顺华西车站有到旧州的班车。🎫 免费。

旧州古镇街道按阴阳五行布局，古城墙为葫芦形结构。城内古寺林立，其中气势恢宏的城隍庙为乾隆皇帝御书匾额并拨专款修建；四合院民居清新典雅；宗族祠堂雄浑古朴。城外邢江河环绕，土地肥沃，物产丰富，使旧州享有"小江南"之美誉。

※云峰八寨

云山屯、本寨、小山寨

🚩 安顺市西秀区七眼桥镇。🎫 50 元。

云峰八寨景区由云山屯、

黄果树风景区 AAAAA

黄果树瀑布、天星桥、陡坡塘 特写

左上 | 黄果树瀑布

📍 安顺市镇宁县。🚌 安顺市汽车客运东站坐直达黄果树的大巴。💴 210 元（含观光车）。

　　黄果树景区由姿态各异的十几个地面瀑布、地下瀑布组合而成，是中国第一批国家级风景名胜区之一，誉为"西部最具魅力旅游景区"。景区内有地表瀑布 18 个、地下瀑布 14 个，为世界最大的瀑布群。

　　犀牛潭因状若犀牛，故而得名，满潭为瀑布所溅的无数水珠所

黄果树瀑布景区示意图

覆盖。峡谷两侧壁立苍翠，各类喜水植物枝繁叶茂，其间的建筑及竹林，同大瀑布构成了一幅大自然的山水画。

　　黄果树大瀑布是世界上有水帘洞自然贯通且能从洞内外听、观、摸的瀑布。河水从 70 多米高的悬崖绝壁上直泻犀牛潭中，响声震天，十里之外，即闻其声。

　　水帘洞洞内由六个洞窗、五个洞厅、三股洞泉和六个通道组成，游人穿行于洞中，还可以从水帘洞的各个洞窗看到犀牛潭的双道彩虹。

　　水上石林是天星桥景区的一个组成部分。景区内的水位固定不变，石林内的石块天然形成，经过加工后铺成道路，露出水面供游人行走。

本寨、雷屯、小山寨等八个屯堡村寨组成，在方圆11平方千米的青山绿水间，八个村寨分布有序，疏密得当。八寨中的云山屯、本寨，较完整地保存了典型的屯堡建筑和民风民俗，云山屯还是建设部、国家文物局命名的"中国历史文化名村"。

※夜郎洞

夜郎洞、石花洞、蜂子岩洞

📍 安顺市镇宁县黄果树风景区上游扁担山夜郎洞景区。💴 85元。

夜郎洞因传说夜郎王曾居住于此而得名，是世界上喀斯特地貌最集中的溶洞群景区。洞口为一巨大天桥，伏流从洞中涌出。溶洞高百米，分三层。两岸岩溶形态各异，石柱、石钟乳、石笋密布，蔚为壮观。其中最神奇的是一丛丛怒放的石"灵芝"。

※天龙屯堡

屯堡村寨、天台山、伍龙寺

📍 安顺市平坝区天龙镇。💴 35元。

天龙屯堡古镇位于喀斯特地貌大山深处，素有"滇之喉、黔之腹"之称。在屯堡，游客可以欣赏到历史悠久的古朴石板房和旧式民居，看到身着"凤阳汉装"的屯堡妇女，

还可以看到被称为"活化石"的民间戏剧——地戏的表演。

景点攻略

在屯堡，你可以慢悠悠地在典型的喀斯特田园风光中走上半个小时，爬上天台山，登上在崖壁之上的伍龙寺，俯视这片土地，感受一下最典型的屯堡生活。

※格凸河景区

大穿洞、天星洞、穿上洞

📍 安顺市紫云县水塘镇格凸村。💴 125元。

"格凸"一词为苗语，意译为"圣地"。景区集岩溶、山、水、洞、石、林组合之精髓，是典型的喀斯特地貌，有大穿洞绝景燕王宫，民族文化之景悬棺洞葬，世界第二大洞穴厅室苗厅，世界最高的古河道遗迹盲谷，国内最深的竖井通天洞等。

※花江大峡谷

夹山、铁索桥、下瓜寨

📍 安顺市关岭县花江镇。💴 20元。

花江大峡谷长约80千米。其主峰旧屋基大坡海拔约1850米，山高、峡深、水急、壮美的自然景观与古朴浓郁的民族风情、神秘久远的海百合、龙化石构成"雄奇、宏大、险峻、神秘"的鲜明特色。

安顺往南
周边游

※乌蒙大草原

杜鹃花海、神奇佛光、云海奇观

📍 六盘水市盘州市。💴 30元。

乌蒙大草原被当地人称为坡上草原，这里有贵州最大的草场，贵州海拔最高的湖泊，可以体会到"会当凌绝顶"的气势。傍晚的高山草原，风车飞转，霞光四射，金辉尽染。你可以俯瞰绵延峻岭，仰望旋转风车，体验高山草原的惬意。

景点攻略

每年的彝族火把节少数民族都会盛装来到草原上，对山歌、跳彝族的达体舞，来庆祝他们的节日。

※马岭河峡谷

海狮桥、马岭河、古栈道

📍 黔西南州兴义市城东北约6千米处。💴 70元。

马岭河峡谷是一条在造山运动中剖削深的大裂谷地缝，谷内群瀑飞流，两岸古树名木千姿百态。东西峰林层峦叠嶂、点缀其间。峡谷幽深壮丽，瀑布众多，被称为"地球上最美丽的伤疤"。

左下 | 天龙屯堡
中下 | 屯堡地戏

※ 万峰林

西峰林、布依村寨、八卦田

⊙ 黔西南州兴义市南部。 ¥ 70 元。

万峰林由近两万座奇峰翠峦组成，峰林密集奇特，气势宏大壮阔，造型完美，被称誉为"天下奇观"。游玩万峰林，不仅可以欣赏到充满诗情画意的水墨画卷，还可以观赏布依族傩仪表演、倾听八音座唱，领略浓郁的布依族风情和布依族文化。

※ 双乳峰

双乳峰、石林、贞观寺

⊙ 黔西南州贞丰县者相镇。 ¥ 60 元。

"双乳峰"是贞丰的标志，其双峰形如女性双乳，双乳峰下有连绵的肥田沃土，有呈玉带状的三岔河水浇灌，当地的布依族民众都一直把它当作"大地母亲"来崇拜。"养精养气养天地，哺云哺雾哺日月"，这幅双乳峰下的名联，成为南来北往的游人最深的记忆。

※ 万峰湖

红椿水上石林、水上布依寨

⊙ 黔西南州兴义市南盘江镇。 🚌 兴义广场边上旅游车站坐旅游专线客车，可以直接到万峰湖景区。 ¥ 80 元。

万峰湖周围万峰环绕，故而得名。这里烟波浩渺，湖光潋滟，湖内上千座山峰构成上千个全岛或半岛，这里景色迷人。沿岸还有众多民族山寨。

※ 安龙招堤

陂塘海子、朱楼回廊、武庙石棚

⊙ 黔西南州安龙县顺城街。

安龙招堤景区三面环山，一面傍城。十里平畴之中，一堤横亘，绿柳如烟。堤东端耸立一座仿石牌楼，雄伟壮丽。堤南是稻田，一片绿稼直抵城厢；堤北是荷塘，水洁荷净，舞翠摇红。盛夏，数百亩荷花红绿相间，亭桥浮于花海，轻风过处，馨香袭人。

体验之旅

观赏《多彩万象·阿依朵》：演出真实还原了安顺的喀斯特地貌，让观众领略到安顺那令人心旷神怡的青山绿水和淳朴的民风，感受坠入情网的汉族少年与美丽动人的苗族姑娘那段曲折的奇缘恋情，来安顺屯堡大剧院就可以看到。

寻味之旅

安顺的豆腐丸子、小锅凉粉很有特色，其他如荞凉粉、油炸粑稀饭、碎肉豆沙粑、酸菜粑、卷粉裹裹、锅渣等，种类极为丰富，令人食而难忘。安顺的小吃夜市主要集中在东街小十字和过府街一带，塔山路东行也有许多小吃摊点。

目的地攻略

🚗 交通

飞机：黄果树景区附近有黄果树机场，距离安顺市区约6千米，目前已开通到北京、海口、杭州、青岛、南京、深圳等城市的航班。

火车：安顺站位于西秀区南街街道中华南路南首，每天有多对火车往返于贵阳和安顺之间，安顺西站位于经济开发区贵安大道，是高铁站。

🏠 住宿

在安顺及周边游玩，一般多住宿在安顺市内和镇宁黄果树镇，这两个地方宾馆、旅社选择面也较广。

🛒 购物

安顺三刀、布依地毯以及各种蜡染制品等工艺品是安顺的特产。在游览气势恢宏的黄果树、瑰丽多姿的水上石林之余，不妨选择一些富有安顺地方和民族特色的工艺品，带回去赠送亲友。

左下 | 万峰林
中上 | 安龙招堤

亮点 → 茅台酒 | 红色旅游 | 赤水丹霞 | 茶文化 | 瀑布

娄山关

遵义，以遵义会议闻名，是贵州的第二大城市。茅台镇是茅台酒的故乡，在茅台镇可以品味酒的醇厚。赤水，因红军四渡赤水名留青史，在赤水可享受空气的清新。

旅 行 路 线

赤水经典三日游

三天的时间，足够游览赤水的全城风采。第一天游览大同古镇和杨家岩红石野谷，欣赏自然奇观；第二天游览燕子岩森林公园和赤水瀑布，看飞瀑落日；第三天畅游赤水竹海，感受大自然的美好时光。

遵义市区二日游

两天的时间最适合遵义这样的城市。第一天主要游览遵义会议遗址，回顾历史；第二天逛沙滩文化公园，访杨粲墓。

仁怀一日游

上午游览盐津河旅游度假区，赏自然风光，泡温泉，下午前往茅台古镇，循着酒香探寻茅台的历史。

遵义市区景点

本地游

※遵义会议会址

遵义会议会议室、作战室、周恩来办公室

🄰 遵义市红花岗区老城子尹路80号。
🄱 免费。

遵义会议会址原为私人官邸，主楼坐北朝南，一楼一底，砖木结构。楼顶有老虎窗，楼层有走廊，可以凭眺四围苍翠挺拔的群山，会址主楼上下的门窗，漆板栗色，所有窗牖均镶嵌彩色玻璃。

※红军烈士陵园

凤凰山、纪念碑

🄰 遵义市红花岗区凤凰中路。🄱 免费。

红军烈士陵园集中了新中国成立后在遵义各处找到的红军遗骨，故又称红军山。陵园正面是一座别具特色的纪念碑，碑上为邓小平同志手书的竖写"红军烈士永垂不朽"八个金色大字。

※湘山寺

文殊阁遗址、三圣殿、天王殿

🄰 遵义市红花岗区内环路遵义供电局附近。🄱 2元。

湘山寺始建于唐大历年间（766~779年），是幽雅秀丽的千年古刹。大雄宝殿是湘山寺的主殿，殿前有宽阔的月台，殿顶梁架构造雄伟，殿内斗拱形制多样，殿内正中有五尊金身如来佛像，人称五方佛，是金代原作。

※娄山关

红军纪念碑、红军战斗遗址

🄰 遵义市汇川区娄山关镇。🄱 免费。

娄山关是古时川黔交通要道上的重要关口，自古为兵家必争之地。1935年2月，中国工农红军第一方面军二渡赤水，回师黔北，歼灭黔军四个团，攻下娄山关，揭开遵义大捷的序幕。

※海龙屯土司

朝天关、歇马台、龙虎大道

遵义市汇川区高坪镇海龙屯村龙岩山上。 60元。

海龙屯土司是贵州目前仅见的一处大型军事建筑与宫殿建筑合二为一的遗址，居群山之巅，四面陵绝，左右环溪，有一夫当关、万夫莫开之势，仅山后仄径一线可以攀登。屯前设铜柱、飞龙、朝天、万安等九关，各关之间有护墙相连，随山势延绵十余里，别有一番气象。

赤水丹霞

本地游

※赤水大瀑布

奇兵古道、转石奇观、香溪湖、百亩茶花

遵义市赤水市两河口乡。 赤水旅游长途汽车客运站坐到赤水大瀑布的班车。 80元。

赤水大瀑布，又名十丈洞瀑布，是我国丹霞地貌上最大的瀑布。瀑布水从悬崖绝壁上倾泻而下，似万马奔腾，气势磅礴，数百米内水雾迷蒙。这里偶尔还能看到奇妙的"佛光环"，水动环移，令人称奇。瀑布周围树木繁茂、四季葱郁，有成片的杜鹃林、桫椤林等景观。

※四洞沟

郑氏石坊、渡仙桥、石顶山

遵义市赤水市大同镇境内。 赤水客车站有专车到景区。 74元。

在四洞沟景区一段约4千米的河道上，按大致相等的距离排列着四级跌水瀑布而故名。四级瀑布瀑宽均在四十米左右，落差高者近五十米，神韵俱佳。景区谷底翠竹繁茂，山间林木葱茏，丹霞石铺成的道路旁，桫椤、小金花茶等国家一级保护的珍稀植物随处可见。

※佛光岩

小金驿沟、世外桃源、太阳谷

遵义市赤水市元厚镇境内。 80元。

佛光岩景区素有"丹霞第一园""赤景一绝"等美誉，景区出露地层全是侏罗纪、白垩纪河湖相红色沉积岩。景区植物类群多达2000种，珍稀植物20多种；野生动物有400多种，珍稀动物10多种，是不可多得的精品自然生态旅游风景区。

※丙安古镇

丹霞奇峰、历史胜迹、红军长征遗址

赤水市丙安乡。

丙安古镇三面濒临赤水河，有两座石门把守着东西场口，门旁各有一株苍劲古朴的大黄桷树。沿崖壁掏出一条凹槽，错落地建有许多吊脚楼。脚踩着带有青苔的石板街，眼看着不见油漆印迹的木板墙，阳光从两边瓦屋滴水檐之间照射下来，像一张张发黄的老照片。

※燕子岩国家森林公园

燕子岩、皇水沟、石闪坪、恒山林海

遵义市赤水市复兴镇境内。 22元。

燕子岩国家森林公园位于风溪河西岸，代表景点是燕子岩瀑布，窄长的水流从崖顶下，山、树木、水都显得非常细致。这里的森林景观、瀑布景观和丹霞地貌浑然一体，品位极高，独具翠、秀、幽、奇、绝，是中外旅游者观赏自然生态风光的理想胜地。

左上 | 四洞沟瀑布
左下 | 赤水瀑布
中上 | 佛光岩
右下 | 燕子岩国家森林公园

※红石野谷景区
丹霞壁画、观音沟

🏠 遵义市赤水市大同古镇华平河畔。
💴 60元。

红石野谷景区保持着自然、原始、古朴的状态，有珍稀植物数10种。景区以红色蜂窝状的丹霞壁画石刻长廊和天然形成丹霞等奇特景观与桫椤、茂密的竹海、清澈见底的溪瀑布相映成趣，桫椤戏泉水，竹海映丹霞的独特景观让人流连忘返。

※竹海国家森林公园
夫妻树、观海楼、天锣

🏠 遵义市赤水市葫市镇境内。💴 44元。

赤水竹海国家森林公园位于赤桐公路旁边。公园以浩瀚的"竹海"风光为主，园内楠竹，遍布群山峻岭。登上公园"观海楼"，凭栏眺望，铺山盖岭是一望无际的莽莽绿原。

遵义郊县景点
本地游
※四渡赤水纪念馆
中国女红军纪念馆、土城老街红军驻地

🏠 遵义市习水县土城镇长征街。💴 免费。

四渡赤水纪念馆原称"花园"，长征时红三军团司令部在土城驻地。纪念馆突出介绍四渡赤水战役的全过程，以土城战斗、一渡赤水河为重点，真

实再现历史。整个纪念馆的布展显得朴素得体、简洁明了，凸显了"四渡赤水"的神奇。

※云门囤
乐安江、水上天生桥、湄江河十里画廊、牛角塘

🏠 遵义市新蒲新区三渡镇。🚌 遵义市红军山下有云门囤旅游专车。
💴 120元。

云门囤景区，因地处洛安江与湄江汇集处，群山环抱、云雾常年飘浮期间而得名。景区属贵州高原典型的喀斯特河谷，青峰如屏倒影江中，景色奇幻多姿。景观层次分明，规模宏大，主要旅游景观有峡谷悬岩、河流湖泊，也有悠悠古道、洞穴岩棺、田园风光。

※茅台镇
红军烈士陵园、国酒门、茅台酒瓶

🏠 遵义市仁怀市茅台镇。💴 免费。

茅台镇历来是黔北名镇，古有"川盐走贵州，秦商聚茅台"的繁华写照。国酒门为中国古典城楼式建筑，两侧各立一根华表，一殿二亭四重檐。国酒门东侧的小山上，有一个世界上最大的、7层楼高的茅台酒瓶，被誉为"天下第一瓶"，瓶内有螺旋楼梯可登高环眺。

※丹霞谷
望仙台石窟、猴血岩、忘忧谷

🏠 遵义市习水县三岔河乡。💴 60元。

丹霞谷深藏于绿色林海之中，九沟十八岔洞谷纵横，林莽苍苍，千峰竞秀，碧水萦绕。嵌入群山之间的条条沟谷浓荫蔽日，一根根红色石柱在浓绿中拔地起，傲视林层；一块块巨大厚重的红层石崖，色彩斑斓。

※天下第一壶中国茶文化博览园
天下第一壶、天壶茶廊、茶文化广场

🏠 遵义市湄潭县塔坪街火焰山。
💴 98元。

"天下第一壶"的巨壶耸立火焰山顶，公园以"秀甲天下茶品质、海纳天下茶文化、诚聚天下爱茶人"为主题，射程约达20千米之远的壶顶激光灯在夜空中变换的各种造型，更是公园一绝。

※茶海之心
仙人岭、采茶、茶艺表演

🏠 遵义市凤冈县永安镇田坝村。💴 免费。

茶海之心景区拥有大规模的有机茶田，是闻名全国的凤冈锌硒茶的主产区。景区植被丰富、物种多样，树木苍翠，鸟语花香，茶园环绕。来到这里可体验采茶、制茶及品茶，也可以观看土家油茶茶艺表演，还可登仙人岭观景台，俯瞰整个茶海。

左下 | 茅台古镇
右下 | 茶海

左上 | 梵净山蘑菇石
右上 | 苗王城

铜仁

周边游

※梵净山

AAAAA

蘑菇石、万卷书、金刀峡

🏛 铜仁市印江土家族苗族自治县。

💰 120元。

梵净山是武陵山脉的主峰，主峰是海拔约2572米的凤凰山。梵净山山体庞大雄浑，摩云接天，还拥有丰富的野生动植物资源。景区内的"蘑菇石"是一道著名景观，而海拔约2336米的红云金顶，则是梵净山的礼佛胜境。

※九龙洞

观音山、莲花寺、九龙洞

🏛 铜仁市毛坡村九龙洞风景区。

💰 68元。

九龙洞是一个大型天然喀斯特溶洞，全洞有七个大厅、一个天厅，还有地下暗河；洞中分两层，上为旱洞，下为水洞；洞内钟乳石林立，其中最高者约40米，为国内之最。

文化解读

相传，古时有六条黄龙，相邀锦江中的三条青龙来洞中相聚，九龙来到洞中，见这蓬莱仙境般的洞府，顿时私欲大发，都想将洞府据为己有，因此相争不休。待到鸡鸣天亮时，谁也无法返回原来的居所了，只得盘踞在洞内深处的一巨型彩柱上，再也不能脱身。山下有条小溪，因九龙争洞相闹，人们不得安宁，就骂龙不止，遂有"九龙盘柱""骂龙溪"之名。

※铜仁大峡谷

玻璃栈道、坐龙峡、漂流

🏛 铜仁市铜仁市。💰 120元。

铜仁大峡谷分三个部分，一是峡谷、二是漂流、三是平湖游。大峡谷自马槽河出水口起到天生桥电站水坝止，景区内水清石奇、林茂花繁、悬崖峭壁、溶洞瀑布、景色迷人。

※苗王城

双关桥、竹海、苗王秘道

🏛 铜仁市松桃苗族自治县东南部正大乡。💰 80元。

苗王城建于明洪武初年，

王城分为东城和西城，有4个城门，城内有11条巷道，巷道内有11道寨门。扑朔迷离的"八封迷宫"地形地貌、神秘阴森的苗王大峡谷、遮天蔽日的竹海、陡峭隐蔽的苗王秘道、富有传奇色彩的考将桥等，让你在领略大自然风光的同时也穿梭时空的隧道，进入了苗王城的历史。

体验之旅

看花灯：花灯是贵州民间举办的一种载歌载舞的文娱活动，歌舞较简单、短小，主要是抒发某种感情或说明某件事理。每年农历正月十五的晚上，或逢重大节事，人们便张灯结彩，聚集在一起"玩花灯"。民间称之为"唱花灯""跳花灯"。

苗族上刀山：也称"上刀梯"，是苗族人民喜爱的传统体育项目之一。刀梯由一根高12米的铁柱，72把锋利无比的钢刀和顶端上边3把寒光逼人的钢叉组成。每当赶年场，或是重大的节日，都有勇士表演。

龙舟赛：说到铜仁的特色，那就是一年一次的传统龙舟赛。

每年六月，铜仁都会举办龙舟赛，以展示铜仁市山清水秀、气候宜人的独特旅游环境，从而提升铜仁的知名度和美誉度。

寻味之旅

遵义的特色菜有许多野菜，如龙爪肉丝，所谓"龙爪"，是贵州山上出产的一种蕨菜；还有折耳根炒腊肉，折耳根即中药里的鱼腥草。遵义的小吃大多有着上百年的历史，如羊肉粉、豆花面、遵义鸡蛋糕、黄糕粑等，每一样都让你齿颊留香。

羊肉粉：遵义人特别爱吃羊肉粉，做好后的羊肉熟而不烂，米粉雪白，汤汁鲜淳红亮，辣香味浓，香味扑鼻。尝羊肉粉，最讲究的就是一个原汤原味。

遵义豆花面：选用薄而透明的宽刀面，以豆浆为汤，熟后盖上煮熟的豆花，细嫩软绵；所用的蘸碟尤为讲究，有十数种配料，如肉末、鸡丁、油炸花生米等。

南白黄糕粑：原料为上好的大米、糯米和黄豆。蒸熟后的粑表面黄亮油润，糯米粒晶莹闪亮，吃进口中糯而不沾，香甜可口，有冷食或蒸、炸、烤、煎等吃法。

鸡蛋糕：遵义鸡蛋糕小巧玲珑，形如扁鼓，其型酥软有弹性，其味绵甜香润，不腥不腻。外形棕红而内金黄，让人望而垂涎。

美食街：位于遵义红花岗的小吃街规模大、品种齐全，特别值得一提的是烤鱼，到了遵义不妨一试。

目的地攻略

🚗 交通

飞机：遵义新舟机场位于遵义市新舟镇，距离遵义市中心城区东部约35千米，开通了北京、上海、广州、西安、长沙、大连、南昌等城市的航班。

铜仁凤凰机场距铜仁市城区约21千米，已开通至贵阳、北京、上海、广州、杭州、长沙等城市航线。

火车：遵义火车站为贵州省第三大客运车站，站址在遵义市红花岗区北京路，主要有发往上海、广州、重庆、贵阳的普快列车和动车。

🏠 住宿

遵义的住宿条件还算不错，条件较好的宾馆主要集中在红花岗区。赤水市内十丈洞、四洞沟、竹海公园景区中有不少农家乐可以吃住，非常方便。另外，丙安古镇上客栈、饭店、茶馆到处都是，只是条件会稍有简陋，需要克服一下。

🛒 购物

遵义毛峰为贵州四大名茶之一，湄江茶、红碎茶、五珍茶都是茶中佳品。赤水盛产楠竹，竹工艺品如赤水香扇、竹荪、竹笋均为特产，晒醋为全国四大名醋之一。赤水荔枝皮薄、肉厚、核小，清香甜润，乃佳品。另还有传统特产玉兰片。

左下 | 羊肉粉
中上 | 龙舟竞渡
中下 | 傩戏
右下 | 紫袍玉带石

亮点→ 苗乡侗寨｜侗族大歌｜三月三歌会｜古城｜瑶族药浴

西江千户苗寨

黔东南

中国最大的侗寨、最大的苗寨都在黔东南，州府为凯里。凯里除有格调古朴、风貌独特的民族风情和文物古迹外，自然风光主要有金泉湖、香炉山和一批景观独特的溶洞。凯里每年有上百个民族节日，被称为"百节之乡"。

旅 行 路 线

镇远二日游

这样的小镇最适合二日游，顺着潕阳河行走。第一天主要游览镇远古城和下潕阳河景区，迷醉于潕阳河的摇曳多姿；第二天体验有惊无险的重安江漂流，感受郎德上寨的苗族风情。

黎平经典四日游

四天的时间，深度体验黎平浓郁的民族风情。第一天游览龙里古城和高屯东风林场，览溶洞胜景；第二天游览八舟河和肇兴侗寨，欣赏田园风光，感受侗寨风情；第三天游览堂安生态博物馆和地坪风雨桥；第四天寻找岜沙苗寨最后的枪手部落。

凯里旅游区

本地游

※ 黔东南州博物馆

锡绣、黔东南概貌馆、少数民族风情馆

📍 黔东南州凯里市广场路5号。
🎫 免费。

黔东南州博物馆的建筑形式颇有民族特色，中央塔楼采用侗族鼓楼重檐形式，东西塔楼采用苗族吊脚楼形式。"少数民族风情馆"和"少数民族服饰馆"中的苗族和侗族展厅陈列了很多反映苗、侗两族日常或难得一见的各种实物。

※ 季刀苗寨

巴拉河、百年粮仓、神仙洞、埋坛山

📍 黔东南州凯里市三棵树镇。🎫 免费。

季刀苗寨是巴拉河畔一个建筑保存完好、民族风情浓郁的苗寨。来季刀一定要踏百年古道，看百年粮仓，听百年歌，观民间文化。

※ 麻塘革家寨

芦笙场、革家蜡染

📍 黔东南州凯里市龙场镇麻塘寨。
🎫 免费。

麻塘是一个比较典型的革家村寨，寨中村民勤劳且能歌善舞。在这里，可以欣赏到革家独特的芦笙舞、板凳舞、飞歌、酒歌、情歌及革家妇女精湛的刺绣和蜡染。

※ 香炉山

香山寺、卧佛岭、棋盘石

📍 黔东南州凯里市西约15千米。🎫 任何一趟去往重安、黄平方向去的车都经过香炉山路口。

香炉山四面石崖绝壁，形如香炉，故名。顺绝壁小径走到南天门下，爬九十九屯坎仰望一线天，这就是有名的一线天南天门；山顶有佛庙，有黔东南最珍贵的受保护的茶叶母本植物。

景点攻略

每年农历六月十九当地人都爬到半坡或山顶唱歌、跳舞，形成了以男女青年"游方"为主要内容的香炉山爬山节。

※肇兴侗寨

鼓楼、古戏台、礼团花桥

🏛黔东南州黎平县肇兴乡。💴80元。

肇兴侗寨素有"侗乡第一寨"之美誉，寨中房屋为干栏式吊脚楼，错落有致，硬山顶覆小青瓦。肇兴侗寨以鼓楼群最为著名，鼓楼从外观看像一座宝塔，气势雄伟，每逢春节、天贶节和芦笙节等盛大的节日活动都会在鼓楼举行。

※堂安村

鼓楼、戏楼、吊脚楼

🏛黔东南州黎平县肇兴乡。💴免费。

堂安村四面青山，峰峦叠嶂，阡陌纵横。山腰间的民居依山就势，悬空吊脚。寨中的鼓楼是该寨的吉祥物。寨中四通八达，小径曲曲，寨中信道均用青石板铺地。

镇远旅游区 本地游

※镇远古镇 AAAAA

祝圣桥、青龙洞、玉皇阁

🏛黔东南州镇远县 🎫青龙洞60元。

镇远古镇位于潕阳河畔，河水蜿蜒着以"S"形穿城而过，形成一个类似太极图的样式，故又称八卦古镇。

青龙洞山势挺拔，峭壁悬崖，背靠青山，面临绿水，贴壁临空，五步一楼，十步一阁，翘翼飞檐、雕梁画栋。

祝圣桥始建于明朝洪武年间，名舞溪桥。祝圣桥上第3孔第4孔之间，建有三层穿斗式，三重檐，八角攒尖，青筒瓦顶楼阁，名称"魁星阁"，又称"状元楼"。

※潕阳河风景区

诸葛峡、龙王峡、西峡

🏛黔东南州镇远县。💴通票150元。

潕阳河风景名胜区是西起黄平旧州东至镇远城东月亮湾之间的河段，在诸葛洞旅游码头登船游览的25千米河段为下舞阳风景区。顺流而下，两岸可以看到苗王迎亲、巨象饮水、太公钓鱼、孔雀开屏等奇峰怪石，惟妙惟肖。天气炎热的时候还可以下水游玩。

※铁溪风景区

龙潭、铁溪

🏛黔东南州镇远县城北。💴50元。

铁溪风景区位于镇远城北，铁山溪所流经地带，有幽壑深谷、峻岭崇山、奇岩异洞、飞泉伏流，也有原生植被、珍稀动物。这里的龙池平静如镜，深不见底，带着海一般的湛蓝，如同一面宝蓝色的镜子，被誉为"云贵高原小九寨"。

※高过河风景区

庆云山、千丘田、三跳滩

🏛黔东南州镇远县县城以东。💴80元。

高过河风景区由原始森林峡谷和深潭险滩飞瀑激流构成。这里古木参天、奇花异草，是一个天然大植物园。区内千年古树、明清桂兰木莲、南方红豆杉、银杏等随处可见；野鸭金雕，出没其间；青山绿水间，还不时有天然壁画、奇峰怪石如神来之笔。

※石屏山

府城垣、四官殿、天后宫

🏛黔东南州镇远县。💴30元。

石屏山重峦叠嶂，雄伟险峻。北山像一个大屏风，竖立在山中，"端直苍阔如屏风"，因此得名。在石屏山的南麓，古色古香的明清四合院建筑群体如波叠涌，以及众多的古巷道、古井泉、古码头等参差错落于一起，组成一个庞大的古建筑群落。

黔东南郊县景点 本地游

※西江千户苗寨

西江苗族博物馆、鼓藏头、观景台

🏛黔东南州雷山县东北。🚌雷山汽车站有直达西江千户苗寨的车。💴100元。

左下｜镇远古镇
右下｜潕阳河

西江千户苗寨是中国仅有的、世界无双的千户苗寨，山坡上层层叠叠苗家木质吊脚楼，咖啡色的老房子依着碧绿的群山，白水河将寨子一分为二。西江鼓藏节闻名四海，鼓藏节集中展现苗族的芦笙、铜鼓、银饰、挑花刺绣、婚嫁喜庆、对歌、年饭等民族风情。

※雷公山

半坡苗寨、响水岩瀑布、乌茫沟瀑布

🏠 黔东南州雷山县。 💲 30元。

雷公山巍峨挺拔，雄伟壮观，是乌蒙山脉苗岭的主峰，最高处是黄羊山，海拔约2189米。这里的溪水晶亮透明，瀑布垂直飞泻，处处鸟语花香。在红、白、紫玉兰、杜鹃花盛开的时节，美不胜收。山下，到处分布着半坡苗寨，可领略迷人的苗族风情。

※朗德上寨

拦门酒、芦笙表演布

🏠 黔东南州雷山县郎德镇。 💲 免费。

郎德上寨依山傍水，背南面北，四面群山环抱，茂林修竹，衬托着古香古色的吊脚楼，蜿蜒的卵石路在屋檐间时隐时现，偶尔还能听到苗族同胞的歌声。寨内苗族同胞的服饰以长裙为特征，所以又称"长裙苗"。

景点攻略

每逢节假日，在这里可欣赏到敬酒歌、苗族飞歌、芦笙舞、铜鼓舞、板凳舞、集体舞等丰富多彩的苗族民间歌舞。

※加榜梯田

党扭一组、加页大寨、加车大寨

🏠 黔东南州从江县加榜乡加车村。 💲 免费。

加榜梯田是苗族寨子世代耕耘的杰作，梯田从加车河谷绕着山梁向上攀升，像一座"天梯"连接着天地间。无论从线条还是整体形态来看，加榜梯田都集天下梯田之精华，特别是那梯田间的山村、小寨与梯田相辉映，体现出人类与大自然的和谐之美。

※从江

岜沙苗寨、鼓楼

🏠 黔东南州从江县。 💲 免费。

从江县城被都柳江一分为二，两边都只有一条街道，东岸为老城，西岸则为新建筑。从江管辖的民族村寨中青石小道交错纵横，花桥鼓楼交相辉映，吊脚木楼鳞次栉比，水车水碾悠然转动，鸡鸣狗吠此起彼伏，置身其间，自是别有一番风味。

※小黄侗寨

侗歌、吊脚楼

🏠 黔东南州从江县高增乡小黄村。 💲 免费。

小黄侗寨是小黄、高黄、新黔三个行政村的统称。小黄四周青山环抱，一条小溪从寨中缓缓流过，吊脚木楼依山傍水。小黄侗歌在侗语中被称为"嘎小黄"，意思是"小黄的歌"，有侗家人的劝世歌、礼俗歌，有以歌传情的牛腿琴民族村寨歌，有踩堂歌、拦路歌、敬酒歌。

※车江三宝侗寨

车寨鼓楼、圣母祠、花街

🏠 黔东南州榕江县车江三宝侗寨。 💲 免费。

车江侗寨也称"千户侗寨"，车寨鼓楼雄踞寨中，楼上是侗戏舞台，登楼可赏侗乡寨景。寨中有9座圣母祠，可见卵石花街、侗族木楼、古榕群、鼓楼群和独特的民族风情。车江古榕最密集的地段在车江荫塘寨到章鲁寨约1千米的河岸，这里组成了世界罕见的古榕群。

※杉木河

杉木河漂流、黄土内、紫荆关

🏠 黔东南州施秉县西北部。 💲 套票195元。

左下 | 加榜梯田日出
右下 | 西江千户苗寨

杉木河景区以清澈晶亮的泉水，险峻嵯峨的峰丛为主体，因其上游多产杉木而得名。两岸奇峰秀美，溪水清澈碧透，水底鹅卵石铺垫，鱼蟹成群，风光旖旎。两岸悬壁藤蔓，古树临空舒展，千年古峡一派生机盎然。

※云台山

云台山、排云关、老虎背

黔东南州施秉县北部部。 ¥80元。

云台山以原始自然生态、天象奇观、奇峰丽水等自然为特色。极目远眺，万山丛中云腾雾绕如白龙翻滚，奇峰耸立怪石穿空露出峥嵘，深谷林莽古藤如织，晨曦透过松林光柱斑斓耀眼，山花散发阵阵清香，古松挺拔山风吹拂，俨然一幅诱人的风光画卷。

体验之旅

赏《古韵镇远》：《古韵镇远》是一场大型舞蹈史诗表演，整台节目紧紧围绕中国历史文化名城让游客通过欣赏演出，感悟并了解镇远。在古镇上的镇远剧场就可以看到。

观《银秀》：来黔东南一定要在凯里的民族文化宫剧场大厅看一场苗侗舞台剧《银秀》，这部剧将黔东南独有的山水文化、民族文化、建筑文化、节庆文化等浓缩为唯美的文化印记。

参加姊妹节：每年农历三月十五日是黔东南的"姊妹节"，节日这天，妇女们都要吃一种用五颜六色的糯米做成的"姊妹饭"，互相赠送礼物，以示吉祥。节日里还有热闹的斗牛场面、苗歌大赛、踩鼓、跳芦笙和"游方"等活动。

庆祝芦笙节：芦笙节是苗族地区最盛大的传统节日，各村各寨的姑娘穿着盛装，小伙子和芦笙手们都带着芦笙，从四方八面向芦笙场地涌来，各村的青年男子各自围成圆圈，吹笙跳舞，持续四五天，气氛十分热烈。

寻味之旅

黔东南是"吃酸"的故乡，酸食无处不有，男女老少都有"嗜酸"的爱好。黔东南的风味食品有侗乡腌鱼、镇远道菜、凯里酸汤鱼、香茅草烧鱼、重安江酸汤鱼、侗家油茶、从江香猪、三穗麻鸭等。

目的地攻略

🚗 交通

飞机：黎平机场位于黎平县高屯街道八舟社区，目前已开通至长沙、上海、昆明等地航线。凯里黄平机场位于黄平县东坡农场，现已开通飞往广州、昆明、杭州、郑州、成都的航线。

火车：凯里有两座火车站。凯里站位于凯里市清江路，承接快速及普通列车；凯里南站位于凯里经济开发区金汇大道，为高铁站，有开往贵阳、长沙、上海、南京等地的动车组。

🏠 住宿

首府凯里的住宿条件相对较好，沿线的其他县城，汽车站附近通常都会有不少旅馆或招待所。在主要的城镇如从江、榕江可选择入住当地的政府招待所。

🛒 购物

黔东南的土特产很丰富，有丹寨县的含硒产品、麻江县的竹荪、从江的椪柑、榕江的香猪、雷山的香羊等。此外，小芦笙、牛角酒具、雷钵、鸟笼、马尾斗笠等民族工艺品也很受游客欢迎。但在苗寨买纪念品时要注意，银制工艺品很多都是假货，最好自己会识别。

左下 | 酸汤鱼
中下 | 榕江侗族春节聚会

亮点 → 民族风情 | 喀斯特 | 布依族山歌 | 漂流

荔波樟江小七孔景区

黔南民族风情浓郁，民族文化丰富深厚，有布依族、苗族、水族、瑶族等33个少数民族，在漫长的历史长河中，他们创造出灿烂的文化。大山深处的农耕文化和现代文明交织出一幅优美的山水画卷。

 旅 行 路 线

黔南自然风情二日游

　　第一天前往都匀市参观剑江—斗篷山风景区，然后至独山县参观奎文阁；第二天至樟江风景区参观，之后到茂兰喀斯特景区游览。

左下 | 荔波樟江大七孔景区

剑江风景区

本地游

斗篷山、西山公园、望江亭

⊙ 黔南州都匀市文明路63号。
🚗 都匀火车站前每天有车往返景区。
🎫 斗篷山50元。

　　剑江是都匀的母亲河，它由北至南穿过都匀市区，百子桥、高峰桥等百余座不同造型的古今桥梁纵横交错，使都匀成为别具特色的"高原桥城"。

　　桥城景区中心有一条石板古街，长约300米，街边皆为古典的吊脚楼。市区有全国罕见的市内天然喀斯特园林，园林后山建有望江亭和晨曦亭。

　　南线景区以幽险难测的溶洞群、古墓葬及古驿桥梁为主。市区东南部有桃源洞、尧林洞、白云洞、河西洞群等溶洞50多个。位于石龙乡的小冲崖墓神秘莫测，现存棺木300余具。

　　剑江下游景区以古朴多姿的民族村寨和浓郁的少数民族风情为主。这里有绝顶天地、九天落水、犀牛戏瀑等自然景观近40个；有文峰古塔、明永历皇帝陵、张羽中摩崖等景观30余处。

　　斗篷山是黔南州第一高峰，主峰顶有"天池"，山上有大小溪流百余条，山间有多处瀑布、深潭，景致异常壮观。

樟江风景区 ◎ AAAAA

本地游

小七孔古桥、拉雅瀑布、水春河

⊙ 黔南州荔波县城西南部。🚗 荔波汽车站有至小七孔景区的班车。🎫 大小七孔170元。

　　樟江景区是目前世界同纬

景点攻略

1. 小七孔的景点首推水上森林，这里水质晶莹透彻，水深最高及膝，十分冰凉，水中含有大量的矿物质，有治疗风湿和脚气功用。在水上森林玩耍的时候，越野鞋根本不起作用，因此最好提前准备好拖鞋。

2. 当地人驾船捕鱼的情景特别值得一看，据说只有在大小七孔的水域中生长着一种当地的特产鱼"猪嘴鱼"极难捕获，当地人驾的船也很特殊，船底是尖的，剖面图就相当于一个三角形，此船速度极快。

度罕见的亚热带喀斯特原始森林残存区，以喀斯特地貌上樟江水系的水景特色和浩瀚苍茫的喀斯特森林景观为主体。

小七孔景区有著名的七孔古桥、68级响水河瀑布、拉雅瀑布、野猪林漏斗森林、天钟洞等景点，更有掩映在森林之中的鸳鸯湖、长约700米的"水上森林"等。

大七孔景区以原始森林、峡谷、伏流、地下湖为主体。景区内还有一座大自然鬼斧神工凿造而成的天生桥，距小七孔鸳鸯湖景区约5千米。

黔南其他景点 本地游

※掌布风景区

七步滩、祥云洞、石观音

🚍 黔南州平塘县掌布乡。 🚌 平塘县城有中巴车到掌布风景区。 🎫 70元。

掌布风景区集奇石、奇洞、奇山、奇水、奇竹、奇树、奇鱼为一体，堪称是大自然鬼斧神工的杰作。景区最有名的是一块"神石"，从悬崖坠落后一分为二，里面藏着五个大字"中国共产党"，被当地群众称为"救星石"。

※"金海雪山"景区

布依村落、观音寺

🚍 黔南州贵定县盘江镇音寨村。 🎫 四季花谷98元。

音寨家家户户都在自己的房前屋后种植李树，每至春分，从音寨极目四望，远山近峦，到处绽开雪白纯洁的李花，恰与音寨河两岸盛开的金黄色油菜花形成鲜明对比，粉红色的桃花点缀其间，翠绿色的树丛衬托其底，布依山寨隐约其中，这就是"金海雪山"之奇景。

左下 | 荔波樟江

※甲茶景区

甲茶瀑布、浣仙裙瀑布

⊙ 黔南州平塘县摆茹镇甲茶村。

◎ 25元。

甲茶景区奇秀的瀑布，成带成林的刺竹、四季常绿的藤竹及清澈碧绿的河水，金黄的沙滩，神奇幽深的溶洞，景色俊秀的峡谷及掩映在苍翠欲滴竹林中的布依村寨和浓郁的民俗风情，给甲茶这片神秘的热土增添了迷人的魅力。

※涟江—燕子洞

涟江河、岗渡瀑布、九龙山

⊙ 黔南州惠水县南部断杉镇。 ◎ 免费。

涟江—燕子洞境内有千姿百态的溶洞和清澈见底的河潭，其洞口狭长，有八九十米高，一条小河从洞中穿流而出，春暖花开的季节，数以万计的燕子在洞中飞进飞出，遮天蔽日，蔚为壮观。

体验之旅

水春河漂流：水春河源起月亮山原始森林，向西流经荔波县城，两岸峭峰挺秀，岸间古树密布，杂花纷呈。清澈江水沿峡谷流淌，乘船漂流，有惊无险。

看演出：《水韵樟江》是水上实景演艺，以山水实景舞台表演的形式，结合现代化音乐、灯光、布景等资源，呈现出当地的少数民族淳朴、自然、神秘、古朴的特点。

寻味之旅

黔南的景点多集中在樟江附近，因而樟江烤鱼不可不尝。此外油炸樟江鱼、鱼包韭菜、水蕨菜、臭酸、腌酸肉等美食的味道也是很不错的。

在荔波县城有小吃一条街，如果没有去贵阳的话这里也可以满足你对贵州各类小吃的向往。经典的丝娃娃，开胃爽口的酸梅汤都备受欢迎。

如果深入到茂兰喀斯特景区，住宿在农家的同时可以让农家为你炖上一只正宗的土鸡，味道绝对难忘。

目的地攻略

🚗 交通

火车：都匀站位于都匀市剑江南路，从贵阳到麻尾、南宁到成都、成都到广州方向的列车均在都匀停靠。

都匀东站位于都匀市都匀经济开发区境内，是贵南高铁主要途经站。

🏠 住宿

都匀是中国优秀旅游城市，住宿自然不会差，在市内的剑江路、民族路等地，是旅馆和招待所比较集中的地方。

🛒 购物

都匀市内的石板街位于广惠路中段斜坡上，现街中仍有少许店面经营少数民族的手工艺品，如布篓、包、蜡染等。如果运气好的话，说不定还会碰到布依族婚礼，还有芦笙铜鼓表演和对歌等民俗活动。

左下 | 燕子洞
中上 | 三都水族
右下 | 都匀毛尖

侗族鼓楼

鼓楼是侗乡具有独特风格的建筑物，座座鼓楼高耸于侗寨之中，巍然挺立，气势雄伟。鼓楼是侗族人的公共集会场所，一个鼓楼代表一个姓，是家族活动中心的象征。一个村寨有几座鼓楼表明有几个大家族，对内集会议事、击鼓报警、祭祀、教育、娱乐休闲、赏与罚，对外联盟组织、礼仪交往和特大型活动的协调安排，均在鼓楼议定。

侗族鼓楼的神奇和美在于其结构奇特、精巧。侗族鼓楼建筑不用一钉一铆，仅用数根丈杆，加上精密的构建艺术，便可严丝合缝牢固稳扎，历经风雨而百年不朽，其木构建筑营造技艺已被列入第一批国家级非物质文化遗产名录。

檐板上绘有各种古装人物画、山水画、花鸟画或生活风俗画，形态逼真，栩栩如生。

鼓楼的顶部，大致可分为平顶和尖顶，平顶的鼓楼多为四角，相对较朴实庄严，尖顶的鼓楼则有四到八角，形制高耸，与塔相似。

鼓楼下端一般呈方形，四周置有长凳，方便人们休息，中间是一个大火塘。

鼓楼通体全是本质结构，不用一钉一铆，结构严密坚固，可达数百年不朽不斜。

鼓楼楼底平面均为偶数边，塔身各层平面也为偶数边，多为四边形、六边形或八边形，鼓楼的檐层数则均为单数。

侗族鼓楼多以四根大立柱支撑，柱与柱之间用大柱的榫头穿连，外侧再竖起四根丈余高的柱子和四根枋的榫头穿连形成外柱，用以支撑整个鼓楼的重量。

亮点→ 过桥米线 | 花海 | 滇池 | 春城

翠湖公园

昆明

　　昆明西依西山，南接滇池，山水锦绣，景色多样。有以180字联著称的大观公园，展现了云南地区少数民族文化的云南民族村，集多种建筑风貌为一体的官渡古镇，有着天堂一般梦幻色彩的东川红土地……更有世界喀斯特的精华、中国阿诗玛的故乡。

旅 行 路 线

昆明经典三日游

　　第一天游览翠湖公园和圆通寺，与候鸟共舞；第二天游览云南民族村和西山森林公园，尽享滇池美景；第三天游览石林风景区，听阿诗玛的故事。

罗平二日游

　　罗平有山、有水、有花。第一天畅游罗平花海，观九龙瀑布群；第二天游览多依河和鲁布革三峡，感受布依族风情。

左下 | 石林

石林 ◎ AAAAA

本地游

小石林、大石林、乃古石林

🚍 昆明市石林县，距昆明约120千米处。🚌 昆明东部客运站每天有多班班车前往石林景区。💰 175元。

　　石林风景区是世界上最大的剑状喀斯特地貌奇观，被列为地球"八大自然景观之一"。李子箐石林是石林风景区的主要游览区之一，它包括大石林、小石林、外石林三个部分。

　　阿诗玛石形神俱似阿诗玛，它含情脉脉，似在翘首急盼阿黑哥的到来。人们把对阿诗玛的怀念寄形于这座石林，这座石林已是阿诗玛的化身。

　　芝云洞是以观赏喀斯特溶洞景观为主的溶洞群落。光照壁影，石光滴翠，清幽可爱。大厅左右还有许多小洞，高低宽窄，各有特点，洞套洞，似断实连，丰富、奇巧、令人叫绝。

石林景区示意图

滇池西山风景区示意图

昆明市区景点 本地游

※ 滇池

龙门、西山公园、红嘴鸥

◎ 昆明市西山区。🚌 市区乘坐公交车在海埂公园站下车即可。🎫 免费，索道 70 元。

滇池又称昆明湖，是云南最大的淡水湖，湖面烟波浩渺，十分壮阔。游玩滇池，可沿着滇池东岸的观景路走走，也可以乘船游湖，冬季还能喂鸟；或可登上龙门俯瞰滇池，这里景色定能让人心旷神怡。

※ 西山

华亭寺、聂耳墓、三清阁、龙门石窟

◎ 昆明市西山区。🚌 乘坐公交车在高峣下车可到达。🎫 套票 85 元。

西山毗邻滇池，这里森林茂密，环境清新雅致，又可以俯瞰浩瀚滇池。每年阳春三月，昆明地区有"三月三，耍西山"的习俗，届时当地人云集西山聚会，

唱山歌、对小调、野餐赏景，热闹非凡。

※ 云南民族村

彝族村、傣寨、波中塔

◎ 昆明市西山区滇池路 1310 号。🎫 90 元。

云南民族村位于滇池池畔，村内有按 1：1 比例建造的傣族、白族、彝族等 25 个少数民族的村寨，而且各有不同的民俗、工艺表演。在四月傣族的泼水节、七八月彝族的火把节等少数民族节庆时期，民俗村内也会举行热闹的庆典活动，届时可以体验到更生动的民族风情。

> **景点攻略**
>
> 每天在民族村的滇池大舞台有《高原的呼唤》大型演出，建议在买票的时候向售票员要一份节目单，此外，一些村寨的表演广场会有定时的演出活动。

※ 大观公园

大观楼、古今第一长联、西园

◎ 昆明市西山区大观路 284 号。🎫 26 元。

大观公园位于滇池北侧，依水而建，园内有湖堤、荷塘和精致的亭台楼阁等。大观公园的西园可以乘船前往。园内始建于康熙年间的大观楼可以眺望西山、滇池，有众多文人

右上｜西山
右下｜滇池

墨客曾为大观楼题词，其中 180 字的大观楼长联更是声名远播。

※翠湖公园

水月轩、九曲桥、海心亭、葫芦岛

⚲ 昆明市五华区翠湖南路 67 号。
💰 免费。

翠湖公园位于云南大学对面，是昆明市区最漂亮的公园之一，也是很多游客在昆明市内游玩的首选。这里湖水碧绿，树木、荷塘典雅优美，堤畔垂柳拂面，湖内藕荷飘香，岛上亭台楼阁，将翠湖点缀得秀丽清新。

> 景点攻略
>
> 每年冬至时分，成千上万只红嘴鸥会从北方飞来在此越冬，这个时候是翠湖公园最热闹的时候。

※云南大学

会泽院、映秋院、银杏道

⚲ 昆明市五华区翠湖北路。 💰 免费。

云南大学始建于 1922 年，是中国西部最早建立的大学之一。这里风景优美，漫步其中，感觉休闲惬意，不能错过的是著名的银杏大道。每年 11 月，走在文渊楼到会泽院一带的银杏大道上，但见棵棵银杏树枝繁叶茂，满目金黄很是亮眼。

※西游洞

西游洞、水帘洞、观音洞

⚲ 昆明市五华区昆禄公路 6 千米处。
💰 95 元。

西游洞，原名天生桥洞，后因《西游记》剧组到此取景拍摄，便将天生桥洞更名为西游洞。西游洞中奇观可称天下一绝，其中观音洞中有高达 10 余米的天然观音菩萨，明代旅行家徐霞客游览后留下"天下第一奇洞"之美称。

※云南陆军讲武堂旧址

大课堂、兵器库、讲武堂校史展览

⚲ 昆明市五华区翠湖西路 22 号。
💰 免费。

云南陆军讲武堂旧址紧邻翠湖公园和云南大学，始建于 1909 年，初建时被称为全国三大讲武堂之一，朱德、叶剑英等大批杰出的军事家、革命家都曾是这里的学员。旧址是一栋优雅的黄色小楼，阳光好的时候拍照十分好看。

※圆通寺

罗峰山、圆通街、放生池

⚲ 昆明市五华区圆通街 42 号。
💰 6 元。

圆通寺毗邻昆明动物园，位于山脚下，但却不是依山而建，是昆明地区最著名、最古老的佛教寺庙之一。圆通寺至今已经有 1200 年的历史，整个寺院像是一座花园，背后有青山，院内有碧绿的池水，配合精致的古建筑，拍出的照片十分好看。

※国立西南联合大学旧址

闻一多塑像、一二一运动纪念碑

⚲ 昆明市五华区一二一大街 298 号云南师范大学校园内。 💰 免费。

国立西南联合大学旧址是一处珍贵的历史遗迹，纪念了抗战之中国人克服艰难、教育救国的年代。朱自清、闻一多、钱锺书、华罗庚、林徽因等众多鼎鼎大名的学者都曾在这里任教。现在这里还有当年的教室、宿舍及闻一多等教师的塑像、一二·一运动纪念碑等。

左上 | 云南大学银杏
左下 | 翠湖公园
中上 | 云南陆军讲武堂
右下 | 大观楼

※世界园艺博览园 AAAAA

中国馆、竹园、科技馆

📍 昆明市盘龙区世博园 10 号。🚇 乘地铁 5 号线可到。💰 70 元。

世界园艺博览园又称世博园，是 1999 年昆明世界园艺博览会的会址。博览园共有 9 个国家和国际组织分别在这里建起了自己的专题展示园（台），园区分成多个主题展区，是欣赏植物花卉、园林美景的好去处。

※金殿公园

真武帝君造像、太和宫金殿

📍 昆明市盘龙区鸣凤山上穿金路。💰 30 元。

金殿公园因大殿用黄铜铸成，在阳光照耀下，光芒四射，映得翠谷幽林金光灿烂，故而得名"金殿"，又称为铜瓦寺。殿内的真武帝君坐像，刻画精细，丰姿魁伟，面向庄严。公园内小径穿林而过，苍翠树木遮天蔽日，阳光由树叶之间的缝隙洒下，呈于地上斑驳可见。

※金马碧鸡坊

金马坊、碧鸡坊

📍 昆明市盘龙区世博路 10 号。

金马碧鸡坊始建于明朝宣德年间，是昆明的象征之一。绝大多数到昆明的游客都会造访这里，与牌坊合影，也逛逛周围的市中心和夜市。两座牌坊的区域是城内最繁华的商业中心之一，周围几条街内购物中心、美食餐厅遍布，是逛街好地方。

※官渡古镇

土主庙、妙湛寺、法定寺

📍 昆明市东南郊官渡区。💰 免费。

官渡古镇古称"蜗洞"，这里分布着较多的古建筑、佛寺、阁楼、庙宇，俗称"六寺、七阁、八庙"。古镇中那些用螺蛳壳和着黏土春夯而成的院墙，依然在风雨中兀立。走进官渡古镇，仿古修建的镇门及步行街牌坊描金傅彩，雕龙画凤，气势轩昂，又成风景。

※黑龙潭公园

龙泉观、黑龙宫、梅园

📍 昆明市盘龙区龙泉路 612 号。💰 15 元。

黑龙潭公园位于龙泉山五老峰下，是一处以古老黑龙潭为中心的公园。始建于明代的黑龙宫，俗称下观，这里供奉着龙王、水族等塑像。公园深处依山而建的是上观，也叫龙泉观，是一处层层叠叠五进的大院落。观里还栽种了被郭沫若称为"三异木"的唐梅、宋柏、明茶。

景点攻略

位于龙泉观以北的梅园是园中的重点，园内种植了数千株梅树，还有很多名古梅。每到冬季，园内大片梅花齐放，若此时到了昆明，一定不要错过。

昆明郊县景点 本地游

※九乡风景区

萌翠峡、雄狮厅、神女宫

📍 昆明市宜良县九乡境内。💰 60 元。

云南有句俗话叫"地上看石林，地下看九乡"，九乡其美在于溶洞。景区内森林茂密，动植物资源丰富，既有壮丽的山川峡谷，也有瑰丽的地下溶洞，属于典型的喀斯特地貌景观。其中有大小溶洞上百座，规模庞大、数量繁多，被誉为溶洞博物馆。

左下 | 官渡古镇
中上 | 金马碧鸡坊
中下 | 九乡日落
右下 | 黑龙潭公园

※东川红土地

打马坎、七彩坡、锦绣田园、老龙树

📍 昆明市东川区红土地镇花沟村和花石头村。💰 免费。

东川红土地的土壤里含铁、铝成分较多，每年9~12月，一部分红土地翻耕待种，另一部分红土地已种上绿绿的青稞或小麦和其他农作物，远远看去，就像上天涂抹的色块，色彩绚丽斑斓，衬以蓝天、白云和变幻莫测的光线，构成了红土地壮观的景色。

景点攻略

落霞沟、锅底塘，都是可以拍日出日落的地方，但需要停车之后步行10~15分钟到最佳观测景点。其他的还有乐谱凹、锦绣园、七彩坡、打马坎，这些都在路边，车可以直接经过。

※轿子雪山

大黑箐、杜鹃花、天池

📍 昆明市禄劝县乌蒙乡。💰 84元。

轿子雪山主峰海拔约4223米，是一座冬季积雪的山峰。这里自然景观独特，山间有大小不等的高山湖泊、草甸。冬季时，这里还是徒步登山、攀冰的乐园。每年春季，轿子雪山的山腰处会有大片的杜鹃花开放，非常漂亮。

※长湖

长湖、火把晚会、彝族歌舞

📍 石林县维则乡维则村。💰 10元。

长湖为岩溶湖泊，湖面状若卧蚕，又似新月，得名长湖，因其深藏高山密林之中，又称"藏湖"。长湖的景色是多变的，白天阳光倾射，仿佛到处都披上一层淡淡的岚光。晚上，在幽静的丛林里，一对对青年男女在这里弹琴、吹箫、唱歌。

景点攻略

在长湖，游客可乘竹排漂流，或垂钓，或爬山。晚上还可租用帐篷，看着彝族人的歌舞表演，参加当地的火把晚会。

文化解读

相传在很久以前，彝族有个叫阿着底的地方，住着一个美丽勤劳的撒尼族姑娘阿诗玛，她爱上了诚实勇敢的彝族青年阿黑，但横行霸道的地主儿子阿支看中了阿诗玛，强行带走了她。阿黑历经磨难，救出了阿诗玛，就在他们回家的路上，山洪爆发，卷走了阿诗玛，她化作一座山峰，屹立在那里，眺望远方，似在期盼着她的阿黑哥。

玉溪—楚雄
周边游

※秀山风景区

三元宫、普光寺、玉皇阁、清凉台

📍 玉溪市通海县文献里49号。💰 50元。

秀山素有"秀甲南滇"的美誉，汉代在此辟山林，建古刹、立亭园，元、明、清时为佛教圣地，民国时期置为公园。山中禅院森森，曲径通幽，有众多古建筑群和楹联，隐隐透出浓浓的文化气息。山上珍稀的宋柏、元杉、明玉兰被誉为秀山三绝。

※哀牢山自然保护区

石门峡、茶马古道、南恩大瀑布

📍 玉溪市新平县戛洒镇9号。💰 套票60元。

哀牢山中云缠雾绕，巍峨壮观，植物分布区系复杂，古老名贵植物种类较多。夏天宛如进入翡翠宫中，冬天又似水晶龙宫。

茶马古道是哀牢山的心腹之地，这里有"一夫当关，万

夫莫开"的险要地势。无数大马帮在这条古道上默默行走，经历着人间的悲欢离合。

※澄江化石地

博物馆、澄江遗址

📍 玉溪市澄江城区以东约5千米的帽天山。💰 20元。

澄江动物化石群是当今世界上所发现最古老、保存最好的一个多门类动物化石群，记录了早期复杂海洋生态系统的形成。澄江遗址至少保存了160种生物门类和诸多神秘的种群及其他196个物种，它们是5.3亿年前地球生物大爆炸的证据。

※元谋土林

虎跳滩土林、浪巴铺土林、班果土林

📍 楚雄州元谋县物茂乡罗兴村。💰 通票140元。

元谋土林与陆良彩色沙林、路南石林并称"云南三林"。远远看去，如林的土柱变化层出不穷的姿态，土柱中夹杂的石英、玛瑙等物质在阳光下反射出奇异的光彩，让人不得不感叹大自然

右上 | 东川红土地
右下 | 元谋土林

的鬼斧神工。元谋土林还是《无极》《千里走单骑》等著名电影的取景地。

※禄丰世界恐龙谷

恐龙谷遗址馆、侏罗纪嘉年华

🚩 楚雄州禄丰市川街乡阿纳村恐龙山。
🚌 在禄丰市汽车客运站乘坐禄丰至恐龙谷的直达班车可达。💰 70元。

禄丰是中国恐龙的故乡，禄丰世界恐龙谷是一个集遗址保护、观光休闲、科普科考等为一体的恐龙文化旅游主题公园。在这里，你可以走进恐龙王国、穿越侏罗纪世界、解读地球生灵的兴衰演变。

※狮子山

牡丹芍药精品园、平顶玉湖华

🚩 楚雄州武定县狮子山旅游景区。
🚌 从昆明潘家湾长途汽车客运站乘班车前往。💰 55元。

狮子山风景区以山型酷似伏卧的雄狮而得名，这里古树参天，绿荫蔽日，山花烂漫，流水潺潺，绿荫中空气清新，绿茵铺地，鸟语蝉鸣。景区以优美的自然风光、悠久灿烂的历史文化、积淀深厚的佛教文化底蕴及冠盖西南独有的牡丹芍药精品园吸引四方游客。

※黑井古镇

黑井文庙、节孝总坊、五马桥、武家大院

🚩 楚雄州禄丰市西北的龙川江畔。
🚌 楚雄市东客运站每天有班车前往黑井古镇。💰 30元。

黑井古镇自汉朝起开井煮盐。沿龙川江两岸，五马桥连接古镇东西，盛时的十三条坊、三万多人口把黑井渲染成灯火辉煌的不夜城。沿江的建筑"一楼、一底、一铺台"，后街依山，避开喧嚣建有盐商、进士的深宅大院及文庙、书院。

抚仙湖旅游区

笔架山、孤山岛、禄充村　周边游

🚩 玉溪市澄江、江川、华宁三县间。💰 禄充景区15元，月亮湾湿地公园30元。

抚仙湖被视为昆明的后花园，这里湖水清澈见底，洲岛错落，使人心旷神怡，爽快清新。

※禄充村

🚩 玉溪市澄江市西部。

禄充村背山面湖，古树成荫，人杰地灵，历史上有"一门双进士，百步两翰林"的美誉。来这里旅游，不容错过的是登笔架山观看充满诗情画意的仙湖日出，在笔架山下体验世界上最古老的车水捕鱼。

※明星景区

🚩 抚仙湖西岸。🚌 从昆明乘开往江川的客车，再转乘开往澄江的客车，到明星景区下车。

明星景区位于抚仙湖的西岸，包括碧云寺、明星鱼洞等景区。每到农历三月初三，是碧云寺的庙会日，届时大多滇中人来此集会。每年3~9月，是捕捞抗浪鱼的主要季节，此时可品尝到铜锣煮鲜鱼等风味小吃。

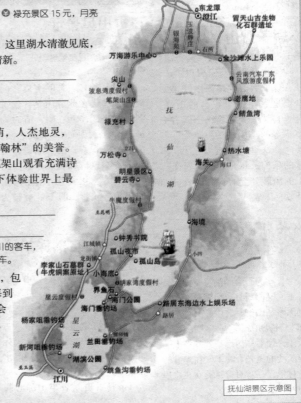

抚仙湖景区示意图

左上 | 罗平油菜花海
右上 | 九龙瀑布群

曲靖
周边游

※陆良彩色沙林

沙林景观、古栈道、烽火台

📍 曲靖市陆良县县城东南面约 18 千米处。💰 50 元。

陆良彩色沙林与路南石林、元谋土林并称"云南三林"，它是由地震冲击、地壳运动等因素逐步形成的地貌奇观。彩沙凝结成沙柱，由天气、光线的不同而折射出不同的色调，是极为难得一见的景观。此地曾拍摄过《三国演义》《炎黄始祖》等多部影视作品。

※罗平油菜花

金鸡峰丛、湾子湖水库、牛街乡

📍 曲靖市罗平县罗雄镇附近。每年菜花节期间，昆明会增开昆明到罗平的旅游专列。💰 免费。

罗平油菜花旅游节一般每年2月21日左右开始，这时罗平县城便成为油菜花的海洋里，这里大片的油菜花竞相开放，颇为壮观。县城东北方向的金鸡峰、县城沿大水井去多伊河风景村的途中、城北的牛街乡螺丝田都是拍摄油菜花的好地点。

※九龙瀑布群

以堵勒大瀑布、石龙漫游滩、蝙蝠洞

📍 曲靖市罗平县长底乡。💰 65 元。

九龙瀑布群位于九龙河上，一条"银龙"盘游于群山中，在约4千米长的河流中，落差超出了百米，其中最为壮观的"九龙第一瀑"高度就约达60米，当地布依族民众称之为"大叠水"。河中怪石嶙峋，浅滩深潭，周边植满作物的梯田，恰似彩画之框。

※多依河

多依胜景、板台瀑布群、龙骨水库

📍 曲靖市罗平县城东南。💰 45 元。

多依河全长约12千米，河水清澈碧绿，时有竹筏出没其中，河道蜿蜒曲折，布依村寨沿河而布，吊脚楼隐现在树丛竹林之间，一派十足的热带风光画面。沿河两岸盘根错节的千年古树，仿佛就是一座庞大的自然根雕艺术展览馆。

※珠江源风景区

珠江源、花山湖、珠江禅寺

📍 曲靖市沾益区炎方乡刘麦地。💰 30 元。

珠江源风景区是著名的国家级森林公园，景区森林茂密，溪流淙淙，有"一水滴三江，一脉隔双盘"的奇异景观。春夏时节，漫山遍野的马樱花如火如荼，鲜艳夺目。

体验之旅

观《云南映象》:《云南映象》是"孔雀舞神"杨丽萍编导的，将传统歌舞和现代舞完美融合，坐在台下就感觉到了神话般浓郁的云南民族风情。在云南艺术剧院就可以看到这场唯美的舞蹈。

昆明狂欢节:昆明狂欢节于每年五一期间举办，一般为期3天，在狂欢节上，衣着鲜艳的民族风情歌舞、大型的花车巡游，使得春城昆明成为一片名副其实的"狂欢海洋"。在狂欢节上可以看到广场民族歌舞展演，可以参与广场泼水狂欢，更有云南名特和民族风味小吃长街宴等，此时既饱眼福又饱口福。

彝族火把节:每年农历六月二十四是彝族的火把节，这时村村寨寨杀鸡宰羊，白天举行斗牛、摔跤等活动，入夜则点燃火把，人们成群结队地会聚在广场，将许多火把堆成火塔，围坐在篝火旁，对歌、跳舞，一片欢腾。

喂海鸥:每年冬季，昆明总会聚集成千上万只来此过冬的红嘴鸥，人们把食物抛向空中，引来海鸥相互争食。有些海鸥身姿敏捷，能够准确无误地连续接吃游人抛洒的食物。

寻味之旅

云南菜又叫作滇菜，选料广泛，以烹制山珍、水鲜见长，特点是鲜嫩、清香回甜，偏酸辣微麻，讲究本味和原汁原味。昆明满街的小吃真是让人垂涎，街边的小吃、烧烤、环境优雅的室内餐厅都有当地的特色食品。

过桥米线：已有百多年历史，将生的鸽蛋或者鸡蛋磕入汤碗，再依次加入生五花肉片和鸡肉片，再加入韭菜、豌豆尖等辅菜和米线，最后放调味料。此时汤汁滚烫，米线滑爽。

野生菌：含有多种氨基酸，营养丰富，味道鲜美。来昆明，菌菇宴必不可错过。用野山菌做出来的菜有味道极其鲜美。

饵块：昆明最著名的特色小吃之一，可以煮着吃，炒着吃，也可以烧、卤、炸、蒸，最为常见的是炒饵块，加入豌豆尖、大葱等一同炒制，以咸、甜酱油浇之，味道醇正。

汽锅鸡：云南的名菜之一，在汽锅下放一盛满水的汤锅，然后将鸡块放入汽锅内，纯由蒸汽将鸡蒸熟。保持了原汁原味，肉嫩香，汤清鲜。汽锅常以三七、虫草加入，有滋补之效。

美食街：南屏街是昆明历史上的老街区，也是昆明市古老的商业街，现在也是人气很旺的一条商业街区。关上野生菌一条街是享用菌类的集中地。

目的地攻略

🚗 交通

飞机：昆明长水国际机场，是连接中国与东南亚、南亚等国家的重要枢纽机场，目前开辟了前往国内各大中城市，还有曼谷、仰光、吉隆坡等众多国外城市的航线。

火车：昆明站：位于昆明市官渡区，是沪昆铁路、成昆铁路、南昆铁路的营运起止车站。

昆明南站：贵昆高铁站。有发往北京、上海、深圳、杭州、厦门等地的高铁列车。

🏠 住宿

昆明是云南省会，市区内酒店众多，也不缺少背包客喜欢的青年旅舍，可根据情况自行选择。

不少旅行者喜欢住在翠湖周边，因这一带吃住行都很便利，云南大学、陆军讲武堂等都在附近，游玩很便利。

如果喜欢城市的繁华和夜生活的丰富，那么金马碧鸡坊周边是最好的选择。

喜欢自然风光的，可以选择住在滇池周边，既有洲际酒店这样的国际连锁，也有常规的宾馆客栈，远眺西山、近赏滇池，去云南民族村也超级方便。

🛒 购物

云南是著名的植物王国，四季鲜花不断。除此之外，云南的多民族造就了各种颇具民族特色的手工艺品，绝对是不可多得的佳品。

左下 | 松茸
中上 | 昆明长水机场
中下 | 油炸食品
右下 | 官渡粑粑

亮点→ 梯田｜古城｜长街宴｜溶洞｜观光小火车

元阳梯田

红河

红河哈尼族彝族自治州位于云南省东南部，北连昆明，东接文山，西邻玉溪，南与越南毗邻。这里有国家历史文化名城建水，南疆热带风光秀丽，燕子洞奇美壮观。看不尽的彩色哈尼萦绕着梯田，承载着丰收的喜悦。田间放歌，甜到心头。

  旅 行 路 线

元阳二日游

第一天游览纳楼土司衙署和箐口哈尼民俗村，追忆历史，领略哈尼族风情；第二天游览元阳梯田多依树景区和元阳梯田老虎嘴景区，用相机和眼睛记录光与影下的魔幻世界。

建水一日游

早上游览建水文庙和朱家花园，感受儒家文化的深远影响，观赏滇南富商的精美建筑，下午游览团山村，品味那浓郁的书香下的人文气息。

文山一日游

早上赴普者黑，可以在湖面上泛舟，水中鱼游虾潜，花漂草浮，午后前往浴仙湖，绕过珍珠岛，宽阔的湖面便展现在眼前，画眉、云雀、杜鹃、喜鹊等鸟儿欢快地在山间嬉戏。

建水旅游区

本地游

※朱家花园

怀远厅、荷花池、梅馆

🏠 红河州建水县翰林街 16 号。
💰 35 元。

朱家花园是清末乡绅朱渭卿兄弟建造的家宅和宗祠，有"滇南大观园"之美誉。整座建筑坐南朝北，分为住宅和祠堂两部分。左侧沿街的"吊脚楼"与其后的"跑马转角楼"相连，右侧前为家族祠堂，祠堂前有水池，水池上建有戏台。

※建水文庙

大成殿、崇圣殿、学海

🏠 红河州建水县临安路 268 号。
💰 40 元。

建水文庙始建于元代，迄今已有 600 多年的历史。文庙仿曲阜孔庙风格建造，坐北朝南，共六进院子，主要建筑有一殿、二庑、二堂、二阁、四门、五祠、八坊，规模宏大，规制谨严，气势雄伟壮观，庄严肃穆。

中下｜建水文庙

元阳梯田
坝达梯田、老虎嘴梯田、多依树梯田

特写

左上 | 元阳梯田

景点攻略

　　两天的话时间比较充裕，一早在多依树看过日出后，可前往黄草岭看梯田，下午前往坝达，途中会路过麻栗寨梯田，可看墨绿的茶海，冬季还有腊梅红桃，傍晚正好来到坝达观景台看日落和云海。

　　第二天白天前往箐口看雾海，这里还有箐口民俗村，不仅可以看到蘑菇房，还有哈尼族文化博物馆，可了解哈尼族风情，下午前往老虎嘴，看日落景观。

🔼 红河哈尼族彝族自治州元阳县哀牢山南部山坡上。🚌 在昆明汽车站乘坐前往元阳的班车。💰 65 元。

　　元阳哈尼族开垦的梯田随山势地形变化，坡缓地大则开垦大田，坡陡地小则开垦小田，甚至沟边坎下石隙也开田。这一景观构成了千奇百态变幻莫测的天地艺术大交响乐，成为举世瞩目的梯田奇观。

　　坝达景区梯田面积大、壮观、线条美、立体感强。站在麻栗寨茶厂观梯田，近万亩的梯田宛如一片坡海，泛着粼粼波光，奔来眼底，景色十分壮观。

　　老虎嘴梯田是元阳梯田中气势最为壮观的景点。站在高岗之上，从老虎嘴的观景台环顾四周，三面都是延绵的梯田，气势宏伟，落日余晖的色彩与田埂线条交织出流动的光影，令人肃然起敬。

　　多依树景区的梯田像版画一样，颜色多变，壮观美丽，特别是日出之际，眼前水面上不断变化的颜色让人目不暇接，衬着烟雨迷雾下若隐若现的多依树村庄，让人有进入仙境之感。

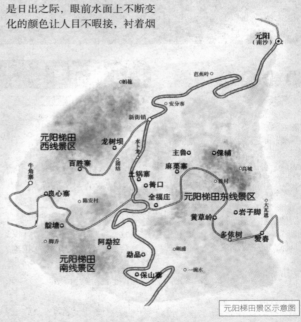

元阳梯田景区示意图

※ 建水古城
朝阳楼、朱家花园、紫陶会馆

🔼 红河州建水县临安镇。🚌 昆明南窑汽车站乘坐去建水的直达快车。💰 免费。

　　建水古称临安，始建于唐代，距今已有 1200 多年历史，城内留存有以文庙和朱家花园为主的几十座古建筑，莫不雕工精美，堪称一座"古建筑博物馆"和"民居博物馆"。据说当年云南科举考试中榜者中临安府人士要占半数，堪称云南之冠，故有"临半榜"之称。

※ 燕子洞
摩岩石刻、岩溶洞

🔼 红河州建水县城东约 22 千米处。🚌 在建水客运站乘坐前往景区的旅游专线车。💰 55 元。

　　燕子洞是亚洲最大、最壮观的溶洞之一，春夏有百万只雨燕飞舞巢居，故称"燕子洞"。洞内包括干洞和水洞在内的四万多平方米的钟乳奇观。每年农历八月八日是燕窝节，当地人攀缘绝壁采摘燕窝的表演，吸引着无数中外游人。

※团山古村

张家花园、将军府、大乘寺

📍 红河州建水县西庄镇。💰 40 元。

团山村建在半山腰，傍山面坪，青山依村庄，白水绕村流。村中现存古建筑由传统的汉族青砖四合大院、彝族土掌房和汉族与彝族结合的瓦檐土掌房三类组成，外表并不起眼，但里边精致的木石雕刻琳琅满目，诗书字画与木石雕刻装饰细部，文气浓郁，轮廓优美。

※建水小火车

双龙十四孔桥、团山古民居

📍 红河州建水县临安火车站。💰 硬座 100 元，软座 120 元。

建水小火车是一条旅游观光米轨铁路，沿途不仅有田园农耕风光，还有建水独特的古桥古寺古楼等众多文物古迹。一起乘坐具有百年历史的米轨小火车，那木质的车厢，优雅的壁灯，飘逸的白纱窗，就连

头顶的老式电风扇，都让人生出一股浓浓的旧日情怀。

红河其他景点 本地游

※阿庐古洞

城子古村、连城溶洞、天坑群

📍 红河州泸西县阿庐山麓。💰 90 元。

阿庐古洞又名泸源洞，是一组奇特壮观的地下溶洞群，它是亚洲最壮观的天然溶洞穴之一。阿庐古洞附近有 9 峰，9 峰之中还有 18 洞，俗称"九峰十八洞"。整个景区内洞古林茂，瀑布雄伟，洞外公园建筑独具民族特色，洞内景观之美堪称一绝。

※可邑小镇

可邑寨门、阿细跳月

📍 红河州弥勒县城 22 千米。🚌 从昆明新高速到弥勒，然后顺着老昆河公路石林方向一直走，大概 20 千米左右看到可邑小镇。💰 40 元。

可邑，彝族阿细语意为"吉祥快乐的地方"。景区掩映在核桃、香椿和森林之中，青山环抱、风景宜人。这里是世界十大名曲"阿细跳月"的发源地，热情好客的当地民众会在山寨大门举行浓重朴实的迎宾仪式，吹唢呐、跨火盆、迎客敬酒、载歌载舞。

※锦屏山景区

云海阁、百花区、茶山明珠

📍 红河州弥勒县城 22 千米处。💰 30 元。

锦屏山景区濒临嘉陵江，花木似锦，山峰连列如屏，世称锦屏。唐朝以前曾在此建有玛瑙寺、杜陵祠、锦屏书院，明代又增建了楼阁及庙宇僧舍，杜甫、李商隐、吴道子、陆游等诗人画家相继到锦屏写诗作画，杜甫赞之为"天下稀"。

※白龙洞风景区

南宫、瑶池仙境、海底世界

📍 红河州弥勒市西南约 31 千米外。💰 45 元。

白龙洞四周山峦起伏，怪石嶙峋，洞中有洞，洞中见天，奇景迭出，号称"天下第一洞"。洞中有一景点"大树龙潭"，此龙潭每年会发生一两次奇景：泉水转瞬之间突然中断，潭水回流泉眼，数小时后，猛然间泥水喷泻而出，犹如水龙冲天，续而泉水渐清。

※城子古村

土司府、将军第、姊妹墙

📍 红河州泸西县永宁乡城子村。💰 50 元。

城子古村拥有云南最具特色汉族与彝族结合的独特古村落景观，整个古村坐落在 200 多米高的飞凤坡上，后枕金鼎山，小江河蜿蜒流过。城子村往南是老钟山，此山奇秀峻峭，内有白勺飞瀑，小江之水自此而入。百米之内，轰鸣之声可闻，一年四季，烟雾蒸腾可见，冬季尤甚。

※异龙湖

南宫、瑶池仙境、海底世界

📍 红河州石屏县城以东约 2 千米处。

异龙湖为云南九大高原湖泊之一，每年春末到秋初，异龙湖西侧的水面上都会开满粉红、大红、雪白等各色鲜艳的荷花。7 月 6 日到 9 月 1 日是传统的荷花节，那时候异龙湖上，人们可赏花、钓鱼、品尝湖泊美食、欣赏民族歌舞。

左上 | 阿庐古洞
左下 | 团山古村民居

文山

周边游

※普者黑 AAAAA

青龙山、普者黑村、月亮洞

📍 文山州丘北县城西北约 13 千米处。
🎫 联票 170 元。

"普者黑"是彝语，意为"盛满鱼虾的池塘"。这里不仅有数百座孤峰、大片的湖泊，还有近百个喀斯特地貌的溶洞，以及上万亩荷塘和原汁原味的民族风情。坐上彝家世代相传的独木舟，泛舟在清澈看得到湖底水草的湖面上，可以将湖光山色和奇洞怪石一并游览。

> 景点攻略
>
> 6～9 月是普者黑旅游的黄金季节，此时正值荷花盛放，一定要乘船体验一下打水仗的乐趣。旅游淡季则可以带上相机游走在田园、村寨之间，可拍原汁原味的山水田园风光，或者拍一张文艺范儿的照片留念。

※坝美村

石笔山、大榕树

📍 文山州广南县坝美村。🎫 85 元。

坝美村属喀斯特地貌，境内一年四季流淌着一条名为"驮娘江"的清澈小河。这个村寨的神奇之处就在于进出村都需乘船经过幽深、昏暗的水洞。坝美四面环山，山上树木葱茏，坝里绿树郁郁苍苍，尤其是村落中的那几棵大榕树，把整个坝美裹成一团油绿。

左上 | 普者黑河道
中下 | 坝美村

※文笔塔

头塘坝公园、盘龙公园、东山公园

📍 文山州文山县城东部东文山东山公园内。🎫 免费。

文笔塔为八角形，七层八翘，层层重阁，古朴典雅，塔身整体为红色，显得雄伟壮观、庄严挺拔，金碧辉煌。塔身内外题诗藏画，雕梁画栋，流金溢彩，妙趣横生。而塔的翘角处，挂满了一串串的铃铛，每当有风吹过，便会发出叮叮当当清脆悦耳的声音。

体验之旅

乘坐小火车：乘坐米轨小火车，在晃晃悠悠的木头车厢里，让旅客沿途欣赏到古城的名胜古迹和乡村的田园风光。

乘船游普者黑：乘船游湖是普者黑欣赏山水风光和荷塘景色最主要的旅游项目之一，还可以与身边的游船打水仗，十分有趣。

网红打卡：弥勒东风韵绝对是云南最独特的地方之一。这个以文化艺术创意为特色的小镇，一片片红砖组成的红酒瓶建筑风格奇特，充满着工业艺术风，随处可见的前卫雕塑也彰显了这个地方的与众不同。边走边看边拍照，你会有很多不一样的新发现。

寻味之旅

红河的美食鲜香麻辣、口感

爽脆，既有川滇食府的风味，又有哈尼族等少数民族的一些独特做法，配以梯田、山川的天然食材，让人食指大动。摆一桌特色菜，就一口当地的焖锅酒，你的味蕾将得到彻底的冲击。

蒙自过桥米线：蒙自是云南名吃过桥米线的老家，"菊花过桥米线"是小吃中的精品，颜色鲜艳、香气扑鼻，看着就令人垂涎欲滴。

石屏烧豆腐：用方形豆腐烘烤后蘸调味料吃，吃到嘴里细腻滑润，嚼之有劲，越嚼越香。

目的地攻略

🚗 交通

飞机：文山普者黑机场位于砚山县盘龙乡，距文山县城约 23 千米，现开通飞往重庆、成都、南宁、深圳和昆明的航线，机场有专用公路与文砚二级公路相连，到达机场后有交通车直达文山各地。

🏠 住宿

红河地区的住宿条件在两三星级左右。来建水游玩的话可以选择住在建水古城，近距离的体验古色古香的古城。看梯田的话最好住在元阳。

🛒 购物

红河地区有许多工艺品可以带回家作为礼品馈赠亲友，比如个旧的锡制工艺品，建水的紫陶器，特别是紫陶汽锅最有名，一般用来蒸鸡、鸽等肉食品，蒸出来的食品肉味特别鲜美。

亮点→ 古城｜风花雪月｜白族风情｜双廊｜朝山会

双廊洱海

大 理

大理历史悠久，素有"文献名邦"的美名。这里拥有悠久的历史和璀璨的文化，留下了丰富的文物古迹。玉洱银沧之间，自然风光绮丽多姿，苍山如屏，洱海如镜，蝴蝶泉深幽，兼有"风花雪月"四大奇景。

旅 行 路 线

大理休闲四日游

第一天游览大理古城，品尝小吃美食；第二天观洱海和崇圣寺三塔；第三天游天龙八部影视城，登苍山，逛洋人街；第四天品三道茶，购买当地特产。

腾冲三日游

第一天游览腾冲火山群，观赏各式火山；第二天游览国殇墓园和腾冲文庙，瞻仰英烈，追溯历史；第三天游览和顺古镇和腾冲热海，感受和顺的人文气息，体验热海蒸气。

大理古城

本地游

※大理古城

五华楼、洋人街、复兴路

◎ 大理州大理市下关以北约13千米处。
◎ 免费。

如果说，自治州首府下关给人以繁盛、喧闹的印象，那么大理古城则是古朴而幽静。古城东临洱海，西枕苍山。城内由南到北，一条大街横贯其中，深街幽巷，由西到东纵横交错，全城清一色的青瓦屋面，鹅卵石堆砌的墙壁，显示着古城的古朴、别致、优雅。

中下 | 大理古城

※崇圣寺三塔 AAAAA

千寻塔、崇圣寺、大鹏金翅鸟广场

◎ 大理州大理市古城西北部约1.5千米处214国道旁。◎ 市内乘公交三塔专线可到。◎ 110元。

崇圣寺背靠苍山，面临洱海，现存的三塔由一大二小三座佛塔组成，呈鼎立之态，远远望去，雄浑壮丽，是苍洱胜景之一。大塔"千寻塔"，是座方形密檐式砖塔，共13层。南、北小塔是一对八角形的砖塔，都是10级。三塔浑然一体，气势雄伟、古朴。

景点攻略

1. 如果喜欢摄影，可到距三塔公园仅几十米远的三塔倒影公园内，那里是拍摄三塔倒影最佳的角度。

2. 在三塔正后方的钟楼上，是观远景的最佳地点，前面是洱海、后面是苍山，中间是金黄色和翠绿色的天地，连同大理古城一并览于眼底。

※天龙八部影视城

大理国皇宫、段王府、西夏王宫

❖ 大理州大理市古城以西约2千米处。
¥ 40元。

天龙八部影视城背靠苍山，是电视剧《天龙八部》的主要拍摄地，其规模宏大。天龙八部影视城由三大片区组成：第一部分为大理国，包括大理街、大理皇宫、镇南王府等；第二部分是辽国，包括辽城门和大小辽街；第三部分是西夏王宫和女真部落。

※洋人街

太白楼、诚心井

❖ 大理州大理市古城护国路。¥ 免费。

洋人街是一条因集聚了众多酒吧招揽外国游客的小街，虽几经修缮，但各式风格的装修是这条小街的主要特色。这里各色咖啡店众多，中西风味餐厅、古董店、扎染店、画廊等也随之兴起，铺面林立两侧，琳琅满目，目不暇接，成为中外有名的"大理洋人街"。

左下｜洋人街
中上｜苍山洱海

苍山—洱海风景区
本地游

※苍山

清碧溪、七龙女池、龙眼洞

❖ 大理州大理市大理古城西隐仙路。
❖ 有多重套票可供选择。

苍山是云岭山脉南端的主峰，向来以云、雪、泉、石著称。苍山有十九峰，如一道绿色屏障，雄峙于洱海西岸，每座峰海拔都在3500米以上。每两峰之间都有一条溪水，下泻东流，注入洱海，这就是著名的十八溪。

※洱海

小普陀、喜洲、双廊

❖ 大理州大理市东北部。¥ 免费。

洱海是仅次于滇池的云南第二大湖，与苍山山水相依，

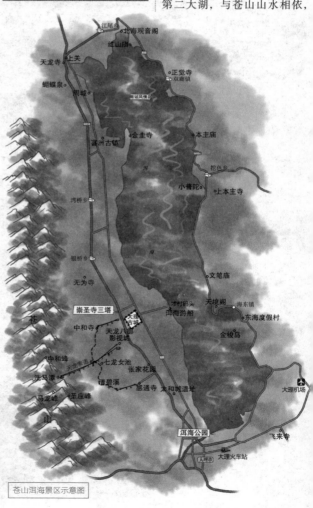

苍山洱海景区示意图

青葱的苍山脚下，水色蔚蓝，自古以来一直被称作"群山间的无瑕美玉"。游人可乘汽车沿环海公路游览，也可从下关以北的洱海码头乘游船游洱海。

景点攻略

1. 游洱海，有两种方式可供选择：一是乘船游，可去洱海码头或才村码头上船；二是租自行车环游洱海。

2. 在洱海码头有杜鹃号等大游船，当然也可租私人船。淡季或黄昏时可砍价，在船上还可免费看白族表演，品三道茶。

3. 乘船可游的景点包括南诏风情岛、金梭岛、小普陀岛、观音阁等景点。金梭岛上的烤虾很好吃，但要现串现烤。

4. 苍山洱海一天就能玩完，建议上午去洱海，下午去苍山。从洱海到苍山需包车。

中上 | 苍山下的喜洲
中下 | 洱海

※ 双廊

太阳宫、玉几岛、南诏风情岛

● 大理州大理市双廊镇。
❀ 南诏风情岛 50 元。

双廊地处洱海东岸的"莲花曲"和"萝时曲"之上，放眼望去，秀丽的玉几岛、小金梭岛犹如一对鸳鸯，浮在碧绿的洱海之中，两岛位于两廊之间的丽玲峰上。登上南诏风情岛，更可目睹约 17 米高的汉白玉观音拜弥勒佛山的奇观。

文化解读

双廊是个很小的镇子，它的街把房子分成靠海和靠山两部分，靠海的房子紧挨着海边，靠山的房子直盖到山脚下，在海边还有一道伸向海里的由石头砌起的人工海堤。当年的《五朵金花》就是在双廊拍的。

这里有一切适合拍电影的场景，如古朴的白族村庄、美丽的小岛、透明的海水、沧桑的樵石，还有微笑的人们。

※ 喜洲古镇

严家民居、杨品相宅、侯家大院

● 大理州大理市古城以北约 18 千米处。❀ 严家民居 20 元。

喜洲古镇是清末至民国初期富甲一方的"喜洲商帮"在洱海之滨的喜洲镇建盖的古色古香的白族传统民居。古镇的建筑以石木结构为主，白墙青瓦，古朴大方，民居中最具民族特色的是三方一照壁、四合院、六合同春等组合式院落。

※ 小普陀

观音阁、红嘴鸥

● 大理州大理市挖色镇海印村。
❀ 25 元。

小普陀是一个小岛，岛上建有一处观音阁。小普陀可以称为袖珍小岛，周长只有 200 米左右，在阁旁边还生长着两棵大树。晴天时，苍山洱海都在背后，一座小岛和楼阁独立湖中，画面奇幻而又美丽。每当成群的海鸥飞过时，画面更加动人。

※ 蝴蝶泉

蝴蝶博物馆、蝴蝶大世界、情人湖

● 大理州大理古城以北约 25 千米处。❀ 60 元。

蝴蝶泉泉水清澈如镜，每年到农历四月十五蝴蝶会时，成千上万的蝴蝶从四面八方飞来，在泉边漫天飞舞。无数蝴蝶还钩足连须，首尾相衔，一串串地从大合欢树上垂挂至水面。五彩斑斓，蔚为奇观。每年蝴蝶会，四方白族青年男女都要到这里，用歌声寻找自己的意中人。

※张家花园

彩云南现、海棠春雨、鹿鹤同春

📍 大理州大理市七里桥观音塘北侧。
💰 90元。

张家花园继承了白族民居的特色，建筑细致精美，被称为"云南第一园"。花园由六个大院组成，三院一照壁。大理的八大名茶都种在园中，四季花开不断。苍山溪水穿园而过，造就了后花园和水上戏台。登临花园中的空中楼阁，苍洱风光一览无余，令人心旷神怡。

大理郊县景点 本地游

※鸡足山

祝圣寺、慧灯庵、楞严塔

📍 大理州宾川县鸡足山镇。💰 55元。

鸡足山山势背西北而面东南，前列三峰，后拖一岭，形如鸡足，故名。鸡足山不仅风光优美，而且是滇西著名的佛教圣地。山上的祝圣寺曾被光绪皇帝赐名为"护国祝圣禅寺"，寺门左侧高大照壁上绘的《鸡足山全景图》不可错过。

※沙溪古镇

兴教寺、玉津桥、寺登街

📍 大理州剑川县西南部。💰 免费。

沙溪是一个青山环抱的小坝子。古镇盛产花鱼、地参子、松茸，传统霸王鞭舞、集体舞蹈肖拉者、姑娘优美的歌声、古韵悠长的洞经古乐使每一位来沙溪的人都沉浸在歌舞的海洋中，久久流连不归。

※诺邓村

古盐井遗址、玉皇阁、黄氏宗祠

📍 大理州云龙县城以北。💰 免费。

诺邓村四面环山，村前有水，就着山势修筑了层层叠叠的民居，是一个很美的隐世村落。这里有很多独特的白族民居和隐秘如世外桃源般的山林风景。村中的古盐井遗址、半山腰的大青树和背后的五井提举司衙门的门楼、附近的文庙和玉皇阁都值得一一探访。

※石宝山

海云居、宝相寺、石钟山石窟

📍 大理州剑川县沙溪镇。💰 50元。

石宝山因山上的红砂石成龟背状裂纹，如狮似象像钟，得石宝之名。这里林木茂盛、石趣无限、庙宇别致、景色独特，尤以石窟和摩崖造像而声名久远。每年3月在石宝山举行的白族民间传统歌会更是盛况空前。

※巍宝山

巡山殿、斗姆阁、长春洞

📍 大理州巍山县巍宝山乡南诏镇。
💰 40元。

巍宝山简称巍山，古人认为山中有宝气放出，因而得名。作为道教名山，巍宝山上宫观众多，颇为壮观。前山绵亘叠嶂，宫观多藏于密林之中；后山险峻陡峭，庙宇多依山势而建。山间建有南诏土主庙，为祭祀历代南诏诏主而建。

保山—德宏 周边游

※和顺古镇

双虹桥、洗衣亭、元龙阁

📍 保山市腾冲市区西南约4千米处。
🚌 城区乘坐公交车可直达古镇。
💰 55元。

和顺古镇始建于明代，因小河绕村而过故名"河顺"，后更名为"和顺"。它是云南省著名的侨乡，古镇建筑环山而建，

中上 | 和顺古镇
中下 | 沙溪古镇
右下 | 巍宝山

崇圣寺三塔秋色

左上│腾冲热海大滚锅
中上│瑞丽江

明清时期的祠堂、牌坊、古宅遍布古镇，镇子前一马平川，清溪绕村，垂柳拂岸，一派和谐的田园风光。

文化解读

和顺乡的美，有自然的，也有人文的。和顺乡这副"画"最可人的一笔，当然是和顺大寨，寨子坐落在"南腾"之"黑龙"之麓，倚山临水，房舍鳞次。步入寨中，直街曲巷，石色苍苍；暖屋静院，户户书香。寨边三合河偕一条弯弯石径绾村弧形，路、河之交古榕间茂，石栏月台，随处可见，大有"临水见轩，遇景有阁"之象，古意浑然。

※腾冲热海 AAAAA

热海大滚锅、浴谷、美女池

⊙ 保山市腾冲市清水乡。🚌 腾冲市乘坐2路公交车可到。💴 景区参观票50元，热海温泉套票288元。

腾冲是中国著名的地热风景区，其中，最为壮观的地热景观是腾冲地热温泉群，又称热海。热海景区内气泉、温泉群共有80余处，到处都可以看到热泉在呼呼喷涌，景区内雾气氤氲。热海温泉水质软、温度高、矿化度高，在这里泡温泉，对身体极为有益。

※固东银杏

银杏村、银杏树

⊙ 保山市腾冲市固东镇。💴 40元。

固东镇素有"腾北重镇"之美誉，村民的房屋错落有致地分布在空地的四周，房前屋后，到处都有大大小小的银杏树。银杏村的银杏树，古老而古朴，有声有息，隐于群山环抱，现于农庄炊烟之间。

※叠水河瀑布

太极桥、观瀑亭

⊙ 保山市腾冲市区以西。💴 10元。

叠水河瀑布为腾冲十二景之一的"龙洞垂帘"，瀑布高约46米，响声雷动，水花四溅，形成了"不用弓弹花自散"的壮丽景观，据说在阳光下常现出七色彩虹，非常漂亮。

※腾冲火山群

黑空山、火山地质公园、柱状节理

⊙ 保山市腾冲市和顺乡和马站乡之间。💴 35元。

腾冲火山群主要集中分布在和顺、马站一带，为我国西南最典型的第四纪火山。在县城西北10多千米的马站村附近，火山较为集中，黑空山、大空山火山群自北向南呈一字形排列，间距均在1 000米左右，建有火山公园，为国家级风景名胜区。

※莫里热带雨林景区

大佛寺、佛脚印、温泉泳池

⊙ 瑞丽市东北郊莫温段302国道边莫里峡谷内间。💴 35元。

"莫里"是傣语，意为"美丽的瀑布"。潺潺的扎朵河九曲十回，清清曲水上的小桥朴拙简雅，奇山怪石峥嵘险峻。景区温泉附近有座金色的傣式塔亭，内有一块囤箩石，在它倾斜于地面的岩壁上嵌有一个巨型"足印"，这就是在东南亚佛教界享有盛名的佛脚印。

※姐勒大金塔

佛寺、金塔

⊙ 德宏州瑞丽市。💴 5元。

姐勒大金塔金光四射，远近闻名，塔的傣语名字叫"广姆贺卯"，意思是"坝子头的塔"，这里是瑞丽最古老的佛教建筑、佛事活动场所和旅游景点。

※瑞丽江—大盈江景区

瑞丽广场、漂流

⊙ 德宏州瑞丽市。🚤 到达瑞丽后，可以乘船游览。💴 免费。

瑞丽江流经畹町、大盈江流经盈江。两江水流平缓，清平如镜，江畔良田万顷，傣族村寨树竹环绕，风光如画，景色十分秀丽。

体验之旅

品三道茶：对于喜爱品茶的游客来说，可以去当地的白族之乡欣赏到浓郁的白族风情，那里主要的节目有白族三道茶表演。品茶最好的地方莫过于喜洲的严家大院及在去洱海的船上。

洱海骑行：环洱海骑行，已经是到大理旅行必须要做的事情。每一个角度，都会有不一样别致的景色，沿途还能欣赏到崇圣寺三塔、白族民居、蝴蝶泉等。环绕洱海路况特别好，视野很开阔，值得花费一天时间边骑边玩。

参加火把节：每年的农历六月二十五日，所有白族人民穿上节日盛装，前往竖火把的地方开始为期三天的狂欢，参与大理白族火把节是感受白族风情人文最好的方式。

逛酒吧：大理古城有很多酒吧，很安静，晚上的时候有很多人坐着喝酒。点一只风花雪月，听一会儿慢音乐可去享受那一刻的静谧时光。

寻味之旅

大理居民以白族为主，菜式与云南别的地方相比，也有着鲜明的特色。大理菜式味道多为酸辣辛香，口味比较重，食材以鸡、鱼、菌类为主，鲜花也可入菜。

喜洲粑粑：有甜、咸两种口味。层次感分明，外皮香酥，内在松软，关键价廉物美，也是人们外出方便携带的食品。

凉鸡米线：大理古城美食中的当家花旦。吃起来微辣，鸡肉的嫩和米线的香混为一体，极为爽口。

大理酸辣鱼：大理白族待客最爱做的一道菜，酸木瓜酸中带有微甜，夹着一股果香味，鲫鱼肉质鲜美，而豆腐吸收了鱼味和佐料的香辣味，变得鲜嫩起来。

美食街：在护国路上，游客可以品尝到云南风味的菜肴及当地的白族菜，其中以拥有白族"三道茶"及藏族"酥油茶"而驰名海内外的太白楼堪称代表。

目的地攻略

🚗 交通

飞机：大理机场位于洱海

东岸的凤仪镇和海东乡交界处，距离大理市区约 13 千米。目前开通飞往广州、北京、上海、重庆、成都、深圳等地的航班。大理机场有班车可以到达下关和大理古城。

火车：大理火车站位于大理市城区的东南侧，东可达昆明市，向北可达丽江市，交通便捷。

🏨 住宿

大理的住宿区域主要集中在下关和大理古城内，下关的酒店多为中高档酒店，古城内的住宿以客栈和青年旅舍居多。另外在靠近洱海的双廊和才村也有一些临海而建的酒店，风格独具特色，是在大理度过休闲时光的最好选择。

🛒 购物

富有民族特色的白族蜡染、扎染是人见人爱的手工艺品，在下关及古城随处可见；大理州邓川乳扇非常出名；下关沱茶，形如蘑菇帽，经久不变味，香气独特；大理雪梨，产于洱海东岸，肉质雪白嫩细；剑川木雕，近年也开发了一些工艺品小雕件。

护国路（洋人街）是游客的必访之地，这里集中了各种少数民族织品、工艺品和滇藏各地特产，在众多的店铺里经常会得到意外的收获。

左下｜乳扇
中上｜白族三道茶
中下｜扎染
右下｜沙溪歌会

亮点→ 东巴文化 | 纳西古乐 | 摩梭人走婚 | 三月街 | 泸沽湖

古城建筑

丽江地处云南西北部，玉龙雪山是丽江最高的山峰；金沙江在石鼓镇拐了一个弯，向前奔去遇到了玉龙；虎跳峡的惊险壮美使人心向往之，翩翩候鸟却喜爱落脚拉市海；丽江古城有五彩石铺成的街道，流淌的泉水会绕过每一条路……悠闲的丽江会留住所有人的脚步。

旅 行 路 线

丽江慢生活七日游

第一天在古城内逛逛，享受丽江独有的悠闲时光；第二天在拉市海赏景、骑马、观鸟、划船；第三天可到束河游览九鼎龙潭、三眼井；第四天骑行至白沙古镇，观赏那里的白沙壁画；第五天去玉龙雪山，感受雪山、草甸等高原景观的魅力；第六天前往泸沽湖，欣赏湖光山色，拜访摩梭人家；第七天去泸沽湖划船赏景或者环湖骑行。

怒江三日游

第一天游览老虎跳和怒江飞来石，感受汹涌的江水带来的震撼；第二天游览石月亮和贡山，探寻神秘的高黎贡山神珍城；第三天游览丙中洛和秋那桶，走近希尔顿笔下的蓝月山谷。

丽江古城

本地游

※丽江古城 ◎ AAAAA

四方街、木府、狮子山

◎ 丽江市古城区丽江坝中部。◎ 市内乘坐2路、13路公交车在古城停车场站下车。◎ 免费。

丽江古城是一座没有城墙的古城，有的是光滑洁净的窄窄的青石板路、完全手工建造的土木结构的房屋、无处不在的小桥流水。古城倚玉龙雪山雪水、黑龙潭潺潺清泉而建，依山傍势，环绕古城的三大水系从玉龙桥穿街过巷，入院穿墙，流布全城。

丽江古城景区示意图

文化解读

丽江古城所有的房屋在建造时不使用一枚钉子，完全利用了穿斗式的木结构。来自古城北面黑龙潭的玉泉河水流到玉带桥时，被分成了东、西、中3条分流进入城中，形成了环城而流的城市水系，以致每家门前都有河水流过，而处于中心位置的四方街略微凸起，四周凹下，当水闸合起的时候，漫过地面的水就流向每一条街道，把铺在地面的五彩石洗得干干净净。

景点攻略

无论是白天还是夜晚，在四方街都不会感到寂静。每天下午一群身穿民族服装的纳西老太会在这里跳舞；晚上，你可以围着篝火跳锅庄，也可以跟着流浪歌手的节奏一起摇摆，随心所欲、自由自在。

※束河古镇

九鼎龙潭、三圣宫、茶马古道博物馆

丽江市古城区束河路。 30元。

束河古镇意为"高峰之下的村寨"，是茶马古道上保存完好的重要集镇。束河依山傍水，民居房舍错落有致。街头有一潭水，称为"九鼎龙潭"，又称"龙泉"。街面上的那些被人马踩踏得光溜平滑的石板，似乎还能照见往日的繁华。

※木府

万卷楼、护法殿、光碧楼

丽江市古城区大研镇光义街官院巷49号。 40元。

木府是历代丽江木氏土司的府邸。跨进朱红色的木府大门，映入眼帘的是一座座亭台楼阁，仿佛穿越到古代皇宫之中。建筑沿着狮子山势向上，登上山顶，可以俯瞰整个丽江城。

※丽江宋城

万卷楼、护法殿、光碧楼

丽江市古城区玉兴西路88号。 门票和丽江千古情演出通票300元。

丽江宋城毗邻文笔海，这里以精彩的千古情表演为核心，是观赏演出、感受民俗风情的好去处。穿行其间，可以看到茶马古街、马帮广场、傣寨，一路上悠扬的马铃声、马掌铺的打铁声、茶马互市的吆喝声不绝于耳；飘香的酥油茶、甜美的鲜花饼挑逗你的味蕾。

※狮子山

狮子山公园、万古楼

丽江市古城区新华街。 万古楼50元。

狮子山是一座小山，并不高，可以从古城西侧木府背后上山。在山间几处平台回望，都可以看到壮观的丽江古城全景，灰色屋顶错落有致，远处则是覆盖着皑皑白雪的玉龙雪山。万古楼在狮子山顶，这座高楼曾是木氏土司家的庄园建筑，非常精致大气。

※金塔景区

莲花生大师法像、千佛万灯殿

丽江市古城区金山乡德为村。

金塔是一座壮观漂亮的藏

中上 | 黑龙潭公园
右上 | 丽江宋城

传佛教寺院。景区标志性的东宝尊胜塔由约208公斤黄金打造而成，金光闪闪非常壮观。佛塔一层大殿供奉莲师坛城和十八路共81尊财神像。二层供奉第五世噶玛巴德银协巴纯金法身和诸多珍宝及佛经文献。

※黑龙潭公园

光碧楼、五凤楼、三朵神像

丽江市古城区民主路1号。 免费。

黑龙潭原是丽江的一个龙王庙，庙旁泉眼众多，积水成

景点攻略

黑龙潭是拍摄玉龙雪山取景最好的地方，以五孔桥、得月楼、雪山及黑龙潭中的雪山倒影组成的影像早已成为丽江的经典风光明信片。

拍玉龙雪山，早上和傍晚的光线最好。特别是天晴的时候，蓝天白云和雪山倒映在潭水中，美得像画一样，也因为如此，六七月雨季看到雪山倒影的机会相对较少。

潭。这里是丽江古城的水源地，在泉潭边便可以看到涌出水面的泉柱，泉水十分清澈。这里可以拍摄最美的玉龙雪山，观看院内的很多国宝级古建筑，还能爬上象山俯瞰古城。

丽江郊县景点 本地游

※拉市海

姊妹潭、茶马古道、游湖观鸟

⊙ 丽江市城区西侧约 12 千米处。

❀ 湿地公园 30 元。❀ 套票 168 元。

拉市海是一片水丰草美的湿地，湖畔青草依依，水中鱼虾成群。这里还是很多候鸟的越冬栖息地，每年都会有十几万只候鸟过冬。湖的四周都是纳西族村庄，你可以骑马走到湿地深处，呼吸带着草香的空气之余，听马夫讲述那些陈年

左上 | 拉市海海边风光
左下 | 观音峡
中上 | 白沙古镇
右下 | 玉水寨

的纳西往事；也可以邀上船家，吃着烤鱼在湖上缓缓划行。

※白沙古镇

大宝积宫、琉璃殿、文昌宫

⊙ 丽江市玉龙县白沙乡。

❀ 白沙壁画 20 元。

白沙古镇是丽江最古老的集镇之一，是纳西族在丽江坝的最初聚居地。这里目前依然保留了古色古香的风貌，而且非常的安静质朴，镇上明清时期的"白沙壁画"更是珍贵无比。你可以来这里感受原生态古镇的安静淳朴，参观延续300 多年的珍贵壁画。

※玉水寨

神龙三叠水、和合院、东巴纸造纸坊

⊙ 丽江市玉龙县白沙乡。❀ 50 元。

玉水寨位于白沙镇玉龙雪山脚下，山寨风光自然淳朴。

景点攻略
　　景区每年会按纳西族传统定期举行祭天、祭风、祭自然神等活动。

景区内有一股清泉从两株老树下留出，化作层层叠叠、大大小小近十个白珠飞溅的瀑布。

※观音峡景区

茶马古道、纳西村落、天香塔

⊙ 丽江市东南约 17 千米处七河乡，大丽一级公路边。❀ 套票 260 元。

观音峡是茶马古道滇藏线上第一个险关要塞，有"丽江第一景"之称。观音峡谷两岸都是悬崖峭壁，谷内的观音瀑上下落差 40 米，中午时分，双道的七色彩虹闪耀其间。在这可以观看峡谷内形状奇伟的地质造型，还可以走走茶马古道，在木家别院坐坐，喝杯普洱茶，感受浓郁的茶马古道风情。

※老君山国家公园

黎明高山丹霞、九十九龙潭、格拉丹高山草原

⊙ 丽江市玉龙县黎明乡。

🚌 丽江客运站有发往黎明的班车。

❀ 80 元。

老君山国家公园的主峰老君山海拔约 4515 米，因相传太上老君曾在此炼丹而得名。景区的黎明高山丹霞片区最著名并广为人知的是千龟山。由于红砂岩表面发生干裂，在风化和侵蚀作用下就形成一片有缝隙的凸起，仿佛山坡上一群乌龟在慢慢地爬山，堪称一绝。

玉龙雪山 AAAAA

云杉坪、牦牛坪、甘海子、冰川公园 特 写

左上 | 玉龙雪山

⊙ 丽江市玉龙县北部。☺ 可从丽江古城步行而来，在大水车处逆水而上，走到尽头即是。¥ 130 元。

玉龙雪山山体气候垂直分布，山下有高山草甸，牦牛在广袤的原始森林旁悠然散步，远处的木楞房里不时传出藏族姑娘的歌声，还有在不同高度依次开放的杜鹃花。从索道下来后，一定要去看一场《印象·丽江》演出。

山脚的甘海子，是一片辽阔的牧场，春夏之际，草甸上龙胆兰、杜鹃盛放，在这里远望，玉龙群峰历历在目。海拔 3200 多米的云杉坪，更是纳西族青年男女心中的圣地。这里是一片幽静的草甸，四周古木参天藤萝密布，环境幽静。

扇子陡是玉龙雪山的主峰，攀登上白雪山来看它，像一把白绫折扇展开在那里，有"扇子陡"之称。由锦乡谷的草坪中仰望上去，又像一片白玉壳，在碧天白云中闪闪发光。

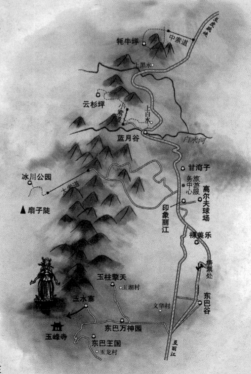

玉龙雪山景区示意图

泸沽湖

特写

里格岛、草海、大洛水

丽江市宁蒗县永宁乡。 70元。

泸沽湖横跨云南、四川两省，位于云南境内的景点更为丰富。泸沽湖是由断层陷落而形成的高原湖泊。整个泸沽湖状若马蹄，水质纯净。晨曦初露，湖水如染，一片金红；朝阳徐徐上升则为翠绿；待夕阳西下又成一片墨绿。风静时，平滑若镜，积万顷碧玉；微风起处，波光粼粼。

湖泊周围山峦起伏，东北方有峭拔碧玉的肖家火山；西北有状若雄狮蹲踞的格姆山。湖东有条山梁蜿蜒而下直插湖心，似条苍龙俯卧湖中汲饮甘泉。

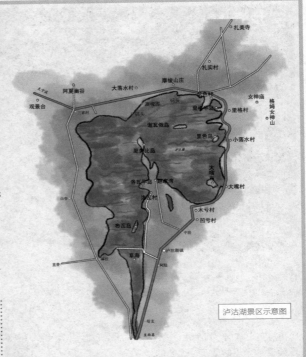

泸沽湖景区示意图

景点攻略

到了泸沽湖，一定要尝尝当地的猪膘肉、牛干巴、酥油茶、苏理玛酒。摩梭人家的烤鱼很好吃，是用当地的一种特产叫巴鱼的小鱼做的。还有就是摩梭人的咣当酒，度数不高，口感极好，但是千万不要贪杯。

泸沽湖有许多饶有趣味的民族工艺品，但对于游客，最珍贵的纪念品莫过于一张摩梭人歌曲的唱片，就算从此与泸沽湖远隔万里，那悠扬的歌声也能将你再次带回到这片神奇而美丽的地方。

左下 | 里格半岛
中上 | 里务比寺
右上 | 泸沽湖

※宝山石头城

牦牛岭、太子关、岩石渡绝壁

📍 丽江市区东北约110千米的宝山乡金沙江畔。💰 免费。

　　宝山石头城是一个天生岩石城，整座城建在一块独立的蘑菇状岩石上，三面皆是悬崖绝壁，村寨依山而建，日常用品也都由岩石修凿，巧夺天工，令人叹为观止。城内巷道纵横，宅院相邻，有近百户人家。在村寨中慢慢走走，感受到的是浓郁而淳朴的原始风情。

※东巴谷

匠人街、东巴广场、临波桥

📍 丽江市玉龙县白水河段。💰 30元。

　　东巴谷是一处陡峭的峡谷，谷内的山崖耸峙，有很多古树枯藤，还有形状多样的奇石。景区内以匠人街为主线，展示

了很多少数民族手工艺品的制作过程。在景区北侧标志性的东巴谷石雕处，可以远眺巍峨的玉龙雪山，还可和石雕、雪山合影。

※玉峰寺

门楼、大殿

📍 丽江城北约15千米处的玉龙雪山的南麓。💰 25元。

　　玉峰寺位于玉龙雪山南麓，是丽江最有名的喇嘛寺之一。玉峰寺大殿为四合院布局，由门楼、大殿及两虎组成。寺周松柏茂密，泉水潺潺，汇集成潭，风光秀丽。寺内有一棵被誉为"环球第一树""云岭第一枝"的山茶，这便是名扬中外的万朵山茶。

文化解读

　　这株山茶为两株不同品种的山茶嫁接后成为一体，树龄近500年，由于它每年开花两三万朵，故名"万朵花茶"。每当春暖花开之时，万朵茶花竞相开放，像绚丽多姿的红霞交相辉映，映红了整座寺庙。

怒江
周边游

※丙中洛

秋那桶、贡当神山、石门关

📍 怒江州贡山县北部。💰 免费。

　　丙中洛是滇西北三大山脉

与三江形成倒"川"字的"三江并流"核心区。丙中洛地区居住多个少数民族，这里民风淳朴，多民族和谐相处。

※怒江大峡谷

月亮山、马吉悬崖、怒江第一湾

📍 怒江州贡山县丙中洛乡。💰 50元。

　　怒江大峡谷位于横断山脉三江并流区域，其中最深的一段就位于云南贡山丙中洛一带，被称为"东方大峡谷"。怒江两岸是高耸的高黎贡山和碧罗雪

左上 | 丙中洛
左下 | 宝山石头城
中下 | 东巴谷

左上 | 怒江大峡谷
右上 | 普达措

山，峡谷的冬季是一年中最漂亮的时候，两侧的雪山银装素裹，江水碧绿和缓，原始森林五彩斑斓，构成了一副美妙的画卷。

※高黎贡山

听命湖、三叠水瀑布、永镇寺

📍 怒江州泸水市境内。💰 免费。

高黎贡山位于怒江西岸，山势陡峭，峰谷南北相间排列，有着典型的高山峡谷景观和丰富的动植物资源。自然保护区森林类型多样，这里可以看到有如冰雪长城的高黎贡山主山脊，可以观赏到有"阴山镖水"之誉的滴水河双瀑布。

※桃花岛

普化寺、桃花节寺

📍 怒江州贡山县丙中洛乡东面的扎拉桶村。💰 免费。

每到春天，桃花岛房前屋后的桃花似彩霞般映红了小岛，所以人们就把扎拉桶村称为桃花岛。居住在小岛上的怒族民众在每年农历二月初十，都要过桃花节，祭祀怒族祖先白玛。

※独龙江河谷

吊桥、溜索

📍 怒江州贡山县独龙江乡境内。

独龙江河谷居住着我国人口最少的民族之一——独龙族。探访这个天然博物馆，走一走独龙江上特有的狭窄晃荡的藤网桥，运气好还能感受到最具传奇色彩的"剽牛祭天"盛典，体验原始部落的生活方式。

迪庆

周边游

※普达措 AAAAA

属都湖、碧塔海、弥里塘草原

📍 迪庆州香格里拉市区以东约22千米。🚌 香格里拉客运站每天一班去普达措的班车。

💰 100元。

普达措国家公园是世界自然遗产"三江并流"风景名胜区的重要组成部分，公园既有明镜般的高山湖泊、水美草丰的牧场，也有百花盛开的湿地和茂密的原始森林。春季的普达措，五颜六色的杜鹃花铺满山坡，秋季的普达措，则是一片五彩斑斓的景象。

> **景点攻略**
>
> 每年的5、6月份，满山红色的杜鹃花飘落在水面上，水下的游鱼吞食带有微毒的杜鹃花之后，就会如同醉了一般漂浮在水面上，这就是碧塔海独特的景观"杜鹃醉鱼"。传说林中的老熊也会趁月色来捞食昏醉之鱼。

※虎跳峡

老虎雕像、天下第一湾

📍 迪庆州香格里拉市虎跳峡镇东北部。

💰 45元。

虎跳峡是中国最深的峡谷之一，分为上、中、下三段，金沙江奔流至此，被玉龙、哈巴两大雪山所挟峙，加上巨大的落差，江水奔腾汹涌。上虎跳是整个峡谷中最窄的一段，最窄处不足30米，而且这里水流落差大，湍急的江流与巨石相互搏击，浪花飞溅，轰鸣声响彻峡谷，隔着很远就能听到。

※松赞林寺

七世达赖铜佛像、扎仓大殿、吉康殿

📍 迪庆州香格里拉市尼旺路。

💰 115元。

松赞林寺又称归化寺，是云南最大的藏传佛教寺庙群落，被誉为"小布达拉宫"。该寺依山而建，外形犹如一座古堡，扎仓、吉康两大主寺建于最高点，居全寺中央。寺内历代珍品众多，寺中僧侣700余人，集藏族造型艺术之大成，有"藏族艺术博物馆"之称。

> **景点攻略**
>
> 每年农历十一月二十九日，藏族群众在此举行的格冬节，气氛神秘而热烈。参观佛寺时要按顺时针行进，不得手指对佛像指指点点；未经许可，不得进入活佛的房间。

※独克宗古城

月光广场、龟山公园、长征博物馆

⚐ 迪庆州香格里拉市团结路。
☺ 免费。

独克宗是藏语发音，意为"月光城"和"建在石头上的城堡"，为唐代吐蕃王朝所建。古城的建筑布局犹如八瓣莲花，中心是月光广场，古朴的藏式木屋一幢接一幢环绕在四周，当地百姓在这里平静地生活。

※依拉草原

流通钦寺遗址、纳帕草原

⚐ 迪庆州香格里拉市西北部。
☺ 30元。

依拉，藏语意为"豹山"，因传说中依拉草原北边坐落的豹山是一座"神山"，故而得名。依拉草原与纳帕海其实是一体的，每当雨季来临，香格里拉周边的奶子河等多条河流汇入此处，水面上涨，草原被淹没，此时就称"纳帕海"；当雨季过去，水位下降，露出大片湿地，称为"依拉草原"。

※巴拉格宗大峡谷

通天峡、香格里拉大峡谷、巴拉村

⚐ 迪庆州香格里拉市尼西乡巴拉社。
☺ 170元（含景区交通）。

巴拉格宗大峡谷又名香格里拉大峡谷，拥有非常壮阔的

自然风光。在当地人中一直传说这里就是神仙居住的地方，是真正的香巴拉。来这里可以参观幽深的峡谷、巍峨的雪山，在风光秀美的谷中漂流；也可以拜访原始的藏族古村；还能看到千年菩提树、天然佛塔。

※茨中天主教堂

葡萄园、钟楼、礼拜堂

⚐ 迪庆州德钦县境南部距升平镇80千米的茨中村。
☺ 免费。

茨中天主教堂为法国人所建，坐落在树木繁茂的半山腰处，背系青山，前有座座农舍点缀，建筑群体与自然景观融为一体，别具特色。教堂既有钟楼、十字架及拱廊撑起的礼拜堂，也有中式亭阁及门楼的飞檐翘角。登上钟楼，可以俯瞰茨中全景及四周群山。

※梅里雪山 🅰

飞来寺、雨崩村、雾浓顶

⚐ 迪庆州德钦县云岭乡西部。
☺ 套票170元。

梅里雪山是滇藏界山，著名的"日照金山"绝景让无数背包客心向往之。梅里雪山是藏传佛教的朝觐圣地，每年的秋末冬初，西藏、青海、四川、甘肃的大批教徒会千里迢迢赶来朝拜。

飞来寺位于滇藏公路沿线，是观赏梅里雪山的理想地点。该寺始建于明代，传说建寺的木料都是运用法力从尼农、距达等村子凌空运来的，所以才叫"飞来寺"。

雨崩是一个村落，位于德钦县境内，地处梅里雪山背面。雨崩村四面群山簇拥，因其地理环境独特，所以人烟稀少，全村只有二十几户人家，仅通过一条驿道与外界相通。

明永冰川是卡瓦格博峰下其中一条长长的冰川，这是一条低纬度热带季风海洋性现代冰川，山顶冰雪终年不化。

> **景点攻略**
> 观赏梅里雪山的最佳季节是10月至次年5月的冬春季，最佳季节是10月底后，届时这里天气晴朗，空气洁净，透明度高，常能看到主峰。

左下 | 松赞林寺
右上 | 虎跳峡
右下 | 梅里雪山

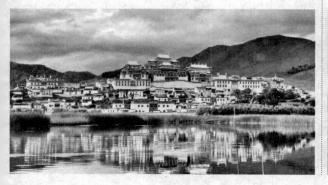

香格里拉的秋天

体验之旅

赏歌舞： 丽江歌舞最有名的当属《印象·丽江》，以雪山为背景，汲天地之灵气，取自然之大成，以民俗文化为载体，用大手笔的写意，在海拔3100米的世界上最高的演出场地，让生命的真实与震撼，贴近每一个人。

骑马游： 丽江的风景独好，骑马更是一种乐趣的活动。骑行在茶马古道上，触摸那段历史，感受骑马的愉快，徜徉在蓝天白云下，身体和心灵都得到了放松和满足。

参加七月会： 丽江七月会是纳西族人民的一个重要节日，会场上彩旗飘扬，路口搭着青松牌坊，纳西族少女披着镶饰星月的美丽披肩，一排排地走着；小伙子们骑着自行车，一架连一架。

参加东巴会： 在东巴会当天，人们早早来到玉水寨东巴什罗庙，点燃香炉烧大香，祭拜神灵和祖先，并且诵经做法事。参加东巴会，不仅可以感受到古老的纳西文化，还可以感受人们对本民族文化的热爱与传承。

参加火把节： 每年的农历六月二十四人们点起各家自制的各式美丽火把争奇斗艳，欢聚在火把边载歌载舞。四方街里通天的火光，人群围绕着火把唱歌跳舞，仿佛天南地北的游人都成了一家人。

聆听古乐： 纳西古乐是纳西族民间的大型风俗性乐曲，由丽江的民间艺人组成，演奏者中最年长的已是83岁高龄。高寿的老人、老人手中古老的乐器、古老乐器演奏的古曲是纳西古乐的"稀世三宝"。

寻味之旅

丽江美食以纳西族的菜色为主，小吃和火锅也都非常出名。纳西菜比较具有代表性的有三叠水和八大碗，"三叠水"是纳西族人的最高礼仪，"八大碗"是云南农家传统的年夜饭。

腊排骨火锅： 纳西名菜"三叠水"的第三叠——"热烈叠"中的一道主菜，吃的时候就能闻到一股浓浓的腊香味。若是吃到一半不觉过瘾，还可加份丽江酥肉。

水性杨花： 云南丽江古城里无人不知的一道名菜。以蒜瓣、姜末、红椒丝炒制，只加少量的油，最大程度保证它的原汁原味，口味滑爽而清淡。

丽江三文鱼： 材料是生长在玉龙雪山冰川融水之中，以小鱼小虾为食的高原淡水三文鱼。"一鱼三吃"是最为常见的做法，即三文鱼刺身，头尾连骨肉下火锅，鱼皮干炸下酒。

美食街： 四方街是丽江古城内有名的小吃一条街，短短窄窄的街道两侧有数十家小餐馆，每家餐馆都有云南特有的米线，且种类繁多。古城里在七一街、樱花美食广场地段也有很多老餐馆。

目的地攻略

🚗 交通

飞机： 丽江机场距离城区路程约30千米，已开通丽江至昆明、北京、上海、广州、成都、深圳等航线。有民航专线车往返于机场和市区之间。

火车： 丽江火车站位于丽江市区南侧大约10千米处，目前有往返昆明、大理、宣威等地的火车。

🏠 住宿

在丽江住宿一般有两个地方——古城和新城，按个人的喜好，可以有不同的选择，古城的条件简单些，但充满了丽江的特色，新城的酒店则正规一些。

🛍 购物

丽江最热门的旅游纪念品要数普洱茶和银器。除外，对于爱吃的人而言，鲜花饼及耗牛肉干、野生菌也是作为特产不错的选择。另外，还有以东巴文化为依托的一系列的创意产品，如东巴铃、东巴纸、东巴挂毯、东巴木雕等，有兴趣的也可以购买。

左下 | 印象·丽江演出
中上 | 纳西食品
中下 | 泸沽湖摩梭篝火晚会

亮点→ 傣族风情｜傣家竹楼｜泼水节｜佛国｜热带丛林

傣族园泼水广场

西双版纳

西双版纳，意思是"理想而神奇的乐土"，这里以神奇的热带雨林自然景观和少数民族风情而闻名。西双版纳是傣族之乡，处处可见佛寺、佛塔。

 旅 行 路 线

景洪市区一日游

上午可以前往曼听公园，瞻仰身着傣族服装的周总理铜像，然后去勐泐文化园，感受西双版纳灿烂的历史文化，下午来到西双版纳热带花卉园领略绚丽的热带风光。

西双版纳三日游

第一天前往勐腊望天树景区，在望天树之间的吊桥上漫步，下午前往橄榄坝的傣族风情园；第二天前往野象谷，之后去热带沟谷，呼吸洁净的空气；第三天前往勐海，欣赏古代西双版纳建筑的标志八角亭，下午参观依山而建的勐泐大佛寺，俯瞰整个景洪市区。

景洪市区景点

本地游

※野象谷

百鸟园、蝴蝶园、高架走廊

🏠 西双版纳州景洪市勐养镇三岔河。
🚌 景洪版纳客运站有开往野象谷的班车。💰 60元。

野象谷是亚洲野象频繁光顾的地方，因此而得名。景区内有长达4000多米的步行道蜿蜒于热带雨林之间，漫步其中，可以感受热带雨林的气息，步道两旁可以看见野象出没留下的脚印等痕迹。幸运的话，或许还能看到林间漫步的野象群。

> **景点攻略**
>
> 景区南门附近每天都有固定的大象表演，憨态可掬的大象会跳舞、过独木桥、甚至会用鼻子踢球，非常精彩。

※西双版纳原始森林公园

爱伲山寨、孔雀山庄、九龙飞瀑

🏠 西双版纳州景洪市214国道昆洛公路约8千米处。💰 45元。

森林公园以"森林、野生动物、民族风情"为三大主题，来这游览，主要看三个站，第一站是孔雀山庄附近的孔雀放飞；第二站是爱伲山寨，寨子里可以观看爱伲民族歌曲、竹竿夹脚舞、冬巴嚓；第三站是民族风情演艺场，这里有民族歌舞表演。

※基诺山寨

牛角字、大鼓门、牛头路

🏠 西双版纳州景洪市基诺乡巴坡村。
💰 160元。

基诺山，古称攸乐山，是历史上有名的六大茶山之一，基诺山寨是基诺族世代繁衍生息之地。来这里可以边吃着当地特有的烤肉，边欣赏民族风情浓郁的表演。演出集中在寨子中央的太阳广场，身着基诺族服饰的青年男女，手持道具载歌载舞，气势恢宏。

※西双版纳傣族园

歌舞剧场、泼水广场、缅式佛塔

西双版纳州景洪市勐罕镇橄榄坝。
景洪客运站乘坐去往勐罕的班车可直达傣族园。 45元。

西双版纳傣族园由保存最完好的五个傣族自然村寨组成，在傣族园的泼水广场，你可以感受到这热烈的场面。这里"天天都是泼水节"，上百人聚拢在水池边，相互泼水，洗去尘埃和罪孽。泼水广场旁边的歌舞剧场里，你还可以欣赏到傣王招亲的热闹场面。

※曼听公园

孔雀园、放生湖、佛教文化区

西双版纳州景洪市曼听路35路。
40元。

曼听公园是西双版纳最古老的公园，是个天然的村寨式公园。因为这里以前是傣王的御花园，王妃来游玩时，被美丽景色所吸引，因而得名。公园内有干栏式佛寺、凉亭和花果园，园内绿树成荫，清凉宜人。每天晚上会有篝火晚会和演出。

左上 | 曼听公园
左下 | 佛寺
中下 | 热带植物园

※总佛寺

维罕大殿、佛学院

西双版纳州景洪市坝吉路曼听公园附近。 免费。

总佛寺是西双版纳佛教信徒拜佛的中心，院门开于北边西端。总佛寺傣语称为"洼巴洁"，是西双版纳佛寺中等级最高的佛寺。院楼北墙前筑有供坛，供有数尊佛像，墙壁上绘有《佛本生经》连一半图。东墙供台上供有一尊七臂神佛。

※曼阁佛寺

曼阁寨、释迦牟尼塑像

西双版纳州景洪市洪澜沧江东岸曼阁寨。 免费。

曼阁佛寺是景洪市最古老的佛寺建筑，四周被一幢幢傣家竹楼和菩提、芒果、槟榔等高大阔叶树所环绕。主寺以18根红椿木圆柱支撑，寺檐屹立16头清雕小象。每逢傣族的"开门节""泼水节"，本地、甚至异国他乡的信徒都要来这里朝拜。

※独树成林

中缅寺、中缅大剧院

西双版纳州景洪市打洛镇边境贸易区内的曼掌寨子旁。 35元。

独树成林是一棵古榕树，有900多年的树龄，树幅面积约120平方米，枝叶既像一道篱笆，又像一道绿色的屏障，现已成为热带雨林中的一大奇观。那些大榕树除主干外，还从枝干上生出许多柱根插入土中，

支柱根又变成了另一棵树，形成树生树，根连根的壮观景象。

西双版纳其他景点 本地游

※西双版纳望天树景区

空中走廊、南腊河

西双版纳州勐腊县213国道望天树。
勐腊县有专线车直达望天树景区。
75元。

西双版纳望天树景区密集生存着代表东南亚热带雨林的望天树，他们是雨林里的巨人，在几十米高的树上，一条用钢索和尼龙绳搭建的吊桥悬空而立，这就是景区里最吸引人的"空中走廊"。走在上面，可以从空中俯瞰整片热带雨林景区，非常壮观。

※中科院热带植物园 AAAAA

棕榈园、水生园、奇花异卉园

西双版纳州勐腊县勐仑镇。
景洪客运站和西双版纳客运站都有直达植物园的班车。 80元。

中科院热带植物园，当地人称勐仑植物园。西区建有二十多个专类植物园区，有气势磅礴的独木成林，五彩缤纷的空中花园，奇特的老茎开花。奇花异卉园种植有会变颜色的花朵、按时开花的时钟花，随音乐颤动的跳舞草、只有树干不长叶子的光棍树等各色奇花异草。

普洱

周边游

※茶马古道

古茶马之路、普洱茶

普洱市宁洱县213国道。 免费。

茶马古道源于古代西南和西北边疆的茶马互市，兴于唐宋。它是古代滇南的"茶盐之路"，

普洱茶、磨黑盐都由此道出境；残存的茶马古道苔痕斑斑，上面是原始密林投下的树荫。

※娜允古镇

孟连宣抚司署、中城佛寺、芒方岗

🏠 普洱市孟连县。 🎫 免费。

娜允古镇是中国至今还保存着的最后一个傣族古镇。娜允古镇虽然历史悠久却至今仍保留着傣族古城的特色和风韵，蕴含着丰富多彩的傣族土司文化以及宗教建筑、饮食、服饰、节日、音乐、舞蹈、民俗等文化。有着珍贵的历史价值和艺术价值。

※哀牢山—漫湾景区

大朝山、锦屏、仙人寨

🏠 普洱市景东县。 🎫 免费。

哀牢山—漫湾景区由漫湾、哀牢山杜鹃湖、无量山荒草岭、大朝山、锦屏、仙人寨等六片和安定至漫湾一线组成，因地处南北地质地理的重要分界线上，保存完好的原始生态展示出独有的自然风光。

体验之旅

罗梭江漂流： 罗梭江上，人舟合一，顺流而下，观两岸

左下｜怒江峡谷茶马古道
中下｜泼水节

田园风光，看傣家风情，让你慢慢悠悠地在天然氧吧里享受视觉盛宴。

野象谷观象： 野象谷是西双版纳唯一可赏到野象的地方，里面一片热带雨林风光，白天可观赏训练过的大象表演节目，夜晚可一睹从森林走到此地觅食的野象风姿。

原始森林探险： 原始森林里，品种繁多的热带植物遮天蔽日，龙树板根、独木成林、老茎生花、植物绞杀等植物奇观异景随处可见。孔雀开屏迎宾，猴子与人嬉戏，可以让你见识真正的动物王国。

澜沧江放灯： 放孔明灯是傣族节日的传统活动，每年 4 月 13 日，澜沧江沙滩上就会有人陆陆续续点起灯火，没一会便满天"繁星"，"星空"下人们许下愿望，让祝福随着星火飘向远方。

欢度泼水节： 泼水节是傣族人尤为隆重的节日。来西双版纳一定要体验一次，拿着一盆水，轻轻撩向友人，象征着传递幸福和好运。

寻味之旅

西双版纳的居民以傣族为主，民族风味食品独具特色，傣味菜以糯米、酸味及烘烤肉类、水产食品为主，多用野生

栽培植物做香料，具有独特的民族风味。

西双版纳有很多口味特殊的菜肴，比如炸苔藓、臭菜炒鸡蛋，最奇怪的要算"撒撇"。如果敢品尝昆虫，也可以考虑虫宴。

想要品尝西双版纳的美食，曼景兰旅游一条街是游客不错的选择。在夜间，一边品尝风味佳肴，一边观赏景洪城的夜景，会使人流连忘返。

目的地攻略

🚗 交通

飞机： 西双版纳景洪机场位于景洪市西南部，距离市区约 5 千米，目前开通有昆明、上海、成都、重庆、丽江等地的直达航班。机场和市区之间有机场专线车，双向运营。

🏨 住宿

西双版纳有不少星级酒店，背包族可入住客运站旁的旅馆，这里交通便利，经济实惠。

如果前往野象谷游玩，可以尝试住在野象谷的大树旅馆。大树旅馆架在树上，有高架走廊连接，是游客观察野象活动的理想住所。

🛒 购物

西双版纳的热带雨林中蕴藏着丰富的生物宝藏，无论在景区、市区都有傣族妇女出售傣族特色的服装、金银首饰、黑陶器皿、大象木雕、竹编工艺品等，还有热带干果蜜饯、普洱茶等。

傣族

傣族是云南独有民族之一，主要分布在云南省的西部和南部边疆地区，主要聚居区在西双版纳傣族自治州和德宏傣族景颇族自治州等地。傣族多住在肥沃的河谷平坝间，以种植农作物和经济作物为生。

孔雀舞

孔雀舞是傣族民间舞中最负盛名的传统表演性舞蹈，其动作优美典雅、柔韧又轻盈敏捷，著名舞蹈家杨丽萍创作并表演的《雀之灵》《雀之恋》在中国广为流传。

头发都是盘于头顶，以梳子固定，别以鲜花、梳子等简单发饰。

傣族妇女一般都身材苗条，面目清纯娇美。

一般都喜欢穿绯色的紧身小背心，外面穿的是紧身短上衣，圆领窄袖，有大襟，也有对襟，有淡红色、淡黄色、青绿色和天蓝色等。

下身穿筒裙，一直长齐脚背，色彩鲜亮美丽，大都用丝绸、缎子、的确良、锦纶等料子缝制。

妇女的衣服、筒裙都紧紧地裹住身子，将人体的线条勾勒得更加流畅。

泼水节

泼水节是傣族的传统节日，这一天，人们清早起来便沐浴礼佛，之后便开始连续几日的庆祝活动，期间，大家用纯净的清水相互泼洒，祈求洗去过去一年的不顺。泼水节是傣族的新年，相当于4月中旬，一般持续3~7天，期间还有赶集、赛龙舟、孔雀和大象表演等丰富多彩的活动。

丝路大漠

西北

旅游带

　　这个旅游带大部分处于干旱的非季风区，沙漠广布，丝绸之路和河套平原是这里最主要的经济带。丝路上的张掖、敦煌、吐鲁番、库车、喀什都是古迹众多之地，新疆多样的民族风情也是亮点。河套平原凭借黄河滋润，有着塞上江南的美景。在大漠戈壁之中，也有额济纳胡杨林、月亮湖、高昌故城、沙坡头、沙湖等独特风光。大漠边缘的天山和阿尔泰山、草原牧场、喀纳斯等湖泊，都是最壮美的景观。

亮点→ 黄河河滩 | 丝绸之路 | 博物馆 | 苦水玫瑰 | 兰州拉面

兰州黄河两岸

兰州

瓜果城兰州是丝绸之路上的重要城市，古称"金城"。黄河从市区蜿蜒而过，沿河外滩构成一道亮丽的风景线；新亚欧大陆桥从城中向西直通关外，一路美景让这座城市生机勃发。

 旅 行 路 线

兰州市区二日游

两天的时间基本上可以将兰州市区精华看尽。第一天游览水车博览园和兰州黄河风景线，体会水车文化和黄河文化；第二天游览甘肃省博物馆和兰州植物园，感受汉唐时代的文明。

兰州郊区二日游

第一天赴兴隆山，深山里寻庙宇，品悟禅意；第二天前往官滩沟，呼吸新鲜空气，午后来到和平牡丹园，看怒放的牡丹，尽显王者风范。

兰州市区景点

本地游

※甘肃省博物馆

丝绸之路文明展、甘肃彩陶展、古生物展

📍 兰州市七里河区西津西路3号。

💰 免费。

甘肃省博物馆内珍藏了众多珍贵的文物珍宝，其中马踏飞燕铜像、驿使图画砖等更是闻名遐迩。博物馆一共有三层，分为丝绸之路文明展、甘肃佛教艺术展、甘肃彩陶展、古生物展和红色甘肃几个主题常设展馆，一层处还有一座临时展馆，经常举办临时的文物和艺术品展览。

※白塔山公园

兰州碑林、白塔、明清文物

📍 兰州市北滨河中路中山桥北侧。

💰 免费。

白塔山公园依山而建，穿过黄河铁桥，沿山而上，山上有广场牌厦、殿阁院宇、亭榭回廊、飞檐流翠、绿树掩映，

甚为壮观。

※黄河母亲雕塑

水波纹、鱼纹图案

📍 兰州市七里河区南滨河中路。

💰 免费。

黄河母亲雕塑由甘肃著名的雕塑家何鄂女士创作，由"母亲"和一"男婴"组成，分别象征了哺育中华民族生生不息、不屈不挠的黄河母亲和快乐幸福、茁壮成长的中华儿女。该雕塑构图简洁，寓意深刻，反映了甘肃悠远的历史文化。

※小西湖

蔷薇花墙、柏树台、莲荡池

📍 兰州市七里河区西津东路2号。

💰 免费。

小西湖原系明肃王府园林，名曰"西园"。全园以水景取胜，整个湖面大小不等、聚散有致。湖面以东是大面积的

草坪、植物造景及可调式大型水幕彩灯喷泉，湖岸柳浪闻莺，游人可纳凉垂钓、泛舟湖上。

※滨河路绿色长廊

中山桥、黄河母亲像、小西湖

📍 兰州市南滨河路。 💰 免费。

滨河路绿色长廊又称黄河外滩，这条马路全长约30千米，在穿城而过的黄河南侧沿河而建，路上种植了很多树木。每到夏季夜晚，河对岸白塔山上彩灯亮起，河岸之上微风徐徐，在夏夜河上的微风中与三两朋友对饮畅谈，惬意无比。

※水车博览园

水车广场、水车园、文化广场

📍 兰州市城关区南滨河东路524号。 💰 免费。

水车博览园位于黄河河岸边，是滨河路绿色长廊的一部分，也是兰州市内著名的主题公园。公园以著名的兰州黄河水车为基础，汇集了全国各地的各种水车，集中展示在园区内，来此可以参观了解各地水车的特点。

文化解读

兰州水车起源于明朝，是兰州市古代黄河沿岸最早的灌溉工具。水车外形酷似古式车轮，轮幅直径大的20米左右，小的也在10米以上，一般大水车可灌溉农田六七百亩。

※黄河铁桥

黄河外滩、"黄河第一桥"石碑

📍 兰州市城关区南滨河东路中山路路口北侧。 💰 免费。

兰州黄河铁桥俗称"中山桥"，是座历史悠久的古桥，是黄河上的第一座真正意义上的桥梁。如今，黄河铁桥已改作步行桥，置身桥上，夕阳斜照，河面波光粼粼，可远眺白塔山上白塔入云，也可近观母亲河穿桥而过，是兰州胜景之一。

※白云观

鹤鹿亭、群仙楼、云水堂

📍 兰州市城关区南滨河东路987号。 💰 免费。

白云观也叫吕祖庙，始建于清道光十七年（1837年），是古代兰州三观之一。山门额雕"升云得路"，门楣悬邓宝珊所题"白云观"木匾。观内供奉有吕洞宾的塑像，殿堂建筑雄伟，文化气氛浓厚。

※五泉山公园

崇庆寺、千佛阁、半月亭

📍 兰州市城关区五泉东路103号。 💰 免费。

五泉山公园位于兰皋兰山北麓山脚下，因有惠、甘露、掬月、摸子、蒙五眼泉水而得名。公园景点以五眼名泉和佛教古建筑为主，有明清以来的古建筑共1000多间，规模宏大。

来此可以登山锻炼、拜佛祈福，还能够登到山顶俯瞰兰州城区的美景。

※兰州市博物馆

马家窑文化马厂、白衣寺塔

📍 兰州市城关区庆阳路240号。 💰 免费。

兰州市博物馆为地方性综合博物馆，馆藏文物13000余件，其中马家窑文化马厂类型的彩塑陶鼓是我国已知最早的打击乐器。博物馆最著名的是白衣寺塔，塔基呈错牙式方形，四面镌刻花卉图案。塔身下部呈覆钵状，正南与塔基连接处开一佛龛，原龛内供有三佛像。

兰州郊县景点 本地游

※兴隆山

云龙桥、蒋介石官邸、兴隆峰、栖云峰

📍 兰州市榆中县城关镇兴隆山村。 💰 20元。

兴隆山区两峰对峙，一水中流。东山叫兴隆，被参天青松覆盖，宛如用整块线条柔幔、色彩碧绿的翡翠精雕而成，古人称坡急涧深，风格脱俗。西山名七云峰，七云峰气势雄伟，气度高拔，山间云遮雾绕，虚实掩映，缥缈如仙境，被誉为小蓬莱。两峰之间的山泉淙淙潺潺，春夏奔流。

左下｜兴隆山
中下｜五泉山雪景
右下｜水车博览园

※吐鲁沟

三岔村、大吐鲁沟、小吐鲁沟

📍 兰州市永登县连城林区。 💰 50 元。

吐鲁沟在蒙古语中意为"美好的果园",这里树木非常茂密,而山河则峰峦叠嶂,有很多形状各异的陡峭石壁,还有草原风光,景色非常优美。另外,这里春天开有野花,秋季也有红叶,摄影非常不错。

※青城镇

罗家大院、高家祠堂、青城书院

📍 兰州市榆中县北部。 💰 30 元。

青城又名一条城,地处黄河之滨,是黄土高原上稀有的"鱼米之乡""水烟之乡"。现存的 50 多处民宅四合院古建筑,从大门到照壁,从堂屋到厦房,从墙肘到屋檐,从门扇到窗户,处处都有精美的图案。这些图案大多通过象形、会意等手法来托物寄情。

※石佛沟国家森林公园

金鸡台、佛吟谷、七星泉

📍 兰州市七里河区阿干镇。 💰 25 元。

石佛沟国家森林公园以连接天都山、大沟的石佛沟为核心园区,园内最高峰双咀山海拔约 3 124 米,既可观兴隆日出,又可赏关山夕阳。公园内有药材植物 200 余种,阶梯分布着白桦林、紫桦林、云杉林等多种

林相,锦鸡、斑颈稚、林麝等 100 多种鸟兽游逸期间。

※连城古镇

石屏山、鲁土司衙门旧址

📍 兰州市永登县连城镇。 💰 免费。

连城古镇依偎在大通河畔,气候宜人,绿荫簇拥,既有塞外的粗犷之风,又有江南的娟秀婉约。连城古民居主要是一些一进院的小四合院形式。此外,连城古镇还有唐宋时期的古城址、摩崖石刻,有藏传佛教知名寺院,有浩门雪浪、石壁泻珠、倒虹吸等奇观。

兰州周边景点
周边游

※黄河三峡

炳灵峡、刘家峡、盐锅峡

📍 临夏州永靖县。 💰 炳灵寺 50 元,大坝发电厂 20 元。

黄河流经永靖的时候蜿蜒曲折,形成了三座高大幽深的峡谷,分别是炳灵峡、刘家峡、

> **景点攻略**
>
> 刘家峡水电站垂直高度是 200 米,据称是亚洲落差最大的大坝之一。就大坝本身而言,其壮观远逊于三峡大坝的。但是,从高处俯视,配合着周边的丹霞群山和一江碧水,却也别有一番风情。每年 8~9 月是电站的汛期,可看到电站提闸泄洪的壮观景象。

盐锅峡,并称为黄河三峡。刘家峡水库在长江三峡的最北边,这里位于黄河上游,河水非常清澈,大湖也是清澈碧绿,可以观看到由于水利工程造就的黄河上的巨大湖泊。

※莲花山

三仙女仙石、莲花寺、紫霄宫

📍 临夏州康乐县莲麓镇足古川村。 💰 40 元。

莲花山自古以来就是甘肃南部地区的一座名山。主峰海拔高达 3578 米,山间有树木、怪石等,而且这里还是一处宗教圣地,佛寺、道观等散落在山间各处,是一处登山观景、拜佛祈福的好去处。

> **景点攻略**
>
> 每年的农历六月初,莲花山间会有当地盛大的花儿会,附近的村民们齐集在此表演西北特色的民谣"花儿",届时可以过来观看。

※松鸣岩

玉皇阁、菩萨大殿、圣母宫峡

📍 临夏州和政县南部太子山林场处。
🚌 临夏市区有到达松鸣岩国家森林公园的旅游专线。 💰 50 元。

松鸣岩景区内山色陡峭秀丽,山间树木茂密,还有流水穿行其间,每年春夏季节花朵盛开,秋季则红叶遍山、色彩斑斓,自然风光非常优美。山间有一座修建于明代的寺院,

左下 | 莲花山
右下 | 黄河三峡

可以访古祈福，山下则有开阔的草坪，适合野餐放松。

※炳灵寺石窟

姊妹峰、洞沟、天桥洞

📍临夏州永靖县。🚌从兰州乘汽车到刘家峡水库，然后乘快艇可达炳灵寺。
💴50元。

炳灵寺为甘肃三大石窟之一，石窟分上寺、洞沟、下寺三处，最为典型的是石雕像、浮雕佛塔和密宗壁画艺术。今存窟龛196个，现存早期重要的洞窟为169窟，为一天然大洞穴，窟内存西秦时的造像和壁画。该窟的西秦壁画题材内容十分丰富，画风质朴、粗犷。

※景泰黄河石林

石笋、龙湾村、黄河码头

📍白银市景泰县中泉乡龙湾村。
🚌景泰县城有班车可达石林景区。
💴40元。

景泰黄河石林以一条黄河边的长约9千米的大峡谷为主体，峡谷两旁遍布着高耸的石林，地貌非常独特。这里的石林规模宏大而且十分雄伟，石笋都在100米左右，高耸壮观。石林是黄河边的黄色砂岩材质，在西北的戈壁之上显得格外苍凉悲壮。

景点攻略

在峡谷乘坐的驴车便是当地的特别民俗之一，在驴车上赶车的人还经常会唱支西北民谣，响彻回荡在山谷中很有感觉。而黄河上的羊皮筏子也算得上是西北最有传统韵味的民俗体验，筏子上下震动，非常刺激。在龙湾村中，农家乐里还经常会有篝火晚会等活动，表演当地的民俗歌舞，很有特色。

※红军会宁会师旧址

会师纪念塔、红军长征胜利纪念馆、将帅碑林

📍白银市会宁县会师镇会师北路7号。
💴免费。

红军会宁会师旧址又名会师园，是纪念红军三大主力第一、二、四方面军长征会师的纪念园区。园内有多座纪念建筑，还有纪念馆和陈列馆展示众多的革命文物，是缅怀革命先烈、了解长征史诗故事的红色旅游圣地。

※遮阳山

西溪、东溪、夷门山

📍定西市漳县大草滩乡境内。
💴40元。

遮阳山因"日出而为山所蔽"得名，地处秦岭西端与岷山交汇地带。景区内不仅有大量绮丽的岩壑和岩洞，而且有大面积的针阔叶混交森林，还有数十种珍禽异兽栖息，并且较多地保存了古代文化遗迹，是一个自然风光极其秀美、人文资源极其丰富的旅游胜地。

※贵清山

贵清峡谷、佛字崖、活虎寺

📍定西市漳县草滩乡。💴50元。

贵清山是陇中黄土高原上景色秀美的名山。贵清山山势陡峭壮观，树木茂密，山间有峡谷、溪流，还有中峰寺等历史古迹，还有蜀汉大将姜维曾在此处留下的历史传说。在山间可以观赏壮观的山势，还可拜访寺院古迹。

左上 | 黄河石林
左下 | 遮阳山
右下 | 炳灵寺石窟

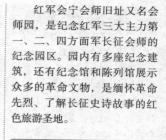

体验之旅

听秦腔：秦腔是中国汉族最古老的戏剧之一，起于西周，现在秦腔的表演形式也多种多样，包括西秦腔、陇剧、秦腔木偶戏、秦腔皮影戏等。喜爱秦腔的游客一定要来秦腔博物馆听一曲秦腔。

游黄河：羊皮筏是黄河上特有的交通工具，漂流一般从黄河母亲雕塑开始，到黄河铁桥为止。坐上筏子，每人都会发一件救生衣。浪大的时候，上下起伏厉害，一定要注意安全。

赏《丝路花雨》：《丝路花雨》以中国唐朝极盛时期为背景，以举世闻名的丝绸之路和敦煌壁画为素材，歌颂了老画工神笔张和英娘父女俩的光辉艺术劳动，在甘肃大剧院可以看到这一幕优美的舞蹈。

寻味之旅

兰州最知名的美食当属兰州牛肉面，它具有"一清、二白、三红、四绿、五黄"的特征，且色香味美。这里还有炒面片、凉面、黄焖羊肉、胡辣羊蹄等。兰州的黄河蜜瓜和白兰瓜等汁多、味甜，当地的"软梨"味道独特，热冬果更是当地冬季的常备饮品，不可不尝。

兰州有两条著名的美食小吃街，一条是张掖路步行街上的大众巷，马子禄牛肉面、杜记甜食等许多有名的餐馆都在大众巷上；还有一条是正宁路的回民街夜市，牛奶鸡蛋醪糟和羊肉烧烤都很有名。

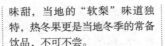

目的地攻略

🚗 交通

飞机：兰州中川机场位于兰州新区，距离市区约70千米，有飞往北京、上海、广州、成都、香港等国内大部分主要城市的航班，还有前往东京等多个城市的航线。

兰州西站与中川机场之间有城际列车往返。

火车：兰州站位于兰州市城关区火车站东路，是兰新铁路、兰青铁路的起点，是全国客流量较大的火车站。

兰州西站为高铁站，位于兰州市七里河区西津西路。兰州发往新疆的动车便是从这里出发。兰州东站和兰州新区站均为过路车站。

🏠 住宿

在兰州，可以选择住在城关区，这里离黄河岸边的景点较近，美食和购物的选择较多，东方红广场是城市的中心地带，这里以购物中心为主，生活便利，正宁路小吃街也在这里，每到夜晚可以去尽享西北美食。

兰州作为西部旅行的中转站，方便第二天出发也是一个很好的住宿选择方向，可以选择火车站附近或者兰州大学附近。

🛒 购物

张掖路步行街、东方红广场附近大型商场，各类商品应有尽有。包括有名的兰州黑瓜子、永登玫瑰都能买到。而兰州城隍庙则是条古玩街，一些传统文化工艺品，如葫芦、剪纸、黄河石等都可以在这里买到。

左上｜兰州拉面
左下｜丝路花雨
中下｜太平鼓表演
右下｜东方大酒店

亮点 → 晒佛法会 | 藏域文化 | 花儿会 | 民俗风情

亮点 → 晒佛法会 | 藏域文化 | 花儿会 | 民俗风情

黄河

甘南

甘南是从兰州到九寨沟的必经之路，这里以高山草原、藏族风情为主要的旅游资源，不仅有藏传佛教名寺——拉卜楞寺，还有绿草如茵的甘加草原，是近年来背包旅游的新热点。

 旅 行 路 线

甘南、川北经典四日游

第一天上午参观拉卜楞寺，去转经廊转经，下午前往桑科草原，在草原策马扬鞭，感受藏族风情；第二天早起去欣赏拉卜楞寺晨景，然后包车向北游览八角城、白石崖等景点；第三天前往若尔盖，上午游览花湖，下午去看九曲黄河第一湾；第四天上午前往迭部县扎尕那，下午前往甘川交接的郎木寺镇，感受庄严的佛教气氛。

甘南自然人文三日游

第一天前往扎尕那，村中古老的木制民居沿山而建，藏族同胞安静淳朴地劳作在山坡河水之间；第二天去郎木寺听一听寺院动人的故事，之后徒步前往寺院深处的白龙江峡谷；第三天前往尕海，登上瞭望台，便可以看到碧波万顷的尕海湖。

碌曲旅游区

本地游

※则岔石林

仙人洞、一线天、骆驼峰

📍 甘南州碌曲县拉仁关乡则岔村处。

则岔，藏语意为羚羊的家园，其地山势巍峨陡峭，石林屹立云中，流水清澈见底，林木茂密葱郁，有众多珍禽异兽栖息出没。石林区内石峰林立，姿态各异。则岔石林以其鬼斧神工的奇特造型和茂密森林，吸引众多游人来此游览。

中下 | 郎木寺

※郎木寺

清真村、甘丹赛赤寺、白龙江峡谷

📍 甘南州碌曲县郎木寺镇。 💰 30 元。

郎木寺是一座小镇，在四川和甘肃两省的交界处，环境优美。镇上有两座历史悠久的藏传佛教寺院，分别叫甘丹赛赤寺和格尔底寺，两座寺院之间是一条清澈小溪，名叫白龙江，沿溪而上可以徒步白龙江峡谷，景色十分美丽。

甘丹赛赤寺在甘肃省一侧，建筑金碧辉煌，每一座大殿都以镀金为顶。清晨晨雾缭绕，大殿却金光闪闪。

夏河旅游区

本地游

※拉卜楞寺

文殊菩萨殿、贡唐宝塔、闻思大殿

⌂ 甘南州夏河县城西。🎫 闻思大殿40元，贡唐宝塔20元。

拉卜楞寺意为僧侣的宫殿，建于清代康熙四十八年（1709年）。这里有恢宏的寺院建筑

左上｜拉卜楞寺

群，寺院内供奉着无数的巨大佛像和各种精美的雕塑、壁画、法器等。拉卜楞寺的转经长廊也是全世界最长的，可以在这里转经一圈积累功德，为亲友祈福。

景点攻略

拉卜楞寺最值得看的是全寺的中心——闻思学院，在这里能感受到藏传佛教的文化内涵。每年藏历正月和七月，这里都举行大法会，场面非常壮观，尤以正月十三和七月初八的晒佛、辩经活动最为壮观。

※甘加草原

央曲河、央拉河、黄河第一湾

⌂ 甘南州夏河县甘加乡。🎫 免费。

甘加草原以藏族民俗风情、藏传佛教文化建筑和草原风光为主要特色，在蓝天的衬托下，云彩显得格外洁白，姿态万千，引人注目。在一个叫阿万仓的偏僻小镇上，康巴汉子的剽悍俊朗和类似美国西部的野性气息让人难忘。

景点攻略

在这里还可以体验浓郁的藏族风情。或骑着骏马在草原上飞驰，或骑着牦牛在大夏河畔徜徉，还可以参加插箭节、耍坝子、赛马节等节庆，在草原上和当地妇女跳了锅庄、观看剪羊毛等浓郁的生活场景。夜晚，围着草原上燃起的篝火，与藏族同胞手拉手翩翩起舞。

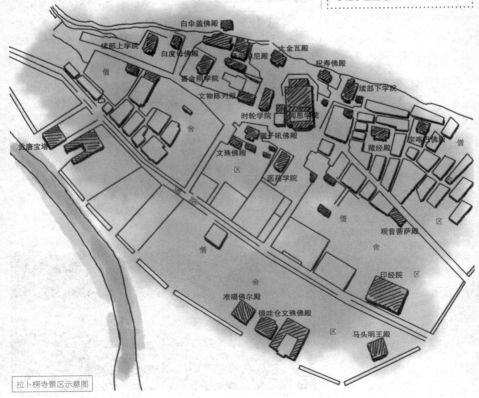

拉卜楞寺景区示意图

左上 | 扎尕那
左下 | 桑科草原
中上 | 冶力关
右上 | 大峪沟

西梅朵合塘是玛曲草原的一部分，这里是地势平坦的河谷滩地，到每年7月中旬，整个滩上遍开金莲花。到8月金莲花悄然隐退，代之的是天蓝色的龙胆花，届时整个花滩一片蔚蓝，天地一色。到10月，周围高山之巅已是白雪皑皑，这里却换之以斑斑点点的毛茛花。这便是西梅朵合塘的花之三奇。

甘南其他景点 本地游

※桑科草原

骑马、捏糌粑、喝酥油茶

🏠 甘南州夏河县拉卜楞寺西南约10千米处。💰 免费。

　　桑科草原上有小山丘陵，也有开阔旷野，每到夏季绿草如茵，还有野花遍野，非常漂亮。每年夏季时草原上会有香浪节等节庆，牧民们经常在晚上一起欢歌、跳锅庄，晚上住在草原上可以看星星。

※白石崖

白石岩溶洞、江拉沟、达里加牧场

🏠 甘南州夏河县甘加乡西北侧。💰 20元。

　　白石崖是东西走向，从远处看，恰似白玉屏风，横在半空，在蓝天白云下熠熠闪光，蔚为壮观。在白石崖底部偏西处，有一可容三四人进出的溶洞。洞里有潺潺流水，曲径通幽，熔岩造型千姿百态，形人似物惟妙惟肖，玲珑可人。

※扎尕那

东洼村、业日村、达日村

🏠 甘南州迭部县益哇乡扎尕那村。💰 免费。

　　扎尕那是一圈俏丽的崖壁包裹中的一个藏族小村寨，村中古老的木制藏居沿山而建，藏族同胞安静淳朴地劳作在山坡河水之间，构成美妙的田园风光。扎尕那村又分为四个小村子，可以在村中悠闲漫步欣赏美景。扎尕那后山还有一条约两天的徒步线路，可以在村中租马或步行前往。

※玛曲草原

玛日扎西滩、金木多玛西滩、西梅朵合塘

🏠 甘南州玛曲县境内。💰 免费。

　　黄河在这1万多平方千米的玛曲草原上，自西南入境，复从西北出境，形成九曲中的第一大弯曲。在这美丽富饶的黄河首曲，有许多引人入胜、令人流连忘返的草原景观。

※大峪沟

阿角大沟、旗布沟、旗布寺

🏠 甘南州卓尼县木耳镇多坝村。💰 免费。

　　大峪沟是九条峡谷的总称，九条峡谷即九条沟，每个沟内都有陡峭崖壁、茂密的树木、清澈的潭水，是一座清净美丽的世外桃源。阿角大沟是主沟，这里峡谷最为壮观，其中有溪流、潭水、树木，清幽无比。旗布沟则是以草原风光和寺庙参观为主，在沟口外侧可以看到美丽的旗布草原。

※冶力关风景区

西峡、东峡、冶海湖

🏠 甘南州临潭县冶力关镇村。🚌 兰州汽车南站有班车可到冶力关镇。💰 78元。

　　冶力关风景区分为莲山、西峡、东峡和冶海湖四个景区。莲花山主峰海拔约3578米，因远眺望去，形似一朵盛开的莲花而得名。每年农历六月初一至初六，莲花山的群众举办传统的花儿会。冶海湖海拔约2610米，放眼望去湖水碧波荡漾，烟波浩渺，四面山青草绿，野花遍地。湖畔山头修有一常爷庙，供有明朝开国大将军常遇春的塑像。

※米拉日巴佛阁

坛城画像、强巴佛像

📍 甘南州合作市那吾路。
💰 20元。

米拉日巴佛阁是为纪念米拉日巴而修建的，共有九层，是藏族地区唯一供奉藏传佛教各派宗师和历史名人的高层建筑。佛阁的每一层都有不同的主题和供奉对象，每一层都代表了藏传佛教的一个时代或是一个支派，内有以金刚为主的四密乘的众多佛像、菩萨、护法神等各类佛像1720尊。

左上 | 米拉日巴佛阁
左下 | 热豆腐
中上 | 藏族锅庄舞
中下 | 糌粑
右下 | 甘加草原秋色

体验之旅

走入甘南的旅行，多被甘南纯净朴素的自然因素所吸引，更多的是跟随藏传佛教的信徒，走过那些有名的寺庙。在旅行的途中，兴致所至，骑马小跑，感受当地人的生活方式，观看挤奶、剪羊毛等，都是让旅途更加愉快的活动。

寻味之旅

甘南的饮食具有鲜明的民族特色，以糌粑为主食，很少食用蔬菜，副食以牛、羊肉为主，把酥油茶当作必需的饮料。藏餐、清真、川菜是这里饮食的主流，越是偏远的地区，价格越贵，特别是蔬菜。另外，这里海拔较高，水烧到七八十摄氏度就会开，所以吃的米饭会有些夹生。建议游客根据自身的情况，携带一定量的干粮。

目的地攻略

🚗 交通

甘南夏河机场位于夏河县阿木去乎乡库赛塘村，距离夏河县约72千米，是甘南地区唯一的机场，目前主要有前往西安、成都、银川和拉萨的往返航班。

🏠 住宿

在甘南选择宾馆住宿，不用花太多的心思考虑价格是否能承受。但冬季前往，最好到房间里看看暖气烧得怎么样，尤其是春节期间。

🛒 购物

甘南购物中，藏族纪念品占了很大部分，有宗教用品、民族用品、西藏服饰、装饰品、名贵藏药等，可在各大商场和民族用品专卖店买到。

亮点→ 石窟 | 伏羲大典 | 陇上江南 | 三国文化

麦积山石窟

中国历史文化名城天水被誉为"陇上小江南",是中华文明的重要发祥地之一,有"羲皇故里"之称。麦积山是这里最值得游览的风景区。

旅 行 路 线

天水精华三日游

第一天上午游览麦积山石窟,可沿着栈道细细观摩,下午游览仙人崖;第二天上午去武山水帘洞,依次游览拉稍寺、千佛洞和水帘洞,下午去大佛山赏唐代胡子大佛;第三天先去伏羲庙,然后至天水博物馆、玉泉观,最后去胡氏古民居赏明代民宅古建。

陇南三日游

第一天主要游览西狭颂风景区,观摩崖石刻,感叹陇南处处卧虎藏龙;第二天主要游览阳坝风景区,品茶赏梅;第三天主要游览白水江风景区,近距离接触大熊猫。

麦积山风景区 ◎ AAAAA

麦积山石窟、仙人崖、石门、曲溪   **本地游**

🏠 天水市麦积区泉湖路2号。🚋 天水火车站有班车直达麦积山景区。💴 80元。

麦积山风景区是佛教石窟艺术和独特的自然风光相结合的综合性游览区,包含麦积山、仙人崖、石门山、曲江、街亭古镇四大景区。

麦积山石窟为中国四大石窟之一,最高处离地面近百米。密如蜂房的洞窟之间,全靠架在崖面上的凌空栈道连接,惊险陡峻极为罕见。

仙人崖由三崖、五峰、六寺所组成。翠峰高耸于崖顶,寺观修建于峰顶或飞崖之间,颇有雅趣。五峰和罗汉沟群峰众相参差罗列,姿态万千,人称"十八罗汉朝玉帝"。

石门山峰峦奇秀,岚雾常留。山上殿宇建造最晚始于明代,距今约370年。山上自然风景与人工建筑巧妙结合,浑然一体。殿宇楼阁掩映在参天古木之中,深邃幽静。

天水旅游区 本地游

※伏羲庙

先天殿、太极殿、来鹤厅

📍 天水市秦州区伏羲路110号。💰20元。

伏羲庙本名太昊宫，俗称人宗庙，临街而建，院落重重相套，四进四院，宏阔幽深。每逢伏羲诞辰日，周边群众扶老携幼，纷纷前来伏羲庙朝拜祭祀。一时宝烛辉煌，香烟缭绕，钟鼓鸣天，善男信女异常虔诚，庙内充满着一派庄严肃穆的景象。

※胡氏民居

南宅子、北宅子、垂花门

📍 天水市秦州区民主西路。💰免费。

胡氏故居是胡来缙和胡忻的住宅，由南、北两宅组成。北宅是胡来缙居所，门外立石狮两只，内有照壁，整个宅院由6个大小不同的三合院、四合院组成。南宅即为胡忻的居所，在北宅的斜对面，大门为三间硬山式建筑，上书"副宪第"三个刚劲有力的大字。

※玉泉观

玉皇殿、三清殿、牌楼

📍 天水市秦州区成纪大道玉泉派出所北。💰20元。

玉泉观创建于唐代，因山上有一碧水盈盈、清甜透脑的玉泉和元代秦州教谕梁公弼建寺时吟有"山寺北郊，名山玉泉"之句而得名。观内珍存历代碑石，尤以元代镌刻的四面道流碑最为珍贵。观内还有50株古柏，其中千年以上的就有7株。

> **景点攻略**
>
> 每年农历正月初九是玉泉观的朝观日，也称"上九会"。从初八晚上开始这里就灯火通明，旗幡高挂，香烟缭绕，钟磬齐鸣。初八为进香高峰期，谓之"烧头香"。正月初九是正庙会的一天，会更加热闹。

※南廓寺

钟鼓楼、禅林院、杜少陵祠

📍 天水市秦州区王家坪村。💰20元。

南廓寺以三座牌坊式的大门各为中轴线，组成东、中、西三个大院。现西院仍为"禅林院"，东为杜少陵祠，祠内有杜甫及侍童塑像三尊。后院内有一株生长两千多年的三权古柏，南向一枝黛色霜皮，干枯如柴，直插云霄，但顶端仍枝叶茂盛。

※卦台山

画卦台、分心石、龙马山

📍 天水市麦积区渭南镇。💰免费。

卦台山相传为伏羲氏仰观天，俯察地，始画八卦的地方。登山顶，俯瞰三阳川，就会发现渭河从东向西弯曲成一个"S"形，把三阳川盆地一分为二，形成了一个天然的太极图。这里最有神秘感的是龙马山，每逢云遮雾锁之时，山上的龙马洞忽隐忽现，给人以龙马出没之感。

※大像山石窟

姜维殿、大佛像、千佛洞

📍 天水市甘谷县大像山镇五里铺村。💰20元。

大像山横看似龙的山峦拔地而起，旧名文旗。山中悬崖峭壁上有大洞窟一个，洞内坐石胎泥塑大佛一尊。大佛洞窟

左下 | 南廓寺
中上 | 伏羲庙
中下 | 玉泉观
右下 | 胡氏民居

左上 | 官鹅沟
右上 | 鸡峰山
右下 | 杜公祠

两旁，依山就势修有长长的走廊，如同一条腰带。廊上窟龛相连，巍峨壮观，正壁开大圆拱龛和设高坛基，并有僧人修行的禅窟。

陇南
周边游

※万象洞

日宫、月宫、天宫

📍 陇南市武都区汉王镇。 💰 100元。

万象洞是陇南市著名的溶洞旅游区，洞内石花造型各异，又有灯光辅助。宽广处高几十米，窄处仅能通过1人爬行而过，石笋、石柱、石花形态各异，景色奇幻壮观。在洞中还有小溪潺潺，是当地人放松游玩的好去处。

※官鹅沟 AAAAA

官鹅天瀑、官鹅卧佛、通天峡

📍 陇南市宕昌县官鹅藏族乡村。 💰 130元（含鹅嫚沟）。

官鹅沟是一条长约30千米的峡谷，峡谷里有20多个颜色深浅不一的碧绿湖泊，湖水清澈，还有老树等盘桓水中，是摄影家眼中的"小九寨"。游览官鹅沟最好的季节是夏天，这时峡谷里气候凉爽，春秋前来

也可以，春天有杜鹃花可以看，秋天则有山间的红叶。

※阳坝

木制栈道、天鹅湖、茶园

📍 陇南市康县阳坝镇阳坝自然风景区。 💰 40元。

阳坝是一处山清水秀的自然风景区，这里气候湿润，风光旖旎，是一处名副其实的"陇上江南"。其中木制栈道位于峡谷底的河边，天鹅湖则是一处碧绿优美的湖泊，这里可以乘坐游船游玩，也可以观景漫步。

※金徽酒文化生态旅游景区

樱花大道、文化墙、飞天广场

📍 陇南市徽县伏家镇。 💰 免费。

金徽酒文化生态旅游景区是陇南著名的白酒品牌金辉酒的生产基地。景区内以酒文化为主题，来此可以观看白酒的生产、窖藏等场所，了解白酒的生产过程。

※鸡峰山

云卧仙人床、清泉出龙口、石鸡凌绝壁

📍 陇南市成县西南约5千米处。 💰 50元。

鸡峰山以峰美、水秀、洞奇而得名，因"奇峰孤耸、直

入云际，状似鸡首"而得名。鸡峰山共有18景，景景奇观，溶洞是鸡峰山又一绝景，洞深约1千米，各种石钟乳、石笋随着光线的明暗、角度的变化、想象力的不同，变化万千。

※西狭颂

黄龙潭、《西狭颂》石刻、桃花碑

📍 陇南市成县城西侧约13千米处。 💰 50元。

西狭颂是汉代书法三颂之一，它是古代摩崖石刻碑之珍品。这里青山对峙，一泓中流，群潭如珠，短瀑相接，悬崖绝壁上，古栈道足迹犹存。沟口存有李可染《西狭颂》碑题。

※杜公祠

玉绳泉、垂花门、杜甫石像

📍 陇南市成县城东南约3千米处的飞龙峡峡口。 💰 20元。

杜公祠是一座纪念唐代诗人杜甫流寓同谷的祠堂式建筑。

祠堂筑于高旷的坡坂之上，大门为悬山垂花门，古朴庄重。入后院，祠堂大殿内有诗人的石雕造像。祠旁有玉绳泉，从石洞飞漱而下，激石如喷雪；山坡上遍布葱茏的白皮松，好鸟鸣树，涛声阵阵，令人神往。

寻味之旅

天水最为出名的美食多为面食小吃，这里不仅种类繁多、样式丰富，而且味道香美，辛辣酸甜，样样齐备，很容易"唤醒"食客的胃口。

呱呱：天水呱呱品种繁多，最受人们欢迎的是荞麦呱呱，当地人尤喜以呱呱为早点。天水呱呱历史悠久，相传在西汉末年隗嚣割据天水时，呱呱是常见的食物。

浆水面：浆水作汤，加上葱花、香菜等制作的一种面条。在炎热的盛夏，喝上一碗浆水，会使人感到清凉爽快，又能解除疲劳，恢复体力。

酿皮：天水市著名的地方风味小吃，一碗黄亮透明的酿皮子，加上油泼辣椒、精盐、酱油、蒜泥、芥末等调料，再加一小撮青菜，具有色艳味美、油浓汁足、凉爽利口之特点。

左下｜呱呱
中上｜天水机场
中下｜浆水面
右下｜酿皮

天水杂烩：把鸡蛋清和蛋黄搅匀，摊成薄饼，切成条形，便做成夹板肉。配以响皮条、丸子，浇上鸡汤，量足汤多，荤素搭配，边喝边吃，不油不腻，味道鲜美。

美食街：天水箭场位于步行街的旁边，里面的美食多以小吃为主，几乎囊括了天水的所有小吃品种，还有来自其他地区的美食小吃，且价格实惠。

目的地攻略

🚗 交通

飞机：天水麦积山机场位于天水市郊约 15 千米处，有飞往北京、上海、广州、杭州、乌鲁木齐等地的航班。

火车：天水站位于陇海线上，从兰州东行的列车都经过天水，可直达太原、西安、济南、西宁、北京等地。

🏠 住宿

天水的住宿十分方便，不论是在市中心，还是各县城，都能很快找到一个落脚的地方。建议住在麦积区，天水的主要景点大多分布在该区，出行更便捷。当然，作为市中心的秦州区也是不错的住宿所在地。

🛍 购物

花牛寨的花牛苹果和清水县的庞公玉石是天水的主要特产。此外，天水雕漆、夜光杯和天水软木画等工艺品是旅游纪念品的首选。天水的民间工艺品也是旅游过程值得收藏的物品，较为著名的有天水雕漆和天水软木画等。

柳湖公园

平凉

平凉是一个富饶美丽的地方，历史悠久，人文荟萃，为古丝绸之路北线东端之重镇。闻名海内外的名胜景区主要有天下道教第一山——崆峒山，天下王母第一宫——泾川回山王母宫，人类开元第一城——伏羲诞生地静宁古成纪，神州祭灵第一台——古灵台。

旅行路线

平凉经典二日游

第一天主要游览崆峒山，欣赏集奇险灵秀和古朴精湛于一身的道教名山；第二天游览云崖寺和紫荆山公园，赏石窟艺术和紫荆树。

庆阳二日游

第一天游览北石窟寺和小崆峒山，感受北魏石窟艺术；第二天游览周祖陵森林公园，吊古览胜。

左下｜龙泉寺
中下｜崆峒山

崆峒山风景区 AAAAA 本地游

太清宫、药王洞、观音台

⌂ 平凉市崆峒区。🚌 市区乘坐平凉13路公交车可直达崆峒山东门。💰 120元。

崆峒山拥有大小山峰数十座，有"崆峒山色天下秀"之说，集奇险灵秀的自然景观和古朴精湛的人文景观于一身。崆峒山自古就有"西来第一山""西镇奇观"和"道源圣地"之美誉。

香山景区可以参观到白垩纪砂砾岩形成的峰林、石柱、苍松翠柏，如入崆峒仙境。同时可以看到断层、节理和泥裂地质构造遗迹，陡壁悬崖，孤峰石柱奇异百态的自然景观。

崆峒山后峡景区分布有诸多的峰林、石柱，同时还展示众多的造型山，以及沿节理风化形成的洞穴。

文化解读

崆峒武术创始于崆峒山，是道教文化的组成部分，与少林、武当、峨眉、昆仑并称为我国著名五大武术流派。始祖是飞虹子，早年在少年寺学艺，后隐居崆峒山习道研艺。崆峒派武术吸收了少林、峨眉、武当武术的精华，在其手法、套路、技击功夫上成为一体，讲究实打、实拿、以技击强身健体和增加功力为目的。崆峒派武术特点是"奇兵"（兵器），它不属于十八般兵器。形式各种各样，小巧玲珑，携带方便，不易被对方发现，交手中往往能出奇制胜。

平凉市景点 本地游

※龙泉寺

醉仙亭、洗眼泉、盘龙阁

⌂ 平凉市崇信县城北侧约1千米处。💰 40元。

龙泉寺位于凤山山腰处，整个寺院依山而建，建筑沿着山坡修建，可以前来拜佛祈福。山里绿树环绕，又有贯珠泉、浓露泉两处泉水和沿山流淌的小溪，可以在山水之间漫游取幽，感受悠闲惬意。

※ 王母宫

王母宫颂碑、西王母大殿、东王公大殿

⌂ 平凉市泾川县。⊛ 60元。

王母宫是西王母降生地、发祥地和其祖庙所在地，依山开凿，平面呈"回"字形，外有三层楼窟檐。中心柱四周中及窟壁三面雕有佛像200余尊，有大小佛龛22个。窟内每壁造像三层，百余尊，是我国古丝绸之路上的名窟之一。

※ 云崖寺

笔架山、棋盘峰、神仙桌

⌂ 平凉市庄浪县韩店镇郭漫村。⊛ 60元。

云崖寺是一座雄居奇峰秀岭中历史悠久的石窟群，以山崖悬空如云而得名，以北魏石窟群而闻名。云崖寺开创于北魏，后经历代扩建，已形成八寺、三洞、一湾、一潭的奇观异景，是古丝绸之路的驿站。

※ 紫荆山公园

玉虚宫、十王殿、文昌楼

⌂ 平凉市庄浪县水洛镇中心街南巷。⊛ 免费。

紫荆山，因山阴遍植紫荆树而得名，山势玲珑剔透，雄浑壮观，环境幽雅，令人陶醉。

左下｜王母宫
中上｜北石窟寺
中下｜周祖陵

紫荆山寺观，在1700多年历史中，历代不断修葺增建，使之成为颇负盛名的道观寺院。新中国成立后，现尚存三院五殿、两楼一阁，洞、寺、宫、祠四处，铁塔两座，铁钟一口，历代雕塑壁画甚多。

庆阳—固原
周边游

※ 北石窟寺

165号窟、240号窟、32号窟

⌂ 庆阳市西峰区董志镇北石窟寺。⊛ 30元。

北石窟寺俗称大佛寺，背靠青山，面对碧流，窟龛密集，形如蜂房，是陇东地区内容最为丰富的石窟。北石窟寺以唐代窟最多，最有代表性的是建于武则天如意元年（692年）的32号窟。窟内的大小雕像面容丰腴，秀目含情，飘然欲动，姿态动人，堪称盛唐艺术精品。

※ 小崆峒

古农耕景区、无量台、小西湖

⌂ 庆阳市西峰区董志乡境内。⊛ 免费。

西峰小崆峒山，因与平凉崆峒山有渊源的关系，并称"姊妹山"而得名。这里四季景色各异，是陇东黄土高原的"天然标本园"地。小崆峒作为宗教圣地，已远近闻名，"牛车绵延数里，游人香客莫可计数"。

※ 董志原

土窑洞、地坑院

⌂ 庆阳市中南部。⊛ 免费。

董志原位于六盘山之东，因六盘山又名陇山，它是大自然鬼斧神工的杰作。数百万年前，这里是一片满布沼泽的稀树草原，随着喜马拉雅版块的升高，东亚大陆季风气候的形成，西伯利亚的狂飙带来层层黄土，形成了现在的黄土高原。

※ 周祖陵森林公园

肇周圣祖牌坊、周祖碑亭、周祖大殿

⌂ 庆阳市庆城县东山。⊛ 30元。

从凤城过大桥，就到了周祖陵山下。登上山顶，首先是肇周圣祖牌坊，有杨成武上将题写的"肇周圣祖"四个刚劲大字，穿过牌坊，正面就是周祖大殿，殿内正面有周先祖不窋、儿子鞠陶、孙子公刘三尊雕塑神像。大殿的西北角为周祖不窋的陵亭。

※须弥山石窟

博物馆、须弥山、大佛楼

🚩 固原市原州区三营镇黄铎堡街。
💰 48元。

须弥是梵文，意为金山。石窟开凿于北魏中晚期，距今1500多年。至今造像较完整的有20多窟，主要分布在大佛楼、子孙宫、圆光寺、相国寺和桃花洞5个景区内。现存造像最多的第45、46窟，有比真人还大的造像40余尊。

※六盘山

小南川、凉殿峡、二龙河

🚩 固原市泾源县河泾镇。💰 90元。

六盘山是古丝绸之路东段北道必经之地。红军长征景区的长征纪念亭位于六盘山之巅，还新建有长征纪念馆。凉殿峡位于六盘山腹地，气候湿润，环境幽雅，自古就是避暑胜地。史载元太祖成吉思汗西征时曾在此避暑蓄锐，并建有亭台楼阁。

寻味之旅

平凉生活风俗跟陕西饮食习惯非常相似。平凉是内陆缺水地区，蔬菜相对稀缺，因而人们饮食中也是粮多菜少，面食品种多样，其中面条最受人们的欢迎。

平凉还有两种名菜不得不提——红焖肘子和灵台清炖甲鱼，红焖肘子历史悠久，而灵台清炖甲鱼以灵台出产的甲鱼为原料，其独特的工艺和鲜美的口味受到广大食客的青睐。

目的地攻略

🚗 交通

飞机：庆阳机场距离市区不远，可乘出租车前往，现开通飞往北京、成都、兰州、西安等城市的航线。

火车：宝中铁路线贯穿平凉，从平凉搭乘火车，可以到达兰州、宝鸡、银川、西安等地，平凉火车站有公交车和中巴车通往城内。

🏨 住宿

平凉住宿较方便，从经济实惠的小旅馆到星级宾馆可满足不同消费者的需求。

🛒 购物

平凉的物产丰富，其中较为出名的有华亭核桃、灵台牛心杏、静宁烧鸡、锅盔、地毯、漆雕、动物毛皮等。

香包、陇绣、民间剪纸、道情皮影和陇东民歌是庆阳的五绝。庆阳黄酒，不仅口感好、营养丰富，而且具有健胃、舒筋、活血之功效。

亮点 → 张掖丹霞丨宗教石窟丨丝绸之路丨雅丹地貌丨莫高窟

敦煌古城

河西走廊

河西走廊东起乌鞘岭，西至古玉门关，南北介于南山（祁连山和阿尔金山）和北山（马鬃山、合黎山和龙首山）间，形如走廊，称甘肃走廊。因位于黄河以西，又称河西走廊。地域上包括甘肃省的河西五市：武威（古称凉州）、金昌、张掖（甘州）、酒泉（肃州）和嘉峪关。

 旅 行 路 线

丝绸之路七日游

第一天至武威参观武威文庙和雷台公园。第二天至山丹军马场，之后到张掖参观大佛寺。第三天上午游览木塔寺和甘泉公园，然后去酒泉市参观西汉酒泉胜迹和魏晋墓群。第四天至嘉峪关观赏长城第一墩、嘉峪关长城。第五天前往敦煌，沿途参观榆林窟。第六天参观鸣沙山—月牙泉景区和莫高窟。第七天参观西千佛洞、阳关，之后前往玉门关遗址参观。

敦煌经典三日游

静静地在敦煌待上三天，留一段难忘的回忆。第一天游览鸣沙山，月牙泉，听一段山泉永不相离的佳话。第二天游览莫高窟，千年一叹，寻飞天。第三天游览敦煌魔鬼城，看雅丹风貌，寻找边塞诗里的玉门关、阳关。

莫高窟 ⊚
本地游

九层楼、藏经洞、112 窟

⊙ 莫高窟数字展示中心位于敦煌市区东侧约 9 千米处。 ⊗ 全价票 238 元。

莫高窟是中国四大石窟之一，是世界上现存规模最大、保留最完整的佛教艺术宝库。它以精美的壁画向人们展示了延续千年的佛都艺术，被誉为"东方艺术明珠"。石窟现存 492 个大小石窟和洞穴庙宇，以其雕像和壁画闻名于世，展示了延续千年的佛教艺术。

景点攻略

1. 目前莫高窟只能参观 10 个石窟和 2 个陈列中心；在公众假日期间，可多参观 5 个石窟。莫高窟内禁止拍照，阴雨天洞窟不开放。

2. 参观时最好带手电筒，参观莫高窟时间最好选在清晨，因为有参观人数的限制，而且早上光线较好。

3. 最好读一本关于莫高窟的介绍，否则很难看明白石窟雕像和壁画的玄妙。

文化解读

在莫高窟，数量最大、内容最丰富的部分就是壁画。它的内容有主尊佛像画、佛教故事画、佛教史迹画、大型经变画、民族神怪画、世俗生活画、山水风景画、供养人物画、装饰图案画。真可谓多姿多彩，向人们呈现出完美的艺术形式。

飞天是敦煌艺术的标志。在莫高窟 492 个洞窟中，几乎都画有飞天。它的风格特征是不长翅膀不生羽毛，借助云彩但不依靠云彩，凭借飘曳的衣裙、飞舞的彩事凌空翱翔。千姿百态、千变万化。从艺术形象上说，它不是一种文化的艺术形象，而是多种文化的复合体。

右下丨莫高窟九层楼

敦煌莫高窟九层楼

莫高窟，俗称千佛洞，坐落在河西走廊西端的敦煌。它始建于十六国的前秦时期，历经十六国、北朝、隋、唐、五代、西夏、元等历代的兴建，形成巨大的规模，有洞窟 735 个，壁画 4.5 万平方米、泥质彩塑 2415 尊，是世界上现存规模最大、内容最丰富的佛教艺术地。

莫高窟与山西大同云冈石窟、河南洛阳龙门石窟、甘肃天水麦积山石窟并称为中国四大石窟。

莫高窟各窟均是洞窟建筑、彩塑、绘画三位一体的综合性艺术，九层楼是其标志性的一个洞窟。洞窟编号第 96 号，此窟开凿于初唐，是莫高窟的第一大佛。

大佛是唐代武周证圣元年（695 年）由禅师灵隐和居士阴祖所建，为"未来佛"弥勒佛。造像丰盈圆润，是典型的唐代风格。据说当时武则天当政，为了让帝位巩固，就对民间宣扬自己是弥勒菩萨的化身，所以如今看起来这些造像还有很多女性特征。

楼高 45 米，依山崖而建，位置在莫高窟上寺石窟群的正中。它攒尖高耸，檐牙错落，铁马叮咚，已成为莫高窟的标志之一。

九层楼前后经历了几次重建，最初只有两层。唐文德元年（888 年）为 5 层，北宋乾德四年（966 年）和清代都进行了重建，并改为 4 层。1935 年再次重修，形成 9 层造型。

大佛高约 35.5 米、两膝间宽度约为 12 米，是莫高窟的第一大佛，也是中国国内仅次于乐山大佛和荣县大佛的第三大坐佛。

楼外开两条通道，既可供就近观赏大佛，又是大佛头部和腰部的光线来源。

容纳大佛的空间下部大而上部小，平面呈方形。

大佛的制作方法为石胎泥塑，即在崖壁的石沙岩体上凿出佛像的大体形状，再用草泥垒塑、用麻泥细塑，最后着色而成。

鸣沙山—月牙泉 AAAAA 本地游

雷音寺、敦煌历史博览园、敦煌民俗博物馆

📍 敦煌市月牙泉镇鸣山路。🚌 市内乘
3路公交车可到。💰 120元。

鸣沙山—月牙泉景区主体为
鸣沙山和月牙泉，沙山因其山上
的沙动有声而大名鼎鼎，月牙泉
则因千年不涸、流沙永远填不住
清泉而芳名远扬。

鸣沙山由细米粒状黄沙积
聚而成，狂风起时，会发出巨
大的响声，轻风吹拂时，又似
管弦丝竹，因而得名。来这里
可以爬山、滑沙、骑骆驼登沙丘，
还可以进行沙浴和沙疗。

月牙泉像初五的一弯新月，

文化解读

鸣沙山因沙动有声而得名，
鸣沙山的沙子分红、黄、绿、白、
黑五色，如遇摩擦振动，便会发
出声音。登山下滑时，沙子发出
"铮铮、嗡嗡、隆隆"的乡声。更
有趣的是，那流动的细沙不是向
下流，而是由下向上流淌，就像
湖水因风绉面，荡起一圈圈柔和
优美的涟漪。

月牙泉古称沙井，俗称药泉，
泉水碧如翡翠，清澈见底。对于
月牙泉百年遇怒风而不为沙掩盖
的不解之谜，说法众多。有人认
为，这一带可能是原党河河湾，
是敦煌绿洲的一部分，由于沙丘
移动，水道变化，遂成为单独的
水体。因为地势低，渗流在地下
的水不断向泉中补充，使之涓流
不息，天旱不涸。

落在黄沙里。泉水清凉澄明，
味美甘甜，这里因为地势的关
系刮风时沙子不往山下走，而
从山下往山上流动，所以月牙
泉永远不会被沙子埋没，被称
为沙漠奇观。

武威市景点 本地游

※ 武威文庙

崇圣祠、尊经阁、状元桥

📍 武威市凉州区崇文街43号。
💰 30元。

武威文庙即武威市博物馆，
院内古建筑群保存完整，庄严
雄伟，古柏参天，槐荫蔽日。
文庙现馆藏文物4.4万多件，是
甘肃省第二大历史博物馆。悬
挂在建筑上的众多匾额，其中
有一些是用古回鹘文字、西夏
文撰写的。庙内有些碑上记录
了武威曾经出过的所有进士。

※ 雷台公园

雷台汉墓、马踏飞燕、雷台观

📍 武威市凉州区北关中路257号。
💰 雷台汉墓45元。

雷台公园是武威市最著名
的旅游胜地，著名的雷台汉墓
就在这里。雷台汉墓是汉朝时
"守张掖长张君"之墓，公园中
心处有巨大的广场，广场上是
整个武威的标志——马踏飞燕。

一旁还有很多铜制的车马阵，
在广场的内侧，有一座紧贴汉
墓的道观——雷台观。

文化解读

雷台汉墓出土文物231件，
其中以铜奔马艺术价值最高。铜
奔马又称"马踏飞燕"，呈发绿
古铜色，马呈飞奔状，三足腾空，
昂首扬尾，右后足下踏一展翅奋
飞回首惊悚的飞燕。蕴含丰富的
天马文化内涵，铸造技巧精湛，
堪称青铜艺术的极品。

※ 武威沙漠公园

赛驼场、沙浴场、大漠亭

📍 武威市凉州区清源镇。

武威沙漠公园融大漠风光、
草原风情、园林特色为一体，
园内沙丘起伏，百草丛生，有
梭梭、桦木、红柳、沙米、蓬
棵等沙生植物，景区内还修建
了亭台等园林式的建筑，精致
优美。在这里既可以观看外侧
的大漠戈壁，也能独享湖边树
荫的园林幽静。

※ 天梯山石窟

天梯山庄、石窟文物陈列馆

📍 武威市凉州区黄羊镇灯山村。
💰 30元。

天梯山石窟也称大佛寺，
山峰巍峨，陡峭峻拔，道路崎

左下 | 雷台公园
中下 | 鸣沙山—月牙泉

左上 | 张掖丹霞地质公园
中上 | 山丹军马场
中下 | 张掖大佛寺
右下 | 马蹄寺

岖，形如悬梯，故称天梯山。最大的洞窟内有释迦牟尼造像1尊，大佛左右两旁有6尊造像，造型生动，神态威严。窟内南北两壁上绘有大幅壁画，整个壁画笔触清新，色泽艳丽，形象逼真。

张掖市景点 _{本地游}

※张掖七彩丹霞 AAAAA

七彩丹霞、冰沟丹霞、平山湖丹霞

🏠 七彩丹霞：张掖市临泽县倪家营乡；冰沟丹霞：张掖市肃南裕固族自治县康乐乡。💰 75元。

张掖丹霞由红色砾石、砂岩和泥岩组成，包括临泽七彩丘陵、肃南冰沟丹霞。景区内能看到数以千计的悬崖、山峦呈现出鲜艳的丹红色和红褐色，特别是在阳光的照耀下，各处造型奇特的山地丘陵色彩斑斓、气势磅礴。

雨后放晴是七彩丹霞最美的时候，此时的丹霞色彩更加浓烈。临泽景区的4号观景台是拍摄日落和日出的最佳位置，2号观景台最适合拍摄全景。

冰沟丹霞的颜色比较单一，但这里丹霞地貌的形状非常独特，有各种风格的造型，规模也比较壮观。

※马蹄寺

千佛洞、三十三天佛窟

🏠 张掖市肃南裕固族自治县马蹄乡。
🚌 张掖汽车南站可以乘坐去往马蹄寺的旅游专线车。💰 74元。

马蹄寺是一处庞大的石窟寺院建筑群，在石壁上有多个石窟佛像，还有高层的石窟寺院建筑，非常奇幻壮观。山门位于北侧，进入寺区后的道路两侧的石壁上便有众多凿刻出来的佛像、佛塔等石窟，岩壁上还有很多洞穴，传说是历代高僧洞中苦修的场所。

※张掖大佛寺

大佛殿、万圣殿、土塔

🏠 张掖市肃南裕固族自治县马蹄乡。
💰 40元。

张掖大佛寺是西北久负盛名的佛教寺院，素称"塞上名刹，佛国胜境"。在这里，有少数民族宗教殿堂，有亚洲最大的室内泥塑卧佛，还有数以千计的馆藏精品文物。此外，大佛寺还有一座弥陀千佛塔，俗

称土塔。相传为天竺高僧迦摄摩腾灵骨安放处，历代以来，土塔作为信士檀越供佛、礼佛的重要场所所沿袭至今。

※山丹军马场

窟窿峡、三场、鸾鸟湖

🏠 张掖市山丹县大马营乡。
💰 鸾鸟湖和窟窿峡50元。

军马总场即大马营草场，这里地势平坦广阔，土肥草茂畜旺。与草原相接的祁连山被终年不化的冰雪覆盖着，银装素裹，而草原上的万顷油菜花金灿灿令人神往，加上蓝天白云下的一群群牛马羊点缀其中，给人返璞归真的感觉。

※张掖国家湿地公园

湿地博物馆、芦苇荡、甘泉府

🏠 张掖市甘州区312国道北段。
💰 免费。

张掖国家湿地公园是西北地区最大的几个城市湿地公园之一。公园内清澈的小河在园内纵横交错，碧绿的湖泊坐落

左上 | 赤金峡水库
中上 | 瓜州锁阳城遗址
中下 | 酒泉西汉胜迹
右下 | 文殊寺

于河道的中心，在小河和湖边便是茂盛的芦苇荡，园内还有很多的树木，沿着木制栈道漫步其间，心情十分舒畅。

景点攻略

每年春夏两季，园内便会迁来很多的鸟类，天鹅、野鸭等一起游弋在湖水河水之中，喜欢观鸟的游客可前来观赏。

※ 山丹大佛寺

大雄宝殿、五百罗汉堂、地藏菩萨殿

📍 张掖市山丹县城西侧约 5 千米处。

🎫 40 元。

山丹大佛寺历史上叫作土佛寺，是一座始建于北魏年间的古寺，寺内以一座全国最大的室内泥塑坐佛像闻名。大雄宝殿内供奉着释迦牟尼坐像。五百罗汉堂分为左右两殿，各自供奉了 250 尊罗汉，代表释迦牟尼的五百弟子。

※ 文殊寺

千佛洞、万佛洞、古佛洞

📍 张掖市肃南县祁丰乡。

🎫 42 元。

文殊寺是一座始建于东晋年间的千年古刹。寺内有很多的石窟和壁画，是一座艺术宝库。因为风格与敦煌莫高窟很相似，又有"小西天"的美称。寺内一共

有洞窟佛龛一百多个，还有珍贵精美的壁画。

酒泉市景点

本地游

※ 赤金峡

红柳湾、月季坛、黑石仙山

📍 酒泉市玉门市赤金镇。

🎫 20 元。

赤金峡风景区依山傍水，景色独特秀丽，气候宜人。这里可以观赏到西北罕见的湖泊河流、树木成荫的优美风景，在河上还可以体验赤金峡的激情漂流。每到春夏季节还有沙枣花、玫瑰花等在此开放，非常漂亮。

※ 酒泉西汉胜迹

酒泉胜迹、月洞金珠、西汉胜境

📍 酒泉市公园路 100 号。 🎫 免费。

酒泉西汉胜迹又名泉湖公园，传说汉朝霍去病将军在取得胜利后获得皇帝赏赐的一坛酒，

将军将酒倒入泉中与将士一起饮用，因此这眼泉水得名酒泉。酒泉西汉胜迹景区是一座完整的汉式园林，酒泉泉水旁有一座"西汉胜迹"古碑。

※ 榆林窟

第 19 窟、第 25 窟

📍 酒泉市瓜州县锁阳城镇。 🎫 40 元；特窟门票：第 2 窟 100 元，第 3 窟 150 元，第 4 窟 100 元，第 25 窟 200 元。

榆林窟是敦煌石窟的组成部分，窟在内容、艺术风格、绘画形式方面同莫高窟一脉相承。榆林窟最有名的是它的壁画，这里有精美的佛和菩萨画像，有场面宏大的佛教故事画，有种类繁多的花卉禽兽，有极为精致的装饰图案。

※ 锁阳城遗址

土塔林、关厢、点将台

📍 酒泉市瓜州县桥子乡南坝村。

🎫 50 元。

锁阳城在汉代是敦煌郡冥

安县治所，城东北方向有一座大型寺院系元代建筑，大塔高约14.5米，千座小塔整齐地排列于一条线上。周围有几十处古城、古墓、石窟、寺庙，保存规模尤以锁阳城为最。

※丝绸之路博物馆

魏晋墓壁砖展、玉石之路展厅

🏠 酒泉市肃州区雄关路177号。

💰 60元。

　　丝绸之路博物馆依"世界最大地下画廊"魏晋墓群而建，主体建筑为汉代风格。展厅内以文物、壁画、模型、沙盘、雕塑等形式，展示了数千年来地处亚欧大陆的各个地方的人类，沿着丝绸之路迁徙、放牧、经商与文化交流等历史。

※金塔胡杨林

白水泉、金波湖

🏠 酒泉市金塔县城以西约6千米。

💰 65元。

　　金塔胡杨林是河西走廊规

模最大的人工种植林。春季沙枣花清香扑鼻，夏日浓荫遮天蔽日，秋天枯杨一片金黄，严冬万物霜天竞自由。连绵起伏的白水泉沙区，时常在中午时分呈现出难得一见的海市蜃楼奇观，气势宏伟。

嘉峪关市景点 本地游

※嘉峪关关城 ◎ AAAAA

黑山石雕、嘉峪关长城博物馆、九眼泉湖

🏠 嘉峪关市峪泉镇。🚌 在嘉峪关火车站乘4路公交车前往。💰 联票110元。

　　嘉峪关关城是明万里长城的西段，也是古丝绸之路上的

重镇。关城始建于明朝，因地势险要、建筑雄伟而有"天下第一雄关"之称。嘉峪关长城由西长城、东长城和北长城三部分组成，长城内外城台、墩台、堡城星罗棋布，共同构成了嘉峪关完整的军事防御体系。

※长城第一墩 AAAAA

讨赖客栈、天险吊桥、雕塑群

🏠 嘉峪关市关城南7千米处。🚌 从嘉峪关关城包车前往。💰 包含在嘉峪关联票内。

　　长城第一墩古称讨赖河墩，它是明代万里长城自西向东的第一座墩台，是明代长城的西端起点。景区以长城文化和丝

左上 | 金塔胡杨林
左下 | 嘉峪关关城

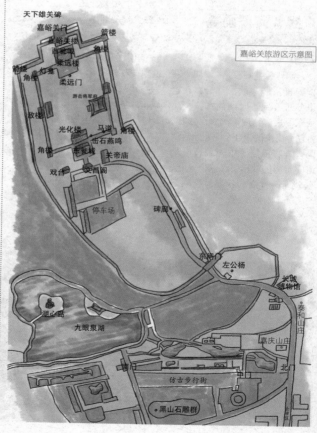

嘉峪关旅游区示意图

绸之路文化为内涵，以戈壁风光和西北民俗风情为基础，极目南眺，山峰终年洁白，衬映着蓝色天空，更觉清新如画。

※悬臂长城 AAAAA

"丝绸古道"雕塑群、水门、古代兵器展览

⊙ 嘉峪关市石关峡口北侧的黑山北坡。

🚌 从嘉峪关关城包车前往。🎫 包含在嘉峪关联票内。

悬臂长城明嘉靖十八年（1539年）由肃州兵备道李涵监筑，此段长城从关城东闸门边的角墩起向北延伸至黑山山腰，全长约7.5千米。山腰长城约750米，陡峭直长，气势雄伟，垂若悬臂，故有"西部八达岭"之称。

※魏晋砖壁画墓

墓门、画像砖墓、素砖墓

⊙ 嘉峪关市新城乡戈壁滩上。🎫 31元。

魏晋砖壁画墓是"果园—新城魏晋墓群"的一部分，在这里分布着魏晋时期的古墓葬千余座，素有"地下画廊"之称。古墓葬出土的660余幅彩绘砖壁画，真实描绘了中国魏晋时期河西走廊的政治、经济、文化、军事等诸方面的状况，绘画笔法简练，画技高超。

左下 | 玉门关
中下 | 敦煌魔鬼城

敦煌市景点 本地游

※敦煌魔鬼城

西海战舰、金狮迎宾、金字塔

⊙ 敦煌市西北约165千米处的戈壁滩上。🎫 120元（含区间车）。

敦煌魔鬼城，又名敦煌雅丹国家地质公园，是国内迄今发现的最大的一片雅丹地貌。敦煌魔鬼城身处广袤无垠的戈壁之中，一座座土黄色的古城堡耸立在青灰色的戈壁之上，衬以蓝天白云，显得分外妖娆。每当夜幕降临，尖厉的漠风发出恐怖的呼啸，犹如千万只野兽在怒吼，令人毛骨悚然。

※阳关遗址

阳关博物馆、汉塞陈展厅、丝绸之路陈展厅

⊙ 敦煌市西南70千米处阳关。🎫 50元。

阳关因在玉门关之南而得名，为汉武帝"列四郡，据两关"的两关之一，是丝绸之路上通往西域南道的门户。而今，昔日的阳关城塞早已荡然无存，仅有的耳目——墩墩山上的一座烽火台仍傲然屹立着。

※敦煌影视古城

刺史府、九里香、鸿运客栈

⊙ 敦煌市西南16千米处。🎫 40元。

敦煌影视古城又称敦煌影

视城、敦煌古城，是1987年中日合拍历史故事片《敦煌》时仿造宋朝沙州古城建设。古城目前主要有敦煌街、高昌街、甘州街、兴庆街、汴梁街五条街道，每条街道的建筑风格都代表一个地区，走在其中便可寻找地域穿梭的神奇感觉。

※玉门关

哈拉湖、古城遗址

⊙ 敦煌市西北约90千米处的戈壁滩上。🎫 联票40元。

玉门关建于东汉年间，又称小方盘城，因为和田美玉自古从这里输入中原，所以被人称为玉门关。随着千百年来岁月的侵蚀，玉门关早已损失了当年的样貌。现在的玉门关看似一个夯土堆的遗迹，呈方形，由四面土墙壁组成，在土墙的西北两面各开一门。

※河仓城

仓库、烽燧

⊙ 敦煌市河仓城遗址。🎫 联票40元。

河仓城南北有高出城堡数丈的大戈壁怀抱，使河仓城极为隐蔽。河仓城由南向北，呈长方形。城内有南北方向的两堵墙，将其隔为相等并排的三座仓库。每库向南开一门。四壁多已颓塌，只有北壁较为完整。

体验之旅

参加仿古仪式：游客穿着古代武官和士兵服装，在嘉峪关关城仿照古代将士出关时的情形。一般在有较大规模的旅行团或恰逢盛大节日时举行。

滑翔机观光：游客可以乘坐滑翔机在关城上空飞行，俯瞰嘉峪关风光，碧波荡漾的人工湖、古老而雄伟的长城、苍茫的戈壁滩，尽收眼底，让人仿佛穿梭在时光的隧道里。

鸣沙山骑骆驼：一般都是组成驼队，由一个人牵着。其他骆驼用绳子穿了鼻子，乖乖地跟在后边。在起落的时候一定记得要抓好，以免被颠翻下去。

观特色演出：敦煌人民将敦煌文化历史用心地在舞台上演绎展现，最为出名的是《大梦敦煌》《敦煌神女》等大型演出。来敦煌大剧院，感受神秘的历史文化和壮丽的大漠景色时，不要错过这一文化盛宴。

寻味之旅

酒泉的餐饮，别有风味，最令人注目的是具有戈壁特色风味的"雪山驼掌""海誓山盟""金银发菜"等。

敦煌地处北方，牛羊肉的质地很好，这里的牛羊肉做出来非常有风味。敦煌当地人对面食制作尤其讲究；敦煌的另一名牌是杏皮水，采用当地产的李广杏制成，是解渴的不二选。但最有名还要数"敦煌酿皮子"，是不可不尝的当地美味。

美食街：敦煌的沙洲夜市中几乎可以品尝到全部的敦煌小吃和各种面食，价格便宜，口味地道。而且连附近的小巷

也很热闹，四周充满了各种各样的餐馆。

目的地攻略

🚗 交通

飞机：嘉峪关机场位于嘉峪关市区东北方向约9千米处的新城乡横沟村，现已开通飞往北京、兰州、西安、广州、杭州等地的航班。

敦煌机场位于敦煌市东约13千米处，现开通敦煌至兰州、北京、成都等城市的固定航线。

火车：嘉峪关站位于嘉峪关市镜铁管理区前进街道站前路，有乌鲁木齐到兰州、长春、武威、陇南等城市的往来列车经过。

嘉峪关南站为高铁站，从市区直接乘坐公交可到达。

酒泉站为陇海线上的普速车站，酒泉南站为兰新高铁站。

酒泉南站位于酒泉市肃州区高铁路，是高铁站。

🏠 住宿

敦煌是西北旅行重要的目的地之一，这里的宾馆、客栈、青年旅舍有很多，选择丰富。

敦煌的住宿主要集中在市区和鸣沙山月牙泉两个区域。市区一带比较繁华，晚上还可以到著名的沙洲夜市畅享西北美食；鸣

沙山—月牙泉没有市区那样繁华，住宿主要是以青年旅舍、客栈和农家较多，其中敦煌山庄条件豪华又很有特色。

武威的住宿业并不发达，如前往武威旅游建议住在南关西路的长途汽车站附近，这里不但宾馆相对集中，而且出行更为便捷。

🛒 购物

有"中国葡萄酒之乡"美誉的武威自古以来便以盛产高品质的葡萄酒而闻名，以莫高干红、干白，皇台干红等为代表的武威葡萄酒在国内外市场上广受赞誉。

酒泉当地的土产品非常多，如发菜、驼毛、驼绒、蜜瓜、蚕豆等，特别是"葡萄美酒夜光杯"名扬天下，不可不购。

嘉峪关的主要特产是发菜和驼毛，当地的旅游纪念品主要有嘉峪石砚、文物复制品、魏晋墓砖画及嘉峪石砚等。

左上 | 嘉峪关仿古仪式
右上 | 敦煌特色驴肉黄面
右下 | 丝绸之路骆驼

亮点→ 西夏文化 | 回乡风情 | 黄河文化节 | 贺兰山

西夏王陵

"塞上江南"银川坐落在美丽富饶的宁夏平原，黄河穿城而过使得这里绿树成荫，西夏王陵为这座古城积淀了丰厚的历史。

银川经典三日游

将三天的时光留给银川这片神奇的大地。第一天游览玉皇阁、南薰门和南关清真大寺，畅游古老的建筑，体验回族风情；第二天游览西夏王陵和镇北堡影视城，探寻神秘的西夏王国；第三天游览沙湖，观远山、芦苇、飞鸟、游鱼。

中卫三日游

第一天游览石空寺和中宁枸杞生态观光园，观赏远近闻名的宁夏枸杞；第二天游览沙坡头，体会"大漠孤烟直，长河落日圆"的苍凉。第三天游览中卫高庙保安寺和中卫寺口子旅游区，听苏武牧羊的故事。

银川市景点

本地游

※西夏王陵

西夏史话艺术馆、西夏碑林

⊙ 银川市西夏区贺兰山东麓。🚌 旺季在银川市乘坐旅游专线 1 号线可至；淡季在银川市区包车前往。💰 85 元。

西夏王陵是西夏王朝的皇家陵寝，埋葬了西夏王朝的多位皇帝，陵墓呈倒扣的窝头形。景区的每一座陵墓都是一个完整的建筑群体，十分壮观。在西夏博物馆内藏有丰富的西夏王朝文物，其中很多西夏文的石刻和带有西夏风格的壁画都是珍品。

中下 | 西夏王陵

※镇北堡西部影城 AAAAA

明城、清城、老银川一条街

⊙ 银川市西夏区镇北堡镇。🚌 南关清真寺附近有直达影城的中巴车。💰 80 元。

镇北堡西部影城原为镇北堡古城，由新堡和老堡组成。镇北堡历经数百年沧桑，以其雄浑、古朴的风格，成为贺兰山东麓风景旅游景观，并以它那特有的神秘韵味，引起了中国许多著名电影艺术家的浓厚兴趣。

※承天寺

明城、清城、老银川一条街

⊙ 银川市兴庆区利民街 121 号。💰门票 10 元，塔票 20 元。

承天寺寺门朝东开启，殿宇之间，以重檐砖雕垂花门和围墙连接，形成四合院式的院中院。外院院落宽阔，古树参天，松柏常青，肃穆宁静。承天寺塔为一座八角十一层楼阁式砖塔，塔室呈方形空间，室内各层为木板楼层结构，有木梯盘旋而上。

※ 海宝塔

卧佛殿、韦驮殿、钟鼓楼

📍 银川市兴庆区民族北街。💰 10元。

海宝塔又称黑宝塔，俗称北塔，与市西南的承天寺塔遥遥相望。海宝塔是建在大佛殿和韦驮殿之间的砖结构楼阁式建筑，由塔基、塔座、塔身、塔刹构成，整个塔的建筑外形线条明朗，层次分明，风格古朴、粗犷，且塔内有木梯盘旋上升直至塔顶。

※ 水洞沟遗址 AAAAA

魔鬼城、卧驼岭、摩天崖、断云谷

📍 银川市灵武市临河镇水洞沟旅游区。
🚌 银川市旅游汽车站有直达车开往水洞沟旅游区。💰 60元。

水洞沟遗址，是中国最早发掘的旧石器时代遗址，被誉为"中国史前考古的发祥地"。水洞沟遗址记录了远古人类繁衍生息，同大自然搏斗的历史见证，蕴藏着丰富而珍贵的史前资料。它向人们展示了距今三万年前古人类的生存画卷。

※ 贺兰山岩画

岩画博物馆、贺兰口岩画

📍 银川市贺兰县金山乡境内。🚌 市区有到达贺兰山岩画景区的旅游专线。
💰 70元。

贺兰口山势高峻，俗称"豁了口"。山口景色幽雅，奇峰叠嶂，约有千余幅个体图形的岩画分布在沟谷两侧的山岩石壁上。众多的贺兰山岩画中，"太阳神"的岩画十分引人注目，画面体现了远古人类对于太阳的崇拜，画面中的太阳神，双目圆睁、头部有着放射性的线条刻槽。

※ 宁夏川民俗园

礼仪大殿、回族博物院、回乡人家

📍 银川市永宁县西京藏高速路永宁入口处。💰 60元。

宁夏川民俗园，是以展示回族、伊斯兰建筑文化、宗教文化等为特色的主题景区。回族博物院的建筑风格仿造了印度的泰姬陵，征集收录了上千件回族、伊斯兰古迹资料与文献。在回乡园中游玩，就如同漫步在历史长廊中，可以领略到回族历史及伊斯兰文化的源远流长。

石嘴山 周边游

※ 沙湖 AAAAA

湖区、沙漠区

📍 石嘴山市平罗县宁夏沙湖生态旅游区。🚌 银川旅游汽车站有开通沙湖旅游专线。💰 60元。

沙湖是一处融江南水乡与大漠风光为一体的生态旅游景区，由北面的湖区和南边的沙漠区组成。在湖区内，你能够看到碧波荡漾的湖水，碧绿衬红的荷花园，还有一簇簇翠绿的芦苇丛。当你到达了南边的沙漠区后，映入眼帘的则是一片金黄耀眼的沙丘，尽显北国大漠雄浑的风情。

> **旅游攻略**
>
> 每年的夏季，这里会举办国际沙雕节。候鸟期时，这里百鸟争鸣，群鸟飞起时，遮天蔽日十分壮观。冬季沙湖还有冰雕展示和滑雪场。

※ 北武当景区

归德沟、寿佛寺、小渠子沟

📍 石嘴山市大武口区。💰 免费。

北武当景区由森林公园、北武当庙、归德沟、韭菜沟、小渠子沟古树化石组成。北武当庙依山而建，整座庙宇坐北朝南，为四进院落的建筑群体，布局自然，错落有致。两旁的钟楼、厢房、配殿相对称，秀美而有气势，是座结构精细、精巧优美的古寺。

韭菜沟为贺兰山内的一条原始山沟峡谷，清凉幽静，水草丰美，加上部分已荒弃的军事设施，更增加了扑朔迷离的氛围，是人们寻幽猎奇的好去处。

左下 | 水洞沟
右下 | 海宝塔

※黄河红柳园

黄河水、红柳林、绿草地

📍 石嘴山市惠农区园艺镇。 💰 免费。

5万多亩红柳林被黄河与五排沟夹在约5千米狭长的天水一线之内，形成了天然"湖心岛"。黄河红柳园面积广大，林草相间，走在红柳园的羊肠小道上，不时还会看到奔跑觅食的野兔和鸣叫不停的"呱呱鸡"，山鹰、水鸟、野鸭和红脖鸟、天鹅等珍贵动物也在万亩红柳园区繁衍生息。

中卫

周边游

※沙坡头 AAAAA

湖区、沙漠区

📍 中卫沙坡头旅游区。中卫汽车站有发往沙坡头景区的专线车。 💰 通票120元。

沙坡头是腾格里沙漠为黄河所扼住的南缘，形成于乾隆年间，是一段坡面约为60度的黄河沙堤，最初因为其形状而被叫作"沙坨头"，久而久之便被传成了"沙坡头"。

滑沙中心这里有中国最大的滑沙场，若天气晴朗，气温升高，从沙坡向下滑时，坡内便发出"嗡嗡"的轰鸣，犹如金钟长鸣，故有"沙坡鸣钟"之誉，是中国四大响沙之一。

天下黄河第一漂两岸山峰

峭立，河道波诡浪谲，黄河在这里拐了一个290度的弯，每当日落前后，在沙山的最高峰可以拍到整个黄河的全貌。

> **景点攻略**
>
> 黄昏中的沙漠特别的漂亮，此时站在沙山上，抓住沙漠、绿树、黄河水一起融合而成一幅最美的画，而骆驼群在夕阳下拉长的影子与远处的沙漠也结合成一幅美轮美奂的图画。
>
> 在景区内坐羊皮筏子漂流更有乐趣。在滔滔的黄河之中，坐在筏子上渡向彼岸或顺流而下，筏工用桨控制方向，有惊险也有悠闲，非常有趣。

※通湖草原

骆驼山、通湖湿地

📍 中卫市沙坡头区。 💰 60元。

通湖草原是古丝绸北路的要塞，还保留着古代商道、盐道、大盛魁古驼道，可见当年留下的沙山岩画，古旧的买卖城遗址。晨观沙海日出，暮赏大漠孤烟，蓝天、白云、草场、牛羊和热情的草原牧民，让人感受到一种与世隔绝，超然脱俗的畅快。

> **景点攻略**
>
> 白天可在苍茫的草原上策马奔腾，或者骑着骆驼闲逛，抑或是寻一个好地方坐下来饮茶，安静地欣赏自然美景；晚上和来自各地的游人一起在篝火晚会上大口吃肉、大碗喝酒，喝着醇正的奶茶，听着悠扬的马头琴，刺激、过瘾、快活。

※寺口子

苏武牧羊遗址、云汉天度、丹崖佛光

📍 中卫市沙坡头区宣和镇南约20千米处。 💰 80元。

寺口子古称北海，自古就是兵家必争之地，有"历史博物馆"之称。寺口子分为东、西两个景区，东景区被称为塞上奇峡景区，以山石地貌景观最为有名，是西北最神奇、美丽的峡谷之一，怪石连绵起伏。西景区则称为丹崖佛光景区，山势陡峭，人文景观丰富。

※南长滩村

史前岩画、古代水车、秦代长城

📍 中卫市沙坡头区香山乡南长滩村。

南长滩村群山环绕，几乎与世隔绝。南长滩村是黄河进入宁夏流经的第一个村庄，这里四面靠山，一河环流，形成了弧形半岛，像一块翡翠镶嵌在黑色的石头和黄色的河水之间，十分幽静。每到4月中旬梨花盛放的时候便是南长滩最美的时刻。

※腾格里沙漠湿地

金色沙海、莺飞鹭起

📍 中卫市沙坡头区。 💰 免费。

腾格里沙漠湿地是丝绸之路上的一处绿洲驿站，腾格里虽然不是最大的沙漠，但其沙峰壮阔宏大，沙粒细微软滑，颜色金黄闪亮，别具特色。在

左下｜沙坡头
中下｜南长滩村
右下｜寺口子

左上 | 羊皮筏子渡黄河
左下 | 腾格里沙漠
中上 | 贺兰石
右上 | 枸杞

腾格里深处有许多湖泊，远远望去，湖边堆堆盐卤恰似冰雪，湖面泛着银光，犹如沙海冰川。

体验之旅

沙漠越野：来到银川，沙漠越野绝对是一项不能错过的活动。驾着越野车在沙漠里驰骋，享受蓝天金沙中唯我独尊的成就感，惊险刺激，挑战极限。

乘羊皮筏子游黄河：古老的羊皮筏子，原始的沙漠之舟骆驼，现代的黄河龙舟，刺激的沙海冲浪，是宁夏最好玩的地方。

参加花儿会：在宁夏，几乎随处都听到"花儿"，"花儿会"因演唱"花儿歌"而得名。"花儿会"期间，远近的百姓都登山会歌，届时人们撑着伞，

摇着扇，或拦路相对，或席地而坐，歌词极具生活气息。

寻味之旅

银川餐饮以清真饮食习惯为主。在这里可以品尝到正宗清真食品及颇具特色的回族风味小吃。牛羊肉是饭桌上绝对的主角。

银川老城连接南门到北门的中山街，既是城市的主干道又是美食街。湖滨路也汇集了许多餐馆，有烧烤一条街之称，夜市很热闹。

目的地攻略

交通

飞机：银川河东机场位于银川市下辖的灵武市临河乡境

内，距银川市区约19千米。现已开通至北京、广州、上海、成都、乌鲁木齐等全国多个大中城市的航线。机场有专线大巴往返银川市区，按航班发车。

火车：银川站位于银川市金凤区上海西路惠北巷1号，可直达北京、上海、西安、呼和浩特等国内大中城市，市内乘坐公交车可到火车站。

住宿

银川市城区是东西狭长形的，兴庆区是老城区，这里的星级酒店最多，但住宿价格也最高。金凤区靠近银川火车站，需要搭乘火车的可以住在这个区域。西夏区住宿很多，价格也很便宜，但是距离市中心有点远。

购物

银川特产最为著名当属"宁夏五宝"，即枸杞、甘草、贺兰石、滩羊皮、发菜，按它们的颜色，被称为"红、黄、蓝、白、黑"。

亮点→ 昭君墓 | 召庙 | 草原 | 马头琴 | 牛奶

呼和浩特

昭君墓

呼和浩特，蒙古语意为"青色之城"，它静卧在美丽的蒙古大草原中，因召庙云集，又被称为"召城"。悠久的历史所积累的众多文物古迹及美丽的草原风光，使这座塞北古城成为旅游者向往的胜地。

旅 行 路 线

呼和浩特经典三日游

呼和浩特芳草萋萋，牛羊遍地，鸟语花香，拥有与众不同的文化和气质。第一天观哈素海、昭君墓；第二天览伊斯兰风情街，感受伊斯兰文化；第三天游五塔寺、内蒙古博物馆。

呼和浩特市区一日游

上午去先参观五塔寺，寺内大殿的释迦牟尼像惟妙惟肖，之后再去席力图召，下午到伊斯兰风情街游览，顺道去附近的公主府看看，还可以游览一下佛教观音道场千手千眼观音院。

呼和浩特市景点

本地游

※内蒙古博物院

蒙古族通史陈列、民族文物陈列

◎ 呼和浩特市新城区新华东街27号。

◉ 免费。

内蒙古博物院的展厅大楼造型别致，极具民族特色。楼顶塑有凌空奔驰的骏马，象征着内蒙古的吉祥与腾飞，是自治区标志性建筑之一。博物院的展厅大楼有四层，这里的陈列会让你清晰的了解蒙古族的历史、民俗等。

中下 | 大召寺

※大召寺

天王殿、菩提过殿、九间楼

◎ 呼和浩特市玉泉区大召前街。

◉ 35元。

大召寺汉语名"无量寺"，大殿内供奉有一座银铸佛像，所以又有"银佛寺"之称。大召的珍藏品极为丰富，堪称大召"三绝"的银佛、龙雕、壁画和佛殿内的各种彩塑、晾佛节展出的巨幅唐卡等都是极为珍贵的历史文物和艺术珍品。

※昭君墓

青泉牌坊、和亲铜像、董必武诗碑

📍 呼和浩特市南呼清公路约9千米的大黑河畔。💰免费。

　　昭君墓位于大黑河畔，墓前有平台及阶梯相连，远望陵墓呈青黛色。当地传说，每年"凉秋九月，塞外草衰"的时候，唯有昭君墓上草色青青，因此，昭君墓又称为"青冢"。"青冢拥黛"被誉为呼和浩特八景之一。

文化解读
　　王昭君名嫱，西汉南郡秭归人，为中国古代四大美女之一。原是皇宫中的宫女，西汉年间，匈奴呼韩邪单于入朝求和亲，昭君自愿远嫁匈奴，后被封为宁胡阏氏，使汉匈之间得以和平相处。这就是历史上有名的"昭君出塞"的故事。

※席力图召

大经堂、喇嘛塔

📍 呼和浩特市玉泉区兴盛街。💰25元。

　　席力图召汉语名延寿寺，建于明代，建筑物除大殿外均为汉式。大殿采用藏式结构，四壁饰以彩色琉璃砖，殿前立有康熙皇帝御制的"平定噶尔丹纪功碑"。每年还会在这里举行佛会、跳"恰木"等活动，热闹非凡。

※五塔寺

三世佛殿院、文化展院、慈灯寺院

📍 呼和浩特市玉泉区五塔寺后街48号。

　　五塔寺原名慈灯寺，五塔只是慈灯寺内的一座佛塔。寺院内靠南处两边各有一座白色小塔，具有藏传佛教特色。正对面是三世佛殿，供有大日如来佛等12尊佛像。三世佛殿在建筑上既有汉族宫殿的特色，又有少数民族

的风范，这也是整个寺院建筑的大体风格。

※清真大寺

礼拜大殿、沐浴室、望月楼

📍 呼和浩特市回民区通道南街28号。💰免费。

　　清真大寺是呼和浩特市建筑年代最早、规模最大的一座清真寺，故得此名。寺庙前有廊檐，正门上悬"清真大寺"横匾，两侧开有便门。主体建筑礼拜大殿为中国传统建筑形式，殿顶层次分明。殿前两侧为讲堂，寺后院坐北朝南为沐浴室，西南角耸立四层六棱体望月楼。

※哈素海

芦苇荡观鸟、戏水乐园、天鹅堡温泉

📍 呼和浩特市土默特左旗。💰50元。

　　哈素海是蒙古语哈拉乌素海的简称，意为黑水湖。湖北为大青山，东、南、西三面被农田和牧场所包围，有"塞外西湖"之称。湖底水质肥沃，盛产各种鱼类及河虾蟹。湖面芦苇荡内繁衍

景点攻略
　　每到春夏时节，湖水清澈见底，品类各异的小鱼悠游往来，各种各样的鸟儿盘旋在烟波浩渺的湖面上，在芦苇荡内忽隐忽现，让人遐思不已。

中上 | 席力图召
右下 | 五塔寺

着各种鸟类，凌空起飞时盘旋在烟波浩渺的湖面上，形成十分壮观的图景。

乌兰察布
周边游

※辉腾锡勒黄花沟草原

黄花沟地质公园、窝阔台鲜花草原

📍 乌兰察布市察哈尔右翼中旗辉腾锡勒草原上旗。💰套票165元。

　　辉腾锡勒蒙古语意为"寒冷的高原"。每年5~9月，整个草原牛羊游动，牧歌嘹亮，绘织成一幅美丽的草原图景。这里还有森林近万亩，原始白桦、古柏参天；这里的山泉，千百年来流淌不息，在黄花沟的巨石间喷涌而出，给黄花沟增添了无尽的灵动之气。

※格根塔拉草原

王爷府、祭敖包

📍 乌兰察布市四子王旗格根塔拉草原旅游区。💰免费。

五塔寺

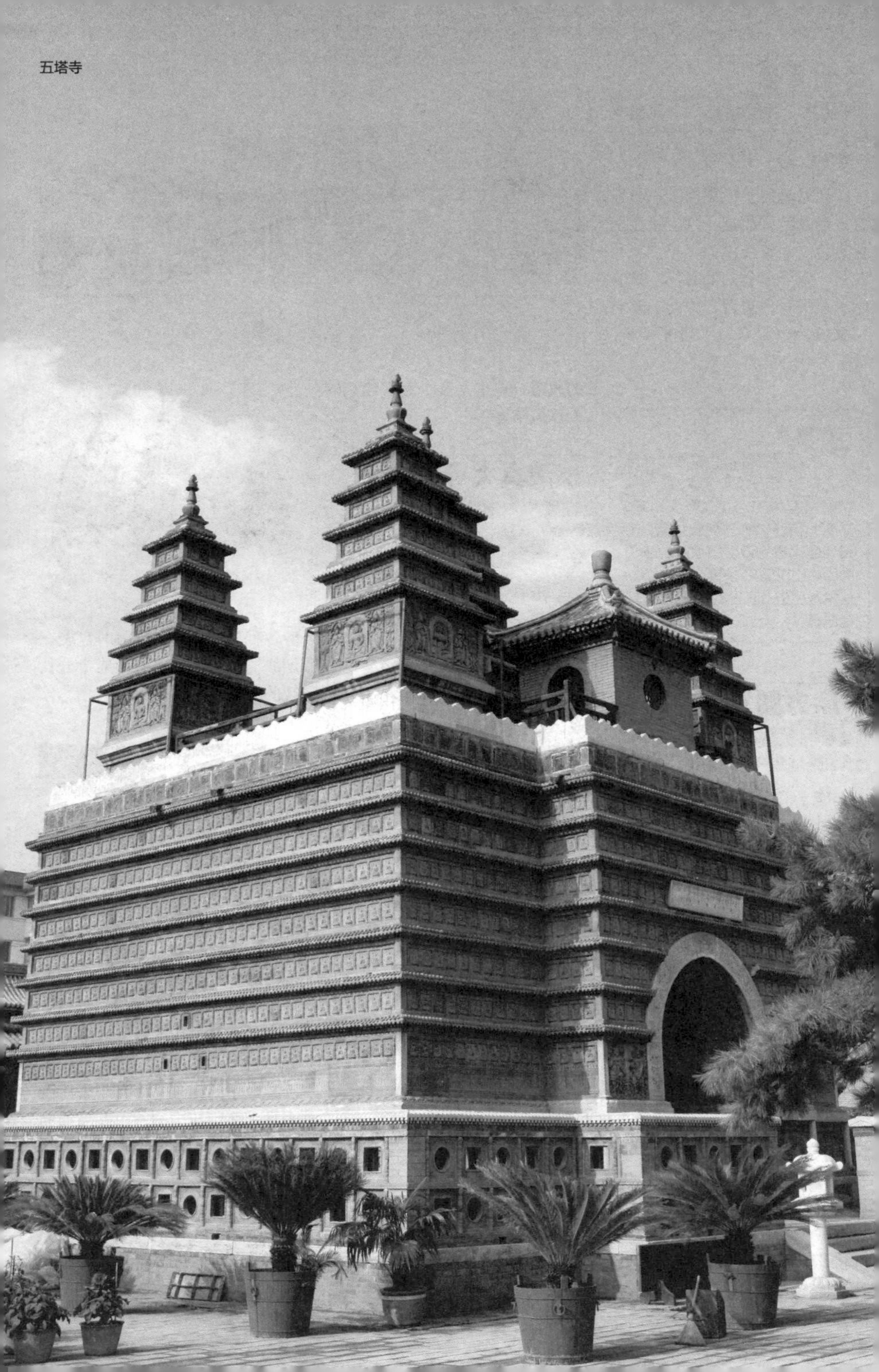

格根塔拉草原自古以来就是优良的天然牧场。在每年7月底，这里会举办那达慕草原旅游节，届时在这里可以观看到蒙古族的赛马、摔跤、射箭等传统民族活动。在夜晚，可以参加景区的篝火晚会，欣赏蒙古族姑娘的民族舞蹈，还有浓厚的马奶酒和喷香的手抓肉。

※凉城岱海

汇祥寺遗址、洞金山睡佛、秦汉古长城
🏠 乌兰察布市凉城县岱海镇。 ￥40元。

凉城岱海旅游区位于乌兰察布市南部，盛夏时节，略呈椭圆形的岱海宛如莲叶初露。岱海温泉，又名马刨泉，位于岱海附近的三苏木乡中水塘村，因传说康熙皇帝巡边时，坐骑在此刨泉解渴而传名。

包头
周边游

※五当召

苏古沁独贡殿、洞阔尔殿、文物博物馆
🏠 包头市石拐区青五线五当沟。
￥60元。

五当召始建于清康熙年间，被群山环抱，山上苍松翠柳，郁郁葱葱，寺前小溪清澈，流水涓涓。整个寺院依山势建造，规模宏大，主要建筑由六殿三府一堂和94栋喇嘛住宿楼组成。寺内现存的大量壁画，精细逼真地描绘了历史人物、风俗、神话及山水花鸟。

景点攻略

现在，五当召寺依然是本召喇嘛进行佛事活动和信徒们朝拜的场所。每逢农历正月初一到十五，诵《甘珠尔经》，农历正月十五当天，进行酥油花展出；农历五月初五，举行那达慕大会和赛马会；农历七月二十三至八月初一，举行一年一度的嘛呢会，喇嘛们手持经轮，吹着法号，敲着羊皮鼓绕召庙而行，场面颇为壮观。

中上 | 五当召

蒙古包

乌尼通译为椽（chuán）子，是蒙古包的肩，上联套瑙，下接哈那。其长短大小粗细要整齐划一，木质要求一样，长短由套瑙来决定，其数量也要随套瑙改变。乌尼一般由松木或红柳木制作。

毡房蒙古包外形的角是尖的，而哈萨克毡房的角则是圆形的。

套瑙蒙古包的套瑙分联结式和插接式两种。要求木质要好，一般用檀木或榆木制作。联结式套瑙和乌尼是连在一起的，因为能一分为二，骆驼运起来十分方便。

正门对面的位置，包内正北中间是长者或贵宾的位置。

西边位置是客人的位置。

东边位置是家人就座和做饭的地方。

哈那是蒙古包围墙的构件，承托起套瑙和乌尼，限定了毡包大小。一般的蒙古包最少由四片围合而成。

蒙古包门朝南开。

东南是炉灶，一方面能方便从正中的天窗排烟，另一方面能使沿炉灶一圈的人方便取暖。

※梅力更风景区

阴山第一索、梅力更大瀑布、智水潭

⊙ 包头市九原区 110 国道约 772 千米处。

💲 套票 125 元。

　　梅力更风景区北依乌拉山主峰大桦背，南眺鄂尔多斯高原和九曲黄河。这里有独特的地质景观，梅力更大瀑布是北方罕见的泉水瀑布，一鸿飞瀑泻入碧绿的深潭，有九天银河坠谷之势，飞瀑下深潭即为"智水潭"，相传饮过智水的人，犹如仙翁指点，智慧过人。

※美岱召

经堂、大雄宝殿、罗汉堂

⊙ 包头市土默特右旗 110 国道以北。

💲 30 元。

　　美岱召是藏传佛教传入时的一个重要弘法中心。美岱召村始建于明朝嘉靖年间，古村依山傍水，景色宜人，建筑风格上仿中原汉式，同时融合蒙古族、

右下 | 希拉穆仁草原
中上 | 美岱召

藏族风格，是一座"城寺结合，人佛共居"的藏传佛教寺院。

※希拉穆仁草原

普会寺、希拉穆仁河

⊙ 包头市达尔罕茂明安联合旗东南部希拉穆仁镇。💲 免费，草原花海 40 元。

　　希拉穆仁蒙古语意为"黄河"。寺院建于乾隆三十四年（1769 年）。游客在这里可以观赏草原美景，并参与隆重的"祭敖包"仪式，享用草原民族典型的风味餐饮，体会独特浓郁的蒙古族文化风情。

体 验 之 旅

　　滑雪：呼和浩特滑雪场朝阳、背风，特殊的气候使这里的雪呈规则的颗粒状，更易于获得良好的滑雪感受。如果想

尝试雪上风驰电掣的感觉，那一定要来到呼和浩特体验一下。

草场滑行： 来内蒙古旅游，怎么能不体验一番大草原上独特的刺激运动。碧绿的草垫葱葱郁郁，从高高的沙道上一滑而下，耳边风呼呼作响，感受无与伦比的刺激与快感。

赛马： 赛马是"男儿三技"中的一项，乘着飞奔的骏马，尽情地享受骏马奔腾带来的速度与激情，用心去拥抱大自然，相信你会爱上赛马。

寻味之旅

呼和浩特其独特的地理位置铸就了浓浓的草原风味的饮食习惯。手把肉、烤全羊等都代表了草原的纯正风味；稍麦、焙子、莜面是这里常吃的主食；奶茶和马奶酒、奶皮子、奶豆腐等乳制品也都是呼和浩特不可或缺的传统美味。

目的地攻略

交通

飞机： 呼和浩特白塔国际机场位于市区东约15千米处，有多条航线往返北京、广州、上海等大中城市，并且开通往返蒙古乌兰巴托和俄罗斯赤塔等地的国际航线。

火车： 呼和浩特站位于呼和浩特市新城区，有发往北京、上海、南昌、南宁等城市的普速列车。

呼和浩特东站位于呼和浩特市市区东侧，承接发往省内包头、赤峰和鄂尔多斯等地高铁和国内一些城市的普速列车。

住宿

呼和浩特的住宿很方便，住宾馆旅社很舒坦，而且蒙古包也可以住宿。

购物

呼和浩特土特产有驼毛、鹿茸、发菜等；旅游纪念品主要有蒙古刀、结盟杯、马头弯刀、蒙古族饰等。

如果要购买土特产，可以到新世纪广场或师大南路的农副产品市场购买。如果要购买蒙古刀等旅游纪念品，可以到锡林北路的内蒙古文物总店购买。

左上 | 烤全羊
左下 | 传统戏曲二人台《挂红灯》
右上 | 手把肉
右下 | 大召的鼓

亮点→ 成吉思汗陵｜秦直道｜大漠风光｜草原

成吉思汗陵祭坛

鄂尔多斯

　　鄂尔多斯，蒙古语意为"很多宫殿"。辽阔和壮丽的鄂尔多斯草原，蓝天、白云、黄沙都有无限的诱惑，能歌善舞的鄂尔多斯牧人们在奔驰的马背上放歌，姑娘们在广袤辽阔的草原上起舞，一如歌曲里那"蓝蓝的天上白云飘，白云下面马儿跑"的美好风光。

旅 行 路 线

鄂尔多斯经典三日游

　　第一天前往鄂尔多斯草原，体验骑马、射箭等草原风情；第二天上午前往一代天骄成吉思汗陵，下午驱车前往七星湖沙漠生态旅游区，夜宿蒙古风情园；第三天早起观看沙漠日出，然后游览沙海、沙山、湖泊等自然景观，享受大自然带来的惬意。

鄂尔多斯沙漠穿越四日游

　　第一天上午前往鄂尔多斯博物馆，下午前往秦直道的东联动漫城；第二天前往恩格贝旅游区，从这里开始穿越库布齐沙漠；第三天大部分时间都是在沙漠中行走，穿越途中会见到壮美的沙漠景观，第四天到达响沙湾旅游区，结束四天的穿越之旅。

鄂尔多斯市景点

本地游

※成吉思汗陵 AAAAA

门牌楼、成吉思汗铜像广场、苏勒德祭坛

◎ 鄂尔多斯市伊金霍洛旗伊金霍洛镇。
🚌 鄂尔多斯客运总站乘开往高家堡的班车，在成陵路口下车，换乘当地人的私车前往景区。◎ 90元。

　　成吉思汗陵墓的主体建筑是三座蒙古包式的大殿，正殿内是以"四大汗国"地图为背景的高约5米的成吉思汗塑像，寝宫里有三个黄缎子覆顶的白色蒙古包，居中为成吉思汗和夫人的灵柩，两旁放着成吉思汗生前用过的武器。

景点攻略

　　1. 成吉思汗陵每年的农历三月十七都有盛大的"苏勒定"大会，届时的开节仪式非常隆重，是难得一见的场面，不可错过。

　　2. 成吉思汗陵内有诈马宴，其仪式庄严，情的怀古，牛肉鲜香，舞姿婆娑，古乐典雅，让人心醉神迷。

中下｜成吉思汗陵

※ 响沙湾 AAAAA

沙漠甘泉、蒙古族特色歌舞、沙雕

🚩 鄂尔多斯市达拉特境内。🚌 在响沙湾立交桥下车，包车前往景区。🎫 含往返索道 130 元。

响沙湾，也叫银肯沙，是一个弯形沙坡。天晴无雨、沙子干燥时，人从沙丘的顶部往下滑，便可听到沙子发出的如同击鼓、吹号的鸣鸣声，轻则如青蛙"呱呱"的叫声，重则像汽车、飞机轰鸣。

景点攻略

来这里可以观沙漠日出，赏大漠晚霞，观赏沙雕，在沙漠中探险，燃起沙漠篝火，或在沙漠中打靶、射箭、跳伞；还可以欣赏到独具鄂尔多斯蒙古族特色的大型民族歌舞《鄂尔多斯婚礼》等精彩表演。

※ 七星湖

扎汉道图、东大道图、大道图

🚩 鄂尔多斯市杭锦旗独贵塔拉镇。
🎫 有多种套票可选择。

七星湖是浩瀚沙漠中的一汪清水，由七个湖泊组成，好似七颗明珠并列镶嵌在苍茫的库布其沙漠之中，这里水质清澈，水草茂盛，周围被沙山环抱，十分神奇。七星湖中还栖息了多种鸟类，来这里还有机会观赏到白天鹅。

※ 鄂尔多斯草原

篝火晚会、骑马

🚩 鄂尔多斯市杭锦旗锡尼镇西南 9 千米处。🎫 草原风情套票 280 元。

鄂尔多斯草原是内蒙古的草原休闲度假目的地。来到这里可以尽情体验骑马、射箭，听古如歌悠扬豪迈的长调与神奇的蒙古歌唱艺术呼麦，还可观鄂尔多斯婚礼、访牧户、祭敖包，并且品尝炒米、奶茶和手把肉等，领略草原深处最原始、最淳朴的民俗风情。

左上 | 沙雕
左下 | 响沙湾

※ 东联动漫城

九原郡城楼、甘泉宫、匈奴文化博物馆

🚩 鄂尔多斯市东胜区罕台镇西约 15 千米处。🎫 50 元。

东联动漫城是国内外唯一以秦直道文化为主题，以秦汉边塞文化和匈奴故地文化为特色的旅游景区。景区利用鄂尔多斯的独特地貌，再现了"堑山堙谷，直通之"的秦直道特征，并在沿途复制了烽、亭、台军事设施和交通节点，使 2000 多年前的秦直道宏伟历史景观跃然眼前。

※ 萨拉乌苏旅游区

巴图湾水库、巴图湾水电站、大沟湾

🚩 鄂尔多斯市乌审旗无定河镇。
🎫 50 元。

萨拉乌苏旅游区与陕北高原相连，萨拉乌苏河从西北蜿蜒而来，在这里轻轻一拐，形成了两个连接的湖湾。巴图湾水电站是这里一个重要的参观点，高高的石岩上，绿树摇曳，一抹飞瀑直泻而下，非常壮观；岩脚石缝中，还有数股清泉。

体验之旅

参加那达慕大会：每年8月上旬鄂尔多斯会举办那达慕盛会，游客可以参加，进行传统的男子"赛马""射箭""摔跤"竞赛，还可以参加诈马宴和观看成吉思汗陵祭奠表演。

观赏《一代天骄》：《一代天骄》以800年前蒙古高原浪漫浓郁的民俗风情、绚丽多彩的草原文化为背景，展现了蒙古族人民沧桑、勇敢、奔放的生命活力。

寻味之旅

鄂尔多斯地区有着不同的饮食习惯。

鄂尔多斯牧区蒙古族的主食是奶食、肉食和粮食。奶食，蒙古语叫"查干伊德"，意为"白色的食品"，含有纯洁、吉祥的意思。晚餐主要是肉食，羊肉、牛肉为数最多；牛肉一般炖着吃，而羊肉的烹制方法就较为多样了，最有名的是

左上｜冰雪那达慕
中下｜马奶酒

"手扒肉"和"羊背子"。

目的地攻略

交通

飞机：鄂尔多斯机场位于伊金霍洛旗布尔台格乡，目前，机场已经开通了到北京、上海、深圳、成都等地的航班。通航城市较多。

火车：鄂尔多斯火车站位于天骄路，在火车站可以购买包头前往北京、昆明、上海、杭州等地的列车车票。去呼和浩特、乌兰察布可乘坐动车。

住宿

鄂尔多斯住宿价格不高，可以选择草原风情的蒙古包，或是市区的酒店旅馆。不过，蒙古包住宿大多在旅游季节才开放。

购物

鄂尔多斯草原物产丰富，其中以阿尔巴斯山羊和鄂尔多斯细毛羊最为出名，它们产出的羊绒品质优良，享誉海内外。除了羊绒制品，鄂尔多斯大草原上还盛产酸毛杏、沙枣、海红子等土特产品，以及蒙古族特有的蒙古刀、地毯等工艺品，这些都是旅游购物的上佳之选。

亮点→ 蒙古包｜胡杨树｜那达慕｜东风航天城｜沙漠

胡杨林

阿拉善
　　阿拉善位于内蒙古西部边境，大漠瀚海气势雄浑，金秋胡杨神奇美丽，蒙古包里有酒香、奶香、欢歌笑语……在这里可以尽情领略。

旅行路线

阿拉善七日游

　　第一天到贺兰山南寺；第二天上午去月亮湖感受大漠风情，下午去福音寺，畅游其中；第三天上午去乌力吉风电场，之后去八道桥胡杨林，可以看到流动的沙丘；第四天可以去看额济纳的胡杨树，然后去居延海；第五天早上去甲渠侯官遗址，之后前往东风航天城，这里曾是"神舟五号飞船""神舟六号飞船"的发射基地；第六天到海森楚鲁怪石城；第七天游览巴丹吉林沙漠，晚上可住在沙漠度假区。

额济纳旗景点

本地游

※额济纳胡杨林 AAAAA

8 道桥、胡杨节

🚩 阿拉善盟额济纳旗达来呼布镇以西约 14 千米处。💰 240 元。

　　胡杨树被视为植物活化石，神奇壮观的胡杨树就分布在额济纳河流域，最吸引人的去处在二道桥、四道桥、八道桥，每道桥都有胡杨环抱着，额济纳旗的胡杨林成为旅行者和摄影人向往的天堂。

> **景点攻略**
>
> 　　胡杨树最美的时节是每年的 9 月下旬至 10 月中旬的二十几天，特别是国庆黄金周，是胡杨树色彩最为金黄璀璨的日子，一夜寒露过后，绿色的胡杨叶变成纯粹的金黄，在湛蓝的天空下和苍茫的沙漠中，宛如阳光一般明媚灿烂。寒风乍起时，一树的灿烂又落成了满地的金黄。

中下｜额济纳胡杨林

文化解读

　　在额济纳天然胡杨林中，生长着一棵被当地人称为"神树"的胡杨树。这棵"神树"位于额济纳旗达来呼布镇以北约25千米处。神树高约23米，主干直径约2.07米，需6人手拉手才能围住，堪称额济纳胡杨树之王。

※怪树林

原始胡杨林

🅐 额济纳旗达来呼布镇西南约26千米处的戈壁上。💴 120元（含黑城遗址）。

　　怪树林是一片东西宽、南北长的原始胡杨林。由于水源不足，大面积的胡杨树木枯死，枯木的每一个枝干都有着难以名状的奇怪形状。冥冥之中，渗透出一股狰狞恐怖的气氛，令人毛骨悚然。

※黑城遗址

南墙、南门遗址、土塔群

🅐 额济纳旗达来呼布镇西南约26千米处的戈壁上。💴 120元（含怪树林）。

　　黑城又称黑水城，是西夏

王朝设在北部边境的一座重要军事城堡和戍防要塞。城内西南方，现仍保存一座外形较完整的古教堂，西北角城墙上有一座覆钵式塔，远在10千米以外的荒漠上就可看到。城外临近大土塔不远的地方，还有两组土塔群仅余残塔基。

※居延海

芦苇丛、苇花亭、月亮码头

🅐 阿拉善盟额济纳旗达来呼布镇以北约50千米处。💴 75元。

　　居延海从唐代开始称为居延海。是戈壁荒漠中的一汪湖水，湖边有茂盛的芦苇丛，景区内的二号码头有时可以看到不少鸟群。湖边有茂盛的芦苇丛，这里有苇花亭，有时还可以在这里看到野鸭子。

※八道桥沙漠

滑沙、骑骆驼

🅐 阿拉善盟额济纳旗。💴 包含在胡杨林门票中。

　　八道桥沙漠内分布着不计

其数的新月形、金字塔沙丘和各种形态复杂的沙山。鸣沙分布非常广泛，走进沙漠随处都可听到如飞机掠过天空般的轰鸣声，或因风而吟，或无风自鸣，铿锵悦耳。

阿拉善左旗景点 本地游

※吉兰泰盐湖

盐厂、盐湖

🅐 阿拉善左旗吉兰泰镇境内。💴 免费。

　　整个湖呈椭圆形，这里出产的食盐俗称"吉盐"，以颗粒大、杂质少、味道浓等特点著称。吉兰泰盐湖景观是国内少有的旅游资源，盐湖面积大，储量丰富，是开展盐湖洗浴的理想场所。

※南寺

大雄宝殿、大经堂、黄楼寺

🅐 阿拉善盟阿拉善左旗南约30千米处。💴 80元。

　　寺庙始建于清代，俗称南

左上 | 额济纳怪树林
左下 | 居延海
中上 | 黑城遗址
右下 | 巴丹吉林沙漠

左上 | 福因寺
中上 | 天鹅湖

寺，是阿拉善地区第一大庙。寺内因供奉六世达赖喇嘛的肉身灵塔而闻名，1760年清乾隆赐名为广宗寺。广宗寺拥有庙宇数十座，山门的两侧岩壁上雕满了彩绘佛像，是内蒙古自治区最大的石雕佛像群。

※福因寺

白塔、大经堂

🅐 阿拉善左旗木仁高勒苏木境内。
💴 70元。

福因寺全寺现有大小庙宇15座，分布在周边的山腰、山沟等处，远远望去十分壮观。主庙的西端有一座白塔，两者遥遥相对。这座白塔就是阿旺丹德尔生活过的地方，在白塔内陈列着阿旺丹德尔的纪念塔和碑文。

※腾格里沙漠天鹅湖

通古勒噶淖尔湖、香炉峰

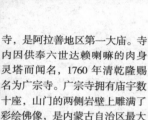

🅐 阿拉善盟阿拉善左旗巴彦浩特镇东部。💴 40元。

天鹅湖地处腾格里沙漠东部边缘，湖边布满沙枣树，湖水清澈、明净、水域广阔，湖边有一公里长百米宽的黑泥区，蒙古包区到处是马莲草。湖的四周即是浩瀚的沙漠，沙丘起伏，沙涛滚滚，景象奇伟壮观，令人心旷神怡。

景点攻略

每年3月和9月各种候鸟在此停留，有白天鹅、野鸭等百余种。每年3月底至4月初，湖面栖息的天鹅较多，平常湖面上则多为野鸭、灰鹅。天鹅湖畔，千万株蓝色马兰花绕湖怒放，而马兰花外是近两千株沙枣树围成的绿色屏障，5月沙枣花开，满湖清香。

※腾格里沙漠月亮湖

骑骆驼、野营烧烤、黑沙泥

🅐 阿拉善盟阿拉善左旗腾格里沙漠腹地。💴 100元。

月亮湖是腾格里沙漠中的天然湖泊，从东边看好像一轮弯弯的月亮静静地倾诉着古老的故事，从西边沙丘上看好像一幅中国地图，气势磅礴。月亮湖湖岸草坪如毯，湖水碧波荡漾，水鸟嬉戏。湖的周围生长着各种灌木林草，珍稀的白天鹅、黄白鸭、麻鸭等成群结队栖息于此，每年的3、4、9月都会有天鹅和其他候鸟来到这里。

阿拉善右旗景点

本地游

※红墩子峡谷

青蛙问天、一线天、猪八戒镜子

🅐 阿拉善右旗额日布盖苏木东。
💴 30元。

红墩子峡谷是典型的丹霞风貌，自北向南呈"人"字形分布，历经数亿年的风雨剥蚀和冲刷才形成了谷中数十米高的悬崖峭壁，最高的有上百米。峡谷中石塔林立，怪石成群，峡谷中部的半空石崖上有一巨石兀出，形似龙头，又似驼头，被当地人尊称为神石。

※海森楚鲁怪石城

石城泉、卧佛泉、象形石

🅐 阿拉善右旗努日盖苏木内。

"海森楚鲁"意为像锅一样的石头。这里人迹罕至，地貌原始，堪称大漠绝域。方圆几十里范围内，漫山遍野都是风蚀地貌形成的奇石怪岩。山中有梧桐沟，生长着300多棵梧桐树。

※巴丹吉林沙漠

必鲁图沙山、巴丹湖

🅐 阿拉善盟阿拉善右旗境内。💴 160元。

巴丹吉林沙漠是我国第三大沙漠，内有世界最高的沙山、蔚为壮观的鸣沙区、星罗棋布的湖泊绿洲、生生不息的沙海神泉、神秘莫测的沙漠寺庙等。巴丹湖是距离巴丹吉林镇最近的一处沙漠湖泊，宛如一颗明珠镶嵌在茫茫的沙海中，当地人也称这里为"宝石湖"。

体验之旅

赛骆驼：赛骆驼是一项当地人们十分喜爱的体育竞赛项目，比赛中骆驼疾速奔驰，在不到20千米的赛程内你追我赶，场面精彩。

那达慕盛会：乌日斯那达慕盛会上摔跤、射箭、骑马等传统体育竞技活动火爆热闹。盛大的祭敖包，是蒙古族人民重要的祭祀活动，洋溢着浓郁的蒙古族风情。

骑骆驼游沙漠：阿拉善境内有大片的沙漠旅游区，"沙海冲浪"、滑沙、沙漠滑翔伞、骑驼骑马、黑泥浴等令人玩心大盛，白天可以享受阳光、沙海、烧烤、湖水、观鸟，晚间还可以听马头琴，品蒙古族长调。

赏草原音乐剧：大型实景音乐剧《阿拉腾陶来》以额济纳的千年胡杨林为背景，以长寿的胡杨树为时间轴向，从汉代、清代到现在，展现了额济纳地区的发展历程和动人故事。

寻味之旅

阿拉善地区沙漠广布，沙漠中特产的沙葱、沙芥等植物在人们的精心制作下都成了盘中美味，驼峰、驼掌更是阿拉善美食中的代表，无论是爆炒、红烧还是炖汤，滋味都是一绝，是人们款待贵客的佳肴。

目的地攻略

🚗 交通

飞机：阿拉善机场包括左旗巴彦浩特机场、右旗巴丹吉林机场和额济纳桃来机场，主要是阿拉善盟环飞，还有发往天津、西安等城市的航班。

火车：额济纳站位于内蒙古额济纳旗，只有一班发往呼和浩特的班车。

🏠 住宿

额济纳旗有不少旅馆，在额济纳的沙漠地区可以住在向导家里或是搭帐篷。

🛒 购物

阿拉善地域辽阔、物产丰富，这里有生长在贺兰山的野生蘑菇等各种野菜，也有来自大漠的苁蓉、锁阳、驼绒等特产，长期的风蚀形成的奇石造型各异，赋予人无尽的遐想，是人们争相收藏的珍品，各民族传统的手工艺品美观大方，集艺术性和实用性为一体，是旅游购物的上佳之选。

左上｜手撕羊肉
左下｜那达慕赛马
右上｜奶皮子
右下｜音乐剧《阿拉腾陶来》

亮点 → 古丝绸之路 | 驯鹰文化 | 木卡姆 | 滑雪

乌鲁木齐城区

乌鲁木齐

乌鲁木齐，蒙古语意为"优美的牧场"，地处南北疆交通要冲，是古丝绸之路上的重镇，是新亚欧大陆桥中国西段的桥头堡，是中国优秀旅游城市，也是世界上离海洋最远的大城市。

旅 行 路 线

乌鲁木齐市区二日游

第一天游览新疆民街民俗博物馆和新疆国际大巴扎，体会新疆古今风貌，逛街，寻小吃，淘宝；第二天游览新疆维吾尔自治区博物馆和红山公园，观青铜武士俑，登高望远。

乌鲁木齐西南线二日游

第一天游览亚洲大陆地理中心和清水泉旅游度假村，感受浓缩的万国风情，泡温泉，品美食，享受惬意生活；第二天游览庙尔沟，登高望远，看可爱的小绵羊在山间奔跑。

阜康二日游

第一天主要游览恒泰齐鲁山庄，感受齐鲁文化；第二天游览天山天池，赶赴西王母瑶池盛宴。

天山天池旅游区 AAAAA

本地游

黑龙潭、玉女潭、娘娘庙

昌吉回族自治州阜康市境内。 阜康客运站有直达景区的班车。 旺季95元，淡季45元。

天山天池风景区以高山湖泊为中心，雪峰倒映，云杉环拥。据说神话中西王母宴群仙的蟠桃盛会便设在此处。

大天池北坡游览区是天池的入口所在，天池石门两侧宽约百米，因两峰夹峙，一线中通，被河道切割形成，所以又被称作"石峡"。过了石门后，就能看到通往天池顶的盘山公路，数量约五十盘，故此地名曰"五十盘天"。

大天池有如半轮明月，悬挂山中。天池北岸有棵古榆树，无人知晓它的确切年纪。

西王母庙又称"娘娘庙"，庙中供奉有王母娘娘全身像。居仙故洞位于西王母庙右上方，传说为群仙居住的地方，洞内有残存的壁画，虽有斑落，但画面依稀可辨。

博格达北峰游览区的河岸时而矗立着形态不一的岩石，时而有平坦的河滩，是徒步的好地方。谷内野生动物繁多，谷内植物可分为五层。四季景色不同，均具有很高的观赏价值。

中下 | 天山天池

乌鲁木齐市区景点 本地游

※ 新疆国际大巴扎

清真寺、丝绸之路塔

- 乌鲁木齐市天山区解放南路。
- 丝绸之路观光塔 50 元。

新疆国际大巴扎是世界规模最大的大巴扎，它具有浓郁的伊斯兰建筑风格，集中体现了浓郁的地域文化。新疆第一观光塔塔高约 80 米，是大巴扎最为著名的景点，塔内各层都有彩绘和展览展示丝绸之路的历史故事，登上塔顶便能俯瞰周围的城市风光。

※ 红山公园

大佛寺、远眺楼、红山塔

- 乌鲁木齐市红山路北一巷 40 号。
- 免费。

红山是由紫色砂砾岩构成，呈赭红色，故得"红山"一名。红山的外形像一条巨龙东西横卧，高昂的龙头伸向乌鲁木齐河，被古人视为"神山"。登上楼顶极目远眺，天山群峰、博格达峰、雪山美景美不胜举；近看乌鲁木齐高楼林立，车流如水，尽收眼底。

※ 水磨沟公园

水塔山、温泉山、水磨河

- 乌鲁木齐市水磨沟区水磨沟路 472 号。
- 免费。

水磨沟因清代驻军在此修建水磨，故而得名，是乌鲁木齐市最大的公园。风景区内景色优美，古木参天，温泉喷涌，亭台庙宇点缀其间，漫步观赏十分不错。

※ 陕西大寺

望月楼、大殿

- 乌鲁木齐市和平南路永和正巷 10 号。
- 免费。

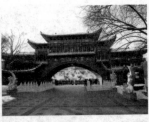

中上 | 红山公园
中下 | 国际大巴扎
右上 | 水磨沟公园

陕西大寺又名东大寺，始建于清朝，是乌鲁木齐市最大的清真寺院。这座隐藏在高楼大厦中的古老建筑，不像其他清真寺那样是穹顶大拱，而是有着浓厚的中国式建筑风格，让人感到十分意外。寺庙拱门上刻有《古兰经》。殿内四壁和门窗的装饰，其刻工精美。

※ 新疆民街

民族餐饮业、民族风情街、欧亚商品街

- 乌鲁木齐市天山区龙翔街。
- 免费。

新疆民街是目前新疆规模最宏大、民族风格最鲜明的民风、民俗、民情的一条文化街，共计五层，整个建筑融合了浓郁的伊斯兰风格、欧洲风格、中原文化和现代文化，成为乌鲁木齐市标志性建筑之一。

※ 新疆维吾尔自治区博物馆

新疆民族风情展、历代织品展厅

- 乌鲁木齐市沙依巴克区西北路 581 号。
- 免费。

新疆维吾尔自治区博物馆是新疆文物收藏和科研中心，其外观造型具有维吾尔族的建筑风格。馆内现已收藏各类文物和标本约 4 万件，有丝毛棉麻织物、简牍、晋唐时期木雕、泥塑偶像及纸本、绢本人物，以及新疆地区各少数民族的服饰与工艺品等，构成了独具一格的藏品特色。

文化解读

"楼兰美女"是迄今为止新疆出土古尸年代最早的一具，距今约有 4000 年历史，面色棕褐，尖高鼻梁，眼睛深凹，长长睫毛，下巴尖俏，栗色直发披散于肩，甚至体毛、指甲、皮纹均清楚可见，皮肤呈古铜色，美貌超群，因而有楼兰美女的雅称。

乌鲁木齐郊县景点 本地游

※天山大峡谷 AAAAA

天山坝、照壁山、天鹅湖

📍 乌鲁木齐市乌鲁木齐县板房沟乡灯草沟村。🚌 乌鲁木齐市中桥客运站有直达景区的班车。💰 110 元（含区间车）。

天山大峡谷是一处以雪山、森林、湖泊、草原风光为主的自然风景区。这里景色清新自然，又非常多样优美。在这里几乎可以看到新疆所有的景色，雪山、峡谷、绿植、水流等一应俱全。另外，峡谷内还有很多哈萨克族牧民的毡房，住在这里可以在山水之间享用美味，非常惬意。

※西白杨沟

白色毡房、瀑布

📍 乌鲁木齐市乌鲁木齐县境内。💰 45 元。

西白杨沟是南山牧场最典型的风景区，因内壑白杨密布而得名。境内群山峻峭，沟谷尽头的天然绝壁，有一条落差 40 余米的飞瀑急泻而下。牧场风景迷人，远可看雪峰、森林，近可观草原、清泉。景区里有哈萨克族牧民的毡房可供就餐、住宿，可尽情体验牧民的生活。

※水西沟滑雪场

滑雪、骑马

📍 乌鲁木齐市水西沟乡水西沟羊圈沟风景区内。💰 60 元。

冬季远足旅游，去水西沟踏雪看景、滑雪、滑冰，实在是一种享受。水西沟滑雪场山青、树绿、天蓝、雪白、光足。峭立的崖壁闪着青光，到处白雪皑皑，山如粉施，松如玉雕，站在雪原，吸一口清凉的空气，顿时神清气爽，捏在手中的白雪如粒粒细沙从指缝中颗颗落下。

※柴窝堡湖

垂钓、赛马

📍 乌鲁木齐市达坂城地区西部博格达峰脚下的柴窝堡盆地。💰 免费。

圆形的柴窝堡湖是个天然冷水性湖泊，清澈如镜的湖水由北面的博格达峰，以及南面的公格尔峰融雪汇集而成。远处是茫茫雪山，近处是一潭碧水，有时微风拂面，树丛芦苇迎风摇曳，渔船穿梭，海鸥飞翔，令人乐而忘返。

※菊花台

乌鲁木齐天文台、马鹿、蘑菇

📍 乌鲁木齐市乌鲁木齐县甘沟乡。💰 免费。

菊花台是一处以大片金黄色菊花为特色的草原风景区，因春夏两季遍布金黄色的野菊花而得名。菊花台东侧的中梁台上有中科院乌鲁木齐天文台，这里建有我国目前最大的射电天文望远镜，直径约 25 米。

※西山老君庙

老君殿、药王殿、文昌殿

📍 乌鲁木齐市沙依巴克区西山西街。💰 15 元。

西山老君庙建于清乾隆三十二年（1767 年），里面供奉着太上老君。每逢农历二月十五日，按照习俗举行盛大庙会，届时在庙内的戏台上会连唱三天大戏，街道上还有很多民间手工艺品展示，堪称是当地文化的一次盛会。

※达坂城白水镇

护城河、吊桥、兵器台

📍 乌鲁木齐市达坂城区 312 国道附近。💰 40 元。

白水镇是一个著名的风口，人们调侃说，这里的风一年只刮一次，从冬天刮到春天。举目望去，白水镇城门楼，仿唐代风格建筑，护城河、吊桥、烽燧、兵器台，再现了大唐盛世边关军镇的威武雄姿。

※乌拉泊古城

方形角楼遗迹、古墓、巨人遗骸

📍 乌鲁木齐市天山区乌拉泊湖畔。

乌拉泊古城是丝绸之路新北道的必经之地，古城内到处散布着大致为唐、宋时期的陶

左下｜菊花台
中下｜天山大峡谷

左上｜乌拉泊古城
右上｜南山滑雪场
右下｜民族舞蹈

片，也曾出土过少量元代瓷片。附近的农民还从古城内拾到过圆形方孔铜钱。

体验之旅

滑雪：呈站立姿势，手持滑雪杖、足踏滑雪板在雪面上滑行，来新疆，乌鲁木齐丝绸之路滑雪场绝对是一个不错的选择。

歌舞大巴扎：新疆的舞蹈尤以维吾尔族的歌舞著称，音乐风格的婉转悠扬，民间歌曲的活泼诙谐，热情奔放的舞步，徜徉在歌舞大巴扎中，感受到的是欢快、喜悦的弥漫，让时间静止，让思绪继续停留到缤纷的梦幻里。

那达慕大会：大会上有惊险刺激的赛马、摔跤，令人赞赏的射箭，有争强斗胜的棋艺，有引人入胜的歌舞。参加那达慕大会，感受民族特色。

寻味之旅

乌鲁木齐是少数民族聚居区，从烤全羊到拉条子，从酸奶子到手抓饭，应有尽有。新疆大盘鸡、馕、烤全羊、奶茶等，也是乌鲁木齐的几大特色美食。全疆各地的水果都集于乌鲁木齐市，如葡萄、哈密瓜、石榴、库尔勒香梨、伊犁苹果及各种各样的水果干。

一般游客来到乌鲁木齐，都会到二道桥逛逛，一来领略新疆的民族风情，二来品尝这里的风味小吃，三来选购一些特产。

目的地攻略

交通

飞机：乌鲁木齐国际机场位于乌鲁木齐市郊西北地窝堡，距市区约16千米，目前与北京、上海、广州、香港等国内的大中城市及莫斯科、伊斯兰堡等国外部分大中城市通航，机场有民航快线连接机场与市区。

火车：乌鲁木齐站位于乌鲁木齐市头屯河区，承载发往各大城市的高铁动车组和普通客运列车。

乌鲁木齐南站位于乌鲁木齐市沙依巴克，是南疆之星城际列车始发站，也是兰新高铁的主要经过车站，也有发往哈萨克斯坦阿拉木图和阿斯塔纳的国际联运旅客列车。

住宿

乌鲁木齐市是新疆维吾尔自治区的首府，大部分到新疆的游客都会先到达这里，以这里为中心前往自治区各地游玩。市区内的购物中心、特色餐馆、大大小小的夜市遍布，购物用餐方便，住在市区绝对是个正确的选择。

购物

全疆有名的土特产在乌鲁木齐都可以买得到，艾得里斯绸、英吉沙小刀、和田地毯等都是不错的旅游纪念品。此外，还有诱人的瓜果，吐鲁番的葡萄、哈密的瓜、库尔勒的香梨、叶城的石榴、伊犁的苹果、阿图什的无花果等。

亮点→ 吐鲁番葡萄｜故城｜火焰山｜高昌乐舞｜魔鬼城

东疆

回王府

东疆是丝绸之路的入口，这里不仅有许多历史遗迹，还有火焰山、艾丁湖、魔鬼城等许多独特的自然景观，葡萄沟的葡萄更是闻名遐迩。此外，大漠胡杨林景观、草原和湖泊交相辉映的江布拉克、神秘美丽的天山天池都值得你驻足观赏。

旅 行 路 线

东疆古迹环线七日游

第一天至吐鲁番市参观交河故城和葡萄沟；第二天上午游览坎儿井乐园，下午东行参观火焰山和高昌故城；第三天上午参观柏孜克里克千佛洞，之后向东沿途可欣赏库木塔格沙漠的风光；第四天上午参观五堡魔鬼城，下午参观回王陵和盖斯墓；第五天至哈密参观白石头景区、天山庙和鸣沙山景区；第六天参观巴里坤湖，之后向西行驶至木垒；第七天参观奇台魔鬼城，然后游览江布拉克风景区。

吐鲁番三日游

第一天游览坎儿井乐园和交河故城，看古城夕阳；第二天游览葡萄沟和柏孜克里克千佛洞，品尝美味爽口的葡萄；第三天游览吐鲁番沙漠生态风情园和艾丁湖，感受沙漠风情。

哈密旅游区

本地游

※哈密博物馆

五堡干尸、铜釜、鹿首铜刀

⌂ 哈密市广东路 360 号。　免费。

哈密博物馆展厅以通史陈列的方式来呈现哈密悠久的古代文明。博物馆陈列有轰动国内外的五堡干尸、精美的古代毛布和属于北方青铜文化的铜釜、鹿首铜刀等珍贵文物，大部分展品为历年考古发掘出土文物，有着浓郁的地方文化特色。

中下 | 哈密博物馆

※哈密天山风景区

白石头、松树塘、天山庙、寒气沟

⌂ 哈密市巴里坤县境内。　免费。

"一日游四季、十里不同天"，从市区沿哈巴公路到天山风景区的 70 千米路程中，可以领略到绿洲、大漠戈壁、草原、森林和雪峰五大自然景观。

白石头因为有一块大如房屋突兀在绿色草原中的白色石英石而得名，这里景色优美，气候凉爽，雨水充沛，空气清新，清泉喷涌，水质甜美。

松树塘历史悠久，有许多古文化遗迹。古代这里设驿站，建烽火台。汉司马任尚、唐代姜行本曾在这里立下赫赫战功。松树塘北侧古陶遗址清晰可见，残存陶片上的花纹、形状与西安半坡遗址的相似。

鸣沙山四周高山环绕，沙丘由金黄细砂组成，峰脊尖峭，蜿蜒蛇行，沙丘互相衔接。每当游人从沙山滑坡而下，沙鸣声如飞机掠过，隆隆作响，或如万马奔腾，高亢激昂。

中上 | 回王陵

内广场东侧是哈密最大的清真寺——艾提尕尔清真寺，西侧散布着一些历代回王的陵墓，都是保存下来的古老建筑，园内还有一座回王历史陈列馆可以参观。

景点攻略

墓葬群的西部有哈密最大的清真寺，规模宏伟，四壁文饰彩绘，顶部撑柱雕花，可容纳1800人做礼拜。回王陵在市南约2千米处，系历代回王及其王妃墓穴，其中一处为两座亭式建筑，雕梁画栋，十分壮观。

文化解读

当地民间有一个传说：唐朝女将樊梨花带兵征西时，有一营女兵与敌人遭遇，战斗激烈，因众寡悬殊，全部阵亡，樊梨花率军赶到，大败敌兵，将女兵尸体全部葬在沙山上，阴魂不屈，常常从沙山底传出厮杀呐喊声。人们根据这一传说，给这一景点取名"沙山藏营"。

※回王府

庭院、点兵台、王爷台

哈密市南郊团结路。 35元。

回王府是清朝时期哈密维吾尔族首领额贝都拉建造的宅院，可惜后毁于战火。2004年，哈密王府原址重建工程启动，终于把辉煌的王府胜景再现。重建后的王府规模宏大，建筑构造既体现了伊斯兰古典建筑的艺术风格，又融合了汉族建筑艺术的特点。

※回王陵

哈密王拱拜、哈密王历史陈列馆

哈密市回城乡阿勒屯村环城路7号。 40元。

回王陵又称哈密王墓，园

※盖斯墓

盖斯遗骸、锦幡

哈密市城郊乡大营门村，距市中心约2千米。 免费。

盖斯墓又称"圣人墓""绿

拱背"，是伊斯兰教先知穆罕默德弟子盖斯的墓。盖斯墓基座方形，圆形拱顶，遍覆绿色琉璃砖，四周为木柱支撑的回廊，四角飞檐。

※五堡魔鬼城

鱼类化石、艾斯克霞尔古城堡、植物化石

哈密市五堡乡支边农场。 50元。

五堡魔鬼城是哈密雅丹地貌经过漫长的风蚀自然而形成的，不熟悉地形的人若遇风暴，有迷失方向的危险。在魔鬼城可以看到形态各异的景观，如令人眼花缭乱的陡壁悬崖及五光十色的玛瑙等。当夜幕降临时，有时会听到鬼哭狼嚎令人发指的嘶叫，因此才被人们称之为"魔鬼城"。

※巴里坤草原

天山松雪、瀚海鳌城、镜泉宿月

哈密市巴里坤县境内。 免费。

巴里坤草原雪山晶莹，松林青翠，云雾缭绕，变幻莫测。六七月份，这里蝶儿纷飞、鸟儿鸣叫、绿浪翻滚，风吹草低才能见到牛羊。草原最热闹的是8

五堡魔鬼城景区示意图

左上 | 苏公塔
中上 | 五堡魔鬼城
中下 | 巴里坤湖
右下 | 吐鲁番郡王府

月，这个时候会举行哈萨克族传统的赛马、叼羊、姑娘追、阿肯弹唱等活动。

※ 巴里坤湖

汉姑泉、毡房

🏠 哈密市巴里坤县西约 18 千米海子沿乡。👛 免费。

　　巴里坤湖由四周自然泉水汇流注入而成，湖中有一南北向沙堤，将湖分隔成东、西两部分。东湖碧波荡漾，西湖一片银白，湖东有大片沼泽湿地，湖周是辽阔的牧场。每当盛夏这里帐篷星点，牛羊成群，哈萨克族同胞常在湖边草原举行盛大的阿肯弹唱会。

文化解读
　　关于巴里坤湖有许多美丽的传说，流传最多的一则传说是：一位汉族姑娘和一位名叫蒲类海的哈萨克族青年合力同破坏湖泊的山魔搏斗，姑娘被压在尖山下石化了，哈萨克族青年扭住山魔同沉湖底。他们用生命为后人换来安宁幸福的生活。为了纪念他们，人们就把尖山下的数股清泉叫"汉姑泉"，把湖泊称作"蒲类海"。

※ 大河唐城

马面、主城、角楼

🏠 哈密市巴里坤县大河镇东头渠村东部。

　　大河唐城是唐代古城遗址，呈长方形，分为东西两个小城。著名的"大河"发源于东边的地下泉水，因此极宜农耕。从这里到旧户就是在古代所称之甘露川的地方，这里可浇灌万顷良田，是屯垦戍边生产粮食的最好地方。

吐鲁番市区景点　本地游

※ 吐鲁番博物馆

巨犀化石、出土文物陈列厅、古尸陈列厅

🏠 吐鲁番市木纳尔路 1268 号。👛 免费。

　　吐鲁番博物馆的馆藏非常丰富，该馆设计风格独特，厚朴凝重，突出少数民族特色和历史沧桑感。整个展览部分分为吐鲁番地区出土文物陈列厅、吐鲁番地区出土古尸陈列厅和巨犀化石陈列厅三个部分。

※ 苏公塔

苏公塔礼拜寺、清真寺

🏠 吐鲁番市东郊约 2 千米处葡萄乡木纳格村的台地上。👛 45 元。

　　苏公塔又称额敏塔，是一座造型新颖别致的古塔，外部用清一色灰黄色砖砌成。塔身浑圆，呈圆柱体，四周共有 14 个窗口，供通风采光用。塔顶为穹隆顶，上有铸铁塔饰。塔身表面砌叠十四种不同形状的几何图案，或平置或斜砌或凹进或凹陷。

※ 郡王府

葡萄架、拱廊

🏠 吐鲁番市木纳尔路与零五一县道交叉口南侧。👛 20 元。

　　郡王府大门及院墙造型别具一格，庄重、古朴大方具有浓郁的伊斯兰风格。郡王府院内、前后宫殿共有大小房间数十间，天棚、拱廊、楼梯、栏杆和檐口用典型的维吾尔族木雕、木刻工艺进行雕刻，配以石膏花饰，极具民族风味。

※坎儿井乐园
古坎儿井、坎儿井博物馆、民族歌舞餐厅
📍 吐鲁番市新城路西门村。 💰 40元。

坎儿井乐园即坎儿井民俗园，园内有三条坎儿井，主要参观的坎儿井暗渠建议选择在最具典型的且约有800年历史的米依木·阿吉坎儿井的下游部分，可在十几米地下的100米参观通道内，领略坎儿井暗渠和竖井的原貌。

※葡萄沟 AAAAA
民俗村、阿凡提庄园、达瓦孜庄园
📍 吐鲁番市东北约11千米的火焰山峡谷中。 🚌 市内乘5路公交车至葡萄乡政府站下车。 💰 60元。

风光秀美的葡萄沟是神奇火焰山中的一块河谷地，布依鲁克河横穿其间。沟中郁郁葱葱，栽种了近百种葡萄，层层叠叠的葡萄架，四周点缀着花果树木，错落有致的村舍农家分布在一片绿色之中，山坡高处建筑着许多空心土坯垒砌成的专门晾晒葡萄干的晾房。

吐鲁番郊县景点 本地游

※火焰山
西游记主题雕塑、金箍棒
📍 吐鲁番市吐鲁番盆地中部。 💰 40元。

火焰山在维吾尔语中被称为"克孜尔塔格"，意思是"红

山"。每当盛夏，山体在烈日照射下，炽热气流滚滚上升，赭红色的山体看似烈火在燃烧。由于火焰山本身具有独特的地貌，再加上《西游记》里有孙悟空三借芭蕉扇扑灭火焰山烈火的故事，使得它闻名天下。

※交河故城
地下宅院、古民居、手工作坊
📍 吐鲁番市雅尔乡将格勒买斯村。 💰 70元。

交河故城，维吾尔语意为"雅尔果勒阔拉"，当地人称之为"崖儿城"。故城现存遗址均属唐代时期建筑群落，该建筑群有两个显著特点：一是没有城墙；二是大部分建筑物包括宽大的街道，都是从原生土中掏挖出来的。

※高昌故城
可汗堡、讲经堂、藏经楼
📍 吐鲁番市高昌区三堡乡向东约1.5千米。 💰 70元。

高昌故城呈长方形，分外城、内城、宫城三部分。故城曾是高昌王国的都城，故城历

史悠久，轮廓犹存，城墙气势雄伟屹立在火焰山下。登高展望，全城平面略呈不规则的正方形，城内建筑布局与当时长安城相仿。

※柏孜克里克千佛洞
唐僧师徒雕塑、第33窟、第20号窟
📍 吐鲁番市火焰山景区向北侧5千米。 💰 40元。

柏孜克里克，维吾尔语意为"山腰"，千佛洞石窟分布在河谷西岸约1千米范围内的断崖上，依山体而修，共分三层。凿有洞窟83个，现存57个，其中有壁画的40多个。如今，壁画的色彩依旧艳丽夺目，表现内容依然丰富。

※库木塔格沙漠
沙山公园、沙漠越野
📍 吐鲁番市鄯善县。 💰 30元。

库木塔格，维吾尔语意为"沙山"。来自达坂城风口的狂风，沿途经过长风程，挟带着大量沙子，最后在库姆塔格地区相遇碰撞并沉积，形成"有沙山的沙漠"。站在鄯善老城向南望去，金色的大漠雄浑壮观、风光无限，沙漠与绿洲相伴，大漠风光与江南秀色相映。

※吐峪沟麻扎村
窑房、清真大寺
📍 吐鲁番市鄯善县吐峪沟乡。 💰 30元。

吐峪沟麻扎村是新疆现存的最古老的维吾尔族村落，有

左下 | 交河故城
中上 | 火焰山
右下 | 库木塔格沙漠

高昌故城

"民俗活化石"之称。吐峪沟麻扎村落中古老的生土建筑，至今还闪烁着"黄黏土文化"。

※吐峪沟大峡谷

吐峪沟干佛洞、吐峪沟麻扎村

🏠 吐鲁番市鄯善县境内。💰 30元。

吐峪沟大峡谷，古称丁谷，一直以险、峻、奇、幽而著称。吐峪沟大峡谷位于火焰山中段，火焰山的最高峰便在峡谷中。大峡谷色彩分明，山体岩貌清晰可见，峡谷内怪石嶙峋、沟谷纵横。

东疆其他景点
本地游

※奇台魔鬼城

"清真寺"、"柬埔寨的吴哥窟"、"布达拉宫"

🏠 昌吉州奇台县境内。💰 50元。

奇台魔鬼城又称"诺敏魔鬼城"，位于准噶尔盆地东部的将军戈壁上，属于典型的雅丹地貌。魔鬼城内有许多惟妙惟肖的岩石造型，这些似人似物的造型，全都栩栩如生。

※江布拉克 AAAAA

怪石圈、宽沟、羊洼滩

🏠 昌吉州奇台县半截沟镇南部山区。💰 43元。

江布拉克是哈萨克语，意为圣水之源。它集结了天山之灵气，并融入诸多美丽的传说。在这里，远山近水相映，林海雪峰交融，绿波花海如潮，一派圣洁的自然风光。宽沟景区和羊洼滩都包含其中，远远望去就像北斗七星一般。

※木垒胡杨林

世界胡杨王、北塔山

🏠 昌吉州木垒县。💰 80元。

木垒胡杨林景区是世界上最古老的原始胡杨林。在这里发现的"祖木"，被誉为"世界胡杨王"。枯死的胡杨林粗壮得如古庙铜钟，几人难以合抱；挺拔得像百年佛塔，直冲云霄；怪异得似苍龙腾越、虬蟠狂舞；秀美得如月中仙子，妩媚诱人。

※五彩湾

五彩城、火烧山、恐龙沟

🏠 昌吉州吉木萨尔县内。

五彩湾又名五彩城，因其五彩缤纷的地貌特征而得名，错落有致的山丘如一顶顶帐篷。中午的五彩城炽热如火，山丘的色彩在阳光下变得淡化，就连空气也变得燥热炙人。夕阳西下时，五彩城在残阳的映衬下变得五彩缤纷，光彩夺目。

※将军戈壁

梭梭林、石钱滩、魔鬼城

🏠 昌吉州东北部。

左下 | 奇台魔鬼城
中上 | 江布拉克

将军戈壁外围便是新疆第二大沙漠——古尔班通古特沙漠，近1000平方千米的范围内，荟萃了多处奇景异貌。开阔的沙地上生长着红柳、梭梭和芨芨草，红黑色的石滩在阳光照射下，暑气蒸腾，经常会出现虚无缥缈的海市蜃楼幻影。

※北庭故城

西大寺、古城墙

◆ 昌吉州吉木萨尔县城北约12千米处。

北庭故城又称"北庭都护府"，也叫"护堡子古城"。故城呈正方形，分内外两重。内外二城均有护城河。城内昔日的街市塔庙、衙署，外城的角楼、敌台及城墙上的马面，仍依稀可辨。如今在故城遗址中，残砖碎瓦、各色陶片等还能捡到。

中上｜麦西来甫表演
中下｜葡萄
右上｜北庭故城

体验之旅

观《吐鲁番盛典》：《吐鲁番盛典》以吐鲁番的深厚文化为创意灵魂，综合千年历史时空，呈现了吐鲁番特有的历史文化脉络与民族文化气象。

赏麦西来甫：麦西来甫是一种以歌舞和民间娱乐融为一体的娱乐形式。节假日或傍晚休息时，人们聚集在广场上，吹拉弹唱、表演杂技魔术、跳舞娱乐，有兴趣的话也可以登场表演节目。

沙疗：沙疗是吐鲁番独特的娱乐健身项目，在万佛宫和库姆塔格沙漠等景点，都提供有沙疗项目。沙疗能加速新陈代谢功能，起到日光疗、热疗、磁疗和按摩的作用。

寻味之旅

吐鲁番的饮食很丰富，浓厚地方特色的维吾尔族风味小吃荟萃于此。吐鲁番的葡萄享誉大江南北，极受欢迎，而且吐鲁番的葡萄品种多达数百种。

广汇街是吐鲁番有名的小吃一条街，无论是叫得上名字的小吃，还是叫不上名字的小吃，在这里全都品尝到。

哈密地区各族人民在长期的生活中，逐步形成了独具特色的民族风味小吃，如哈密瓜荤素大菜系列、羊肉焖饼子和野菜系列。

目的地攻略

🚗 交通

飞机：吐鲁番机场又称交河机场，是中国内陆海拔最低的机场，距离吐鲁番市区西北约10千米。目前有飞往哈密、北京、长沙、广州、上海、武汉等地的航班。

哈密机场位于哈密市城东偏北方向。目前有飞往喀什、吐鲁番、乌鲁木齐、北京等地航线。

火车：吐鲁番火车站位于大河沿镇，距离吐鲁番市区约50千米。兰新线、南疆线各次列车均在吐鲁番站停靠。

哈密火车站位于市区天山北路，兰新铁路纵贯哈密，新疆开往内地的火车都经过这里。

🏠 住宿

来东疆旅游一般都会选择住在吐鲁番或者哈密，这两个地方景点较多，市区也比较繁华，交通便利，住在市区包车也方便，便于前往各大景区。

🛒 购物

到吐鲁番旅游，最不能错过的就是吐鲁番的葡萄。品质上乘，品种繁多，其中尤以无核白葡萄最为名贵。此外，吐鲁番的挂毯、花帽、帕拉孜等特产都颇具民族特色，可适当挑选一些留作纪念。

亮点 → 喀纳斯 | 图瓦人村落 | 大峡谷 | 油田

北疆

白哈巴村

北疆是一个不吝惜颜料的地方，遍布的湖泊、河流、森林色彩绚烂，景色奇幻，随处放眼都是一幅幅美丽的油画。这里是新疆自然风光的精华，无论是观光、摄影还是户外体验，都不能错过。

旅 行 路 线

北疆秋色环线七日游

第一天前往富蕴参观可可托海；第二天去阿勒泰参观桦林公园和小东沟景区；第三天至布尔津县游览五彩滩；第四天前往白哈巴村游览，然后去喀纳斯湖景区；第五天上午参观喀纳斯湖，下午游览禾木景区；第六天前往乌尔禾参观魔鬼城；第七天抵达克拉玛依，参观黑油山公园和克拉玛依展览馆。

喀纳斯景区

本地游

※喀纳斯湖 AAAAA

卧龙湾、月亮湾、观鱼亭

🚩 阿勒泰地区布尔津县北部深山中。

🚌 从布尔津汽车站乘坐前往贾登峪的班车，然后转乘区间车前往景区。

💰 230 元（含区间车）。

喀纳斯湖是整个喀纳斯景区的核心，被誉为"金山中的蓝宝石"。喀纳斯湖呈弯月形，湖东岸为弯月的内侧，沿岸有 6 道向湖心凸出的平台，使湖形成井然有序的 6 道湾，每一道湾都有一个神奇的传说。

神仙湾处的日出是最美的，阳光照射下来，整个河面流光溢彩，闪着细碎的光芒，连树上的叶子都随风摇曳，闪闪发光，乍看去就仿佛有无数的珍珠在此任意撒落。

月亮湾是喀纳斯湖的一个河湾，由于湖底高差和上游来水量的变化及光线影响，月亮湾呈现出瑰丽而多变的色彩。月亮湾的河道随山势迂回，形如一弯新月，故名。

观鱼亭是早起看云海和日出的好地方。站在观鱼亭上，湖光山色尽收眼底。朝北远望，可以看到在阳光下熠熠闪光的友谊峰冰川，向南可以看到喀纳斯湖像一条碧绿的彩带盘绕在崇山峻岭之中。

※禾木村

观景台、白桦林

🚩 阿勒泰地区布尔津县喀纳斯禾木乡禾木村。💰 60 元，村落维护费 20 元。

禾木村是图瓦人的集中生活居住地，是仅存的 3 个图瓦人村落中最远和最大的村庄。这里的房子全是原木搭成的，充满了原始的味道。禾木村最

左下 | 喀纳斯景区

出名的就是万山红遍的醉人秋色，炊烟在秋色中冉冉升起，形成一条梦幻般的烟雾带，胜似仙境。

景点攻略

1. 游玩禾木村的最佳季节是每年的6~10月，9月底的村庄两侧山坡上白桦林树叶金黄灿烂，而山顶处则开始积雪成了一座座小雪山，好像一个童话世界。

2. 喀纳斯湖边到禾木的徒步路线约40千米，中途在小黑湖处住宿一晚。路上有草甸、沼泽、湖泊、森林、山川，风景多样。尤其是小黑湖，被包围在山谷之中，景色奇幻。

※白哈巴村

雪山、中哈界碑、中华林

阿勒泰地区哈巴河县铁热克提乡内。

因为地处边陲，白哈巴村成了"西北第一村"，村边的哨所成了"西北第一哨"，连清浅的白哈巴河也当仁不让成了"西北第一河"。白哈巴是宁静悠然的，原始森林、原木小屋、袅袅炊烟、淡淡晨雾和豪爽却带点神秘色彩的居民共同构成了一个童话王国。

喀纳斯景区示意图

景点攻略

秋天同样是白哈巴最为色彩斑斓的时候，河谷内的杨树叶变成金黄色，而山脚下的桦树子正是火红，脚下的落叶松则是淡黄色，单从这树叶的颜色上看，就知道这里有多美。

左下 | 喀纳斯月亮湾
中下 | 禾木村

阿勒泰旅游区 本地游

※五彩滩
艺术馆、风力发电站、额尔齐斯河

🚩 阿勒泰地区布尔津县西北约24千米处。💰 45元。

五彩滩为典型的雅丹地貌，风景区内群峰如林，疏密相生，北岸是一片山势连绵起伏、颜色千变万化的悬崖式雅丹地貌，而南岸则是绿洲、沙漠与蓝天组成的景象，风光秀丽。在河水的映衬和夕阳的照射下，这里变幻成一个五彩斑斓的梦幻世界。

※可可托海 AAAAA
额尔齐斯大峡谷、可可苏里、伊雷木湖

🚩 阿勒泰地区富蕴县可可托海镇西侧约5千米处。🚌 富蕴县长途汽车站有至可可托海的专线出租车。💰 90元。

可可托海，哈萨克语意为"绿色的丛林"，蒙古语意为"蓝色的河湾"。可可托海集地质矿产资源、峡谷河源风光、沼泽湿地景观、寒极湖泊等自然色于一体，公园内既有野生动物，又有丰富的药用植物。

※白沙湖 AAAAA
凉亭、木制栈道、观景台

🚩 阿勒泰地区哈巴河县。🚌 建议从哈巴河县或布尔津县包车前往。💰 78元（含区间车）。

白沙湖是一处沙漠环绕的宁静湖泊，外围有连绵起伏的沙漠，但湖边却绿树成荫，湖面水波粼粼，强烈对比的画面十分奇幻。湖周50米内是高大茂密的银灰杨、白杨、白桦混生的林带；湖周50米外的沙丘上，则生长着额河杨、山楂、白杨、绣线菊等植物。

每年秋季是游玩白沙湖最好的时节，此时湖边的树叶都变成红黄两色，非常鲜艳，是拍摄红叶最好的地带。夏季来也不错，湖中可以看到新疆少见的莲花开放。

※乌伦古湖
布伦托海、吉力湖、全鱼宴

🚩 阿勒泰地区福海县内。💰 38元。

乌伦古湖又称"布伦托海"或"福海"，意为"云雾升起的地方"。它以迷人的海滨风情、沿岸阿勒泰草原风光著称。这里湖水清澈，沙滩细腻柔软，由白色石英砂组成，踩上去很舒服。

克拉玛依周边景点 本地游

※世界魔鬼城 AAAAA
"天安门""狮身人面像""桂林山水"

🚩 克拉玛依市乌尔禾区217国道旁。💰 62元（含区间车）。

世界魔鬼城裸露的石层被狂风雕琢得奇形怪状，看上去

左上 | 可可托海
中下 | 五彩滩

像是一座座古代的城垣、堡垒和宫殿，还有许多生动逼真的动植物造型景观。风沿着谷地吹过，卷着砂石发出凄厉的声响凄厉呼啸，如同鬼哭狼嚎，令人毛骨悚然，"魔鬼城"的名字就是这样得来的。

※黑油山公园

石雕纪念碑、松树化石

克拉玛依市克拉玛依区油泉路25号。 40元。

黑油山公园因其公园内有一座天然出油的黑油山，故此命名。黑油山的外观是一个不高的山丘，顶部有一座1982年立的花岗岩石碑，呈凌锥状，高约2.5米，正面刻着"黑油山"三个字。黑油山地表大面积呈干燥状，一片片凹凸不平的景致像蜂窝一样呈现在眼前。

※泥火山

鸳鸯柱、七彩坡

克拉玛依市独山子区北部。
独山子区客运站有直达泥火山专线。
免费。

泥火山又称假火山，主要有两个喷出口，两者相距约100余米。泥火山上有彩色弓形大背斜、鸳鸯柱、七彩坡等地质地貌景观及第一口油井、第一套蒸馏釜等历史遗迹、旅游景点。

※塔城红楼

博物馆、塔城报社

塔城市文化路。 免费。

塔城红楼是一座历史建筑，典型的俄式风格，红砖绿瓦，相当醒目。因临街的墙全部呈浅红色，故被人们称为"红楼"。它是塔城市较悠久、也是仅剩的较为完整的俄式建筑之一。

中上 | 世界魔鬼城
中中 | 白沙湖
中下 | 子泥火山

体验之旅

参加阿肯弹唱会：每年夏季，天气晴朗，水草丰茂之际，哈萨克族人就要择日举行阿肯弹唱会。届时人们在草原上聚集，搭起帐篷，将牛、马、羊放牧在附近草地。各地阿肯也都前来，弹起冬不拉，一展歌喉。

策马狂欢：在哈萨克族中，赛马不仅是参赛者个人的事，而是关系整个氏族部落荣誉的事。来北疆旅游策马狂欢一次未尝不是一种激情。

徒步喀纳斯：近年来，喀纳斯东线、西线徒步线路成为国内经典徒步线路。彩色的草原中，隐匿着弯曲弧形的路径，也隐匿着双脚踏过的呢喃。时而步入森林，时而踏上草原，一切都是彩色般绚丽多姿。

网红打卡：克拉玛依大油泡，这个艺术雕像倒映着蓝天白云，很像黑油山油池中源源不断溢出的油泡。白天，大油泡和上百个小油泡相互反射，夜晚，大油泡内部有着绚烂多变的灯光，充满科幻色彩，绝对是一个朋友圈打卡的好地方。

寻味之旅

阿勒泰地区的小吃很独特，有干锅焖羊腿、罐罐面、芋芋土鸡、额河烤鱼等。

克拉玛依除汉族外，还聚居着维吾尔族、哈萨克族、回族、锡伯族、俄罗斯族等30多个少数民族，因而当地的各类民族风味小吃应有尽有，塔河路上的夜市不错，时小陶椒麻鸡、眼睛虾王的炒虾、黄胖子抓饭、黄面都非常出名。

目的地攻略

🚗 交通

飞机：阿勒泰机场位于阿勒泰市西南方，距市中心约10千米。目前，机场有飞往成都、兰州、伊宁等地的航班。

塔城机场位于塔城市东，距市中心约28.5千米。机场有飞往成都、哈密、伊宁、吐鲁番、库尔勒等地的航班。市区到机场可以坐民航大巴和出租车。

克拉玛依机场位于克拉玛依市中心南偏东，主要有至乌鲁木齐、库尔勒等区内航班及飞往北京、上海等地的航线。

火车：克拉玛依火车站位于纬一路和经四路交会的十字路口向南约800米处，是奎北铁路的客运站点之一。

北屯火车站位于阿勒泰地区北屯市，是往返市区的主要交通方式，距离市区约5千米，有大巴往返于火车站与市区之间。

塔城乌苏火车站位于乌苏市乌伊路11号。地区各县市均已开通火车，可直达或中转到全疆各地区。

🛏 住宿

来北疆旅游大多数是前往阿勒泰，这里风光秀丽，山山水水坦坦荡荡，一般都会选择住在贾登峪，然后前往喀纳斯，贾登峪是徒步前往喀纳斯的第一站。

🛍 购物

阿勒泰是多民族的聚集地，如果想将阿勒泰地区的风情带回家，可以购买些当地的民族艺术品，如阿尔泰山石人雕塑品、根雕、民族刺绣、传统的民族木质生活用品和牛角酒杯类的骨制品等。

克拉玛依有当地最出名的扎染制品。这些手工制品具有装饰性和收藏价值。

左上 | 塔吉克族赛马
左下 | 罐罐面
中下 | 芋芋土鸡

亮点 →苹果之乡 | 草原奇观 | 薰衣草 | 昭苏油菜花 | 赛里木湖

赛里木湖畔

伊犁

"不到新疆不知中国之大，不到伊犁不知新疆之美"。伊犁历史上是古丝绸之路北道要冲，今天是向西开放的门户，素有"塞外江南""瓜果之乡"的美称。

旅 行 路 线

昭苏经典一日游

上午前往昭苏油菜花，陶醉在恢宏磅礴的金色海洋，随后去昭苏马场，骑马、观马、看赛马比赛。午后去看草原石人，之后去夏特峡谷，身处此地，如临仙境。

伊犁寻花四日游

第一天前往那拉提国家森林公园，每年6~9月，草原上各种野花开遍山岗草坡；第二天到达库尔德宁风景区，春天这里鲜花满山，十分亮丽；第三天到达喀拉峻草原，盛夏之际，各种野花恰似点点繁星开遍山野；第四天前往伊犁河谷，最吸引人的薰衣草在这里大放异彩，然后前往赛里木湖。

伊犁旅游区

本地游

※那拉提草原 AAAAA
空中草原、雪莲谷、乌孙墓

⊙ 伊犁州新源县那拉提镇。 ⊜ 新源县汽车站有直达景区的班车。 ¥ 75元。

那拉提草原是世界四大草原之一的亚高山草甸植物区，自古以来就是著名的牧场。风景区地处天山腹地，三面环山，巩乃斯河蜿蜒流过，可谓是"三面青山列翠屏，腰围玉带河纵横"。这里有平展的河谷、高峻的山峰，深峡纵横、森林繁

文化解读

关于那拉提这个名字有一个传说。相传，成吉思汗出征时，时值春日，一支军队由天山深处向伊犁进发，途中遭遇风雪弥漫。正当饥寒交迫时，翻过一座山岭，眼前呈现出一片一望无际的草原。此时正是夕阳西下时分，草原被一片晚霞笼罩，但仍能看到绚丽的野花，听到潺潺的泉水声。见此景色，士兵们大喊"那拉提（有太阳），那拉提"，于是这里便被命名为"那拉提"。

中下 | 那拉提草原

茂、草原舒展交相辉映。

※果子沟

果树、飞瀑涌泉

⊙ 伊犁州霍城县。 ⊛ 免费。

　　果子沟山势高峻，云杉密布，乌伊公路在景色优美的山谷中蜿蜒。果子沟是大自然赋予的天然宝库，野果不计其数，药材资源也很丰富，自春至秋野花烂漫，果香馥郁，是一条名副其实的"果子沟"。

※惠远古城

钟鼓楼、将军府旧址

⊙ 伊犁州霍城县。
⊛ 伊犁将军府 45 元，陈列馆 40 元。

　　惠远古城是新疆的历史名城，这座古城如今仅存有北、东面部分城墙和老东门土墙墩，并被称为"惠远老城"。城内有钟鼓楼、将军府旧址等，其中钟鼓楼是惠远古城的标志性建筑，是新疆仅存的一座有较远历史的传统高层木质结构建筑，登楼远眺，城内外风光尽收眼底。

※喀拉峻草原 ⊚ AAAAA

东西喀拉峻、阔克苏大峡谷、中天山雪峰

⊙ 伊犁州特克斯县县城东南侧。⊟ 在特克斯县汽车东站乘坐景区专线前往。
⊛ 140 元（含往返区间车）。

　　喀拉峻草原是新疆最著名的草原之一，呈连绵的丘陵状，背靠巍峨雪山，草原上还有树林、花海等景观。这里降水丰富，气候凉爽，土质肥厚，十分适宜牧草的生长，生长有上百种优质牧草。相传，乌孙王曾把这片水草丰茂的草原作为夏牧场，为这片草原赋予了更多的神秘色彩。

※特克斯八卦城

瞭望塔、太极坛、环形道路

⊙ 伊犁州特克斯县。⊛ 免费。

　　特克斯八卦城坐北朝南，背靠乌孙山，面向特克斯河，呈放射状圆形。县城中心广场的观光塔是八卦城的中心，这座广场为太极两仪造型，围绕广场辐射出去八条道路，分别按照乾、艮、震、巽、离、坎、坤、兑方位分布，并且距离相等、角度相同，每条道路长1200米，每隔360米左右便有一条连接八条道路的环路。

文化解读

　　八卦城有一奇：城市马路上没有一盏红绿灯。根据专家和学者的提议，既然各道路环环相连、条条相通，这对一个县城来说不会塞车和堵路的，车辆和行人无论走哪个方向都能够通达目的地。有关部门于 1996 年取消道路上的红绿灯，八卦城由此成为一座没有红绿灯的城市。

※昭苏草原

草原石人、圣佑庙、格登碑

⊙ 伊犁州昭苏县。⊛ 草原石人景区20 元，格登碑 30 元，圣佑庙 30 元。

　　昭苏大草原水草丰茂，又背靠雪山，景色绝美。每年夏天，漫无边际的油菜花犹如一条条金色的织毯席卷着广袤无垠的昭苏大草原，与天山遥相辉映。昭苏草原还是著名的伊犁马主要驯养地，每年 7 月左右，草原上都会举办盛大的天马节。

※夏塔

草原石人、乌孙古墓

⊙ 伊犁州昭苏县夏塔柯尔克孜民族乡。
⊛ 40 元。

　　夏塔，蒙古语意为"阶梯"，是古代伊犁至阿克苏的交

左上 ┃ 喀拉峻草原
左下 ┃ 八卦城
中下 ┃ 惠远古城
右下 ┃ 昭苏草原石人

通驿站。传说，唐玄奘西行翻越的"凌山"就是当年丝绸之路连通南北最重要的孔道——夏塔古道，在古道途中基本全是石筑阶梯，大部分是古时候遗留下来的。

※锡伯民族博物院

西迁历史展厅、民族民俗展厅、近现代史展厅

🏠 伊犁州察布查尔县孙扎齐牛录乡。💰 40 元。

锡伯民族博物院是一处以展示锡伯族的民俗风情、西迁屯垦历史为主的园区。风情园大门的造型突出锡伯族建筑风格，配以锡伯族射箭和舞蹈浮雕图案，有极大的观赏及收藏价值。城墙造型仿古长城样式，游客在这一景区可登高一览风情园总貌。

※库尔德宁 ◎

乌鸦岭仙人壁、苟苟阶口、喀班巴依峰

🏠 伊犁州巩留县东南部山区莫乎尔乡东约 19 千米。💰 60 元。

库尔德宁风景区，是南北走向的山间阔谷，独特之处是，通常的山沟多顺山势而下，唯独这条阔谷却与雪山平行。库尔德宁四面环山，河水流贯，山水相映，沟岭交错。草原与森林交织，深峡与阔谷错落，草甸与林灌相间，崇山峻岭和密林深处也是野生动物的乐园。

※奎屯河大峡谷

沟壑、流水侵蚀的奇观

🏠 伊犁州奎屯市西南约 20 千米处。

奎屯河大峡谷在天山冰雪消融的奎屯河上游，静静地绵延着，如同雕刻一般的峡谷沟壑。经过河水亿万年的怒吼奔腾和雨水的冲刷、风雪的蚀雕，使两岸山崖上现出了一幅惊心动魄的自然历史画卷，成就了一处让人惊叹的流水侵蚀奇观。

博尔塔拉

周边游

※赛里木湖 AAAAA

成吉思汗点将台、天鹅

🏠 博尔塔拉蒙古自治州博乐市连霍高速北侧。💰 70 元。

赛里木湖，蒙古语意为"赛里木卓尔"，意思是"山脊梁上的湖"。赛里木湖是一个

景点攻略

赛里木湖的最佳游玩季节是每年的 6 月左右，此时湖区周边碧绿的草原上有野花盛开，照应着雪山下的蔚蓝湖水，景色最为优美，环湖拍摄十分不错。赛里木湖终年不化的雪山主要位于西侧，所以从湖东区域拍照视角较好，正好可以拍到雪山下面有湖水的美景。湖南区域则花朵较少，以草场为主。环湖到每一个方向都有不同的景致可以观看拍摄。

冷水湖，据说，夏天的时候在湖里洗手也会感到水冷得有些刺骨。在湖周围分布着草原和云杉林，笔直的树干层层叠叠，林间伴有桦林、花楸、山楂等树木，林中还有马鹿、雪鸡等野生动物。林下是平铺的浅草，草丛中生长着很多蘑菇和各种各样有名没名的野花。

※艾比湖

天鹅、芦苇丛、芳草野花

🏠 博尔塔拉蒙古自治州精河县城以北约 35 千米处。🚌 博乐市区有到达艾比湖自然保护区的旅游专线。💰 免费。

艾比湖，蒙古语意为"艾比淖尔"，意思是"向阳之湖"。艾比湖蕴藏丰富的资源，其中以盐最为知名，是新疆著名的盐湖。同时这里也是一座动植物宝库，到了每年鸟类繁殖和迁徙的季节，湖周围聚集着几十万只天鹅、大雁等水鸟，在沼泽湿地中啼鸣、嬉戏。

※怪石峪

空灵佛谷、仙子瀑布谷

🏠 博尔塔拉蒙古自治州博乐市东北约 38 千米处。💰 50 元。

怪石峪整个山体上的石头

左下 | 赛里木湖
右上 | 库尔德宁风景区
右下 | 怪石峪

都是圆角的，有的有窈孔，石面光滑，当地哈萨克族人称之为"阔依塔什"，意思是"羊一样的石头"。景区被十多条山泉溪流切割成风光迥异的山谷，在景区内会看到各种各样的石头，每一块石头都神似动物或植物。

体验之旅

骑马：草原上的少数民族同胞都爱好骑马，在较平坦的大草原上策马奔腾是很独特的体验，这里可骑着马在溪边小憩或在湖边缓步。

寻味之旅

伊犁的饮食具有浓郁的民族风味。风味小吃有奶茶、抓饭、粉汤、风味包子、纳仁、辣罐、血肠、馕和拉面。

风味包子：伊犁的包子很有名，馅料一般都用羊肉或牛肉用洋葱和盐调成，并加适量孜然、胡椒等佐料。

血肠：宰羊时，用大盆装些盐水接血，然后在开水锅内稍煮凝结成血块，再将血块捣碎拌上剁碎的羊油和洋葱末、盐、姜粉、胡椒粉等料后灌肠。

左下 | 风味包子
右上 | 骑马
右下 | 伊宁火车站

捆紧扎实，放入锅中煮熟即成。

羊肉抓饭：是伊犁地区人民最喜欢的佳肴。抓饭油亮生辉，肥嫩爽口，营养丰富，是民族风味饭食的上品。

目的地攻略

交通

飞机：伊宁机场位于北郊约3千米处，距离市中心约15千米。机场每天都有伊宁至乌鲁木齐的航班，在市区内可以乘坐3路公交车到达机场。另有飞北京、广州、南京等地的航班。

博乐阿拉山口机场位于博乐市乌图布拉格镇往东约8千米处，市区可乘坐2路公交车到达机场。目前有飞乌鲁木齐和武汉等地的航线。

火车：伊宁站位于伊宁市区新疆路东北部，是精伊霍铁路线上最大的火车站。从市区打车到伊宁火车站，全程约9千米，20分钟左右到达。伊宁东站位于伊宁市下肉孜买提于孜村。

博乐火车站位于博乐市新丝路北路，距离市区约40千米，目前只有三趟乌鲁木齐—阿拉山口的列车途经博乐站。

住宿

伊宁市的住宿选择范围较广，从经济型酒店到中高档酒店，应有尽有。而伊犁各大草原景区内大多有住宿，如果自驾或者包车旅行，可以选择景区外县城的农家乐住宿。赛里木湖景区内有蒙古包可以住，

价格比酒店要实惠，但住宿条件略差，春夏季合适，秋冬季还是选择住宿宾馆较为合适。

购物

特制伊犁大曲是伊犁的著名特产，也叫伊犁特曲，属浓香型白酒，口感绵实，被誉为"新疆茅台"。除此之外，还有伊犁马肠子、伊犁红苹果、蟠桃、鹿茸、鹿血酒，另外还有薰衣草精油和树上干杏等特产。

伊犁有特色的旅游纪念品有哈萨克族的手工刺绣、木雕、羊角鞭，锡伯族香袋、伊宁马鞍及各种富有民族特色的首饰，这些手工制品，都具有装饰性和收藏价值。

亮点→ 维吾尔族歌舞 | 老城 | 巴楚胡杨 | 和田玉 | 于阗乐舞

轮南胡杨林

南疆自古以来就是一个多民族聚居的地区，维吾尔、塔吉克等少数民族的文化绚丽多彩，构成了具有浓郁民族特色的人文景观。这里有中国内陆最为广袤的荒漠，人烟稀少，只有风沙在上空寂寞地回响。

旅行路线

南疆古城环线七日游

第一天游览博斯腾湖，沿途可参观巴伦台黄庙；第二天前往轮台参观胡杨林；第三天参观库车的天山大峡谷和苏八什古城；第四天参观清真大寺、克孜尔尕哈千佛洞、盐水沟和龟兹故城遗址；第五天参观库车王府，然后前往喀什；第六天参观香妃墓和艾提尕尔清真寺；第七天至和田市游览和田大巴扎。

喀什经典三日游

第一天前往清真寺，然后向东至喀什老城，游览高台民居，体验民俗风情，下午前往香妃墓，参观伊斯兰式古陵墓建筑；第二天前往卡拉库里湖，感受帕米尔高原的美；第三天前往达瓦昆沙漠，欣赏沙漠风情。

喀什旅游区

本地游

※喀什老城 AAAAA

艾提尕尔清真寺、高台民居、喀什东巴扎

📍 喀什地区喀什市市区中心。🚍 市内乘 7 路公交车到哈木巴扎站下车。💰 免费。

喀什老城位于新疆喀什市区中心，拥有几百年历史，是喀什噶尔和维吾尔文化最经典的代表。老城内的街道纵横交错，漫步其中，仿佛走进了中亚的异域，感觉十分神奇。喀什老城还是电影《追风筝的人》的重要取景地。

※艾提尕清真寺

经堂、礼拜殿、庭院

📍 喀什地区喀什市解放北路。💰 45元。

艾提尕清真寺是一座庭院式的寺院，寺院东侧正门口便是巨大的艾提尕广场，寺内有很多气势壮观又极富伊斯兰特色的建筑。入口的寺门塔楼雄伟辉煌，每逢礼拜日和节日，伊斯兰教徒集结广场上，身着节日盛装，跳起民族舞，场面十分热闹。

中下 | 喀什老城

最好在 7:00 之前赶到艾提尕尔广场。到广场右侧的商场楼顶上去选点拍摄。周五（主麻日）去游览清真寺，会遇到近千人同时做礼拜的宏大场面，还能看到难得一见的民族舞蹈。

※ 香妃墓

小礼拜寺、大礼拜寺、教经堂

⚲ 喀什地区喀什市艾孜热特路。
💰 30 元。

该墓始建于清康熙九年（1670 年），为新疆伊斯兰教白山派首领阿帕克和卓家族之墓。陵墓建筑包括拱北、礼拜殿、教经堂、门楼、水房、宗教人员住房等建筑。鼎盛时期拥有房屋 500 余间，以及店铺、水磨、果园等财产。因传清康熙帝妃子容妃死后葬此，故亦称"香妃墓"。

※ 高台民居

老宅、清真寺

⚲ 喀什地区喀什市吐曼路。

高台民居是一处建于黄土高崖上的维吾尔族聚居区。这里的维吾尔族同胞世代聚居，家族人口增多一代，便在祖辈的房上加盖一层楼，这样一代一代，房连房，楼连楼，层层叠叠，形成了四通八达、纵横交错、曲曲弯弯、忽上忽下的50 多条小巷。

※ 泽普金胡杨　AAAAA

沙枣林、金锁桥、垂钓园

⚲ 喀什地区泽普县奎依巴格乡亚斯墩林场。
🚌 泽普县客运站有直达景区的班车。💰 40 元。

泽普金胡杨紧靠叶尔羌河畔，是一处环境优美的沙漠绿洲。景区入口即是金锁桥，这是一座建在湖水上的大吊桥，景区深处有一大片胡杨林。这里的胡杨林都长在水边，可以看到不同时期的各种形态的胡杨树。

※ 莫尔佛塔

僧房遗址、高台

⚲ 喀什地区喀什市东北约 30 千米古玛塔格山中段的一座沙丘上。💰 免费。

莫尔，维吾尔语意为"烟道、烟囱"。佛塔背靠古玛塔格山，面向恰克玛克河，塔身正面和两侧面有佛龛痕迹，系当年塑佛画像之遗存。塔体中空，上部可见攀登的踏脚坑。顶上有圆孔。大塔旁边有一座巨大高台，如倒置的大斗，底大顶小，是佛塔的中心建筑，专门用来供佛。

※ 盘橐城

古亭、石牌坊、烽火台

⚲ 喀什地区喀什市盘橐城。

盘橐（tuó）城又称"艾斯克萨城"，是公元 74~91 年东汉名将班超在此驻守长达 17 年之久的城堡遗址。公园以 3.6 米高的班超雕像为中心，1.9 米高的36 名勇士雕像沿神道左右对称，整齐地排列在班超像前两侧，威武雄壮，气宇轩昂。

左下｜莫尔佛塔
中上｜香妃墓
中下｜盘橐城
右下｜高台民居

左上 | 库尔干石头城
左下 | 红其拉甫口岸
中上 | 库车王府
右下 | 慕士塔格峰

※ 红其拉甫山口

塔吉克礼节、塔吉克服饰

⊙ 喀什地区塔什库尔干县314国道尽头。 ⊛ 免费。

红其拉甫海拔在5000米左右，风光壮美，但环境恶劣，有"死亡山谷"之称。红其拉甫是帕米尔高原上的一个通外山谷，素有"血谷"之称。生活在红其拉甫山口周边的居民多数是塔吉克族，他们被称为"天上人家"。走进红其拉甫，就好像到了"人间仙境"。

※ 石头城

落寞古堡、金草滩、屋舍遗址

⊙ 喀什地区塔什库尔干塔吉克自治县塔什库尔干路。 ⊜ 从县城步行10分钟左右即可到达石头城。 ⊛ 30元。

石头城为古丝绸之路著名的古城遗址，海拔约3700米，雄踞要津，气势雄伟。城外建有多层或断或续的城垣，隔墙之间石土重叠，乱石成堆，构成独特的石头城风光。在古城内可以看到曾经的城郭、屋舍遗址，不过已经残破不堪，只能看着寂静的土墙想象当年繁华的样子。

克孜勒苏旅游区
本地游

※ 慕士塔格峰

冰塔林、冰柱、冰洞

⊙ 克孜勒苏州阿克陶县314国道旁。 ⊛ 免费。

慕士塔格峰属西昆仑山脉，主峰海拔约7546米，是著名的登山地。慕士塔格峰是一座浑圆形的断块山，形状似馒头，峰顶常年白雪皑皑。此山西坡地势平缓，虽多裂缝，亦是绝大多数登山者的登山路线。另外，西坡是天然的滑雪场，每年都会吸引大批登山滑雪者。

文化解读

相传，慕士塔格峰上住着一位冰山公主，她与住在对面的海拔约8611米的世界第二高峰乔格里峰上的雪山王子热恋，凶恶的天王知道后很不高兴，就用神棍劈开了这两座相连的山峰，拆散了冰山公主和雪山王子这一对真挚相爱的恋人。冰山公主整天思念雪山王子，她的眼泪不停地涌出，最终流成了道道冰川。

※ 喀拉库勒湖

水怪之谜、变色湖

⊙ 克孜勒苏州阿克陶县慕士塔格峰的山脚下。 ⊛ 45元。

喀拉库勒湖地处帕米尔高原上，是典型的高原湖泊。湖前是一片广阔的草原，春夏季节，草原上牛羊成群，湖面水鸟、野鸭游弋，偶尔还有天鹅在此觅食。当乌云密布之时，湖水则会像灌进了墨水一样，变得乌黑，成为名副其实的"黑湖"。

阿克苏旅游区
本地游

※ 库车王府

龟兹文化展览区、王府参观区、老城墙

⊙ 阿克苏地区库车县林基路。 ⊛ 55元。

库车王府全称为"库车世袭回部亲王府"，始建于清道光八年（1828年），西侧一组为亲王府，主建筑四幢分南北两行排列。府内建有风格独特的凉亭楼阁和适合维吾尔族王室部落居住的房宅，整体设计风格协调，特色鲜明。

※ 库车大寺

宗教法庭、门楼、宣礼塔

⊙ 阿克苏地区库车县帕哈塔巴扎路。 ⊛ 15元。

库车大寺是新疆地区第二大寺，主体建筑有两部分，一是大寺院主体，内有旋转楼梯至寺顶。二是供信徒礼拜时使用的大殿。大寺门楼全部用青砖砌成，高耸的门楼与宣礼塔，庄严挺拔。塔柱雕以伊斯兰风格图案，穹隆式楼顶，形似天宇。

※天山神秘大峡谷

神犬守谷、旋天古堡、阿艾石窟

🅐 阿克苏地区库车县 217 国道 1025 号北侧。💰 40 元。

天山神秘大峡谷，维吾尔语意为"红色的山崖"。大峡谷地处天山山脉南麓，呈南北弧形走向，整条峡谷由赭色的泥质砂岩构成，纵横交错，气象万千，远远看去是一片庞大的红色山体群，是我国罕见的自然风景奇观。

※苏巴什古城

西寺、佛殿、方形塔殿

🅐 阿克苏地区库车县城北约 23 千米处。💰 25 元。

苏巴什古城即昭怙悝大寺大寺，是一座规模宏大的地面寺院。佛寺分东西两寺，东寺有佛殿、佛塔、佛像，三座佛

塔有着波斯建筑式的穹顶。西寺佛殿规模宏大，方形土塔保存完好，北部有 17 个禅窟，造型奇特，禅窟内残存部分壁画和石刻古龟兹文字。

※克孜尔千佛洞

支提窟、毗诃罗窟、大像窟

🅐 阿克苏地区拜城县克孜尔乡明屋塔格山断崖上。💰 75 元。

克孜尔是"红色"的意思，洞窟开凿在峭壁之间，堪称"第二个敦煌莫高窟"。现存洞窟有 236 窟有编号，洞窟形制较为完整、壁画遗存较多的约占三分之一。其中有供僧徒礼佛观像和讲经说法用的支提窟，有供僧徒居住和坐禅用的毗诃罗窟。

左下 | 天山神秘大峡谷
中上 | 克孜尔石窟

※天山神木园

神泉、讲经堂、定情树

🅐 阿克苏地区温宿县神木园。💰 40 元。

天山神木园为传经圣人的墓地。墓地周围为戈壁荒丘，园中绿草如茵，灌木丛丛，在绿茵与灌木的环护中，诸多千年以上的古树，傲立其中，绿荫如盖，显出种种神韵，被人称为"神木"。

巴音郭楞旅游区 本地游

※楼兰故城

佛塔、院落、城垣

🅐 巴音郭楞州若羌县罗布泊西部。

楼兰故城遗址四周的墙垣，多处已经坍塌，只剩下断断续续的墙垣孤零零地站立着。城区呈正方形，面积约十万平方米。楼兰遗址全景旷古凝重，城内破败的建筑遗迹了无生机，显得格外苍凉、悲壮。

※罗布泊

胡杨树、楼兰故城

🅐 巴音郭楞州若羌县东北部。💰 免费。

楼兰文化

　　楼兰是一个充满神秘色彩的名字，曾经为古丝绸之路必经之地，它给世人留下了大量珍贵的历史遗产，是震惊世界的人

楼兰曾是丝绸之路上中原到波斯、印度、叙利亚等地之间的贸易中转站。

当时的占地面积为 10.8 万多平方米。

城内全是木造房屋，胡杨木的柱子，房屋的门、窗仍清晰可辨。

楼兰古城复原示意图

城墙全部用黄土夯筑，居民区院墙是将芦苇扎成束后抹上黏土。

河流穿古城而过，为当时生活在这里的百姓提供水源。

从城东、城西残留来看的城墙，可判断出当时城墙高约 4 米，宽约 8 米。

罗布泊曾是我国第二大内陆湖，因地处塔里木盆地东部的古丝绸之路要冲而著称于世。罗布泊在古代是著名的大湖，烟波浩渺，鱼肥虾美。现在的罗布泊也并非完全是一片不毛之地，这里有胡杨、罗布麻、甘草生长，还有野骆驼、马鹿、野猪等动物。

左上 | 博斯腾湖
中上 | 罗布泊白龙堆地貌
中下 | 巴音布鲁克草原

※巴音布鲁克草原 ● AAAAA

九曲十八弯、天鹅湖

🅰 巴音郭楞州和静县西北部。🚌 和静县长途汽车站有开往巴音布鲁克区的班车，到达巴音布鲁克区后需包车前往景区。💰 140元（含景区交通）。

巴音布鲁克草原，蒙古语意为"富饶之泉"，是我国第二大草原。每当盛夏来临，巴音布鲁克草原层峦叠翠，绿野无限，湖沼广布，牛羊遍野，雪莲花般的座座蒙古包坐落其间。一年一度的草原那达慕盛会，赛马、射箭等比赛活动更让游人流连忘返。

※博斯腾湖 AAAAA

莲花湖、白鹭洲、西海渔村

🅰 巴音郭楞州博湖县。🚌 建议自驾或包车前往。💰 阿洪口45元，大河口景区45元。

博斯腾湖由纯净的天山雪

水汇集而成，包括由大湖区、小湖群及湖滨沼泽三部分。大湖区湖面广阔、鸥鹭飞翔，烟波浩渺，天水一色，被誉为沙漠瀚海中的一颗明珠。小湖区菁翠荷香，曲径邃深，天鹅、沙鸥、鹭鸶、野鸭等鸟类常栖息于此，被誉为"世外桃源"。

景点攻略

观看天鹅的最佳季节是每年的3月初到5月下旬和9月初到11月初，这两个季节是天鹅春天回归和入冬南迁集结的时期，最好的时间是早上和傍晚。当地人视天鹅为神鸟，游客需要特别注意，不能伤害天鹅。

※塔克拉玛干沙漠

沙漠公路、圣墓山、沙海绿岛

🅰 南疆塔里木盆地中心。💰 免费。

塔克拉玛干沙漠被称作是"死亡之海"，是中国最大的沙漠。沙漠腹地沙丘类型复杂多样，复台型沙山和沙垄，宛若盘踞在大地上的条条巨龙；塔形沙丘群，高度和规模使埃及的金字塔黯然失色。各种蜂窝状、羽毛状、鱼鳞状沙丘，变幻莫测、巍峨壮观。

※罗布人村寨

塔里木河、神女湖、胡杨林

🅰 巴音郭楞州尉犁县墩阔坦乡。💰 40元。

罗布人村寨原是罗布人最

大的村庄之一，这里的人们都以在塔里木河畔打鱼为生，千百年来一直与世隔绝，有独特的文化和民俗，非常神秘。进入村寨后，可以看到罗布人的房屋、婚房、祭台等极具特色的建筑。想要了解罗布人的特别民俗，还有当地的罗布人歌舞表演等，可以来此游览。

※塔里木胡杨林公园

汉代烽燧、金色胡杨、瞭望塔

🅞 巴音郭楞州轮台县轮南镇人民政府北侧。 🎫 门票45，景区车23元，小火车100元。

轮南胡杨林保护区又叫塔里木胡杨林公园，保护区生长着大面积的、世界上最古老的胡杨林。公园历史遗迹众多，在距公园西南处，屹立着2000多年前的汉代烽燧，是戍边将士不朽的丰碑；景区中，一条古老的道路——"丝绸之路"在胡杨林中穿行。

景点攻略

保护区内有观光小火车，游客乘坐观光小火车，可一跃绿草地、二窜红柳丛、三过芦苇荡、四跨恰阳河、五绕林中湖，尽览大漠江南秀色。

左下 | 塔里木河胡杨林
右下 | 和田石榴

寻味之旅

喀什地区的风味小吃，是中国食苑中一簇带有浓郁民族特色和地域气息的常青树。喀什的风味小吃做工精细，古朴无华，主副兼备，营养丰富，经济实惠。特别是独具一格的烤全羊、烤羊肉串、烤包子、抓饭、油塔子等，声誉斐然。

阿克苏地区的饮食是多种多样的，草原上奔跑的牛羊，平原上新鲜的菜蔬、飘香的瓜果，湖泊水库中畅游的河鲜，都是当地居民餐桌之上的美味。

巴音郭楞州的饮食基本保持了新疆地区的风味，外加一些蒙古地区的风味。其中库尔勒地区的美食有烤羊肉串、馕、拌面、手抓饭等，其中最具特色的是博斯腾湖烤鱼。

目的地攻略

🚗 交通

飞机：喀什机场位于新疆喀什市机场路，距离市区约9千米，是新疆第二大航空港，有通往北京、上海、乌鲁木齐、成都等地的航班。

阿克苏机场距市中心约10千米。目前，南航新疆公司执行乌鲁木齐—阿克苏航班，每周7班。乌鲁木齐—阿克苏—和田航班，每周4班。区外的北京、西安等地也有直航。

库尔勒机场位于库尔勒市以北约17千米迎宾路，可乘坐机场大巴和出租车前往。每周有发往乌鲁木齐、北京、成都、青岛等地的航班。

火车：喀什火车站位于喀什市天山东路，距离市区约6千米，每天都有来往于乌鲁木齐的火车，从市区人民广场乘坐28路公交车前往喀什火车站。

库尔勒火车站位于库尔勒市生活路，有直达乌鲁木齐、喀什、成都等地的火车。

🏠 住宿

来南疆旅游的人大多数会前往喀什、库尔勒或者巴音郭楞，这几个地方的景点较多也比较受欢迎，一般住宿会选择住在市区，也方便包车游玩。

🛒 购物

喀什瓜果品种繁多，质地优良，营养丰富，特别是石榴，又甜又酸。

和田玉是中华民族的瑰宝，是中国的"国石"，其质地温润细腻，呈脂肪光泽，其声若金磬之余音，绝而复起残声远沉，徐徐方尽。

神山圣湖

旅游带

青藏

这个旅游带位于青藏高原之上，海拔高，气候高寒。蓝天、白云、雪山、海子是这里最常见也是最瑰丽的景观。这里有珠峰、玉珠峰、冈仁波齐峰等世界著名山峰。这里是长江、黄河、雅鲁藏布江等大江的发源地，这里有青海湖、纳木错、羊卓雍错、巴松错等许多高原湖泊，这里还是藏羚羊、野牦牛之家。布达拉宫、大昭寺、塔尔寺、神山圣湖、唐卡、酥油茶、青稞酒，一切都令人神往。

亮点→ 青海湖┃塔尔寺┃北山烟雨┃避暑胜地

丹噶尔古城

西宁市是中国优胜旅游城市，全国园林绿化先进城市和国家卫生城市。现已经开辟了十条精品旅游线路，充分展示了塔尔寺、青海湖、原子城、日月山等著名自然和人文景观，以及富有青藏高原魅力的民族风俗文化。

西宁三日游

第一天游览塔尔寺和拉鸡山，观酥油花、壁画、堆绣，看牛羊爬山坡；第二天游览贵德丹霞地质公园和贵德古城，欣赏自然奇观，感受历史沧桑；第三天游览龙羊峡，看黄河大坝。

大美青海三日游

第一天前往塔尔寺，欣赏塔尔寺艺术三绝，随后游览马步芳公馆，最后去东关清真大寺；第二天开启环湖之旅，经过湟源县可以欣赏美丽的日月山，下午前往青海湖景区，与湖水亲密接触，接着向西到黑马河；第三天在黑马河观日出后前往鸟岛，之后北上，湖北岸的仙女湾有独特的湿地景观，接着向东游览金银滩草原。

西宁市区景点

本地游

※东关清真大寺

宣礼塔、伊斯兰教经学院

🏠 西宁市城东区东关大街 31 号。

💰 免费。

东关清真大寺初建于明太祖洪武十二年（1379 年），至今已有 600 多年的历史，是青海省最大的伊斯兰教寺院，也是西北地区四大清真寺之一。寺院坐西面东，具有我国古典建筑和民族风格的建筑特点，雕梁画栋，玲珑精致。

※青海省博物馆

历史文物展、非物质文化遗产展

🏠 西宁市城西区西关大街 58 号。

💰 免费。

青海省博物馆是了解青海历史和各民族文化的好地方，博物馆内设主、侧展厅 9 个，目前展出的有"青海省史前文明展""青海民族文物展""藏传佛教艺术展"三个展览。

※北禅寺

丹霞地貌、悬空寺、洞窟

🏠 西宁市城北区祁连路西 38 号。

💰 免费。

北禅寺又称北山寺，始建于北魏时期，寺院所在的北山是特殊的丹霞地貌，陡峭的岩壁上有波纹一样的凹凸不平，西宁人称"九窟十八洞"。整个寺院的建筑都是依靠砂岩建造，阁楼悬空伫立，洞窟内都供有佛像，各个洞窟有悬空的栈道相连，结构非常精巧奇妙。

中下┃青海省博物馆

※藏医药文化博物馆

藏文书法艺术馆、藏医史馆

⚐ 西宁市生物科技产业园区经二路36号。💰 60元。

藏医药文化博物馆通过众多的文物、古籍、艺术、医药标本等，系统展示了藏族的艺术文化、医药技术等各方面内容。博物馆共3层，建筑造型借用了天圆地方的理念，气势宏伟，内涵深邃。馆内珍贵的巨幅唐卡壮观震撼，覆盖整个馆内的墙壁，各个细节又画得工整精巧，是整个博物馆的镇馆之宝。

※南山公园

百花园、五彩瀑布、凤凰台

⚐ 西宁市城中区凤凰山路211号。💰 免费。

南山公园是一座山，山顶有一处凤凰台，视野开阔，可以俯瞰整个西宁的城市全景。另外，山下还种植了很多向日葵，每到夏秋季节大片葵花开放，非常漂亮。南山附近还有

青海省非常著名的南禅寺，始建于北宋，是青海最早的汉传佛教寺院之一。

西宁郊县景点 本地游

※塔尔寺 AAAAA

大金瓦殿、酥油花、壁画

⚐ 西宁市湟中区鲁沙尔镇金塔路。
🚌 西宁市管理站公交车站有很多发往塔尔寺的客车。💰 70元。

塔尔寺寺庙依山势起伏，位于寺中心的大金瓦殿是该寺的主建筑，寺内还珍藏了许多佛教典籍和历史、文学、医药等方面的学术专著。寺内栩栩如生的酥油花、绚丽多彩的壁画、色彩绚烂的堆绣被誉为塔尔寺艺术三绝。

> 景点攻略
>
> 在寺院里，不能用手摸佛经、佛像、法器等；转经轮时，一定是从左向右；不要乱摸藏族人的头和帽子。寺内很多经院殿堂有禁止拍照的告示牌。

※丹噶尔古城

城隍庙、金佛寺、博物馆

⚐ 西宁市湟源县北大街明清老街。
💰 60元。

丹噶尔古城历史上因茶马互市而兴盛，有"海藏咽喉"的称号。古城规模不大，以丹噶尔大街为中心，街旁房屋全都是青砖灰瓦的北方古镇建筑。古城内可以看到一些明清时期修建的老建筑，有时还有县衙升堂、藏服饰展示等民俗表演，感兴趣者可以进入参观。

※日月山

日亭、月亭、倒淌河

⚐ 西宁市湟源县西南约40千米处。
💰 40元。

日月山，初唐时名赤岭，因山体赤红而得名，是"唐蕃古道"和"南方丝绸之路"的必经之地。山隘上有"日月山"三字的青石碑，山顶修有遥遥相望的日亭和月亭。山南脚下有流向独特的倒淌河，一股碧流永无休止地向西而去，流入浩瀚的青海湖。

※青海藏文化馆

1号馆、2号馆

⚐ 西宁市湟中区迎宾路A1号。💰 60元。

左上 | 北禅寺
左下 | 塔尔寺
中上 | 中国藏医药文化博物馆
右下 | 日月山

青海藏文化馆是以展示藏族的历史、文化为主的专题博物馆。展馆有大量图文、工艺品，还有纪录片、高科技电影等，详尽展示了藏族发源、文化艺术、藏传佛教等知识。藏文化馆现在分为1号馆和2号馆两个部分，是一个院子内的两座建筑，其中1号馆有两层。

※娘娘山

天池、圣姥庙

🏠 西宁市大通县新城村号。 💴 免费。

娘娘山又名金娥山，山顶有一座天池，每到夏季雨水旺盛之时，天池里水波荡漾，池畔蝴蝶飞舞，五彩斑斓，这便是西宁古八景中的"金娥晓日"。山顶由于高而寒，白雪覆顶一片洁白。山腰雾缘云绕，间见鲜花盛开，美丽娇艳，赏心悦目。

海东旅游区

周边游

※孟达天池

陇南杨、龙磐石、环湖栈道

🏠 海东市循化县孟达乡东部。 💴 65元。

天池一直是孟达林区绝胜处。林区内，怪石嶙峋，瀑布垂挂。林区腹部的天池犹如一颗晶莹美丽的明珠，熠熠生辉，水鸟声声，鱼鲤游跃，更是乐趣无穷。这里还有数百种树木掩天蔽日，各种花草植物绿茵

左下｜瞿昙寺
中上｜孟达天池
中下｜北山国家森林公园

盖地，有"高原西双版纳"之美称。

※北山国家森林公园

元甫达坂、圣母天地、卡索峡

🏠 海东市互助县东北部。 💴 50元；观光车30元；扎龙沟门票62元。

北山国家森林公园境内古木参天，山峦叠嶂，山清水秀，风光旖旎，动植物资源十分丰富。这里还有我国至今发现的海拔最高的岩溶地质遗迹，地貌景观丰富，岩溶、冰川、丹霞、流水地貌汇集一地。

※瞿昙寺

象背云鼓、宝光殿、隆国殿

🏠 海东市乐都区瞿昙镇。 💴 50元。

瞿昙寺，藏语称"卓仓拉

果丹代"，意为"乐都持金刚佛寺"。寺院依山傍水，总体结构布局雷同北京故宫，因此被称为"小故宫"。这座寺，以雄浑古朴、文物珍贵和拥有高度艺术价值的巨幅彩色壁画驰名西北地区。

※互助土族故土园 AAAAA

土族建筑、土族博物馆、轮子秋表演

🏠 海东市互助县西大街。 🚌 乘坐西宁至互助的班车，中途在景区下车。 💴 彩虹部落土族园120元。

互助土族故土园是一处以土族文化为主的园区，土族是青海省独有的一个少数民族，而互助是祖国唯一的一个土族自治县，这里有特殊的文化、服饰、建筑和歌舞等。

青海湖旅游区 AAAAA 周边游

⊙ 青海省东北部的青海湖盆地内。
🚌 西宁前往青海湖游玩最主要的方式是包车。💰 免费。

青海湖蒙古语称"库库诺尔"，藏语称"错温波"，意思是"青蓝色的海"。这里栖息着十万余只各类候鸟，被赞誉为"鸟的世界，鸟的王国"。青海湖湖滨地域辽阔，是水草丰美的天然牧场。金黄色的油菜花，迎风飘香；牧民的帐篷，星罗棋布；成群的牛羊，飘动如云。日出日落的迷人景色，更充满了诗情画意，使人心旷神怡。

※二郎剑景区

观鸟台、观鹿园、观海桥

⊙ 海南州共和县 109 国道旁。🚌 西宁市八一路客运站每天有班车前往二郎剑景区。💰 90 元。

二郎剑景区位于青海湖南侧，在这里能看到最美的青海湖。这里沿湖修建了木制栈道，可以沿着栈道观湖散步，经常可以看到湖面上空的海鸥在天空翱翔，海风吹来，环境非常宜人。栈道东侧可以看到福娃、西王母的雕像。

中上 | 青海湖
中下 | 二郎剑吉祥四瑞

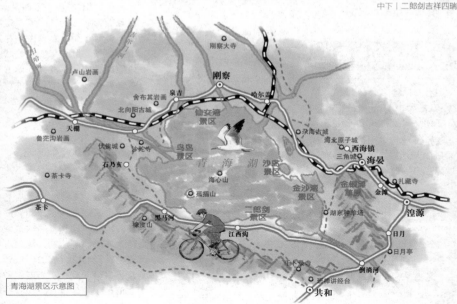

青海湖景区示意图

左上 | 青海湖金银滩
中下 | 青海湖沙岛
右上 | 门源油菜花

※沙岛

月牙湖、太阳湖、芦苇湖湿地

🅐 海北州海晏县青海湖东北部。
💰 70元。

　　沙岛位于青海湖东北部，是延伸进入青海湖中的一片巨大沙丘地带。这一片沙丘面积很大，一眼望过去一片沙漠风光，沙漠的尽头则是蔚蓝浩瀚的青海湖，景观独特壮丽。沙岛上有两个淡水小湖，以及芦苇荡湿地，环境十分优美。

青海湖周边景点
周边游

※原子城

爆轰试验场

🅐 海北州海晏县西海镇。💰 通票160元。

　　原子城是中国第一个核武器研制基地，祖国的第一颗原子弹和第一颗氢弹都诞生于此。

景点攻略

　　每年的六七月左右，沙岛景区内都会举行国际沙雕节，此时沙滩上会有大片的巨型沙雕，非常精彩。沙雕会持续到十月左右，每年七月之后直到秋天前来都可以看到。

　　原子城纪念馆是原子城内最核心的参观地点，系统地展示了当年研制核武器时的历史故事，展馆内的东风二号导弹原型是当年全国著名的第一颗带核导弹，也是镇馆之宝。

※金银滩

金滩、银滩、白塔

🅐 海北州海晏县西北侧。💰 10元。

　　金银滩分为金滩和银滩，一条小河穿流其间，北岸草滩上盛开着一种叫金露梅的金黄芳香的小花，故称金滩；南岸草滩上则是洁白如银的银露梅的天下，谓之银滩。每至夏季，野花盛开，其中的金鹿梅开着黄花，银鹿梅开着白花，绽放成片，犹如金色和银色的草滩，金银滩草原因此得名。

景点攻略

　　金银滩的黄金季节是7、8、9三个月，鲜花盛开，百鸟飞翔，尤其是百灵鸟儿的歌声，动听迷人。《在那遥远的地方》就是从金银滩、青海湖出发唱响的。

※门源油菜花

圆山观花台、青石嘴镇、大坂山

🅐 海北州门源县境内。💰 免费。

　　门源县有青海最大的油菜花基地，与南方不同，每年的7月是这里油菜花开的季节。门源油菜花绵延近百千米，在高原的蓝天白云和雪山的映衬下，有一种铺天盖地的大西北气概。

※卓尔山

牛心山、八宝河、林海

🅐 海北州祁连县八宝镇东侧约2千米。
💰 80元（含观光车）。

　　卓尔山坐落八宝河北岸，与藏族聚居区阿咪东索（牛心山）隔河相望。卓尔山是祁连山的一条支脉，呈现丘陵状的草原风光，山体裸露的地方都是赤红的砂岩，与碧绿的草层叠交错，非常漂亮。

※中华福运轮

博物馆、倒影池、转经轮

🅐 海南州贵德县黄河南岸黄河吊桥与黄河文化广场之间。💰 60元。

　　中华福运轮是世界上唯一一个采用黄河水做动力的藏式转经轮，具有鲜明的藏族风格，黄河静静流淌，倒映着巨大的转经轮。巨大的转经轮承载了岁月的祝福，当虔诚的佛教信徒手持转经筒，经轮在阳光照耀下闪烁光芒的一刻，无疑绽放出了世上最神圣的佛光。

※坎布拉森林公园

灵山胜水、南宗峰、小瑶池

📍 黄南州尖扎县坎布拉镇。🎫 套票200元。

坎布拉森林公园以李家峡大坝形成的黄河水库为中心，水库碧绿清澈，周围都是红色陡峭的丹霞地貌峰林，非常壮观。在山林之间还有茂密的树林，每到秋天树叶金黄灿烂，山水树叶相间最为美丽，是拍摄大片的好地方。

※隆务寺

大经堂、修习殿、夏日仓殿

📍 黄南州同仁市隆务镇。🎫 60元。

隆务寺依山而建，布局错落有致，藻饰华丽宏伟。大经堂位居全寺中央，内供释迦牟尼佛等数十尊佛像，造型精美，庄严肃穆。寺中现存明朝御赐释迦牟尼金像等珍贵文物，以及佛经上万部，其中以德格版《甘珠尔》《丹珠尔》尤属难得。

体验之旅

环绕青海湖骑行：从西宁出发一路风光旖旎，景色迷人，十几天的行程中，还会骑行到其他风景秀丽的地标景点。如果是骑行爱好者，不妨找一张路线图，照着走一遍，也是一次特别的经历。

参加花儿会：每逢六月初六，各地都会举办"花儿会"，各路高手集聚一堂，一展歌喉，他们一手拢耳，开嗓热唱，神采飞扬，观众也异常捧场。

看沙雕：沙岛景区每年7月份会举办国际沙雕节，一直持续到10月份，所以在深秋来临前，都有大型的沙雕可以观看。这些沙雕造型、形态各异，非常具有观赏性。

网红打卡：位于海西州茫崖市的翡翠湖是一个不为人知的神秘美景。相比于成名已久的茶卡盐湖，这里更加原始纯粹。这里游客不多，但能拍出更好看的倒影效果。提醒您一定要注意环境卫生，保护这一方净土。

寻味之旅

西宁的地方风味小吃颇多，如自然肥嫩的手抓羊肉、清凉爽滑的酸奶、酸辣可口的酿皮、筋道正好的牦牛肉等，不仅经济实惠，而且独具特色。到西宁吃早餐，不妨入乡随俗，尝尝当地人常吃的美味早餐——杂碎汤。

美食街：莫家街是一条老牌美食街，其中最有名的是"马忠食府"，街内有很多马忠家的小吃，味道都很不错。

水井巷是一条老牌商业街，号称"小香港"，以小吃居多，有许多烤羊肉摊，酿皮、酸奶、甜醅、羊肠面也很不错。

大新美食街上则全是排档，很有西部风味，基本都是清真的，以牛羊肉为主。

目的地攻略

🚗 交通

飞机：距离青海湖地区最近的机场是西宁的曹家堡机场，曹家堡机场位于西宁市区以东约29千米，已开通国内众多城市的直达航班。游客游玩青海湖可以乘坐飞机到达西宁，然后再通过其他交通方式去青海湖。

火车：西宁是青藏铁路和兰新铁路新线上的重要一站。

西宁站位于城东区建国路，紧靠市区中心，有多班公交线路通达，往来市区非常方便。

🏠 住宿

西宁是重要的旅游枢纽城市，有不同档次的住宿可供游客选择。市中心的大十字商业区是住宿最多的区域，靠近市中心，游玩便利。城东区交通便利，想去青海湖游玩的游客可以选择住在这里。西宁的郊区还有许多青年旅社可供选择。

🛒 购物

西宁土特产品种繁多，主要有牛肉干、冬虫夏草、鹿茸、人参果、西宁大黄等，工艺品更是琳琅满目，包括地毯、毛毯毯、毛毯、酥油花等。西宁市的购物场所基本集中在城市的东部。

右上 | 藏药
右下 | 塔尔寺晒佛

亮点→ 热贡艺术 | 藏历新年 | 玛尼文化 | 黄河源

妖女湖

唐蕃古道

唐蕃古道是我国古代历史上一条非常著名的交通大道，文成公主入藏掀起唐蕃古道的开端，随后金城公主入藏也走的是原路，从此沿着大致相同的路线，驿站连绵，驿马伕您，使臣、商贾往来不绝，使得这条古道成了当时交通的"热线"。所经过的区域大致包括今天的果洛州和玉树州。

旅 行 路 线

唐蕃古道寻古五日之旅

　　第一天从西宁市沿柴达木路至湟源峡，然后前往日月乡参观日月山和倒淌河；第二天至龙羊峡景区；第三天前往花石峡景区，沿途经过切吉草原，然后去玛多县参观黄河源牛头碑；第四天上午参观鄂陵湖景区，然后行至玉树，沿途可参观歇武寺；第五天游览三江源自然保护区、通天河晒经台和嘉那经石城。

果洛旅游区

本地游

※ 黄河源旅游区

鄂陵湖、扎陵湖、牛头碑

🏠 果洛州玛多县黄河源。

　　黄河源头之一卡日曲是以五个泉眼开始的，这里是一股股细微的清泉和一片有许多砂

中下｜黄河源景区

砾野草的温林荒滩。这里自然环境原始古朴，风物景观雄奇独特，民族文化悠远绵长，民族风情瑰丽多姿，野生动植物资源珍奇丰富。

※ 阿尼玛卿雪山

哈龙冰川、玛沁保木拉峰

🏠 果洛州玛沁县西北部。　💰 免费。

　　阿尼玛卿雪山又称玛积雪山，是黄河源头最大的山，被藏族同胞视为神山，每年都有大批朝圣者跋山涉水、风餐露

文化解读

　　传说在阿尼玛卿雪山，有许多山神，他们居住在极其富丽堂皇的九层白玉楼阁宝殿之中，其中阿尼玛卿峰是最大的山神，藏族同胞对阿尼玛卿神山的传说深信不疑。每逢朝拜时季，信徒络绎不绝，尤其藏历"马年"转山达几十万人，因为马年转山一圈等于平时的十二圈。

宿前去虔诚朝拜。奇异的冰川世界，千姿百态，晶莹夺目。丰富的冰雪融水汇集成无数条涓涓细流，蜿蜒交错，大小湖泊熠熠发光。

玉树旅游区
本地游

※ 结古寺
讲经院、大昭殿、弥勒殿

🏠 玉树州玉树市结古镇。 🎫 10元。

结古寺整个寺院依山势而建，殿堂僧舍错落有致，远望似多层楼阁耸立。经堂和殿堂内主供释迦牟尼佛等佛像3400多尊，珍藏有《甘珠尔》和《丹珠尔》等各种经典近万卷。

※ 文成公主庙
佛堂、公主泉、白纳沟

🏠 玉树州玉树市结古镇东南。 🎫 免费。

文成公主庙距今已有1300多年的历史，庙中央的文成公主坐像端坐在狮子莲花座上，由石壁雕琢而成。坐像两旁有8尊石刻佛立像，分立在上下两层，精雕细刻，形象生动。金光闪闪的屋顶光芒四射，庙四周所有的悬崖和面积较大的石头上都刻着数不清的藏经。

> **文化解读**
> 传说白纳沟是文成公主远嫁吐蕃途中停留时间最长的地方。在这里，当地藏族头领和群众为公主举行了她进入吐蕃地界以来第一次极为隆重热烈的欢迎仪式，文成公主见藏族人民如此好客热情，深受感动。为了感谢和报答当地藏族人民，文成公主决定在此多住些日子，向藏族群众传播中原文化。

中上 | 结古寺
中下 | 文成公主庙

※ 尕尔寺
转经轮

🏠 玉树州囊谦县白扎乡巴麦村。 🎫 免费。

尕尔寺坐落于一座海拔3700多米的高山上，山的北面全是奇峰怪崖、寒风料峭，但南边却是略有坡度、温暖向阳。镇寺之宝是一对奇特的转经轮，这对转经昼夜不停地由喇嘛两人一班地值班转动。常转不息的经轮，伴随着高原深处的藏族同胞度过千秋风雨。

※ 新寨玛尼城
转经筒、玛尼石、新寨寺

🏠 玉树州玉树市结古镇以东约9千米的新寨村。 🎫 免费。

新寨玛尼城南部是新寨寺，其他各个方向均用玛尼石做城墙，围墙高处挂有经幡。根据六字真言字数形成的佛塔为分界，连同经堂转经筒走廊、经幡等构筑规模宏大的经城格局，玛尼石城仍在不断增大扩充。

> **景点攻略**
> 每年农历十二月十四日至十六日，来自西藏、四川、青海的藏族同胞就在玛尼堆旁相聚，或转玛尼堆，或送玛尼石，而后围绕着玛尼堆跳舞。

※勒巴沟

藏地制法、玛尼石

🅐 玉树州玉树市境内的通天河畔。
🔴 12元。

沿着通天河畔来到勒巴沟，能同时体会到通天河的喧嚣和勒巴沟的静谧、神圣。勒巴沟内蓊郁的草木，也难以掩盖住由岩画和不可胜数、遍布沟内的玛尼石刻散发出来的神秘气氛。从沟口唐末释迦像到现今打制的玛尼石，可以看到整个藏族宗教石刻的历史。

体验之旅

赛马：赛马是玉树一年中最热闹的时候，每年7、8月草原上就会开展玉树赛马节，这时草原上到处是欢乐的盛装人群，各类的帐篷远远望去，仿佛一座帐篷建成的城市。如果这时候来到玉树，不妨一试身手。

寻味之旅

玉树地区传统主食以肉和青稞炒面为主，辅以酥油、酸奶和曲拉等奶制品。秋季时分，玉树满大街都是水果，但价格较贵，因为所有的蔬菜水果都是从海拔较低的地方运上来的。

肋巴：一种先把羊排骨煮到半熟，然后再刷上酱，在炭上烧烤的风味肉串，这种做法其实就是土耳其烤肉。

目的地攻略

🚗 交通

飞机：玉树巴塘机场位于玉树州结古镇以南约18千米处的上巴塘。每周有西安—西宁—玉树往返航班，另有飞往成都及拉萨航线。

🛒 购物

玉树的特产很多，最具特色的是以冬虫夏草为代表的藏药材。因良好的生长环境，玉树的冬虫夏草体大质优，当之无愧为我国最优等的虫草。囊谦县的木碗、木制食盒等木制品做工精良，在整个藏族聚居区也都很有名。

左下 | 青藏高原少数民族赛马
右上 | 冬虫夏草
右中 | 牛肉干

青藏铁路

青藏铁路，是实施西部大开发战略的标志性工程，该路东起西宁，西至拉萨，全长约 1956 千米。青藏铁路是世界海拔最高、线路最长的高原铁路。在这里主要介绍的主要是青海湖以西至唐古拉山口沿线的主要旅游景点，基本上属于海西蒙古族藏族自治州和那曲地区的管辖区域。

旅 行 路 线

青藏公路六日之旅

第一天上午来到茶卡镇游览茶卡盐湖，之后去都兰参观香日德寺；第二天从香日德镇到诺木洪乡，参观诺木洪遗址，之后继续前往格尔木参观格尔木水电站；第三天从格尔木前往五道梁，沿途可参观昆仑桥、那赤清泉、玉珠峰和昆仑山口；第四天前往安多县游览错那湖，沿途观赏长江源和唐古拉山口；第五天至那曲游览县城附近的孝登寺、冲钦卡多草原和卓玛峡谷；第六天前往纳木错景区游玩。

那曲一日游

上午来到冲钦卡多草原，一睹藏北粗犷奔放的骑士风采，参与各项民间歌舞活动，品尝美食，下午来到孝登寺，每年夏季在那曲附近搭帐篷进行佛事活动，形成季节性的帐篷寺庙，这也是寺庙的另一道风景。

青海湖—格尔木沿线

本地游

※茶卡盐湖

盐湖守护女神雕塑、弥勒佛、成吉思汗

🏠 海西州乌兰县茶卡镇盐湖路 9 号。💰 60 元。

茶卡盐湖湖水会自然结晶成为一片白色的湖面，将天空、云朵和对岸的山都倒映在湖里。晴天前来，湖水结晶度很高，会看到洁白的盐湖上覆盖一层薄薄的卤水，景色和倒影最为清晰纯净。景区里还有众多的盐雕可以观赏，还可以乘坐小火车，到盐湖的深处观光。

※察尔汗盐湖

盐湖博物馆、万丈盐桥

🏠 海西州格尔木市察尔汗镇。💰 免费。

察尔汗盐湖是中国最大的盐湖，青藏铁路穿行而过。盐湖东西长 160 多千米，出产闻名于世的光卤石，还出产被誉为"盐湖之王"的珍珠盐，颗颗纯白如雪，粒粒莹洁如玉。风和日丽时，浩瀚的湖面如同一个巨大的宝镜，放射出银色的光芒，热气腾腾，波光闪烁，真似碧波万顷的海洋。

中下 | 茶卡盐湖

※玉珠峰

西大滩、登山

海西州昆仑山口以东约 10 千米处。
免费。

玉珠峰是国家登山队的训练基地,南坡对攀登技术要求较低,是登山爱好者初次攀登雪山的最佳山峰。玉珠峰北坡则相对复杂,具有冰裂缝、冰塔林、冰陡坡、刃形山脊等地形,特别适合大部队的登山训练活动。

※万丈盐桥

钾肥厂、青藏铁路

海西州格尔木市察尔汗盐湖之上。
免费。

万丈盐桥实际上是一条修筑在盐湖之上的用盐铺成的宽阔大道,它就像一座桥浮在卤水上面,横跨整个察尔汗盐湖,素称"万丈盐桥"。平时,一旦路面出现坑凹,养路工人从附近的盐盖上砸一些盐粒,然后到路边挖好的盐水坑里舀一勺浓浓的卤水,往上一浇,盐粒很快融化,并凝结在路面上,坑凹处便完好如初。

※昆仑山口

昆仑山口纪念碑、玉虚峰

海西州格尔木市 109 国道旁。
免费。

昆仑山口是青海、甘肃两省通往西藏的必经之地,西段喀喇昆仑山是塔里木盆地与藏北高原的自然分界线,东昆仑由三大山系组成,北支阿尔金山—祁连山、中支昆仑山、南支唐古拉山。站在昆仑山口,往东看,在静寂的万古雪野中,玉虚峰孤兀

雄起,势压万山,造就了冰雪世界特有的自然景观。

※纳赤台清泉

池台、冷泉

海西州格尔木市昆仑河北岸。

纳赤台清泉亦称昆仑泉,泉池四周由花石板砌成多边形的图案,中央一股清泉从池底蓦然喷涌而出,形成一个晶莹透亮的蘑菇状,此处泉水冷冽、清澈、透明。此清泉虽处在海拔约 3540 米的高寒地区,常年冰天雪地,水温较低,但一年四季从不会封冻,为昆仑山中第一个不冻泉。

> **文化解读**
>
> 相传当年西王母于昆仑山中瑶池之畔宴请诸神,创造神应约赴会。席间,诸神诉功,创造神凡摩表示要将昆仑山之北造成花瑶瑶之地,让那里草肥水美牛羊壮,碧野千里飘奶香。西王母听之,心旷神怡,特馈赠凡摩几樽瑶池琼浆。宴罢,凡摩返。途中,凡摩饮兴未艾,信手把樽畅钦,不料大醉。金樽掷地,琼浆四溢。其乘坐的莲花神龛化为赤台群山,溢出的琼浆水为昆仑泉。

那曲旅游区
本地游

※念青唐古拉山

可可西里无人区、格拉丹冬峰

青海省和西藏自治区的交界处。
一般坐火车或者汽车去拉萨路过时参观。 免费。

念青唐古拉山山顶终年白雪皑皑,云雾缭绕,神秘莫测,如同头缠锦锻,身披铠甲的英武之神,高高地矗立在雪山、草原和重重峡谷之上。

※羌塘草原

普若岗日冰川、野生动物、错那湖

西藏自治区念青唐古拉山以北。
免费。

羌塘是中国五大牧场之一,不仅是野生动植物的天堂,同时也是一个具有丰厚沉积层的文化沃土。这里不仅有远古岩画,还有古象雄国的遗址,英雄格萨尔王的足迹及故事遍布藏北,玛尼堆、经幡、古塔随处可见,为苍茫的大草原增添了几分神秘的色彩,著名的唐蕃古道贯穿南北。

※ 色林错

格仁错、吴如错、仁错贡玛

🅰 那曲地区申扎县和班戈县境内。
💰 免费。

色林错的湖面海拔约4530米，为西藏地区最大的内陆湖水系。流域内有众多的河流和湖泊互相串通，组成一个封闭的内陆湖泊群，主要湖泊除色林错外，还有格仁错、吴如错、仁错贡玛等23个小湖。每到夏季，湖边风光独特，湖中小岛上栖息着各种各样的候鸟。

文化解读

传说色林是以前居住在拉萨西面堆龙德庆的大魔鬼，他每天要贪婪地吞噬千万生灵，包括人和所有的禽兽。在一个雷雨过后的良辰，一路降妖除魔的莲花生大师终于找到了色林。于是在莲花生大师的紧追下，色林逃到岗尼羌塘南面的一面浩瀚浑浊的大湖里，大师命令色林永远不得离开此湖，在湖中虔诚忏悔，不许残害水族，并把这个大湖名为"色林错"，意为"色林魔鬼湖"。

※ 卓玛峡谷

聂唐寺、卓玛拉康寺

🅰 那曲市色尼区古路乡。 🚌 可以包一辆中巴车前往。 💰 免费。

卓玛峡谷呈南北走向，一

侧是雪山巍峨、银装素裹、宛若仙女披上了洁白的哈达；一侧是灌木葱郁、百卉溢香、生机勃勃。雪山之冰融化成了一条清澈的谷间山溪。走进峡谷的深处，"高原出平湖"的壮景就会出现在眼前，蓝天、碧水、雪山绘集了一幅奇特的雪域风光。

寻味之旅

格尔木主要有火锅、清真羊庄和川菜三种美食。格尔木的羊肉非常有名，没有膻味，吃起来很鲜嫩，非常诱人。此外，青稞酒和酸奶也是非常地道的饮品。

那曲的饮食是典型的藏族风格，饮食以畜产品为主，牛、羊、猪肉为荤菜，酥油、奶酪、蔬菜等则为素菜，平时主饮茶、鲜奶、酸奶等。

干酪：分两种，一种是乳汁提取酥油后剩下的物质，经烧煮，水分蒸发后凝结成块，然后将它压成饼状，或切成条块状晾干食用；还有一种，用酪浆烧煮，晾干后结丝状或粒状。

酥油茶：藏族的主要饮料，茶叶中含有维生素，可以减轻高原缺少蔬菜带来的损害。非常好客的藏族同胞用酥油茶来招待贵客，此时客人不能谢绝，否则藏族同胞会认为您非常失礼。

藏酒：用小麦或青稞经发酵而制成的低度烧酒，味淡而醇，芒康县和边陲亚东县的烧酒以最有特色而著称。

酸奶：乳汁发酵酿制成的半凝固体食品，有"达雪"和"俄雪"两种。由于酸奶是牛奶经过发酵作用的食品，所以营养更为丰富，也较易消化。

目的地攻略

🚗 交通

那曲火车站是世界上海拔最高的火车站，紧临青藏公路。青藏铁路上的火车都经停那曲站。

🛒 购物

那曲的特产主要有贝母、虫草、麝香和雪莲花，这些大多价格昂贵，而且不是行家的话，很难区分其品质的优劣，购买时一定要谨慎。

左上 | 色林错
右上 | 酥油茶
右下 | 糌粑

可可西里

可可西里国家级自然保护区位于青海省玉树藏族自治州西部，总面积 4.5 万平方千米。可可西里是世界上原始生态环境保存较好的自然保护区，也是中国建成的面积最大、海拔最高、野生动物资源最为丰富的自然保护区之一。2017 年 7 月，第 41 届世界遗产大会上，可可西里被获准列入世界遗产。

可可西里国家级自然保护区地势高亢，基本地貌类型除南北边缘为大中起伏的高山和极高山外，广大地区为中小起伏的高山和高海拔丘陵、台地与平原。

可可西里国家级自然保护区是羌塘高原内流湖区和长江北源水系交汇地区。保护区内湖泊众多，因此被称为"千湖之地"。

可可西里现代冰川广布。保护区地处多年冻土地带，冻土面积占保护区面积 90% 以上，冻土最厚达 400 米。冰川和冻土是巨大的固体水库。

可可西里国家级自然保护区拥有野牦牛、藏羚羊、野驴、白唇鹿、棕熊等青藏高原上特有的野生动物，是中国动物资源比较丰富的地区之一。

可可西里国家级自然保护区现有高等植物约 202 种，以矮小的草本和垫状植物为主，木本植物极少，仅存在个别种类。

可可西里野生动物

野牦牛 家牦牛的野生同类，四肢强壮，身被长毛。典型的高寒动物，性极耐寒，为青藏高原特有牛种，国家一类保护动物。

藏羚羊 被称为"可可西里的骄傲"。背部呈红褐色，腹部为淡褐色，被毛致密。为国家一级保护动物，也是列入《濒危野生动植物种国际贸易公约》中严禁贸易的濒危动物。

白唇鹿 典型的高寒动物。体形高大，鼻端两侧、下唇及下颌白色，通体被毛十分厚密，毛色在冬夏有差别。

亮点→ 宫殿寺庙｜藏戏｜五色经幡｜转经｜泡温泉

布达拉宫

拉萨

拉萨作为西藏自治区首府，是一座具有 1300 多年历史的古城。"拉萨"在藏语中意为"圣地"或"佛地"，是西藏的政治、经济、文化中心，也是藏传佛教圣地。拉萨名胜古迹众多，有美丽恬静的当雄草原，有波光万顷的纳木错高原湖泊，有金顶巍峨的古寺，美妙绝伦的壁画、唐卡和塑像艺术。

拉萨市区二日游

第一天上午游览布达拉宫和药王山，下午游览西藏博物馆和罗布林卡，晚上住八廓街；第二天上午游览哲蚌寺或色拉寺，下午朝拜大昭寺，在八廓街享受惬意的下午时光。

纳木错经典二日游

第一天吃过早餐后先前往罗布林卡游览，中午吃过午饭从拉萨出发前往纳木错，傍晚观湖畔日落，夜宿纳木错，观赏美丽的高原星空；第二天早起观湖畔日出，徒步湖畔，尽情欣赏纳木错的美景。

拉萨市区景点

本地游

※布达拉宫 ⓐ AAAAA

白宫、红宫、布达拉宫广场

📍拉萨市城关区北京中路宫前巷 35 号。🚌市内乘 1 路、12 路等公交车至拉百站下车，步行可到。💰200 元（需提前预订）。

布达拉宫屹立在红山之上，是世界上海拔最高的古代宫殿。布达拉宫由红宫、白宫两大部分组成，最初是松赞干布为迎娶文成公主而兴建的。重建后，布达拉宫曾为历代达赖喇嘛的冬宫居所。重大的宗教仪式多在此举行，同时这里又是供奉历世达赖喇嘛灵塔的地方，宫

景点攻略

药王山上可以拍摄布达拉宫全景，龙王潭公园可以拍摄布达拉宫倒影，布达拉宫内不可以拍照。宫殿较高，上下要慢行，殿内较阴冷，即使夏季最好也准备件外套。

中还保存大量精美艺术品和珍贵文物。

※大昭寺 ⓐ AAAAA

转经道、觉康殿、龙王殿

📍拉萨市城关区古城中心。🚌市内乘坐 15 路等公交车在鲁固站下车，步行可到。💰85 元。

布达拉宫景区示意图

左上 | 大昭寺
左下 | 药王山壁画
中下 | 小昭寺
右上 | 罗布林卡

大昭寺是西藏现存最辉煌的吐蕃时期的建筑。大昭寺殿高4层，主殿二、三层檐下有排列成行的103个木雕伏兽和人面狮身，寺内有长近千米的藏式壁画《文成公主进藏图》和《大昭寺修建图》，还有两幅明代刺绣的护法神唐卡。释迦牟尼12岁等身像现在是大昭寺的镇寺之宝，这是大唐文成公主入藏时从长安带去的。

景点攻略

每天下午在大昭寺二楼都会有喇嘛辩经，如果恰好下午进寺，可以循声而至。每年藏历正月十五的酥油花灯会和藏历十月十五的吉祥天母节是大昭寺及八廓街最热闹的时候，不可错过。

※药王山

万佛墙、观景台

◎ 拉萨市城关区罗布林卡路。❀免费。

药王山，藏语称夹波山，与布达拉宫所在的红山咫尺相对。药王山东侧有个洞窟式的庙宇，洞口有一中心柱，中心

柱与洞壁之间是狭窄的转经廊道，岩壁上有69尊石刻造像，廊道两边排列石刻神像，北面石壁上有松赞干布与文成、尺尊两位公主及大臣的造像。

※罗布林卡

格桑颇章、金色颇章、达登明久颇章

◎ 拉萨市城关区罗布林卡路21号。❀60元。

罗布林卡始建于18世纪40年代，是西藏人造园林中规模最大、风景最佳、古迹最多的园林。康松思轮是正面最醒目的一座阁楼，它原是座汉式小木亭，后改修为观戏楼，它的旁边就是夏布甸拉康，是进行宗教礼仪的场所。

※小昭寺

上密院、转经回廊、经堂

◎ 拉萨市城关区小昭寺路。❀20元。

小昭寺的建筑大多是后来重修的，只有底层神殿是早期的建筑，殿内的10根柱子依稀可见吐蕃遗风。小昭寺主楼三

层，底层分门庭、经堂、佛殿三部分，周围是转经廊道，廊壁上遍绘无量寿佛像。顶层是汉式金瓦，金光闪闪，凌空摩天，拉萨各个方位均能看到，蔚为壮观。

※仓姑寺

松赞干布修行洞、茶馆

◎ 拉萨市城关区林廓南巷29号。❀40元。

仓姑寺是拉萨市区唯一一座尼姑庙，因当年松赞干布在此挖洞闭关修行而声闻天下。仓姑大殿坐北朝南，是一幢三层建筑，二、三层为佛堂，寺内主供千手千眼观世音菩萨像，也供放着松赞干布、寺庙创建者之一的帕崩卡德庆宁布像。

拉萨郊县景点 本地游

※色拉寺

马头明王殿、措钦大殿

◎ 拉萨市城关区色拉路1号。❀50元。

色拉寺错落有致，寺内建筑都是藏式风格。寺院大殿金碧辉煌，藏在措钦大殿的200余函《甘珠尔》《丹珠尔》经书全用金汁抄写，十分珍贵。而它西侧的罗汉殿和东侧的大威德金刚神殿有释迦益西从内地带来的木雕罗汉，还有明成祖亲

自赠送的传世之宝——永乐版《大藏经》。

景点攻略

在色拉寺东北方的晒佛台可以鸟瞰整个色拉寺，每年雪顿节也都在这里举行晒佛仪式。辩经是色拉寺的最大看点，辩经一般在15:00左右开始。色拉寺的辩经是两个人抑或四五个人一组，一方席地而坐，一方站立走动，情绪激昂，手舞足蹈，全神贯注。

※哲蚌寺

措钦大殿、甘丹颇章、四大扎仓

📍拉萨市北京西路276号。💰50元。

哲蚌藏语为"米聚"，象征繁荣。整个建筑覆盖了半个山坡，好似巨大的米堆，故名哲蚌。远远望去，黑色的山体簇拥着一大群白色的建筑在阳光下显得格外醒目。著名的甘丹颇章就在一处有很高台阶的地方，大门前面有一个小佛殿，里面供奉着五世达赖喇嘛的衣服。

景点攻略

每年藏历六月末的雪顿节，哲蚌寺都会举行盛大的晒佛仪式，长约30米宽约20米的大佛像在山上的晒佛台展出，同时会有藏戏等节目表演，是拉萨最为盛大的景观之一，每年都会吸引众多游人和市民而来共襄盛况。

※纳木错

转湖、扎西半岛、孔雀梁

📍拉萨市当雄县纳木错湖。💰120元。另付景区观光车110元。

纳木错是西藏最大的湖泊，也是世界上海拔最高的大湖，湖滨广阔、水草丰美。纳木错的形状像静卧的金刚度母，湖的四面建有4座寺庙，东有扎西多波切寺，南有古尔琼白玛寺，西有多加寺，北有恰妥寺，象征着佛教上所说的愠、怒、权、势。

※噶丹寺

措钦大殿、羊八犍经院、绛孜扎仓

📍拉萨市达孜区境内拉萨河南岸旺日山上。🚌在大昭寺广场附近有中巴车直达甘丹寺。

噶丹寺全称"甘丹朗杰林"，由格鲁派创始人宗喀巴大师于1409年亲自筹建，是格鲁教派的祖寺。噶丹寺的23个康村中每个康都有一个经堂，多为二层楼建筑，沿山势而建，层层叠叠。噶丹寺中各殿内的壁画和雕塑都极为精美，寺内珍藏的文物珍宝众多。

※直贡梯寺

佛殿、藏经楼、坛城

📍拉萨市墨竹工卡县以北仁多岗乡雪绒河边。🚌大昭寺广场每天有发往直贡梯寺的班车。💰45元。

直贡梯寺是直贡噶举派的中心寺院，以寺内被称为"世界一庄严"的灵塔殿最为壮观，殿高3层，主供杰觉巴灵塔，塔内藏有历代祖师的舍利子、佛经、珍贵药材等。

※羊八井地热温泉

水泉、爆炸泉、间歇温泉

📍拉萨市当雄县羊八井镇。💰198元。

羊八井地热温度保持在47℃左右，这里有全国海拔最高的水泉，以及罕见的爆炸泉和间歇温泉。羊八井最美的时候是每天的清晨，这儿的早晨总弥漫着白色雾气，地热田产生的巨大蒸汽团从湖面冒起，如人间仙境。如果运气好，碰上热水井喷发，更可一睹沸腾的温泉由泉眼直冲云霄的场面，十分壮丽美观。

山南
周边游

※羊卓雍错

空姆错、沉错、纠错

📍山南市浪卡子县。🚌可先坐班车到雅鲁藏布江大桥边，再乘出租车游览羊卓雍措。💰60元。

羊卓雍错被誉为世界上最

中上｜纳木错
中下｜羊卓雍错

布达拉宫秋色

左上 | 桑耶寺
右上 | 青朴修行地

美丽的水，它是高原堰塞湖，形状很不规则，湖岸曲折蜿蜒。湖中山地突冗，有 21 个小岛，各自独立水面，岛上牧草肥美，野鸟成群。此湖的一绝是它的水源来自周围的雪山，但却没有出水口，雪水的融化与湖水的蒸发达到一种动态的平衡。

※桑耶寺

日月殿、乌孜大殿、甬道回廊

🏠 山南市扎囊县桑耶镇。
🎫 乌孜大殿 40 元。

桑耶寺寺院周围树木茂盛，葱郁成林，河渠萦绕，黑颈鹤悠然觅食，可谓世外仙境，高原绿洲。清晨或傍晚登上桑耶寺旁的海布日神山山顶，在那里可俯瞰桑耶寺全景及雅鲁藏布江的景观，风光无限。

※雍布拉康

古代藏王殿、上楼、法王殿

🏠 山南市乃东区泽当镇东南约 11 千米处的扎西次日山上。🎫 30 元。

雍布在藏语中意为"母鹿"，因扎西次日的山势形似母鹿而得名。雍布拉康前部是一幢三层建筑，从门厅往里是佛殿，殿堂内供奉三世佛和历代赞普塑像，还有文成公主塑像，造型精美，甚为传神。后部是一座方形高层碉堡望楼，与前部相连，均以石块砌成，巍峨挺拔。

※拉姆拉错

曲科杰寺、加查峡谷

🏠 山南市加查县曲科杰丛山之中。
🎫 50 元。

拉姆拉错的藏语意为"吉祥天姆湖"。每年藏历四至六月，都有善男信女前来这里朝圣观景。

※昌珠寺

珍珠唐卡、文成公主像

🏠 山南市乃东区贡布日山南麓中。
🎫 70 元。

莲花生和米拉日巴等有名的人物都曾在昌珠寺周围修行，因此这里是佛教信徒朝拜的圣地。寺内有著名的珍珠唐卡，寺中悬挂有一口铜钟，在整个西藏都很有名。寺内原保存有大量古代壁画和松赞干布、文成公主、尼泊尔尺尊公主及大臣禄东赞等人塑像，造型古朴生动。

※青朴修行地

莲花寺、石雕像

🏠 山南市桑耶寺东北约 8 千米的纳瑞山腰。🎫 免费。

青朴三面环山，山谷正南面对着雅鲁藏布江的宽广河谷。由于深居大山深处，且溪流潺潺植被茂密，青朴修行地冬无严寒夏无酷暑，常年气候温和，是一处风景气候皆佳的地方。这大概也是历代以来众多高僧大德将这里当成修身悟法圣地的原因。

※藏王墓

松赞干布墓、赤松德赞墓

🏠 山南市琼结县。🎫 30 元。

藏王墓是公元 7~9 世纪各代吐蕃赞普的陵墓群，各陵墓封土高大，为土垒成的高台丘墓。靠近河边的大墓据说是松赞干布之墓，与之相邻的是赤松德赞的墓，墓旁有巨大功德碑。赤松德赞碑碑面有云龙、飞天、日月等浮雕图案，并刻有 59 行歌颂赤松德赞的古藏文。

体验之旅

罗布林卡看藏戏：每年雪顿节，会有藏戏演出团在罗布林卡演出，喜欢热闹又热情好客的藏族同胞会在树荫下搭起色彩斑斓的帐篷，在地上铺上地毯，摆上果酒、菜肴等节日食品，来一次小小的狂欢。

哲蚌寺看晒佛： 雪顿节当天，哲蚌寺的僧人会将巨大的唐卡在山坡上展开，随着号角声和袅袅升起的桑烟，彩色佛像相映生辉。

过新年： 藏历新年是西藏最隆重的节日，藏族民众载歌载舞狂欢，或到亲戚朋友家里做客，开怀畅饮，共庆新年。庆祝活动从初一一直要持续到初十左右。

闲情甜茶馆： 拉萨几乎每一个街道上都有甜茶馆，每一个茶馆都布置得古色古香独具藏族文化特色。在这里，可以和朋友聊聊天，也可以尽情发呆，倒上茶，阳光从窗外照过来，那种慵懒的氛围，让人舍不得离开。

泡温泉： 由于地热原因西藏的温泉总弥漫着白色雾气，巨大蒸汽团从湖面冒起，如人间仙境。身体浸在暖暖的温泉池中，眺望远处却是皑皑雪山，别有一番风味。

观赏朗玛舞： 来拉萨旅行，不可错过充满藏族民族风情的朗玛厅的醉人舞蹈。每个朗玛厅夜晚都在上演歌舞表演，藏族小伙抱着六弦乐等乐器边弹边唱，女子的表演则异常柔美，舞蹈千变万化。

看《文成公主》：《文成公主》实景剧以山川为舞台，以星空为布景，文成公主进藏带来先进的生产工具和方法，和藏族人民一起谱写了一曲汉族与藏族和谐共处的美丽赞歌。

寻味之旅

拉萨是整个西藏餐饮条件最好的地方，主要以藏餐和川菜为主。藏餐以肉食为主，各式牦牛肉的做法一定不要过错。

凉拌牦牛肉是拉萨一道非常著名的美食，选用的是鲜嫩的牦牛肉。而有美食必定要有美酒相伴，青稞酒是拉萨非常受欢迎的一种酒，有着"高原茅台酒"的称号。拉萨甜茶也是拉萨一道非常传统的饮品，已有几百年的历史，味道可口，营养丰富。

美食街： 在丹觉林路和北京路可以找到供应西餐的餐厅，厨师比较擅长做印度菜和尼泊尔菜。

目的地攻略

🚗 交通

飞机： 拉萨贡嘎机场位于山南市贡嘎县甲竹林镇，距离拉萨市区约60千米。拉萨至北京、上海、广州、深圳、重庆、成都每天都有航班，机场有大巴发往拉萨市区。

火车： 拉萨火车站位于拉萨市西南的堆龙德庆区柳梧乡境内，距离市区约8千米，通过青藏铁路可达北京、广州、重庆、上海等地，另有拉日铁路可到日喀则以及到林芝的城际铁路。

🏠 住宿

拉萨住宿，从五星级别的酒店宾馆到青旅再到家庭客栈，应有尽有，每年的7、8月雪顿节期间，是拉萨最热闹也是人最多的时期，如果想在这个时间段来拉萨旅行，最好提前订好酒店。

星级酒店都集中在拉萨市区，以北京路和江苏路上居多。家庭客栈多集中于拉萨河畔的仙足岛附近。

🛒 购物

西藏有很多充满了乡土气息与民族风格的手工艺产品，有各式的木碗、银碗、竹碗等藏族手工艺品。

拉萨的购物，工艺品主要集中在八廓街，但藏药、虫草、藏红花一般不要在八廓街购买，如有需要可在西藏藏药厂、拉萨藏药厂或其门市部购买。

中下 | 甜茶
右下 | 藏刀

亮点→ 珠峰｜晒佛节｜寺庙｜高原登山｜后藏文化

珠峰日落

日 喀 则

日喀则市是旅游观光和科考、探险的胜地，这里还有历史悠久的文物古迹、丰富多彩的民间文化。扎什伦布寺是历代班禅的驻锡地，白居寺、夏鲁寺、绒布寺等也都有各具特色的宗教文化色彩。帕拉庄园则是西藏仅有的一个保存完整的贵族庄园。

   旅 行 路 线

日喀则经典二日游

第一天游览夏鲁寺和扎什伦布寺，观摩精美的佛教壁画，访后藏地区的最大寺院；第二天去德庆格桑颇章，游览美丽古朴典雅的班禅夏宫。

珠峰朝圣三日游

第一天上午到萨迦县拜访萨迦寺，下午到达江孜参观宗山古堡，沿途可以欣赏雅鲁藏布江的美丽景色；第二天前往珠峰，可在此拍摄珠峰"真容"，站在大本营纪念碑前留念；第三天从珠峰返回日喀则，沿途欣赏珠峰和雅鲁藏布江的雄伟风光。

日喀则市景点

本地游

※扎什伦布寺 AAAAA

措钦大殿、四大扎仓、班禅拉章

🏠 日喀则市桑珠孜区几吉郎卡路 1 号。
🚃 可从市内乘三轮车前往。💰 100 元。

扎什伦布寺共有四大扎仓、62 个米村，佛堂和灵塔祀殿近 60 座。寺内最宏伟的建筑是大弥勒殿，藏语称"强巴康"，佛殿分五层，下面还有两层回廊。整个佛殿呈阶梯状，层层收拢

中上 | 白居寺
中下 | 扎什伦布寺

高出。每层顶角各卧雄狮一尊，殿堂以铜柱金顶装饰，气势雄伟壮阔。

景点攻略

晒佛台旁可俯瞰扎什伦布寺和日喀则市貌。藏历五月十四、十五、十六三天，晒佛台分别展示过去佛、现世佛和未来佛巨幅佛像，不可错过。

※白居寺

十万佛塔、净土殿

🏠 日喀则市江孜县城西北约 1 千米处。

白居寺是一座塔寺结合的典型的藏传佛教寺院建筑，寺

景点攻略

萨噶达瓦节是"十万佛塔"的落成纪念日，也是释迦牟尼诞生、圆寂、涅槃的日子。因此，每年藏历四月十五日，白居寺都将诵经纪念，届时上千信众云集于此，萨噶达瓦节还是该寺最为重大的节日之一。

中有塔、塔中有寺，寺塔浑然天成，相得益彰。这座寺庙以它巧妙利用的建筑布局和拥有宏伟别致的"十万佛塔"为人仰慕，同时还以独具风貌的建筑、雕塑、壁画艺术而享有盛名。

文化解读

白居寺壁画也是非常有名的，所表现的题材十分广泛，主要包括显密二宗、佛传故事和本生故事等，尤其是在绘画方法上较之西藏其他很多寺庙，独具特色。

背光是白居寺壁画装饰内容中的一大重要特征，由头光和身光两部分组成。白居寺壁画中常见的背光有舟形、龛形和椭圆形、马蹄形几种，特点是造型精细、纹样丰富、讲究对称，色彩对比强烈而又和谐，色彩的运用也很丰富，感觉精美庄重，但又不显得晦暗。

右上 | 珠峰朝圣者

珠峰自然保护区
冰塔林、洛子峰、绒布寺　特写

⊙ 日喀则市定日县境内的中尼边境。

珠穆朗玛峰，藏语意为"圣母"，海拔 8848.86 米，为世界第一高峰。峰顶终年积雪，一派圣洁景象。山体呈金字塔型，在山脊和峭壁之间分布着 500 多条大型冰川，冰川上有千姿百态、瑰丽罕见的冰塔林和高达数十米的冰陡崖、冰裂缝。

绒布寺分新旧两处，旧寺靠近珠穆朗玛峰，尚存莲花生大师当年的修行洞，以及印有莲花生大师手足印的石头和石塔等。这里是从北坡攀登珠峰的大本营，从这儿向南眺望，是观赏、拍摄珠峰的绝佳地点。

珠峰自然保护区示意图

贡扎
克玛
恩巴
扎西湖
乞遮
浪嘎
定日
白坝
扎果
协格尔
曲德寺
朋
岗嘎
音莫嘎
鲁边检站
保护区检查站
龙江
曲龙贡打
加乌拉山口
龙门达
扎西宗
巴松
曲下
藏布
库由
次仁美
曲布
日阿扎
曲宗
热布
洛穷
加布拉
吉隆
于布让玛
巴弯
绒布寺
绒布冰川
卓奥友峰
珠峰大本营
喜
马
拉
珠穆朗玛峰 8844.43
雅
洛子峰
马卡鲁峰
脉
朋
曲
奥当

景点攻略

要去珠穆朗玛峰探险游，建议选择在 4~6 月间出行。因为每年 10 月至次年的 4 月，由于天气严寒，不适合在雪峰一带旅游；另外 7、8 月份为雨季，烟雨蒙蒙中也无法看见珠穆朗玛峰的身影。

※宗山古堡

抗英炮台、勇士跳崖处、英雄纪念碑

☉ 日喀则市江孜县白居寺背山顶上。
💰 10元。

宗山古堡是1904年西藏民众抗击英国侵略军的地方，江孜宗的所在地，也是电影《红河谷》的拍摄地。遗址上的抗英炮台、勇士跳崖处、地牢等，再现了当年藏族同胞抗击英国侵略者的英勇，人们还依稀可以找到当年江孜宗生活和办公的痕迹。

※萨迦寺

大经堂、大殿顶层平台

☉ 日喀则市萨迦县八思巴路奔波山下。
💰 50元。

萨迦寺是藏传佛教萨迦派的寺庙，它的外墙绘有象征文殊、观音和金刚手菩萨的红、白、黑三色花条。萨迦南寺内珍藏着大量具有历史和艺术价值的文物，如封诰、印章、佛像等。萨迦寺的元代壁画以萨迦法王像和曼陀罗最有特色，仅曼陀罗壁画就有130多幅。

景点攻略

萨迦寺每年都举行多次法事活动，其中规模较大、独具特色的要数萨迦寺夏季和冬季金刚神舞法会。夏季在每年藏历七月进行，冬季十一月十九开始。每年法会期间，周边僧俗百姓全都汇聚寺中，祈求幸福和吉祥，场面宏大。

左下｜宗山古堡
中上｜萨迦寺
中下｜珠峰大本营
右下｜青稞酒

体 验 之 旅

登珠峰：每年4~6月，来登山的玩家络绎不绝。即使没有攀登雪峰的能力，但是在5200米的珠峰大本营体验一下徒步、宿营、攀冰，都是不错的体验。

寻 味 之 旅

日喀则的餐饮以藏族的主要风味为主，可以品尝到各类藏式美食，像青稞酒、酥油茶、牛羊手抓肉、凉拌牦牛舌及甜茶、酸奶、风干肉、夏普青等。

解放北路和珠穆朗玛路一带是藏族菜馆的集中地。解放中路客运站附近的夜市，菜式多样，气氛热闹，是日落后消磨时光的好去处。

目 的 地 攻 略

🚗 交通

飞机：日喀则和平机场位于西藏日喀则市江当乡境内，距离日喀则市区约43千米。目前开通有飞往成都、上海、西安的航线。

火车：日喀则站位于日喀则市甲措雄乡的占堆村，目前运营往返拉萨的五趟列车。

🏠 住宿

日喀则市住宿主要集中在日喀则市区，市区内各种价位的酒店招待所和小客栈众多。

🛍 购物

日喀则和西藏其他各地区差不多，以法器、饰物、念经轮等民族手工艺品为主，并没有特别之处。

位于日喀则市南部的扎西吉彩，以金银器加工闻名，是西藏著名的手工艺之乡。在这里能亲眼看见一块粗糙的金属是如何在能工巧匠们的手中，通过世代相传的熔炼手艺，敲打成精美、华贵的工艺品。

亮点→ 珞巴民风｜雪山｜后藏文化｜古刹名寺｜门巴族文化

林芝桃花

川藏公路

林芝和昌都都是从四川入藏的必经之地，是自驾游客常光顾的地方，沿线拥有高原、冰川等景观。

林芝被称为西藏的江南，南迦巴瓦峰、雅鲁藏布江大峡谷、巴松错及察隅、波密等一起构成了林芝神奇的自然风光。昌都市平均海拔在 3500 米以上，这里有三江并流的奇绝风景和神秘壮美的茶马古道。

旅 行 路 线

林芝二日游

第一天主要游览八一镇风光和林芝自然博物馆，感受林芝生态美；第二天主要游览色季拉山景区和鲁朗景区，看遍山杜鹃红。

波密二日游

淳厚的高原气息、浓郁的乡土特质、明丽的雪域色彩和独树一帜的民俗风情，这里是波密。第一天游览通麦天险和岗乡自然保护区，观雪山、赏花、穿森林；第二天游览扎木古镇和米堆冰川。

昌都一日游

上午前往卡若遗址，追寻历史的变迁往事，随后来到强巴林寺，午后来到澜沧江广场，倚栏遥望，江水奔腾，置身其中，可以尽情体验三江汇合的磅礴气势。

林芝旅游区

本地游

※南迦巴瓦峰

乃彭峰、旗云

🚩 林芝市南迦巴瓦峰。💰 可以乘坐雅鲁藏布大峡谷景区的观光车参观。

💲 免费。

南迦巴瓦峰山顶冰川高耸、形状俏丽，山间常有云雾缭绕，而山下则植被茂密，景色优美。欣赏南迦巴瓦峰的最佳时间是每年的 4~10 月，此时气候合适，山下绿树成荫，山间云雾飘荡，景色最漂亮。

景点攻略

墨脱、色季拉山口、派镇、直白等地是观赏南迦巴瓦峰最好的地方。

国道林芝一波密的路上经过色季拉山口，色季拉山口每天 7:00 是观看南迦巴瓦峰的最佳时间。

派镇位于雅鲁藏布江大峡谷的入口处，也是通向墨脱的必经之地。每天约 8:00 在八一镇的桥头有中巴车前往。

从派乡继续前行约 18 千米抵达直白观景台，再前行数千米则抵达直白村，派镇有到达直白的区间车。

中下｜南迦巴瓦峰

左上｜雅鲁藏布大峡谷
左下｜鲁朗林海
右上｜米堆冰川

是人间天堂。

※米堆冰川

冰湖、悬冰川

📍 林芝市波密县玉普乡米堆村。
💰 50元。

米堆冰川是西藏最重要的海洋型冰川，也是世界上海拔最低的冰川。米堆是以一座冰川得名的地方，行进在巍峨峻峭的大山之间，那鬼斧神工、泼墨山水，那冰川绝壁、雪山云雾，每每令人惊叹不已。

※南伊沟

洛巴民族村、南伊河观景台

📍 林芝市米林县南伊乡境内。
💰 200元。

南伊沟位于米林县南伊乡，又称药王谷，是一条幽静的峡谷溪涧。南伊沟珞巴村前面的洛巴吊桥是村庄与原始森林的分界线，吊桥上常年经幡飘扬。游人可以走走吊桥，也许能沾染到一些好运气。

※雅鲁藏布大峡谷 AAAAA

千年大桑树、南迦巴瓦观景台

📍 林芝市米林县派镇。 💰 150元。

雅鲁藏布大峡谷是世界上第一大峡谷。这里拥有壮观的跌水、雄伟的雪山，这里还汇集了许多生物资源。雅鲁藏布大峡谷里最险峻、最核心的地段，是从白马狗熊往下近百千米的河段，这里峡谷幽深，激流咆哮，至今还无人能够通过，其艰难与危险，堪称"人类最后的秘境"。

※巴松错 AAAAA

错宗工巴寺、扎西岛

📍 林芝市工布江达县错高乡。 🚗 自驾或包车前往。 💰 120元，船票150元。

巴松错是宁玛派著名的神湖，雪峰、冰川、古迹、原始森林环绕周围。湖水清澈见底，黄鸭、沙鸥、白鹤等飞禽浮游湖面，湖中则是游鱼如织，分外宁静。湖内有座小岛，岛上有一座古庙"错松庙"，将巴松错紧紧环绕，使这里宛如人间仙境。

※鲁朗林海

观景台、杜鹃花

📍 林芝市巴宜区鲁朗镇。
💰 170元，观景台60元。

鲁朗林海有依山连绵的大片碧绿森林，树木以垂直的云杉和松树为主，景色非常清新优美。整个景点如诗如画，周边雪山林立，沟内森林葱茏，林间还有整齐如人工修剪般的草甸。周边溪流蜿蜒，有成千上万种野花竞相开放，简直就

昌都旅游区 本地游

※强巴林寺

护法殿、度母殿、辩经院

🏛 昌都市卡若区昌都镇。 ¥ 免费。

　　强巴林寺因寺内主佛为强巴佛，故对该寺的起名为昌都强巴林寺。该寺主要建筑保存完好，经堂内塑有数以百计的各类佛像和高僧塑像，上千平方米的壁画及众多的唐卡画。寺内的古庆跳神素以形象逼真的面具，整齐典雅的动作造型，宏大的场面而闻名雪域高原。

景点攻略
　　昌都强巴林寺最值得一看的是它的神舞，是在每年的酥油花节期间表演的一种神舞，表演主要由动作大气、场面宏大、舞蹈者都戴着形象逼真面具表演的"古庆"神舞和服饰华丽舞姿古朴的铙舞组成。

※查杰玛大殿

岩石山、扎玛湖

🏛 昌都市类乌齐县查杰玛大殿。 ¥ 50 元。

　　查杰玛大殿一向以雄伟壮观的气势、珍藏众多的佛像经典而闻名于世。寺院背后象征胜乐金刚宫殿的山上长满松树，如今的大殿里面至今珍藏着质量上乘的文物精品，如传说为格萨尔用过的马鞍和战刀、八瓣莲花的金刚像、明清时的唐卡及不同历史时期的金属造像。

※然乌湖

杜鹃花、阳措湖、然乌溶洞

🏛 昌都市八宿县然乌镇。 ¥ 免费。

　　然乌湖是雅鲁藏布江支流帕隆藏布的主要源头，整个湖呈狭长河谷状，湖边是绿草茵茵的草场和绿油油的庄稼；湖边山腰上则是莽莽的森林，再往上是五颜六色的杜鹃花和灌木丛林带；山顶则是终年不化、重叠起伏的雪山。

※来古冰川

美西冰川、雅隆冰川、若骄冰川

🏛 昌都市八宿县来古村。 ¥ 30 元。

　　来古冰川可以看到 6 条海洋型冰川，围绕着来古村的多条冰川，在村子前形成了多个冰湖，每一个冰湖都会反射出不同的颜色，有一个冰湖上还漂浮着大大小小的冰山。冰川的末端与冰湖之间，断裂的冰川露出十数米高蓝幽幽的冰层。

※仁措湖

钓鱼、泡温泉

🏛 昌都市八宿县郭关乡。 ¥ 50 元。

　　仁措湖湖泊一面较开阔，其余部分均靠山。这里地势开阔，绿草茵茵，是良好的天然牧场。湖中的鱼类资源极为丰富，尤其是盛夏之际，大量的鱼在碧蓝的湖水中悠闲地游动，各种各样的飞鸟则在这幽静的地方筑巢栖息。

左上 | 来古冰川
左下 | 然乌湖
右下 | 强巴林寺

体验之旅

赏桃花： 春天，林芝市青山脚下、山溪岸边，到处都是盛开的桃花，千树争妍。赏花之余品尝擂茶尝桃花饼，饮桃花酒，领略陶渊明笔下"世外桃源"的独特情趣，别有一番风味。

骑行林芝： 林芝的美，需要身临其境，边走边赏。用骑行这种健康自然的运动旅游方式，充分享受旅行过程之美。一辆单车，一个背包即可出行。

爬山： 在春暖花开或秋高气爽的日子里，和小伙伴相约一起去远足，这绝对是最好的出游计划之一，到林芝周边的几座山上走走，山上清新空气一定能够放松身心。

观《寻找·香巴拉》：《寻找·香巴拉》集中展现林芝乃至整个西藏自治区文化与自然元素，体现林芝乃至整个西藏自治区的美。

左上｜林芝桃花
左下｜石锅鸡
中下｜骑行林芝

寻味之旅

林芝和昌都的风味饮食以藏族日常食用菜肴为主，比较有特色的如藏香猪、藏鸡等。

其他少数民族中，珞巴族有白酒和黄酒，饭是大米和玉米渣做的米饭，还有瓜菜、烤肉、辣椒。门巴族的鲁朗石锅鸡是一绝，去到林芝一定也要品尝一下。

目的地攻略

🚗 交通

飞机： 林芝米林机场位于林芝市米林县境内的雅鲁藏布江河谷地带，距离林芝市首府巴宜区八一镇约40千米，目前开通有飞往成都、重庆、西安、广州和深圳等地的航班，机场有大巴往返于市区。

昌都邦达机场位于昌都市邦达县，现开辟飞往昌都至成都、重庆和拉萨航线。机场距昌都城区约130千米，可乘坐出租车到达。

🏠 住宿

林芝目前住宿较多的还是集中在八一镇，镇上住宿分为新区和老区两块，建议住在老区，离客运站较近，而且餐饮、超市等配套设施齐全。这里也能找到不少民宿和一些有藏式风情的旅店。

昌都在西藏还算繁华，既有比较好的宾馆、酒店，也有普通的旅馆、招待所，能符合旅行者的要求。

🛒 购物

林芝物产丰富，各种野生药材和珍稀动植物极其丰富。主要有麝香、熊胆、灵芝、猴头、天麻、三七等，此外林芝市以门巴木碗为代表的少数民族手工艺品也极具特色。

昌都地处雪域高原，山高谷深，动植物资源极为丰富，盛产冬虫夏草、雪山雪莲、红景天、藏红花等高原名贵中草药，昌都的梨、桃等高原水果，品种繁多，其中以八宿的醉梨最为有名。

亮点→ 转山 | 转湖 | 古格艺术 | 象雄文化 | 古格未解之谜

玛旁雍错

阿里

阿里是喜马拉雅山脉、冈底斯山脉等山脉相聚的地方，被称之为"万山之祖"。它孕育着南亚诸大河流、"神山"附近就是"圣湖"——玛旁雍错。在改则、革吉一带，广阔的藏北高原人烟稀少，但却是野生动物的乐园，有时还能碰到黄羊、藏羚羊与车竞赛的欢腾场面。

旅行路线

札达经典二日游

第一天游览札达土林和古格王国遗址，探寻一日间销声匿迹的古城；第二天游览查宗贡巴石窟壁画和聂普巴石窟壁画，感受精美的壁画艺术。

阿里五日游

第一天游览狮泉河镇和阿里草原，体验阿里荒原上的天堂；第二天游览古格王国遗址和札达土林，掀开那一段神秘的古格王朝历史；第三天游览东嘎石窟和冈仁波齐峰，开启一场艺术的盛宴；第四天游览玛旁雍错，观圣湖；第五天游览科迦寺。

冈仁波齐

本地游

卓玛拉山口、托吉错

☉ 阿里地区普兰县北部。 ¥ 150 元。

冈仁波齐是冈底斯山脉的主峰，峰顶终年冰雪覆盖，自峰顶垂直而下的巨大冰槽与水平方向岩层构成佛教万字符。

景点攻略

冈仁波齐峰转山分内圈与外圈，又分徒步和磕长头。外圈 56.5 千米，徒步 3 天（当地人 1 天就可以），磕长头要半个月以上。塔钦（即大金寺）通常是转山的起点。马年和藏历四月十五日斋会后转山最热闹。

冈仁波齐终年积雪的峰顶能够在阳光照耀下闪耀着奇异的光芒，夺人眼目。每年都有许多信徒前来朝拜转山。如能在马年来神山，则被当作人生之大幸事。

玛旁雍错

本地游

纳木纳尼雪山、鬼湖、即乌寺

☉ 阿里地区普兰县霍尔乡境内。¥ 150 元。

玛旁雍错是西藏三大圣湖之一，诸多大河的发源地，被誉为"世界江河之母"。传说湖底聚集了众多的珍宝。历来的朝圣者都以到过此湖转经洗浴为人生最大幸事。

中下 | 冈仁波齐

玛旁雍错

阿里其他景点 _{本地游}

※班公错

鸟岛、红柳

⊙ 阿里地区日土县东北部。
❀ 船票 80 元。

班公错也叫班公湖，藏语称"错木昂拉仁波"，意为明媚而狭长的湖泊。班公错湖面狭长，呈东西走向，四周群山环绕，远处雪山点点。湖水清澈，由于光照、深浅、亮度等因素，呈现出墨绿、淡绿和深蓝等不同的颜色，非常漂亮。

※古格王国遗址

红殿、白殿、度母殿

⊙ 阿里地区札达县托林镇西北的象泉河南岸。❀ 85 元。

古格王国遗址从山麓到山顶高 300 多米，到处都是和泥土颜色一样的建筑群和洞窟。围绕古格都城周围的重要遗址还有东嘎、达巴、皮央、香孜等，都有大量文物遗存。古格王朝雕塑多为金银佛教造像，遗留最为完整、数量最多的是古格王朝的壁画。

※拉昂错

卵石滩、纳木那尼峰

⊙ 阿里地区普兰县玛旁雍错东北角。
❀ 35 元。

拉昂错与玛旁雍错东西并

列，被称为"鬼湖"。鬼湖与圣湖中间至今仍有一条河相通。鬼湖中有一个小岛，据说岛上有一小寺，每年冬天，湖面封冻结冰，寺中的喇嘛才与外界有所联系。鬼湖与圣湖一样，都是鸟类的天堂。

※札达土林

托林寺、古格王宫遗址

⊙ 阿里地区札达县境内。
❀ 免费。

土林是由于湖底沉积的地层长期受流水切割，逐渐风化剥蚀，从而形成的特殊地貌。陡峭险峻的山岩看上去似巍峨挺拔的

城堡、碉楼等，千姿百态、气象万千，土林里的"树木"高低错落达数十米，千姿百态，别有情趣。汽车行进其间，就像是绕着众多巨人的脚掌打圈。

※托林寺

托林寺塔林、象泉河

⊙ 阿里地区札达县象泉河畔。❀ 35 元。

托林意为飞翔空中，永不坠落。托林寺塔林位于象泉河边，有二百多座大大小小的佛塔，南北两边各有一排整齐的塔墙，夕阳照在这一片土黄色的塔林上，壮观的场面难以言表。

阿里地区的饮食和西藏其他地区差不多，以藏餐和川菜为主，但由于靠近新疆，特别在狮泉河镇有不少清真风味的餐厅。阿里地处偏僻，大部分

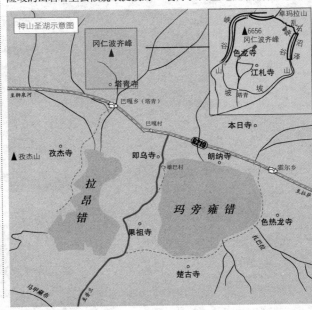

菜都要从新疆走新藏线运过来，所以用餐较贵。

目的地攻略

🚗 交通

阿里昆莎机场位于阿里地区狮泉河镇西南，目前已开辟往返拉萨、喀什、乌鲁木齐和西安的航线。

🏠 住宿

阿里地区地广人稀，旅游景点分布较散，进入阿里，建议自驾或包车往返各景区，住宿在县城或镇上相对比较舒适和安全。

🛒 购物

普兰县的普兰国际贸易市场自古以来就是西藏自治区重要的对外经商口岸，每年的夏、冬季会有商人在此停留经商。市场内商品主要是藏族民众常用的日用品、化妆品、装饰品等，也有羊绒等大宗商品。

西藏的神山圣湖

西藏很多神山，这些神山大多终年积雪，一般都有圣湖相伴。

神山冈仁波齐峰

圣湖玛旁雍错

神山念青唐古拉峰

圣湖纳木错

转山意义

信徒们相信人要承受六道轮回之苦，只有两种办法可以免除，其一修成活佛，其二转山。他们相信绕神山转可以洗清罪孽，在轮回中免遭堕入无间地狱，甚至脱离六道轮回来世成佛，因此转山朝圣者总是年年不断。

转山的路线

冈仁波齐转山道分两条：外线是以冈仁波齐为核心的大环山线路，内线是以冈仁波齐南侧的因揭陀山为核心的小环山线路。外线以塔尔钦为起点，一路经拉曲峡谷、卓玛拉山口、松楚寺等地，总长约53千米，徒步需3天，磕长头则需15~20天。每逢藏历马年，转山的朝圣者最多，相传马年转山最为灵验和积长功德。

转山注意事项

转山的路途较长，相当耗费体力，而且地处海拔较高，极易缺氧而产生高原反应，所以转山的信徒要做好预防高原反应的准备，放慢节奏。

转山

转山是一种盛行于西藏等地区的宗教活动，每年都会有很多虔诚的信徒参加，特别是每当藏历马年的时候，冈仁波齐转山的人数相当庞大。

林海雪原

东北

旅游带

这个旅游带位于高纬度地区，夏凉冬寒，多冰雪。哈尔滨的冰雪旅游节、吉林的雾凇、大连的极地馆、阿尔山的滑雪场，都是中国冬季最吸引人的目的地。大兴安岭、小兴安岭、长白山三座大山环抱着东北平原，这些少数民族生活的大山夏天是避暑胜地，秋天则拥有极其美丽的景色。这个区域的最西部有着中国最美丽的呼伦贝尔和锡林郭勒两大草原。这片区域的最南部则拥有美丽的海滨城市——大连。

沈阳故宫大政殿

沈 阳

亮点→ 一宫两陵｜少帅府｜皇帝陵｜沈阳大秧歌

孕育"沈水浑河"的先古文明，见证"盛京""奉天"的兵荒马乱，沈阳，这座经历了历史洗礼的厚重之城，注定在中华民族发展史上留下浓墨重彩的一笔！

旅 行 路 线

沈阳经典三日游

　　第一天上午去沈阳故宫，一睹这座王城的旧日风采，下午顺道去附近的张氏帅府博物馆，探寻张氏父子的一生；第二天早上去九一八历史博物馆，这里记载着九一八事变的耻辱和教训，然后去北陵公园，参观清昭陵，下午参观航空博物馆；第三天上午去东陵公园，参观清福陵，下午去逛逛世博园，欣赏百花怒放的风景。

沈阳休闲三日游

　　第一天直接去慈恩寺，听听剩人禅师塔的故事，下午去附近的张氏帅府博物馆，探寻张氏父子的一生；第二天早起去沈阳故宫，之后到辽宁博物馆参观，然后去刘老根大舞台看一场热闹的二人转；第三天去参观中共满洲省委旧址。

沈阳故宫 ⊛　　本地游

大政殿、崇政殿、文朔阁

⊙ 沈阳市沈河区沈阳路 171 号。
🚇 乘坐地铁 1 号线到怀远门站下，步行前往。💰 50 元。

　　沈阳故宫，又称后金故宫，是清朝统治者入主中原前的皇宫。沈阳故宫那金龙蟠柱的大政殿、崇政殿、排如雁行的十王亭，万字炕口袋房的清宁宫，古朴典雅的文朔阁，以及凤凰楼等高台建筑，在中国宫殿建筑史上绝无仅有。那极富满族情调的"宫高殿低"的建筑风格，更是"别无分号"。

中下｜沈阳故宫

棋盘山景区　　本地游

秀湖、辉山

⊙ 沈阳市浑南区棋盘山风景区。
💰 20 元，登棋盘山 5 元，辉山索道35 元，快艇 40 元。

　　棋盘山景区内山水相间，树木葱郁，合适季节还有荷花红叶可以观赏，自然风光十分优美。

　　秀湖两边风光旖旎，乘游船观两岸的山上翠意盎然，十分悠闲惬意。每到秋天，几座山上的枫叶全都绽红，与绿色交融，使得山顶色彩丰富。

　　辉山山顶的石头呈白色，被称为"辉山晴雪"，辉山上有石阶。在辉山底还有辉山鸟林和向阳寺可以观看，其中辉山鸟林是亚洲第一大鸟林，里面有各种仙鹤珍禽八十多种。

　　棋盘山上山的步道有些绕，山顶有一块大石头，石头顶部十分平坦，传说是吕洞宾和铁拐李在此下棋的棋盘，这也是棋盘山得名的由来。

沈阳其他景点 本地游

※张氏帅府

大青楼、小青楼、赵一荻故居

● 沈阳市沈河区朝阳街少帅府巷46号。 ● 60元。

　　张氏帅府又称"大帅府"，是张作霖及其长子张学良将军的官邸和旧居。府前坐落着张学良将军身着戎装的雕像，正气威武。府内有雕梁画栋的四合院、恢宏的欧式洋楼、水榭亭台的花园，十分气派别致。

※清昭陵 ◎

方城、宝城、北陵公园

● 沈阳市皇姑区泰山路12号。 ● 乘坐地铁2号线至北陵公园站下即到。 ● 50元。

　　清昭陵位于城北，因此也

称"北陵"，昭陵陵寝是清朝皇太极及孝端文皇后博尔济吉特氏的陵墓，陵寝遵循"前朝后寝"的布局，自南向北由前、中、后三个部分组成。神道两侧有石兽、华表对称排列，中间有为颂扬墓主而建的碑亭，竖有"昭陵神功圣德碑"。

※"九·一八"历史博物馆

蜡像、史实照片

● 沈阳市大东区望花南街46号。 ● 免费。

　　博物馆的主体建筑是一座残历碑造型的巨大石雕，碑形为翻到事变日期的台历，残历碑上镌刻着"九一八"事变的日期和时间，以及事变简介。它以形象的建筑，让人们牢记这一给中国人民造成深重灾难的历史事件。

※沈阳植物园 AAAAA

花卉园艺展区、玫瑰园、观光塔

● 沈阳市浑南区双园路301号。 ● 市内乘168支线公交至世博园站下车。 ● 50元。

　　沈阳植物园又叫沈阳世博园，其前身是2006年中国沈阳世界园艺博览会的会址。从主入口入园首先是花卉园艺展区，右手边是西部地区展园，往左边走是国际展园和东北地区展园，往前走则是中部地区展园。

这些独立的展园结合当地的特色花卉植物，异地风情浓郁。

※清福陵 ◎

隆恩殿、月牙城、石祭台

● 沈阳市浑南区双园路301号。 ● 30元。

　　福陵又称东陵公园，是清朝努尔哈赤及其孝慈高皇后叶赫那拉氏的陵墓，整座陵墓背倚天柱山，前临浑河，自南而北地势渐高。陵寝建筑规制完备，礼制设施齐全，陵寝建筑群保存较为完整。山形迤逦、万松参天、众山俯伏、百水回环，其优美独特的自然风光和深邃的人文景观早已为历代文人雅士所垂青。

※实胜寺

天王殿、玛哈噶喇楼、大殿

● 沈阳市和平区皇寺路206号。 ● 免费。

　　实胜寺全称为莲花净土实胜寺，是由清太宗皇太极赐建的皇家寺庙，所以又称皇寺。

左上｜张氏帅府
左下｜清昭陵
右下｜清福陵

实胜寺为两进院落，整个寺院由南向北建筑在中轴线上，山门两侧是钟楼、鼓楼，大殿是寺院的主体建筑，殿内供有释迦牟尼、弥勒、无量寿等佛的造像。

景点攻略

每逢春节、五一、十一等节假日期间，这里都会举办传统的皇寺庙会，届时会有京剧、民族歌舞、民лан表演、秧歌等精彩的表演，到时候可以来凑个热闹，感受一下这极具东北特色的庙会。

※怪坡

响山嗡顶、印山湖、松林槐谷

沈阳市沈北新区怪坡路。 ¥ 40元。

怪坡是长约80米，宽约15米，呈西高东低走势的斜坡，怪坡的神奇之处在于：当汽车开到坡下熄火停车后，会发现汽车自动地向坡上滑行；骑上自行车感觉会更明显，上坡不用蹬，车会飞快地滑向坡顶，下坡却要用力蹬。

抚顺
周边游

※清永陵

肇兴四祖石碑、祝版房

抚顺市新宾县永陵镇。 ¥ 50元。

清永陵是努尔哈赤远祖、曾祖、祖父、父亲、伯父、叔父的陵园，始建于1598年。永

陵南面正中有正红门，黄琉璃瓦顶，正脊有吻，垂脊有兽。门内横列碑亭四座，碑上刻一些"承家开国"之类的颂词。碑亭的北面就是方城，围墙南面正中是启运门，正脊有双吻与六龙戏珠，门两侧的照壁中心前后都是砖雕黄龙。

※赫图阿拉城

满族历史文化长廊、满族风情园

抚顺市新宾县永陵镇。 ¥ 60元。

赫图阿拉城是一座拥有400余年的历史古城。公元1616年努尔哈赤在这里登基称汗，建立了大金政权，史称后金。赫图阿拉城内有当年努尔哈赤登基称汗的尊号台、努尔哈赤与妃子们休息住宿的地方——汗王寝宫、昭忠祠等古建筑群。

※雷锋纪念馆

锋蜡像、大型《青山魂》浮雕

抚顺市望花区雷锋路东段61号。 ¥ 免费。

雷锋纪念馆，是宣传雷锋、研究雷锋、纪念雷锋的活动中

心。第一层是圆厅和展厅。圆厅的中央立有雷锋铜像，圆厅的墙壁上绘有大型装饰壁画。第二层为学习雷锋先进事迹展。该展厅还陈列着党和国家领导人视察抚顺，参观雷锋纪念馆的珍贵照片。

本溪
周边游

※本溪水洞 AAAAA

水洞、地质博物馆、铁刹山

本溪市本溪县本桓公路。 本溪客运站有班车直达景区。 ¥ 110元。

本溪水洞是数百万年前形成的大型充水溶洞，分水、旱两洞。洞内水流终年不竭，四季如春。水洞洞口坐南朝北，洞口呈半月形，洞口上方写着"本溪水洞"四个大字。旱洞内怪石嶙峋，起伏多变，洞中有洞，曲折迷离，有古井、龙潭、百步池等，现辟为古生物宫。

※关门山国家森林公园

关门山、铁刹山、汤沟森林公园

本溪市本溪县小市镇。 ¥ 90元。

左下 | 沈阳怪坡
中上 | 关门山
中下 | 清永陵
右下 | 赫图阿拉城

关门山国家森林公园是以森林、峰岩、溪泉、气象、季象等自然景观为主，以人文景观为点缀的森林生态型风景区。园内四季风光各具特色。春日，山花烂漫，五彩缤纷；夏日，柏苍树翠，清幽凉爽；秋日，橙红金黄，野果清香；冬日，飞雪迎客，冰崖百丈。

※铁刹山

云光洞、摩崖石刻

本溪市本溪县溪田铁路南甸子车站西南。55元。

铁刹山属长白山脉的一部分，山有五顶，因从东、南、北三面仰视均见三顶，道家取其三三见九之意，故称其为"九顶铁刹山"。该山山上多古洞，其中以云光洞为最大；山上多石刻，其中"与天同寿"摩崖石刻高约八米，宽约五米。

※老边沟

拥碚河、石阵坡、万象谷

本溪市本溪县东营坊乡南营坊村。78元。

老边沟是一个美丽而富饶、古老而时尚、神奇而多彩的人间仙境。它因绵绵的群山而美，因潺潺的流水而秀，更因"层林尽染，五彩花山"的枫叶而名扬天下。这里春天山花竞放，汇聚成一个山花烂漫的海洋，秋天枫林如霞，幻化出一个红叶流丹的世界。

※绿石谷

五女峰、双龙潭、南天门瀑布

本溪市本溪县草河掌镇汤沟。直接乘坐本溪到汤沟的客车。48元。

绿石谷因谷中石上苔藓碧绿，大小瀑布众多而闻名，谷内的五女峰巨石上古松耸立婀娜多姿。炎热的夏季谷内青峦叠翠，

轻风习习，溪水峰回路转或急或缓，大小瀑布流淌在谷内长满青苔的圆石、枯木之间。

※五女山山城

五女山博物馆、桓龙湖、点将台

本溪市桓仁县桓仁镇刘家沟村哈达河东岸。桓仁县城客运站也有直达五女山的班车。105元。

五女山山城是高句丽民族文明的发祥地，也是满族文明的发祥之地。五女山山峰酷似玲珑翠屏，四周悬崖峭壁，巍峨险峻。山顶地势平坦，草木茂盛。站在东端峰巅，遥望桓龙湖，烟波浩渺，云天山水，浑然一体，桓仁镇如一幅画卷，尽收眼底。

辽阳

周边游

※广佑寺

天王殿、辽阳白塔、圆通禅院

辽阳市白塔区中华大街93号。

广佑寺西临白塔，东与古

中上 | 广佑寺大雄宝殿
中下 | 关门山国家森林公园
右下 | 曹雪芹纪念馆

城护城河相融，主体建筑大雄宝殿，殿内供奉的大佛，据说是世界上殿内佛身最高、体积最大的木质释迦牟尼坐佛像，张开的手掌可站8个人，一根手指的长度就相当于一个人的身高。

※汤河温泉

温泉浴

辽阳市弓长岭区汤和镇柳河村。108元。

汤河泉水有锶、铬、碘等多种有益于人体健康的微量元素，长期饮用可祛病强身、延年益寿。汤河温泉自古享有盛名，努尔哈赤、康熙巡视时也曾到汤河用此温泉沐浴，并写下了众多诗句以为颂扬。

※曹雪芹纪念馆

曹雪芹塑像、曹氏家谱

辽阳市文圣区武圣路卧狮胡同2号。免费。

曹雪芹纪念馆是在清代建

筑吴公馆的基础上建立的，为二进四合院，院内有曹雪芹塑像。纪念馆内各展室收藏和展出曹雪芹相关的历史档案等一系列文献资料，还陈列有多版本的《红楼梦》及以《红楼梦》为内容的全国名家书画等。

※龙顶山

烽火台、钟古楼

📍 辽阳市宏伟区先锋路36号。 🎫 免费。

龙顶山是一座山青水秀，处处洋溢着神奇故事的地方。山上建有钟古楼，楼内悬挂一口古钟。在龙顶山最高峰建有一个八角重檐亭，拾级而上，在亭中可远眺辽阳市区。龙顶山上有烽火台遗址，山麓有个人工湖，名为东山湖，湖中放养鱼苗，可供游人垂钓。

鞍山—盘锦

周边游

※千山风景区 AAAAA

无量观、财神庙、九重天

📍 鞍山市千山东路79号。 🚌 在鞍山西站乘88路旅游专线可直达景区。 🎫 80元。

千山风景区素有"东北明珠"之称，千山正门就可以看见两行大字"南海八千路，辽东第一山"。千山由近千座状似莲花的奇峰组成，千山弥勒大佛依山而坐，形象逼真。大佛左手分开放在膝盖上，右手握拳，手臂压在右腿上，右胳膊上方还端坐着一尊南极寿星，在其胸前还天然形成一只念珠，迎着阳光还可以看到圆圆的珠环。

左上 | 龙顶山
左下 | 红海滩
中上 | 千山仙人台

※玉佛寺

玉佛阁、舍利堂、药师殿

📍 鞍山市铁东区绿化街58号。 🎫 30元。

玉佛寺是一处著名的文化景点，因供奉世界最大玉佛而享誉海内外。主体玉佛阁气势恢宏、金碧辉煌，殿内摆放着世界最大的玉佛，正面是释迦牟尼坐像，背面是渡海观音像。佛像是在一块巨型岫玉上雕琢而成，玉佛七色一体、光泽瑰丽，堪称绝世珍品。

※红海滩国家风景廊道 AAAAA

红海滩码头、月亮湾、苇海观鹤

📍 盘锦市大洼区赵圈河乡。 🎫 110元。

在渤海之滨的红海滩湿地中，栖息着丹顶鹤、黑嘴鸥等230多种鸟类。红海滩并非真正的海滩，而是由大片大片的碱蓬草形成的海洋般的湿地。秋天是来此地的最佳季节，在这里可以与鲜红色的"海洋"合影留念，也可以乘船徜徉在芦苇荡中。

左上｜人参
左下｜滑雪
中上｜烤龙虾
右上｜贝雕

体 验 之 旅

看东北二人转： 二人转是盛行于东北的特色地方戏，属于走唱类曲艺，唱词诙谐幽默，富有生活气息。

观冰雕： 冰雕雪雕是沈阳冬季一道亮丽的风景线，冰雕雪雕造型各式各样，夜色灯光的照射，更让冰雕雪雕充满了奇幻的色彩。

怪坡探秘： 在一条斜坡上，上坡的时候十分轻松，感觉有一种推力助行，下坡的时候反而艰难，越走越觉得脚步沉重。

滑雪行： 冬天来沈阳当然一定要去滑雪，在青松白雪间尽情畅滑，身心得到放松，更能感受运动的魅力。

寻 味 之 旅

沈阳的美食风味独特，同时借鉴了鲁菜、京菜的特色，形成了东北菜的独特风格。菜形不拘小节，口味咸甜味浓。

在当地找美食，可以去中街和太原街两大美食街，除了能品尝到色香味俱全的东北菜外，还可以品尝到当地特色小吃，像老边饺子、中街大果、回民小吃马烧卖等。

目 的 地 攻 略

交 通

飞机： 沈阳桃仙国际机场位于沈阳市南郊的桃仙镇，国内主要城市都有航班直达。

火车： 沈阳站位于商业街太原街的西面，始发及途经列车多为辽宁省内，或距离辽宁省较近地区的列车；沈阳北站位于沈河区北站路，是东北地区第一大铁路枢纽站，北站的列车可前往全国各地；沈阳南站位于浑南区与苏家屯区交界，高铁站，多为发往距离辽宁较近地区的列车。

市内交通： 沈阳目前运营的地铁线路有1、2、9、10号线。

住 宿

在沈阳选择住宿并不是个难题。一般来说选择在繁华商业区或交通枢纽区域，对于旅游者来说住在中街这一带是首选，因为沈阳故宫和张氏帅府这两个标志性景点就在这里，而且中街交通和商业都相当发达。

购 物

沈阳特产种类繁多，有珍稀的人参、鹿茸、老字号的老龙口酒、不老林糖、桃李面包等也都享有盛名。同时，红梅味精、沈阳红药、沈阳羽毛画、彩石镶嵌画、中和福茶叶，天益堂中药也都是地道的老沈阳特产，深得广大沈阳人民和游客的喜爱。

亮点→ 滨海路 | 海钓 | 有轨电车 | 城市广场 | 女骑警

海滨风光

大连

大连是典型的浪漫之都。旖旎的海滨风光、老虎滩海洋公园内风格多异的动植物、星海广场浪漫清新的海风、发现王国惊险刺激的玩乐、旅顺公园栩栩如生的石雕，无一不为这座城市增添了一道道明媚的风景线，吸引着天南地北的观光客不远万里前来。

旅 行 路 线

大连经典四日游

第一天去中山广场历史街区和老虎滩海洋公园；第二天主要游览星海湾景区；第三天去金石滩旅游度假区；第四天主要游览白玉山景区和东鸡冠山。

大连旅顺二日游

第一天早上游览白玉山景区，登上白玉山顶，然后再去东鸡冠山，看看日俄战争遗址；第二天上午去老铁山，登塔观双海，下午泡温泉，然后前往蛇岛，了解有关蛇的知识。

大连市景点

本地游

※老虎滩海洋公园 AAAAA

珊瑚馆、极地馆、鸟语林

⌂ 大连市中山区滨海中路 9 号。

🚌 可乘坐大连环线旅游巴士至老虎滩。

💰 220 元。

老虎滩海洋公园内蓝天碧海、青山奇石、山水融融，构成了绮丽的海滨风光。可以观看一场由白鲸、海狮、海豚带来的表演，而欢乐剧场中可爱的海狮和海象等着你来解读它们的肢体语言。

景点攻略

1. 鸟语林和公园主区是分开的，空中索道连接了鸟语林与公园主区。

2. 极地馆是中国唯一一座同时拥有北极和南极动物的海洋水族馆，可同时看到北极熊和企鹅。

3. 鸟语林里不要与丹顶鹤距离过近，特别是儿童，丹顶鹤易啄伤人。

4. 从老虎滩可以沿着滨海路走到傅家庄，这里是游泳的好地方。

※大连圣亚海洋世界

鲨鱼岩洞、旅行者号潜水器、舞鲨地带

⌂ 大连市沙河口区中山路 608 号。

💰 五馆套票 280 元。

大连圣亚海洋世界内拥有世界第一座海底金字塔、世界第一个海底飞碟、世界第一座海底城市、中国第一舞鲨场所、中国第一梦幻海豚湾超级水秀……身处其中，每时每刻都被这里此起彼伏的欢乐、新奇、神秘、惊险、浪漫、刺激与满足所交织的快乐心绪充斥着。

※星海广场

人物雕塑、女骑警

⌂ 大连市沙河口区中山路 572 号。

🚇 乘坐地铁 1 号线到会展中心站下，步行前往。💰 免费。

星海广场是大连的地标。整座广场呈椭圆形，贯穿广场南北的中央大道两侧绿草如茵，航标石柱灯一线排开直通大海。

金石滩景区示意图

广场中心遍地的红色大理石上刻着天干地支、二十四节气和十二生肖。重大节假日时，在广场上还可以看到英姿飒爽的女骑警骑着骏马巡逻。

景点攻略

每年的7月底8月初，会在广场上举办一年一届的中国国际啤酒节，届时会有各大酒商及各地的游客前来品鉴。

※金石滩度假区 AAAAA

金石滩奇石馆、中华武馆、黄金海岸

🏠 大连市金州新区金石滩国家旅游度假区。🚇 乘坐快轨3号线到终点站金石滩站下。💰 地质公园70元，金石蜡像馆80元，地质博物馆30元。

金石滩度假区三面环海，景点众多。可以去发现王国主题公园玩一天，去滨海国家地质公园欣赏奇石，也可以带着孩子去黄金海岸的沙滩上走走。此外，度假区内还有金石蜡像馆、金石滩地质博物馆、中华武馆等景点，可根据兴趣游玩。

※棒棰岛

棒棰岛海滩、宾馆别墅区

🏠 大连市中山区迎宾路1号。💰 30元。

棒棰岛，也称棒棰岛宾馆，棒棰岛三面环山，翠岭起伏，海光山色，相映生辉。海滩入口处可见到毛主席题字"棒棰岛"的大石，海滩对面的海中矗立着一座小孤岛，远看像一根农家捣衣服的棒槌，"棒棰岛"因此得名。

※大连现代博物馆

科普展览、《近代大连》专题展

🏠 大连市沙河口区会展路10号。🚇 乘坐地铁1号线到会展中心站下。💰 免费。

大连现代博物馆陈列内容比较丰富，全馆展品中有世界最大的黄河澄泥砚，产量占全国54%且品质上乘的瓦房店金刚石，20世纪初美国汽车制造业的汽车代表产品老别克车，也有原存于寺儿沟红房子天德寺内的铁钟等。

右上 | 棒棰岛
右中 | 金石滩
右下 | 星海广场

※ 白玉山

白玉山塔、海军兵器馆

大连市旅顺口区白玉山街 158 号。

白玉山地处旅顺港北岸，登上山顶可以俯瞰整个旅顺港，还能看到从对面山体延伸的那段天然沙嘴"老虎尾"。白玉山塔曾名为"表忠塔"，登上塔，俯瞰旅顺港的视野更广阔。海军兵器馆展示着我国自行设计建造的海军部分武器装备，军迷们不容错过。

※ 日俄监狱旧址

检身室、刑讯室

大连市旅顺口区向阳街 139 号。
乘坐大连至旅顺的公交车，然后打车前往。 免费。

监狱共建成牢房 85 间，二层青砖办公楼一座。日俄战争期间曾做过沙俄马队兵营和野战医院。

监狱内除牢房和工场外，还有检身室、调室、暗牢等。

中下｜日俄监狱博物馆

※ 冰峪沟

般若洞、双龙会、仙人洞

大连市庄河市仙人洞镇北部号。
大连北岗桥有到冰峪沟的直达汽车。

冰峪沟风景区林木参天、山清水秀，这里既有云南石林的奇特，又有桂林山水的挺拔，浓彩重墨中透出淡雅，清新豪放中显得庄重。这里拥有北方罕见的喀斯特地貌，龙华山腰的般若洞是景区内最有名的名胜古迹。

营口

周边游

※ 望儿山

慈母像、拜母亭、步母石

营口市鲅鱼圈区熊岳镇望儿山村山海大道。 40 元。

望儿山是辽南名山，海拔约 106 米，孤峰陡立，山顶有一藏式青砖塔，建于明末清初，远看如一位老妇伫立山头，日夜眺望大海，盼望远行的儿子归来。望儿山就以美丽的母爱传说得名，是以母爱为主题而命名的天下独有之山。

中国第一个有组织的母亲节即诞生于此。

※ 楞严禅寺

楞严宝塔、大雄宝殿、藏经楼

营口市站前区新兴大街西 16 号。
免费。

楞严禅寺有"辽南第一名寺"之称，寺院共有佛殿九十九间，全寺布局为三进院落。一进院落东西建有钟、鼓二楼，正面为天王殿，殿脊装饰透雕游龙。二进院落正高为大雄宝殿，两边各有彩绘"山花"一幅。三进院落正面为藏经楼。

※ 辽河老街

西大庙、东记银号

营口市西市区繁荣里，辽河大街西段。 免费。

辽河老街为营口的发祥地，商号鳞次栉比，至今沿街仍保留一批古代和近代的庙宇、民居。营口近代商贸繁荣，银炉业曾在中国近代赫赫有名。辽河老街现存的银号建筑旧址有永惠兴、公益、东记银号三家，在二宫附近。

大连海滨

体验之旅

喂海鸥： 大连的海水清澈透明，海面上海鸥翱翔，海底里鱼儿畅游，将手中新鲜的小鱼虾撒向空中，可以看到成群的海鸥在身边盘旋飞翔，听到此起彼伏的鸣叫声。

徒步滨海路： 滨海路一面是山一面是海，走在木栈道上，吹着海风，从星海广场到傅家庄，傅家庄到老虎滩，老虎滩到棒棰岛，棒棰岛到海之韵广场，沿途尽享优美风光。

海滩烧烤： 夏季海边风景宜人，海风凉爽，夜晚海风习习，坐在柔软的沙滩上，仰望星空，吃着烧烤，喝着小酒，有时还能赶上篝火晚会，好是惬意。

采摘草莓： 大连的草莓甘甜可口，早春，呼吸清新芬芳的空气，陶醉在大自然中，感受亲手采摘草莓的乐趣，吃最新鲜的草莓，体验自己采摘草莓的别样之旅。

寻味之旅

大连靠海，吃海鲜是必不可少的，鱼蟹贝类藻类应有尽有，就连当地的烧烤也都拿海鲜当原料。如果想吃海鲜最好在入秋后，因为这时的海鲜是一年中最肥美的时候。

吃过海鲜，再尝尝具有当地风味的"大连老菜"，大连的烧烤也较有名，五四路是比较集中的烧烤一条街。要集中地找美食，可以去市中心的俄罗斯风情街、天津街等小吃街吃个过瘾。

目的地攻略

🚗 交通

飞机： 大连周水子国际机场位于大连市甘井子区迎客路100号，距市中心10余千米。大连机场现在开通的航线基本覆盖全国各大、中型城市。

机场大巴每20分钟一班，以当天最早和最晚降落航班为大巴运营起止时间。

火车： 大连火车站坐落于市中心商业繁华区，线路主要通往东北地区各大中型省内城市及上海、郑州、北京等省外城市，轻轨3号线的市区终点站也紧挨着火车站。

大连北站位于北郊南关岭地区，距离市中心约15千米，主要负责高铁旅客的乘降。地铁1号线可到此站。

市内交通： 大连城市公共交通发达，目前运营的地铁线路有地铁1号线、2号线、快轨3号线（含支线）、12号线和13号线。

🏠 住宿

大连市区的星级酒店比较多，其管理水平和服务质量都在国内保持领先。如果经济充裕，可以选择住高档酒店或拥有海景房的酒店。而大连市内的国际青年旅舍是背包客们的首选。

🛒 购物

"大连味儿"的海鲜、水果、工艺品及服饰是这里的主要特产，可以买一些像海八珍等海味产品或者贝雕工艺品等带回去。大连的贝雕千姿百态，既有大型贝雕，也有用几个精巧贝壳穿在一起的小饰物，可以买些扇贝、海螺做成的漂亮工艺品摆放在家。

左上｜鲍鱼
左下｜海豚表演
中上｜徒步滨海路

亮点 → 鸭绿江 | 芍药 | 丹东单鼓 | 虎山长城

鸭绿江大桥

丹 东

　　三面青山环绕，一面江水碧流，银杏成荫，杜鹃满城，这就是素有"北国江南"之称的丹东。丹东的旅游资源丰富多样，如鸭绿江、凤凰山、青山沟、大孤山、五龙山、白石砬子、东港湿地、天桥沟、黄椅山等，许多都是国家级的风景宝地。

旅 行 路 线

丹东红色经典三日游

　　第一天先去虎山景区，观看古代军事文化遗址，然后去锦江山公园，下午前往抗美援朝纪念馆，然后逛鸭绿江公园；第二天爬凤凰山，下午去附近的五龙背温泉去泡温泉；第三天上午游览大孤山，下午去大鹿岛。

丹东亲近自然二日游

　　第一天前往天华山，随后去往青山沟，观溪水瀑布，逛满族风情园，之后前往虎山长城，登高俯瞰丹东市；第二天前往宽甸天桥沟，随后前往花脖山，观沧海。

丹东休闲二日游

　　第一天前往鸭绿江断桥，乘坐游船，遥望断桥的身影，之后去珍珠公园，呼吸新鲜空气；第二天爬五龙山，登顶之后即可到达灵峰寺。

丹东市区景点

本地游

※鸭绿江断桥

炸断处观赏台、炮楼

📍 丹东市振兴区江岸路。🎫 30元。

　　鸭绿江断桥，紧挨着鸭绿江大桥，走上大桥，还能看到桥体上遗留的累累弹痕和被炸弹炸毁的桥梁钢架。鸭绿江断桥上所剩四孔残桥保留至今，习惯上称之为"断桥"，桥身漆为浅蓝色，意喻不忘殖民统治和侵略战争、祈盼和维护世界和平。

※抗美援朝纪念馆

露天兵器陈列场、纪念塔

📍 丹东市振兴区山上街7号。🎫 免费。

　　抗美援朝纪念馆始建于

中下 | 鸭绿江大桥断口

1958年，馆名为郭沫若题写。抗美援朝纪念馆融中华民族的传统风格和现代建筑特色于一体，由纪念馆、全景画馆、纪念塔三大主体建筑组成，并建有露天兵器陈列场，以抗美援朝战争史为基本陈列。

※凤凰山

攒云峰、人工湖、紫阳观

📍 丹东市凤城市区东南约4千米处。🎫 80元。

　　凤凰山以雄伟险峻、泉洞清幽、花木奇异、四季景秀而著称于辽东，西山景区为主景区，有主峰攒云峰，险景"老牛背""天下绝"，古洞"凤凰洞""通玄洞"等景观。山上现存古建筑以宫观庙宇为主，其中以紫阳观、斗母宫、观音阁、碧霞宫和药王庙较为著名。

景点攻略

每年的农历四月二十八日，是凤凰山传统的"药王庙会"，时间长达4天，热闹非凡。

※五龙山

灵峰禅寺、佛爷洞、念佛石

丹东市振安区五龙背镇老古沟村。

60元。

五龙山属于长白山系余脉，连绵的山体、起伏的山脊，像群龙在昂首向前，因此得名。五龙山既是天然植物园，也是天然石雕公园，峭壁上的佛爷洞，是五龙山重要佛教建筑之一。

丹东郊县景点

※大鹿岛

二郎石、滴水湖、老虎洞

丹东市东港市大孤山镇大鹿岛村。

免费。

大鹿岛四面环海，历来为辽东半岛海上的要塞，甲午黄海大战就爆发在大鹿岛海面，民族英雄邓世昌及700名将士和"致远号"等4艘战舰分别牺牲和沉没在大鹿岛海面。大鹿岛风景秀丽，盛产虾、蟹、鱼、贝等海产品，岛前环抱的月亮湾、双珠滩是天然海滨浴场。

※虎山长城

长城、古栈道、睡观音

丹东市宽甸县虎山镇虎山村。

60元。

虎山长城是万里明长城的最东端，整个景区与朝鲜隔江相望。虎山环境优美，这里有长城、睡佛、虎口崖等二十八个景点，是绝好的旅游胜地。虎山山顶峰顶是万里长城的第一个烽火台。站在烽火台上环顾四周，可一览中国和朝鲜两国风光。

※青山沟

青山飞瀑、响溪、八仙台

丹东市宽甸县青山沟镇内。

通票140元。

青山沟为省级风景名胜区，由青山湖、飞瀑沟、虎塘沟、仙人谷等景区组成。青山沟山峦间大小瀑布36条，八面威山顶有小天池，碧绿的浑江盘绕着奇峰异石，缓缓流入鸭绿江，风景绝佳。

中上 | 五龙山
中中 | 大鹿岛
中下 | 虎山长城

※天华山

白龙洞、天华峰、灵光顶

● 丹东市宽甸县灌水镇北部。

¥ 80元。

天华山景区以其山高、峡险而让游人叹为观止。天台峰为天华山最高峰，远望如整块巨石直插云霄，登临山顶，却是一块宽阔平整的天然大石台。在天华山之巅有一毛公峰，似天然的伟人塑像端坐在群山之中，头顶蓝天白云，前有绿树烘托，形象栩栩如生。

※天桥沟

天宫、莲花峰、玉泉顶

● 丹东市宽甸县双山子镇黎明村。

¥ 120元。

天桥沟山上森林密布，古木众多，山间还有清澈的山泉溪流，环境非常优美。这里地貌独特，山上有很多的奇峰怪石，造型各异。晓月峰是秋天前来的必去之地，这里森林浓密，有很多的枫树、桦树，每到秋天登晓月峰，一路上和山顶之上都有美丽的红叶可观赏。

※河口景区

断桥、长河岛、龙泉山庄

● 丹东市宽甸县长甸镇河口村。

¥ 断桥景区30元，长河岛30元，龙泉山庄30元，游船50元。

河口景区是鸭绿江沿线景色最优美的地方，沿江两岸千峰竞秀，九岛十八湾清幽宛转，一江碧水烟波浩渺。河口景区最美的季节是春季，每到此时，万亩桃花竞相开放，美不胜收。当年著名词作家蒋大为先生到河口采风时，被满山遍野的桃花深深吸引，挥笔写下了《在那桃花盛开的地方》。

体验之旅

乘快艇游边境：来到了丹东就一定不要错过临近朝鲜的机会，在鸭绿江边可以找到很多快艇和游船，坐上游船能够更近距离地看到朝鲜人民。

奇石峡漂流：奇石峡漂流起点与尾点之间落差约达85米，河道内怪石嶙峋，两侧奇石林立，时值夏季，河水清澈，水流湍急，急缓流几十处交叉衔接，九曲通幽，奇石峡因此而得名。

寻味之旅

丹东临江，不仅有鲜美的海鲜，典型的东北风味可吃，还能尝到地道的朝鲜美食。在丹东吃海鲜可以去沿江开发区的美食一条街，沿街有很多海鲜酒楼，像黄条鱼、爬虾子、丹东焖子、丹东梭子蟹等都是当地特色。

目的地攻略

🚗 交通

飞机：丹东浪头机场位于丹东市区西南约14千米的浪头镇，开通的主要航线为北京、上海、烟台和深圳的航班，从机场往返市区可以乘坐机场巴士。

火车：丹东火车站位于振兴区五经街2号，是东北地区的重要交通枢纽，也是我国与朝鲜铁路交接的重要汇合点，目前有发往北京、沈阳、齐齐哈尔、上海、哈尔滨等国内主要城市的列车。丹东西站为高铁站，有发往大连、沈阳方向的动车组列车。

🏠 住宿

丹东境内的旅游景点很多，星级酒店多集中在市中心，火车站和鸭绿江名胜风景区相邻，在这一带住宿是大多数游客的首选。丹东市区周边郊县也有很多著名景点，这些风景名胜区附近都有很多酒店和旅馆，住宿也很方便。

🛒 购物

丹东盛产板栗，果实个大色白，口感好，不裂瓣。草莓属马家港最有名，鲜甜多汁，此外还有石柱参、林蛙、柞蚕丝绸等特产。

左下 | 漂流
右下 | 扇贝

亮点→ 古塔庙会 | 觉华岛 | 潮汐 | 泡温泉

锦州风光

锦 州

锦州是依山傍海的活力之城，扼"辽西走廊"东端，自古便是兵家必争之地。这里有号称"东北三大名山"之首的医巫闾山，还有堪称天下一绝的笔架山"天桥"，更有肃穆的辽沈战役纪念馆。

旅 行 路 线

葫芦岛二日游

　　第一天前往菊花岛，之后可以去海边玩玩，在沙滩上挖点蚬子，沿着海岸线漫步，接着前往兴城古城；第二天可以先到首山森林公园转转，之后到望海寺，接着去龙湾海滨，那有个葫芦，是葫芦岛的标志。

锦州市景点

本地游

※笔架山

真人观、吕祖亭、三清阁

📍锦州市经济技术开发区渤海大街1号。💰65元。

　　笔架山面对渤海，毗邻锦州湾。山上悬崖峭壁奇秀，其中以主峰之上的三清阁最为精美。笔架山最著名的景点当属"天路"，它是一条由潮汐冲击而成的连接海岛与陆地的天然鹅卵石通道，随着潮汐的涨落而时隐时现。

左下｜笔架山

※辽沈战役纪念馆

革命烈士纪念塔、全景画馆、烈士陵墓

📍锦州市凌河区北京路五段一号。💰免费。

　　辽沈战役纪念馆是座专题性军事博物馆，园区内环境幽雅而肃穆。参观纪念馆中的枪炮、旗帜奖章及大量的图文介绍，可以了解到解放战争辽沈战役的过程与先烈们的艰苦革命生涯。

※北普陀山

观音洞、鸡冠山、饮牛泉

📍锦州市太和区钟屯乡北普陀山风景区。💰50元。

　　北普陀山历史源远流长，被誉为"关外第一佛山"。北普陀山集奇洞、妙佛、圣泉、宝树于一体。南望沧海，北观太极，紫气东来，福荫无边。它是观音菩萨显化的道场，实为洞天福地，人间圣境。

※医巫闾山

大观音阁、玉泉寺、北镇庙

⊙ 锦州市北镇市西郊约6千米处。￥65元。

医巫闾（lú）山，古称为微闾、无虑山，满语意为"翠绿的山"。自隋开始，此山便成为"五大镇山"之一，从而声名鹊起。富丽堂皇的亭、台、楼、阁，星罗棋布的碑刻摩崖，烟云缭绕的古刹殿堂，无一不显示着它曾有过的辉煌。

※青岩寺

恋人松、龙饮洞、文殊院

⊙ 锦州市北镇市常兴店镇717县道。￥50元。

青岩寺山门由赵朴初亲笔题字"青岩寺"。景区内自然风光优美，罗汉山峰峦叠嶂，恋人松丽影婆娑，双人石情影相依，龙饮洞雾索天泉，一线天劈石见日，丁字瀑飞云如烟。登上山的最顶峰障鹰台，举目环视，风景格外迷人。

※奉国寺

大雄殿、七世佛像

⊙ 锦州市义县东街18号。￥50元。

奉国寺的标志性古建筑——大雄殿是古代遗存最大的佛殿，殿内有世界上最古老、最大的泥塑彩色佛像群。殿前开七门，殿内主供七尊大佛为辽代所塑，宏伟壮观、精神超逸。诸佛像高大、庄严、俊秀，历尽千年沧桑，仍然保存完好。

锦州周边景点 本地游

※凤凰山

观音阁、云接寺、天庆寺

⊙ 朝阳市城区东部约4千米处。￥60元。

凤凰山林木繁茂、群峰争秀。摩云塔位于凤凰山主峰山腰，为十三级密檐式砖塔。云接寺中古塔造型挺拔隽秀，雕刻工艺精美。此外，植被丰茂的凤凰山还是国家濒危珍稀鸟类黑鹳的重要栖息地。

※大黑山森林公园

森林花卉、溪流幽谷

⊙ 朝阳市北票市西北部。￥100元。

大黑山森林公园是一处以"清幽""野趣"为特点，集雄、奇、险、秀、幽、旷自然形象于一体的山岳型风景区。风景

左上｜奉国寺
右上｜海棠山
右下｜朝阳凤凰山

区森林覆盖率达93%以上，被誉为绿色明珠。

※桃花山

桃花山庄、庙会

⊙ 朝阳市北票市桃花吐镇。

桃花山孤峰高耸，极其雄壮。山腰有许多大岩石、层峦叠起、形状奇特。山南侧为槐树林，开花时节满山芳香。山北侧是大面积松树林，枝繁叶茂，四季常青。每年农历三月初三、六月初六、九月初九都有盛大的庙会，唱戏三天，游人数万，远近闻名。

※海棠山

普安寺、摩崖造像

⊙ 阜新市阜新县大板镇。￥50元。

海棠山是医巫闾山的后尾之主峰，风光四季皆美。春季可赏满山杜鹃；夏季清凉幽静；秋游可见满山红叶；冬季的银装素裹让人犹如身处仙境。这里的摩崖佛像种类繁多，从山间到山巅，有些佛龛上下左右刻有多种文字，有的涂有彩绘。

葫芦岛

周边游

※ 葫芦山庄

中国葫芦文化博物馆、中国关东民俗博物馆

🏠 葫芦岛市龙港区北港经济开发区。
💰 75 元。

葫芦山庄以葫芦文化为主线，依托渤海湾畔自然风光，致力于营造中国葫芦文化之乡和关东民俗第一村。景区拥有葫芦岛市唯一一座城市历史馆，所有展品 4000 余件；在葫芦山庄还能感受关东风情的质朴纯真，可以欣赏到二人转、抛绣球的精彩表演。

※ 九门口长城

长城隧道、城桥、慈恩寺

🏠 葫芦岛市绥中县李家堡乡新台子村。
💰 60 元。

九门口长城南端起于危峰绝壁间，与自山海关方向而来的长城相接。自此，长城沿山脊向北一直延伸到当地的九江河南岸，在宽达百米的九江河上，筑起规模巨大的过河城桥，以此继续向北逶迤于群山之间。

※ 觉华岛

唐王洞、大悲阁、菩提树

🏠 葫芦岛市兴城市菊花岛乡。

觉华岛，长葫芦形，两头宽阔，中间窄细，斜卧海中，

是辽东湾中最大的岛屿。岛的东侧是一座峰峦，山上怪石千姿百态，有状若企鹅昂首翘足的企鹅石，有仿佛雄狮俯瞰大海的狮石……悠闲漫步于岛上，垂钓、拾贝、捉蟹都别有一番乐趣。

※ 兴城古城

兴城文庙、周家老宅、兴城博物馆

🏠 葫芦岛市兴城市城西、东关街至西关街之间。🎫 通票 100 元。

兴城古城建于公元 1428 年，为正方形，筑有灰色的城墙，城墙的东南西北四面各有一座城门。古城曾为边防重地，明将袁崇焕曾驻兵于此屡败清军，如今漫步在古城内，依稀可以感受到五百多年前的硝烟。

寻味之旅

锦州美食丰富，特色鲜明，不仅具有浓浓的东北气息，而且还能尝到全国其他地区的风味小吃，锦州最有名的特色美食当属锦州烧烤。

葫芦岛濒临辽东湾，海产品十分丰富。此外，葫芦岛的风味小吃和美食也很丰富，有兴城全羊宴和古城宴、虹螺岘干豆腐、绥中毛驴拉小豆腐、建昌杏仁小米粥等。

目的地攻略

🚗 交通

飞机：锦州湾机场位于锦州市滨海新区机场路 1 号，距锦州市区约 30 千米，已开通锦州至广州、昆明、杭州、上海、南京和成都等地航线。

火车：锦州站坐落在市区中心的延安路，车站有始发至沈阳、丹东、阜新、大连等城市的车次，并且每日有多趟列车途经锦州；锦州南站位于锦州市区的西南边约 15 千米处，一般过锦州的京哈线列车均在南站停靠。动车组列车停靠此站。

🏠 住宿

来锦州和葫芦岛游玩一般都会选择住在市区，交通便利，各种美食和特产购买也方便，乘坐班车或打车前往景区比较快捷。

🛒 购物

锦州的苹果、北镇鸭梨、银杏等水果在东北算是小有名气，至于旅游工艺品，可圈可点的有玛瑙雕刻、玉雕、辽瓷等。

左下 | 九门口长城
右下 | 生蚝

亮点 → 汽车城｜冬钓｜冰雪大世界

长影世纪城

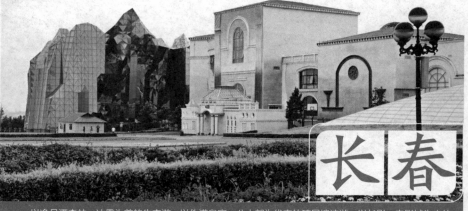

以净月潭森林、冰雪为首的生态游；以伪满皇宫、八大部为代表的殖民遗迹游；以长影、电影城为主的影视文化游；以一汽、汽车城为龙头的汽车工业游……美丽的长春让人目不暇接，畅游不尽。

旅 行 路 线

长春经典三日游

第一天上午到伪满新皇宫参观，下午可以去伪满八大部遗址看看；第二天先游览净月潭，在这里可以选择适合自己的雪道，下午前往长影世纪城感受电影文化的独特魅力；第三天上午到世界雕塑公园游览，下午参观伪满洲国帝宫旧址。

长春亲近自然二日游

第一天前往净月潭景区；第二天的行程是南湖公园和长春动植物公园；两地距离较近，交通便利。

长春市景点

本地游

※伪满皇宫博物院 AAAAA

御花园、跑马场、花窖

🏠 长春市宽城区光复北路 5 号。🚃 乘坐轻轨 4 号线在伪皇宫站下车即可到达。💰 70 元。

伪满皇宫是中国清朝末代皇帝爱新觉罗·溥仪充当伪满洲国皇帝时居住的宫殿，是日本帝国主义武力侵占中国东北，推行法西斯殖民统治的历史见证。这里如今还原了溥仪曾经生活和工作的环境，展示着大量的史料和文物，让人们了解末代皇帝的前半生及侵华日军的罪证。

※净月潭 AAAAA

东北虎园、森林浴场、北普陀寺

🏠 长春市净月开发区净月大街 5840 号。🚃 乘坐轻轨 3 号线到净月公园站下车即可到达。💰 30 元。

净月潭因形如弯月而得名，围绕着净月潭种植了大面积的树木。来净月潭森林公园，可以顺着潭边一路溜达，在水库大坝边欣赏湖光山色，也可以漫步于林间的木栈道，呼吸最纯净的空气，享受森林浴。

中下｜净月潭

左上 | 南湖
中中 | 长影世纪城
右下 | 长春世界雕塑公园

※ 长影世纪城 AAAAA

星际探险、欢乐岛、立体水幕电影

📍 长春市净月国家高新技术产业开发区净月大街与永顺路交汇。🚇 乘坐轻轨3号线至长影世纪城站下即可到达。💴 120元。

　　长影世纪城影视文化主题鲜明突出，它具有丰富的电影文化和民族文化内涵，揭开电影制作的神秘面纱。长影世纪城荟萃了各种最先进的电影特效技术，可以看到各种特效影片，还可以看到真人特技表演和喜剧小品，了解到电影的拍摄过程。

※ 南湖公园

白桦林、南湖

📍 长春市朝阳区工农大路。💴 免费。

　　南湖公园是全国第二大的市内公园，公园内岸柳垂青、花香鸟语，春夏季走在湖边的曲桥亭榭上，可以感受到浓郁的江南意境。每逢盛夏和初秋，这里都要举办灯会、民俗风情展等各类活动，届时，场面非常热闹。每到冰封时节，在白茫茫的湖面上会举办花样繁多的冰雪活动，可以滑冰、赏冰灯。

※ 吊水壶森林公园

老吊洞、夕阳塔、野狼谷

📍 长春市双阳区吊水壶路。

　　吊水壶森林公园群山连绵、森林茂密，更有着神秘的地下岩溶和冰溶洞景观。夏季是冰溶洞旅游区的最佳旅游时节，不仅植被苍翠茂盛，而且是避暑的好地方，尤其适合入洞探秘。夕阳塔是进入景区后的第一道景观，塔坐落于入山口的山峰之上，远远望去，神秘莫测。

※ 世界雕塑公园 AAAAA

米开朗琪罗广场、罗丹广场、和平广场

📍 长春市南关区人民大街9518号。🚇 乘坐轻轨3号线到卫星广场站下，步行前往。💴 30元。

　　世界雕塑公园是一个融汇当代雕塑艺术，展现各种雕塑艺术流派的主题公园。公园内的雕塑艺术馆外形设计独特，本身就是一件精美的雕塑作品。馆内设有特色展区，专门陈列来自五大洲风格不同的艺术精品。

※ 莲花自然保护区

半拉山、赏花观鸟

📍 长春市德惠市岔路口镇。💴 免费。

　　"游德惠，观莲花，莲湖莲

花栖鹤鸭。"这句谚语道出了德惠观光的特色。莲花自然保护区水草丰盛，百顷莲花如落地红霞，每到七八月莲花盛开时节，丹顶鹤、鸳鸯、野鸭等数十种珍禽来此"落户安家"，届时赏花观鸟者络绎不绝。

长春周边景点 周边游

※叶赫那拉古城

伽蓝寺、娘娘庙、转山湖

⊙ 四平市梨树县东南部。❀ 60元。

叶赫那拉古城以富有特色的古城堡建筑闻名。每城有木、土、石三道城墙，城外有护城河环绕，登台而远眺，更觉朔风猎猎四野茫茫；城内有八角时楼，古朴肃穆，巍峨雄俊。堡体散落着多处清朝历史中著名的遗迹，其中点将台、烽火台尤为引人注目。

左下 | 查干湖冬捕
右上 | 叶赫那拉城

※伊通满族民俗馆

专题陈列、实物展品

⊙ 四平市伊通县伊通镇人民大路1129号。❀ 免费。

伊通历史悠久，是满族的发祥地之一。清初这里建立了镶黄、正黄二旗公署，设驿站，置柳边。清太宗皇太极的生母孝慈高皇后就出生于伊通。

※查干湖

辛甸泡、新庙泡、妙音寺、冬捕

⊙ 松原市前郭尔罗斯县。☐ 可在松原市乘坐旅游专车前往查干湖风景区。

查干湖是吉林最大的内陆湖泊，四周环境优美，景色秀丽。夏日的湖区碧波万顷、烟波浩渺，可以在宽广的湖面上乘风破浪，或是乘竹筏穿行在蒲苇长廊赏荷戏水。也可以团坐于浓密的野草丛中倾听马头琴声，或是坐在小舟上悠然垂钓、赏鸥鸟齐飞，享受各种惬意。一年一度的查干湖冬捕是

一种传统的渔业生产方式（习俗），届时热闹非凡，值得一看。

※向海自然保护区

霍林河、杏树林、丹顶鹤

⊙ 白城市通榆县向海蒙古族乡。

向海自然保护区素有"东有长白、西有向海"的美誉，是以保护丹顶鹤等珍稀水禽和蒙古黄榆等稀有植物群落为主的自然保护区。保护区内地势平坦，湖沼密布，气候凉爽，苇草丛生，夏季绿意盎然，秋

左上 | 长春火车站
左下 | 东北二人转

季则色彩绚丽、秋高气爽。

※莫莫格自然保护区

河滩苔草湿地、芦苇湿地

⚘ 白城市镇赉县莫莫格蒙古族乡。
🚌 在白城客运站乘坐小巴士到莫莫格国家自然保护区即可。💰 40 元，观光车 20 元。

莫莫格自然保护区坐落于风景如画的嫩江之畔，这里河流纵横、湖泡洼地星罗棋布。莫莫格是著名的丹顶鹤及其他珍禽的保护区，这里被人们称为"鹤的故乡，鸟的天堂"。来这里能体验到蒙古族的民俗风情，可以喝上清澈透明、爽身沁肺的矿泉水。

体验之旅

看东北二人转：二人转是东北历史悠久的民间艺术，朴实无华而接地气的语言风格，绝对是感受东北气息的不二选择。

探究电影的魅力：知道电影特效是如何拍摄的吗？来到长春，怎能不感受一下电影带来的魅力，令人惊叹的 4D 电影一定会让你流连忘返。

冬钓：在白雪皑皑、千里冰封的江面上凿开一个脸盆大的冰眼，把系在半米长的短棍上的鱼线投入水中；然后，手持鱼竿上下抖动，说说笑笑中就把鱼儿钓上来了。

激情滑雪：每年元旦，中国长春冰雪旅游文化节都将如约而至，届时在雪道上自由滑翔，体验速度与激情，相信你一定会爱上这里。

寻味之旅

长春菜属于吉林菜系，其中以本地山野风味最具特色。长春的名菜多以长白山的人参、松茸蘑等为原料，烹调而成，药膳结合，颇负盛誉。

当地最具代表的家常菜则有白肉血肠、炒肉拉皮、白扒松茸蘑、长春蹄花丝、渍菜白肉火锅等。

目的地攻略

🚗 交通

飞机：长春龙嘉国际机场位于长春九台区东湖镇与龙嘉镇交会处，距长春市中心城区约 28 千米。连接长春和吉林两市的城际高速铁路中间停靠龙嘉机场，坐动车从长春市仅需 15 分钟可达机场。

火车：长春站位于市区北部，是东北地区第三大客运站。京哈、长白、长图铁路呈大十字形在这里相交，几乎所有经过长春的普通列车均会停靠此站。

长春西站位于长春市西四环路以东，主要停靠的是东北主要城市及北京到达长春的高速列车。

市内交通：长春目前运营的地铁有 1 号线、2 号线、3 号线、4 号线和 8 号线，临河街、卫星路为其交汇点。市区重要景点都可以乘地铁方便到达。

🏠 住宿

长春的旅游景点多集中在市区，来长春旅游一般会选择住在市区的酒店宾馆或者青年旅舍。

🛒 购物

除了著名的东北三宝（人参、鹿茸、貂皮）外，长春的其他主要土特产有黑木耳、榛蘑等山货，以及长春木雕、德惠草编等知名工艺品。另外，长春老茂生糖果、鼎丰真糕点等老字号食品也是当地的著名特产。

亮点→ 朝鲜族风情 | 雾凇 | 冰灯 | 燃河灯 | 赏红叶

松花江雾凇

吉林

北国江城吉林"四面青山三面水，一城山色半城江"，是雪域之邦，山野莽苍，诗意雾凇，犹入银色浪漫的梦幻之境。吉林是历史文化名城，有吉林文庙、北山古庙群、阿什哈达摩崖石刻等众多古迹。

旅 行 路 线

吉林经典三日游

第一天去北大壶滑雪场；第二天上午去松花湖，游松花湖吃鱼餐，喝鱼汤，下午去北山风景区，逛北山公园，欣赏公园的亭台楼阁；第三天上午去十里长堤观雾凇奇观，下午去参观吉林文庙，然后去陨石博物馆，看陨石。

吉林轻松一日游

早上去松花江畔，冬天这里会有独特的雾凇景观，下午回到市内去陨石博物馆，看看目前世界上最大的石陨石，之后可以去寺庙园林北山公园，欣赏亭台楼阁。

吉林市区景点

本地游

※雾凇岛

曾通屯、韩屯

吉林市龙潭区乌拉街满族镇。
60元。

雾凇岛是松花江上冲击而成的江中小岛，雾凇岛的雾凇多而美，是常能拍出风光大片的摄影

景区攻略

雾凇冰雪节每年1月份在吉林市举办一次，以观赏中国四大自然奇观之一的吉林雾凇为主，节庆活动时间约1个月。期间举办盛大的东北大秧歌会，松花江上放河灯、彩灯，五彩缤纷的彩船游江会，焰火晚会。

中下 | 松花湖

胜地。每到寒冬，不冻的江水中升腾的水雾遇冷，在树上凝结为霜花，从远处看正是传说中的玉树琼花，美不胜言。

※松花湖

金龟岛、五虎岛、湖心岛

吉林市丰满区丰满桥东侧松滨路。
140元。

松花湖湖面曲折狭长，蜿蜒于松花江及其支流的山谷之间。湖中有大小岛屿100多座，湖中鱼类资源丰富，有各种鱼类50多种，闻名遐迩的松花白鱼更为名贵，过去是清廷贡品，只供皇帝及其亲属享用。游兴之余，也可在此品尝一下湖鲜美味。

※龙潭山

瞭望台、山城城垣

吉林市龙潭区龙山路。 免费。

龙潭山山上有泉积水成潭，

名曰"龙潭"，因而得名。龙潭山被120多万株树木所覆盖，其中百年以上的古树130多株，属寺庙风景天然园林。山上保存有高句丽遗址，是吉林省内著名风景区之一。龙潭山山势雄伟，呈卧龙形东西走向。西路峰峦陡峭，拔地而起。

※吉林文庙

大成殿、崇圣殿、大成门

📍 吉林市昌邑区文庙胡同。 💰 免费。

吉林文庙是中国四大文庙之一，既是清朝对汉文化传入东北的认可，更是汉文化与东北少数民族文化交流发展的历史见证。该庙坐北朝南，共有三进院落，院外照壁前有两只石狮子，照壁北面两侧有东西辕站，照壁后面正中有泮池、状元桥。

吉林郊县景点 本地游

※北山公园

祖师庙、药王庙

📍 吉林市船营区德胜路51号。 💰 免费。

北山公园以山地景观为主，园内峰峦叠翠，亭台楼阁遍布，一座卧波桥把一池湖水分为东西两部分，夏季湖中荷花盛开，微风起时，花香四溢。每年农历四月十八日的娘娘庙会和四月二十八日的药王庙会，游人香客云集，土特产品、风味小吃，琳琅满目，盛况冠绝东北。

※朱雀山森林公园

奇杉古松、冰川遗迹、云海奇观

📍 吉林市丰满区松花湖实验林场。 💰 30元。

朱雀山又名老猪山，站在山下遥望山顶，有石猪在奔走，小猪尾随其后，形象栩栩如生。朱雀山山势陡峭，怪石嶙峋，树木葱茏，风貌古朴。主峰为刀尖峰，其峰在群山掩映之中，临江而立。冬季，游人可以到朱雀山尽享滑雪、坐马爬犁、打雪橇的乐趣。

※红叶谷

谷中谷、庆岭瀑布、谷外谷

📍 吉林市蛟河市拉法山国家森林公园内。 💰 55元。

红叶谷是长白山余脉老爷岭的一条山谷，春夏秋冬四季如画。每年的金秋季节，这里红叶满山，如同落霞，非常壮观。红叶谷两侧山岭间呈现出一派宁静的乡村景象——零星分布的农舍，整齐的稻田，一条清澈的小溪蜿蜒流淌。当然，总少不了一片又一片高大的树木。

寻味之旅

吉林市的饮食尤以人参鸡和鹿茸三珍最为有名。

三套碗席： 最具代表性的满族传统名宴，所选用的原料多为长白山的山珍，具有较高的营养价值及药用的价值。

什锦田鸡油：田鸡是吉林特产，含有较高的蛋白质。田鸡油的传统做法是冰糖什锦田鸡油，汤汁明亮，油如珍珠，口味香甜，营养丰富，滋补延年，是宴席上的佳肴。

杀猪菜：地道的"杀猪菜"，是由多种菜品组合成的系列菜的总称。几乎把猪身上所有部位都做成了菜，无处不是美味佳肴。

庆岭活鱼：现从鱼塘中捞起金鳞大鲤，然后快刀解鱼，所用调料中有"把蒿"这一味调料，是当地山间生长的野草，微带药香，随着满锅的水逐渐浓缩，而深深渗透进鱼肉中去。鱼肉味鲜肉嫩，令人满口生津。

目的地攻略

🚗 交通

飞机： 长春龙嘉国际机场位于长春、吉林两市之间，地处长春市东北部的九台东胡镇与龙嘉镇交汇处，距离吉林市区约62千米。可以乘坐吉林到长春的城际列车到龙嘉站下。

火车： 吉林站位于吉林市昌邑区重庆街1号，主要停靠的是东北主要城市的列车。

🏠 住宿

吉林的旅游景点多集中在市区，来吉林旅游一般会选择住在市区的酒店宾馆或者青年旅舍，市区一般交通比较便利，购买当地的土特产品也比较方便。

🛒 购物

吉林是东北三宝（人参、貂皮、鹿茸）的主要产地之一，当地的手工艺品也很丰富，包括松花湖浪木根雕、松花湖奇石、树皮画、黄柏木刻象棋、绢花、吉林手工彩绘木雕等。

右下 | 鹿茸片

亮点→ 朝鲜族风情 | 滑雪 | 泡温泉 | 冰川啤酒节

防川风景区

延边

"鸡鸣叫三国，犬吠闻三疆"。延边朝鲜族自治州让你不出国门，却尽览不一样的风情。雄奇的长白山上，天池与瀑布一静一动，一上一下。山脉起伏间，峡谷中的茂密森林，嶙峋陡峭的怪石，白茫茫的林海雪原，无一不让人惊叹大自然的鬼斧神工和造物主的神奇。

延吉三日游

　　第一天先去延边博物馆，接着去爬帽儿山，下午去海兰湖，乘船欣赏湖光山色；第二天早上去图们江，凭栏眺望，下午去八连城遗址，看看东炮台遗址·西炮台遗址；第三天参观龙井朝鲜族民俗博物馆，下午去仙景台，欣赏"天下第一仙景"。

边境二日游

　　第一天先去图们口岸，顺带看看图们江，然后登日光山，观华严寺，更添一份清幽，登上老虎岭，可以"一眼看三国"；第二天前往防川风景区，接着去森林山路参观珲春市博物馆。

六鼎山风景区 AAAAA　本地游

金鼎大佛、正觉寺、法音广场

◎ 延边州敦化市南郊约3千米处。

® 110（含电瓶车）。

　　六鼎山为东西走向，由向东南伸出一山含，山含两侧皆为墓地，并有石室封土基80余座。古墓群是渤海国早期王族和贵族的陵寝，墓碑的文体是唐代流行的骈体文字，字形清奇、笔法流畅，在书法和文词方面都堪称稀世之珍品，墓中石狮造型雄浑生动，一派唐风。

　　正觉寺分殿堂区、生活区、佛学院三个区。钟鼓楼与牌楼门相映照，青山绿水，白云蓝天，红墙黄瓦，楼阁重叠。殿内有释迦牟尼成道景德镇的陶瓷壁面，六角六亭的观音殿更别具特色。

防川风景区　本地游

瞭望塔、图们江

◎ 延边州珲春市敬信镇防川村。® 在珲春客运站乘汽车到防川村，村口就可以看到景区牌子。® 70元。

　　防川风景区濒江临海，依山傍水，优美的风景、浓厚的历史文化，为防川风景区增添了无与伦比的迷人色彩。

　　防川岛上建有望海阁，在阁上可一眼眺望三国风光，乘上游艇沿江而行，可游览对面朝鲜的异国风景，体会到"花开香三疆，笑语传三邦"的妙处。

　　图们江源出吉林省东南中朝边境长白山，东北流到图们以下折向东南流，注入日本海。除下游入海口一小段为朝俄界河外，其余部分均为中朝两国界河。河流穿行于玄武岩熔台地的深谷中，河道坡度陡，水流急，河槽窄深，河底多大孤石，水声轰鸣，数里可闻。

中下 | 防川风景区

延边其他景点 本地游

※帽儿山
莲花池、侏罗纪恐龙园、日月阴阳石

📍 延边州延吉市西南部与龙井市交界处。 🎫 免费。

帽儿山上生长着各种松树、榆树、杨树及各种灌木。栖息着山鸡、野兔等野生动物。在茂密的草地上，生长着各种蘑菇。夏日阳光照射下，大片大片的水田泛着白光，水雾蒸腾，中间白色的延南路似一条白带飘舞，宛如一幅幅山水油画。登其巅观此美景令人惊叹叫绝。

※仙景台
仙景峰、高丽峰、仙人岩

📍 延边州东南部和龙市德化镇。 🎫 40元。

仙景台风景的美突显在群峰之"雄伟"，悬崖绝壁之"险"，天然雕塑岩之"绝"。每个奇峰和奇岩从不同角度看，都有不同的形状。奇松多在悬崖峭壁上生长，仪态万千，有的像盘龙松，有的像孔雀开屏生长的仙丽松，有的像卧着生长的卧龙松等。

※八连城遗址
一号宫殿基址、二号宫殿基址

📍 延边州珲春市三家子乡八连城村。

八连城遗址属唐、五代遗址，号称当时的亚洲第二大城。城址分为内外两重，在外城四墙中部各有一门，墙外有护城壕遗址。内城共有八处建筑遗迹，南部为朝殿，北部为寝殿，两座殿址以回廊相接。

寻味之旅

延边的饮食受朝鲜族饮食文化的影响，形成了自己独特的风俗，生活在这片土地上的汉族也十分喜欢朝鲜族的饮食。朝鲜族多以米饭和朝鲜冷面为主食，以汤、酱、咸菜和泡菜为副食。在肉食中，喜吃牛肉。

目的地攻略

🚗 交通

飞机： 延吉朝阳川国际机场位于延吉市的朝阳川镇，距离市区10多千米的路程，有飞往北京、上海、广州和杭州等地的航班；另有飞往首尔、巴黎的国际航班。

火车： 延吉火车站位于延吉市站前街，有可直达大连、青岛、图们、北京等地的火车，还有分别通往朝鲜和俄罗斯的国际铁路线。

延吉西站为高铁站，列车一般发往东北各大城市。

🏠 住宿

延边的州政府所在地延吉市区的住宿条件不错，以中、低档宾馆为主，也有专门为年轻人建的时尚型宾馆。如果是想前往图们或者珲春的游客，也建议选择市区内的酒店。

🛒 购物

延边州由于靠近朝鲜，土特产资源丰富，东北三宝之首的人参及珍贵的鹿茸，都是滋补佳品。东北大米以其优良的品质、较佳的口感，在全国各地消费者心中一直享有较高的美誉度，而延边的大米是米中极品。

左下 | 帽儿山
中下 | 朝鲜冷面

亮点 → 温泉群 | 长白山天池 | 漂流 | 水怪传说

长白山天池

长白山

　　天池、水怪、人参，早已成了长白山的代名词，不仅如此，这位大自然的宠儿还融合了瀑布、温泉、峡谷、火山熔岩林、高山大花园、地下河、原始森林、云雾、冰雪等美景于一身，是一座名副其实的人间仙境。

旅 行 路 线

长白山一日游

　　早上乘车到长白山北坡景区，在黑风口远眺瀑布，俯瞰天池，观赏十六峰，之后下山到长白瀑布，切实感受瀑布的壮丽，可品尝温泉煮鸡蛋，下午游览地下森林和小天池。

长白山二日游

　　第一天先至长白山原始部落游览，然后到长白山景区观赏长白山天池的秀美，感受长白瀑布的气势，而后去泡长白山温泉；第二天上午去体验刺激的森林峡谷漂流，下午到红旗村赏朝鲜族歌舞表演。

白山旅游区

本地游

※长白山迷宫

夏日冰洞、石头门道士墓

　📍 白山市六道江镇南横道村南约1.5千米处。💲 25元。

　　长白山迷宫内分两层，上下贯通，曲折环绕，洞中有洞，扑朔迷离。溶洞中喀斯特地貌发育完好，石笋、石瀑、石柱、石流幻化成神态不同的各种动物，栩栩如生的人物、建筑物等景观。

中下 | 长白瀑布

※露水河国家森林公园

松海、松江景区、松湖景区

　📍 白山市抚松县露水河镇东约32千米处。💲 漂流138元。

　　露水河国家森林公园内林木茂密，保存着亚洲最大的天然红松母树林，素有红松故乡的美誉。夏季的森林清凉幽静，适合避暑消夏；秋季的林木五彩斑斓、落叶满地，风景最美；冬季虽冷，但可在白雪皑皑的林间体验冬季漂流。

※长白朝鲜族民俗村

景壁、奇石园

　📍 白山市长白朝鲜族自治县马鹿沟镇果园村。💲 免费。

　　在长白朝鲜村，游人可参观朝鲜族的居室和他们过去使用的生产工具，坐牛车、荡秋千、跳跳板、观看民族歌舞等文艺节目，还可品尝朝鲜族风味食品。

长白山风景区 AAAAA

长白山大峡谷、长白瀑布、谷底林海 　特写

🅰 吉林省安图、抚松、长白三县交界处。🚄 坐飞机可到长白山机场，离西坡很近；坐火车可到北坡的二道白河镇。💰 北坡 225 元，西坡 214 元。

长白山，因其主峰多白色浮石与积雪而得名，素有"千年积雪为年松，直上人间第一峰"的美誉。长白山是一座休眠火山，历史上的数次喷发形成了独特的地貌景观。

长白山天池略呈椭圆形，形如莲叶初露水面。群峰叠嶂、气势恢宏，十六座山峰簇拥着一潭平静的湖水，在蓝天晴空的映照下，湖水深邃幽蓝，格外迷人。

亲历者行程

长白山有三条登山线路，北坡开发最早，西坡有大峡谷等景，南坡则有岳桦林等景观，一般游客从北坡上山的较多，北坡线路为：入口—地下森林—岳桦林带—温泉—黑风口—长白瀑布—天池。

长白山大峡谷是锦江的上源，峡谷两岸生长着茂密的大森林，树木笔直粗壮，由于谷上低温潮湿，使得老林子里挂满了苍老的白丝，苔藓、蘑菇，静悄悄地铺展着色彩。

天池北面有一个小缺口，湖水由此溢出，流经千米后一泻而下，形成了落差约达 68 米的长白瀑布。那银流似从天而降，落地如雷声贯耳。因系长白山名胜佳景，故名长白瀑布。

左上 | 长白山天池

通化

周边游

※云霞洞

石冰花、高空断桥、巨人梯

🅰 通化市二道江区鸭园镇以东约 3 千米处。💰 120 元。

云霞洞是中国最大的火山岩溶洞，洞道上下起伏、左右迂回，串联起十个各具特色的大型洞厅。厅中怪石嶙峋，千姿百态。洞内石钟乳、石笋、石柱、石蔓等形状绝妙，钟乳石形成的观世音、福禄寿三星、女娲、碧水金睛兽、巨龟、宝塔等造型惟妙惟肖

※杨靖宇烈士陵园

灵堂、墓室、陈列室

🅰 通化市东昌区靖宇路 888 号。💰 免费。

烈士陵园由 5 座民族式建筑物组成，陵园中央巍然挺立着杨靖宇将军的高大戎装铜像。陵墓

内的白丁香木民族式棺椁中安葬着杨靖宇将军的遗首遗骨，陈列室展出的是杨靖宇将军青少年时期的遗物和他在抗日战争艰苦岁月里的一些用品和战利品等有关文物、文献、照片。

※五女峰国家森林公园

小江南、洞天皓月、美容泉

🏠 通化市集安市303国道迎宾路21号。
💰 65元。

五女峰国家森林公园坐落在鸭绿江畔、长白山南麓的老岭山脉。公园内森林资源丰富，山高林密、大树参天。珍贵的松树、椴树、楸树、桦树青翠欲滴。这里不仅是野兽、飞禽的乐园，还是东北三宝——人参、鹿茸、貂皮的"故乡"。

※高句丽王城文化遗址

五女山城、丸都山城、将军坟

🏠 通化市集安市集青公路与将军路交会处。💰 四处景点均为30元，套票150元。

公元前37年，中国北方少数民族高句丽（gōu lí）在鸭绿江中游和浑江流域建立政权。公元3年（西汉元始三年）迁都国内城（今中国吉林集安）。集安市作为高句丽政权的王城长达400多年之久，留下许多文物古迹。将军坟宏伟壮观；好太王碑是现存最早、文字最多的高句丽考古史料。碑文为汉字，为方严厚重

的隶书，也保留部分篆书和楷书，形成一种方方正正的书法风格。古墓壁画的内容丰富多彩，壁画上镶嵌着夜明珠、宝石，这在中国壁画史上是十分罕见的。

体验之旅

泡温泉：长白山温泉具有较高的医疗价值。在冬日里，尝试一下长白山的露天温泉浴，伴着皑皑的白雪，泡去一身的寒冷，一冷一热对比分明，真是人生难得的奇妙经历。

滑雪：长白山的滑雪场被誉为黄金滑雪度假带，雪场内部分雪道架设灯光，可在夜间滑雪，充分满足不同滑雪爱好者的需求。壶状地形，迷宫般多变的雪道，大大增加滑雪的趣味性。

漂流：长白山漂流众多，这里河水水流缓急适中，急流险滩与平缓水面共存，一路欣赏沿岸风光，急流缓滩，丛林峭壁，野花幽香，绿树成荫。

寻味之旅

长白山不但有风景看，而且有得吃，"凉、辣"为主的朝鲜族风味和粗线条的东北菜是当地的特色。朝鲜族的冷面、拌饭、烤肉、辣白菜、米肠、

打糕等味道正宗，山野菜和灶台菜等东北风味的美食则只能在长白山附近的餐馆才能吃到。

目的地攻略

🚗 交通

飞机：长白山景区机场位于白山市抚松县松江河镇长白山天池西坡景区，距长白山西坡景区约15千米。目前有北京、长春、青岛、延吉、沈阳及上海等城市的直飞航线，来长白山旅游的游客也可先至延吉机场，再乘汽车抵达长白山。

火车：白河火车站和松江河火车站是离长白山景区最近的火车站。白河站位于二道白河镇西南约3千米，有发往沈阳、吉林、龙井的列车。松江河站位于抚松县松江河镇，距离西坡景区约30千米。

🛒 购物

长白山是人参的主要产地，也是人参品种最佳的产地，另外还有野生蓝靛果干、蓝莓干、松子、榛果、灵芝和木耳等特产。

通化是中国"五大药库"之一，也是"中国葡萄酒之乡"，中国名砚——松花石砚的产地，东北三宝的故乡。

🏠 住宿

长白山景区内外都有旅舍，绝大多数游客会选择在山下的城镇住宿。一般推荐住宿于二道白河镇和松江河镇，如果想泡温泉，北坡景区的温泉度假村是不错的选择。

左下 | 长白山滑雪

亮点 → 俄罗斯风情｜冰雪文化｜马迭尔冰糕

松花江游船

哈尔滨

俗称"冰城""丁香城"的哈尔滨，地处富庶的松辽平原。温带大陆性季风气候使其成为著名的避暑胜地，同时又是世界著名冰雪文化发源地之一。正宗的俄罗斯大餐，闻名中外的人参鹿茸，物美价廉的皮货，构成哈尔滨独特的北国风光。

旅 行 路 线

哈尔滨冬季三日游

第一天可以去中央大街和冰雪大世界；第二天花一天时间去亚布力滑雪旅游度假区滑雪；第三天去太阳岛和极地馆，真正感受哈尔滨的冬季。

哈尔滨夏季三日游

第一天先过江到太阳岛，随后去极地馆，看海豚表演，之后到虎林园观赏东北虎；第二天上午去斯大林公园，乘船游松花江，之后去圣·索菲亚大教堂观赏特色建筑，下午去龙塔旅游区，观钢塔；第三天前往伏尔加庄园，欣赏"原汁原味"的俄罗斯歌舞。

哈尔滨市区景点

本地游

※圣·索菲亚教堂

广场鸽、建筑艺术广场

⌂ 哈尔滨市道里区透笼街88号。
¥ 15元。

圣·索菲亚教堂气势恢宏，精美绝伦。教堂的墙体全部采用清水红砖，上冠巨大饱满的洋葱头穹顶，统率着四翼大小不同的帐篷顶，形成主从式的布局，四个楼层之间有楼梯相连，前后左右有四个门出入。正门顶部为钟楼，7座铜铸制的乐钟恰好是7个音符，由训练有素的敲钟人手脚并用，敲打出抑扬顿挫的钟声。

右下｜圣·索菲亚教堂

※中央大街
防洪纪念塔、经纬街

🅰 哈尔滨市道里区中央大街。 ✓免费。

中央大街始建于 1898 年，是国内罕见的一条建筑艺术长廊。中央大街是目前亚洲最大最长的步行街之一，步行街环境优美，井然有序。它以其独特的欧陆风情、鳞次栉比的精品商厦、花团锦簇的休闲小区、异彩纷呈的文化生活，成为哈尔滨市一道亮丽的风景线。

※防洪纪念塔
古罗马式回廊、圆雕

🅰 哈尔滨市道里区防汛路。 ✓免费。

防洪纪念塔是哈尔滨最著名的地标建筑之一，它的外形十分宏伟。纪念塔塔身以浮雕方式描绘了 1957 年哈尔滨人民与驻地官兵战胜洪水的生动情节。塔顶是工农兵和知识分子形象的圆雕，展现了战胜洪水的英雄形象。

※冰雪大世界
繁荣龙江、中华锦绣、娱乐天地

🅰 哈尔滨市松北区太阳岛西侧。 ✓300 元。

冰雪大世界是哈尔滨国际冰雪节的龙头品牌，于 1999 年底在美丽的松花江畔诞生。冰雪大世界从每年的圣诞节至次年 3 月初期间开放，来这里可欣赏漂亮的冰雕、雪雕及冰雪城堡，夜间在各色灯光渲染下的冰灯盛宴更是迷人，还可尽享各种雪地娱乐项目。

※太阳岛 AAAAA
水阔云天、仙鹤群、长堤垂柳

🅰 哈尔滨市松北区警备路 3 号。 🚌 在防洪纪念塔、九站或道外七道街码头乘坐轮船直达太阳岛。 ✓冰雪艺术馆 140 元，俄罗斯风情小镇 20 元。

太阳岛是一片花木葱茏、幽雅静谧的休闲之地，这里有山湖相映、清泉飞瀑、亭桥映柳、荷香鱼跃的美丽景色。每年 12 月这里是国际雪雕艺术博览会的主会场，此时的景区银装素裹，能欣赏到各种用白雪雕砌而成的艺术作品，全都惟妙惟肖。

※哈尔滨极地馆
南极企鹅岛、北极动物家园、欢乐海狮王国

🅰 哈尔滨市松北区太阳大道 3 号。 ✓198 元。

哈尔滨极地馆为哈尔滨国际冰雪节四大景区之一，来这里除了可以看到北极熊、企鹅、

> **景点攻略**
> 极地馆的旅游亮点有两个：
> 1. 海洋之心：哈尔滨极地馆的创新表演——双人双鲸"海洋之心"，由一对女驯养师用高难度的肢体语言，与两只可爱的极地白鲸共同在水下组成一个完美的心形图案，浪漫优美。
> 2. 白鲸吐泡泡：每次驯养师背着氧气瓶训练白鲸时，白鲸总是对驯养师身上的氧气瓶格外好奇，于是驯养师就把呼吸嘴放入白鲸的口中，白鲸吸几口后，就会顽皮地向观众吐泡泡。

中上 | 太阳岛
中下 | 哈尔滨冰雪大世界
右上 | 中央大街

鳐鱼等极地动物与海洋鱼类，还可欣赏全球独一无二的白鲸表演"海洋之心"，看两头白鲸明星"米拉"和"尼克拉"与驯养师默契配合组成心形图案。

※东北虎林园
东北虎科普陈列馆、步行区

🅰 哈尔滨市松北区松北街 88 号。 ✓110 元（含观光车）。

东北虎林园是世界规模最大的东北虎繁育基地，入园后乘坐装有铁栅栏的专用车辆驶入车行观光区，一路上会看到或成群或独处的东北虎，还能看到白虎、狮子等猛兽。

※龙塔
空中手型馆、空中茶楼、祈福馆

🅰 哈尔滨市南岗区长江路 178 号。 ✓套票 180 元。

龙塔也称黑龙江省广播电视塔，塔座第一层中有中华子孙圣坛，二楼是特色展览厅。坐观光电梯到 181 米观光层，可踏在 60 米长的透明玻璃走道上俯视塔下，感受腾空般行走

> **景点攻略**
> 来到这里可乘坐塔座中间的高速观光电梯直达塔楼，在旋转餐厅边享美食边俯瞰城市夜景，还可体验在透明玻璃走廊上行走，挑战自己的胆量。

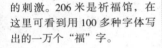

左上 | 亚雪公路（亚布力）
左下 | 二龙山
中下 | 雪谷
右上 | 丹顶鹤

的刺激。206 米是祈福馆，在这里可看到用 100 多种字体写出的一万个"福"字。

哈尔滨郊县景点

※雪谷

雪乡、羊草山

哈尔滨市五常市山河屯林业局东升林场。￥40 元。

雪谷又名东升林场，它与雪乡只隔着一座羊草山。雪谷是个小山村，驱车进入小村后，在村子左手边有个小山坡，过一座桥即可走到，这里能俯瞰整个村子。傍晚时雪谷的景色最为迷人，夕阳西下、炊烟袅袅的画面，还原了东北最原始的村庄景象，如同一幅中国水墨画。

※亚布力滑雪度假区

风车山庄、大青山滑雪场

哈尔滨市尚志市亚布力镇西南约 20 千米处。￥免费。

亚布力滑雪度假区是中国著名的滑雪胜地，每年的 11 月中旬至次年 3 月下旬是这里的最佳滑雪期，此外还有雪圈、雪地摩托等项目。整个滑雪场处于群山环抱之中，林密雪厚，风景壮观。

※尚志碑林

回音壁、碑廊、

哈尔滨市尚志市北环街。

尚志碑林是东北的文化碑林，极具文化魅力和艺术内涵，记录了赵尚志、赵一曼等抗日英雄和当代名家的诗词墨迹。徜徉其中，会激发人强烈的崇高感和美感。尚志碑林拥有世界上最大的书法艺术回音壁，具有回音效果，且音色独特。

※二龙山

荷花塘、珍珠岛影视城、万佛寺

哈尔滨市宾县同哈公路。

二龙山素有"哈尔滨东花园"之称，这里树木密集，花草丛生，是休闲度假、观光旅游的理想之地。万佛寺是东北最大的庙宇，藏佛万尊；珍珠岛影视城集观光、娱乐、影视拍摄于一体，让人流连忘返；荷花塘更是不可多得的好去处。

齐齐哈尔
周边游

※扎龙自然保护区

鹤群放飞表演、世界鹤园、望鹤楼

齐齐哈尔市铁锋区扎龙乡。￥75 元。

扎龙自然保护区是一片芦苇湿地，也是丹顶鹤的故乡。每年 3~10 月，约有 400 只丹顶鹤飞来扎龙湿地繁殖停歇，它们或展翅飞翔、或在芦苇丛中蹒跚觅食。因此，齐齐哈尔市被中国鹤类联合保护委员会命名为"鹤乡之城"。

景点攻略
　　每年 4~5 月或 8~9 月份，约有二三百种野生珍禽云集于此，遮天蔽地，蔚为壮观，每当此时，是游览扎龙自然保护区的最佳季节。

※明月岛

万善寺、和平广场、滑雪

齐齐哈尔市梅里斯达斡尔族区嫩江中游。￥免费。

明月岛形状如同一弯明月倒映在水中，因而得名。岛上的万善寺是呈菱形布局的仿古建筑群，始建于明朝万历年间，相传是朝廷为了镇治此处帝王风脉而建，寺名也属御赐，有玉皇阁、白阳阁、三星阁和三清阁等殿宇。寺内十几尊雕像形象生动。

※大乘寺

白玉观音、大雄宝殿

⊙ 齐齐哈尔市铁锋区大乘路1号。
❀ 免费。

大乘寺是齐齐哈尔市内的一处近代寺院，建成之时，爱新觉罗·溥仪为寺庙捐赠了一套珍贵的唐版《华严经》。大乘寺的大雄宝殿由黄釉琉璃瓦覆盖全面，气势恢宏，庄严肃穆。而绿色琉璃瓦构成"大乘寺"三个大字，悬于殿上，大气高雅，气质高洁。

※蛇洞山

青石崖、蛇洞、龙峰

⊙ 齐齐哈尔市碾子山区西部约4.5千米处。

蛇洞山邻靠雅鲁河，风景优

美，奇石丛生，颇有一种诡谲的气质。蛇洞山的树林很少，多的是一种光秃秃的肃杀风情，随处可见形态万千的大石头，更有一座天然形成的酷似如来佛的岩石吸引着很多游人前来膜拜。

大庆

周边游

※王进喜纪念馆

铁人广场、文字展览、沙盘展示

⊙ 大庆市让胡路区中原路2号。❀ 免费。

纪念馆外形为"工人"二字组合，鸟瞰呈"工"字形，侧看为"人"字形，象征这是一座工人纪念馆。主体建筑高度47米，正门台阶共47级，寓意铁人47年不平凡的人生历程。建筑顶部为钻头造型，象征大庆油田奋发向上，积极进取。

※龙凤湿地

文须雀、红嘴鸥

⊙ 大庆市龙凤区龙凤镇。❀ 免费。

龙凤湿地内动植物资源丰富，每年都有十几万只鸟类来这里繁衍生息。每到春季，候鸟迁移，各种鸟儿在这里栖居，天鹅会在河里优雅地悠游，鸳鸯在河上做着陪客，白鹳谨慎地在岸边迈着步子寻找食物，而天上则变成了红嘴鸥、银鸥的地盘，龙凤湿地一片生机勃勃。

※大庆油田科技博物馆

油气勘探厅、油田开发厅、工业技术厅

⊙ 大庆市让胡路区创新街。❀ 20元。

这是一个很有特色的博物馆，在这里可以了解一切有关石油的话题，也可以看到高高的井架，还有抽油机，看到地质构造的断层，看到怎样把石油从地下抽上来，总之，是一次很好的科普教育，展览内容丰富，各种模型和实物都很精致。

※大庆油田历史陈列馆

大庆之路、雕塑

⊙ 大庆市萨尔图区中七路32号。❀ 免费。

大庆油田历史陈列馆是中国第一座关于石油的纪念馆，一进入展馆大门，就会看见一座灰黑色的大型雕塑，它好似一只手掌，欢迎着远道而来的客人。展馆内的展示主题有9个部分，用编年体的方式向人们诉说着大庆油田的前世今生。

左上 | 王进喜纪念馆
左下 | 明月岛
右下 | 大乘寺

体验之旅

观冰雕雪雕：冬季的哈尔滨，引人注目的一定是街边的冰雕雪雕，那是大雪纷飞的北国中特别的产物，它们在萧瑟的寒风中带来一丝柔和，在凝固坚硬中带来一片柔和。

滑雪：哈尔滨是欣赏雪景并享受滑雪乐趣的最佳地，这里有着北国最厚重的那片皑皑白雪。想象那个飞速驰骋在苍茫白雪中的你，在空中俯瞰万物，用心感受脚下每一寸土地。

赏俄罗斯歌舞：俄罗斯族能歌善舞。每逢喜庆之日，或亲朋相聚之时，他们就拉起手风琴，唱起歌，跳起舞来。

松花江冰上运动：每到冬季，松花江上千里冰封，冻结的江面便成了一个天然的游乐场。滑冰、拉爬犁、抽冰嘎、冰滑梯、车拉雪圈、雪地马车，都是很受欢迎的冰上运动。

寻味之旅

在哈尔滨不仅能吃到正宗的俄罗斯大餐，还可以品尝到口味地道的东北菜，如地三鲜、小鸡炖蘑菇、猪肉炖粉条、杀猪菜、红肠等当地美味。来哈尔滨，尤其是冬季来哈尔滨，

左下 | 地三鲜
中上 | 冰雕
中下 | 猪肉炖粉条
右下 | 小鸡炖蘑菇

一定要品尝一下正宗的东北菜。

目的地攻略

🚗 交通

飞机：哈尔滨太平国际机场位于哈尔滨市区西南约30千米的太平镇，机场的国内航线覆盖了国内大部分主要城市；其国际航线主要通往俄罗斯的主要城市。

齐齐哈尔机场位于市区东南约13千米处，目前已开通了飞往北京、上海、广州和深圳等地的国内航线和俄罗斯部分城市的国际航线。

火车：哈尔滨站位于道里区、南岗区和道外区三个主城区的交会处，每日始发至全国各省各大中城市的普速列车络绎不绝，另外也有去达北京、沈阳的动车组。

哈尔滨西站位于南岗区哈尔滨大街，是哈尔滨的动车和高铁专用车站，这里主要是发往北京、天津、大连、吉林、沈阳的动车及高铁列车。

哈尔滨东站位于道外区桦树街1号，曾叫作"三棵树火车站"，主要是发往黑龙江省内的列车。

哈尔滨北站位于松北区与呼兰区交界，是哈齐高速铁路的车站之一。

市内交通：哈尔滨目前运营的地铁线有1号线、2号线和3号线。1号线可到哈尔滨东站，3号线可到哈尔滨西站，2号线可到冰雪大世界。

🏠 住宿

哈尔滨是中国北方最主要的旅游城市之一，市内景点多集中在道里区和道外区，选择在市中心的火车站、中央大街一带住宿出行会比较方便。此外，在滑雪胜地亚布力同样有数家度假村可以住宿。

🛒 购物

来哈尔滨主要买一些具有俄罗斯异国情调的食品和饰物及东北特产。俄罗斯风格的像"大列巴"面包、俄罗斯巧克力、糖果、紫金项链等，价格便宜又便于携带。哈尔滨靠近大兴安岭，距离长白山也比较近，所以人参、鹿茸和貂皮很多。

亮点 → 五大连池 | 鄂伦春民歌 | 天鹅舞 | 放灯节

黑河

中俄边境风光

　　黑河是中国首批沿边开放城市，与俄罗斯阿穆尔州隔江相望，是东西方文化的融汇点，同时又聚居着多个少数民族。它是一个既富异国情调又具有民族风情的城市。

旅 行 路 线

黑河四日游

　　第一天前往五大连池景区；第二天前往黑河市参观瑷珲古城和大黑河岛；第三天游览鄂伦春乡；第四天前往北极村游览，沿途可游览雅克萨古战场遗址，夜宿北极村。

黑河市景点

本地游

※大黑河岛

民贸市场、洽谈中心、国际展厅

⊙ 黑龙江江心中国岸一侧。￥免费。

　　黑河市昔名大黑河屯，大黑河岛位于大黑河屯附近，因而得名。岛屿呈长条状，岛上生长松、杨、柳等疏林。1991年岛屿西段辟为中俄民间贸易大市场，建有贸易区、停车场、服务区，岛屿与南岸之间建有斜拉式桥梁。现在，这里已被批准为中俄边贸区。

※瑷珲古城

清代将军墓、魁星楼

⊙ 黑河市爱辉区瑷珲镇。￥免费，历史博物馆30元。

　　瑷珲古城城中有座清代修筑的楼阁——魁星楼，矗立于江边，登楼远眺，可观十里长江的盛况，又被称为"十里长江之目"。

※锦河大峡谷

野生动物园、森林旅游区

⊙ 黑河市爱辉区锦河农场。￥50元。

　　锦河大峡谷长约10千米，独特的山势与河流切割形成两个弯曲的、状如Ω符号的峡谷，牵手相连、一阴一阳堪称情侣，世间罕见，神奇之极。春夏秋冬景色各异，游人或漫步在林间栈道或矗立观景台远眺，都会赞叹不已。

左下 | 瑷珲古城

五大连池风景区 AAAAA

钟灵寺、白龙洞、北药泉 特写

左上 | 五大连池

🏠 黑河市五大连池市五大连池镇。🚌 哈尔滨的龙运客运站每天有班车直达五大连池景区。💰 联票 200 元。

五大连池是我国第二大火山堰塞湖，池岸曲线变化复杂，池水颜色各异，形态不一，是我国著名的火山游览胜地。

在火山民俗文化观光区可以看到钟灵寺、火山博物馆、东北亚国际疗养中心等人文景观。端午节前后游人可参加饮水节活动，冬季可参加火山冰雪节活动。

世界名泉观光区分布着多处景点，主要有南泉、北泉、翻花泉、二龙眼等多处神泉。二龙眼泉冬季不结冰，是天然的空气浴场。

火山堰塞湖观光区由头池莲花水寨、二池平湖鱼港、三池群山倒影、四池苇塘莲花、五池曲岸寻幽 5 个湖泊组成，其中三池是我国第二大堰塞湖，终年不枯竭，其矿泉鱼堪称一绝。

左下 | 五大连池二龙眼泉
中下 | 五大连池药泉湖
右下 | 五大连池

五大连池景区示意图

至嫩江
至嫩江
至黑河
至齐齐哈尔

灰鹤湿地
五池晚霞
尾山
如意湖
鹤鸣湖
月牙池 仙女宫
南北格拉球山
白龙湖仙境
莫拉布山
南格拉球山天池
水帘洞
白龙湖
东、西龙门山
达子香园
山巅火口
石海 桦林幽静
怪坡
老黑山
迎客松
龙门石寨
国家森林公园
火山堰
石龙青苔园
焦山湖
小孤山
笔架山
泉湖瀑布
石龙河水
古石塘
卧虎山
二龙眼
泉湖
上风景线
钟灵寺
石龙河水
景区管理委员会
水晶宫
白云洞
药泉山
南药泉
响水泉
南洗泉
水晶宫
东西焦得布山
药石
泉河
河

大兴安岭

周边游

※北极村 AAAAA

神州北极、古水井、最北第一家

- 大兴安岭地区漠河市北极村。
- 漠河火车站前有班车前往北极村。
- 68元。

漠河北极村是位于中国最北部的一个边陲小村，素有"不夜城"之称。居民房屋大部分为砖瓦结构平房，另外还尚存一些"木刻楞"式的小木屋。每年夏至期间都在江边举办夏至节篝火晚会，载歌载舞、通宵达旦。

景点攻略

每年夏至前后，北极村有近20个小时可以看到太阳，即为极昼现象，偶尔还能看到五彩缤纷的北极光。午夜向北眺望，天空泛白，像傍晚，又像黎明，人们可以在室外下象棋、打球。

※北红村

北红哨所、界碑

- 大兴安岭地区漠河市北红村。
- 免费。

北红村是中国最北的没有被开发过的原始村庄，南北面

环山，黑龙江由西向东穿村边而过。这里林木浓密，野果遍地，小动物如野猪、狍子、雪兔、飞龙等随处可见。沿着鹅卵石的江岸，随着自己的感觉踱步，听着风声、流水声，会觉得是在世外桃源。

※九曲十八弯

额木尔河、观景台

- 大兴安岭地区漠河市加漠公路485段上。
- 50元。

九曲十八弯是一片保存完好的原生态湿地景区，额尔木河从这里蜿蜒而过，形成曲折迂回的河湾。站在观景台上举目远眺，山上的苍松茂密，峰峦跌宕如风起云涌，松涛阵阵似万马奔腾。浓绿泛青的岸柳，挺拔俊秀的钻天杨等植被缀满其间，林雀和鸣，野鸭嬉戏。

景点攻略

每年的春末到夏末，九曲十八弯的景色是最美的。届时，湿地被郁郁葱葱的绿草覆盖，秀丽清新的小野花点缀着草原，河水从中流淌，犹如一条洁白的色带，轻舞飞扬，若是在清晨观景，那更是如同仙境。

寻味之旅

漠河地处中国最北方，气候寒冷，当地菜肴特点为多肉

少蔬菜，擅长烹饪血制品，烹饪手法多为炖菜，炖菜的最大特点就是让人吃着暖和。

漠河特产是冷水鱼，以此为材料的菜肴像鳕鱼炖豆腐、烤狗鱼、红烧鳇鱼等都非常有名。除此之外，白肉血肠、漠河人特制的风干香肠、油炸糕也很有地方特色，值得品尝。

目的地攻略

🚗 交通

飞机：黑河机场是中国黑龙江省的一个民用机场，位于市区西南约17千米处，目前有开通飞往漠河、北京、哈尔滨、上海的航班。

漠河古莲机场位于漠河市西南约9千米处，目前已开通漠河—哈尔滨—北京航线，以及黑河、加格达奇航线。

火车：漠河火车站位于县城西北侧，距县城中心约3.5千米。目前有发往哈尔滨、齐齐哈尔、佳木斯等地的班次火车，游客可以选择经哈尔滨转火车到漠河再乘汽车到景区。

🏠 住宿

漠河的住宿条件比较成熟，如果是去北极村景区游玩，住在那里夜赏极光也是非常不错的选择。

🛒 购物

漠河因为靠近黑龙江和大兴安岭，特产也多为山货和水产。山货主要有木耳、蘑菇、干果、药材及各种山野菜、水果等；水产特指漠河出产的珍贵冷水鱼。

左上 | 北极村
左下 | 鄂伦春木神偶

亮点→ 样板戏 | 雪堡 | 林海雪原 | 滑雪

雪乡

牡 丹 江

有着"塞外江南"美称的牡丹江，是北方著名的鱼米之乡。它地处黑龙江省东南部，是东部的交通枢纽。有镜泊湖和原始火山景观，由于在牡丹江畔，水资源丰富，有"小江南"之称，是盛夏避暑旅游胜地。

牡丹江冬季三日游

第一天看渤海国上京龙泉府遗址，参观石佛寺，然后游览镜泊湖风景区；第二天游览宁古塔将军驻地旧城遗址，晚上住在雪乡附近；第三天游览雪乡，雪乡影视城的跑马场、木屋、栈桥、白桦林形成了一道原始的人文风情。

雪乡二日游

第一天上午前往雪乡，沿途会看到海浪河、千年古榆、雾凇、白桦林，下午赴双峰滑雪场，进行惊险、刺激、浪漫的趣味滑雪；第二天清晨可以观看雪乡美丽的日出，接着还可以去参观雪乡影视城，大红灯笼、跑马场、白桦林，浓浓的关东风情仿佛一幅画。

镜泊湖风景区 AAAAA

本地游

大孤山、珍珠门、吊水楼瀑布

🚩 牡丹江市宁安市火山口旅游公路西段。🚌 牡丹江火车站前每天有大巴直达主景区。💰 100元，游船100元。

镜泊湖是由万年前火山喷发而形成的狭长形堰塞湖，分为北湖、中湖、南湖和上湖四个湖区，湖中大小岛屿星罗棋布。

地下森林中蕴藏着丰富的资源，有名贵木材和药材，同时也不乏小动物出现。游人逐级而下时，甚至还可看见罕见的青羊出没。

吊水楼瀑布形状好像加拿大尼亚加拉大瀑布，瀑布有300多米之宽，20多米的落差，呼啸而下的水流融入黑龙潭中，发出巨

大的响声，宛如雷鸣。每年春夏是最好的观赏季节，此时的瀑布水量极大，雾气蒸腾，形成梦幻的彩虹，像是来到了仙境。

大孤山是地壳断裂后遗留下来的残块，孑然一身，其名称由此而来。山内古树、古刹交辉，重峦叠嶂，涧溪成网，天然次生林和人工林交相辉映，花草植被与珍禽异兽色色和合。

城墙砬子位于镜泊湖中部，小孤山西南的岸上，山岩峭立。山上有一座古城遗址，虽已历经千年，但城墙大部分仍巍然屹立，可知其当年风貌，登城俯瞰，镜泊湖风光尽收眼底。

中下 | 镜泊湖

牡丹江市区景点 本地游

※ 黑宝熊乐园
黑熊生活园区、篮球比赛

📍 牡丹江市爱民区三道关国家级森林公园内。💰 30 元，表演票 60 元。

黑宝熊乐园是中国最大的熊科动物饲养、繁育、观展中心，有近 800 头的熊在这里快乐地生活。驯兽师培养它们进行马戏表演，熊很聪明，能够模仿人类骑车带人，还会表演有趣古怪的篮球比赛，这些别开生面的杂技往往吸引很多游人来此观看。

※ 三道关国家森林公园
夫妻石、鸡冠砬子

📍 牡丹江市爱民区西北部、张广才岭安纺山脉之末。

三道关国家森林公园是东北最大的森林公园之一，是一个非常适合休闲远足的美丽景区。这里古木参天，幽静安宁，蕴藏着不少珍贵物种和上好的中药材。红松、杉树、樟子松形成了一片天然的屏障，山林间还隐居着不少野生动物。

※ "八女投江"烈士群雕
历史纪念馆、江滨公园

📍 牡丹江市东安区太平路江滨公园内。💰 免费。

"八女投江"烈士群雕是一组纪念 1938 年东北抗联妇女团而修建的美丽雕塑。在全面抗战时期，她们用自己的身躯保证了大部队的安全。这座雕塑的题词是邓颖超同志所书写的，"八女投江"4 个大字苍劲有力，气势非凡。

中上 | 雪乡月华

※ 牡丹峰
磨盘山、龙头泉、杏花山

📍 牡丹江市东安区。💰 10 元。

牡丹峰又名天岭或大架子山，是牡丹江与穆棱河的分水岭。这里雨量充沛，山高谷深，生长着多种贵重树木，被称作"塞外绿色宝库"，总面积约 400 平方千米，是一处原始生态的自然景观。

※ 兴隆国家森林公园
慈航古寺、平顶山、万顷林海

📍 牡丹江市东安区兴隆镇。💰 免费。

兴隆国家森林公园苍山育翠，沃土藏金，巍巍群山遍布以红松、水曲柳等珍贵树种为代表的北温带针阔混交林，莽莽林海中獐、狍、熊、鹿、野鸡、飞龙等百余种珍禽异兽栖息繁衍，肥沃的土地上生长着五味子、当归、人参、黄瓜香等草本植物 400 余种。

※ 雪堡
中俄文化浮雕墙、雪山长城

📍 牡丹江市西安区中兴村。💰 100 元。

自从 2001 年第一届雪堡举办后，雪堡就一直是牡丹江市

的象征，是牡丹江人民的骄傲，与冰城哈尔滨的冰灯大世界相互补充，遥相呼应。牡丹江雪堡，这雪的世界、梦的家园，始终以最真挚的热情迎接着八方游客的到来。

牡丹江郊县景点 本地游

※ 中国雪乡
大雪谷、梦幻家园、雪韵大街

📍 牡丹江市大海林林业局辖区长汀镇双峰林场。💰 120 元。

中国雪乡也叫作双峰林场，这里雪质好、黏度高，冬季可见到自然形成的各种雪堆造型，包括有名的"雪蘑菇"。雪乡是个小村子，雪韵大街是村上最热闹的地方，这条将近五百米长的大街两侧聚集着各种商店和旅店，晚上店门前挂满的红灯笼显得很有节日气氛。

※ 羊草山
骆驼峰、友谊峰街

📍 牡丹江市大海林林业局雪乡景区中国雪乡西南部山区。💰 免费。

羊草山位于雪谷与雪乡之间，雪乡位于羊草山的阳面，而雪谷位于羊草山的阴面。主

峰骆驼峰海拔约1235米，冬季时羊草山顶雪原很开阔，树木稀少雪质好，可以拍摄到蓝天白雪地的壮美景观，也是观日出的胜地。

※东宁要塞

勋山、朝日山、胜洪山

🏠 牡丹江市东宁市三岔口镇境内。

🎫 免费。

东宁要塞是第二次世界大战的最后战场，是侵华日军为防御苏联的进攻而修筑的军事筑垒。其中勋山地下军事要塞，与俄罗斯仅一河之隔，山势险峻，地势开阔，隐蔽性强，是兵家必争之地。

※威虎山国家森林公园

二道河、汉代摩崖壁画、影视城

🏠 牡丹江市海林市柴河林业局辖区内。

🎫 套票120元。

威虎山国家森林公园是著名小说《林海雪原》的真实发生地，公园很大，有着广袤的树林和秀丽的美景。这里古木参天，松柏挺拔，邻靠莲花湖的杨柳在每年春夏季节，都随风翩翩，婀娜秀雅。

寻味之旅

牡丹江美食有以镜泊湖各类鱼为主的鱼宴、以各类山野菜为主的山珍宴、东北农家宴、烧烤宴等。在享受饕餮美味之时，一定不要忘了品尝响水米饭、大馅水饺，再来一杯清爽可口的花河啤酒，或是泔烈纯正的山药材泡酒，或是朝鲜族"马咖喱"米酒。

在牡丹江的镜泊湖可以品尝到纯绿色的湖鱼；在宁安、海林、东宁可以体验地道朝鲜族风味美食；在雪乡可以坐在火炕上一品东北农家菜；在佛手山吃到绿色的山珍野味。

目的地攻略

🚗 交通

飞机：牡丹江海浪机场坐落在牡丹江市西南郊，距离市中心约9千米，目前开通了至北京、上海、广州、深圳等城市航线，以及飞往韩国首尔、俄罗斯莫斯科的国际航线。

火车：牡丹江火车站位于西安区光华街，每日有始发至北京、大连、哈尔滨、绥芬河等地的旅客列车。

🏠 住宿

市区的太平路一带性价比不错的经济型酒店有很多。此外，雪乡风景区也有可住宿的家庭旅馆及酒店，不少旅馆可提供具有东北特色的火炕房。

🛒 购物

牡丹江的物产琳琅满目，特色农副产品有连响水大米、五谷小杂粮、奎山粉条等；此外，还有反映牡丹江风土人情的木制、陶制、石制等旅游纪念品，以及各类俄罗斯特色工艺品等。

中上┃威虎山城
中下┃奎山粉条
右下┃牡丹江海浪机场

亮点→ 马头琴 | 大草原 | 俄式小镇 | 篝火节

巴林喇嘛森林公园

呼伦贝尔

呼伦贝尔是游牧文化和游猎文化的发祥地之一，被历史学家称为"北方民族的摇篮"。要想领略蒙古族巴尔虎部、布里亚特部的游牧文化，鄂温克族和鄂伦春族的游猎文化，达斡尔族的农耕文化，这片美丽辽阔的土地是不二选择。

旅 行 路 线

呼伦贝尔三日游

第一天上午参观海拉尔纪念园，下午去海拉尔森林公园，观赏北国的樟子松和白沙滩；第二天上午去呼和诺尔草原，跃马扬鞭，体味特有的风情，下午去呼伦湖，欣赏蓝天、白云和湖泊；第三天先去满洲里国门景区，之后去套娃广场。

满洲里二日游

第一天上午闲逛满洲里市区街道，下午逛博物馆、监狱陈列所、谢拉菲姆教堂遗址、苏联红军纪念园；第二天去逛中俄商贸步行街，买些特产和纪念品，然后去附近吃顿大餐。

海拉尔旅游区

本地游

※世界反法西斯战争海拉尔纪念园

海拉尔要塞遗址博物馆、主题广场

◎ 呼伦贝尔市海拉尔区北山。￥50元。

世界反法西斯战争海拉尔纪念园是在原侵华日军海拉尔要塞遗址上建成的军事主题景区。纪念园分为地上、地下两部分，在这里可见到火炮、坦克等许多重型武器，还可进入日军的地下工事遗迹参观。

文化解读

海拉尔要塞遗址为日本关东军在中国东北修建的大型军事工事之一，由5个主阵地和4个辅助阵地组成，以敖包山和北山阵地为主体。军事工事在修建过程中，日本关东军抓来数万名中国劳工，工程结束后，为保守军事机密，关东军将劳工全部杀害，海拉尔河东岸万人坑内的嶙峋白骨就是铁证。

中下 | 海拉尔纪念园

※呼和诺尔草原

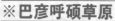
呼和诺尔湖、祭敖包

⊙ 呼伦贝尔市陈巴尔虎旗白音哈达苏木。¥ 65元。

在蒙古语中"呼和诺尔"意为"青色的湖"。草原内有许多大大小小的河流湖泊，其中以呼和诺尔湖景色最佳。湖面四周绿草如茵，湖水清澈洁净。夏季草原上水草丰美，牛羊遍野；冬季则千里冰封，一派北国风光，每年的冬季，景区会举办冰雪节。

※巴彦呼硕草原

巴彦呼硕敖包、伊敏河

⊙ 呼伦贝尔市鄂温克族自治旗锡尼河镇。¥ 20元。

巴彦呼硕草原是鄂温克族主要居住的地方，这里还居住有达斡尔等少数民族，充满民族风情魅力。巴彦呼硕敖包还沿袭着传统敖包修建的形式修建，有主敖包一个，小敖包12个，手工铜顶13个，原始的石供桌、石香炉，透出古老的敖包祭祀习俗。

> **景点攻略**
>
> 巴彦呼硕草原旅游区每年都举办众多的民族节庆活动：
> 1. 每年5月初当地牧民为庆祝春季接羔丰收而举行"丰收会"。
> 2. 每年农历五月十三有喇嘛主持祭祀敖包，称"敖包会"。
> 3. 6月18日是鄂温克族独有的传统节日"瑟宾节"，与此同时一年一度的草原敖包相会情歌节也在这里举行。
> 4. 12月末，内蒙古冬季那达慕也在巴彦呼硕敖包山下举行。

※金帐汗蒙古部落

莫日格勒河、草原祭火节

⊙ 呼伦贝尔市陈巴尔虎旗呼伦贝尔草原德莫尔格勒河畔。¥ 20元。

中上 | 中俄边境
中下 | 金帐汗
右下 | 满洲里套娃广场

金帐汗蒙古部落位于呼伦贝尔草原腹地，历史上很多游牧民族都在这里成长和壮大。景区内一年四季都有不同的主题活动，都充满了民族特色和草原风情。在金帐汗蒙古部落内，游客能够欣赏到精彩的文化表演，能参加热闹的篝火晚会，还可以品尝到地道的盛宴。

※海拉尔国家森林公园

白沙滩、樟子松树林、鸟语林

⊙ 呼伦贝尔市海拉尔区西山。¥ 30元。

海拉尔国家森林公园是国内唯一以樟子松为主题的国家级森林公园，园内有小山丘并植有大片的樟子松，其中不乏一些外形奇特的大树，园内还设有散养式的动物园，甚至可以看到驯鹿。

满洲里旅游区 本地游

※套娃广场

俄罗斯复活节彩蛋、音乐喷泉

⊙ 呼伦贝尔市满洲里市区西郊的中俄互市贸易区301国道北侧。¥ 100元。

套娃广场的主体建筑是一个高30米的大套娃，外部彩绘由代表着中国、俄罗斯、蒙古三国的美丽女孩组成。在套娃广场音乐喷泉的周围，还有代表中国传统文化的十二生肖和西方占星文化的十二星座。每当夜幕降临，广场上流光溢彩，仿佛是一个五彩缤纷的世界。

※中俄边境旅游区 AAAAA

41号界碑、火车头广场、和平之门广场

⊙ 呼伦贝尔市满洲里市华埠大街的西面尽头。🚌 市内乘6路公交车可到。¥ 80元。

满洲里市中俄边境旅游区包括国门景区和套娃景区，汇集中国、俄罗斯、蒙古三国文化精髓。满洲里国门1989年建成，国门庄严肃穆，在国门乳白色的门体上方嵌着"中华人民共和国"七个鲜红大字，上面悬挂的国徽闪着金光，国际铁路在下面通过。

※甘珠尔庙

索克钦庙、庙会

呼伦贝尔市新巴尔虎左旗阿木古郎镇西北约20千米处。￥30元。

甘珠尔庙原名寿宁寺，乾隆五十年赐庙，并亲笔撰写"寿宁寺"匾额。甘珠尔庙建筑风格以汉族、蒙古族、藏族风格为一体，由于寿宁寺曾收藏过藏文和蒙古文《甘珠尔经》，故而又得名为甘珠尔庙。

※诺门罕战役遗址

主接待区、军事娱乐区、军事博览区

呼伦贝尔市新巴尔虎左旗阿木古郎镇以南约60千米处。

诺门罕战役遗址陈列馆的外观设计成为一个密封的碉堡造型，馆内布展的整体色调以岩石般的凝重灰色为主，辅以

刚强的金属色反映当年的战争场面和政治时局，形式上采用声、光、电等高科技手段进行布展，有身临其境的感观效果。

额尔古纳旅游区 本地游

※额尔古纳湿地

S弯、同心岛、马蹄岛

呼伦贝尔市额尔古纳市拉布大林镇西北郊。￥65元。

额尔古纳湿地，原名根河湿地。这里地形平缓开阔，额尔古纳河的支流根河从这里蜿蜒流过，曲水环抱草甸，岸边矮树灌木丛生，绿意盎然；而

秋季草木泛黄，远远望去是一片金色的大地，又是另一番壮美的景象。

※莫尔道嘎国家森林公园

红豆坡、一目九岭、冰上森林

呼伦贝尔市额尔古纳市莫尔道嘎镇西北约11千米处。￥95元。

莫尔道嘎是蒙古语，意为"骏马出征"，以我国北部特色的针叶原始森林为主，有很多森林、河流的风光，每年秋季树叶泛黄泛红十分美丽。公园森林风景资源独具北国特色，

左下 | 额尔古纳湿地
中上 | 甘珠尔庙
右上 | 满洲里国门

左上 | 莫尔道嘎
中下 | 草原篝火晚会

保存着我国最后一片寒温带明亮针叶原始林景观。

景点攻略

莫尔道嘎国家森林公园并不全年开放，开放时间是夏秋季节，一般从五月份开始到十一假期结束时关闭。

体验之旅

策马奔腾：在呼伦贝尔各个草原上的旅游景点，都可以骑上骏马，驰骋于广袤的大草原上。绿色一望无际，蓝天触手可及，随着马背的颠簸，感受迎面扑来的夹杂着青草香的风。

参加篝火晚会：与草原民族的兄弟姐妹围坐在熊熊燃烧的篝火旁边，载歌载舞，又唱又跳，肉香酒香弥漫开来，这广袤的草原上，不眠不休的欢笑声会吵醒了草原深邃的夜。

草场滑雪：冬季来到草原

上滑雪，在白雪皑皑中感受草原壮美的力量，绝对有一番不同于在城市中滑雪的独特魅力。

寻味之旅

呼伦贝尔盛产的牛羊肉质鲜美，要说最具有特色的美味是烤全羊、烤羊腿、涮羊肉、炖牛肉、手扒肉……各种牛羊肉的料理绝对让你垂涎三尺。

目的地攻略

🚗 交通

飞机：海拉尔东山机场位于呼伦贝尔市海拉尔区，距离市区约3千米。目前已开通了飞往北京、上海、乌兰浩特、青岛等城市的航线。

火车：海拉尔站位于呼伦贝尔民主街，从北京、呼和浩特、哈尔滨、齐齐哈尔、大连等地均有班次到海拉尔站。

🏨 住宿

海拉尔区是呼伦贝尔市的交通中心，外地游客先到达这里，再从这里前往呼伦贝尔各地游玩。

海拉尔区的住宿条件也是呼伦贝尔市最好的；满洲里市位于中俄边界，境内有著名的国门景点，这里的宾馆也不少；来额尔古纳市游玩可以住宿在乡里的家庭旅馆和客栈，有不少旅馆是充满了俄罗斯风格的"木刻楞"。

在呼伦贝尔市的很多草原景区中，游客还可以住进富有蒙古族特色的蒙古包，体验一下草原的生活。

🛒 购物

呼伦贝尔盛产草原物产，牛羊肉制品是购物首选，牛肉干、奶干是不错的伴手礼。海拉尔区是蓝莓的主要产地，所以这里的蓝莓汁也非常正宗。此外，还可以带一些独具内蒙古特色、俄罗斯特色的手工艺品馈赠亲友。

亮点 → 草原文化 | 游牧文化 | 那达慕大会 | 千盏灯节

锡林郭勒

城区大街

　　在祖国的正北方，有一片沃野千里、绿草如茵的美丽草原，这就是驰名中外的锡林郭勒大草原。这里绿草如海，野花繁盛，蘑菇遍地，牛羊成群，蒙古包星星点点洒落在蓝天下，从纷扰的城市中脱身而出，来享受纯净明丽的白云碧空，让壮美的草原开阔心胸。

旅　行　路　线

锡林郭勒草原六日游

　　第一天到达赤峰游览红山森林公园；第二天前往克什克腾游览阿斯哈图石林，下午游览青山岩臼景区；第三天前往达里诺尔湖游览，下午观赏锡林九曲湾；第四天上午游览白音锡勒牧场，下午前往贝子庙；第五天前往东乌珠沁旗参观额吉淖尔湖和乌珠穆沁博物馆；第六天上午参观珠恩嘎达布其口岸，下午前往乌里雅斯太山游览。

阿尔山—柴河旅游区　AAAAA

本地游

三潭峡、杜鹃湖、石塘林

🏔 兴安盟阿尔山市东北部，大兴安岭西南麓。🚗 乘火车前往阿尔山市，然后包车游玩。💰 套票285元。

　　阿尔山国家森林公园内野生动植物资源非常丰富，具有独特的北国风光。

　　当残雪消融春回大地之时，杜鹃花灿然怒放，杜鹃湖湖面被映衬得如霞似火。湖畔花树相间，红绿分明，煞是好看。

　　石塘林是由火山喷发后岩浆流淌凝成。经过千年风化和流水冲刷，形成了石塘林独具特色的自然地貌。石塘林内，清流时隐时现，处处景色盎然。

　　三潭峡谷有三潭，卧牛潭潭前大大小小的卧牛石横河摆放，如庞大的牛群静憩河中；虎石潭河流中密布着形态各异的巨大岩石，宛如虎群在河中玩耍嬉戏；悦心潭是峡谷的尽头，地面豁然开朗，河面加宽，潭水透明，清澈见底。

左下 | 阿尔山森林公园

锡林浩特旅游区 本地游

※贝子庙

主庙、家庙、佛塔

◎ 锡林郭勒盟锡林浩特市贝子庙街额尔敦陶力盖敖包山南坡下。￥20元。

贝子庙始建于清乾隆年间，整个建筑群共分为七大殿，在这7座大殿之外，还有十几座小殿和2000多间僧舍，规模庞大，气势雄伟。寺内存有大量反映蒙古族历史和生活的壁画，是研究蒙古族史和民族艺术的宝贵史料。

※平顶山火山群

平台落日、蒙古双面人雕塑

◎ 锡林郭勒盟锡林浩特市贝力克牧场。￥免费。

平顶山火山群由一万年前的火山喷发而形成，若是到近处观看，会发现山上布满了火山喷发时留下的凝灰岩块。站

在山顶远眺平川，让人感到大自然的鬼斧神工，震撼人心。还可远远看见我国最大的风车群，几十米高的风车星罗棋布，颇为壮观。

※希日塔拉草原

王爷包、蒙古包

◎ 锡林郭勒盟锡林浩特东南约15千米处。￥免费。

希日塔拉草原天蓝、草绿、花鲜、空气清新，地势宽敞平坦，牧草茂盛，空旷恬静。游客可在此品尝蒙古族的风味美食，欣赏蒙古族歌舞表演，坐勒勒车，骑马等。

赤峰 周边游

※红山公园

月牙湖、荷花池、五盘湖

◎ 赤峰市红山区北环路5号。￥免费。

红山公园是市区面积最大的公园，月牙湖位于红山脚下，因形似一弯月牙而得名，湖的东西两侧分别建有赏月桥和姊妹桥，站在桥上，看碧波荡漾，真是一件十分惬意的事。五盘湖中央有一处湖心小岛，湖畔垂柳依依，东西两侧分别有九曲桥和圆拱桥与湖岸相接。

※达里诺尔湖

碧海银滩、曼陀山庄

◎ 赤峰市克什克腾旗贡格尔草原西南部。￥南岸60元，北岸70元。

达里诺尔湖是内蒙古四大内陆湖之一，汉语意为"像大海一样宽阔美丽的湖"。湖区还盛产鲫鱼和当地俗称的滑子鱼，以肉鲜味美而闻名，国家重点保护的丹顶鹤、白枕鹤等鸟类于此也有发现。天鹅最多的时候是春季。

左上｜锡林浩特贝子庙
左下｜达里诺尔湖
右上｜红山公园

左上｜乌兰布统
左下｜阿斯哈图石林秋色

版纳"之称，脚下是厚厚的苔藓覆盖的大石块，周边是蔽天遮日的树冠，处处都是山杨树和白桦树，还有各种类型的天然油松林，以及山葡萄、猕猴桃等的藤蔓。在风景区穿行，时不时能看到清澈的溪水和飞瀑。

※喀喇沁王府

庙宇、祠堂、承庆楼

🏠 赤峰市喀喇沁旗王爷府镇。

💴 50元。

喀喇沁王府是清朝贡亲王的府地，始建于清康熙十八年（1679年）。王府前后共五进院落，东西两侧是跨院。跨院内分别是生活区和议事区，西边有练武场建筑；东侧有戏楼、王爷和福晋的卧室、膳房等。院内苍松翠柏，幽雅恬静，楼阁殿堂相映生辉。

※克什克腾石阵 AAAAA

草原神鹰、桃园三结义、石书

🏠 赤峰市克什克腾旗北部。💴 120元。

克什克腾石阵原称阿斯哈图石林。"阿斯哈图"系蒙古语，意为"险峻的岩石"。石林底部相连，呈现方形或条形。一些形似景观令人叫绝，如方塔，塔身分明，昂扬耸立；石墙，砌面平直，砌块参差；石狮，面身分明，虎视巍岭，栩栩如生；"秀女望月""比萨斜塔"等更是惟妙惟肖。

※桦木沟国家森林公园

将军泡子、公主湖、蛤蟆坝

🏠 赤峰市克什克腾旗乌兰布统旅游区北部。💴 30元。

桦木沟国家森林公园中溪水遍布，集山地、丘陵、高原、沙地、森林和草原于一体。春天杜鹃、报春花、鸢尾等竞相开放；夏季浓荫蔽日，天然野果挂满枝头，尝一口沁人心脾；

秋天景区五彩缤纷层林尽染；冬天白雪皑皑，雾凇、雪桦银装素裹，玉树琼枝。

※乌兰布统旅游区

古战场、五彩山、夹皮沟

🏠 赤峰市克什克腾旗御克线。

💴 120元。

乌兰布统旅游区有辽阔的草原、幽静的白桦林、世界珍稀树种沙地云杉，也有不少历史文化遗迹。乌兰布统峰东北，沙明如雪，白桦、红柳似翠如丹；峰西南，乌兰公河绕山而过。峰前将军泡子广约千亩，因大将军佟国纲战死于此而得名。

※道须沟风景区

山杨树、金莲花

🏠 赤峰市宁城县黑里河镇阳坡村。💴 80元。

道须沟风景区素有"塞外

※玉龙沙湖度假区

骑骆驼、徒步穿行

🏠 赤峰市翁牛特旗乌丹镇布日敦嘎查境内。💴 80元。

玉龙沙湖度假区的草原与茫茫无边的科尔沁沙地相连，沙地中有一眼清泉，在沙漠中积水成湖，湖中又有十多座沙岛，形成沙中有湖、湖中有岛、岛上有草、草中有鸟的奇特沙湖景观。

通辽
周边游

※科尔沁草原

成吉思汗庙、辽代古城、金界壕

🏠 内蒙古东部松辽平原西北端。

💴 免费。

科尔沁草原在松辽平原的西北端，这里地域辽阔，有大面积的天然牧场，还是清朝著名的孝庄文皇后的出生地。科尔沁草原有着悠久而又曲折的历史，吸引游客的更多是它辽阔的大草原和郁郁葱葱的高纬度森林保护区。

※库伦三大寺

兴源寺、象教寺、福缘寺

⌂ 通辽市库伦旗库伦镇。💰 25 元。

库伦镇的兴源寺、象教寺、福缘寺，统称为"库伦三大寺"。兴源寺正殿内供着的佛祖释迦牟尼像，左右两侧各有几尊铜像和泥塑像。在释迦牟尼像前面摆放着是札萨克达喇嘛宝座，殿内还藏有《甘珠尔经》《丹珠尔经》等多卷经书。

※大青沟

原始森林、三岔口漂流、小青湖

⌂ 通辽市科尔沁左翼后旗 144 乡道旁。💰 50 元。

大青沟是一条深长、秀美、富饶的沟壑，蒙古语意为"冲忽乐"，是"科尔沁沙地绿色明珠"。这里树木葱郁，鲜花盛开，沟底泉水汇成一蜿蜒而清澈的溪流。两岸树草丛生，常绿树与落叶树并存，乔木与灌木相间。

寻味之旅

锡林郭勒盟以畜牧业为主，食品以奶制品、牛羊肉为主，有以马奶酒、酸奶酪、奶豆腐、奶皮子等为代表的奶制品，也有以牛羊肉串、手把肉、扒羊肉等为代表的牛羊肉类食品。烤全羊、手把肉、涮羊肉、奶茶是每一个到草原旅游的人必尝的美味。

目的地攻略

🚗 交通

飞机：锡林浩特机场位于锡林浩特市区西部，每日都有航班往来于北京、呼和浩特、贵阳等地，在客流高峰和特定时间，会增开一些到达各旅游城市的临时旅游航线。

二连浩特赛乌苏国际机场位于二连浩特市赛乌苏科技园区附近，距二连浩特市区东南约 27 千米，已开通飞往呼和浩特、北京、上海、深圳、武汉等国内航线和飞往温哥华、吉隆坡、墨尔本等国际航线。

火车：锡林浩特站位于锡林郭勒盟锡林浩特市，主要有发往呼和浩特、包头、通辽、二连浩特的班车。

🏠 住宿

来锡林郭勒游玩的游客一般先到达锡林浩特，再从这里前往锡林郭勒各地游玩。

锡林浩特的住宿条件还是不错的，这里的宾馆也不少；在锡林郭勒盟的很多草原景区中，游客还可以住进富有蒙古族特色的蒙古包，去体验草原的生活。

🛒 购物

锡林郭勒草原自然资源异常丰富，当地的白蘑、杏仁等中草药材，来源于天然牧场奶系列食品，极富蒙古族特色的手工艺制品，都是在锡林郭勒盟旅游购物的上佳选择。

左上 | 大青沟
左下 | 库伦三大寺
中上 | 马奶酒
右下 | 酸奶酪

附录

（世界遗产、5A 景区、旅行装备清单）

※世界遗产

文化遗产

长城
明清皇宫（北京故宫、沈阳故宫）
陕西秦始皇陵及兵马俑
甘肃敦煌莫高窟
北京周口店北京猿人遗址
西藏布达拉宫
河北承德避暑山庄及周围寺庙
山东曲阜的孔庙、孔府及孔林
庐山国家地质公园
湖北武当山古建筑群
云南丽江古城
山西平遥古城
江苏苏州古典园林
北京颐和园
北京天坛
重庆大足石刻
四川青城山和都江堰
河南洛阳龙门石窟
明清皇家陵寝
安徽古村落（西递、宏村）
山西大同云冈石窟
高句丽王城、王陵及贵族墓葬
澳门历史城区
安阳殷墟
开平碉楼与村落
福建土楼
山西五台山
登封"天地之中"历史建筑群
杭州西湖文化景观
元上都遗址
云南哈尼梯田
中国大运河
丝绸之路
中国土司遗产
左江花山岩画
鼓浪屿：历史国际社区
杭州良渚古城遗址
泉州：宋元中国的世界海洋商贸中心

自然遗产

湖南武陵源国家级名胜区
四川九寨沟国家级名胜区
四川黄龙国家级名胜区
云南三江并流
四川大熊猫栖息地
中国南方喀斯特
江西三清山
中国丹霞
澄江化石地
新疆天山
湖北神农架
青海可可西里
贵州梵净山
盐城黄（渤）海候鸟栖息地（第一期）

文化与自然双重遗产

山东泰山
安徽黄山
四川峨眉山—乐山大佛
福建武夷山

文化景观

江西庐山风景名胜区
山西五台山
杭州西湖

※5A 景区

北京市

故宫博物院
天坛公园
颐和园
八达岭—慕田峪长城旅游区
明十三陵景区
恭王府景区
北京奥林匹克公园
圆明园

天津市

天津古文化街旅游区
盘山风景名胜区

河北省

承德避暑山庄及周围寺庙景区
保定白洋淀景区
保定野三坡景区
石家庄西柏坡景区

唐山清东陵景区
邯郸娲皇宫景区
邯郸广府古城景区
保定白石山景区
秦皇岛山海关景区
保定清西陵景区
承德金山岭长城景区

山西省

大同云冈石窟景区
忻州五台山风景名胜区
晋城皇城相府生态文化旅游区
晋中绵山风景名胜区
晋中平遥古城景区
忻州雁门关景区
临汾洪洞大槐树寻根祭祖园景区
长治壶关太行山大峡谷八泉峡
临汾云丘山景区
黄河壶口瀑布（延安）

内蒙古自治区

鄂尔多斯响沙湾旅游景区
鄂尔多斯成吉思汗陵旅游区
呼伦贝尔中俄边境旅游区
兴安盟阿尔山·柴河旅游景区
赤峰克什克腾石阵旅游区
阿拉善额济纳胡杨林

辽宁省

沈阳植物园
大连老虎滩海洋公园—老虎滩极地馆
大连金石滩景区
本溪水洞景区
鞍山千山景区
盘锦红海滩国家风景廊道

吉林省

长白山景区
长春伪满皇宫博物馆
长春净月潭景区
长春长影世纪城景区
延边六鼎山文化旅游区
长春世界雕塑公园景区
通化高句丽文物古迹旅游景区

黑龙江省

哈尔滨太阳岛景区
黑河五大连池景区
牡丹江镜泊湖景区
伊春林海奇石景区
大兴安岭北极村旅游景区
鸡西虎头风景名胜区

上海市

东方明珠广播电视塔
上海野生动物园
上海科技馆
中国共产党一大·二大·四大纪念馆

江苏省

苏州园林
苏州周庄古镇景区
南京钟山—中山陵风景名胜区
无锡影视基地三国水浒城景区
无锡灵山大佛景区
苏州同里古镇景区
南京夫子庙—秦淮河风光带
常州环球恐龙城景区
扬州瘦西湖风景区
南通濠河风景区
泰州溱湖国家湿地公园
苏州金鸡湖国家商务旅游示范区
镇江三山风景名胜区
无锡鼋头渚旅游风景区
苏州太湖旅游区
苏州沙家浜—虞山尚湖旅游区
常州天目湖景区
镇江茅山景区
淮安周恩来故里景区
盐城中华麋鹿园景区
徐州云龙湖景区
连云港花果山景区
常州春秋淹城旅游区
无锡惠山古镇
宿迁洪泽湖湿地景区

浙江省

杭州西湖风景区
温州雁荡山风景区
舟山普陀山风景区
杭州千岛湖风景区
嘉兴乌镇古镇旅游区
宁波溪口—滕头旅游景区
金华横店影视城景区
嘉兴南湖旅游区
杭州西溪湿地旅游区
绍兴鲁迅故里—沈园景区
衢州根宫佛国文化旅游区
湖州南浔古镇景区
台州天台山景区
台州神仙居景区
嘉兴西塘古镇旅游景区
衢州市江郎山·廿八都旅游区
宁波天一阁·月湖景区
丽水仙都风景区

温州刘伯温故里景区
台州府城文化旅游区

安徽省

黄山风景区
池州九华山风景区
安庆天柱山风景区
皖南古村落—西递宏村
六安天堂寨旅游景区
宣城龙川景区
阜阳八里河风景区
黄山古徽州文化旅游区
合肥三河古镇景区
芜湖方特旅游区
六安万佛湖风景区
马鞍山长江采石矶文化生态旅游区

福建省

厦门鼓浪屿风景名胜区
南平武夷山风景名胜区
三明泰宁风景旅游区
福建土楼（永定·南靖）旅游景区
宁德白水洋·鸳鸯溪旅游景区
泉州清源山风景名胜区
宁德太姥山旅游区
福州三坊七巷景区
龙岩古田旅游区
莆田湄洲岛妈祖文化旅游区

江西省

九江庐山风景名胜区
吉安井冈山风景旅游区
上饶三清山旅游景区
鹰潭龙虎山风景名胜区
上饶江湾景区
景德镇古窑民俗博览区
赣州共和国摇篮景区
宜春明月山旅游区
抚州大觉山景区
上饶龟峰景区
南昌滕王阁旅游区
萍乡武功山风景名胜区
九江庐山西海景区
赣州三百山景区

山东省

泰山景区
烟台蓬莱阁—三仙山—八仙过海旅游区
济宁明故城三孔旅游区
青岛崂山景区
威海刘公岛景区
烟台南山景区

枣庄台儿庄古城景区
济南天下第一泉景区
沂蒙山旅游区
潍坊青州古城景区
威海华夏城景区
东营黄河口生态旅游区
临沂萤火虫水洞·地下大峡谷旅游区
济宁微山湖旅游区

河南省

郑州嵩山少林寺景区
洛阳龙门石窟景区
焦作云台山—神农山—青天河风景区
安阳殷墟景区
洛阳白云山景区
开封清明上河园景区
平顶山尧山—中原大佛景区
洛阳老君山—鸡冠洞旅游区
洛阳龙潭大峡谷景区
南阳伏牛山—老界岭—中国恐龙遗址园旅游区
驻马店嵖岈山旅游景区
安阳红旗渠—太行大峡谷旅游景区
商丘芒砀山汉文化旅游景区
新乡八里沟景区
信阳鸡公山景区

湖北省

武汉黄鹤楼公园
宜昌三峡大坝—屈原故里文化旅游区
宜昌三峡人家风景区
十堰武当山风景区
恩施神龙溪纤夫文化旅游区
神农架生态旅游区
宜昌清江画廊景区
武汉－东湖生态旅游风景区
武汉木兰文化生态旅游区
恩施大峡谷景区
咸宁三国赤壁古战场景区
襄阳古隆中景区
恩施州腾龙洞景区
宜昌三峡大瀑布景区

湖南省

张家界武陵源—天门山旅游区
衡阳衡山旅游区
湘潭韶山旅游区
岳阳楼—君山岛景区
长沙岳麓山旅游区
长沙花明楼景区
郴州东江湖旅游区
邵阳崀山景区
株洲炎帝陵景区
常德桃花源景区
湘西矮寨·十八洞·德夯大峡谷景区

广东省

广州长隆旅游度假区
深圳华侨城旅游度假区
广州白云山景区
梅州雁南飞茶田景区
深圳观澜湖休闲旅游区
清远地下河旅游景区
韶关丹霞山景区
佛山西樵山景区
惠州罗浮山景区
佛山长鹿旅游休博园
阳江海陵岛大角湾海上丝路旅游区
中山孙中山故里旅游区
惠州西湖旅游景区
肇庆星湖旅游景区
江门开平碉楼文化旅游区

广西壮族自治区

桂林漓江风景区
桂林乐满地度假世界
桂林独秀峰·靖江王城景区
南宁青秀山旅游区
桂林两江四湖·象山景区
崇左德天跨国瀑布景区
百色起义纪念园景区
北海涠洲岛南湾鳄鱼山景区
贺州黄姚古镇景区

海南省

三亚南山文化旅游区
三亚南山大小洞天旅游区
保亭呀诺达雨林文化旅游区
陵水分界洲岛旅游区
保亭槟榔谷黎苗文化旅游区
三亚蜈支洲岛旅游区

重庆市

大足石刻景区
小三峡—小小三峡旅游区
武隆喀斯特旅游区
酉阳桃花源旅游景区
万盛黑山谷景区
金佛山景区
四面山景区
龙缸景区
彭水阿依河景区
黔江濯水景区
奉节白帝城·瞿塘峡景区

四川省

成都青城山—都江堰旅游景区
峨眉山景区

阿坝九寨沟景区
乐山大佛景区
阿坝黄龙风景名胜区
绵阳羌城旅游区
阿坝汶川特别旅游区
南充阆中古城旅游景区
广安邓小平故里旅游区
广元剑门蜀道剑门关旅游景区
南充朱德故里景区
甘孜海螺沟景区
雅安碧峰峡旅游景区
巴中光雾山旅游景区
甘孜稻城亚丁旅游景区
成都安仁古镇景区

贵州省

安顺黄果树瀑布景区
安顺龙宫景区
毕节百里杜鹃景区
黔南樟江景区
贵阳青岩古镇景区
铜仁梵净山旅游区
黔东南镇远古城旅游景区
遵义赤水丹霞旅游区
毕节织金洞景区

云南省

昆明石林风景区
丽江玉龙雪山景区
丽江古城景区
大理崇圣寺三塔文化旅游区
西双版纳热带植物园
迪庆普达措国家公园
昆明世博园景区
保山火山热海旅游区
文山普者黑旅游景区

西藏自治区

拉萨布达拉宫景区
拉萨大昭寺景区
林芝巴松措景区
日喀则扎什伦布寺景区
林芝雅鲁藏布江大峡谷景区

陕西省

西安秦始皇兵马俑博物馆
西安华清池景区
延安黄帝陵景区
西安大雁塔—大唐芙蓉园景区
渭南华山风景区
宝鸡法门寺佛文化景区
商洛金丝峡景区

宝鸡太白山旅游景区
西安城墙·碑林历史文化景区
延安革命纪念地景区
西安大明宫景区
黄河壶口瀑布（临汾）

甘肃省

嘉峪关文物景区
平凉崆峒山风景名胜区
天水麦积山景区
酒泉鸣沙山月牙泉景区
张掖七彩丹霞景区
临夏炳灵寺世界文化遗产旅游区
陇南官鹅沟景区

青海省

青海湖风景区
西宁塔尔寺景区
海东互助土族故土园旅游区
海北金咪东索景区

宁夏回族自治区

石嘴山沙湖旅游景区
中卫沙坡头旅游景区
银川镇北堡西部影视城
银川水洞沟旅游区

新疆维吾尔自治区

昌吉天山天池风景名胜区
吐鲁番葡萄沟风景区
伊犁喀纳斯景区
伊犁那拉提旅游风景区
伊犁可可托海景区
喀什金胡杨景区
乌鲁木齐天山大峡谷
巴音郭楞博斯腾湖景区
喀什噶尔老城景区
伊犁喀拉峻景区
巴音郭楞巴音布鲁克景区
阿勒泰白沙湖景区
伊犁白沙湖景区
喀什帕米尔旅游区
克拉玛依世界魔鬼城景区
博尔塔拉赛里木湖景区
阿拉尔·塔克拉玛干·三五九旅文化旅游区
昌吉江布拉克景区

※旅行装备清单

一、证件和银行卡

1. 身份证、护照(外籍人士)、驾驶证（租车

自驾）。

2. 学生证、老年证等优惠证件。

3. 现金、信用卡、储蓄卡。

齐全的证件可以避免给自己带来不必要的麻烦，尤其是身份证和银行卡，最为重要。

二、电子设备

手机、照相机及充电器、读卡器、充电宝

手机绝对是外出必带品，照相机则是记录旅途的利器。可别忘了充电器、读卡器，充电宝用来以防路上手机没电。

三、衣物

衣：不宜穿过于宽大或窄小的衣物，以免影响行动。爬山或露营的时候，尽量避免穿裙子或短裤，应减少皮肤裸露。

鞋：选择轻便、透气、防滑的鞋子。同时可以额外备上一双轻便舒适的鞋子，方便在住宿、休息的时候换穿。忌穿新皮鞋、高跟鞋。

帽：在高寒的地方旅游，一定要带上帽子防寒；夏季出门带上一顶遮阳帽也很有必要。

具体根据所去地方的天气及旅行长短来定，夏天带的衣物就比较方便，内衣裤和袜子可以多备几套。冬天的话就需要带上厚衣服，注意防寒保暖。牛仔裤很适合旅途，方便耐脏。女孩子可以带上少量裙子，来搭配拍照。

四、卫生用品

1. 毛巾、洗漱用品、面巾纸、湿巾纸等。

2. 护肤品、化妆品（防晒霜很重要）、梳子等。

3. 男性剃须刀 / 女性卫生用品。

4. 洗涤用品（小瓶装洗衣液、香皂等）。

卫生用品是很有必要带的，虽然有些东西当地也有卖，但还是随身带自己常用的比较好。

五、应急食品

可以准备一些简单食物，如饼干、巧克力、水果、饮用水等，方便在旅途中食用。

六、常用药品

常用药品：感冒药、晕车药、创可贴、止泻药。

高原反应药品：去高原地区要带防高原反应的药品，如红景天，以及自身疾病常用药。

其实很多药品都没有必
要带，当地就可以购买。

本书编委会

- ●项目策划　聂浩智
- ●执行主编　周国宝　马玉文
- ●文字作者　朱盼盼　张灵燕　莫静静　纪素娟　黄　媛　杨康健
　　　　　　　张　敏　陈　佳　薛　芹　张薇薇　张林影　王永军
　　　　　　　王振洲　张旭升　刘佳辉　曹　艳　赵莉娟　田　姣
- ●图片编辑　郑梦圆　张亚飞　王叶青
- ●图片提供　黎武扬　摄　鬼　钟晓波　珠比特　余虹颖　王　牧
　　　　　　　宋勇钢　王　衡　李建泉　李铭涛　程开宇　梁　敏
　　　　　　　孙西国　全景网　汇图网　微图网　中国图库网
　　　　　　　锐景创意　集成图像　达志影像　站酷海洛
　　　　　　　四川旅游委　fotoe　shutterstock　dreamstime　等
- ●版式制作　赵媛媛

....　声明　....................

　　《中国自助游：彩色畅销版》提供完全独立的建议，《亲历者》编辑部在采写过程中不受任何商业性广告的影响，也不接受任何资助或馈赠来换取积极的报道或资料，以免误导读者。

　　感谢部分旅游单位、图片库、摄影师为本书提供精美的图片。因使用图片数量较多大，如有遗漏署名或未支付稿酬的，敬请联系本书编辑部，由此带来的不便我们深表歉意。

图书在版编目（CIP）数据

中国自助游：彩色畅销版/《亲历者》编辑部编著 . —4 版 . —北京：中国铁道出版社有限公司，2024.2

ISBN 978-7-113-30581-9

Ⅰ . ①中…　Ⅱ . ①亲…　Ⅲ . ①旅游指南 – 中国　Ⅳ . ① K928.9

中国国家版本馆 CIP 数据核字（2023）第 185911 号

书　　名：**中国自助游**（彩色畅销版）
　　　　　ZHONGGUO ZIZHUYOU（CAISE CHANGXIAO BAN）
作　　者：《亲历者》编辑部

策划编辑：聂浩智　**编辑部电话：**（010）63583183　**电子邮箱：**823401342@qq.com
责任编辑：杨　旭
封面设计：尚明龙
责任校对：苗　丹
责任印制：赵星辰

出版发行：中国铁道出版社有限公司（100054，北京市西城区右安门西街 8 号）
印　　刷：天津嘉恒印务有限公司
版　　次：2018 年 1 月第 1 版　2024 年 2 月第 4 版　2024 年 2 月第 1 次印刷
开　　本：889 mm×1 194 mm　1/32　**印张：**20　**字数：**1200 千
书　　号：ISBN 978-7-113-30581-9
定　　价：78.00 元